상담 및 심리치료의 이해

박상규 · 권현용 · 김사라 · 김영순 · 김혜련 · 박기환 · 배성훈
서경현 · 신성만 · 인경스님 · 전종국 · 조성근 · 최현주 · 홍예영 공저

UNDERSTANDING
COUNSELING
AND
PSYCHOTHERAPY

학지사

머리말

상담 및 심리치료의 이론과 기술뿐만 아니라 대상자의 특성에 맞춘 상담 기술을 한 권의 책으로 가르칠 수 있는 교재가 필요하다는 생각이 들었다. 마침내 저자분들의 동의를 얻고 학지사의 협조로 이 책을 출간하게 되었다. 이 책에서는 현대에 적용할 수 있는 주요 심리치료 이론의 핵심과 상담실에서 흔히 만날 수 있는 가족, 아동, 청소년, PTSD, 중독자 등 대상자에 대한 치료 이론과 기술을 함께 설명하고 있다.

학생들이 한 권의 책으로 다양한 심리치료 이론뿐만 아니라 특수 대상자에 대한 심리치료 방법을 배움으로써 빠른 시간 안에 상담 역량을 키울 수 있다는 장점이 있다.

상담자는 내담자를 올바로 이해하기 위해 내담자의 특성을 잘 알고 있어야 한다. 내담자가 보여 주는 증상의 특성과 상담 기술에 대해 이해하고 있어야 효과적인 상담이 가능하다.

상담자가 내담자를 올바로 돕기 위해서는 전문성을 가져야 한다. 상담자의 전문성은 상담 이론과 경험을 통해 내담자를 대하는 상담자의 태도로 나타난다. 상담자는 진정성을 가지고 내담자를 만난다. 또 내담자의 마음을 잘 이해하고 공감하여 지금 이 내담자에게 가장 효과가 있을 수 있는 치료 기술을 사용한다. 특히 인간관계를 중시하는 한국 문화에서 상담자는 자비로운 스승과 같이 엄격하면서도 따스하게 내담자를 대한다.

상담자는 상담 과정에서 마음챙김하여 무위의 태도로 내담자를 만난다. 상담자가 자기 마음과 내담자, 상황을 잘 주시하면서 편안한 마음으로 상담하면 상담의 효과가 높아진다. 이때 상담자의 호흡은 깊고 길며 편안하다.

상담자는 심리치료 이론과 대상자의 특성을 잘 숙지하고 있으면서 지금 만나는 내담자에게 가장 도움이 될 수 있는 방법을 유연하게 적용한다.

이 책은 크게 2부로 구성되어 있다. 제1부에서는 주요 상담 이론을, 제2부에서는 대상자별 심리상담을 설명하고 있다.

각 장을 집필하신 저자들은 특정 이론과 특정 내담자를 대상으로 오랜 기간 연구하고 임상경험을 가지신 분들이다. 제1부는 박상규 교수가 상담과 심리치료, 권현용 교수가 정신분석치료, 전종국 교수가 아들러 심리치료, 최현주 교수가 인간중심 심리치료, 신성만 교수가 동기강화상담, 박기환 교수가 인지행동치료, 조성근 교수가 수용전념치료, 김영순 원장이 현실치료상담, 김혜련 교수가 교류분석치료, 인경스님이 명상심리상담을 저술하였다. 제2부는 김사라 원장이 가족치료, 홍예영 원장이 아동상담 및 놀이치료, 배성훈 교수가 청소년 대상 심리상담, 서경현 교수가 PTSD 대상 심리치료, 박상규 교수가 중독자 대상 치료를 맡아 저술하였다. 독자들은 여러 저자의 글에서 다양한 향기를 느낄 수 있을 것이다.

바쁘신 중에 귀중한 원고를 보내 주시고 잘 출간되도록 여러모로 도와주신 저자분들에게 깊이 감사드린다. 원고 마감이 급한 막바지에 필요한 내용을 보완하고 정리해 준 배성훈 교수와 김혜련 교수께 이 자리를 빌려 감사드린다. 이 책의 저자들은 현대 우리 사회의 상담에 필요한 다양한 대상자에 대한 심리치료 이론을 쉽게 설명하고 사례를 들어서 독자들이 잘 이해할 수 있도록 노력하였다. 이 책이 학생들과 심리상담자들에게 좋은 안내서가 되기를 바란다. 끝으로, 이 책이 나오기까지 힘써 주신 학지사 영업부의 한승희 부장님과 편집부의 김순호 이사님, 송새롬 대리님 그리고 김진환 대표님께 감사드린다.

2025년 2월
대표 저자 박상규

차례

2부 ㅣ 대상자별 심리상담

1부

주요 상담 이론

상담과 심리치료

1장

1. 상담과 심리치료

상담과 심리치료는 심리적 어려움을 겪는 내담자에게 임상적 지식과 경험을 갖춘 전문가가 안전이 보장된 환경에서 도움을 제공하는 행위이다. 두 접근 모두 전문성을 발휘하여 내담자를 도와준다는 점에서는 공통점이 있지만, 사용되는 상황과 대상에 따라 구분되기도 한다. 주로 심리치료는 병원이나 임상 장면에서 비교적 심각한 문제를 가진 사람을 치료하는 활동을 의미하며, 상담은 학교나 기업 등에서 비교적 경미한 증상을 가진 내담자를 돕는 활동을 지칭한다(권석만, 2018). 정신과 의사나 임상심리전문가는 대부분 심리치료라는 용어를 사용하고, 상담심리전문가는 상담이라는 용어를 주로 사용한다. 그러나 최근에는 개업하는 임상심리전문가가 증가하면서 상담과 심리치료라는 용어가 점점 더 혼용되고 있다. 이 책에서는 임상심리전문가나 상담심리전문가가 내담자를 돕는 모든 활동을 상담과 심리치료로 섞어서 사용한다.

2. 상담이론

상담자는 지금 만나는 내담자를 잘 이해하고 치료할 수 있는 수단으로서 이론을 활용한다. 현대 상담자들이 사용하는 주요한 심리치료 이론은 정신역동치료, 인본주의 실존치료, 인지행동치료 등이다. 20세기 초 프로이트에 의해 창시된 정신분석치료를 시작으로, 융의 분석심리학, 아들러 심리치료, 대상관계치료, 교류분석치료와 같은 정신역동치료가 발전해 왔다. 또한 로저스의 인간중심치료, 실존주의 치료, 게슈탈트치료, 현실치료 상담과 같은 인본주의 실존치료가 발전되어 왔다. 그리고 인지행동치료는 합리적 정서행동치료, 인지치료, 수용전념치료, 변증법적 행동치료, 마음챙김에 기반한 인지행동치료 등으로 발전하고 있다. 이 외에도 현대에 와서는 명상심리상담, 영성상담처럼 인간의 영적인 성장을 강조하는 이론들이 주목받고 있다.

1) 통찰치료와 지지치료

심리치료는 크게 통찰치료와 지지치료로 구분할 수 있으며, 이 둘은 명확히 분리되기보다는 하나의 스펙트럼을 이루고 있다. 통찰치료의 한쪽 끝부분에는 정신분석치료가 있으며 다른 쪽 끝부분에는 내담자의 환경에 적극적으로 개입하거나, 일시적으로 내담자를 대신해 행동하는 방식의 적극적인 지지치료가 있다(Dewald, 2023).

통찰치료는 내담자가 자기의 성격을 이해하고 이를 수정하여 사회에 잘 적응하도록 돕는 것을 목적으로 한다. 정신분석과 같은 통찰치료는 내담자가 원래 의식하였던 것보다 자신을 더 깊이 이해하도록 돕는다. 상담자는 내담자가 보여 주는 전이와 저항을 해석하고 치료 장면에서 배운 것을 일상에서 연습하도록 하여 내담자가 현실에 더 잘 적응할 수 있도록 한다.

지지치료는 내담자의 증상이 더 이상 악화되지 않고 사회에 적응할 수 있도록 하고 내담자가 이미 의식하는 갈등이나 장애를 해결하는 데 초점을 둔다. 또 내담자의 증상이나 상태에 따라 상담 회기와 빈도를 융통성 있게 정한다. 상담자는 내담자를 지지하고 격려하며, 필요한 경우 조언과 안내를 통해 내담자가 최선의 이익을 얻을 수 있도록 돕는다. 상담자에게 지지치료는 더 높은 전문성과 세심한 접근을 요구한다(Dewald, 2023).

2) 현대 상담과 심리치료 이론

다음은 현대의 상담자가 주로 사용하는 정신분석치료, 아들러 심리치료, 인간중심치료, 동기강화상담, 인지행동치료, 수용전념치료, 현실치료상담, 교류분석치료, 명상심리상담 등의 이론에 대해 간략히 소개한다. 상담자는 어떤 특정 이론에 집착하기보다는 내담자의 특성과 상황에 맞게, 하나의 도구로서 이론을 활용한다.

(1) 정신분석치료

프로이트에 의해 시작된 정신분석치료는 내담자의 무의식적 갈등과 어린 시절 경험이 현재 문제에 미치는 영향을 통찰하도록 돕는다. 이러한 과정에서 내담자가 보여주는 전이, 저항 등을 분석하여 내담자가 스스로를 깊이 이해할 수 있도록 돕는다. 이를 통해 내담자는 무의식의 영향에서 벗어나 현실에 적응하여 살아갈 수 있게 된다. 정신분석 치료 과정은 치료시간이 길고 비용이 많이 들지만 심층적인 변화를 유도할 수 있다.

(2) 아들러 심리치료

아들러 심리치료는 개인은 사회적 환경에서 발달하고 영향을 받는다는 관점에서 출발한다. 아들러의 개인심리학에서는 상담자는 내담자의 어린 시절의 경험을 이해하는 것뿐만 아니라, 내담자가 미래에 어떤 사람이 되고자 하는지와 삶의 목표가 무엇인지에 대해서도 관심을 가진다. 아들러는 모든 사람은 열등감을 가지고 있으며, 이러한 열등감은 성장하는 동기가 될 수 있다고 강조했다. 그는 심리적 문제를 가진 사람을 낙담한 사람으로 이해하고, 상담자는 내담자를 격려함으로써 긍정적인 변화를 이끌어내야 한다고 주장했다.

(3) 인간중심 심리치료

인간중심 심리치료는 내담자 안에 변화의 힘이 존재한다고 믿으며, 내담자가 자신의 힘으로 변화할 수 있다고 본다. 로저스는 상담자의 태도를 인간중심치료의 핵심적인 요소로 강조한다. 상담자가 내담자와 진실한 관계를 맺고, 내담자를 있는 그대로 존중하고 정확한 공감을 제공하면, 내담자는 자기 이해와 성장을 이룰 수 있다. 이러한 수용적이고 공감적인 관계 속에서 내담자는 스스로 문제를 해결하고 긍정적인 변화를 만들어 나간다.

(4) 동기강화상담

동기강화상담은 인간중심상담이론에 근거를 둔 접근법으로, 내담자의 변화를 촉진하기 위한 상담기술이다. 이 상담은 협동정신, 수용, 연민, 유발성을 강조하며, 주요 원리로는 저항과 함께 구르기, 공감 표현하기, 논쟁 피하기, 불일치감 만들기, 자기효능감 지지하기 등이 있다. 이러한 원리를 바탕으로 내담자의 변화를 효과적으로 이끌어내는 구체적 기술이 사용된다.

(5) 인지행동치료

인지행동치료에는 행동주의와 합리적 정서행동치료, 인지치료, 마음챙김을 활용한 제3세대 인지행동치료 등이 있다. 행동치료는 학습이론을 바탕으로 인간의 행동을 이해하고 수정하는 데 중점을 둔다. 합리적 정서행동치료는 엘버트 앨리스가 창안한 것으로 내담자의 정서와 행동에 영향을 미치는 비합리적인 생각을 인식하고 바꾸도록 돕는 A-B-C-D-E 등의 방법을 활용한다. Beck의 인지치료는 내담자가 자신의 왜곡된 사고와 신념을 수정하여 정서적 문제를 해결하고 현실에 잘 적응하도록 돕는데 초점을 둔다.

(6) 수용전념치료

수용전념치료(ACT)는 인간의 고통을 삶의 일부로 간주하고 이를 그대로 받아들이는 것이 중요함을 강조한다. 이 치료는 내담자가 현재 순간에 집중하며 자기의 가치에 충실한 행동을 통해서 심리적 유연성을 향상시키는 것을 목적으로 한다. 핵심 과정에는 수용, 인지적 탈융합, 현재 순간과의 접촉, 맥락으로서의 자기, 가치 전념 행동이 포함된다.

(7) 현실치료상담

현실치료상담은 내담자의 바람과 욕구를 파악하고, 그 욕구를 현실적으로 충족시킬 수 있도록 돕는 것을 목적으로 한다. 인간은 사랑과 소속, 힘과 성취, 즐거움, 자유, 생존이라는 다섯 가지 기본 욕구를 가지는데, 상담자는 내담자가 자신의 욕구를 충족시키는 선택을 하도록 돕고, 그 선택에 대한 책임을 인식하도록 지원한다. 현실치료상담은 WDEP 전달체계를 중심으로 진행되며, 여기에는 내담자의 바람(Want), 전 행동 탐색하기(Doing), 자기평가하기(Self Evaluation), 계획하기(Plan)가 포함된다. 이러한 과정을 통해 내담자는 현실적이고 효과적인 문제해결방법을 배운다.

(8) 교류분석치료

교류분석치료는 개인의 신체, 인지, 정서, 행동, 영성적 관점을 통합한 심리치료 이론이다. 이 이론은 인간의 성격을 부모 자아상태, 성인 자아상태, 어린이 자아상태라는 세 가지 자아 상태로 나누며, 이 상태들이 현실에 맞게 조화롭게 기능할 때 건강한 사람으로 본다. 교류분석치료에서는 내담자가 어린 시절에 무의식적으로 형성된 자기 각본에서 벗어나, 자각과 성인 자아의 활성화를 통해 자율성을 획득하도록 돕는다.

(9) 명상심리상담

명상심리상담은 명상과 심리치료를 통합하여 심리적 건강뿐만 아니라 영적 건강을 도모하는 접근법이다. 이 상담에서는 개인이 가진 집착의 마음, 관찰하는 마음, 영적 본성이라는 세 가지 마음의 상태를 탐구한다. 주요 명상 기술로는 호흡명상, 몸느낌 관찰명상, 영상관법, 그리고 참된 자기를 탐구하는 간화선 명상 등이 사용된다. 이러한 방법들은 내담자가 내면의 평화를 찾고, 자신의 심리적·영적 성장을 이루도록 돕는다.

(10) 절충적 상담

현실에 앞서는 이론은 없다. 모든 이론은 현실의 내담자를 설명하고 돕기 위한 수단일 뿐이다. 지금 만나는 내담자를 가장 잘 이해할 수 있는 사람은 상담자 자신이다. 상담이론은 내담자를 잘 이해하고 치료할 수 있는 중요한 지침이 될 수 있지만 어떤 특정 이론 하나만으로는 내담자를 온전히 이해하고 효과적으로 치료하는 데는 제한이 있다.

많은 상담자는 특정 이론을 기반으로 하되 다양한 상담이론을 적절히 결합하여 사용하고 있다. 인지행동치료 이론에 기반하면서 마음챙김과 정신역동이론 등을 통합하여 사용하기도 한다.

지금 이 내담자를 잘 이해하고 치료하기 위해서는 어떤 이론을 선택해야 하는지는 상담자 개인의 지식과 경험, 내담자 문제의 특성 등에 달려 있다. 상담자는 특정 이론에만 매달리기보다, 내담자의 치료 목표에 가장 적합한 이론과 기술을 고려하여 적용한다. 경우에 따라 한 가지 이론을 사용할 수도 있지만, 다양한 심리상담이론을 절충적으로 활용하여 지금 내담자에게 맞는 최적의 접근법을 찾는다. 상담자는 지금 이 내담자에게 가장 도움을 줄 수 있는 상담이론과 기술이 무엇인지를 알아보고 필요한 도구로서 상담이론과 기술을 적절히 절충하여 사용한다.

이 외에 상담이론으로는 긍정심리치료와 영성상담 등이 있다. 긍정심리치료는 Seligman의 긍정심리학에 기반을 둔 것으로 최근에는 웰빙의 수준을 높여 번영을 증진하는 것을 목적으로 하며, 긍정 정서, 몰입, 의미, 관계, 성취 등을 추구하는 데 초점을 둔다(송정화, 2023).

영성상담은 내담자의 영성을 강조하며, 영성의 힘을 통해 문제를 해결하고 전인적 치유를 추구한다. 상담자는 내담자를 신의 품성을 가진 귀중한 존재로 대하며, 내담자가 자신의 영성을 인식하고 이를 활용하여 문제를 잘 극복할 수 있도록 지원한다(황임란, 박상규, 이정기, 김재성, 2024).

3) 한국에서의 상담과 심리치료

한국에서 상담과 심리치료 효과를 높이기 위해서는 한국문화와 사회환경에 맞는 개입법을 개발하고 시행할 필요가 있다. 한국 사회에서는 상담자가 자비로운 스승의 역할을 수행하는 것이 효과가 있다.

한국에서 내담자는 상담자에게 치료자 역할 이외에 교육자, 양육자 기능을 요구하는 특성이 있다(장성숙, 2010). 상담자는 내담자를 제자처럼 따스하게 대하면서, 사적인 관계와 정서적 끈끈함을 적절히 활용한다. 상담 효과에 긍정적으로 영향을 미치는 것은 초기 의존을 효율적으로 처리하기, 높은 관여와 적극적인 태도를 보이기, 조언 및 지시하기, 그리고 억울함과 한을 다루는 것 등이다(김창대 외, 2005). 따라서 스승이 제자를 가르치듯이 교육적 방식을 상담에 적절하게 활용하는 것이 한국문화와 사회환경에 적합한 태도와 기술로 여겨진다.

인간관계를 중시하는 한국문화에서는 무엇보다도 상담자의 특성과 인격이 중요하다(이은경, 양난미, 서은경, 2007). 상담자는 자기를 성찰하면서 내담자를 존중하고 배려하면서 정(情)을 드러낸다.

중독자를 위한 한국적 상담모형에서도 상담자는 마음챙김하면서 내담자를 가족처럼, 제자처럼 따스하게 대한다(박상규, 2018). 이러한 방법은 내담자와 상담자 간의 라포 형성에 도움을 준다. 또 내담자는 상담 과정을 통하여 깨달음을 얻을 수 있다. 앞으로 한국 사회에서 상담은 내담자가 가족이나 주변 사람들과 조화를 이루고, 자기를 존중하면서, 삶의 즐거움을 느끼며 행복하게 살아갈 수 있도록 돕는 다양한 상담 이론과 기법이 개발될 수 있을 것으로 생각된다. 상담 과정에서 몸과 호흡법을 활용하거나 운동과 요가를 적용하는 방법은 점차 유용한 도구로 자리 잡을 가능성이 크다 (박상규, 2021). 더불어, 명상, 영성, AI 기술, 예술, 게임, 자연 활용 등 다양한 접근법이 유연하게 적용될 수 있을 것으로 보인다.

한국적 상담모형에서 상담자는 치료자이면서 자비로운 스승의 역할을 해야 한다. 상담자는 자기를 정직하게 살펴보고 상담 과정뿐만 아니라 일상에서도 자비를 실천하는 수행을 지속하는 것이 좋다.

3. 현대 사회와 내담자

1) 내담자 이해

모든 인간은 살려고 하고, 행복하게 살고자 한다. 부적응적 행동일지라도 그 개인 나름대로는 살고자 하는 하나의 몸부림이다. 어떤 알코올 중독자는 죽지 않고 살기 위해서 술을 마시기도 한다. 상담자는 내담자의 입장에서 내담자를 이해하고 공감해야 한다.

심리상담소를 찾는 내담자는 주로 어떤 사람일까? 대인관계 문제로 갈등을 겪는 사람, 가벼운 불안이나 우울증을 가진 사람, 심리적 장애가 심한 사람, 자기 성찰과 성장을 바라는 사람 등이 방문한다. 상담자를 포함하여 모든 사람이 그러하듯이 상담실을 찾는 내담자 또한 고통이 줄어들고 행복하게 살기를 바란다. 상담자는 내담자가 자기 생명력을 잘 발휘하여 현실에서 자기를 잘 꽃피울 수 있도록 전문가로서 정성을 다해 돕는다.

상담자가 인간의 심리와 정신병리에 대한 이해, 상담에 대한 풍부한 지식과 경험을 갖출수록 내담자를 더 잘 도울 수 있다. 상담자는 내담자의 삶에 동반하면서, 내담자의 관점에서 내담자의 인생을 잘 이해해야 한다.

인간의 심리적 문제는 취약성-스트레스 요인으로 설명할 수 있다. 이 이론은 취약성을 가진 개인이 감당하기 어려운 스트레스를 받을 때 심리적 장애가 일어난다고 본다. 취약성-스트레스 모형은 인간을 통합적 존재로 이해하며, 인간이 심리적, 생물학적, 사회적, 영적 측면에서 서로 영향을 주고받는 존재임을 강조한다.

상담과 심리치료는 인간의 심리적 문제를 해결하는 데 효과적인 도구이지만 한계도 존재한다. 상담이나 심리치료만으로 심리적 문제가 해결되지 않는 경우가 많다. 양극성 장애, 조현병 등의 정신장애는 약물치료가 병행되어야 증상이 줄어든다. 또한, 개인 상담이 성공적으로 진행되더라도 가정의 분위기나 사회적 지지가 부족하면 상담의 효과가 지속되기 어렵다.

심리상담은 제한된 범위 안에서 내담자를 돕는 역할을 하기에, 오히려 상담자의 전문성과 태도가 상담의 성과를 결정하는 중요한 요인이 될 수 있다.

2) 내담자를 이해하는 도구

상담자가 내담자를 깊이 이해하는 것은 상담의 효과를 높이는 핵심 요소이다. 상담자는 면담을 통해 내담자를 이해할 수 있지만 보다 빠르고 객관적으로 내담자의 문제를 진단하고 이해하기 위해서 심리검사도 함께 사용할 수 있다.

면담 과정에서는 내담자가 보여 주는 언어적 표현뿐만 아니라 내담자의 의복, 걸음걸이, 태도, 목소리, 얼굴 표정, 눈빛 등의 비언어적 표현도 주의 깊게 관찰해야 한다.

내담자의 과거 경험은 현재의 심리적 문제에 영향을 미치기에 상담자는 내담자의 과거력을 알아볼 필요가 있다. 예를 들어, 어릴 적 부모와의 관계에서 학대당하여 분노가 많이 억압된 내담자라면 일상의 대인관계에서 분노를 자주 경험할 가능성이 높다. 또 상담자는 내담자의 삶의 목표나 가치관을 알아본다. 가족과 행복하게 사는 것이 중요한 가치이며 목적인 사람은 오늘 술을 마시지 않고 하루를 잘 보낼 수 있다. 상담자는 내담자의 가정이나 주변 환경에 대해서도 충분히 살펴본다. 비행 청소년의 경우, 가정 분위기나 또래 관계가 비행과 상관 관계가 높다.

상담자는 초기 면담에서 내담자를 충분히 이해하고, 이를 바탕으로 상담을 성공적으로 진행할 수 있는 전략을 세운다.

상담자가 심리검사를 실시할 경우에는 내담자 또는 내담자의 보호자에게 심리검사의 목적을 설명하고 동의를 받는다. 심리검사는 주로 초기 상담 단계에서 실시되지만, 상담이 끝난 다음에 상담의 효과를 확인하기 위해 사용할 수 있다.

심리평가는 그 목적에 따라 다양한 심리검사가 사용된다. 내담자의 성격이나 정신병리를 알기 위해서 MMPI-2, PAI 등의 객관적 검사와 HTP, SCT, Rorschach, TAT 등의 투사적 검사가 사용될 수 있다. 내담자의 인지기능과 지능을 알 필요가 있을 시에는 지능검사를 실시한다. 지능검사는 성인용과 아동용을 따로 구분하여 실시한다.

　심리검사는 내담자를 이해하는 데 유용하지만 검사를 실시하는 과정 자체가 내담자와 라포를 형성하는 데 도움이 된다. 또한, 심리검사는 반드시 자격을 갖춘 상담자가 실시하고, 검사 결과를 해석해야 한다.

4. 다양한 대상에 대한 상담과 심리치료

　상담 대상은 발달단계에 따라 아동, 청소년, 성인, 노인 대상 상담으로 구분할 수 있다. 또 문제 유형이나 대상 특성에 따라 가족 및 부부, PTSD, 중독 등으로 분류할 수 있다. 현대의 상담실에는 다양한 문제를 가진 가족 및 부부, 아동과 청소년, PTSD를 겪는 내담자, 중독문제가 있는 내담자와 가족이 방문한다. 이러한 내담자들을 잘 돕기 위해서는 대상자의 특성을 잘 이해하고, 그에 맞는 검증된 치료방법을 사용해야 한다. 상담자는 각 내담자의 특성과 문제에 맞는 상담기술을 적용하여 효과적인 도움을 제공해야 할 책임이 있다.

(1) 가족치료
　가족의 문제는 가족 기능이나 구조, 의사소통 방식 등과 관련된다. 가족치료를 잘하기 위해서는 가족의 특성, 가족의 발달단계와 가족치료 이론을 숙지해야 한다. 다세대 가족치료, 경험주의 가족치료, 단기해결중심치료, 내러티브상담 등 여러 이론이 가족 문제 해결에 적용된다.

(2) 아동상담 및 놀이치료
　아동을 대상으로 한 상담에서는 놀이치료가 중요한 수단이다. 아동은 언어적 표현이 제한되어 있어, 놀이를 치료 매개체로 활용하여 자신의 감정과 경험을 표현하도록 한다. 놀이치료를 통해 아동의 심리적 증상이 완화되고, 정서적 및 사회적 성장이 촉진될 수 있다.

(3) 청소년 대상 심리상담

청소년을 대상으로 하는 심리상담은 청소년기의 발달적 특성과 환경적 변화에 맞춘 접근이 필요하다. 청소년 대상 상담에서는 청소년이 흥미와 참여를 유도할 수 있도록 게임이나 운동, 레크리에이션 등 다양한 기술을 사용한다.

(4) PTSD 대상 심리치료

현대 사회에서는 교통사고, 폭행, 자연재해와 같은 다양한 사건으로 외상 후 스트레스 장애(PTSD)가 증가하고 있다. PTSD 치료에는 주로 인지행동치료, 안구운동 둔감화 및 재처리 요법(EMDR) 그리고 신체경험 치료가 적용된다.

(5) 중독자 대상 치료

중독은 심리적 장애이면서 삶의 태도 문제와 관련된다. 중독자 대상 치료에서는 개인의 중독 유형과 심리적 특성에 맞춘 접근법이 효과가 있다. 동기강화 상담, 인지행동 상담, 치료공동체, 자조모임 등이 중독문제를 해결하기 위한 유용한 방법으로 제안되고 있다.

5. 상담 및 심리치료의 기본 기술과 과정

1) 기본 기술

상담 및 심리치료에서 사용되는 기본 기술에는 경청, 질문하기, 공감, 반영, 명료화, 직면, 정보 제공, 제안과 금지 및 통제, 요약, 빈 의자 기법, 역할 연기 등이 포함된다. 상담자는 내담자를 사랑하는 마음으로 이 기술들을 사용한다.

(1) 경청

경청(Active Listening)은 내담자의 입장에서 말을 듣고 내담자에 대한 정보를 얻는 중요한 기술이다. 이 과정에서 상담자는 단순히 내담자가 말하는 내용뿐 아니라, 목소리, 표정, 태도, 호흡 상태와 같은 비언어적 요소를 함께 관찰한다. 효과적인 경청을 위해 상담자는 내담자와 시선을 적절히 마주치면서 고개를 끄덕이는 등 비언어적 표현을 통해 공감과 관심을 표현한다.

(2) 질문하기

질문하기(Questioning)는 상담자가 내담자로부터 더 많은 정보를 얻기 위해 사용하는 중요한 상담기술이다. 질문은 개방형 질문과 폐쇄형 질문으로 나뉘며, 상황과 목적에 따라 적절히 사용된다. 개방형 질문은 내담자가 자신의 생각과 감정을 자유롭게 표현하도록 유도하며, 상담자는 이를 통해 내담자의 경험을 깊이 이해하고 풍부한 정보를 얻을 수 있다. 반면, 폐쇄형 질문은 구체적인 정보를 확인하거나 진단의 목적으로 사용되며, 주로 '예/아니요'로 답할 수 있는 형식이다.

질문을 사용할 때는 한 번에 많은 질문을 하지 않도록 주의하며, 내담자가 부담을 느끼지 않도록 조심한다. 또한, 질문의 목적은 사용하는 심리치료 이론에 따라 달라질 수 있다. 정신분석치료에서는 질문을 통해 내담자가 자기 이해와 통찰을 얻도록 돕는다. 인지행동치료에서는 내담자의 왜곡된 생각을 현실적이고 이성적으로 바꾸는 데 초점을 맞춘다.

(3) 공감

공감(Empathy)은 상담자가 내담자의 입장에서 그를 이해하고 느끼며, 이를 내담자에게 효과적으로 전달하는 중요한 상담기술이다.

상담자는 지금 내담자의 호흡 상태를 알아차리고 잠시 내담자의 호흡으로 호흡하면서 내담자의 호흡과 감정을 느껴본다.

공감에는 두 가지 차원이 있다. 하나는 내담자가 말한 내용을 중심으로 하는 피상적 공감으로, 내담자의 언어적 표현에 집중하여 이해한 것을 표현하는 것이다. 다른하나는 내담자의 말 이면에 숨겨진 깊은 감정을 이해하고 공감하는 심층적 공감으로, 내담자가 명시적으로 표현하지 않은 정서와 경험을 파악하는 것이다. 공감을 효과적으로 하기 위해서는 상담자의 마음챙김이 필수적이다. 마음챙김을 통해 상담자는 내담자의 정서적 신호를 민감하게 포착하고, 보다 깊이 있는 공감을 제공할 수 있다.

(4) 반영

반영(Reflection)은 상담자가 내담자가 말한 내용과 감정을 정확히 이해하고 이를 내담자에게 되돌려 주는 중요한 기술이다. 반영에는 내용반영과 감정반영이 있다. 내용

반영은 상담자가 내담자의 말을 경청한 후, 내담자가 전달하려는 핵심 내용을 이해하고 이를 요약하거나 다른 말로 정리하여 되돌려 주는 것이다. 감정반영은 상담자가 내담자의 감정을 인식하고, 그 감정을 이해한 대로 내담자에게 전달하는 것이다. 내담자가 말로 표현하지 않은 감정도 상담자가 반영해 줄 수 있으며, 이를 통해 내담자는 자신의 감정을 더 잘 이해하고 받아들일 수 있다.

(5) 명료화

명료화(Clarification)는 상담자가 내담자의 말을 정확히 이해하고, 이를 내담자가 더 쉽고 명확하게 이해할 수 있도록 설명하거나 정리해 주는 상담기술이다. 명료화는 내담자의 말속에 내포된 의미를 분명하게 표현해 주는 것과, 내담자에게 보다 명확히 말해달라고 요청하는 두 가지 방식으로 이루어진다. 명료화는 상담자가 내담자의 경험을 깊이 이해하는 것을 보여 주는 것으로, 상담 과정에서 내담자가 자신의 문제와 감정을 보다 구체적으로 탐색하도록 돕는 중요한 기술이다.

(6) 직면

직면(Confrontation)은 내담자가 스스로 인식하지 못하거나 인정하기를 꺼리는 생각과 감정을 깨닫도록 돕는 중요한 상담기술이다. 이는 내담자의 말과 행동 간의 불일치를 지적하거나, 현재 문제와 과거 경험 간의 연관성을 깨닫게 하는 방식으로 이루어진다. 직면은 내담자에게 불안을 야기할 수 있어, 라포가 충분히 형성된 이후에 사용하는 것이 적절하다. 상담자는 직면을 통해 내담자가 자신의 문제를 더 깊이 이해하고 통찰할 수 있도록 돕는 역할을 한다.

(7) 정보제공

정보제공(Providing Information)은 내담자가 필요로 하는 다양한 내용을 상담자가 전달해 주는 상담기술이다. 이는 주로 내담자의 요구에 따라 이루어지며, 내담자가 문제를 이해하거나 해결하는 데 도움을 줄 수 있는 구체적이고 실질적인 정보를 포함한다. 예를 들어, 내담자가 특정 문제에 대해 더 잘 이해할 수 있도록 관련 자료를 설명하거나, 적절한 자원과 지원 서비스를 안내하는 등의 방식으로 정보를 제공할 수 있다.

(8) 제안과 금지 및 통제

제안과 금지 및 통제(Suggestions, Prohibition and Control)는 상담자가 내담자에게 보다 적극적으로 개입하는 방법으로, 주로 지지적 치료에서 활용된다. 이 기술은 상담자가 내담자에게 특정 행동이나 방향을 권장하거나 격려하는 제안과 내담자가 부적절하거나 해로운 행동을 하지 않도록 막는 금지 및 통제로 구성된다. 상담자는 제안을 통해 내담자가 바람직한 방향으로 나아가도록 적극적으로 격려할 수 있다. 또한, 내담자가 스스로 해로운 선택을 하지 않도록 행동을 금지하거나 통제하는 방식으로 개입하기도 한다(Dewald, 2023). 이러한 방법은 내담자가 자신에게 유익한 결정을 내릴 수 있도록 돕는 데 효과적일 수 있지만, 내담자의 자율성을 존중하며 신중히 사용해야 한다.

(9) 요약하기

요약하기(Summarizing)는 상담자가 내담자가 말한 내용의 중요한 핵심을 간단하게 정리하여 내담자에게 전달하는 상담기술이다. 요약을 통해 내담자는 자신의 이야기를 더 명확히 이해하고, 문제의 본질을 파악할 수 있다. 상담자는 내담자가 이야기한 주요 내용을 재구성하여 내담자가 자신의 생각과 감정을 체계적으로 정리할 수 있도록 돕는다. 이는 내담자가 스스로를 더 잘 이해하도록 돕는 중요한 과정으로, 상담의 흐름을 정리하고 앞으로 나아갈 방향을 설정하는 데에도 유용하다.

(10) 빈 의자 기법

빈 의자 기법(Empty Chair Technique)은 빈 의자를 앞에 두고 그 의자에 자기에게 중요한 사람이 앉아 있다고 가정하여 그 사람에게 하고 싶은 말을 하도록 하는 것이다. 내담자는 상대에게 자기감정을 표현함으로써 감정의 정화가 된다. 또 대화기술이 부족한 사람에게도 빈 의자 기법이 사용될 수 있다. 빈 의자에 상대가 앉아 있다고 가정하여 평소 하던 대로 그 사람에게 자기감정을 표현하도록 한다. 그런 다음 상담자는 내담자가 보완하거나 고쳐야 할 부분을 지적하고 교정시켜 준다. 또 상담자는 내담자가 보고 배울 수 있도록 직접 시연할 수 있다. 빈 의자 기법으로 연습하면 의사소통기술이 나아진다.

(11) 역할 연기

상담자는 어떤 특정한 상황을 설정하여 내담자가 어떤 사람과 대화하는 연기를 하도록 한다. 역할 연기(Role-Playing)를 한 다음 상대와 역할을 바꾸어서 하기도 한다. 배우자와 갈등이 있는 내담자가 있다면 먼저 내담자가 배우자 역할을 하는 상대와 대화하도록 한다. 다음에는 역할을 바꾸어 자신이 배우자 역할을 하면서 자기 역할을 하는 상대와 대화한다. 그리고 다시 배우자 역할을 하는 상대와 대화하는 등의 방법을 사용할 수 있다. 상담자는 내담자가 잘한 부분을 칭찬하고 보완해야 할 부분을 지적하고 가르쳐 준다. 또 상담자는 내담자가 보고 배울 수 있게 직접 시범을 보이기도 한다. 역할연습을 함으로써 내담자가 상대의 입장을 잘 이해하고 자기를 좀 더 객관화해서 보면서 대화기술이 향상된다.

2) 상담 과정

상담자는 상담 과정 중 상담자와 내담자 간의 관계를 면밀히 분석한다. 상담 장면에서 내담자가 보여 주는 대인관계 양식은 내담자를 이해하는 데 중요한 단서를 제공한다. 특히, 정신분석치료에서는 내담자가 어린 시절 중요한 사람과의 대인관계 경험을 상담자에게 전이하는 현상을 상담자가 잘 이해하고, 적절한 시점에 이를 내담자에게 해석해 준다. 또한, 상담자 자신도 어린 시절의 대인관계 경험이 내담자에게 역전이 되는 상황을 스스로 통찰하고 이를 제거할 수 있어야 한다(Fromm-Reichmann, 2021). 이러한 과정은 상담자가 마음챙김을 통해 자신의 감정을 명확히 이해함으로써 더 효과적으로 이루어진다.

상담의 진행 과정은 상담이론, 목표, 또는 내담자의 상황에 따라 다르게 전개될 수 있으나, 일반적으로 초기 단계, 중기 단계, 종결 단계의 세 단계로 나눌 수 있다.

(1) 초기 단계

상담 초기 단계(Initial Stage)는 라포 형성이 핵심으로, 상담자는 내담자를 존중하고 진심으로 이해하며 신뢰 관계를 형성한다. 이 단계에서는 내담자의 주요 문제와 내담자의 동기와 준비도 등을 파악하고, 이를 해결하기 위한 현실적이고 구체적인 치료 목표와 전략을 세운다. 이때 지금 이 내담자를 잘 도울 수 있는 상담기술이 무엇이며 내담자를 어떻게 대하는 것이 치료 성과를 높일 것인지에 대해서 생각한다.

정신분석상담에서는 내담자의 성격 전반을 이해하고 수정하는 데 초점을 두고, 현재의 문제 행동이 과거 어린 시절의 경험에서 발단된 것을 내담자가 자각하고 현실에 잘 적응할 수 있도록 돕는 전략을 수립한다. 인지행동상담은 특정 문제, 예를 들어, 분노 조절을 목표로 삼아 이를 해결하기 위한 전략을 세운다.

상담 초기에는 상담 목표 외에도 상담의 횟수, 시간, 비용 등 실질적 사항을 내담자와 협의하고, 상담의 구조를 체계적으로 마련하는 과정이 이루어진다.

초기 단계에서는 내담자에게 어떻게 상담에 임해야 하는지, 상담 방법은 무엇인지, 상담은 어떻게 진행되는지 등에 대해서 교육할 필요가 있다.

(2) 중기 단계

중기 단계(Working Stage)는 초기 단계에서 설정된 목표와 전략에 따라 본격적으로 상담이 진행된다. 하지만 상담이 진행되면서 처음에 내담자와 합의한 목표가 달라질 수도 있다. 이 단계에서는 내담자의 주요 문제를 깊이 다루고 해결하기 위해 경청, 공감, 명료화, 해석, 직면 등의 다양한 상담기술이 활용된다. 중기 단계에서는 상담이론과 내담자의 상황에 따라 다양한 방법이 유연하게 적용된다. 정신분석상담에서는 내담자의 전이와 저항을 분석하고, 어린 시절에 형성된 무의식적 감정을 이해하도록 돕는다. 이를 통해 내담자가 이전에 의식하지 못했던 문제의 근원을 통찰하고 반복되는 패턴을 수정하도록 지원한다. 인지행동상담에서는 내담자가 자신의 왜곡된 사고가 문제를 유발한다는 것을 인식하도록 돕고, 이를 현실적이고 이성적 생각으로 변화시키는 데 초점을 맞춘다. 상담의 중기 단계에서는 내담자가 자기 자신을 더 잘 이해하고 문제를 해결할 수 있도록 반복적으로 나타나는 주요 문제를 다루며, 내담자에게 최적의 이익을 줄 수 있는 방법을 선택하여 적용한다.

(3) 종결 단계

상담의 목표가 달성되었을 때, 상담은 자연스럽게 종결된다. 그러나 경우에 따라 내담자나 상담자의 사정으로 상담이 중단될 수도 있다. 내담자가 원하여 상담이 중단되는 경우, 상담자는 내담자에 대한 걱정이나 아쉬움, 실망감 등의 감정을 잘 알아차리고 이를 돌보는 것이 중요하다. 종결 단계(Termination Stage)에서는 내담자가 경험할 수 있는 이별의 감정을 섬세하게 다루어주는 것이 필요하다. 상담자는 내담자가 상담에서 얻은 성과를 확인하고, 이를 유지하고 발전시킬 수 있도록 격려하며, 필요시 추후 상담을 다시 진행할 수 있음을 안내한다. 이 과정은 내담자가 상담 종결을 긍정적으로 받아들이고, 상담에서 배운 점을 독립적으로 적용할 수 있도록 돕는 중요한 마무리 단계이다.

3) 개인상담과 집단상담

심리상담은 개인상담과 집단상담으로 나눌 수 있다. 개인상담은 상담자와 내담자가 1:1로 진행하는 방식으로, 내담자에게 깊이 있는 개인화된 접근이 가능하다. 반면, 집단상담은 여러 명의 내담자가 같은 시간과 공간에서 상호작용하며 진행되는 상담으로, 상호작용을 중시하는 특징이 있다. 집단상담은 시간과 비용을 절약할 수 있는 장점이 있으며, 내담자가 상담 과정에서 다양한 대인관계 경험을 쌓고 자신을 타인의 관점에서 바라볼 기회를 제공한다. 특히, 중독 문제를 가진 내담자의 경우, 집단상담이 개인상담보다 더 효과적인 경우가 많다. 상담자는 내담자의 특성과 상담 환경을 고려하여 개인상담과 집단상담 중 적합한 방식을 선택해야 하며, 집단상담도 상담이론에 따라 다양한 형태로 활용된다(천성문, 함경애, 박명숙, 김동원, 2022).

6. 상담자의 자기이해와 성장

상담자는 내담자에게 자기의 모습을 보고 내담자와의 관계를 통해서 자신을 자각하면서 성장하게 된다. 상담자가 자기를 잘 이해하고 성장한 만큼 내담자를 보다 잘 도울 수 있다.

내담자에 대한 상담자의 욕구가 줄어들면 내담자를 더 분명하게 이해하게 된다. 상담자가 자기의 감정과 욕구를 인식하지 못하면 내담자를 돕기 위한 언동이 오히려 내담자에게 부정적인 영향을 주거나, 내담자를 충분히 도울 수 없게 된다. 예를 들어, 상담자가 내담자의 빠른 회복을 바라는 자신의 욕구를 인식하고 이를 수용하면, 상담자는 보다 여유로운 태도로 내담자에게 적합한 상담기술을 적용할 수 있다. 또한, 상담자가 내담자에게 친절하게 대하려는 마음 이면의 자신의 욕구를 알아차리면 현실에 맞게 상담을 진행할 수 있다. 상담자가 상담 과정에서 일어나는 자신의 내면을 잘 볼 수 있으면 상담이 편안하게 진행된다.

상담자는 상담 과정에서 일어나는 자신의 감정과 욕구를 주의 깊게 살펴야 하며, 이를 자신의 어린 시절의 경험과 연결 지어 이해할 필요가 있다.

(1) 마음챙김의 중요성

마음챙김은 상담자가 자신의 생각과 감정을 비판 없이 받아들이고 수용하는 과정으로, 상담의 효과성을 높인다. 마음챙김 과정을 택시 운전사가 택시에 타고 내리는 손님을 알아차리는 것으로 비유할 수 있다(박상규, 2022). 상담자는 자신의 생각과 감정이라는 손님이 오면, 이를 분명히 알아차리고 편안하게 맞이하는 태도를 유지한다.

상담 과정에서 상담자가 자신의 호흡 상태를 관찰하는 것도 중요하다. 호흡이 편안하지 않음을 분명히 알아차리는 것만으로도 호흡이 안정되고, 이는 상담의 흐름을 자연스럽게 개선하는 데 도움이 된다. 또한, 자신의 목소리, 표정, 눈빛, 태도가 내담자에게 어떻게 비칠지 조망하며, 이를 통해 내담자와의 소통이 원활해질 수 있도록 신경 써야 한다. 또한, 상담자는 내담자가 말하는 내용뿐 아니라 말하지 않는 내용, 내담자가 보여 주는 비언어적 신호 등을 세심히 관찰하며 상담을 진행한다. 마음챙김이 잘되면, 지금 이 내담자에게 가장 이익이 되는 방식으로 내담자를 도울 수 있다.

상담자의 마음챙김은 상담 과정에서 스트레스를 줄이고 소진을 예방하는 데 큰 도움이 된다.

상담자는 상담 과정에 마음챙김을 활용할 뿐 아니라 내담자가 일상에서도 자기를 치유할 수 있도록 마음챙김을 권유할 수 있다.

(2) 상담자의 자비와 사랑

상담의 도구는 상담자의 인격과 태도이다. 내담자가 상담자의 자비와 사랑을 느낄 때 스스로 변화하게 된다(이동식, 2022). 또한 자비와 사랑은 전문성과 분리되지 않는다. 상담자는 전문성을 바탕으로 내담자를 돕는다. 상담자의 사랑은 단순한 감정적 표현을 넘어, 전문적 지식과 기술을 통해 내담자를 지원하는 행위로 나타난다(황임란, 박상규, 이정기, 김재성, 2024).

상담자는 내담자의 말에 공감하면서도 전문가로서 객관성을 유지하고, 내담자와의 관계에서 자신이 해야 할 일에 집중한다. 또 상담자는 자신이 가진 치료적 강점과 장점을 강화하여 상담의 효과를 높일 수 있다.

상담자의 진정한 관심과 사랑이 내담자에게 전달될 때 내담자는 희망을 품고 자기를 잘 꽃피울 수 있다.

(3) 상담자의 자신감과 성실함

상담자는 자신감을 가지고 성실한 태도로 내담자를 대해야 한다. 내담자는 상담 과정에서 상담자가 보이는 행동과 태도를 관찰하며 이를 모범으로 삼아 배울 수 있다.

상담자는 일관성 있는 행동과 진지한 목적의식을 통해 자기 역할을 충실히 수행해야 하며, 이러한 태도는 내담자에게 신뢰와 변화 동기를 제공한다. 또한, 상담자는 내담자가 치료될 수 있다는 치료적 소신으로 상담에 임해야 한다(Dewald, 2023). 상담자는 내담자의 변화를 믿고 오래 기다리며 인내할 수 있어야 한다.

(4) 적절한 전략과 대처 방안의 중요성

상담자는 내담자를 올바르게 이해하고, 내담자와 상황에 적합한 전략을 세워 상담의 성공 가능성을 높인다. 손자병법의 "勝戰後求戰(승전후구전)"이라는 말처럼, 상담을 시작하기 전에 철저한 준비와 대책을 세운다. 상담자는 내담자의 상태와 상황에 따라 현실적이고 구체적인 목표를 설정하고, 이를 달성하기 위한 전략과 대처 방안을 마련한다.

모든 상담 사례가 성공적일 수는 없지만 상담자는 사례마다 최선을 다하며, 자신의 역량을 충분히 발휘하는 데 집중해야 한다. 그러나 상담의 성공이나 실패에 지나치게 집착하지 않아야 하고, 자신이 해야 할 역할을 충실히 수행했다는 사실에 만족한다.

내담자의 변화는 상담자의 노력만으로 이루어지지 않는다. 내담자의 동기나 의지, 환경적 요인, 그리고 기타 외적 요소가 치료 효과에 영향을 미친다. 상담자는 이러한 한계를 인식하고 겸손하게 자신이 할 수 있는 일에 집중한다. 나는 중독자를 상담하면서 중독자의 회복이 중독자 자신의 노력과 신의 은총이 필요하다는 것을 느끼고 있다. 상담자에게 중요한 일은 상담의 결과에 대해서 일어나는 자기의 감정을 분명하게 주시하는 것이다.

(5) 자기돌봄의 중요성

상담자는 자신을 잘 보살펴야 한다. 상담자가 자기를 돌보지 않고 지나치게 내담자를 위하여 애쓰는 것은 바람직하지 않다. 이는 상담자 자신을 힘들게 하며, 내담자의 성장에도 장애가 된다. 상담자는 윤리적 범위 내에서 전문가로서 자신이 해야 할 일을 한다.

상담자는 다른 전문가와의 대화, 명상, 운동, 예술 활동, 신앙생활 등 다양한 방법을 통해 스트레스를 해소하고 자신을 건강하고 행복하게 돌보아야 한다.

(6) 전문성과 지속적 성장

상담자의 전문성은 내담자에게 진정성 있는 사랑을 효과적으로 전달하는 중요한 도구이다. 전문성을 함양하기 위해, 상담자는 직접 상담받는 경험을 가지는 것이 좋다. 내담자 경험은 상담자가 자신을 더 깊이 이해하고 성장할 수 있도록 도우면서 내담자의 입장을 이해하고 공감하는 기회가 된다.

또 상담자는 상담을 받은 후에도 지속적으로 자기를 성찰해 나갈 필요가 있다. 소암 이동식 선생은 치료자가 성장하기 위해서는 좋은 치료자를 만나서 자신의 핵심감정을 자각하고 정신치료와 수도를 병행하거나 치료 후에 수행할 필요가 있다고 강조하였다(이동식, 2022). 상담자는 꾸준하게 자기를 자각해야 한다. 상담자가 자기를 자각하는 만큼 내담자를 잘 도울 수 있다.

슈퍼비전(supervision)은 상담자가 자신의 상담 과정을 돌아보고 이해하며, 상담기술을 향상시키는 데 중요한 역할을 한다. 전문 자격 취득을 위해 필요한 슈퍼비전뿐만 아니라, 상담 역량을 지속적으로 강화하기 위해 관련 전문가로부터 정기적으로 슈퍼비전이나 자문을 받는 것이 중요하다(Nelson-Jones, 2016).

또한, 상담자는 학회 참석이나 세미나 참여를 통해 최신의 치료 이론과 검증된 상담 기법을 배우고, 이를 통해 자신의 전문성을 꾸준히 향상시켜야 한다.

상담자는 지속적인 학습과 수행을 통해 자신을 이해하고 자신의 강점을 살려 특성화된 상담기술을 개발하고, 이를 상담 현장에서 효과적으로 활용한다. 이러한 노력은 상담자의 성장을 촉진할 뿐만 아니라, 내담자에게도 더 나은 상담 서비스를 제공하는 기반이 된다.

(7) 무위의 마음

상담자는 무위(無爲)의 마음으로 내담자를 대해야 한다. 무위의 마음이란 자기의 욕심과 집착을 줄이고 상담자가 내담자를 위해 할 수 있는 일과 해야 할 일을 자연스럽게 수행하는 태도를 말한다. 상담자가 무위의 마음으로 내담자를 대하면 내담자가 내면의 참나의 목소리를 듣고 스스로 문제를 해결하면서 자기답게 잘 살아갈 수 있다.

7. 상담과 심리치료의 윤리

1) 직업 윤리의 필요성

전문가의 직업 윤리는 직업의 전문성을 지키는 길이고 다른 집단과의 경쟁에서 우위를 가지게 한다. 특히 상담과 심리치료에서의 윤리는 내담자와 신뢰관계를 공고히 하고 치료 효과에도 영향을 미친다. 1953년에 미국심리학회(American Psychological Association: APA)는 처음으로 심리학 윤리 강령을 발표했다(권경인, 김태선, 조수연, 2018). 당시 주요 핵심 원칙은 '내담자 복지의 최우선' '비밀의 유지' '치료 관계에서의 권력 남용 금지' '치료 효과 극대화를 위한 전문성의 유지'였다. 1960년대 이후에는 인권 운동이 활발해지면서 내담자의 권리, 자율성, 존중 등이 심리치료의 윤리에 강조되었다(맹광호, 2000). 최근에는 문화적 다양성의 존중, 디지털 원격 치료 과정에서의 보완 문제 등으로 윤리 내용이 확장되었다. 현재 상담과 심리치료를 제공하는 심리학자들은 윤리적이고 도덕적인 입장에서 내담자의 정신건강을 증진시키기 위해, 과학적이며 효과적이고 효율적인 치료 서비스를 연구하고 만들어 가며, 제공하고 있다.

많은 시간이 필요한 상담 서비스의 특성상, 잠시의 이득을 위해 상담에 대한 윤리를 어기고 싶은 유혹이 언제나 발생할 수 있다. 하지만, 윤리를 지킴으로써 얻게 되는 이득이 훨씬 많다. 윤리를 지키면, 상담자는 내담자의 신뢰를 얻고, 장기적으로는 더 많은 내담자를 도울 수 있다. 더불어 윤리를 준수하면 상담자 개인의 내적 갈등 없이 편안한 마음으로 상담하게 된다. 윤리적 기준에 따라 내담자를 돕는 과정에서 보람을 느낄 수도 있고 윤리적 갈등을 피함으로써 직업적 스트레스와 소진을 줄일 수 있다. 이 밖에도, 개인이 속한 학회나 협회 등에도 좋은 영향을 미친다.

윤리적으로 행동하는 상담자가 많은 학회나 협회일수록, 해당 기관, 그리고 개인이 가진 자격증의 가치와 신뢰도가 증가한다. 나아가 학회와 사회 전체의 정신건강 개선에도 기여한다.

상담자의 윤리는 상담으로 경제적 이득을 얻으려는 전문가가 지켜야 할 권장 사항이라기보다는 반드시 지켜야 하는 필수 사항이다.

2) 상담 및 심리치료와 관련된 윤리

한국에는 상담이나 심리치료를 제공하는 다양한 학회나 협회들이 존재한다. 그리고 각 학회나 협회는 나름의 윤리 규정이 있다. 이러한 윤리 규정들은 각 학회(협회)의 전문 영역이나 평가 방식, 전문성 유지 및 학문적 기여, 법적 윤리와 의무, 내담자와의 관계에 대해서 약간의 차이가 있으나, 내담자의 복지 상태나 연구에 대한 핵심적인 내용에 있어서는 대동소이하다. 이 장에서는 한국 내에서 역사가 깊은 한국임상심리학회(2004)와 한국상담심리학회(2018) 등의 윤리 규정을 기반으로, 핵심적인 내용을 중심으로 상담과 심리치료의 윤리에 대해 설명하고자 한다.

(1) 내담자에 대한 존중

내담자에 대한 존중은 상담에서 가장 중요하다. 상담자는 내담자의 인격, 자율성, 가치관을 존중하고, 내담자의 문화적, 사회적 배경을 가지고 차별하거나 비판하지 않는 태도로 상담을 진행해야 한다. 특히 상담자는 내담자가 스스로 선택하고 결정할 수 있는 권리가 있음을 알리고, 그 권리를 존중한다. 구체적으로 상담자는 치료 계획, 목표, 과정에 대해서도 내담자에게 충분히 설명하고, 내담자가 자율적으로 선택하도록 한다.

상담자는 내담자의 고유한 경험과 관점을 인정하며, 이를 침해하지 않을 도덕적 책임이 있다. 내담자에 대한 존중은 단순한 윤리 원칙을 넘어 상담의 효과성도 높인다. 내담자가 상담자로부터 존중을 받으면 자신의 문제를 솔직히 표현하며, 라포 형성이 잘 된다. 또 내담자는 상담자로부터 정서적 지지를 받고 스스로 변화를 추구할 동기를 가진다.

표 1-1 내담자 존중의 윤리 위반 사례

상담자 A는 내담자 B의 고민을 경청하는 대신, 자신의 종교적 신념을 강요하며 내담자의 고민을 자신의 신념 체계에 맞춰 해석하려고 했다. 상담 회기 중 내담자가 과거의 트라우마에 대해 힘들어하자, 상담자 A는 "그냥 잊어버리고 과거에 집착하지 마세요. 기도만 하면 모든 것이 해결될 거예요."라며 내담자의 고통을 축소하고, 종교적 해결법을 제시했다.

이 사례는 내담자의 고유한 경험과 가치관을 존중하지 않고, 자신의 신념을 강요하여 내담자의 자율적인 문제해결 능력을 저해했다는 데 문제가 있다. 더불어 상담과 심리치료는 과학적 근거를 바탕으로 이루어져야 하는데, 상담자 A는 자신의 종교적 신념만을 근거로 상담을 진행하여 전문성을 남용했다. 이런 문제는 상담자와 내담자 간의 치료적 신뢰를 깨뜨리는 매우 치명적인 윤리 문제라고 할 수 있다.

(2) 비밀 보장

상담 과정에서 내담자가 제공한 모든 정보는 엄격히 비밀로 유지되어야 한다. 단, 법적으로 요구되거나 내담자나 타인의 안전이 위협받는 경우에는 제한적으로 정보를 공개할 수 있다. 더불어, 상담 과정에서 발생한 내담자에 대한 자료도 비밀이 보장되어야 한다. 즉, 개인정보가 있는 회기 보고서, 녹음 자료, 심리평가 원자료 및 보고서 등은 안전하게 보호되어야 하며, 누군가가 무단으로 사용하거나 공개하지 말아야 한다.

내담자 자료에 대한 비밀 보장은 내담자로 하여금 권리 보호와 사생활 보호에 대한 안정감을 가지게 한다. 이러한 안정은 곧 치료에 대한 신뢰감을 가지게 하고, 이는 상담의 효과를 증가시킨다.

비밀 보장을 지키지 못하면, 단순히 상담효과가 감소하는 것으로 끝나지 않는다. 최근처럼 정보가 디지털화되어 포털 사이트로 전송이 쉬워진 상황에서는, 상담자의 부주의만으로 정보가 웹상에 바로 노출되고, 이로 인해 상담자가 법적 책임을 지는 일이 발생할 수 있다.

표 1-2 비밀 보장의 윤리 위반 사례

> 내담자 B는 상담자 A에게 자신의 성폭력 피해 경험에 대해 말하였다. 내담자 B는 상담자에게 깊은 신뢰감을 가지고, 자신이 겪은 고통스러운 경험을 솔직하게 털어놓았다. 하지만 상담자 A는 내담자 B의 동의 없이, 자신의 친구이자 같은 병원에 근무하는 C 의사에게 이런 사실을 이야기하며, 전문적인 의견을 구했다. C 의사는 내담자 B를 이전에 만나 본 사람이다. C 의사는 상담자 A의 이야기를 듣고 내담자 B의 경험을 자기식대로 해석하며 내담자에게 부적절한 조언을 했다.

이 사례는 상담에서 가장 중요한 원칙 중 하나인 비밀 보장을 위반한 사례이다. 내담자가 상담자에게 털어놓은 비밀은 철저히 보호되어야 하며, 어떠한 경우에도 동의 없이 타인에게 공개되어서는 안 된다. 이는 상담자의 심각한 윤리적 위반 사항으로, 치료적 관계 손상뿐만 아니라 내담자에게 심리적 고통을 준다.

(3) 다중 관계의 금지

상담자와 내담자 간에 전문적 치료 관계 외 다른 목적의 관계가 만들어지는 것을 다중 관계라고 한다. 이러한 다중 관계는 자칫 상담자의 권력 남용으로 이어지고, 관계의 중립성을 무너뜨리며, 상담의 효과를 감소한다. 상담자는 자신의 권위를 남용하여 내담자에게 손실을 끼치거나, 성적, 정서적, 금전적 착취를 하지 않아야 한다. 이를 위해 상담자는 항시 내담자와의 관계에서 건강한 경계를 유지하고, 혹시 자신의 이익을 위해 내담자를 이용하는지 마음챙김을 잘 해야 한다.

다중 관계로 치료 관계의 경계가 무너지면, 내담자는 상담자와의 관계를 혼란스러워하고, 신뢰감이 사라지며, 치료 효과도 저하된다. 치료 관계가 사적 관계로 변질되면 상담자는 내담자를 객관적으로 대하기가 어려워지고, 이로 인해 상담 과정의 공정성과 전문성은 떨어진다.

표 1-3 다중 관계 금지 윤리 위반 사례

> 상담자 A는 우울증으로 방문한 내담자 B를 상담하고 있었다. 내담자는 상담자에게 깊은 신뢰감을 느꼈고, 상담 시간 외에도 개인적인 고민을 자주 털어놓았다. 어느 날 저녁 내담자 B는 외부 식당에서 상담자를 만나고 싶다고 상담자 A에게 전화하였다. 상담자는 내담자의 요구에 응하여 외부의 식당에서 만나면서 사적인 관계가 시작되었다.

이 사례는 다중 관계 금지에 대한 윤리를 위반한 사례다. 이러한 방식으로 다중 관계가 형성되면 치료의 객관성은 떨어진다. 상담자가 내담자와의 사적인 관계에 집중하면, 전문가로서 역할을 수행하기 어렵다.

(4) 전문성의 유지

상담자는 최신 연구와 치료 기법을 배우고, 자신의 역량을 꾸준히 개발해야 한다. 상담과 심리치료 분야는 끊임없이 변화하고 발전하고 있다. 새로운 기법을 습득한 상담자는 더욱 효과적인 상담을 제공하고 내담자에게 맞춤형 상담 계획을 수립할 수 있다. 상담자의 꾸준한 공부는 내담자에게 질 좋은 서비스를 제공한다.

또 상담자는 자신의 능력과 한계를 명확히 인식해야 한다. 상담자가 자신의 역량을 벗어난 문제를 가진 내담자를 만날 경우에는 다른 전문가에게 의뢰하거나 자문을 구해야 한다.

표 1-4 전문성 유지 윤리 위반 사례

> 상담자 A는 내담자 B에게 우울증 치료를 진행하면서, 자신이 개발했다는 '특별한 에너지 치료법'이 매우 효과적이라고 주장하며 이를 적용했다. 상담자 A는 이 치료법에 대한 과학적 근거를 제시하지 못했으며, 오히려 개인의 종교적인 신념과 경험을 근거 삼아 치료의 효과를 과장했다. 내담자 B는 상담자를 신뢰했기에 이 치료법을 받아들였지만, 증상이 전혀 호전되지 않았고 오히려 불안감만 증가했다.

이 사례는 상담자의 전문성을 유지하지 못한 사례이다. 상담자는 과학적 근거를 바탕으로 상담을 진행해야 한다. 상담자 A는 자신의 주관적인 믿음을 근거로 비과학적 치료법을 사용하여 전문성을 유지하지 못했다. 이러한 상담은 내담자를 기만하는 행위이다. 과학적이지 않고 검증되지 못한 치료법은 내담자의 증상을 악화시키거나 심리적 고통을 더욱 가중시킬 가능성이 있다.

(5) 동료와의 협업

상담자는 다른 상담자 및 관련 전문가들과의 협업을 통해 내담자에게 최상의 서비스를 제공해야 한다. 다양한 배경과 경험을 가진 동료들과 협력하면, 내담자의 문제를 더 효과적으로 이해하여 접근할 수 있고 궁극적으로 치료 효과를 높일 수 있다. 더불어 지속적인 동료들과의 논의를 통해 자신의 치료 기법을 평가하고 개선할 수 있으며, 자신의 역량을 강화할 수 있다.

표 1-5 동료와의 협업 윤리 위반 사례

> 상담자 A는 내담자 B를 상담하고 있었다. 내담자 B의 상태가 심각해지자, 상담자 A는 동료인 상담자 C에게 동료 슈퍼비전을 요청했다. 이 과정에서 상담자 A는 내담자 B의 개인정보를 구체적으로 언급하며, 상담자 C에게 자신의 견해를 이야기했다. 하지만 상담자 C는 상담자 A의 의견에 동의하지 않았다. 두 사람은 내담자 B의 진단과 치료 방향을 놓고 심각한 의견 차이를 보였다. 이러한 갈등은 내담자 B에 대한 정보를 다른 동료들에게까지 확산시키는 결과를 초래했고, 내담자 B는 자신에 대한 소문이 퍼진다는 사실에 큰 상처를 받았다.

이 사례는 동료 간 협업 부족에 의해 내담자에 대한 비밀 보장 원칙까지 깨지는 심각한 윤리 위반 사례이다. 상담자 A는 내담자 B의 동의 없이 개인정보를 다른 동료에게 공유하며 일차적으로 비밀 보장의 원칙을 어겼고, 상담자 A와 C는 내담자 B를 위해 협력하기보다는 자신들의 주장을 관철하는 데 더 집중하여 동료 간의 신뢰를 저해했다. 궁극적으로 피해는 고스란히 B 내담자가 받게 되었고, 결국 치료팀에 대한 신뢰성과 전문성도 훼손되었다.

(6) 연구와 출판의 윤리

상담과 심리치료에 종사하는 심리학자는 연구자료를 조작하거나 왜곡하지 않으며, 심리학 지식과 경험을 올바르게 사용해야 한다. 연구 참여자인 내담자의 동의를 구해야 하며, 내담자에게 피해를 주어서는 안 된다. 연구 윤리가 지켜지지 않으면, 연구 참여자들에게 해를 끼치고 연구결과의 신뢰성도 보장되지 않는다.

표 1-6 연구와 출판 윤리 위반 사례

> 상담자 A는 새로운 치료 프로그램이 효과가 있는지를 검증하기 위해 연구 참여자들을 대상으로 치료 프로그램을 적용하고 결과를 분석하였다. 하지만 연구결과가 자신이 기대한 것과 다르게 나오자, 일부 데이터를 조작하여 치료 기법의 효과를 과장했다. 특히, 치료 효과가 미미하거나 부정적인 결과를 보인 참여자의 데이터를 삭제하거나 수정했다. 게다가 지인의 요청에 의해 논문에 기여하지 않은 동료 연구자를 공동 저자로 포함시키고, 실제 연구에 참여한 대학원생 연구원을 제외했다.

이 사례는 연구 결과의 조작, 저자 표기 오류 등과 관련된 윤리 문제를 보이는 사례이다. 이러한 행위는 연구의 신뢰성을 떨어뜨리고 연구의 공정성을 훼손하며, 학술계의 신뢰를 저해한다. 이 같은 윤리 위반은 상담자 개인이 저지른 비윤리적 행위 수준을 넘어서, 학문 전체의 문제로 이어질 수 있다. 따라서 상담을 하는 모든 연구자는 연구 윤리를 준수해야 한다.

8. 요약

상담 및 심리치료는 내담자의 문제를 해결하고 내담자가 행복한 삶을 살 수 있도록 돕는 전문적 활동이다. 상담은 일반 성인을 비롯해 가족 및 부부, 아동, 청소년, PTSD 내담자, 중독자 등을 대상으로 이루어질 수 있으며, 이들을 효과적으로 상담하기 위해서는 대상자의 특성에 적합한 상담이론과 기술을 숙지해야 한다. 현대의 주요 상담 및 심리치료이론으로는 정신분석치료, 아들러 심리치료, 인간중심 심리치료, 동기강화상담, 인지행동치료, 수용전념치료, 현실치료상담, 교류분석치료, 명상심리상담 등이 있다.

심리상담에 기본적으로 사용되는 기술로는 경청, 질문하기, 공감, 반영, 명료화, 직면, 정보 제공, 제안과 금지 및 통제, 요약, 빈 의자 기법, 역할 연기 등이 있다.

상담자는 전문성으로 내담자를 사랑해야 한다. 내담자에 대한 진정한 관심과 사랑은 내담자가 자신의 잠재력을 발휘하여 성장할 수 있도록 돕는 힘이 된다.

또한, 상담자는 상담 과정에서 자신의 감정과 욕구를 잘 이해하고, 마음챙김하여 무위(無爲)의 마음으로 내담자를 대해야 자신의 마음도 편안하면서 치료 효과가 높다.

상담자는 내담자 경험, 슈퍼비전, 워크숍 및 세미나 참석 등을 통해 전문성을 지속적으로 개발해야 한다.

한국적 문화에서는 상담자의 인격과 태도가 중요한 역할을 한다. 상담자는 자비로운 스승이 제자를 대하듯이 내담자를 따스하게 대한다.

마지막으로, 상담자는 상담윤리를 준수하면서 내담자를 만나야 한다. 이는 내담자를 있는 그대로 존중하는 것, 내담자의 비밀을 보장하는 것, 다중 관계를 피하는 것, 자신의 전문성을 끊임없이 향상시키는 것, 다른 전문가와 협업하는 것, 연구와 출판의 윤리를 지키는 것 등을 포함한다. 이러한 윤리적 기준은 상담자가 내담자를 효과적으로 돕고 신뢰를 구축하는 데 필수적 요소이다.

상담자가 꾸준히 마음챙김하는 것은 상담의 윤리를 잘 지키는 데 도움이 될 뿐 아니라 상담의 효과를 높여 내담자가 자기답게 잘 살아갈 수 있도록 돕는다.

연습 과제

1) 다양한 상담이론을 배우는 것이 왜 중요하다고 생각하는지 기술하세요.
2) 가족 및 부부문제, 아동 및 청소년 문제, PTSD, 중독문제 등을 가진 내담자를 잘 돕기 위해서 지금 내가 준비해야 할 것은 무엇인지 기술하세요.
3) 상담자의 마음챙김이 상담의 효과에 미치는 영향은 무엇인지 설명하세요.

주관식 문제

1) 상담자로서 전문성을 가지기 위해서 어떻게 노력해야 하는지 설명하세요.

2) 상담자로서의 갖추어야 할 중요한 태도가 무엇인지를 아는 대로 설명하세요.

3) 상담자로서 내담자의 비밀 유지에 대해서 아는 대로 설명하세요.

📋 참고문헌

권경인, 김태선, 조수연(2018). 상담경력과 집단상담 윤리 인식: 한국과 미국 집단상담자 비교연구. 한국심리학회지: 상담 및 심리치료, 30(4), 985-1007.

권석만(2018). 현대심리치료와 상담이론. 서울: 학지사.

김창대, 권경인, 한영주, 손난희(2005). 상담성과를 가져오는 한국적 상담자 요인. 상담학 연구, 9(3), 961-986.

맹광호(2000). 임상실습 학생들이 경험하는 윤리적 갈등 상황. 한국의료윤리학회지, 3(2), 153-159.

박상규(2018). 중독자의 회복유지를 위한 새로운 패러다임: 한국적 상담모형. 한국심리학회지, 건강 23(2), 293-326.

박상규(2021). 노자의 무위자연의 관점에서 본 자존감과 상담적 접근에서의 시사점. 한국심리학회지 건강, 26(4) 617-639.

박상규(2022). 마음챙김과 행복. 서울: 학지사.

송정화(2023). 긍정심리치료의 기독교 상담적 적용. 복음과 상담 31(3) 95-129.

이동식(2022). 도정신치료입문. 서울: 불광출판사.

이은경, 양난미, 서은경(2007). 한국적 상담모형: 한국에서의 상담에 대한 질적 연구. 상담 및 심리치료 19(3) 587-607.

장성숙(2010). 상담자의 어른역할이 상담성과에 미치는 영향-이야기 방식에 기초한 보고형태- 한국심리학회지 문화 및 사회문제 16(3), 311-329.

천성문, 함경애, 박명숙, 김동원(2022). 집단상담. 서울: 학지사.

한국임상심리학회(2004. 8.). 한국임상심리학회 윤리 규정. https://kcp.or.kr/user/sub01_4_2.asp

한국상담심리학회(2018. 1.). 한국상담심리학회 윤리 규정. https://krcpa.or.kr/user/sub02_9.asp

황임란, 박상규, 이정기, 김재성(2024). 자아초월영성상담의 실제. 서울: 학지사.

Dewald, P. A. (2023). 정신치료의 이론과 실제(*The Theory and Practice of Individual Psychotherapy*). (김기석 역). 고려대학교 출판문화원. (원저는 1974년에 출판).

Fromm-Reichmann, F. (2021). 집중치료의 원리(*Principles of Intensive of Psychotherapy*). (홍성화, 홍미기, 홍경기 역). 서울: 하나의학사. (원저는 1960년에 출판).

Nelson-Jones, R. (2016). 상담 및 치료의 이론과 실제(*Nelson-Jones' Theory and Practice of Counselling and Psychotherapy*). (김성봉, 황혜리 역). 서울: 시그마프레스. (원저는 2015년에 출판).

정신분석치료

정신분석 이론은 지그문트 프로이트(Sigmund Freud)의 이론적 연구와 환자 치료를 통한 발견들을 바탕으로 한 심리학의 주류 이론(제2심리학) 중 하나이다. 프로이트는 인간의 본능(삶의 본능, 죽음의 본능)과 보이지 않은 마음의 무의식적인 힘이 인간의 행동을 결정한다고 주장하였다. 계몽주의를 바탕으로 산업화가 시작되던 시기에 인간이 자기 자신을 이성적으로 통제할 수 없을 뿐만 아니라 알지 못하는 어떤 내적인 힘, 즉 무의식이 자신과 자신의 운명을 지배한다는 사실은 받아들이기 힘든 이론이었다. 프로이트는 인간은 쾌락을 추구하는 삶의 본능을 가지고 있으며, 삶의 목표의 상당 부분이 고통을 피하고 쾌락을 얻는 것이라고 하였다. 특히, 당시 사회적으로 성에 대한 이야기가 금기시되던 때에 인간의 성, 특히 성충동을 어떻게 극복하느냐에 따라 각 개인의 성격이 형성된다는 프로이트의 견해에 대해 그 당시 최면을 중심으로 치료하던 동료 상담자들에게는 프로이트의 이론은 비난의 대상이 되기도 하였다. 이후 프로이트의 정신분석 이론은 인간의 심리적 문제가 형성되는 원인과 그 증상의 의미를 어떤 이론보다도 근원적이고 심층적으로 이해할 수 있는 뛰어난 심리치료 이론으로 인정받게 되었다. 계속된 연구를 바탕으로 자아심리학(Anna Freud 등), 대인관계심리학(Harry Stack Sullivan 등), 대상관계이론(Donald Winnicott 등), 자기심리학(Heinz Kohut 등) 등 정신분석을 중심으로 한 새로운 심리치료 이론의 발전에 큰 영향을 미쳤고, 정신분석 이론을 바탕으로 한 이론들은 인간의 이해와 실제 상담과 심리치료에 큰 역할을 하고 있다.

정신분석 이론은 인간의 문제를 표면적으로 드러난 문제에 한정을 두지 않고 그러한 문제를 만들어 낸 무의식적 원인에 관심을 두고, 그 원인을 찾아서 제거하는 데초점을 두고 있다. 따라서 정신분석 상담방법은 내담자의 현재 문제를 이해하고 해결하기 위해서 개인의 아동기 경험을 중시한다. 프로이트는 인간은 초기 아동기인 0~6세까지에서 어떤 경험을 했느냐에 따라 성격이 형성되며, 인간의 마음은 대부분의식할 수 없는 무의식에 있고, 이 무의식에 의해 인간의 행동이 동기화 된다고 하였다. 따라서 심리적 문제에 대한 치료는 인간의 심리적인 문제가 형성된 무의식을 이해하는 방법으로 꿈을 해석하거나, 무엇이든 떠오르는 대로 말하게 하는 자유연상 등의방법을 통해서 어렸을 때 눌러 놓았던 심리적인 갈등을 의식화하게 함으로써 내담자자신의 행동을 깊이 있게 이해하는 과정을 통해 가능하다고 보았다.

정신분석 이론은 이러한 무의식이라는 개념과 인간의 행동은 어린 시절의 경험에 의해 결정된다는 결정론이라는 두 가지 개념을 기본적으로 가정하고 있다. 정신분석 이론을 통해 우리는 자신이 의식하지 못하는 무의식적인 원인에 의해 현재의 삶이 영향을 받을 수 있음을 이해하고, 무의적으로 행하는 자신의 행동의 의미를 이해하고자 노력할 때 우리는 무의식의 지배 속에서 벗어나 보다 자유로운 삶을 살 수 있을 것이다.

정신분석 이론은 심리치료 현장뿐만 아니라, 예술, 종교, 사회 조직, 아동 발달 및교육 등에 다양한 영향을 주었다.

1. 창시자와 이론의 발달

1) 프로이트

프로이트(1856~1939)는 오스트리아 출신의 의사, 의학자, 생리학자, 심리학자, 철학자이며 정신분석학의 창시자이다. 프로이트는 거의 모든 이론을 성적 욕구와 관련 지어 설명했으며,[1] 인간의 무의식을 최초로 규정한 사람이다.

프로이트는 20세기 사상사에서 매우 중요한 학자이다. 심리학은 물론이고 근대 철학에서도 프리드리히 니체(Friedrich Nietzsche), 루트비히 비트겐슈타인(Ludwig

---

1 제1차 세계대전 이후에 공격성을 인간의 중요한 욕구로 추가하였다.

Wittgenstein) 등과 함께 비중 있게 다루어지는 철학자들 중 한 명이다.

프로이트는 1856년 체코슬로바키아(당시 오스트리아 영토)의 프라이베르크에서 모직물 상인 야곱 프로이트와 부인 아말리아 나탄손 사이에서 일곱 형제 중 첫째로 태어났다. 프로이트의 아버지는 프로이트의 어머니와 재혼한 것이고, 이미 이복형들이 있었다. 프로이트 가족은 아버지의 경제적 어려움으로 1859년에 빈으로 이사를 하였고, 프로이트는 1866년 빈의 김나지움에 입학하여 내내 수석으로 뛰어난 학습능력을 보였다. 1873년 빈 대학의 과학부에 들어갔다가 의학부로 옮겼다. 1877년 가재의 신경세포에 관하여 오늘날의 세포설에 가까운 이론을 발표하기도 하였고, 1881년 의대를 졸업하였고, 1882년 경제적인 이유로 연구 생활을 그만두고 빈 대학 부속병원의 수련의가 되었다. 1884년 코카인의 마취 작용에 대한 논문 「코카인에 대하여」를 발표하였다. 이때 프로이트 본인도 사용하였으나, 코카인의 중독성 때문에 사용을 중단하였다고 한다. 1885년 파리에 유학하여 장 마르탱 샤르코(Jean-Martin Charcot) 교수에게 히스테리 이론을 배워 본격적으로 신경증을 연구하게 되었다.[2] 이때 무의식에 대한 힌트를 얻었다고 한다. 1886년 빈에서 병원을 열어 신경증 환자 치료를 시작하였고, 1891년 최초의 저서인 『실어증의 이해를 위하여』가 나왔으나 혹평을 받았다. 1895년 요제프 브로이어(Josef Breuer)와 같이 『히스테리 연구』를 발간하였다. 1896년 '정신분석'이란 용어를 사용하기 시작하였고, 이 해에 아버지의 죽음으로 인해 자신의 정신분석을 시작하였다. 프로이트 자신의 정신분석의 주요 쟁점은 빈의 공원에서 아무 이유 없이 괴롭힘을 당한 아버지(유대인이라는 이유로)에 대한 기억과 어느 날 잠에서 깼을 때 부부관계 중인 부모의 방에 들어갔다가 아버지에게서 들은 '쓸모없는 놈'이란 비난에 대한 감정을 다루는 것,[3] 그리고 어릴 때 '아우타기'로 싫어했던 동생의 죽음에 대한 죄책감이었다. 1900년 자신의 정신분석과 꿈 분석을 담은 『꿈의 해석』을 출간하였다. 1901년 『일상생활의 병태 심리』를 발표하여 우발적 행위의 의미를 명백히 하였다. 1902년 프로이트는 그의 지지자 네 명인 알프레드 아들러(Alfred Adler), 빌헬름 스테켈(Wilhelm Stekel), 맥스 카하네(Max Kahane) 및 루돌프 라이틀러(Rudolf Reitler)와 수요일 심리학회(Wednesday Psychological Society)[4]를 열었다. 1905년 『성 이론에 관

---

2 샤르코 교수에게서 히스테리 환자에게 적용하는 최면치료를 접하였고, 이후로 당시 최면치료를 하던 요제프 브로이어(Josef Breuer)와 가까이 지내며 최면을 배워 히스테리 환자의 치료를 진행하였다.

3 오이디푸스콤플렉스와 엘렉트라콤플렉스란 개념을 만든 사람이 바로 프로이트이다.

4 가장 오래된 정신분석학회로, 나중에 비엔나 정신분석학회로 이름이 바뀌게 된다.

한 세 논문』과『위트와 무의식과의 관계』를 집필하였다. 1906년 정신분석학의 지지자
인 칼 융(Carl Gustav Jung)과 만났고, 1908년 잘츠부르크에서 제1회 국제 정신분석학
대회를 개최하였다. 1909년 미국 클라크 대학의 초청을 받아 제자들과 함께 방문하
여 정신분석학을 강연하였다.[5] 1910년 국제 정신분석 학회가 정식으로 발족되었다.
1912년『이마고(Imago)』를 창간하여 '토템과 터부'를 연재하였다. 1914년『정신분석
운동사』,『미켈란젤로의 모세』를 출간하였다. 1915년 빈 대학에서 정신분석학 입문 강
의를 시작하였고, 1917년『정신분석학 입문』을 출간하였다. 1923년 골초인 프로이트
는 구강암 수술을 받았고, 이후 죽을 때까지 32차례의 수술을 받으면서도 연구와 치
료에 힘을 썼다. 1923년『자아와 원초아』를 저술하여 자아와 원초아의 개념을 제창하
였고, 1930년 괴테 문학상을 받았다. 1938년 나치스의 유대인 학살을 피해 런던으로

[그림 2-1] 프로이트의 모습

5 클라크 대학교에서 명예박사학위를 받는다.

망명하였다. 1939년 '정신분석학 개론'을 집필하던 중 완성하지 못한 채 83세의 나이로 모르핀 투약을 통한 안락사로 세상을 떠났다.

정신분석학계에서 프로이트가 새로이 도입한 개념과 업적은 매우 많다. 특히 자유연상은 우연히 최면 중에 대화가 되는 환자를 경험하고 발견한 치료 방법으로 환자를 최면이 아닌 상태로 카우치에 눕혀 심리치료를 통해 깊이 있는 내면을 살펴보는 주요 치료기법이다. 또한 꿈 분석은 『꿈의 해석』을 통해 프로이트가 꿈을 어떤 대상으로 생각했는지 알 수 있는데, 과거 정신분석학에서는 꿈과 상징에 대한 사전을 들고 다닐 정도로 환자의 꿈의 내용을 보편적인 상징적 요소로 분석하기도 하였는데, 이는 약간의 오해가 있는 요소이다.[6] 성적인 상징들이 갖는 공통적인 경향성은 존재하지만 프로이트는 문화와 언어, 개인의 경험에 기반하여 꿈에 등장하는 상징이 형성되는 것으로 보았다. 즉, 각 개인에 따라 다르게 의미 있는 내용으로 상징화된다는 것이다.

2) 정신분석의 이론적 발달

현대 정신분석 이론의 주된 흐름은 미국의 자기심리학과 영국의 대상관계이론이다. 전통적인 정신분석 이론에서는 심리성적 발달을 강조하고 인간의 원동력을 원초아의 본능(성과 공격성)에서 찾았다면, 신정신분석학파는 심리사회적 발달과 대인관계를 강조하였으며, 원초아보다 자율적인 자아 기능의 중요성을 강조하였다. 프로이트 이후의 새로운 정신분석적 접근은 에릭 에릭슨(Erik Homburger Erikson), 칼 융(Carl Gustav Jung), 해리 스택 설리반(Harry Stack Sullivan), 알프레드 아들러(Alfred Adler), 카렌 호나이(Karen Horney) 같은 정신역동상담자들이 출현하였다.[7]

알렉시스 존슨(Alexis A. Johnson)은 프로-이트의 계보로 여섯 개의 주요 정신분석학의 흐름을 구분하였다. 클라인 학파, 자아심리학파, 영국 중간학파는 모두 1930년대에 런던에서 시작되었고, 자기심리학파와 대인관계학파는 그 이후에 미국에서 시작되었다. 마지막 애착이론을 만들어 낸 존 볼비(John Bowlby)는 영국에 거주하였지만, 미국에서 먼저 받아들여지고 발전되었다(Johnson, 2020).

---

6 꿈에 나타나는 지팡이, 모자, 물 등은 성적 욕구의 상징으로 해석하기도 하였다.

7 프로이트에게서 영향을 받았지만 프로이트의 이론을 비판적으로 수용하면서 자기만의 영역을 개척한 사람들을 가리켜서 '신프로이트 학파'라고도 부른다.

표 2-1 프로이트의 계보

욕동 (drive)	자아 (ego)	중간학파 (middle school)	자기 (self)	대인관계 (interpersonal relationship)	애착 (attachment)
Klein (1882~1960)	A. Freud (1895~1982)	Fairbairn (1889~1964)	Kohut (1913~1981)	Sullivan (1892~1949)	Bowlby (1907~1990)
Bion (1897~1979)	Hartmann (1894~1970)	Balint (1896~1970)	Stolorow & Atwood	Fromm (1900~1980)	Ainsworth (1913~1999)
Kernberg	Spitz (1887~1974)	Winnicott (1896~1971)	Brandchaft (1916~2013)	Thompson (1893~1958)	Main
Ogden	Mahler (1897~1985)	Guntrip (1901~1975)	Stern (1932~2012)	Aron	Fonagy
	Erikson (1902~1994)	Bollas	Beebe & Lachmann	Mitchell (1946~2000)	Schore
			Orange	Bromberg	Siegel Porges

출처: Johnson(2020), p. 13.

(1) 멜라니 클라인(Melanie Klein)

클라인은 정규 정신분석 교육을 받지 않았지만 샨도르 페렌치(Sándor Ferenczi)와 칼 아브라함(Karl Abraham)에게 분석을 받았다. 클라인과 동료들은 대상관계이론을 만들었다. 대상관계이론은 프로이트의 발달에 대한 초점인 오이디푸스 삼각관계에서 더 어린 시절의 문제로 이동시켰다. 대상관계이론의 초점은 죄책감이 아니라, 자기분열의 문제에 두었다. 환자는 자기 안에 있는 분열된 모습을 바탕으로 상대방에게 투사적 동일시를 하여 사람들이 자신을 대하도록 무의식적으로 조정한다고 한다.

(2) 윌프레드 바이언(Wilfred R. Bion)

바이언은 인간의 마음과 감정에 의해 만들어지는 복잡하고 다양한 과정에 대한 이해를 제공해 주었다. 바이언은 우리가 좌절을 견디고 우리의 욕구가 충족되는 것을 기다리는 방법을 배우고 나서야 생각하는 법을 배울 수 있다고 주장하였다. 엄마는 아이의 마음에서 다양한 감정을 담아내고 소화시켜 아이에게 소화된 상태로 돌려준다고 한다.

(3) 안나 프로이트(Anna Freud)

프로이트의 친딸이다. 프로이트의 후계자로, 프로이트 사후에 그의 업적과 이론들을 정리했다. 자아심리학이라는 학파를 만들고 방어기제의 종류를 체계화하는 작업을 하였다. 멜라니 클라인과는 대립 관계로, 안나와 클라인은 어린아이들을 대상으로 정신분석을 했다.

(4) 하인즈 하트만(Heinz Hartmann)

하트만은 안나 프로이트와 함께 자아(ego)의 역할과 기능에 대한 연구를 지속하였다. 대상관계학파에 대항하여 자아심리학을 창시하여 '자아심리학의 아버지'로 불리는데, 이드(id)에 대해서는 상대적으로 평가절하했다. 자아심리학 분야에서는 자아의 발달과 기능상의 효율을 연구하였다.

(5) 마가렛 말러(Margaret Mahler)

말러는 헝가리 출신으로 비엔나에서 분석가가 되었다. 뉴욕에 연구소를 설립하였다. 아이와 엄마 사이에 무슨 일이 일어나는지 관찰함으로써 아동기 발달의 분리-개별화 이론을 제시하였다.

(6) 에릭 에릭슨(Erik Homburger Erikson)

프로이트의 성격발달단계를 포함하는 전생애적 발달단계를 고안했다. 특히 발달이 평생에 걸쳐 서로 다른 발달과제에 직면하며 진행된다는 그의 아이디어는 오늘날까지도 엄연히 유효하며, 수많은 최신 발달이론들이 에릭슨의 모형과 비교하는 과정을 거치고 있다. 아들러처럼, 에릭슨도 개인의 성격 형성에 있어 사회적 요인이 미치는 영향은 지대하다고 생각했다.

(7) 로널드 페어베언(Ronald Dodds Fairbairn)

페어베언은 욕동이론을 비판하고 타인과의 관계가 중요함을 주장하였다. 인간은 태어날 때부터 실제적이고 분리된 다른 사람들을 찾는 욕구가 내재되어 있다고 주장하면서 사람이 다른 사람들을 필요로 하는 욕구는 타고난 일차적인 욕구라고 하였다.

(8) 도널드 위니컷(Donald Woods Winnicott)

위니컷과 페어베언은 대상(object)과의 관계를 중시했는데, 특히 유년기의 중요한 몇 몇 사람들과의 관계를 강조하며, 일반적 대인관계의 중요성을 강조한 설리번 등과 대립하였다. 인간은 대상으로 지목한 사람에게 유년기에 승인받고 인정받는 경험을 함으로써 정상적으로 성격이 발달된다고 하였다.

(9) 하인츠 코헛(Heinz Kohut)

코헛은 독일계 미국인으로, 시카고 정신분석연구소의 분석가였다. 코헛의 관심은 공감, 공감적 몰입, 발달 결핍과 자기애에 있었다. 타인의 무시나 개인적 실패에 극도로 민감한 사람들은 프로이트 학파에서 주장하는 본능 욕구나 공격 욕구에 의한 갈등이 아니라 유아기의 보살핌 결핍이 문제라고 보았다. 이는 자기(self) 구조상의 문제에 해당한다. 이러한 환자들을 코헛은 자기애적 성격장애라고 하였다.

(10) 해리 스택 설리반(Harry Stack Sullivan)

설리반은 사람들이 살고 있는 대인관계적 세계에 초점을 두었다. 그는 타인과의 관계를 통한 정서적 경험이 자기(self)를 구성한다고 보았다. 설리반에 따르면, 불안은 내면 정신역동의 불균형으로 인한 결과가 아니라, 대인관계에서 받은 좌절과 상처의 결과라고 보았다. 또한 치료는 권위적인 인물과의 관계가 아니라 하나의 대인관계라고 보았다.

(11) 에리히 프롬(Erich Seligmann Fromm)

프랑크푸르트 학파에 정신분석을 도입한 유명한 심리학자로, 사회심리학 분야를 개척한 것으로도 유명하다. 그는 인간의 성격 형성이 사회적 요인의 힘과 상호작용하며 이루어진다고 보았다. 그는 『자유로부터의 도피』에서 자유의지는 항상 사용가능한 것이며, 우리는 이를 받아들이거나 부정한다고 하였다. 프롬은 우리가 우리의 자유로워질 수 있는 우리의 능력을 부정할 때, 우리는 갈등과 비난의 세상에 들어간다고 하였다.

(12) 존 볼비(Edward John Mostyn Bowlby)

정신분석가로 수련을 받았지만, 그의 주된 관심은 어린아이들과 그들의 일차적인 욕구를 연구하는 것이었고, 어린아이들이 완전한 발달을 이루기 위해서는 일차적인 양육자와의 밀접한 접촉이 필요하다는 주장을 하였다. 그의 관심은 프로이트가 말한 내적인 갈등과 투쟁보다는 부모와 자식 간의 관찰 가능한 실제적인 관계를 연구하는 것이었다. 볼비의 이론이 애착이론이다.

3) 신경정신분석학

최신 연구에서는 정신분석의 경험적 결과를 객관적인 첨단 뇌과학을 통해 밝혀내고 있다. 1990년대에 등장한 기능적 자기공명영상(functional Magnetic Resonance Imaging: fMRI) 촬영 기술을 통해 뇌의 구조와 기능을 모두 볼 수 있게 되었다. fMRI는 뇌에 자극이 없는 상태에서 뇌 영상을 촬영하고, 원하는 자극을 준 후에 다시 한번 촬영한다. 그리고 두 영상의 차이를 비교하면 자극에 반응하는 뇌의 부위를 찾아낼 수 있다. 이렇게 뇌 영상을 찍는 촬영 기술이 빠른 속도로 보편화되면서 그동안 정신분석이나 심리실험, 행동관찰을 통해 얻은 결과물들을 뇌의 특정 영역과 짝지어 연관성을 설명할 수 있게 되었다.

정신분석적 치료가 실제적으로 임상 효과가 있음이 뇌과학으로 밝혀지게 되었고, 적절한 대상에게 치료적으로 적용할 때 약물치료 및 인지행동치료와 복합적으로 사용하게 되면 시너지 효과를 볼 수 있다. 2011년 이후에는 신경정신분석학이라고 해서 fMRI를 비롯한 뇌인지과학의 여러 방법론과 이론을 통합시키려는 시도가 활발하게 이루어지고 있다.

솜스(Solms)는 우측 두정엽이 손상된 환자가 자기에게서 보이는 문제를 인정하지 않으려고 하고, 우울함을 부정하고, 미숙한 방어기제를 쓰는 것을 발견하여 이것이 자기애적 방어의 특징들을 보인다며 정신분석적 관점에서 뇌손상을 해석했다. 이런 능력이 안 되면 전체적인 대상관계를 할 수 있는 능력이 떨어지게 된다. 특히 감정을 조절하는 기능은 뇌의 우반구와 연관되어 있고, 우반구 손상은 강력한 부정적 정서를 적절히 통제할 수 없기 때문에 차라리 아무것도 느끼지 않을 수 있다고 본 것이다 (Solms, 2011). 이처럼 뇌의 뚜렷한 손상과 정신분석 이론을 바탕으로 환자의 행동을 설명할 수 있게 되었다. 뇌 기능의 문제와 정신분석 이론이 분명한 관련이 있음에 대한 학문 통섭적인 연구 분야가 신경정신분석이다.

초자아와 원초아 간의 갈등적인 역동은 배외측 전전두피질(Dorsolateral Prefrontal

Cortex: DLPFC)과 중변연계(mesolimbic system) 사이에서 나타나는 자기조절(self-regulation) 과정으로도 설명될 수 있으며, 무의식(unconscious) 역시 현대 인지과학에서 말하는 암묵적 정보처리(implicit information processing), 비의식적 지각(nonconscious perception)과 같은 개념으로 설명할 수 있다. 최근에는 정신분석 중에 일어나는 감정전이, 저항, 방어를 뇌과학으로 입증하고자 연구를 지속하고 있다. 장기간 정신치료를 받은 사람의 행동 패턴이 바뀌는 것을 뇌의 가소성(plasticity) 관점에서 이해하려는 움직임도 있다.

2. 주요 개념

1) 인간관

인간의 본성에 관한 프로이트의 관점은 결정론적이다. 프로이트에 따르면, 인간의 행동은 생후 6년간의 비합리적인 힘, 무의식적인 동기, 생물적이고 본능적인 충동, 그리고 인간의 심리 성적 발달에 의해 결정된다고 한다. 즉, 인간의 성격은 생후 6년 동안의 경험에 따라 형성되고 그 성격에 의하여 인간의 운명이 결정된다고 보는 관점이다. 정신분석의 중심 개념으로는 본능(instincts)이 있다. 본능은 두 가지로 나눌 수 있는데, 첫 번째가 삶의 본능(life instincts)이다. 삶의 본능과 관련된 에너지를 리비도(libido)라고 한다. 이 삶의 본능은 개인과 인간에게 생존의 목적을 제공하며, 성장과 발달, 그리고 창조를 향해 나아가게 한다. 두 번째는 죽음의 본능(death instincts)이다. 프로이트는 이것을 공격적 욕구로 설명하였다. 죽음의 본능과 관련된 에너지를 타나토스(Thanatos)라고 한다. 인간은 때로 자신이나 타인을 죽이거나 해치려는 무의식적 소망을 행동으로 나타낸다. 프로이트는 무의식적 성적 충동이나 공격적 충동이 사람들로 하여금 어떤 행동을 하게 하는 강력한 결정요인이라고 보았다.

2) 의식의 구조

1900년 프로이트는 그의 저서 『꿈의 해석』에서 인간의 정신세계를 의식, 전의식, 무의식의 세 부분으로 구분하는 마음의 지형학적 모델(topographical model)을 제시하

2. 주요 개념 53

였는데, 이는 지구 표면의 형태 및 구조의 생성과 발달을 연구하는 지형학적 모델을 적용하여 인간의 의식과 무의식의 깊이를 설명하고자 한 것이다(Corsini & Wedding, 2017).

의식(consciousness)은 한 개인이 각성하고 있는 순간의 기억, 감정, 공상, 관념, 경험, 연상 등을 아는 것을 말한다. 프로이트는 정신생활의 극히 일부분만이 의식의 범위 안에 포함된다고 했다. 실제로 우리가 의식하는 것 자체도 선택적인 선별 과정의 결과로 나타나는 것으로, 우리가 어떠한 순간에 경험하는 의식 내용은 외부 사건 중에서 선택적으로 의식된다. 그러나 이 경험은 잠시 동안만 의식될 뿐 시간이 경과하거나 주의를 다른 곳으로 돌리면 그 순간에 전의식이나 무의식 속으로 들어가 잠재하게 된다. 그러므로 의식은 성격의 제한된 일부분이다.

전의식(preconsciousness)은 특정한 순간에는 인식하지 못하나 조금만 주의를 집중하면 이용 가능한 기억을 말한다. 즉, 비교적 적은 노력을 통하여 지나간 순간의 기억, 감정, 공상, 관념, 경험, 연상 등을 의식 속으로 끌어올릴 수 있는 것들이다. 예를 들면, 주민등록번호 또는 전화번호 같은 것을 처음에는 순간적으로 기억하지 못하지만 조금만 주의 집중하면 기억해 낼 수 있다. 전의식은 의식과 무의식의 중간 사이에서의 교량 역할을 담당하고 있다.

무의식(unconsciousness)은 인간 정신의 심층에 잠재해 있으면서 차지하는 범위는 가장 넓다. 인간의 정신 구조는 빙산에 비유된다. 무의식은 물에 잠겨 있어서 표면에 나타내지 않는 부분과 같이 가장 큰 비중을 차지하면서도 그 모습을 드러내지 않는 특징이 있다. 프로이트는 이처럼 무의식이 의식적 사고와 행동을 전적으로 통제하는 힘이라고 생각하였으며, 인간의 본능적 추진력, 정열, 억압된 관념 및 감정 등은 무의식으로부터 비롯된다고 하였다. 무의식은 전의식과는 달리 거의 의식되지 않는다.

무의식 속에는 지나간 일들이나 감정들이 억압되어 저장되어 있다. 즉, 인간의 억압된 어떤 체험이나 생각은 없어지는 것이 아니라 무의식 속으로 들어가 있다가 생물학적 충동이나 과거에 겪었던 욕구가 좌절된 상황과 비슷한 상황이 되면 다시 억압된 욕구와 감정이 활성화되어 나타나게 되면서 인간은 불안을 느끼게 된다. 그러나 불안이 사라지면 불안을 일으키게 했던 무의식적인 힘은 다시 밑으로 밀려나 끝없는 무의식적 갈등이 된다.

3) 성격의 구조

프로이트는 인간의 다양한 행동을 설명하기 위해 마음의 지형학적 모델을 성격 구조 이론으로 발전시켰다. 그는 성격이 원초아(id), 자아(ego), 초자아(superego)라는 세 가지 체계로 이루어졌다고 주장하였다. 이 세 가지는 각각 나누어진 별개의 부분이 아니라 서로 경쟁하고 타협하면서 전체로서 함께 기능한다([그림 2-2] 참조).

원초아(id)는 태어날 때부터 가지고 있는 무의식적인 생물학적 욕망으로, 심리적 에너지의 원천이며 성적이고 공격적인 충동을 유발한다. 이는 현실적인 요건을 고려하지 않고 즉각적으로 욕구를 충족시키려는 쾌락원리(pleasure principle)에 따라 작동하므로 긴장을 참지 못하여 즉각 긴장을 해소하고 평형상태로 돌아오려고 한다. 원초아는 대부분 의식되지 않고 비논리적이며 본능적 욕구 충족만을 추구하기 때문에 급히 해소해야 하는 욕망 외에는 어떤 다른 생각도 하기 힘든 상황과 흡사하다고 할 수 있다(Sharf, 2019).

자아(ego)는 현실에 적응할 뿐 아니라 본능적 욕구인 원초아와 주위 환경(외부 세계)을 중재하고 조절하며, 의식을 통제하고 검열한다. 자아는 생후 6~8개월부터 발달하기 시작하지만, 2~3세가 되어야 자아의 기능을 제대로 수행하게 된다.

자아는 원초아의 맹목적인 충동을 통제하고 조절하는 현실원리(reality principle)에 의해 작동하므로 현실적·논리적·이성적 사고를 하며, 욕구를 충족시키기 위한 행위 계획을 세운다. 따라서 자아의 기능이 잘 발달된 사람은 건강하고 성숙한 사람으로 환경 여건을 고려하고 초자아의 도덕 관념과 절충하면서 원초아의 욕구를 적절하게 충족시키는 사람이라고 할 수 있다. 만약 자아가 원초아의 맹목적 충동과 초자아의 도덕적 규제 사이에 적절히 균형을 유지하는 역할을 제대로 담당하지 못하게 되면 심리적 증상과 정신병리가 발생하게 된다(이장호, 정남운, 조성호, 2002).

초자아(superego)는 5~6세경에 형성되기 시작하여 10~12세가 되어야 제대로 기능할 수 있게 된다. 부모는 자식을 양육하면서 사회의 도덕적·윤리적 규범에 따라 칭찬하기도 하고 제재를 가하기도 하는데, 이러한 경험이 반복되면서 아동은 부모의 상벌에 일정한 규칙이 있음을 알게 되고 이를 자신의 마음속에 내면화하게 된다. 이처럼 아동의 마음속에 내면화된 사회적 규범과 부모의 가치관을 초자아라고 한다. 초자아는 행위의 선악이나 정당성 여부를 따지는 역할을 하며, 도덕원리(moral principle)에 의해 작동한다.

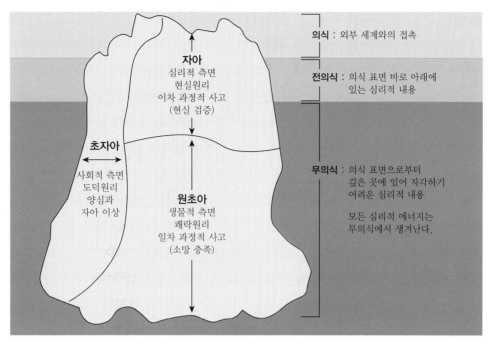

[그림 2-2] 성격의 삼원구조 모델

출처: 권석만(2012), p. 65.

　충동적 행동을 하여 부모로부터 처벌을 받으면 죄책감이나 열등감을 느끼면서 양심을 형성하게 되고, 좋은 행동을 해서 보상을 받게 되면 자부심과 관련된 자아 이상을 형성하게 된다. 초자아가 너무 강한 사람은 스스로에게 이상적이고 과도한 기대를 부여하고, 이를 달성하지 못할 경우에는 지나치게 자책하며 완벽성을 추구한다. 반면에 초자아가 너무 약한 사람은 윤리적 신념이 부족하여 반사회적인 행동을 자주 할 수 있다.

　프로이트의 정신분석 이론에 의하면, 각 개인에게는 제한된 양의 심리적 에너지가 있으며, 성격 구조의 세 가지 요소 중 어느 요소가 에너지에 대한 통제력을 더 많이 가지고 있는지에 따라 인간의 행동 특성이 결정된다. 예를 들면, 자아나 초자아보다는 원초아가 한 개인의 심리적 에너지를 좌우하는 경우, 그 사람은 논리적이거나 현실적이거나 규범적이기보다는 욕망의 충족에 더 관심을 가지고 긴장과 고통을 즉각적으로 해소시키려는 방식으로 행동하는 경향을 보일 것이다. 반면에 초자아가 한 개인의 심리적 에너지를 다른 요소보다 상대적으로 많이 좌우하는 경우, 그 사람은 자신의 욕망의 충족이나 현실적인 대안을 선택하기보다는 완전성을 추구하고 사회적 규범에 맞는 행동을 하려는 경향이 있을 것이다.

4) 불안

불안은 정신분석적 접근에서 핵심적인 개념으로, 억압했던 감정, 기억, 욕망, 경험이 의식의 표면으로 올라오면서 두려움과 긴장을 느끼는 상태를 말한다. 프로이트는 불안은 원초아, 자아, 초자아 사이의 갈등이 정신에너지의 통제를 넘어서려고 할 때 생기는 것이라고 하면서 불안을 현실적 불안, 신경증적 불안, 도덕적 불안으로 구분하였다.

외부로부터 실제로 생길 수 있는 위험으로 인하여 느끼는 '현실적 불안(reality anxiety)'의 경우에는 현실에서 위험요인을 제거하여 해소할 수 있으므로 문제가 되지 않는다. 예를 들어, 높은 곳에서 떨어지는 놀이기구를 탈 때나 차의 속도가 갑자기 빨라질 때 등의 경우이다. 중요한 것은 신경증적 불안과 도덕적 불안으로, 이는 개인의 내부에서 원초아, 자아, 초자아 간에 갈등이 생겨서 힘의 균형이 위협을 받을 때 생긴다. '신경증적 불안(neurotic anxiety)'은 자아가 원초아를 통제하지 못하여 벌을 받을 어떤 일을 하게 되는 것에 대한 두려움을 느낄 경우에 생긴다. 신경증적 불안은 실제로는 불안을 느껴야 할 아무런 현실적인 이유가 없는데도 불구하고 자아가 본능적 충동을 통제하지 못함으로써 어떤 불상사가 일어날 것 같은 위협을 느껴서 불안에 사로잡히는 경우이다. 즉, 본능적인 욕구를 충족시킨 뒤에 올 것이라고 예상되는 처벌에 대한 두려움이다. '도덕적 불안(moral anxiety)'은 자아와 초자아가 갈등하는 상황에서 도덕적 규범이나 부모의 가치관을 위반하는 것에 대한 두려움을 느낄 경우에 생긴다. 자아가 합리적이고 직접적인 방법으로 불안을 통제할 수 없을 때, 방어기제라고 하는 기능을 발달시키게 된다.

5) 성격발달

정신분석적 관점에서의 발달이론을 살펴보면, 인간의 행동이나 성격적 특성 중에서 건강한 삶을 영위하는 데 중요한 것으로는 자신과 주변 환경에 대한 신뢰감과 사랑, 원만한 인간관계, 분노를 비롯한 부정적 감정의 수용, 성적인 욕구와 감정의 처리 등이다. 이렇게 적응적인 특성을 가지고 있을 때 그 개인은 사회에서 건강한 생활을 영위할 수 있지만, 이러한 특성을 형성하지 못했을 때는 적응하기 어렵다.

한 개인의 행동 및 성격적 특성이 적응적으로 형성될 것인지 아니면 부적응적으로 형성될 것인지는 어렸을 때의 경험에 의해 결정된다. 특히 생후 6년간의 경험은 매우 중요하다. 그 까닭은 그 시기에 경험하는 갈등과 그 갈등을 해결하는 과정을 통해 습득한 관점과 태도는 나중에 성인이 되어서까지 무의식 속에 남아 지속적으로 영향을 미치기 때문이다. 한 사람이 태어나 성장하면서 어느 단계에서 어떤 갈등을 경험하고, 그러한 갈등의 해결 과정이 그의 행동 및 성격발달과 어떤 관련을 맺는지에 대해 정리한 것이 프로이트의 성격발달 이론이다.

이 기간 동안에 아동들은 쾌락을 가져다주는 혹은 성적인(erogenous) 일련의 신체 부위에 리비도가 집중되는 여러 단계를 거치게 된다. 이들 부위는 입, 항문, 성기이며, 그 결과로 구강기, 항문기, 남근기라고 하는 심리성적 단계가 구성된다. 이러한 심리성적인 단계 동안에 아동들에게 일어나는 일들이 성인기의 성격 형성을 돕는다. 특정한 단계에서의 심리성적 갈등이 성공적으로 해결되지 못하거나 심하게 박탈되거나 과도하게 몰두하게 되면 어떤 한 단계에 고착(fixation)된다. 고착이란 어떤 한 단계에서 미해결된 문제를 경험함으로써 야기되는 성격발달의 정지를 말한다. 더욱이 자신의 갈등을 성공적으로 해결했다고 하더라도 그 후의 생활에서 심한 어려움을 겪게 되면 퇴행(regression)을 보이게 되는데, 이는 발달 초기의 보다 만족스러웠던 단계에서의 감정이나 행동을 보이는 것을 말한다.

프로이트는 구강기, 항문기, 남근기, 잠복기, 성기기로 심리성적 성격 발달단계를 제시하였다.

구강기(oral stage, 출생~1세)는 리비도가 입술과 혀 등에 집중되는 시기로, 영아는 어머니의 젖을 빨면서 섭식과 함께 구강적 욕구의 만족과 좌절을 경험하게 된다. 구강기의 욕구가 적절하게 충족되면 자신감 있고 관대하며 외부 세계에 대해 신뢰감을 지니는 안정된 성격을 형성하게 된다. 그러나 구강적 욕구가 과도하게 충족되면 의존적이고 자기중심적인 구강기적 성격이 형성될 수 있다. 구강 만족의 좌절은 지나친 구강 흡입적 행동(과식, 흡연, 음주 등)이나 구강 공격적 행동(욕설, 험담 등), 다른 사람의 사랑에 대한 불신과 거부 및 깊이 있는 관계를 맺지 못할 것이라는 두려움 혹은 무력감 등으로 나타난다.

항문기(anal stage, 1~3세)는 리비도가 항문 부위에 집중되는 시기로, 유아는 배변을 참거나 배설하면서 긴장감과 배설의 쾌감을 경험한다. 이 시기는 유아의 배변훈련이 이루어지는 시기로서 부모의 훈련 형태와 태도가 유아의 성격발달에 큰 영향을 줄 수 있다. 유아가 적절한 욕구 만족을 경험하게 되면 독립적이고 자기주장적이며 협동적인 성격을 형성하게 된다. 그러나 부모가 지나치게 엄격하게 배변훈련을 하는 경우에는 항문기에 고착된 성격이 형성될 수 있다. 즉, 부모에게 순응적이지 않은 유아는 이후 성인이 되어 폭력적이고 무절제하며 극단적인 항문기 폭발적 성격을 형성할 수 있는 반면, 유아가 순응적인 경우에는 지나치게 완벽주의적이고 청결과 질서를 강조하는 항문기 강박적 성격을 형성할 수 있다.

남근기(phallic stage, 3~6세)에는 리비도가 집중되는 부위가 항문에서 성기로 바뀌게 된다. 프로이트는 남근기가 성격발달에 있어서 특히 중요한 의미를 지닌다고 보았으며, 이성의 부모에 대한 관심과 갈등이 나중에 성인기에 겪게 되는 신경증을 유발하는 중요한 원인이라고 보았다. 이 시기의 유아는 이성 부모에 대한 사랑을 독점하려고 할 뿐 아니라 동성 부모를 경쟁자로 인식하면서 복잡한 심리적 갈등을 경험하게 된다. 프로이트는 남아가 경험하는 갈등을 오이디푸스 콤플렉스(Oedipus complex), 여아가 경험하는 갈등을 엘렉트라 콤플렉스(Electra complex)라고 하였다. 이러한 콤플렉스를 원만하게 해결한다면 건강한 성 정체감의 형성, 초자아와 자아의 발달, 건강한 이성관계를 맺을 수 있는 능력의 발달이라는 긍정적 결과를 가져올 수 있으나, 그렇지 못하면 지나치게 복종적이거나 경쟁적인 성격 특성을 초래할 수도 있다.

잠복기(latent stage, 6~12세)는 성적 충동의 폭풍기가 지나면서 상대적으로 평온한 시기라고 할 수 있다. 성적 욕망이 잠복하게 되면서 아동은 학교생활, 친구와의 교제, 스포츠나 다양한 새로운 활동 등에 관심을 가지게 된다. 이 시기에는 자아가 성숙하고 초자아가 확립된다. 그러나 이 시기에 좌절을 경험하게 되면 열등감이 형성되고, 소극적이고 회피적인 성격 특성이 나타날 수 있다.

성기기(genital stage, 사춘기 이후)는 리비도가 이성에게 집중되는 시기로, 이성과의 연인 관계를 통해서 성적 욕구를 충족시키고자 한다. 이 시기는 급격한 신체적 변화와 더불어 부모로부터 심리적으로 독립하고 자기 정체성을 확립해야 하는 중요한 발달과제를 안고 있기도 하다. 이 시기의 발달이 원만하게 진행되면 성적으로 성숙하여 결혼을 하게 되며, 자녀 출산 및 양육으로 이어진다.

　정신분석적 입장에서 성격의 형성과 발달을 설명하고 있는 이론으로 프로이트 외에 에릭슨(Erikson)의 심리사회적 발달단계 이론을 들 수 있다. 에릭슨의 성격발달 이론은 프로이트의 이론과 유사한 점도 있지만, 두 가지 점에서 차이가 있다.

　첫째, 프로이트가 인간의 발달을 심리성적(psychosexual)인 측면의 발달을 중심으로 정리하여 성적 에너지 또는 리비도의 갈등과 해결을 통한 평형을 기준으로 발달단계를 설정한 반면, 에릭슨은 심리성적인 발달에 심리사회적(psychosocial)인 측면을 추가하여 발달단계를 설정하였다. 구체적으로 프로이트는 생리적 및 기질적인 것에 근거하는 본능적 에너지인 리비도가 발달단계에 따라 신체 어느 부분에 축적되어 갈등 상태를 만들어 내며 해결을 요구한다고 보았다. 그리고 리비도가 축적되고 갈등을 경험하는 부위에 따라 인간의 발달 과정을 다섯 개의 심리성적인 단계로 구분하였다. 반면에 에릭슨은 한 개인과 다른 사람 및 외부 세계와의 관계에서 유발되는 갈등과 그 갈등을 성공적으로 해결하는 경험이 인간의 성격 형성에 중요한 역할을 하는 것으로 보았다. 따라서 에릭슨은 인간의 발달단계에서 겪는 중요한 갈등을 하나의 위기라고 여기며, 그 위기를 적절히 해결하는 것이 인간의 발달에서 성취해야 할 중요한 과업 (developmental tasks)이라고 보았다. 이 위기를 잘 넘기고 과업을 성취했을 때 인간은

프로이트	시기	에릭슨
구강기(oral stage)	0~1세	유아기(infancy): 기본 신뢰감 대 불신감
항문기(anal stage)	1~3세	초기 아동기(early childhood): 자율성 대 수치 및 의심
남근기(phallic stage)	3~6세	학령 전기(preschool age): 주도성 대 죄책감
잠복기(latent stage)	6~12세	청소년기(adolescence): 자아정체감 대 역할 혼미
성기기(genital stage)	12~18세	성인 초기(young adulthood): 친밀성 대 고립
성기기의 계속	18~35세	학령기(school age): 근면성 대 열등감
성기기의 계속	35~60세	성인기(middle adulthood): 생산성 대 침체
성기기의 계속	60세 이상	성인 후기(later life): 발달의 완성 및 절망

[그림 2-3] 프로이트와 에릭슨의 성격발달 비교

다음 단계로 성장해 가지만 잘 성취하지 못했을 때는 그 단계에 머물거나 퇴행하는 경향이 있다고 하였다.

둘째, 프로이트는 청소년기까지의 발달에 대해서만 설명하고 그 이후는 청소년기까지의 발달단계의 연속이라고 본 반면, 에릭슨은 그 이후의 발달에 대해서도 언급하였다. 코리(Corey, 2017)는 두 사람의 이론에서 단계를 구분하는 시기나 강조점에 약간의 차이는 있지만, 다음과 같이 하나로 통합하여 심리성적인 발달과 심리사회적 발달을 한눈에 볼 수 있도록 표로 제시하였다([그림 2-3] 참조).

6) 성격발달과 내담자 이해

정신분석 이론에서 성격의 발달 과정은 내담자를 이해하는 데 많은 도움을 준다. 프로이트의 심리성적 발달단계와 에릭슨의 심리사회적 발달단계를 개념화함으로써 상담자와 내담자는 내담자의 발달단계에서 중요한 갈등과 이루어야 할 과업이 무엇인지를 이해하게 되며, 그와 관련된 중요한 감정들에 대한 정보를 제공한다. 좀 더 구체적으로 말하면 상담자는 성격 발달단계를 이해함으로써 다음과 같은 도움을 얻을 수 있다.

첫째, 상담자(analyst)는 발달 과정의 각 단계에서 이루어야 할 중요한 과제(자아정체감, 친밀성, 생산성 등)와 주로 갈등하는 주제('나는 누구인가?' '어떤 목적과 의미를 가지고 살아야 하는가?' '이 고독감은 어디에서 오는 것인가?' '나는 어떻게 살아왔는가?' 등)가 무엇인지를 알게 됨으로써 그러한 과제가 지금 내담자가 제시하고 있는 호소문제와 어떤 관련을 가지고 있는지 알 수 있다. 따라서 상담자는 내담자의 호소문제를 발달적 맥락의 관점에서 이해하여 내담자의 발달단계에 따른 적절한 성장 발달이 이루어지도록 하는 데 상담의 초점을 맞출 수 있다.

둘째, 내담자의 현재 갈등과 호소문제가 어디에서 비롯되어 현재 어떤 영향을 주고 있는지에 대해 전체적인 인간 발달의 맥락적 관점에서 파악하여 가설을 설정할 수 있다. 예를 들면, 자신과 타인을 비롯하여 이 세상을 불신하고 있는 내담자의 초기 성장 배경과 부모의 양육태도를 탐색할 경우, 부모가 실수에 엄격하고 부정적인 감정 표현을 인정하지 않는 것은 아닌가 하는 가설을 세울 수 있다.

셋째, 상담자는 각 발달단계의 중요한 시점에서 내담자가 자신의 갈등에 대해 의식적 혹은 무의식적으로 어떠한 결정을 내렸고, 위기 상황을 어떤 방식으로 해결해 왔으며, 그러한 방식이 적응적이었는지 혹은 부적응적이었는지를 알 수 있다. 예를 들면, 내담자가 의식적 혹은 무의식적으로 이 세상과 타인을 신뢰하기로 결정했는지 불신하기로 결정했는지, 만약 신뢰하기로 결정하였다면 그와 같은 결정으로 인해 현재까지 그에게 닥친 문제들을 어떻게 대처해 왔는지 탐색하고, 이러한 방식이 현재 문제와 어떤 관련이 있는지를 알 수 있다. 만약 이 세상을 불신하는 방향으로 결정하였다면, 살아가는 방식으로는 어떤 것을 선택했는지 등을 탐색하고, 그러한 방식과 현재 당면한 문제의 관련성에 대해서도 이해할 수 있도록 해 준다.

내담자를 발달적 관점에서 이해하고자 하는 상담자는 내담자의 호소문제가 성장 발달 과정의 어느 시기에서 적절한 발달이 이루어지지 않았으며, 어떤 방식으로 현실에 대처해 왔는지를 이해함으로써 상담의 틀을 마련할 수 있다.

7) 방어기제

방어기제는 불안, 죄책감, 갈등, 고민, 드러낼 수 없는 욕구 등 자기에 대한 여러 위협에게서 자신을 보호하기 위해 사용하는 마음의 반응 양식을 말한다. 즉, 자아가 합리적인 방법으로 자신이 느끼는 불안을 해결하지 못할 때 자신이 의식하지 못하는 가운데 비현실적인 방법으로 불안감을 제거하려고 하는 무의식적인 심리적 기제를 말한다. 방어기제는 개인이 불안에 대처하도록 도우며, 상처 입은 자아를 방어해 준다.

방어기제는 병적 행동이 아니고 정상적인 행동이다. 우리 대부분은 어느 정도의 자아 방어기제들을 사용하고 있다. 물론 우리가 의식하지도 못하는 사이에 사용한다. 개인이 사용하는 방어는 개인의 발달 수준과 불안의 정도에 따라 다르다. 따라서 방어기제를 적절히 사용하는 것은 현실 세계에 있어서 괴로운 문제를 해결하는 데 도움을 준다. 단지 문제가 되는 경우는 문제에 대한 상황과 관계없이 한 가지 방어기제만 지속적으로 사용하게 될 경우에 성격적인 부적응으로 나타난다. 신경증적인 사람들은 일반적인 사람보다 방어기제를 훨씬 더 많이 사용하거나, 혹은 어느 한 가지의 방어기제만을 사용하기도 한다.

방어기제를 적응기제라고도 하며, 살아가기 위한 전략으로 설명하기도 한다. 방어기제의 사용이 한 번 성공하게 되면 몇 번이고 계속 사용하게 되는 경우가 많으므로 개인의 성격의 일부가 되는 경우가 흔히 있다. 따라서 방어기제는 성격 형성의 중요한 요인이라고 말할 수 있다.

여기에 소개하는 방어기제는 프로이트 이후에 자아심리학파의 학자들이 확장한 것으로, 이무석(2006)에 의하면 30가지 정도로 요약·정리할 수 있다.

- **억압(repression)**: 위협적이고 고통스러운 생각이나 감정이 의식에 떠오르지 못하도록 무의식 속으로 억누르는 것을 의미한다. 예를 들면, 성적으로 학대받은 고통스러운 경험은 억압을 통해 무의식에 저장되며, 과도한 억압은 히스테리 반응을 초래할 수 있다.

- **억제(suppression)**: 의식적 또는 반의식적으로 잊으려고 노력하는 것이다. 예를 들면, 실연당한 사람이 연인과의 추억을 의식적으로 잊으려고 하는 것이다.

- **취소(undoing)**: 무의식에서 자신의 성적 욕구 혹은 적대적인 욕구로 상대방에게 피해를 주었다고 느낄 때, 이를 원상 복구하기 위해 반대의 행동을 하는 것으로 일종의 속죄 행위이다. 예를 들면, 노벨이 다이너마이트로 번 돈으로 노벨상을 제정한 것이 여기에 해당한다.

- **반동형성(reaction formation)**: 겉으로 나타나는 태도나 언행이 마음속의 욕구와 반대로 나타나는 것이다. 무의식의 밑바닥에 흐르는 생각, 소원, 충동이 너무 비도덕하고 받아들이기 어려울 때, 정반대의 것을 선택함으로써 반대의 의식이 생기는 것을 막는 것이다. 예를 들면, 아내가 남편에게 극심한 적개심을 가졌을 때, 그러한 감정을 표현하지 않고 오히려 매우 친절하고 다정하게 대하는 경우를 들 수 있다.

- **상환(restitution)**: 무의식의 죄책감을 씻기 위해 사서 고생하는 행위이다. 예를 들면, 집에 돈이 없는데 자신의 죄를 씻기 위해 자신의 가진 돈을 모두 기부하는 행위가 해당한다.

- **동일시(identification)**: 자신을 가치 있는 존재로 받아들이기 위하여 다른 사람의 특징을 자신의 것으로 생각하는 것이다. 예를 들면, 강력한 힘을 가진 아버지에 대한 불안감을 감소시키기 위하여 아버지의 행동을 따라 하면서 자신을 아버지와 같은 힘을 가진 존재로 느끼는 경우를 들 수 있다.

- **투사(projection)**: 용납할 수 없는 자신의 감정이나 충동을 다른 사람의 것으로 돌리는 것을 말한다. 예를 들면, 아버지에게 적개심을 가지고 있는 아들이 자신의 적개심을 아버지에게 투사하여 아버지가 자신을 미워한다고 생각하는 것이다.

- **자기에게로의 전향(turning against self)**: 공격적인 충동이 다른 사람이 아닌

자기에게로 향하는 것을 말한다. 예를 들면, 엄마에게 야단맞은 아이가 화가 나서 자기 머리를 벽에 부딪히는 자해 행위를 하는 것이다.

- **전치(displacement)**: 본래의 대상이나 사람에게 발산할 수 없을 경우에 상대적으로 덜 위험한 대상에게로 옮기는 과정이다. 예를 들면, 상사에게 느끼는 적대감을 집으로 돌아와 상대적으로 약한 자녀들에게 표현하는 것이다.
- **대체형성(substitution)**: 목적하던 것을 갖지 못하게 되는 좌절감을 비슷한 것을 통해 대리 만족을 얻는 행위이다. 대체형성은 대상물이 중점이고, 전치는 감정에 중점을 두는 것이다. 예를 들면, 아빠를 좋아하는 딸이 아버지와의 성격과 외모가 유사한 남자 친구를 사귀는 행위이다.
- **부인(denial)**: 자신의 고통스러운 현실을 인식하지 못하거나 왜곡함으로써 부정하는 것을 뜻한다. 예를 들면, 불치병 진단을 받았을 때 이를 인정하지 못하고 오진일 것이라면서 받아들이기를 거부하는 것이다.
- **상징화(symbolization)**: 한 대상으로부터 그 대상을 나타내는 상징물로 감정의 가치가 이동하는 데 사용하는 방어기제다. 원래의 대상은 금기의 성질을 띠고 있으나 대체물은 중립적이거나 무난한 경우다. 예를 들면, 자식이 없는 사람이 강아지를 자기 자식이라고 부르는 행위도 여기에 해당한다.
- **보상(compensation)**: 실제적인 노력이든, 상상으로 하는 노력이든 간에 자신의 성격, 지능, 외모 등과 같은 이미지의 결함을 메우려는 무의식적인 노력이다. 예를 들면, 키가 작은 나폴레옹이 세계 정복의 야심을 가진 것이 해당한다.
- **합리화(rationalization)**: 불쾌하거나 실망을 주는 현실에서 도피하기 위하여 그럴 듯한 이유를 만들어 내는 것을 의미한다. 예를 들면, 대기업에 취업하기 위하여 노력하였지만 실패하였을 때, 그곳에 입사하면 매일 야근해야 하는데 취업이 안 돼서 다행이라고 말하며 스스로를 위안하는 경우를 들 수 있다.
- **격리(isolation)**: 과거의 고통스러운 기억과 관련된 감정을 의식에서 떼어 내는 과정으로, 고통스러운 사실을 기억하지만 감정은 억압되어 느낄 수 없게 되는 것이다. 즉, 고통스러운 사실은 의식 세계에 남고, 이와 관련된 감정은 무의식 세계에 보내서 각기 분리되어 있음을 의미하며 강박장애에서 흔히 볼 수 있다. 예를 들면, 34세의 가정주부는 어느날 케이크를 만들다가 아버지와 다투었고, 아버지가 너무 밉고 죽여 버리고 싶은 충동을 느꼈다. 이런 감정과 공격 욕구는 너무도 부도덕하고 무서운 것이었기 때문에 그녀의 마음은 평정을 상실했다. 마음의 평

정을 회복하기 위해 불안을 제거해야만 했다. 밤새 케이크에 독을 넣은 것은 아닌지 불안해 하였고, 이후 아이들에게 무언가를 먹일 때 불안해서 계속해서 음식의 성분을 확인해야 했다.

- **주지화(intellectualization):** 격리보다는 발달된 형태로서, 감정과 충동을 억누르기 위해 어떤 일을 직접 경험하는 대신에 그것들에 대한 생각만 많이 하는 것이다. 요모조모로 생각은 많이 하고, 대신 그 생각에 붙은 감정은 살짝 빼 버림으로써 용납하지 못할 충동에서 비롯한 불안을 막는 방어기제다. 예를 들면, 의존성이 심한 20대의 여성이 책과 자료를 통해 어린 시절에 부모님께 지나치게 의존을 해서 의존성이 심해졌다는 것을 알게 되었고, 의식적으로 의존적인 행위를 하지 않으려고 노력을 해서 성공을 했지만 스트레스를 받으면 다시 의존적인 행위를 하게 된다. 이성적으로는 자신의 행위에 대한 잘못을 알고 있지만 스트레스나 좌절을 겪으면 다시 그런 행위를 반복하게 된다.

- **퇴행(regression):** 심리적으로 어려움에 직면하였을 때 이전의 발달단계 수준으로 되돌아감으로써 현재의 불안이나 책임을 회피하는 것이다. 예를 들면, 대소변을 잘 가리던 네 살짜리 아이가 동생이 태어나면서 옷에 오줌을 싸게 되는 경우다.

- **해리(dissociation):** 마음을 편치 않게 하는 성격의 일부가 그 사람의 지배를 벗어나 하나의 독립된 성격인 것처럼 행동하는 경우다. 예를 들면, 몽유병, 이중인격 등이다. '지킬박사와 하이드'가 좋은 예다.

- **저항(resistance):** 억압된 자료들이 의식적으로 떠오르는 것을 막는 것이다. 왜냐하면 이러한 의식이 너무 고통스럽게 하기 때문에 의도적으로 기억을 하지 않으려고 하는 것이다. 예를 들면, 상담을 받던 내담자가 상담에 나타나지 않거나, 자신의 감정이나 생각을 나타내지 않으려고 하는 행위가 저항에 해당한다.

- **차단(blocking):** 서로 연결된 몇 가지 생각 가운데서 앞선 것은 기억이 나지만 뒤를 잇는 생각이 억압당해 도저히 기억되지 않는 것이다. 예를 들면, 베르나르 베르베르의 소설 『뇌』에서 등장인물 '움베르토'가 행동을 유발하게끔 하는 동기들이 완전한 평형을 이루자 모든 자극을 차단하고 의식을 잃어버리는 장면이 차단에 해당한다.

- **신체화(somatization):** 심리적 갈등이 감각기관, 수의근육계 외의 신체 증상으로 표출되는 것으로, 심한 감정으로 인하여 신체적으로 이상 증세를 느끼는 것이다. 예를 들면, 사촌이 땅을 사면 배가 아픈 경우가 이에 해당한다.

- **성화**(sexualization): 성적으로 대단한 의미를 가진 것도 아닌 것에 성적인 의미를 크게 부여하는 것이다. 예를 들면, 고속버스에서 이성 옆에 앉는 것을 성교하는 것처럼 부끄러워하고 두려워하는 경우가 이에 해당한다.

- **금욕주의**(asceticism): 의식에서 지각되는 모든 쾌락은 반대하면서 이러한 금욕적인 행위에서 만족감을 얻는 것이다. 예를 들면, 성직자의 금욕적인 행위를 따라 하면서 성자의 느낌을 얻는 것이 이에 해당한다.

- **유머**(humor): 자신이나 타인에게 거북하고 불쾌한 감정을 느끼지 않게 하면서 자신의 느낌이나 의견을 공개적으로 표현하는 행위다. 예를 들면, 얘기하기 어려운 내용을 농담처럼 전달하는 행위가 이에 해당한다.

- **이타주의**(altruism): 남들의 본능적인 욕구 충족을 집요하게 건설적인 쪽으로 도와주는 것이다. 예를 들면, 불편하고 힘든 감정이나 생각이 자신을 장악하려고 할 때마다 봉사활동을 하는 것이다.

- **분리**(splitting): 자기와 남들의 이미지, 자기와 남들에 대한 태도가 '전적으로 좋은 것'과 '전적으로 나쁜 것'이라는 두 개의 상반된 것으로 분리되는 것이다. 이는 원시적 형태의 방어로서 경계선 성격장애 환자가 많이 쓰는 것으로, 유아기 중 분리-개별화기에 쓰는 방어기제다. 예를 들면, 경계선 성격장애 환자는 자기 내면의 좋은 사람과 나쁜 사람으로 분열된 내적인 대상관계가 있다. 이를 주변 사람에게 투사하여 주변 사람들이 투사적 동일시에 의해 좋은 사람과 나쁜 사람으로 나뉘어 환자의 의견을 대신해서 싸우게 한다.

- **투사적 동일시**(projective identification): 원시적 방어기제의 하나이다. 심리치료과정에서는 다음의 세 단계를 거친다. 첫째, 환자는 분석가에게 내적 이미지를 투사한다. 둘째, 분석가는 환자가 투사한 것을 무의식적으로 받아들여서 동일화하고 환자의 조종을 받아 느끼고 행동하게 된다. 이것을 투사적 역동일시(projrctive counteridentification)라고 한다. 셋째, 투사된 내용들은 분석가에 의해서 수정된 다음에 다시 환자에게 재투입된다. 환자는 자기가 투사한 내적 이미지가 분석가의 인격을 통과하면서 수정된 것을 동일화하여 자신의 내적인 대상을 수정한다.

- **회피**(avoidance): 위험한 상황이나 대상으로부터 안전한 거리를 유지하려는 것으로 의식적·무의식적 회피 둘 다 가능하다. 미성숙한 방어기제로서 자신이 수용하기 힘든 외부의 압박, 공격, 위험, 혹은 문제 상황 등 갈등 상황에서 무조건 피하려고 하는 것이다. 예를 들면, 어떤 사람을 만나면 기분이 상하기 때문에 모

임에 나가지 않는 행위가 이에 해당한다.

- **승화(sublimation)**: 성적 또는 공격적 욕구를 사회적으로 허용되는 건전한 행동으로 전환하는 것을 뜻한다. 예를 들면, 공격적 욕구를 스포츠 활동을 통해 표현하는 경우이다.

- **방어과정(defensive processes)**: 여러 종류의 방어기제를 사용하여 복잡하게 조직화된 운동, 지각, 인지의 자아 기능을 말한다. 첫째, 성격방어(character defense)는 타인에 대한 태도나 반응이 지속적인 어떤 특성을 가지고 있어서 이것을 이용하여 불안으로부터 자신을 보호하는 것이다. 예를 들면, 지나치게 친절한 성격의 사람은 내면에 공격심이나 가학적 욕구를 가지고 있으면서 이를 방어하기 위한 태도로 지나치게 친절한 행동을 보일 수 있다. 둘째, 전환(conversion)은 심리적 갈등이 신체감각기관과 수의근육계의 증세로 표출되는 것이다. 예를 들면, 상관을 때릴 것을 두려워하는 사람이 자신의 오른팔이 마비되는 증상으로 나타나는 것이 이에 해당한다. 셋째, 환상(fantasy)은 자아의 적응 과정 중 하나이며, 정신건강과 창조적 사고에 중요한 것이다. 이는 공상과 같은 것으로, 자유분방한 상상은 현실에서 빗나가지 않는 한 미래 설계의 바탕이 되며, 건전한 정신활동의 중요한 부분이다. 넷째, 꿈(dream)은 마음의 소원을 충족시켜 주고 불안을 방어해 주는 기능을 갖고 있다. 꿈에는 발현몽과 잠재몽이 있는데, 발현몽은 꿈에서 본 내용이고, 잠재몽은 발현몽을 일으킨 무의식의 근원이다.

3. 치료의 목표

정신분석적 상담의 두 가지 목표는 무의식을 의식화함으로써 개인의 성격 구조를 수정하는 것과 행동이 더 현실적으로 되어 본능의 충동에 따르지 않도록 자아를 더욱 강화시키는 것이다. 정신분석에서는 의식되지 않지만 마음속에 잠재해 있는 갈등이 해소되지 않으면 심리적 긴장 상태로 남아 있거나, 심한 경우에는 여러 가지 증상으로 나타난다고 본다. 상담자가 내담자로 하여금 무의식적 갈등이나 불안을 표현하게 하고 이것을 자각시키면 더 이상 심리적 긴장과 불안을 억압하거나 느낄 필요가 없기 때문에 내담자의 자아가 강화되어 성격이 건강한 방향으로 수정된다.

상담자는 내담자의 무의식적 문제를 표출시키기 위해서 내담자와 함께 아동기의 경험을 재구성하고, 토의하고, 분석하고, 해석한다. 이를 통하여 성격 변화를 위해 필수적인 자기이해의 수준을 높이는 것이다. 성공적인 분석이 이루어지면 내담자의 자기이해 수준이 높아지고 개인의 성격이나 특성에 상당한 변화가 오게 되며 심리적 문제를 해결할 수 있게 된다(이장호 외, 2002).

4. 방법 및 절차

1) 상담자의 역할

　상담자는 먼저 내담자의 마음속에 떠오르는 생각, 심상, 느낌을 표현하게 한다. 내담자로 하여금 어떤 특정한 생각이나 감정이 의미 있는지 없는지에 관하여 왜곡, 검열, 억제, 판단하지 않고 자유롭게 표현하게 한다. 이때 상담자는 내담자가 보고하는 꿈과 자유연상의 의미를 추론하며, 내담자가 표현하는 상담자에 대한 감정을 민감하게 들으면서 내담자의 이야기 속에서 불일치하는 점이 없는지 검토한다. 처음에는 듣는 데 치중하고, 꼭 필요하거나 내담자가 받아들일 수 있다고 여겨지는 경우에는 해석을 해 주며, 내담자가 상담과정에서 어떤 형태로 심리적 저항이 나타나는지 관심을 가진다.

　상담과정에서 내담자는 무의식적으로 상담자를 마치 자기의 부모나 부모 이외의 중요 인물로 생각하고 행동하게 되는데, 이를 '전이'라고 한다. 상담자는 내담자로 하여금 전이가 일어나도록 만드는 동시에 해석을 통하여 전이를 좌절시키는 과정이 정신분석 상담의 핵심이다. 또한 상담자는 내담자가 보이는 저항에 관심을 가지고 이를 다루게 되는데, 정신분석 상담이 효과를 거두기 위해서는 내담자의 저항을 적절하게 상담자가 치료과정에서 다루어야 한다. 뿐만 아니라 상담자는 내담자로 하여금 갈등이 드러나도록 하기 위하여 자유연상을 통해 떠오르는 대로 자유롭게 표현하게 하며, 내담자가 하고 있는 현재 행동의 의미를 설명하기 위하여 내담자가 과거 부모와의 관계 속에서 느꼈던 감정이나 행동을 되풀이하고 있음을 해석을 통하여 깨닫게 해 준다.

　상담자는 내담자의 자유로운 표현 속에서 내담자의 성격 구조와 역동 관계를 이해하게 되며, 내담자의 심리적 문제의 윤곽을 파악하게 된다. 이러한 과정에서 상담자는 마치 거울처럼 행동해야 한다. 즉, 분석 과정에서 가능한 한 자신의 인격적 특성을 배제하고 내담자를 있는 그대로 비추어 주어야 한다는 것이다. 상담자의 이러한 행동을 통해 내담자에게 자신의 문제에 대한 통찰을 할 수 있도록 도움으로써 내담자는 자신을 보다 잘 이해하게 된다. 상담자는 내담자가 상담과정에서의 통찰을 통해 이해한 것을 현실 생활에 적용할 수 있도록 격려한다.

2) 치료관계

정신분석 치료는 내담자의 내면세계를 중요시한다(Winnicott, 1953). 내담자가 상담자와 관계를 맺으려고 할 때는 자신의 가장 심층적 차원에서 상담 관계를 맺게 된다. 이때 상담자는 내담자와 치료동맹을 맺게 된다. 치료동맹(therapeutic alliance, working alliance)이란 내담자의 건강한 인격 부분과 상담자의 건강한 인격이 성공적인 상담을 위해서 서로 손을 잡고 협력한다는 뜻이다. 즉, 환자 성격 중 신경증적이 아닌 건강한 인격과 상담자의 건강한 인격이 서로 손잡고 협력해 나가면서 내담자 성격 중 신경증적이고 미성숙한 부분을 다루어 치료해 나감으로써 환자의 전반적인 정신 기능을 수정하고 변경하는 것이다. 상담자가 내담자와 치료동맹을 수립하는 데 결정적인 영향을 미치는 것이 라포(rapport) 형성이다. 따라서 효과적인 상담을 위해서 상담자는 내담자와 촉진적인 상담 관계를 형성하여야 한다.

상담자가 내담자와 치료동맹을 형성하고 상담을 진행해 가는 과정에서 내담자는 상담자를 마치 자기의 어린 시절의 중요한 인물인 것처럼 대한다. 이를 전이라고 하는데, 이러한 전이 감정은 무의식적인 감정이므로 내담자는 전혀 알아채지 못한다. 정신분석 치료에서 가장 중요한 부분이 상담자가 내담자의 전이 감정을 어떻게 불러일으키고 다루어 치료해 나가느냐에 있다.

상담자가 때로는 내담자가 보이는 전이 감정에 대하여 설명해 줌으로써(해석) 전이를 좌절시켜 치료에 활용할 수 있고, 때로는 내담자의 전이 욕구를 충족시켜 줄 수도 있다. 예를 들어, 내담자가 상담자를 어머니로 생각하는 전이 감정을 느낀다고 할 때, 상담자가 내담자의 이러한 면을 해석해 주게 되면 내담자는 무의식적으로 상담자를 어머니로 여기고 어머니에 대한 자신의 의존 욕구를 충족시키려던 시도는 좌절된다. 이 좌절은 내담자가 어릴 때 어머니와의 관계에서 느꼈지만 지금은 무의식 속에 존재하고 있는 갈등과 감정을 다시 치료 관계에서 재경험하게 유도한다. 이런 갈등은 상담과정에서 충분히 다루어지고(치료되고) 내담자는 이 과정에서 재양육되는 경험을 하게 된다.

전이와는 반대로 상담자가 내담자와의 관계에서 갈등을 느끼고 내담자를 싫어하거나 좋아하게 되는 수가 있는데, 이와 같이 상담자가 내담자에 대해 느끼는 반응을 역전이(counter transference)라고 한다. 이러한 역전이는 모든 상담자에게서 일어나는데, 상담자는 상담 중에 일어나는 자신의 역전이 감정을 알아차려서 상담에서 내담자를 이해하는 자료로 활용하든지 혹은 자기이해(분석)를 위한 기회로 삼아야 할 것이다.

따라서 상담자와 내담자의 관계를 정리해 보면 정신분석에서 상담자는 라포 형성을 통하여 치료동맹을 맺고, 내담자의 전이를 치료에 적절하게 활용할 수 있어야 하며, 상담자가 내담자에 대하여 느끼는 역전이 감정 또한 치료에 활용할 수 있어야 한다.

3) 치료기법

정신분석적 접근에서는 내담자가 자신의 무의식적 갈등을 떠올릴 수 있도록 상담자의 영향력을 최소화하는 것이 중요하다. 상담자는 내담자의 모든 반응에 고르게 주의를 기울임으로써 내담자가 상담자의 반응에 영향을 받지 않고 자신의 모습을 자연스럽게 나타낼 수 있도록 해야 하며, 내담자가 자신의 무의식의 의미를 깨달을 수 있도록 유도해야 한다. 정신분석적 치료기법에는 자유연상, 꿈의 분석, 전이의 분석, 저항의 분석, 해석, 훈습 등이 있다.

- **자유연상**(free association): 내담자가 편안하게 마음에 떠오르는 생각과 감정을 자유롭게 이야기하는 방법이다. 상담자는 내담자의 이야기를 경청하며 그 내용뿐만 아니라 감정 상태 등도 함께 관찰한다. 자유연상은 무의식적 소망, 환상, 갈등, 동기의 문을 열기 위해 사용하는 기본적 도구이자 정신분석적 상담의 핵심 기법이다. 자유연상 과정에서 상담자는 내담자의 무의식에 갇혀 있던 억압된 자료를 규명해야 하며, 표면적 진술 속의 감추어진 의미까지 통찰해야 한다.
- **꿈 분석**: 잠을 자면서 꿈을 꾸는 동안에는 자아의 방어가 약해지고 억압되었던 감정들이 표면화되는데, 이를 면밀하게 분석함으로써 무의식적 갈등을 발견하는 방법을 꿈 분석(dream analysis)이라고 한다. 프로이트는 꿈에는 인간의 무의식적 소망과 욕구와 두려움이 표현되어 있다고 하면서 꿈을 '무의식에 이르는 왕도'라고 하였다.

꿈에는 내담자가 그 내용을 기억하는 현재몽(manifest dream), 무의식적 동기인 잠재몽(latent dream)이 있다. 잠재몽을 이루고 있는 무의식적이고 성적이고 공격적인 충동은 너무도 고통스럽고 위협적이기 때문에 현재몽에서는 상징적으로 변형되어 나타난다. 따라서 상담자는 내담자의 잠재몽을 밝혀내기 위해서 현재몽의 어떤 사항에 대해 자유연상을 시킬 수도 있다. 꿈 분석의 목적은 현재몽을 통해서 잠재몽을 이해하고자 하는 것이다.

- **전이의 분석:** 상담이 진행되면서 내담자는 어린 시절에 부모 등에게 느꼈던 감정이나 생각을 무의식적으로 상담자에게 나타내는 전이(transference)를 보이게 된다. 전이에는 내담자의 핵심적인 무의식적 갈등이 담겨 있는 것으로 보기 때문에 이를 분석하는 것은 매우 중요하며, 상담자는 중립적인 태도를 취함으로써 내담자의 전이를 유도하고자 한다. 예를 들어, 상담자는 내담자가 아동기에 차갑고 냉정했던 부모에게서 느꼈던 부정적이고 억압된 감정을 상담자에게 그대로 전이하여 느끼도록 함으로써 무의식적 갈등과 방어기제를 자각할 수 있도록 돕는다.

- **저항의 분석:** 저항(resistance)은 억압했던 무의식의 자료를 인식의 표면으로 가져오는 것을 저지하는 것으로, 억압한 충동이나 감정이 인식되려고 할 때 야기되는 견디기 어려운 불안을 방어하려는 무의식적 역동과 같은 것이다. 저항의 분석이란 내담자가 상담과정에서 나타내는 비협조적이거나 방해하고 저항하는 행동의 의미를 분석하는 것이다. 내담자가 자발적으로 상담을 받으러 오는 것임에도 불구하고 상담시간에 늦거나, 자유연상이 잘 되지 않거나, 상담에 흥미를 잃는 등의 행동을 나타낼 수 있다. 상담자는 이러한 저항 행위에 주목하여 내담자의 무의식적 의도와 갈등을 파악하고 내담자가 이를 깨닫도록 돕는다.

- **해석:** 내담자는 상담과정에서 자신의 무의식적 갈등에 대한 통찰을 얻을 수 있게 된다. 그러나 내담자가 스스로 이해하기 어려운 부분이 있는 경우에는 상담자가 해석(interpretation)을 해 줄 수 있다. 상담자는 꿈, 자유연상, 저항, 상담 관계 자체에서 나타나는 행동의 의미 등을 내담자에게 설명하고 가르칠 수 있는데, 이것을 해석이라고 한다. 해석은 시기가 중요하므로 내담자가 해석을 받아들일 준비가 되어 있을 경우에 시행하는 것이 좋다.

- **훈습:** 내담자가 자신의 무의식적인 갈등을 깨닫게 되면 행동에도 변화가 나타나게 된다. 그러나 갈등의 본질에 대한 한두 번의 통찰 경험은 변화를 이끄는 데 충분하지 못하다. 따라서 무의식적 갈등을 깨닫고 현실에서 적응적 행동을 하도록

변화하는 과정이 반복됨으로써 행동에 실제적인 변화가 나타나게 되는데, 그러한 과정을 훈습(working through)이라고 한다.

훈습은 몇 년이 걸리기도 하는 등 상당한 시간이 필요하다. 훈습의 과정에서 내담자는 점차적으로 자신의 내면세계에 대한 자각능력이 증가하게 되고, 새로운 적응적 방식으로 욕구 충족을 하게 되는 변화를 겪는다.

4) 상담의 과정

- **초기 단계**: 상담자와 내담자가 신뢰 관계를 형성하고 치료동맹을 맺는다. 내담자의 어떠한 감정, 동기, 사고에 대해서도 상담자가 비판하지 않고 수용하고 이해할 때 치료동맹은 더욱 깊어지며, 전이 감정을 촉진하는 데 큰 역할을 한다.

- **전이단계**: 내담자는 과거 어릴 때 중요한 사람과의 관계에서 가졌던 유아기적 욕구와 감정을 상담자와의 관계에서 반복하려고 한다. 상담자는 끈기 있는 태도, 포용성, 존중하는 마음으로 대해야 하며, 내담자의 아동기적 욕구에 대해 중립적 태도를 취하면서 해석 및 참여적 관찰자의 역할을 함으로써 그 욕구를 좌절시킨다. 이때 내담자는 전이신경증[8]이 생겨 치료적 저항이 생기게 된다.

- **통찰단계**: 신뢰할 수 있는 분위기 속에서 내담자는 자신의 의존 욕구나 사랑 욕구의 좌절 때문에 생기는 적개심을 상담자에게 표현한다. 통찰단계에서는 내담자가 자신의 여러 부정적 감정이 의존과 사랑 욕구가 좌절된 것에서 비롯되었다는 것을 통찰하며 그로 인해 야기된 감정을 다룬다. 상담자에게 느끼는 감정이 일반적인 대인관계에서도 반복적으로 느끼는 감정임을 통찰하게 된다.

- **훈습단계**: 상담을 통하여 획득한 통찰을 현실에 적용하려는 노력에 대해 적절한 강화를 해 주고, 내담자의 행동 변화가 어느 정도 안정되게 일어나면 종결을 준비한다. 훈습단계가 가장 긴 단계로, 생활 속의 여러 관계 속에서 반복적으로 느끼는 감정을 지속적으로 상담자와의 치료관계에서 알아차림을 하게 되면서 내담자는 깊은 성숙을 하게 된다.

---

8 전이신경증은 내담자의 전이감정을 상담자가 상담 관계에서 받아주지 않으면 이로 인해 발생한다.

5. 치료사례

정신분석 사례는 김현정과 천성문(2022)의 논문에 실린 정방자 선생의 치료사례를 간략하게 제시하고자 한다. 정방자 선생은 우리나라 심리치료의 중요한 축인 한국정신치료학회를 창립한 이동식 선생의 제자이다. 이동식 선생은 1970년대에 서울대학교 학생생활연구소에서 상담사례를 지도하였다. 이때 심리학과 대학원 박사과정을 다니던 홍성화, 윤호균, 정방자 등이 최초의 제자로, 교육분석과 슈퍼비전을 받으며 꾸준히 수련하였고, 다시 이들이 교수[영남대, 성심여대(현 가톨릭대), 효성가톨릭대(현 대구가톨릭대)]가 되어 그 제자들에게 핵심 감정을 중심으로 한 정신역동적 상담을 지도하여 그 명맥이 이어 오고 있다.

심곡 정방자 선생의 치료적 개입은 '어려움의 근원 확인단계' '전이 감정의 알아차림과 안정적 관계 재경험 단계' '통합된 자기로의 수행 단계'인 세 가지 하위단계로 나타났으며, 치료 전반에 중요하게 영향을 미치는 주요 요인으로 상담자의 '인격적 특성'과 '관계적 특성'이 모형의 중심에 위치하고 있다. 정방자 선생의 상담개입은 상담의 회기가 진행됨에 따라 어려움의 근원 확인이 선행된 후 핵심 감정을 진단하고 전이 감정의 알아차림과 관계 재형성단계로 이어지는 큰 흐름으로 나타났지만, 이러한 흐름이 반복적으로 되풀이되면서 내담자의 통찰 수준이 깊어진다는 점에서 치료 개입 모형은 순환적인 구조를 이루고 있다. 즉, 상담자와 내담자의 만남 후에 어려움의 근원 확인이 일어나고 이후 상담자는 핵심 감정을 진단하며 전이 감정의 알아차림과 관계 재형성단계가 이어진다. 상담자의 이러한 개입은 내담자가 관찰적 자아를 통해 객관적으로 사고하는 힘을 키울 수 있게 한다. 이후 상담자는 내담자가 자신이 통찰한 것을 현재 생활에서 통합할 수 있도록 안내한다. 그리고 통합된 자기로의 수행 단계는 진리의 본체를 알 때까지 지속적으로 수행하는 것으로 불교에서 말하는 지관(止觀)수행의 자세를 의미한다. 심곡 정방자 선생의 치료적 개입 모형은 [그림 2-4]와 같다.

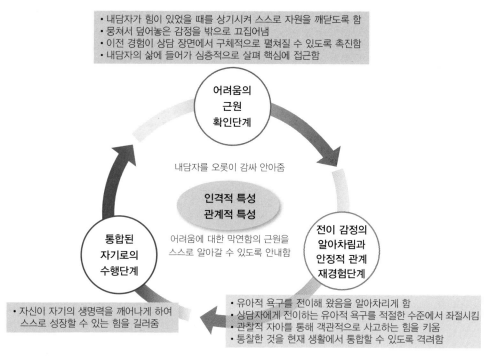

[그림 2-4] 심곡 정방자 선생의 치료적 개입 모형

출처: 김현정, 천성문(2022).

1) 치료개입 단계

어려움의 근원 확인단계에 포함되는 범주는 '내담자에게 힘이 있었을 때를 상기시켜서 스스로 자원을 깨닫도록 함' '뭉쳐서 덮어놓은 감정을 밖으로 끄집어냄' '이전 경험이 상담 장면에서 구체적으로 펼쳐질 수 있도록 도움' '내담자의 삶에 들어가 심층적으로 살펴 핵심에 접근함'이 있다. 정방자 선생은 내담자가 자신의 경험을 스스로 표현할 수 있도록 도우며, 함께 그 경험 속으로 들어가 어려움의 근원을 확인하는 개입을 시도한 것으로 나타났다. 또한 유아적 욕구로 인한 자기 감정에 쌓여 있으면 자신을 발견하지 못함을 설명하며 자기표현을 해야 함을 강조하였다.

고착된 유아적 욕구의 근본 원인에 대해 정방자 선생은 초기의 잘못된 대상 관계로 인하여 이러한 욕구가 지나치게 결핍되거나 과잉 충족되면 이러한 욕구에 병적으로 고착되고 이것이 의존심(dependancy)과 적개심(hostility)의 두 가지 기본 동기를 만들어 일생 동안 여기에 매달리게 됨을 설명하였다. 이 단계의 핵심은 억눌려져 표현하지 못했던 여러 대상에 대한 감정을 표현할 수 있도록 격려하는 것이다. 이때 상담자에 대한 감정(적개심)과 기타 주위 인물에게 갖고 있는 감정을 안심하고 모두 표현할 수 있도록 분위기를 조성하며, 그 감정의 원인과 기원에 대해 다양한 관점에서 세밀하고 철저하게 파악한다.

유아적 욕구가 어린 시절 부모와의 건강하지 못했던 관계에서 형성된다고 보았기 때문에 정방자 선생은 치료 초기에 부모와의 관계를 찬찬히 파악하고, 내담자의 신체적·정신적 발달에 부정적 영향을 미쳤을 것으로 짐작되는 중요한 정황에 대해서 철저하게 이해하고 공감하였다. 좋은 부모의 자세로 내담자를 따뜻하게 수용하면서 내담자가 막연한 정신적인 어려움의 근원을 내담자 스스로 알아갈 수 있도록 안내하면서 정방자 선생의 치료적 개입이 시작된다. 이러한 개입은 심리장애의 원인에 대한 정방자 선생(1998)의 견해를 명확히 드러내는 부분이며, 각각의 개입은 내담자의 근기(根氣)에 맞추어 자연스럽게 진행된다.

사례 B에서 상담자는 누구나 참된 모습이 있고 억압된 감정을 밖으로 표현하다 보면 감정의 근원을 알 수 있고, 근원을 알고 깨닫기 시작하면 자기 본모습을 볼 수 있음을 안내한다.

> 상 38: 자신감이 영 없는 니 모습도 니 모습이 아닐 거고, 너무 지나치게 넘치는 것도 니 모습이 아닐 거고, 그 어느 중간이나 어느 한 위치에 니 참된 모습이 있을 건데.
>
> 내 39: 그런데 어느 순간에는 정말로 자신이 없을 때가 많거든요. 정말로 너무 자신 없고. 그러니까 제가 너무 아무것도 아닌 것처럼 느껴지는 거예요.
>
> 상 39: 그 쪽에서 어느 것이 너의 본래 모습인지 그것을 찾아서 들어가고, 그래서 니 자신에 대해 정말로 객관적으로 너를 평가하고 거기서부터 앞으로의 성장을 위한 방법이 나올거야. 상담에서 자꾸 표현을 하는 것이 중요한 이유가 거기에 있기 때문이야. 그런 감정들 때문에 얽혀 가지고 자기 본모습을 대개는 못 봐. 감정 억압이라든지 감정을 억누른다는 것이 굉장히 우리 자신을 약화시켜 버린다고. 감정에 소용돌이친다면 아무리 웬만한 지적 판단도 그게 제대로 안 되는 경우가 참 많아.

사례 A에서 정방자 선생은 '그런 게 큰 문제가 되는지는 모르겠어요'라며 자기 문제를 회피하는 모습을 보이는 내담자에게 '조금 더 깊이 새겨 보는 거는 어떻겠노'라고 개입함으로써 핵심을 놓치지 않고 어려움의 근원을 확인하는 모습을 보인다.

내 20: …〈중략〉… 아버지가 그렇게 말씀하시면. 그게 그래야 되겠다 이런 생각이 안 들고 그냥 무관심하게 흘려 버리는 거 같아요 제가. 그래서 그냥 빨리 다른 일을 아버지께 말씀드리면 이렇게 이야기를 할려면 서로 오고가고 이래야 되는데 저는 가만히 듣고 있는 거예요. 가만히 듣고 있다가 말씀이 끝난다 싶으면 다른 이야기를 해요. 내가 원래 하려고 했던 그런 일들을. 그렇지만 그런 게 큰 문제가 되는지는 모르겠어요.

상 20: 그런데 아버지하고의 관계는 조금 더 깊이 새겨 보는 거는 어떻겠노. 그리고 반응이라는 거는 어떤 거고. 좀 구체적으로 한 번 이야기해 봐라.

내 21: 반응이요?

상 21: 아버지가 그런 이야기하고 그런 상황이 왔을 때 아까 반항적으로 하는.

내 22: 음. 그러니까 제가 생각하기에는 항상 그런 거예요. …〈중략〉… 단지 그런 아버지와의 관계가 참 좀 그렇다는 그런 거 때문에 괴로워하면서요. 그걸 가지고 별로 그걸 개선시키려고 안 하는 거예요.

상 22: 의식하고 싶질 않지?

내 23: 그냥 피하고 싶은 그런 거. 아버지하고 저하고의 관계는. 그러니까 다른 사람이랑 같이 있으면 제 동생이 있다거나 아니면 언니가 있다거나 아버지가 제가 생각하기에 나보다는 아버지가 언니나 동생을 더 좋아하실 거니까 같이 있으면 편안한 거라예 아버지가. 아버지도 편하실 거니까. 꼭 그게 아버지를 위해서 아버지 마음이 편안하신가 안 하신가 이런 걸 살펴서라서 그렇다기보다 아버지가 나 때문에 편안하지 않다고 하시면 저도 마찬가지로 기분 나쁘잖아요. 그러니깐.

상 23: 너 아버지 마음속에 네가 제1의 위치를 차지하면 좋겠지만 못 차지한다 이런 생각을 갖고 있구나.

내 24: 네. 그래예.

2) 전이 감정의 알아차림과 안정적 관계 재경험 단계

전이 감정의 알아차림과 안정적 관계 재경험 단계에 포함되는 범주는 '유아적 욕구를 전이하고 있었음을 알아차리게 함' '유아적 욕구를 적절한 수준에서 좌절시킴' '관찰적 자아를 통해 객관적으로 사고하는 힘을 키움' '통찰한 것을 현재 생활에서 통합할 수 있도록 격려함'으로 나타났다. 성장과정에서 적절하게 해결되지 못한 욕구가 현재 어떤 모습으로 드러나는지 해석하는 개입에서 심곡 정방자 선생은 전이 관계란 자신의 요구가 유아적이고 비현실적이어서 현실에서 이루기가 불가능하다는 것을 깨닫지 못하고 한 대상에서 실망하면 또 다른 대상으로 전전하면서 끝없이 헤매고 여기에 집착하는 것으로 설명했다. 또한 나의 단점과 문제점이 전체라고 생각하는 것에서부터 착오가 시작되며, 좋지 않은 면을 수용하면서 관찰적 자아를 통해 객관적으로 사고하는 힘을 키울 수 있도록 개입한다. 이러한 과정을 통해 내담자는 객관적인 자기 관찰 상태에서 자기 문제를 바라보는 통찰단계에 이르게 된다. 정방자 선생은 '통찰한 것과 행동이 일치가 되는 변화가 생기려면 훈련을 해야 한다' '방향을 바꾸어 전진하기까지 끊임없는 노력이 필요하다'고 강조하면서 깨달은 것을 조금씩 실천해 갈 수 있도록 독려하는 모습을 보인다. 심곡 정방자 선생은 자기직면에 따른 불안과 고통을 견디는 내담자의 용기와 능력에 대해서 평가하고 격려하는 개입을 한다.

사례 B에서 상담자는 '내내 크면서 그래 이해해 줄 사람 이런 걸 많이 찾았나?'(상 46)라며 질문을 한다. 이 질문을 통해 내담자는 집에서 지지받지 못한 것을 외부에서 충족하려고 했음을 알게 된다.

상 46: 내내 크면서 그래 이해해 줄 사람 이런 걸 많이 찾았나?

내 46: (침묵 8초) 이해해 줄 사람… (침묵 6초) 네, 그렇다고 봐야지요. 이해해 줄 사람 찾고 나를 하여튼 지지해 줄 사람 찾아서.

상 47: 중학교 때는 그런 게 잘 안 돼서…….

내 47: 중학교 때는… 중학교 때는… (침묵 7초) 저는 참 이상하게 행동했던 게 중학교 때는 제가 어떤… 중학교 때는 선생님들이 제 지지의 대상이었던… (으음, 옳지) 선생님들이…….

상 48: 고등학교 때는 친구들이고?

내 48: 예.

상 49: 초등학교 때는?

내 49: 초등학교 때는 저는 참 자신만만하게 잘 지냈거든요.

상 50: 그때는 집에서 지지를 받았고?

내 50: 그때는 친구들… 친구들을 그 하여튼 꺼씰고 다니면서 좀 독단적인 행동
　　　을 하면서…….

상 51: 그때는 또 집에서도 지지를 받았잖아.

내 51: 예, 그때는 괜찮았어요. 나름대로 좀 괜찮은데, 중학교…….

상 52: 집에서 지지가 사라지면서 인제 밖으로… 대상을 찾았다?

내 52: 계속 오던 지지가 안 왔으니까 제가 그런 식으로…….

상 53: 그건지 꺼꾸론지 뭐…….

내 53: (웃음)

상 54: 안 오니까 인제 그런 식으로 되겠지.

　　사례 C에서 내담자는 자신의 핵심 감정에 대해 직접적으로 이야기해 줄 것을 상담
자에게 요구한다. 이에 대해 '앞에 나온 것도 부정하고 싶은데 받아들여지긋나?'라며
핵심 감정을 상담자가 찾아 주는 것이 아니라 스스로 정리하면서 자기 것으로 받아들
이는 것임을 알려 주어 내담자의 유아적 의존 욕구를 좌절시킨다.

내 66: …〈중략〉… 저한테 문제점이라든가 이런 좀 핵심적인 거 선생님이 체크한
　　　거 어떤 점인데요? 어떤 점?

상 66: 니가 어떻게 생각되노? 니가 느끼는 거 정리해야지. 내가 해 준다고 해
　　　서 니 거로 받아들여지지 않아. 앞에 나온 것도 부정하고 싶은데 받아들
　　　여지긋나? 어떤 게 니 큰 문제라 생각되는데? 뭐가 잘했는지 잘못했는지
　　　한번 체크해 봐. 일단 체크해 보고 다음 시간 쭉 얘길 하자. 니 원래 핵심
　　　문제, 니 원래 성격이 형성되는 데 어떤 영향이 있었고, 뭐가 문제가 되어
　　　이렇게 됐는지?

　　사례 A에서 다른 사람에게 좋은 모습만 보이고 싶어 하는 내담자에게 상담자는 약
점을 받아들이면 약점을 감추는 데 쓸데없이 보내는 에너지가 강점을 부각하는 쪽으
로 감으로써 건강해질 수 있음을 구체적으로 설명(상 93)하는 개입을 한다.

내 93: 근데 선생님은 보실 줄 알았어요. 그래서 제가 상담을 시작한 거지요.

상 93: 그건 너뿐이 아니라 다 그렇잖아. 약점 없는 사람이 어딨노? 다 장점과 약
점이 있지. 근데 그 약점을 용감하게 이거를 개선하려고 하는 노력, 그게
중요한 거야. 상담을 시작하는 것도 그런 거고, 그런 장점도 있는 거라.
이 약점을 자꾸 약화시킴으로 해 가지고 장점이 더 부각되고, 이 약점을
안 노출하려고 막 애쓰는 그 노이로제라든지 그 에너지 있잖아, 이런 건
쓸데없는 데 보내는 에너지이거든. 그 약점은 사람 누구든지 있는데, 좀
내놓으면 어떻노. 내놓으면 자기가 편하단 말이야. 그럼 그 에너지는 이쪽
좋은 점을 발전시키도록 다 오게 되있는 거거든. 근데 약점이 노출되면 무
슨 큰일이 날 것처럼 생각하거든. (내담자 웃음) 젤 상담에서 중요한 거는
약점을 그거를 자꾸 숨길려고 하지 말고 이걸 자기 것으로 받아들이 게 하
는 거. 받아들인다는 의미는 받아들임으로써 그것을 그렇게 심각하게 크
게 안 느껴지거든. 받아들이면 그러면은 이쪽에 쓸데없이 보내는 에너지
를 이쪽으로 보낸단 말이야. 그러면 점점 더 건강해지는 자기가 될 수 있
고 점점 커지지. 니는 네 약점이 드러날까 봐 다른 큰 장점이 있는데도 불
구하고 적은 약점이 드러날까 봐 여기에 니 온 생을 다 바쳤다. (내담자
웃음) 그러니 힘이 들지 앗싸리 이걸 보여 버리고 이걸 키울 생각을 해야
지, 좋은 점을⋯⋯.

사례 A에서 내담자는 상담을 통해 변화한 것에 대한 퇴행에 대하여 불안함을 표현
한다. 이에 대해 상담자는 방향을 바꾸어 전진하기까지 끊임없는 노력이 필요함을 강
조(상 38)하며 진정한 자기를 찾기 위한 과정은 전진과 후퇴가 반복되는 과정임을 이
해하기 쉽도록 설명(상 43)함으로써 내담자의 불안을 낮추는 개입을 한다. 또한 '그게
다져지면 된다'며 지금의 변화를 인정해 주고 앞으로도 할 수 있다는 희망의 메시지를
전한다.

내 37: (웃음) 내가 다시 좀 이케 누그러워졌다가 또또 이래 팍 날카로워지는 거
같은 느낌을 받겠어요. 그리고 또 똑 돌아서면 그게 참 후회스럽잖아요.

상 38: 응, 반복 반복하면서 서서히 금방 그래 고쳐지는 건 아니거든. 계속 계속
가져가면서 이쪽 길로 가려는 걸 방향을 바꾸어서 지금 틀어가는 중이니

까. 이쪽 방향이 완전 이쪽으로 바꾸려면 많은 노력과 시간이 필요하지. 끊임없이······.

내 38: 그 뭐 변화하다가 다시 또 퇴행할 수도 있고예. 또 그런, 또 그런 걸 실제로 한 번씩 탁탁 느끼고요. 느끼고 또 이, 제 단계에 제때 제때 이렇게 하지 않고 그지예? 또 뭐 늦어진다든지 삐뚤어진다든지 다시 흐트러질 거 같은 그런 생각도 자꾸 드는 거라예. 그래 지금 상담에 대한 불안감은 그런 거라요.

상 39: 응, 하다가 또 이제 (예) 없어지면 어떡하냐?

내 39: 예, 삐뚤어질 거 같은 생각 드는 거요. 그라고 상담을, 상담을 하면은 또 이렇게 다 잘될 것도 같았는데, 그렇지만 안 될 수도 있고······.

···〈중략〉···

내 42: (침묵 14초) 상담에 대한 문제가 그런 게 있었어요. (불안하다) 예. (잘못되면 어쩌느냐 하는 거?) 예. 또 발전되어 가도 그 나름대로 또 흐트러지면 어떡하냐 싶은 그런······.

상 43: 응, 끊임없이 자기를 성찰을 하고 자기를 돌아보고, 지금 상담에서 얻었던 여러 가지 통찰 있잖아. 이거를 쥐고 여러 행동이 이런 게 작용을 하잖아. 아, 내가 어떤 행동, 행동이 금방 간단히 막 이렇게 고쳐지기는 어려우니까. 어떤 행동이 예를 들어서 막 화가 났다, 또는 내가 너무 너무 그 해 가지고 내가 피해 버렸다, 그럼 왜 내가 피했느냐 그건 돌아볼 수 있잖아. 아, 내가 또 이런 문제 때문에 내가 예를 들어 ○○같은 경우는 아, ○○가 나를 미워하는 게 아니고 걔 성격인데, 아 내가 그래서 피했구나, 이런 거를 자꾸 결부시키고 결부시키고. 점차 그런 게 선택이 되어 가지고 내가 부정적으로 보게 되는 눈이 바뀌게 되잖아. (예, 그거는) 그게 다져지면 돼. 그래서 항상 자기 통찰하는 게 중요하지. 통찰한 그걸 가지고 다시 현실에 부딪혀 보고. 그래 뭐 와해되고 자시고도 없지 뭐, 나쁜 방향으로 갈 수가 없는 거지. 그렇게 되면······.

3) 통합된 자기로의 수행 단계

통합된 자기는 진아(眞我)를 의미하는 것으로, 진아란 불교에서 개인적 자아(小我)를 넘어선 우주적 자아(大我)인 진정한 자기를 의미한다. 진아를 찾아가는 것은 자기를 통합함으로써 이루어진다. 통합된 자기로의 수행 단계에서 정방자 선생의 특징은 자신이 자기의 생명력을 깨어나게 하여 스스로를 치료하는 것임을 강조하며, 통합된 자기를 알아 가는 과정은 평생 해야 하는 작업임을 강조한다.

사례 A에서 내담자는 상담이 끝나 가는데 자신이 통찰한 수준이 상담자의 기대에 못 미치는 것에 대한 두려움을 표현한다. 이에 대하여 상담자는 정해진 수준이 없으며 진전되는 것이 중요하며 평생을 해야 하는 작업임을 언급한다.

내 28: (침묵 5초) 상담을 하는 데 있어서 이렇게 상담을 해 나가는 데 있어 내가 뭐 지금 뭐 이제 29회째라면 어느 수준 쯤 와 있어야 되는데, (음) 내가 그 수준까지 못 와 있어서 내가 이런 수준으로 머물러야 하는 거 모르잖아요. 근데 선생님은 알지요. 내가 밑까지 이만큼 되면 와야 하는데. …〈중략〉…

상 28: 음. 그 수준이라 하는 게 정해진 수준이 있을 수 있는가. 각자 사람마다 다르거든. 사람마다 다르고 처음 자기가 문제 출발돼 있는 거 어떤 식으로 진전이 되는지가 중요하지, 어떻게 공통점이라는 기준이라는 게 있을 수 없어. 다른 애들 수준에 맞춰 가지고 다른 애들보다 이게 안 올라갔으면 어떨까 하는 이런 두려움인가?

내 29: 예. 그러니깐 뭐 지금 상담을 다해 가면은 (음) 다해 간다 이러면 내가 어떻게 통찰이 되고 좀 이런 수준 말이에요. 그러니까 뭐 이렇게 내가 다 인제는 어떻게 다할 수 있고 그런 거…….

상 29: 그거는 평생에 해야 하는데, 상담 몇 회 했다고 그게 다 조정되고 다 됐으면 상담 뭐 누워서 식은 죽 먹게.

내 30: 예. 나야 뭐.

상 30: 평생을 해야 되는 작업이야. 마음을, 자기 마음을 찾아 들어가고 하는 거는 다만 이제 고 핵심적인 게 되게 어떤가 하는 거는 찾아가지고, 고걸 알면 그거를 바탕으로 해 가지고 계속 밑에서 통찰하고, 또 부딪혀 봐서 또 실패할 수도 있고 성공할 수도 있고. 현실에 자꾸 부딪혀 보고 적용해 보고. 상담 30회가 모든 문제 다 해결되고 뭐 다 그렇게 되겠나? 그거 공짜 바라는 거지. 그거는 음.

6. 요약

　정신분석적 접근은 현대 상담 및 심리치료의 모태가 된 이론으로, 대부분의 이론이 프로이트의 주요 개념과 절차들을 확장하거나 수정하거나 그에 대한 반작용으로 발전했다고 해도 과언이 아니다. 또한 심리학이나 상담 분야뿐만 아니라 문학 및 철학, 영화, 비평 등 광범위한 분야에 영향을 미치고 있다.

　정신분석적 접근에 대해 가장 널리 받아들이는 비판은 시간과 비용, 그리고 전문성을 갖춘 상담자의 수 등을 고려할 때 적용하기 어려운 점이 있으며, 상담의 효과를 실증적으로 검증하기 어렵다는 것이다. 또한 심한 정신장애를 가진 대다수의 내담자는 자아의 강도가 강하지 않기 때문에 치료의 과정을 견뎌내기 힘들 수 있으며, 교육수준이 높은 내담자들에게만 적합하다는 견해도 있다(Corey, 2017). 또한 인간의 성적인 욕구를 과도하게 강조하는 점, 특히 유아 성욕설, 오이디푸스 콤플렉스, 남근 선망 등의 주장에 대해서는 정신분석적 접근의 입장을 취하는 사람들 사이에서도 논란이 되고 있다. 신프로이트 학파의 자아심리학, 대상관계이론, 자기심리학, 애착이론 등에서는 대인관계 중심으로 사회적 관점의 개인의 발달과 성격을 설명하고 치료적으로 접근하고 있다.

🎧 연습 과제

1) 일상생활에서 나도 모르게 반복적으로 대인관계에서 느끼는 어려움은 어떤 것이 있는지 생각해 보세요.
2) 어릴 때부터 반복적으로 꾸는 꿈이 있다면 기억하여 자세히 작성해 보세요.
3) 수업에서 배운 방어기제 중에 여러분이 실제로 자주 사용하는 방어기제가 있다면 어떤 것이고, 어떤 상황에서 주로 쓰는지 생각해 보세요.

🎧 주관식 문제

1) 프로이트는 프랑스에서 샤르코 교수에게 히스테리 환자에게 적용하는 어떤 치료기법

을 배웠나요?

2) 프로이트의 친딸로, 아버지의 뜻을 이어받아 프로이트 사후에 그의 업적과 이론들을 정리했으며 방어기제의 종류를 체계화하는 작업을 한 정신분석학자는 누구인가요?

3) 의식의 구조 세 가지를 설명하세요.

4) 원초아, 자아, 초자아 사이의 갈등이 정신에너지의 통제를 넘어서려고 할 때 생기는 불안의 세 종류를 설명하세요.

5) 치료기법 중 자유연상을 설명하세요.

참고문헌

권석만(2012). 현대 심리치료와 상담 이론. 서울: 학지사.

김현정, 천성문(2022). 심곡(心谷) 정방자 선생의 치료개입 특성에 대한 질적 사례 연구. 교육치료연구, 14(3), 373-399.

이무석(2006). 정신분석에로의 초대. 서울: 도서출판 이유.

이장호, 정남운, 조성호(2002). 상담심리의 이론과 실무. 서울: 한국심리상담교육원.

천성문, 이영순, 박명숙, 이동훈, 함경애(2021). 상담심리학의 이론과 실제(4판). 서울: 학지사.

Corey, G. (2017). 심리상담과 치료의 이론과 실제-10판(Theory and practice of counseling and psychotherapy-10th ed.). (천성문, 권선중, 김인규, 김장회, 김창대, 신성만, 이동훈, 허재홍 공역). 서울: 센게이지러닝. (원저는 2016년에 출판).

Corsini, R. J., & Wedding, D. (2017). 현대 심리치료-10판(Current psychotherapies-10th ed.). (김정희, 정성경, 남상인, 김인규, 최은영, 방기연, 김은하 공역). 서울: 박학사. (원저는 2014년에 출판).

Cozolino, L. (2018). 정신치료의 신경과학: 사회적인 뇌 치유하기(The neuroscience of psychotherapy: Healing the social brain-3rd ed.). (강철민, 이영호 공역). 서울: 학지사. (원저는 2017년에 출판).

Johnson, A., A. (2020). 한 권으로 읽는 정신분석(Introduction to Key Concepts and Evolutions in Psychoanalysis). (강철민 역). 서울: 학지사. (원저는 2018년에 출판).

Sharf, R. S. (2019). 심리치료와 상담이론: 개념 및 사례(Theories of psychotherapy and counseling: Concepts and cases). (천성문, 김진숙, 김창대, 신성만, 유형근, 이동귀, 이동훈, 이영순, 한기백 공역). 서울: 센게이지러닝코리아. (원저는 2015년에 출판).

Solms, M., & Turnbull, O. H. (2011). What is neuropsychoanalysis?. Neuropsychoanalysis,

13(2), 133-145.

Winnicott, D. W. (1953). Transitional objects and transitional phenomena; A study of the first not-me possession. *The International Journal of Psychoanalysis, 34*, 89-97.

3장 아들러 심리치료

'개인심리학(individual psychology)'은 오스트리아의 정신과 의사이자 심리치료자인 알프레드 아들러(Alfred Adler)에 의해 개발된 심리학적 접근법이다. 개인심리학에서는 개인의 사회적 맥락 내에서 개인을 이해하고, 그의 주관적 인식이 행동에 미치는 영향에 초점을 맞추고 있다. 즉, 사회적 맥락에서 개인이 어떻게 발달하고 적응하는지를 강조하면서 개인의 동기와 행동을 이해하는 데 강조점을 두고 있다. 아들러에 따르면, 개인의 사회적 환경과 이러한 환경과의 상호작용 속에서 각자 고유한 특성을 가지며 개인의 행동에 직접적인 영향을 미친다. 인간의 행동은 성적 동기가 아닌 사회적 동기에 의해 영향을 받으며, 모든 행동은 목적적이며, 개인은 분석될 대상이 아니라 전체적으로 이해되어야 한다는 입장을 취하고 있다. 인간이라는 존재를 부분(이드, 초자아, 자아, 의식과 무의식)으로 분석하는 데 흥미를 갖지 않고 그 자신이 삶을 살아가고 있는 전체로서의 인간을 탐구하고자 했다. 이러한 인간 이해 방식을 '개인심리학'이라고 하고, 개인에게 발생하는 사건이 아니라 그 사건을 해석하는 방식, 즉 주관적 견해의 역할을 처음으로 강조하였다. 개인은 어린 시절의 경험을 재해석함으로써 각자의 고유한 생활양식을 생성할 수 있다(Adler, 1927, 2014).

정상적인 열등감을 경험하고 있는 아이는 유능성과 숙달감을 향한 더 나은 위치를 차지하려고 노력한다. 이러한 초기의 노력은 즉각적인 목표를 향한 움직임, 즉 의식적이거나 무의식적인 움직임으로 이해될 수 있다. 결국 개인은 완결(completion), 실현(actualization), 완성(perfection)이라는 장기적인 목표를 발달시킨다(Mosak, 2004). 이러한 삶의 목표는 모든 사고, 감정, 행동, 신념, 확신, 가치 등이 우리의 가공적 목표 (fictional goal)를 향해 움직이는 부분으로 이해될 수 있도록 성격을 통합하고 있다.

인간은 사회적 존재이기 때문에 삶을 향한 우리의 움직임은 유전과 환경에 매우 많은 영향을 받는다. 그러나 유전과 환경이 성격발달에 미치는 영향은 그것에 대한 개인의 해석보다는 덜 중요하다. 예컨대, 우리를 둘러싼 거대한 환경인 가족은 우리에게 영향을 주지만, 부모와 형제자매 간에 일어나는 경험에 대해 개인이 부여하는 의미가 더 중요하다. 우리는 삶의 경험을 해석하고 그 안에서 자신의 위치를 차지하려고 한다.

우리가 어떤 사람이 되고 어떻게 행동하느냐를 선택하기 때문에 아들러(Adler, 1929, 1992)는 사람들이 삶의 무용한 측면 또는 유용한 측면을 개발하는 것은 가능하다고 했다(Sonstegard, Bitter, & Pelonis, 2020). 무용한 측면은 자신, 타인, 세상에 대한 잘못된 개념을 가지고 있는데, 염세주의, 자기 소진, 다른 사람에 대한 열등의 목표 등을 포함한다. 한편, 유용한 측면은 아들러가 인간으로서 과거, 현재, 미래에도 지역사회에 소속되어 있다는 느낌, 공동체 감정(community feeling) 등으로 특징 지워진다. 이러한 공동체 감정은 사회적 관심(social interest)과 연결되어 있는데, 자기 자신의 안녕만큼 다른 사람의 안녕에도 관심을 갖는 것이다. 이러한 감정은 타고난 것이기도 하지만, 어린 시절에 개발되어야만 한다. 이러한 사회적 관심을 가진 사람들은 다른 사람과 연결되어 있다고 느낀다. 이들은 용기, 자신감(낙관주의), 유머감을 가지고 일반적인 삶의 과제에 대처한다. 그들은 삶이 의미 있다는 것을 발견하고 자신뿐만 아니라 다른 사람에게도 의미와 중요성을 부여하고, 다른 사람의 성장을 촉진하도록 한다. 왜냐하면 그들은 자신과 잘 지내는 것을 스스로 학습했기 때문이다(Mosak, 2004).

아들러의 개인심리학적 접근은 현상학적이며, 과거보다는 현재와 미래 지향적이고, 내담자의 힘을 불어넣는 격려(encouragement)를 강조한다(Seligman, 2011). 격려는 '용기를 불어넣어 주는 것'을 말하며, 아들러학파에서는 내담자의 모든 증상은 삶에 대한 낙담의 결과로 보고 있어 내담자가 새로운 행동 패턴을 만들고 강점과 자원을 개발하는 데 도움을 주기 위해 상담의 모든 과정에서 격려를 사용한다.

아들러의 아이디어는 현재 중요한 심리치료 이론 중의 하나로 인정받고 있으며, 특히 아동 및 청소년 상담과 가족상담, 결혼상담, 기업상담 및 코칭, 인간관계 집단을 하는 치료자들에게 많은 관심을 받고 있다. 아들러의 영향력은 개인 및 집단 상담을 넘어 지역사회 정신건강 운동으로 확대되었다. 아들러의 가장 중요한 공헌 중 하나는 다른 치료적 접근법에 대한 아들러의 영향이었다. 에이브러햄 매슬로(Abraham Maslow), 빅터 프랭클(Viktor Frankl), 롤로 메이(Rollo May), 카렌 호나이(Karen Horney), 에리히 프롬(Erich Fromm), 칼 로저스(Carl Rogers), 버지니아 사티어(Virginia Satir), 윌리엄 글래서(William Glasser), 아론 벡(Aaron Beck), 앨버트 엘리스(Albert Ellis) 모두 아들러에게 영향을 받고 있었다는 것은 모두가 알고 있는 사실이다.

1. 아들러와 개인심리학 이론의 발달

1) 아들러의 생애와 업적

알프레드 아들러(Alfred Adler, 1870~1937)는 1870년 비엔나에서 7명의 자녀를 둔 가정의 셋째로 태어났다. 구루병 때문에 4세 때까지 걷기 힘들었던 아들러는 5세 때는 심한 폐렴으로 고생했고, 성대의 불편함 때문에 오랫동안 말 더듬기로 힘들어했지만, 이러한 경험은 그가 훌륭한 의사가 되는 데 기여했다. 아들러는 어린 시절 어머니로부터 사랑을 받은 형에 대한 질투도 있었고, 학창 시절 교사들에 의해 실패자로 여겨졌음에도 불구하고 1895년 비엔나 대학에서 의학박사학위를 받았다. 일반 의학교육 이후 아들러는 신경학과 정신의학을 공부했고, 1911년에는 1902년부터 프로이트가 이끈 비엔나 정신분석협회의 회장을 맡았다. 그러나 프로이트와의 의견 차이 때문에 아들러는 정신분석협회를 떠나 개인심리학 협회를 설립하고 개인심리학이라는 성격 이론을 내세웠다(Adler, 1956).

아들러의 전문적 성장과 발달은 크게 4개의 시기로 나눌 수 있다(Seligman, 2011). 첫 번째 시기는 의과대학 재학과 졸업 후 신경학 분야에 관심을 가진 시기였다. 이 시기에 아들러는 의사가 환자의 질병만을 다루는 것이 아니라 환자의 전체를 다루어야 한다는 점을 강조한 내과 전문의로부터 의학 교육을 받았다. 그 의사는 "당신이 좋은 의사가 되기를 원한다면 당신은 친절한 사람이 되어야 한다"는 말을 강조했다(Ryckman, 2014). 의과대학 시절 사회주의 정치 지향성을 갖게 되었는데, 특히 평등, 협력, 민주주의의 가치에 매료되기도 했다. 의학박사를 받은 후 비엔나의 유명한 놀이공원 가까이에 중하류 계층의 이웃을 위한 개인 치료실을 열면서 공원의 쇼를 보여주는 곡예사나 예술가들이 어린 시절의 질병이나 약점을 극복하려는 노력으로 현재 자신의 기술을 갖게 되었다는 것을 알게 되면서 과잉보상의 개념에 초점을 두었다.

두 번째 활동 시기는 1902년 프로이트의 정신분석 모임에 합류하여 정신분석을 발전시키고자 했던 시기이다. 1899년 아들러는 프로이트에게 편지를 써서 자신이 치료하고 있는 환자에 대한 임상적 진단을 요청했고, 3년 뒤에 프로이트의 집에서 열리는 심리학과 신경병리학적 주제를 토론하는 모임에 참여해 줄 것을 요청받고 함께 참여했다. 이 모임은 '프로이트의 수요 심리학 모임(Freud's Wednesday Psychological Society)'이었는데, 1908년에 비엔나 정신분석협회(Vienna Psycho-Analytic Society)로 발전하였다. 1910년 프로이트의 추천에 의해 아들러는 프로이트의 후계자로 이 모임의 회장으로 선출되었다. 하지만 아들러는 이 시기 동안에 프로이트의 성적 본능에 대한 신념과 전체적인 인간에 대한 관심의 부족에서 비롯되는 경직성을 비판하였다.

세 번째는 프로이트와의 결별 이후 생물학적 · 외적 · 객관적 인과론을 심리학적 · 내적 · 주관적 인과론으로 대체하면서 힘을 얻고자 하는 동기와 온전히 기능하는 사람이 되고자 하는 추동으로 대체하는 시기이다. 프로이트의 독재적인 방식에 대한 반대 입장을 표명한 후 1913년 '자유 정신분석연구협회'(Society for Free Psycho-Analytic Research)를 결성하였다. 1913년에 이 모임을 인간의 전체적인 성격, 분리할 수 없는 전체로서의 개인을 이해하고자 하는 자신의 관심을 반영한 '개인심리학 협회'(The Society for Individual Psychology)로 발전시켰다. 이 시기에 인간은 본질적으로 사회심리학적이고, 개인은 다른 사람들과 함께하는 측면에서만 이해될 수 있다고 했다.

네 번째 시기는 제1차 세계대전 중에 비엔나 병원에서 정신과 의사로 근무하면서, 전쟁터에서 병사들끼리 느끼는 강한 유대감을 발견하고는 사회적 관심(social interest)에 대한 욕구가 우월성과 힘에 대한 욕구보다 더 강하다는 확신하에 인간은 사회적 관심을 향한 타고난 소인을 지니고 있다는 점을 받아들였다.

아들러는 비엔나에 있는 학교에 가족 전체를 상담하는 아동지도센터 32개를 설립하였으며, 1920년대 초반까지 아들러는 국제적인 인정과 명성을 얻었다. 1929년 콜럼비아 대학의 객원교수로 임명된 아들러는 1932년 롱아일랜드 의과대학의 미국 최초 의학 심리학자로 부임하면서 미국에 정착하였다. 1920년 후반과 1930년대 초반에 대중적인 책인 『개인심리학의 이론과 실제(theory and practice of individual psychology)』(1927), 『인간 본성의 이해(Understanding Human Nature)』(1927), 『삶의 과학(The Science of Living)』(2014), 『아동 교육(The Education of Children)』(1930), 『삶의 패턴〈유형〉(The Pattern of Life)』(1930), 『삶은 당신에게 어떤 의미이어야 하는가?(What Life Should Mean

To You)』(1931), 『사회적 관심: 인류의 도전(Social Interest: A challenge to Mankind)』(1938) 등을 저술했다. 같은 기간 동안에 그는 유럽의 다양한 국가에서 초청 강의를 했지만, 1937년 5월 스코틀랜드 알버딘에서 유럽 순회 강연 중에 심장마비로 사망하였다.

2) 드레이커스의 업적

루돌프 드레이커스(Rudolf Dreikurs, 1897~1972)는 오스트리아의 정신과 의사이자 교육자로, 비엔나에서 평범한 상인의 가정에서 태어나 음악을 좋아하면서 외국어(프랑스와 영어) 공부에 흥미를 가졌다. 그는 아들러의 개인심리학 체계를 아동의 그릇된 행동의 목적을 이해하고 처벌이나 보상 없이 협력적인 행동을 촉진하기 위한 실용적인 방법을 개발했다. 드레이커스는 1937년에 비엔나에서 미국으로 이민을 가서 시카고에 정착하면서 알프레드 아들러 연구소(The Alfred Adler Institute)를 창립하고, 미국에서 정신분석 이론이 강력하게 지배했던 시기에 아들러 심리학을 널리 보급하고 발전시켰으며, 특히 아동에 대한 이해와 독특한 통찰을 발전시켰고, 아동과 청소년을 돕는 데 전력하였다.

드레이커스는 '모든 행동에는 목적이 있다'(Adler, 1927)라는 아들러의 기본적인 원칙에 입각하여 아동과 청소년들의 그릇된 행동의 목표를 밝혀내었다. 그는 인간의 잘못된 행동은 자신이 속한 사회 집단에 소속감이 부족하다고 느끼는 결과라고 제안했다. 아이들은 네 가지 '잘못된 목표', 즉 관심 끌기, 힘 겨루기, 보복하기 및 무능함 드러내기의 기제를 공식화하였다. 교사와 부모들은 아이들을 이해하기 위한 준비가 되어 있지 않으며, 아이들의 동기에 대한 이해없이 아이를 변화시키려는 현재의 교육방법에 대한 대안을 제시해 주고 있다. 드레이커스는 학교교육의 전반적인 목표는 학생들이 교실에 가치 있는 기여자라고 느낄 수 있기 때문에 불이익이나 보상을 받지 않고도 이성적으로 협력하는 법을 배우는 것이라고 했다. 드레이커스는 1952년 북미 아들러 심리학 협회(North American Society of Adlerian Psychology)를 설립하고 1972년 사망할 때까지 그 조직에서 지도자로 활발하게 활동하였다. 또한 그는 제2차 세계대전 후 국제개인심리학회(International Society of Individual Psychology)[1]를 설립하는 것을

---

1 현재의 IAIP(International Association of Individual Psychology)의 전신임.

도왔고, 1962년에 국제 아들러 여름 학교(후에 ICASSI[2]라고 불리는 산하 기관)를 설립하였으며, 이 학교는 현재에도 매년 여름 성황리에 개최되고 있다.

2. 주요 개념과 원리

1) 전체론

아들러학파의 접근은 사람에 대한 전체론(holism)적 관점에 기초하고 있다. 아들러는 개인(individual)이라는 의미를 분리할 수 없는 단위(in+division)로 기술하였다. 즉, 아들러는 가족, 학교, 직장이라는 사회적 맥락 내에서 전체 개인을 이해하는 데 초점을 두었다. 아들러는 한 개인의 생각, 느낌, 행동, 신체 건강이 서로 연결되어 있고 통일된 성격을 형성한다고 믿었다. 그리고 개인의 사고, 감정, 행동의 패턴, 특성, 성격, 확신, 태도, 개인적 창의성 등은 한 개인의 독특성을 모두 표현한 것이다. 또한 전체론적 관점의 한 가지 의미는 개인은 사회적 체계의 통합된 한 부분으로 바라본다는 것이며, 그 사람의 개인 내적인 것보다는 대인 간 요인에 더 많은 관심을 갖는다.

이러한 관점은 개인의 삶의 다양한 측면을 다루는 치료적 개입을 시도하면서 내담자가 통합감, 목적 및 사회적 연결성을 갖도록 한다. 아들러학파의 치료는 개인의 총체적 특성을 고려함으로써 개인의 성장, 회복탄력성 및 긍정적인 생활방식을 촉진하는 것을 목표로 한다.

2) 사회-목적론적 입장

아들러는 인간은 유아기부터 다른 사람과 세상과의 관계를 지향하는 사회적인 존재, 즉 사회적 목표에 의해 동기가 부여된다고 주장했다. 사회-목적론적 관점(socio-teleological position)은 엄격한 결정론자인 프로이트와는 반대로 현재의 행동이 미래 목표에 의해 결정된다는 것이다. 즉, 아들러는 인간이 본능에 의해 추동되지 않으며, 유전, 경험, 환경에 의해 조형되지 않는다고 믿었다(Sweeney, 2012). 개인은 자신을 위한 어떤

2 ICASSI: International Committe for Adlerian Summer Schools and Institute.

목적과 유용성에 기여하기 때문에 행동한다고 본다. 사회적 존재로서 개인은 다른 사람이나 세상과 관계하면서 자기 자신, 다른 사람, 세상에 대한 인식을 갖기 시작하고 (Sweeney, 2012), 자신이 큰 전체 사회의 일부분이 될 기본적 경향성이 있으며, 소속되고 인류의 개선을 위해 기여할 의지를 가졌다고 본다.

3) 공동체 감정과 사회적 관심

공동체 감정(community feeling)과 사회적 관심(social interest)은 개인심리학의 기본적인 교의인 공동체 느낌(Gemeinschaftsgefuhl)에서 유래된 말이다. 공동체 감정은 인간의 모든 면, 과거, 현재, 미래와 연결되어 있는 느낌을 갖는 것이고, 세상을 더 나은 곳으로 만드는데 관여하는 존재와 연결된 느낌이다(Corey, 2015). 아들러학파는 공동체 감정이 선천적인 것이며, 이것을 개발하면 적극적인 사회적 관심으로 발현된다고 믿는다(Sonstegard & Bitter, 2020). 사회적 관심은 다른 사람을 도우면서 협력하는 인간 존재의 본래적 경향성을 말하며, 이것은 조화롭고 생산적인 사회를 구축하는 수단이 된다. 즉 세상에 있는 다른 사람들을 향한 개인의 긍정적인 태도로 서로 협력하고 기여하는 능력을 말한다(Corey, 2015). 사회적 고립과 자기 몰두의 완화제로서 사회적 관심은 용기, 낙관주의, 진정한 소속감을 끌어낸다. 아들러는 사회적 관심을 다른 사람에 대한 동일시와 공감의 느낌과 같다고 했다.

4) 가공적 목적론

가공적 목적론(fictional finalism)은 철학자인 한스 바이힝거(Hans Vaihinger)의 저서인『마치 ~인 것처럼의 철학(The Philosophy of 'as if': A system of the theoretical, Practical, and Religious Fictions of Mankind)』에 기초를 둔다. 아들러는 인간은 삶의 초기에 열등감에서 벗어나 보상적인 노력을 위한 기초가 되는 편향된 통각을 발달시킨다고 가정했다. 이 허구적이거나 잘못된 생각들은 개인이 사회적인 소속감과 중요성을 찾는 방법에 대한 내면화된 청사진을 구성하는데, 이 청사진은 '삶의 방식'이라고 불린다. 삶의 첫 6~7년 동안에 인간은 삶, 타인, 그리고 자기를 보는 방식으로 '사실인 것처럼' 행동하는 상황을 발견한다. 그런 다음에 인간은 이 청사진을 강화하는 상황과 조건을 찾는 방향으로 나아간다. 아들러는 인간의 행동을 가공적 목적론의 관점에서 설명하

였는데, 사람들은 자신의 행동을 결정하는 지각된 또는 가공적 목표를 위해 투쟁한다
고 믿었다. 아들러의 후기 논문에서는 가공적 목적론을 대신하여 자신을 안내하는 자
기이상(guiding self-ideal)을 사용했다(Watts & Holden, 1994).

5) 생활양식

생활양식((life style)은 개인의 전체 삶을 이해할 수 있는 것으로, 자신과 타인 그리고
세상, 개인의 삶의 목표에 대한 총체적인 개념을 의미한다. 생활양식은 개인의 독특한
성격 패턴으로 기본적으로 어린 시절, 즉 생후 5년 동안에 주로 형성되고 그 후의 경험
은 이러한 초기 행동 패턴에 따라 동화되고 해석된다. 아들러는 생활양식을 각 개인의
사고, 느낌, 행동에서 이른바 의식적 및 무의식적으로 그의 성격의 모두를 표현하는 통
일성으로 보았다(Adler, 1956). 생활양식은 우리의 상상 또는 실제의 열등성에 대한 반
응으로 나오게 되며, 일단 형성되면 변화하기 어렵다.

생활양식은 삶에 대한 개인의 기본적 지향(basic orientation)이나 성격을 말하며
(Dinkmeyer & Sperry, 2005), 개인의 성격을 움직이는 체계적 원리이다. 또한 이것은 개
인의 독특성, 즉 삶의 방향, 자아개념, 가치, 태도 등을 포함하는 것으로 삶의 목적을
달성하는 독특한 방법이다. 그러므로 한 개인의 생활양식의 내용을 보아야만 비로소
개인의 심리적 과정을 이해할 수 있다.

아동들은 병, 상처, 그리고 입원 경험은 물론이고, 부모에 의해 훈련된 방법과 즉각
적 영향을 주는 좀 더 큰 공동체의 문화적 영향으로부터 그들의 생활양식을 창조한다
(Dinkmeyer & Sperry, 2005). 생후 몇 년 동안에 아동들은 자신만의 독특한 질문들을 만
들어 간다. '내가 누구일까?' '나는 무엇을 해야 하나?' '무엇이 선(good)이고, 무엇이 악
(bad)인가?' 아동들은 자신을 다른 사람과 어느 정도 구분 짓는 자신의 독특한 사적 논
리를 창조한다. 그래서 각자 자신만의 고유한 삶의 계획과 목표, 방향을 만들어 간다.
어떤 생활양식은 삶의 문제를 해결하는 데 융통성을 가진 것도 있는 반면, 어떤 것들
은 너무 편협된 기초를 가지고 있기 때문에 문제 해결에 있어서 실패의 위험도 있다.
생애 첫 해가 지난 후에 각각의 새로운 경험들은 신념을 굳히는 역할을 한다. 개인
은 그가 되어야만 하는 것과 외부와 다른 사람들, 그리고 삶에서 기대할 수 있는 것에
관한 그들 자신의 신념(conviction) 혹은 가공적 목표를 창조한다(Mosak, 1954). 모삭
(Mosak)은 이 신념들을 네 가지로 분류했다.

① 자기 개념: 나는 누구인가에 대한 확신,

② 자기 이상(Adler 용어): 나는 어떤 사람이 되어야 하며, 세상에서 특정한 위치를 차지하기 위해 어떤 사람이 되어야만 한다는 확신,

③ 세계관: 세계가 나에게 요구하는 것,

④ 윤리적 확신: 개인적인 '옳고 그른 것'에 대한 규범이다.

6) 삶의 과제

아들러 심리학에서 삶의 과제(life task)라는 개념은 개인이 일생 동안에 직면하는 다양한 도전과 발달 목표를 의미한다. 이러한 과제는 심리적 · 정서적 행복을 위해 필수적이며, 세상을 탐색하고 의미 있게 사회에 기여하려는 개인의 지속적인 노력을 반영한다. 아들러는 이러한 삶의 과제를 이해하고 해결하는 것이 개인의 성장과 성취감 있는 삶을 추구하는 데 중요하다고 생각했다. 아들러 심리학에서 바라본 중요한 삶의 과제는 다음과 같다(Ansbacher & Ansbacher, 1956; Dreikurs, 1967; Sweeney, 2012).

- 일(work) 과제: 아들러에게 있어서 삶을 유지하는 데 가장 중요한 것으로 생각되었다(Sweeney, 2012). 이는 사회에 기여하는 것으로, 의미 있고 만족스러운 직업이나 경력을 갖는 것을 말한다. 이것은 단순히 생계를 유지하는 것을 넘어 자신의 흥미, 능력, 가치관에 부합하는 일을 추구하는 것을 포함한다. 사람은 자신이 하고 있는 일에서 의미를 찾지 못하거나 자립과 성취를 이루지 않는 삶은 일 과제를 수행하지 못하게 된다.
- 사회적 과제(social task): 사회적 관계와 우정(friendship)에 관한 것으로, 사회적 책임감을 기르고 자신의 공동체와 사회에 긍정적으로 기여하는 것이다. 이는 사회적 관계에서 상호 연결을 인식하고 협력과 사회적 관심의 중요성을 인식하는 것이다. 그리고 우정은 개인적 혹은 지역사회 안에서 타인과의 관계와 연결을 포함하지만, 다음에 제시되는 사랑 과제인 혼인, 성적 관계, 가정적인 참여는 갖지 않는다(Sweeney, 2012). 아들러는 우정이라는 삶의 과제를 잘 해결하는 것이 소속감 형성의 기초가 되며, 공동체 의식과 사회적 관심을 발달시킨다고 보았다.
- 사랑과 친밀감(love & intimacy) 과제: 친밀, 신뢰, 자기노출, 협력에 의해 장기적으로 참여하는 것으로 부모, 형제, 이성 친구 등의 관계에서 얼마나 만족하는지

여부를 말한다. 가족과 부부간에 건강하고 충실한 관계를 형성하고 유지하는 것
은 중요한 삶의 과제다. 인간은 사랑하고 결혼하여 가정을 이루고 자녀를 양육하
며 살아가는 인생 과제를 가지고 있다. 특히 부부관계와 가족관계는 신체적 · 정
서적 · 심리적 건강에 많은 기여를 한다(Sweeney, 2012).

- **자기(self)와의 관계**: 자기 인식, 자기 수용, 그리고 자신감을 포함하는 건강한 자
  기 감각을 기르는 것을 말한다. 이것은 긍정적인 자기 이미지를 개발하는 것과
  개인의 독특한 강점과 약점에 대한 이해를 포함한다. 자기와의 관계를 자기 지향
  이라고도 하는데, 이것은 일상 활동 교류뿐만 아니라 장기적인 목표 추구에 있어
  개인이 자기 자신을 조절하고 사고와 정서를 통제할 가능성을 제공하며, 자발적
  으로 삶의 향상을 지향하여 노력하고, 현재와 미래를 스스로 결정하는 것을 가능
  하게 한다(Sweeney, 2012).

- **영적(spirituality) 과제**: 반드시 종교적 신념을 의미하는 것이 아니라 삶의 의미
  와 목적을 찾는 것을 말한다. 이 과제는 자신의 가치관과 신념, 자신보다 더 큰
  세상에 연결감을 갖는 것으로 영적 관계의 연결 통로는, ① 더 높은 권력이나 존
  재의 인정(신앙), ② 기도, 명상, 자기 반성(조화), ③ 삶의 의미와 목적, ④ 사랑과
  동정, ⑤ 공동 창조와 봉사 등이 있다(Sweeney, 2012). 영적 관계는 개인보다 더
  큰 존재와의 관계를 발달시키는 것이다.

이러한 삶의 과제들은 서로 연결되어 있고, 서로 영향을 미친다. 이러한 과제들에
대한 개인의 접근 방식은 그들의 주관적인 인식, 사회적 맥락, 그리고 독특한 경험에
의해 형성된다. 아들러 학파는 치료에서 이러한 삶의 과제들을 탐구하고 다루는 것이
개인의 목표, 동기, 그리고 개인의 발전 영역에 대한 통찰력을 얻는 데 도움을 줄 수
있다고 믿는다.

7) 열등감과 우월성 추구

우리는 어린 시절부터 반드시 되어야 하는 것과 필요한 능력보다 실제로 부족하고
무력하다는 점을 인식하고 있다. 열등감(inferiority feelings)은 주관적이고, 포괄적이며,
판단적인 결핍에 대한 우리 자신의 평가에 기초한다(Carlson et al., 2005). 열등감에 대
한 이러한 의식은 부정적인 힘이 아니라 우리의 환경을 극복하려는 시도의 발판이다.

우리는 열등감을 보완하기 위해 삶에서 더 나은 위치를 차지하려고 노력한다. 이러한 열등감은 우리가 더 많은 전문성, 우월성, 힘, 그리고 궁극적으로 완벽을 향해 노력하도록 동기를 부여한다. 즉, 지각된 마이너스(−)에서 지각된 플러스(+)로 향하는 우월성(superiority)을 향해 노력한다. 열등감은 창조성의 원천이 될 수 있다. 그리고 완벽함은 비록 도달하지 못했지만 삶의 궁극적인 목표가 된다. 대부분의 사람이 완성 또는 완벽에 도달하지 못하기 때문에 우리의 목표는 항상 허구, '마치 사실인 것처럼'을 가정하는 개인의 성취에 대한 가공적인 상에 이끌려 간다.

8) 소속에 대한 욕구

아들러는 개인의 우월성 추구와 수직적인 사회화 과정의 중요성을 최소화하고, 평등과 협력을 위한 수평적인 사회적 노력을 강조하면서 개인적인 '마이너스(−)'에서 '플러스(+)'로 향하는 우월성 추구를 넘어선 사회나 공동체에 소속되고자 하는 열망이나 동기(motive to belong)를 인간의 가장 기본적인 동기로 보았다. 아들러는 각 개인 내부에 자리 잡고 인간 사회의 복지에 공헌하고자 하는 열망이 개인을 행동하게 만든다고 주장했다.

9) 창조적 자기

사람은 자신의 주관적인 지각에 근거한 행동을 결정하는 창조적인 존재이다. 창조적 자기(creative self)는 사람이 자극-반응(S-R) 학습을 통해 독특한 행동 패턴을 획득한다는 것에 만족하지 않고 자신의 유전과 경험으로부터 스스로 자신의 성격을 만드는 존재로서 자신의 운명과 성격을 적극적으로 창조하는 능력을 가지고 있다는 신념을 반영한 아들러에 의해 사용되었다. 아들러가 지적했듯이, 개인은 자신의 성격을 만드는 예술가이다(Adler, 1992). 건강한 사람은 일반적으로 문제 해결을 할 때 자신에게 유용한 대안을 탐색하고, 합리적이고 책임있는 방식으로 행동을 선택한다(Ryckman, 2014).

10) 현상학

아들러는 상담과 치료에 현상학적인 지향성(phenomenological orientation)을 강조한 최초의 이론가이다. 아들러의 심리학적 접근은 사람들이 세상을 지각하는 주관적인 방식에 관심을 둔다. 이러한 개인적인 관점은 개인의 견해, 신념, 지각, 결론 등을 포함한다. 우리가 경험한 것에 대한 실제와 의미를 어떻게 해석하느냐를 설명하는 현상학적 인식은 객관적 현상보다 더 중요하다.

11) 가족구도

가족구도(family constellation)란 가족의 심리사회적인 배치를 의미한다. 아들러의 개인심리학에서 생활양식(life style)을 구성하는 중요한 기둥인 가족구도는 어린 시절에 경험하는 가족구도상의 위치에 관한 것이다. 가족구도를 형성하는 요인은 가족 구성원의 성격 특성, 가족 구성원 간의 감정적 유대, 출생 순위, 부모와 형제간의 관계, 여러 형제자매 간의 우세와 복종, 나이 차이, 성 차이, 그리고 가족의 크기 등이다. 가족에서 출생한 순위에 따라 부모의 양육 방식이 다르기 때문에 성격발달에 출생 순위의 영향력은 매우 크다. 가족에서 자신의 위치를 확보하고, 소속감과 인정을 받은 경험은 자신의 삶의 양식을 형성하는 데 결정적 역할을 한다.

첫째 아이(맏이)는 심리적 발달에 유리한 위치에 있으면서도 위태로운 상황에 놓여 있다. 어떤 민족이든 어떤 계층이든 맏이에게 특별한 지위를 부여하는 전통이 있으며, 맏이는 가업을 승계할 현명함과 능력의 소유자로 간주된다(Adler, 1927). 맏이는 부모가 가장 원하는 아이이고, 부모의 꿈과 야망을 부여 받는다. 많은 첫째들이 능력을 발휘하는 경향이 있으며 이 방향으로 계속 성장하면 법과 질서를 수호하는 맏이 특유의 특성을 갖게 된다. 그러나 끊임없이 주변의 기대와 신뢰를 받고 있는 부담감과 책임감 때문에 어려움을 겪는다. 흔히 둘째 아이의 출생으로 좌절을 겪게 되는데, 부모는 당연히 새로 태어난 아이에게 많은 관심을 두게 된다. 그래서 첫째는 부모가 자신을 이전만큼 사랑하지 않고 무시한다는 결론을 내릴 수도 있다.

둘째 아이는 나름대로 권력과 우월성에 대한 독특한 욕구를 가지고 있다. 이들에게는 항상 더 나은 첫째 아이가 있다. 첫째 아이와 대등해질 수 없다고 느끼며, 자신의 동등성에 대해 주장을 한다. 일반적으로 둘째 아이는 힘이 넘치고 첫째를 따라 잡아

우월한 지위를 얻기 위해 끊임없이 노력해야 하는 압박감을 갖는다. 한편, 부모는 첫째 아이에 비해 둘째 아이에게는 좀 더 느긋하게 대하며 덜 엄격하고 덜 집착을 한다. 둘째 아이는 매우 사교적이기도 하지만, 경쟁적이며, 규칙과 통제를 거부하기도 한다. 흔히 반항아가 되기도 한다.

중간 아이(세 아이 중 중간)는 가족에서 불확실한 지위를 갖는다. 막내의 특권도 첫째의 권리도 갖지 못한다고 느낀다. 이들은 사람들이 자신에게 불공평하게 대한다는 신념을 갖게 된다. 중간 아이는 정의에 관심이 많고, 삶을 공평하게 만드는 판사, 변호사 등이 많다. 아이는 사랑받지 못한다고 느끼고 극도의 좌절로 인해 문제아가 될 수도 있다. 소속감을 느끼지 못하는 가족을 대신하여 또래 집단에 과도하게 몰두할 수도 있다. 모든 사람과 잘 지내며, 적응을 잘하는 편이다.

막내 아이는 형제 중에 가장 나이가 어리기 때문에 부모에게 아주 특별한 존재이며 특별한 대접을 받는다. 그러나 막내에게는 특별한 상황이 존재한다. 어떤 아이도 막내가 되고 싶어 하지 않는다는 것이다. 막내라는 이유로 무엇을 할 수 있을 것이라고 기대하지 않는다고 생각하기 때문에 아이는 무엇이든 할 수 있다는 것을 보여 주려고 노력하며 점점 더 권력을 추구하게 된다. 이렇게 대부분의 막내는 최고의 상황에만 만족하며 모든 사람을 능가하려는 욕구를 갖는다.

외동 아이는 주변의 관심과 교육 공세에 완전히 노출되어 있다. 부모는 하나 밖에 없는 아이에게 온갖 정성을 다 쏟는다. 이 아이는 아주 의존적이고 항상 누군가가 길을 가르쳐 주기를 기다리며 도움을 청한다. 다른 사람들이 늘 어려움을 제거해 주는 등 과잉보호를 받고 자란 경우에는 어려움에 처하는 것이 익숙하지 않다. 항상 즐거운 것만을 경험하며 자랐기 때문에 삶에 대한 준비나 훈련이 되어 있지 않아 응석받이가 될 수 있다. 이들은 자립적으로 일을 하지 못하며 삶의 적응에 어려움을 겪는 경우가 있다. 어린 시절을 어른들 사이에서 보내기 때문에 기본적으로 열등한 위치에 있다. 하지만 성인의 역할을 제대로 배울 기회를 가짐으로써 가족 내에서 더 유능하고 협동적인 구성원이 될 수도 있다.

3. 치료의 목표

아들러학파의 치료목표는 내담자 자신과 타인에 대한 잘못된 신념을 재조직화하고,

그릇된 목표를 수정하여 인간으로서 자신이 가진 잠재력을 실현시킬 수 있도록 도움을 주는 것이다.

> "내담자는 타인을 위해 생산적인 일을 할 수 있도록 자기 중심성에서 벗어나야 한다. 그러기 위해서는 그가 사회적 관심을 가질 수 있도록 교육되어야 한다. 내담자 자신도 다른 사람들과 마찬가지로 공동체에 중요하다는 통찰을 가져야 하며, 이 세상에 대해 편안한 마음을 가져야 한다"(Adler, 1973, p. 20).

아들러학파의 상담/치료에서는 상담과 심리치료의 목표를 서로 구분하고 있다 (Dreikurs, 1963). 심리치료의 목표는 생활양식의 변화를 목표로 하는 것이고, 상담의 목표는 현존하는 생활양식 내에서 행동의 변화를 목표로 하고 있다(Dreikurs, 1967). 반면에 딩크메이어와 스페리(Dinkmeyer & Sperry, 2000)는 상담을 개인이 자기패배적인 행동을 바꾸고 문제를 보다 효과적으로 해결할 수 있도록 돕는 과정으로 보았다. 그러나 실제로 현장에서 상담과 심리치료 사이의 차이점은 오히려 미미하다. 일반적으로 아들러학파는 상담과 심리치료 둘 다 시행하는데, 그들은 특별한 문제에 대한 그들의 관점보다는 현재 내담자에게서 나타나는 문제에 집중한다. 심리치료와 상담에서 목표로 하고 있는 것은 내담자의 사회적 관심을 증가시키는 것이다.

아들러는 신경증을 호소하는 사람의 전형적인 사적 논리로 "예, 그렇지만(Yes, but)"을 설명하였다(Mosak, 2004). 신경증의 원인은 삶의 과제를 해결하는 데 있어 낙담 (discouragement)에 있다고 본다. 사람들은 삶의 과제를 회피하거나 혹은 지연하거나 우회로를 택함으로써 그들의 자존심을 살리려고 한다. 시험에 실패할 것이 두려운 학생은 공부에 도전하는 것에 주저할 것이고, 실패할 경우에 자신이 우둔한 것이 아니라 게을렀거나 태만했기 때문이라고 변명한다. 정신병 환자의 우월에 대한 목표는 흔히 보통 사람이 성취할 수 있는 것보다 더 높다. 그러나 정신적으로 건강하거나 정상적인 사람은 사회적 관심을 발달시킨 사람으로서 회피하거나 방관자가 되지 않고 삶과 생활과제에 기꺼이 전념한다. 이들은 불완전하지만 자신과 다른 사람을 수용할 수 있는 지혜와 불완전할 수 있는 용기가 있다. 운이 좋은 사람은 치료적 도움이 없이도 삶의 과제를 수행하기 위한 용기와 사회적 관심을 가질 수 있다(Mosak, 2004).

4. 방법 및 절차

1) 아들러학파의 치료과정

아들러학파의 치료과정은 치료관계 구축과 목표 설정, 내담자의 행동을 이끌어 주는 심리적 역동성 드러내기, 내담자의 삶에 대해 통찰하기, 내담자의 삶에 대한 새로운 선택 지원하기(재정향)의 4단계로 구성된다.

(1) 1단계: 치료관계 구축과 목표 설정

첫 번째 단계는 좋은 치료관계 형성으로, 동등한 두 사람 간에 친구 같은 친밀한 관계를 구축하고, 치료목표를 공유한다. 아들러는 긍정적이고 수평적인 치료 관계의 중요성을 강조한 치료자로서 상호 존중과 신뢰, 평등, 진정한 돌봄과 관여, 공감, 언어적 및 비언어적 경청 기법을 매우 중요하게 생각했다(Adler, 1956; Dreikurs, 1967; Mosak, 2004). 내담자의 말을 경청하고 이해하며 내담자의 강점에 집중하고 변화를 위해 노력하는 모습을 보여 주는 것이 필수적이다. 이 단계에서는 내담자의 목표를 정의하고 내담자와 공감을 형성하며 변화를 격려하는 것이 중요하다(Corey, 2015). 이러한 관계를 통해 내담자가 상담실에서 경험할 두려움과 열등감으로부터 안전함을 느낄 수 있다. 상담의 첫 면접에서는 내담자에게 치료에 대해 어떤 기대를 갖고 있는지, 자신의 문제를 어떻게 보고 있는지, 자신의 삶을 개선하기 위해 어떻게 노력해 왔는지, 지금 치료를 받으러 오게 된 계기가 무엇인지를 파악한다.

아들러학파의 치료자들은 내담자와 상담의 목표에 대한 합의를 강조한다. 변화를 일으키기 위해서는 공통의 치료적 과제에 협조하고 집중하는 것이 필수적이다. 드레이커스는 결핍된 활동이나 저항은 치료자와 내담자의 목표 간의 불일치로부터 발생한다고 보았다

(2) 2단계: 내담자와 그의 문제에 대한 평가, 분석, 이해

두 번째 단계에서는 내담자의 가족배경, 생활양식, 사적 논리와 목표를 이해하고 내담자의 자기파괴적인 행동과 그릇된 논리를 찾아낸다. 내담자의 삶에 대한 심층적인 탐색을 위해 가족구도와 출생 순위 분석, 초기 회상 탐색, 꿈, 동기와 우선순위 생활양식에 특별한 주의를 기울인다. 치료자는 내담자의 직업적 삶, 여가와 취미, 친구와의

관계, 배우자와 자녀와의 관계 등을 논의한다. 이 과정에서 내담자의 현재 삶에 대한 가치관, 삶의 목표, 꿈, 그의 삶에 의미를 더하는 것들과 내담자가 우선시하는 삶과 삶의 방향을 검토한다(Corey, 2015). 이 접근법에 따르면, 내담자의 삶에서 우선순위 생활양식인 우월, 기쁘게 하기, 통제, 편안함 추구 등은 내담자의 정서적 삶과 생활양식에 직접적인 영향을 미친다.

■ 가족구도와 출생 순위

아들러는 인간의 사회적 특성을 강조하였는데, 내담자의 원가족 구도와 출생 순위를 살펴봄으로써 개인의 생활양식을 이해할 수 있다고 믿었다. 어린 시절부터 가족 내에서 어떤 역할을 하면서 자신의 삶을 어떻게 조망할 수 있는지를 알 수 있다(Dreikurs, 1973). 가족구도를 분석할 때 객관적인 정보로는 내담자의 출생 순위, 형제자매의 수, 성별, 나이, 형제자매의 사망, 장애 여부 등이 포함되며, 주관적인 정보로는 내담자가 어린 시절 원가족에서 차지하는 위치나 출생 순위에서 내담자 자신이 어떤 감정을 주로 경험하였는지, 어떤 인식을 갖게 되었는지, 어떤 행동을 선택했는지에 대한 이해 등이 해당된다. 그 외에 가족의 분위기나 풍토, 가족원 간의 협력과 경쟁의 정도 등도 함께 분석한다.

가족구도에서 파악할 영역은 다음과 같다(Dreikurs, 1967; Shulman & Mosak, 2013; Mosak, 2004).

- 형제 관계와 출생 순위 역동
- 형제 서열에 따른 특징
- 신체적 발달
- 학교 경험
- 성적 발달
- 사회적 발달
- 인생에 주어진 의미를 포함하는 종교적 · 영적 발달
- 부모 또는 돌보는 사람에 대한 설명
- 공동체의 문화적 · 경제적 역동
- 어린 시절 생활 속에 있는 다른 역할 모델과 어른

■ 초기 기억 회상

아들러는 내담자의 초기 어린 시절의 기억들이 현재의 생활양식을 보여 주는 중요한 정보원이라고 생각했다. 초기 회상(early recollection)은 개인이 어린 시절 경험한 기억이나 이야기, 특히 자신에게 의미 있는 인상을 남긴 사건이나 상황을 떠올리는 것이다. 이러한 초기 회상은 개인의 초기 삶에 대한 주관적인 해석(나, 타인, 세상, 삶)을 반영하고 개인의 핵심 신념과 태도, 성격 역학에 대한 통찰력을 제공하기 때문에 아들러학파의 치료에서 매우 가치가 있다.

아들러(Adler, 1927)에 따르면, 그 기억이 정확한지는 중요하게 생각하지 않고 내담자가 기억해 내는 어린 시절에 경험했던 중요한 삶의 사건들을 함께 검토한다. 아들러는 "우리의 모든 기억은 우리의 삶을 이해하는 데 필요한 하나의 기념품이다"라고 했다. 왜냐하면 사람들은 자기 자신과 다른 사람들, 세상을 보는 관점과 일치하는 초기 기억들만 기억하고 있기 때문이다. 초기 기억에서의 정신 경험은 현재 삶의 과정에서 일어나는 정신 과정과 일치하기 때문에 현재 경험하는 난관 속에서 작동하는 내담자의 정신 현상을 탐색하는 데 매우 유용하다.

> 사건이 실제로 그렇게 일어났는지는 중요하지 않다. 단지 내담자가 그 사건이 일어났다라고 기억하는 것이 중요하다. 가족 구성원이 동일한 사건을 기억하고 있다 하더라도 일반적으로 삶에 관한 기본적인 인생관에 따라 그들의 기억은 서로 다르게 나타난다(Dreikurs, 1967, p. 93).

■ 초기 회상의 특징

주관적 해석: 아들러학파에서 초기 기억은 사건에 대한 객관적인 기록이 아니라 주관적인 해석을 중요시한다. 개인이 초기의 경험을 기억하고 이야기하는 방식은 당시 그들의 독특한 관점, 느낌, 인식에 의해 영향을 받는다.

핵심 신념: 초기 기억은 개인의 핵심 신념과 자신, 타인, 세계에 대한 기본적인 가정을 형성하는 데 기여한다. 이러한 핵심 신념은 차례로 그들의 태도, 행동 및 생활 방식을 선택하는 데 영향을 준다.

생활양식 분석: 아들러학파는 초기 기억을 생활양식 분석의 도구로 사용한다. 치료자는 개인의 초기 기억을 탐색함으로써 개인의 방향성, 목표 및 대처 전략에 대한 통찰력을 얻을 수 있다. 또한 초기 기억은 개인의 삶에서 반복적으로 드러나는 주제를

반영하는 개인의 전반적인 생활양식을 이해하는 데 도움을 준다. 기억 속에 드러난 감정, 주제, 패턴, 인식, 관점에 주목해야 한다. 이러한 기억의 패턴과 주제를 확인함으로써 치료자는 내담자가 현재 행동에 영향을 미치는 요인에 대해 인식하고, 긍정적인 변화를 만드는 데 도움을 줄 수 있다.

목적론적 관점: 치료자는 내담자의 기억 내용뿐만 아니라 그것과 관련된 목표나 목적을 이해하는 데 관심을 둔다. 초기 회상은 미래의 목표를 향한 움직임의 일부를 반영하고 있다고 간주한다. 아들러 심리학의 주요 개념인 우월성을 위한 개인의 노력을 반영하고, 이러한 노력은 자기 계발과 개인적 성장을 위한 추진력을 의미하며, 초기 기억은 이러한 노력이 어린 시절부터 어떻게 나타났는지에 대한 단서를 제공한다.

■ 생활양식 평가

치료자는 심리탐색가 또는 생활양식 조사관의 역할을 수행하면서 내담자의 생활양식을 체계적으로 살핀다. 내담자의 삶의 과제인 일과 사회적 관계, 가족 간의 친밀감, 자신과의 관계, 영성 등의 과제를 어떻게 해결하는가를 전체적으로 살피면서 내담자가 가진 정신적 목표와 사적 논리를 파악한다. 이러한 삶의 과제를 수행하면서 내담자가 자기 자신과 자신의 삶에 얼마나 만족하는지를 살펴보고 내담자의 그릇된 논리를 찾는 것이 필요하다(Shulman & Mosak, 2013; Power & Griffith, 1995).

삶의 과제 해결방법, 가족구도, 출생 순위, 생활양식의 분석을 통해 내담자 자신과 다른 사람 및 세상에 대한 신념을 파악하고, 기본적 오류(fundamental error)를 분석하며, 자신이 가진 장점과 자원을 파악한다(Mosak, 2004). 모삭(Mosak, 2004)은 생활양식을 평가하기 위해 가족구도와 초기 기억을 분석한 후, ① 가족구도의 요약, ② 초기 회상의 요약, ③ 내담자의 잘못된 전체 목록(기본적 오류, 방해하는 태도와 신념, 행동, 성장을 방해하는 신념), ④ 내담자의 자질과 강점(자원) 목록 등을 요약했다.

가족구도와 초기 기억을 탐색하는 과정에서 자신과 타인, 세상, 삶에 대한 개념을 찾는다. 특히 초기 기억에서 체험된 느낌을 찾고, 그러한 체험 속에서 아이가 갖는 자신에 대한 인식, 다른 사람에 대한 개념, 세상에 대한 인식, 삶에 대한 관점을 탐색한다.

■ 우선순위 생활양식

케피어와 코르시니(Kfir & Corsini, 1981)는 내담자의 우선순위 생활양식(priority life style)과 관련된 임상적 개입으로 내담자의 생활양식과 핵심이 되는 신념에 대한 특별한 측면을 빠르게 탐구할 수 있다고 제시했다. 케피어는 아들러의 생활양식 유형(지배형, 기생형, 회피형, 사회적 유용형)에 대한 작업에 기반을 두고, 우리가 곤경에 처했을 때 전형적으로 나타내는 네 가지의 기본적 우선순위(우월, 통제, 편안함, 기쁘게 하기)를 탐구하기 위한 인터뷰 기술을 개발하였다(Kfir & Corsini, 1981). 곤경(impasse)이란 개념은 도로 입구에 서 있는 교통 표지판에 '가는 길 없음' 또는 '막다른 골목' 또는 '통과할 수 없음'이라고 쓰인 용어에서 파생된 것으로, 초기 삶에서 개인에게 각인되는 충격적인 경험을 말한다(Kfir, 2011). 이러한 곤경의 경험은 우리를 마비시키고, 고갈시키고, 의미 없는 상태로 위협하는 사회적 관계에서 발생하고 이때마다 전형적으로 반응하는 개인의 대처 전략이나 행동양식을 발달시킨다. 우선순위 생활양식은 개인의 삶의 전략을 이해하는 기초이고 '내가 가장 중요하게 추구하는 것은 무엇인가?' '내가 반드시 피해야 하는 것은 무엇인가?'라는 주요 질문으로 다음과 같이 네 가지 유형으로 구분할 수 있다. 우선순위 중 우월형(superiority)은 항상 우월을 지향하고, 피하고 싶은 것은 무의미한 경험을 할 때이다. 통제형(control)은 자신과 타인, 상황을 통제하는 데에서 의미를 느끼고 그러지 못할 때는 모욕감을 느끼며, 이러한 경험을 우선적으로 회피하려고 한다. 기쁘게 하기형(pleasing)은 남들로부터 괜찮은 사람이라는 말을 들을 때 의미가 있고, 거절하는 경험을 우선적으로 회피하려고 한다. 마지막으로 편안함 추구형(comfort)은 편안함을 느끼는 것을 추구하려고 하고, 스트레스나 압박받는 것을 우선적으로 회피하고자 한다.

■ 생활양식 신념

생활양식 신념(life style belief)은 가족구도, 출생 순위, 초기 기억, 보상 과정에 대한 정보에서 이끌어 낸 내담자의 내적 세계에 관한 결론이다. 이러한 생활양식 신념을 패턴으로 요약하는 공식화된 진술문은 다음과 같다.

- 나는 _____이다. (자기관)
- 사람들은 _____이다. (타인관)
- 세상은_____이다. (세계관)
- 삶은_____이다. (삶에 대한 관점)

■ 기본적 오류

• 과잉(지나친) 일반화

"사람들은 적대적이다." (모두)

"인생은 위험천만하다." (항상)

"세상은 있는 사람 편이다."

"사람들에게 접근하지 말자. 특히 여성들에게, 왜냐하면 할 수 있다면 그들은 나를 질식시키고 제압할 것이다."

• 안전에 대한 그릇된 또는 불가능한 목표

"실패는 절대 용서되지 않아. 난 패배자가 되어 버려서……."

"한 번 잘못하면 난 죽을 거야."

"사람들을 즐겁고 만족하게 해 줄 때 나는 인정받아."

"난 반드시 성공해야 해."

"사람들이 나를 좋아하고 인정하는 것은 매우 중요한 일이다."

"나는 사람들이 기대하는 일을 등이 휘도록 할 것이다."

• 삶의 요구에 대한 잘못된 지각

"삶은 절대 내게 휴식을 주지 않아."

"사는 건 너무 힘들어."

• 자신의 가치에 대한 과소 평가와 부정

"나는 근본적으로 어리석어. 그래서 어느 누구도 나와 함께 무엇을 하려고 하지 않는 거야."

"난 멍청해." "난 아무 쓸모없는 사람이야." 또는 "난 한낱 주부일 뿐이야."

"나는 진실로 부모가 원하지 않는 존재이다. 따라서 가장 좋은 방법은 그들의 눈에 띄지 않게 하는 것이다."

• 잘못된 가치

"다른 사람을 짓밟아서라도 일등이 되어야 해."

"난 최고로 올라가야 해. 그런 과정에서 누군가 상처를 입더라도 상관하지 말고."

■ 꿈

프로이트가 꿈을 오래된 문제를 해결하기 위한 시도로 본 것과는 대조적으로 아들러는 꿈을 미래지향적인 문제 해결 활동으로 보았다(Mosak, 2004). 아들러에 의하면, 꿈은 늘 인류의 관심이 집중되는 주제이고, 백일몽과 마찬가지로 꿈은 일반적인 목표를 달성하기 위해 미래의 삶을 구상하고 그러한 삶을 지향할 때 나타나는 현상이며 미리 알고 싶은 것들을 포함한다(Adler, 1927). 꿈은 우월에 대한 자신의 목표에 따라 결정된다고 보았다. 개인이 문제를 해결하고 미래에 안정된 위치를 확보하고자 노력하는 사람의 권력 욕구가 꿈 속에 반영되어 있다(Adler, 1927). 따라서 초기 회상이 장기 목표를 반영하는 것과 같이 꿈은 당면한 문제들에 대한 가능한 해답을 실험하는 것이다. 예컨대, 시험에 자신감이 있고 두려움이 없는 학생은 산 정상에 올라가 전망을 바라보는 꿈을 꿀 수 있고, 무기력하고 시험이 연기되기를 바라는 학생은 산에서 떨어지는 꿈을 꾸게 될지도 모른다(Adler, 1927).

꿈의 해석은 고정된 상징주의로, 꿈 내용의 분석으로 끝나는 것이 아니라 목적론적 기능을 포함해야 한다. 꿈은 문제를 표면화해 주고, 내담자의 움직임을 지적해 주는 바람개비 역할을 한다. 또한 꿈은 내담자의 내면세계의 문제와 내적 역동성을 이해하는 데 중요한 단서가 되며 내담자가 가진 문제에 대한 잠재적 해결책을 찾는 실마리로 사용했다(Ansbacher & Ansbacher, 1956).

(3) 3단계: 통찰

아들러학파 치료에서는 생활양식 분석을 마친 후, 3단계의 치료과정을 시작한다. 3단계의 목표는 내담자가 통찰(insight)을 얻도록 하는 것이다. 내담자가 변화를 회피하거나 지연시키기 위해 증상을 활용하거나, 자기 몰입에 빠지거나, 치료를 연장시키는 행동으로부터의 변화는 통찰이 선행되어야 한다. 아들러학파의 정의에 의하면, 통찰이란 이해를 건설적인 활동으로 바꾸는 것이다(Mosak, 2004). 아들러학파의 치료자들은 주로 일상적인 대화, 꿈, 환상, 행동, 증상, 내담자와 치료자 간의 상호작용, 내담자의 대인관계적 교류, 삶의 방식과 목표, 행동의 결과, 그리고 지금-여기에 초점을 두고 해석함으로써 통찰을 촉진한다. 내담자의 강점과 긍정적인 측면을 강조하기 위해 내담자의 삶의 양식에 대한 해석이 이루어진다. 치료자는 증상의 인과적 원인을 찾기보다는 부적응적 생활양식의 지속성을 알아차리도록 과거를 현재의 삶의 과제와 연결시킨다. 해석은 직접적으로 하거나 "~일 수도 있을까요?"라는 가설적 형태로 해석할 수도 있고, 내담자 스스로 해석하도록 초대할 수도 있다.

　이 과정에서 내담자가 자신의 강점을 보고 삶의 새로운 단계를 밟을 수 있도록 격려 기법도 사용된다. 또한 직면(confrontation), 질문하기, 내담자의 수프에 침뱉기 등 다음에 제시하는 아들러 치료기법 등이 활용된다. 이 단계에서 내담자에 대한 통찰력의 발달은 4단계인 행동단계로 이행하기 위한 전제조건이다(Corey, 2015).

(4) 4단계: 재정향

　치료의 네 번째 단계인 재정향(reorientation)에서 내담자는 자신의 삶에서 새로운 선택을 하기 위해 어떤 행동을 취할 것으로 기대된다. 치료에서의 재정향은 변화가 최선의 길임을 부드럽게 혹은 강력하게 제안한다(Mosak, 2004). 내담자가 현재 가지고 있는 생활양식은 '안전'을 제공해 주기는 하지만, 행복이나 만족한 삶을 보장하지는 않는다. 이 단계에서 내담자는 자신의 삶의 목표에 변화를 주는 책임을 져야 한다는 것을 깨닫고 새로운 행동 계획을 세운다. 이 단계에서 만들어진 계획은 현실적이고 달성 가능해야 한다. 치료자는 실행 계획을 만들고 실행하는 과정에서 내담자와 함께 작업한다.

　재정향을 하는 단계는 다음과 같이 나눌 수 있다(Sweeney, 2012).

① 내담자는 자신의 목표를 명료화하고 이것이 현실적인지를 평가한다.
② 내담자의 감정, 신념, 목표를 평가할 때 자신의 사적 논리에서 상식(common sense)의 측면을 검토하도록 한다.
③ 새로운 학습이 내담자의 실제 생활에 적용된다.
④ 내담자의 발전에 방해가 되는 것을 살펴보고 제거한다.

5. 치료기법

　아들러학파 치료의 핵심 기법으로 즉시성, 해석, 격려, 질문하기, 내담자의 수프에 침 뱉기, 악동 피하기, 역설적 의도, 마치 ~인 것처럼 행동하기, 단추 누르기, 하던 일을 멈추고 자기 포착하기, 역할연기, 과제 부과 등이 있다(Ansbacher & Ansbacher, 1956; Mosak, 2004, 2017; Mosak & Maniacci, 1998; Sweeney, 2012). 이러한 기법들은 아들러학파 치료에 사용되어 내담자의 사회적 관심과 소속감을 발달시켰다고 볼 수 있다.

1) 즉시성

즉시성(immediacy)은 치료적 관계 안에서 일어나는 지금 이 순간의 생각, 느낌, 반응을 다루고 탐색하는 것이다. 상담회기 내에서의 '지금-여기' 측면과 치료자와 내담자 간의 상호작용에 관심을 갖고, 내담자의 언어적 신호와 비언어적 신호에 실시간으로 반응하는 역동적이고 상호작용적인 과정이다. 이 방법은 강력한 치료적 관계를 형성하고, 내담자의 자기 인식을 향상시키며, 개방된 의사소통을 촉진하는 데 도움이 된다. 치료자와 내담자 모두 현재의 감정과 상호작용을 해결함으로써 행동, 생각, 감정의 패턴을 탐색하고, 이해하고, 상담시간 동안에 발생할 수 있는 불편함, 긴장 또는 긍정적인 경험을 논의할 수 있도록 한다. 상담과정에 대한 즉각적인 경험을 탐구하는 것은 개인의 성장을 방해할 수 있는 패턴을 확인할 수 있게 해 주고, 내담자의 생각, 감정, 그리고 행동에서 긍정적인 변화의 길을 열어 준다.

2) 해석

아들러학파의 치료과정에서 치료자는 상담과정의 시작부터 일상적인 대화, 환상, 행동, 증상, 치료자와 환자의 상호작용, 대인관계 등 다양한 자료의 해석(interpretation)을 통해 통찰을 촉진한다(Mosak, 2004). 해석할 때 치료자는 내담자를 진단하는 것을 목표로 하는 것이 아니라 내담자의 행동에서 그의 동기와 목표를 이해하고 설명하는 것을 목표로 한다(Sweeney, 2012).

내담자의 부적응적인 생활양식의 지속성을 해석하기 위해 과거와 현재를 연관시키거나 반어법, 유머, 내담자의 스프에 침뱉기 등을 활용할 수 있다. 다만 내담자를 불행하게 만들어 온 의도나 목표를 노출하기 위해서는 치료자가 직접적으로 해석할 수도 있지만 "~일 수도 있지 않을까요?"처럼 추측하는 형태로 하는 것이 바람직하다. 또는 내담자 스스로가 해석하도록 초대할 수도 있다(Mosak, 2004).

3) 격려

격려 기법(encoaragement techniques)은 아들러 심리학의 전문 용어(Mosak, 2017)로, 내담자에게 용기를 불어넣는 것을 의미한다. 아들러학파에서는 정신병리로 인도하는 주요 역동을 낙담이라고 믿는다. 격려 기법은 내담자의 책임감을 증가시키기 위해 아들러학파의 치료자들에게 사용되는 주요 기법이다. 아들러는 "치료과정의 모든 단계에서 격려의 길을 벗어나서는 안 된다"라고 했다(Ansbacher & Ansbacher, 1956, p. 342). 내담자에게 진정한 관심을 보이고, 희망을 불어넣어 주고, 긍정적인 측면을 강조하는 것도 격려의 방법이다. 아들러학파 치료에서 긍정적인 측면을 강조하고 이 새로운 삶의 방식에 따라 새로운 선택을 하도록 함으로써 내담자가 삶의 목표에 부합하는 새로운 삶의 방식을 창조하도록 격려하는 것이 치료과정의 중요한 부분이다(Ansbacher & Ansbacher, 1956).

4) 질문하기

아들러학파는 질문(questioning)을 하고 내담자들이 답을 찾도록 인도하는 데 매우 능숙하다(Mosak, 2017). "만일 당신이 증상을 지니고 있지 않다면, 무엇이 달라질 것인가?" 이 질문은 내담자가 주로 회피하는 삶의 과제를 드러낸다. 만약 내담자가 "열심히 일하고 아이들과 더 많은 시간을 보낼 것이다"라고 대답한다면 일과 사랑의 과제를 회피하는 것이다. 그러나 "심장이 폭발할 지경에 이를 것이다"라고 대답한다면, 심리적인 것보다는 신체적 · 의학적 문제일 수 있다. 내담자에게 다음과 같은 다양한 질문을 제시할 수 있다(Mosak, 2017). "당신의 증상에 가장 큰 영향을 미친 사람은 누구인가요?" "당신의 증상은 언제 시작되었나요?"

5) 내담자의 수프에 침 뱉기

내담자의 수프에 침뱉기(spitting in the client's soup) 기법은 치료자가 내담자의 자기패배적인 행동의 목적을 드러내어 더 이상 같은 행동을 되풀이하는 데 매력이 없게 만드는 데 사용된다(Sweeney, 2012). 즉, 치료자는 어떤 행동의 목적과 결과를 결정한 후, 내담자의 눈앞에서 그 행동의 효과를 감소시킴으로써 무의식적인 패턴을 방해한다. 예컨대, 여자 내담자가 남자 친구의 결별 선언에 두려움을 느끼고 자살하고 싶다는 말을 할 때, 치료자는 "당신은 그가 죄책감을 느끼기를 바라는군요. 그런데 만약 당신이 자살을 한다면 그가 그러한 감정을 느끼는 것을 볼 수가 없겠네요. 그냥 가만히 무덤에 누워 있는 수밖에요"라고 말해 줄 수 있다.

내담자가 호소하는 숨겨진 이면을 표면적으로 드러내면 증상은 쓸쓸한 뒷맛을 남기게 된다(Gehart, 2019). 이에 대한 예시는 다음과 같다.

- 당신의 우울이 가져오는 이득 중 하나는 가족 모두 당신에게 주의를 기울인다는 것이다.
- 공황의 긍정적 부분은 부인이 쇼핑을 일찍 끝내게 하는 것이고, 돈도 절약하게 만든다.
- 분노 발작이 좋은 점은 너의 장난감 상자를 빨리 채워준다는 것이다.

6) 악동 피하기

악동 피하기(avoiding tar baby)는 내담자가 상담을 받으면서 일상생활에서 사용하는 자기 패배적인 행동 패턴으로 치료자를 통제하려고 할 때 치료자가 내담자의 의도를 간파하여 내담자가 예상했던 것과 다른 방식으로 행동하는 기법이다. 내담자는 특정한 잘못된 가정에 집착하고 이러한 자기 인식을 유지하기 위해 치료자의 행동을 이끌어 내는 악동을 만나는 것을 피해야 한다. 예컨대, 자신이 가치가 없다고 느끼는 내담자는 짜증스럽게 행동하여 상담자가 짜증을 내도록 하고, 그것을 통해 자신은 아무런 가치가 없다는 지각을 확신하게 된다. 치료자는 내담자의 이러한 의도를 간파하고 내담자가 생각한 대로 짜증이나 기분 나쁜 태도로 내담자를 대하지 않고, 오히려 친절하게 웃는 얼굴로 내담자를 대할 수 있다.

7) 역설적 의도

아들러는 역설적 의도(paradoxical intention)를 '증상 처방하기'로, 드레이커스는 '반암시(antisuggestion)'로 서술하였다. 역설적 의도를 통해 내담자들은 자신을 약화시키는 생각과 행동에 주의를 기울이고 과장하도록 요구받는다. 아들러는 불면증과 긴장을 치료하는데 이 기법을 사용했다. 즉, 잠을 청하려고 애쓰기보다는 오히려 잠을 자지 않으려는 노력을 하라는 지시를 내린다. 그러나 우울한 사람들의 치료에서 자살의 가능성이 있다면 이 기법을 사용하는 데 주의를 기울여야 한다. 이 기법은 의미치료의 창시자인 빅터 프랭클(Victor Frankl)이 "내담자가 두려워하는 행동이나 사고를 의도적으로 과장하도록 하는 기법"과 같다. 특히 내담자가 증상에 대해 '통제 불가능하다'고 호소할 때 이 기법을 사용한다(Ansbacher & Ansbacher, 1956).

8) 마치 ~인 것처럼 행동하기

마치 ~인 것처럼 행동하기(acting as if~)를 통해 치료자는 내담자가 원하는 대로 행동하거나 상상할 수 있는 역할 수행 환경을 마련해 줄 수 있다(Mosak, 2017). 이 기법의 목적은 다음과 같다.

① 문제에 대한 현재의 신념이나 지각을 변화하기
② 통찰을 제공하기
③ 내담자가 새로운 행동을 개시할 때 재정향 및 실제적인 행동의 변화를 촉진하기
④ 자기존중감, 확신감, 개념, 유능성의 변화를 격려하기
⑤ 문제 행동의 목적과 목표를 재정향하기

내담자들이 '나도 이렇게 될 수 있었으면 좋겠다'고 말할 때, 그 역할을 최소한 일주일 동안 실행하도록 격려 받는다. 그 역할은 가짜가 아니라 옷을 입는 듯이 역할을 해 보도록 한다. 때로는 다른 옷을 입었을 때 다르게 느낄 수 있고, 다르게 행동할 수도 있으며, 다른 사람이 될 수도 있을 것이다. 여기에는 역할연기, 상상기법, 환상기법, 홍수기법 등이 활용될 수 있다.

9) 단추 누르기

단추 누르기(pushing the button)는 내담자가 자신이 양립할 수 없는 정서의 희생자라고 느끼는 사람들에게 효과적이다(Mosak, 2004). 내담자가 "나는 나에게 밀려오는 슬픔을 어떻게 할 수가 없어"라고 할 때 긍정적인 감정과 부정적인 감정을 일으켰던 상황을 떠올려 보게 하여 내담자가 감정을 선택하여 경험할 수 있도록 체험하게 한다(Sweeney, 2012). 절차로는 먼저 내담자에게 눈을 감으라고 하고, 과거의 경험 중 즐거웠던 사건을 회상하여 그것에 동반하는 감정에 주목하라고 요구한다. 그런 다음에 상처가 되었거나, 창피스러웠거나, 실패하였거나, 화가 났던 사건을 회상하여 거기에 수

반되는 감정에 주목하라고 하고, 그다음에는 즐거웠던 장면을 다시 떠올리게 한다. 이 기법을 적용하는 목적은 내담자가 단지 무엇을 생각할지 결정만 하면, 그에 따른 감정을 끌어낼 수 있기 때문이다.

삶의 경험이 감정에 미치는 영향을 내담자에게 깨닫게 하는 것을 목표로 하는 이 기법에서 내담자는 자신에게 중요한 감정을 드러내는 장면을 상상하고, 이 장면에 수반되는 감정을 알아차리도록 요구한다.

10) 하던 일을 멈추고 자기 포착하기

자신의 생각, 감정, 그리고 행동을 순간순간 알아차리는 것은 자신을 인식하는 중요한 단계이다. 자기 포착하기(catch oneself)는 내담자가 자신의 목표를 이해하고 변화시키기를 원할 때, 일단 멈추어서 자신을 파괴하는 자신의 행동이나 비이성적인 생각을 알아차리도록 한다(MosK, 2004). 즉, 내담자가 진퇴양난에 빠져 있는 자신을 포착하도록 지시받는다. 따라서 내담자는 어떤 사건과 관련된 행동을 전개하기 전에 자신의 감정과 생각, 관점을 알아차린다.

'자기 포착하기'는 아들러학파의 이론 내에서 부적응적 패턴이나 행동에 대한 의식, 자기 인식 및 개인 성장을 위한 긍정적인 선택을 할 수 있는 능력, 나아가 자신의 신념, 가치, 행동 패턴을 포함하여 자신의 생활양식을 탐구한다. 또한 '자기 포착하기'는 개인이 자신의 행복에 긍정적으로 기여하지 않을 수 있는 자신의 생활양식의 측면을 식별하는 이러한 평가 과정의 일부가 될 수 있다. 본질적으로 아들러 심리학에서 '자기 포착하기'는 자기 성찰과 자기 조절의 순간을 의미하고, 개인이 자신의 삶의 방식에 대한 통찰력을 얻고 건설적인 선택을 하며, 더 긍정적이고 성취감 있는 삶의 방식으로 나아가도록 돕는 치료적 목표와 일치한다. 자기를 포착하고 알아차리는 과정은 자신의 행동에 대해 책임을 지고, 지속적인 성장과 발전의 과제에 적극적으로 참여하는 것이다. 예컨대, 남편이 화를 내기 시작하면 방으로 들어가서 문을 잠그던 내담자가 남편이 화를 내면 자신이 겁을 먹고 피하고 있다는 것을 알아차리고 "나는 당신이 화를 내면 겁이 나요. 이 문제를 풀기 위해서라도 나는 방으로 들어가지 않을 거예요."라고 한다. 평소 하던 행동인 방으로 들어가는 것을 멈추고 자신의 모습을 알아차리게 되는 것이다. 또다른 사례로 케이크를 먹으려고 손을 뻗었지만, 살이 찌는 음식을 먹으려는 자기를 발견하고는 건강에 더 좋은 음식을 먹겠다는 자신의 목표를 상기해 내고 멈추었다.

11) 역할연기

역할연기(role playing)는 치료과정에서 내담자가 목표로 하는 행동을 연습하도록 하는 것이다. 아들러학파에서 역할연기는 개인의 생각, 감정, 행동에 대한 통찰력을 얻는 방법으로 흔히 사용되는 치료적 기법이다. 역할연기를 통해 내담자가 다양한 관점을 찾고, 새로운 행동을 시험하고, 그들의 사회적 기술을 향상시키도록 돕는다. 아들러학파에서 역할연기는 사회적 관심과 의사소통 능력, 즉 다른 사람들을 이해하고 연결할 수 있는 능력과 사회적 관심을 향상시키기 위해 활용된다. 또한 역할연기는 치료자들이 한 개인이 다양한 상황에 어떻게 접근하고 대처하는지 관찰함으로써 그들의 생활양식을 평가할 수 있도록 한다. 그것은 반복되는 행동 패턴에 대한 통찰력을 제공하고 내담자의 행동에 영향을 미칠 수 있는 근본적인 믿음과 태도를 찾는 데 도움을 준다. 내담자의 대안 행동을 탐색하고 격려를 촉진하고 긍정적인 전망을 조성하기도 한다.

12) 과제 부과

회기 중에 사회 기술을 실천하고, 편지를 쓰고, 역할연기를 하고, 그림을 그리거나 다르게 생각하도록 촉진을 하는데, 치료에서 일어난 학습을 현실 세계의 상황에 일반화하기 위해 과제를 부과한다(Mosak, 2017). 다만 과제를 제시할 때는 비교적 단순하고 내담자가 그 과제를 고의로 태만할 수 있지만, 실패하지 않으며, 치료자를 비난할 수 없는 수준에서 설정된다.

6. 아들러의 개인심리 사례개념화

아들러 상담은 현대의 다양한 상담 이론적 접근과 호환할 수 있기 때문에 오늘날의 임상 실제에 매우 적합하다(Sperry & Sperry, 2015). 이 접근에는 인지행동 접근, 대인관계 중심 역동 접근, 체계적 접근, 인본주의적 접근, 경험적 접근이 포함된다. 아들러학파의 관점에서 사례개념화(case conceptualization)의 요소는 다음과 같다(Sperry & Sperry, 2015)

(1) 호소문제와 촉발요인의 탐색 및 구체화

호소문제(client's presentation)를 확인하고 촉발요인(precipitant)을 구체화한다.

- 호소문제: 호소하는 문제, 그리고 촉발요인에 대한 특징적인 반응
- 촉발요인: 패턴을 활성화하여 호소문제를 일으키는 자극

(2) 내담자의 기본적 움직임과 목적, 부적응적 패턴을 구체화

- 움직임(movement): 회피하기, 다가가기 등
- 목적(purpose): 비판 당하는 것을 피하기 위해
- 부적응적 패턴(maladaptive pattern): 지각, 사고, 행동의 경직되고 효과가 없는 방식

(3) 유발요인을 구체화하고 유지요인 찾기

- 유발요인: 적응 또는 부적응적 기능을 촉진하는 요인
  - 가족구도
  - 생활양식 신념
  - 사회적 관심과 소속감의 정도
- 유지요인: 내담자의 패턴을 지속적으로 활성화하여 호소문제를 경험하게 하는 자극

(4) 문화적 공식화

- 문화적 정체성: 특정 집단에의 소속감
- 문화 적응과 문화 적응 스트레스: 주류 문화에 적응한 수준, 적응 관련 스트레스
- 문화적 설명: 고통, 상황 또는 손상의 원인에 대한 생각
- 문화 대 성격: 문화적 역동과 성격 간의 상호작용

(5) 상담목표

- 생활양식 내에서의 변화: 증상을 감소하거나 긍정적 행동 선택하기
- 생활양식의 변화(성격 변화): 생활양식 통찰

(6) 상담의 초점
- 문화적으로 잘못된 신념과 낙담으로 촉발되거나 악화된 상황을 다루기

(7) 상담전략
- 기본 상담전략: 사회적 관심과 건설적인 행동 촉진하기
- 공동 상담전략: 지지, 인지적 재구조화, 해석

(8) 상담개입
- 생활양식 평가(가족구도 분석, 초기 기억 분석)
- 격려
- 기타 상담기법들(은유 활용, 자기를 알아차리기, 마치 ~인 것처럼 행동하기, 역설적 의도, 버튼 누르기, 유머 등)

7. 치료사례: 청소년의 반항과 폭력 행동

내담자 A는 15세의 중학생(중3)으로, 교사나 부모가 잘못을 지적하거나 훈계를 하면 욕을 하면서 반항하고, 자기 멋대로 행동한다. 집에서도 거의 방에서 게임만하고 집안일에는 거의 관심을 기울이지 않는다. 엄마가 방을 치우라거나 무엇을 하라고 하면 화부터 내고 욕설을 한다. 최근 학교에서 잦은 규칙 위반으로 훈계하던 교사에게 심하게 욕설을 하고, 교사에게 공격적인 반항을 하였다. 아무런 문제가 없는 듯 밝은 척하지만 가끔 우울감을 느껴 무기력하게 혼자 지내는 경우도 많았다. 학교에서 치료자에게 의뢰된 경우이다.

(1) 1단계: 치료관계의 확립과 목표 설정
첫 면접에서 상담에 대한 어떤 기대가 있는지, 자신의 문제를 어떻게 보고 있는지, 자신의 삶을 개선하기 위해 어떤 노력을 해 왔는지, 상담을 받게 된 촉발요인에 대한 탐색을 시도한다. 치료자는 내담자에 대한 진정한 돌봄, 공감, 언어적 및 비언어적 경청을 유지하면서 내담자와 협력적이고 민주적으로 서로 신뢰하는 관계를 만들어 나간다. 상호 관계 수립 과정에서 내담자의 주호소문제를 탐색한다.

① 주호소문제
- 다른 사람에 대한 욕설과 공격, 화가 나면 참지 못해요. 누군가가 나에게 지시하거나 무엇을 하라고 하면 화가 나고 그러면 욕을 막 해 버려요. (사회적 고립)
- 아무것도 하기 싫다. 짜증만 나고 무기력하다.

② 주호소문제를 강화하는 촉발요인
- 엄마의 잔소리 증가
- 학급에서 수업을 듣는 것에 대한 짜증
- 교사의 무시하는 듯한 태도

③ 주호소문제를 일으키는 데 기여하는 유지요인
- 어머니와의 힘겨루기
- 삶의 과제를 회피하고 집에서의 생활은 전적으로 엄마에게 의존하고 있는 것
- 관심끌기의 방법으로 부적절하고 자극적인 행동 선택
- 교사에 대한 보복행동

④ 상담목표: 치료자의 목표
- 자기 인식 향상: 치료자와 내담자 (A)는 내담자의 주관적인 인식을 탐구하고, A의 불만족감에 기여하는 사고의 패턴과 행동을 확인하기 위해 함께 작업한다.
- 성장의 관점 격려: 치료자는 A가 자신의 삶에서 배우고, 적응하고, 긍정적인 변화를 만드는 능력이 있음을 강조하면서 성장하고 변화할 수 있는 신념을 갖도록 돕는다.
- 사회적 관심의 증진: 아들러학파의 치료는 사회적 유대감과 공동체 느낌, 사회적 관심을 촉진하는 것을 중요하게 생각한다. 치료자는 A와 협력하여 그가 다른 사람들의 행복에 기여할 수 있는 방법, 공동체의식을 기르고, 공유된 목표를 탐색한다.

⑤ 내담자와 합의된 목표
- 1차 변화 목표: 무력감을 줄이고 삶의 과제에 대처한다.
- 2차(패턴 변화) 변화 목표: 생활양식 통찰하기
  -인정받지 못한다고 느낄 때 적절히 표현하고 더 적절한 방법을 시도한다.

-힘든 과제가 있을 때 회피하지 않고 작은 것부터 해결해 간다.

-집이나 가정에서 자신이 할 수 있는 것을 시도한다.

(2) 2단계: 내담자와 문제에 대한 평가, 분석, 이해

치료자는 아들러학파의 상담 원칙에 따라 A의 가정 배경, 초기 경험, 현재 생활양식을 이해하기 위한 초기 평가를 수행하면서 주호소문제를 일으키는 유발요인을 분석한다. 유발요인은 왜 주호소문제와 그런 증상을 일으키는지를 밝히는 작업이다. 치료자는 공부와 자신이 행하는 일 과제에서 또래와 다른 사람들 간의 관계, 세상에서 자신이 차지하는 위치에 대한 신념뿐만 아니라 자신의 장단점에 대한 주관적 인식을 조사한다.

1) 가족구도 분석

아버지(58세): 아버지는 어머니에 대한 폭언과 폭행을 자주 했고, 엄마와 우리는 아버지의 말에 절대 복종해야 했고, 잘못하게 되면 때리기도 하였다.

어머니(54세): 내가 7세 때 아버지의 폭행과 불화로 어머니가 집을 나갔으나 아이들이 아버지로부터 폭행과 압박을 받는 것을 보고 아이들을 구하기 위해 내가 초등학교 4학년 때 어머니가 집으로 돌아왔다. 하지만 남편의 변하지 않은 모습으로 내가 초등학교 5학년 때 정식으로 이혼하여 작은 딸과 내담자를 데리고 살고 있다. 어머니는 늘 희생적이고 자녀에게 잘해 주려고 노력을 하지만, 항상 미안해 한다. 시장 난전에서 옷을 팔면서 가계를 꾸려 나가고 있다.

큰누나(19세): 재수를 하게 되면서 집을 나가 지내고 있다. 형제 중 가장 많은 사랑을 받은 편이었고, 책임감이 강하고 비교적 순응적이다.

작은누나(17세): 어릴 때부터 아버지에게 반항하며, 하고 싶은 대로 행동하는 편이었다. 그로 인해 아빠로부터 매를 많이 맞았지만, 대들기도 하고 집을 나가기도 하고 자기 멋대로 하는 편이었다. 아빠와는 사이가 좋지 않았다. 내담자는 아버지에게 대항하는 자신감 있는 누나의 모습을 부러워하였다.

내담자(15세): 공부는 거의 꼴찌 수준이고, 어릴 때 집에서는 아버지의 술주정 때문에 항상 불안과 두려움을 느끼면서 살았다. 자신에게 주어진 상황(가족,

부모)에 대해 불만족하며, 왜 내가 태어났는가에 대한 의구심도 많이 느끼고 있었다. 아버지와의 작은 다툼에도 혼나거나 매 맞지 않으려고 숨을 죽이고 지냈다. 항상 불안하고 부모의 무관심에 존재감을 느끼지 못하고 있었다.

■ 가족구도 요약

어린 시절 동안 아빠와 엄마의 갈등으로 자주 다투는 모습을 보면서 항상 불안한 상태로 생활하였다. 아버지는 어머니를 자주 때렸고, 난 어머니가 우리를 두고 떠나갈까 봐 두려워했다. 1남 2녀의 막내로 태어나 자라면서 큰누나는 어릴 때부터 아버지의 사랑을 받았고, 작은누나는 아버지에게 강하게 대드는 모습을 보였다. 나는 아버지의 공격을 받지 않기 위해 숨을 죽이면서 조용히 살았다. 아빠와 엄마의 불화로 결국 내가 7세 때 엄마는 가출하고 나는 4년간 아버지와 같이 생활하면서 여러 가지 어려움을 겪었다. 내가 초등학교 4학년 때 엄마가 집으로 돌아와 같이 살게 되었지만, 아빠의 폭언과 폭행이 계속되어 엄마는 아빠와 이혼한 후에 나와 작은누나를 데리고 살았다.

부모의 잦은 갈등으로 나는 언제나 불안했고, 엄마와 아버지의 무관심 속에서 나는 집에서 존재감이 없었고, 내가 집에서 살고 있다는 느낌을 갖지 못했다. 아버지에게 대들다가 혼나는 작은누나를 지켜보면서 부모님의 말을 잘 듣는 아이로 성장하고자 했다. 너무 순한 아이로, 주위의 관심을 끌기도 했지만, 진정으로 내가 존재하고 있다는 느낌을 갖기에는 부족했다. 내가 진정으로 존재하고 있다는 것을 알리기 위해 또는 최소한 말썽꾼으로 부정적인 행동을 통해서 타인의 주목을 끌고자 했다. 누군가가 나를 무시한다고 느끼면 짜증을 내거나 화를 내는 방식으로 나의 존재를 알리고자 하였다.

2) 초기 회상 탐구

치료자와 내담자는 내담자의 초기 기억과 경험을 탐구하여 영향력 있는 주제와 반복되는 패턴을 확인한다. 이러한 초기 회상을 이해하는 것은 내담자의 현재 도전에 대한 통찰력을 제공할 수 있다.

(1) 첫 번째 기억(5세)

누나가 슈퍼에 갔다 오다가 골목길에서 넘어져서 머리가 찢어지고 피가 나서 응급실에 갔다. 가장 생생히 떠오르는 장면은 누나의 머리가 찢어진 것이고, 누나의 머리에 피가 흘러서 나는 마음이 아팠다. '나는 무서웠다.' '나는 힘이 없다.' '세상은 위험하다.' '그래서 나는 조심해야겠다.' 제목은 골목길의 사고이다.

(2) 두 번째 기억(7세)

빌라로 이사를 간 뒤 아빠가 엄마를 때려서 엄마는 집을 나갔다. 생생히 떠오르는 장면은 엄마를 때리는 장면이고, 나는 무서웠다. '다른 사람들은 제멋대로이다.' '세상은 무섭고 위험하다. 그래서 나는 착하게 살아야겠다.' 이 기억을 이상적으로 바꾸고 싶다면 엄마랑 아빠가 사이좋게 재미있게 사는 모습이다. 제목은 공포이다.

(3) 세 번째 기억(9세)

초등학교 2학년 때 이사를 가면서 다른 학교에 전학을 갔다. 전학으로 인해 이전 학교에서 내준 방학 숙제를 하지 않아도 되었다. 숙제를 해야 한다는 부담감을 느끼지 않게 되어서 좋았다. 생생하게 떠오르는 장면은 전학으로 인해 숙제를 안해도 되어 기뻐하는 모습이다. '나는 두근거렸다.' '사람들은 나에게 관심이 없다.' '세상은 힘들다. 그래서 나는 조용히 있어야 한다.' '나는 무엇인가를 하지 않는 것이 편하다.' 제목은 숙제 없는 날이다.

■ 초기 회상의 요약

세상은 위험하기 때문에 나는 조심해야 하고, 착하게 살아야만 의미가 있다는 신념을 가지고 직접 모험하거나 행동하기보다는 관찰자의 입장에서 지켜보는 삶을 살았다. 많은 어려움이 있었지만, 그런대로 잘 견디어 낸 것 같다.

하지만 어린 시절에 '착하게 살아야만 한다'는 나의 신념대로 행동하는 것이 항상 가능한 일은 아니었다. 그래서 잘못하고 엉뚱한 행동을 하기도 했다. 그럴 때면 아버지의 처벌이 바로 내려왔다. 그와 같은 행동으로 처벌을 받고 있는 나 자신을 보면 못마땅하고 짜증이 났다. 그럴 때마다 짜증이 나고 화가 나면 입에서 욕이 나온다. 욕을 하고 나면 "난 안 돼" "나는 틀린 놈이야"라는 생각을 하게 된다. 이러한 일이 반복되면서 어른에게 반항하는 행동(욕이나 대드는 행동)으로 내가 무시받지 않는 존재임을 증명할 수 있다.

3) 기본적 오류

- 잘못을 하면 나쁜 사람이 된다.
- 무시를 당하지 않으려면 강하게 보여야 한다.
- 내가 반항하는 것은 나를 무시할 수 없다는 것을 보여 주는 것이다.

4) 자질

- 나는 하나에 빠지면 끝까지 한다. (집중력이 좋다)
- 나는 활발하게 활동하는 것을 좋아한다.
- 나는 친구 관계를 원활히 할 수 있다.
- 지금도 나 자신의 변화에 대해 진지하게 생각하고 있다.

(1) 3~4단계: 통찰과 해석, 재정향하기

　반항 행동과 무력감을 느끼는 자신의 패턴을 알아차리는 통찰이 있는 후에 부적응적 패턴을 유용한 것으로 변화하는 시도가 이루어진다. 3단계의 분석에서 A는 자신이 다른 사람의 인정과 관심을 받아야만 하고, 그렇게 하려면 착해야 한다는 가공적 목표를 알아차리게 된다. 교사와의 관계에서 화를 내고 욕을 하는 행동을 하면서 자신에 대한 인식은 '나는 틀린 아이이다' '사람들은 나에게 관심이 없고, 나는 진정으로 관심을 받지 못한다' '나는 외톨이이고 늘 외로운 아이야'라는 것이다. 이에 따른 감정은 분노, 짜증, 화 등이며, 이때 싸우거나 큰 소리로 반항하거나 떼를 쓰는 부적응적 행동에 대한 알아차림을 한다. 이때 '단추 누르기' '자기 포착하기' '악동피하기' 등 다양한 기법을 사용한다.

　예컨대, '마치 ～인 것처럼 행동하기' 기법을 사용하여 치료자는 A가 더 만족스러운 학교생활과 집에서 생활하는 데 필요한 자질과 자신감을 이미 가지고 있는 것처럼 행동하도록 격려한다. 대안 행동으로, ① 내가 경험하는 감정을 솔직하게 표현한다, ② 반드시 관심을 받지 않아도 된다, ③ 나의 진심을 전달한다, ④ 집과 학교에서 할 수 있는 일을 찾는다 등을 연습하고 실제 생활에서 실행한다.

치료과정이 진행되면서 A는 자신의 관점을 바꾸기 시작한다. 부정적인 믿음에 도전하고 '마치 ~인 것처럼 행동'함으로써 A는 자신의 가정과 학교 생활에 긍정적인 변화를 만들기 시작한다. A의 동기는 증가하고, 다른 사람들과 더 의미 있는 관계를 맺는다. 치료자와 A는 이러한 성공을 기반으로 독립적으로 발전을 유지하기 위한 전략을 개발하기 위해 함께 작업한다.

이 가상의 사례는 자기 인식, 목표 설정 및 사회적 관심을 강조하면서 개인의 문제를 해결하기 위해 아들러학파의 심리학을 어떻게 적용할 수 있는지 보여 준다. 실제 상담사례는 각 내담자의 독특한 요구와 상황에 맞는 맞춤형 개입을 포함한다.

표 3-1   A 내담자의 사례개념화 요약

호소문제	타인에 대한 욕설과 공격, 화가 나면 참지 못해요. 누군가가 나에게 지시하거나 무엇을 하라고 하면 화가 나고 그러면 욕을 막 해 버려요.	
촉발요인	부모나 교사의 처벌과 비난	
부적응적 패턴	안전하지 않다고 느낄 때 회피하고 상대방에 대한 공격, 분노 표출	
유발요인	가족구도	아버지의 아이에 대한 폭언과 폭행, 엄마에 대한 폭행, 숨 죽이고 아버지의 말을 들어야만 하는 엄격한 훈육, 아버지와 어머니의 잦은 다툼과 폭언, 아버지의 말을 들어야 함, 듣지 않으면 혼이 남, 누나는 아버지에게 반항했지만, 나는 숨 죽이며 지냄, 정서적으로 안정감을 느낄 수 없음
	생활양식 신념	나는 무능하고 결함이 있다. (자기관) 사람들은 제멋대로이다. (타인관). 삶은 너무 많은 것을 요구하고, 불공평하고 안전하지 않다. (세계관) 그래서 안전하지 않다고 느낄 때 관계를 회피하면서 참아 내기도 하지만 누구에게나 화를 내거나 공격한다. (삶의 전략)
유지요인	집에서 엄마에게 대항하고 집안일에 거의 관심이 없음, 게임과 빈둥거림의 일상화, 학교에서 수업에 참여하기보다는 교실 밖에서 배회하는 것, 교사의 꾸중과 처벌 무시하는 것	
적응적 패턴	보다 안전함을 느끼며, 다른 사람과 관계를 맺음	
상담목표	① 화의 표출 및 낙담 줄이기, 관계 기술 향상하기 ② 사회적 관심 높이기, 생활양식 변화	

상담의 초점	낙담하고 있는 자신의 모습 알아차리기 잘못된 신념 또는 낙담에 의해 촉발되거나 악화된 상황
상담전략	반영적 경청 및 사회적 관심과 건설적 행동 촉진하기 지지, 해석, 마치 ~인 것처럼 행동하기
상담개입	생활양식 평가, 초기 기억 분석, 격려, 마치~인 것처럼 행동하기
상담의 장애물	치료자를 시험함, 치료자에게 지나친 의존, 종결의 어려움
문화적 상담개입	가정의 경제적 빈곤, 모의 경제적 수입의 부족
상담의 예후	집에서 엄마와의 관계 개선이 이루어지면 엄마와의 공동체 느낌의 체화, 가정에서 공동체 느낌을 가질 수 있는 행동을 시도한다면 좋은 예후를 가짐

8. 요약

아들러학파의 접근법의 초점은 개인이 자신의 과거와 현재를 어떻게 지각하고, 처음 접한 사건들을 어떻게 해석하느냐에 있다. 아들러에 의하면, 개인은 자신의 성적 충동보다는 사회적 관계에 의해 동기 부여를 받는다. 개인의 행동은 목적적이고 목표 지향적이다.

아들러는 심리학에서 주관적 의견의 역할을 강조한 최초의 이론가로서 가치관, 신념, 태도, 목표, 관심과 같은 행동의 내적 결정 요인과 개인이 현실을 지각하는 방식에 초점을 두었다. 아들러는 총체적이고 사회적이며 목표 지향적이고 인간적인 접근법의 선구자이다. 아들러에 의하면, 성격은 총체적이고 체계적으로 고려되어야만 완전히 이해될 수 있다(Corey, 2015). 아들러학파의 접근법에서는 완벽해지려는 노력과 우월함을 획득함으로써 열등감을 극복하려는 노력은 인간의 선천적인 자질임을 강조한다. 열등감은 나약함이나 비정상의 징후가 아니며 반대로 창의성의 기원으로 정의된다. 이러한 느낌은 개인이 성공을 성취하고 완전함을 느끼도록 동기 부여한다. 아들러학파의 치료과정의 주요 목표는 내담자의 사회적 관심을 강화하고 열등감을 극복하도록 지원하는 것이다. 다른 한편으로 내담자의 인식과 목표, 생활양식과 동기를 변화시키는 것, 사회에 기여하는 개인이 되는 것은 치료과정의 중요한 목표 중 하나이다.

아들러 접근법은 심리상담 이론뿐만 아니라 지역사회의 정신건강 증진에 기여할 수 있는 원리와 실천 모델을 포함하고 있다. 아들러의 개인심리학은 과거의 고전적 이론이라기보다는 현재 한국 사회가 직면하고 있는 과도한 경쟁과 불평등 문제, 교육과 양육 문제, 자살 및 중독문제, 노인 문제 등 다양한 삶의 문제를 해결하는 데 도움을 줄 수 있다고 본다. 특히 우리 사회에 만연해 있는 과도한 경쟁과 자기중심적인 우월성의 해독제인 아들러의 공동체 느낌과 사회적 관심의 개념은 아동과 청소년, 성인과 노인들의 건강한 삶을 조력할 수 있는 상담접근으로 유용하게 사용될 것으로 기대된다. 한편, 아들러 접근법은 정신역동 이론에 포함되기는 하지만 인간중심적 · 현상학적 · 인지-행동적 · 구성주의적 상담, 여성주의 상담 요소를 포함하고 있는 측면에서 현대에 등장한 많은 이론적 접근법의 토대가 되고 있어 현대의 심리치료나 상담이론을 공부하는 데 도움이 될 것이라고 본다.

⊚ 연습 과제

1) 아들러는 인간은 열등감을 가지고 있다고 주장했습니다. 만약 그렇다면 여러분이 친구들에게 느끼는 열등감의 1차 원천은 무엇인가요?

2) 여러분은 인간의 행동이 목표에 의해 안내된다고 하는 아들러의 의견에 동의하나요? 여러분 자신의 목표는 어떤 것인가요? 오늘날 대학생들의 삶의 정신적 목표는 무엇인가요? 여러분 자신의 삶의 목표는 무엇인가요?

3) 아들러가 말한 진정한 사회적 관심(social interest)은 무엇을 말하나요? 여러분은 다른 사람과 세상에 대한 기여를 증진시키기 위해 현재 무엇을 하고 있나요?

4) 한국 사회에서 동등하고 평등하게 다른 사람을 대하는 것이 가능하다고 생각하나요? 그렇지 않다면 어떤 삶을 살아야 하나요?

5) 여러분의 초기 기억 중 세 가지 이상을 떠올린 다음에 그것을 구체화시키세요. 어떤 패턴이 있나요? 그것에서 어떤 종류의 목표와 생활양식을 발견할 수 있나요?

ⓐ 주관식 문제

1) 가족구도란 무엇인가요?

2) 초기 기억에서 파악해야 할 주요 내용은 무엇인가요?

3) 공동체 느낌 또는 사회적 관심이란 어떤 의미인가요?

4) 사례개념화에서 유발요인이란 무엇을 말하나요?

📋 참고문헌

Adler, A. (1927). *Understanding human nature*. Garden City, NY: Double Day Anchor.

Adler, A. (1956). *The Individual Psychology of Alfred Adler*. New York: Basic Books.

Adler, A. (1973). Technique of treatment. In H. L. Ansbacher & R. R. Ansbacher (Eds.), *Superiority and social interest* (pp. 191-201). New York: Viking.

Adler, A. (1992). *What life should mean to you*. London: Oneworld Publication. (Original work published 1931).

Adler, A. (2014). 삶의 과학(*The science of living*). (정명진 역). 서울: 부글북스. (원저는 1929년에 출판).

Ansbacher, H. L., & Ansbacher, R. R. (1956). *The individual psychology of Alfred Adler: A systematic presentation in selections from his writings*. New York: Harper & Row.

Ansbacher, H. L., & Ansbacher, R. R. (1964). *Alfred Adler: Superiority and social interest*. New York: Norton & Company Inc.

Carlson, J., & Slavik, S. (1997). *Techniques in Adlerian psychology*. United Kingdom: Taylor & Francis Group.

Carlson, J., Watts, R. E., & Maniacci, M. (2005). *Adlerian therapy: Theory and practice*. Washington D.C.: American Psychological Association.

Corey, G. (2015). 집단상담의 이론과 실제(*Theory and Practice of Group Counseling* (8th ed., 231~259), (김명권, 김창대, 방기연, 이동훈, 이영순, 전종국, 천성문 공역). 서울: 학지사. (원저는 2012년에 출판)

Dinkmeyer, D. C., & Sperry, L. (2005). Adler 상담 및 심리치료: 개인심리학의 통합적 접근 (*Adlerian counseling and psychotherapy: An integrated individual psychology approach*), (김춘경 역). 서울: 시그마프레스. (원저는 2000년에 출판).

Dreikurs, R. (1963). Psychodynamic diagnosis in psychiatry. *American Journal of Psychiatry*,

119(11), 1045-1048.

Dreikurs, R. (1967). *Psychodynamics, psychotherapy, and counseling: Collected papers*. Chicago: Alfred Adler Institute.

Dreikurs, R. (1973). Private logic. In H. H. Mosak (Ed.), *Alfred Adler: His influence on psychology today* (pp.19-32). Park Ridge, NJ: Noyes.

Dreikurs, R., Grunwald, B. B., & Pepper, F. C. (2014). 아들러와 함께하는 행복한 교실 만들기 (*Maintaining sanity in the classroom: Classroom Management*). (전종국, 신현숙, 이동훈, 이영순, 이승연, 천성문 공역). 서울: 학지사. (원저는 1982년에 출판).

Griffith, J., & Powers, R. L. (2007). *The lexicon of Adlerian psychology: 106 terms associated with the individual psychology of Alfred Adler*. Virginia: Adlerian Psychology Associates Publisher.

Kfer, N. (1970), Personality & priorities. *Journal of Individual Psychology*.

Kfer, N. (2011). *Personality & priorities: A typology*. Bloomington: Magalism Publishing.

Mosak, H. H. (1954). The psychological attitude in rehabilitation. *American Archives of Rehabilitation Therapy, 2*, 9-10.

Mosak, H. H. (2004). 아들러의 심리치료(*Current Psychotherapies*). (김정희 역). 서울: 학지사. (원저는 2000년에 출판).

Mosak, H. H. (2017). 아들러의 심리치료(*Current Psychotherapies*). (김정희, 정성경, 남상인, 김인규, 최은영, 방기연, 김은하 공역). 서울: 박학사. (원저는 2014년에 출판).

Powers, R. L., & Griffith, J. (1995). *The individual psychology client workbook with supplements*. Chicago, IL: American Institute of Adlerian Studies.

Ryckman, R. M. (2014). 성격심리학(*Theories of personality*). (장문선, 곽호완, 고재홍, 전종국, 이영순 공역). 서울: 박학사. (원저는 2013년에 출판).

Seligman, L. (2011). 상담 및 심리치료의 이론(*Theories of counseling and psychotherapy*). (김영혜, 박기환, 서경현, 신희천, 정남운 역). 서울: 시그마프레스. (원저는 2006년에 출판).

Shulman,, B. H., & Mosak, H. H. (2013). *Manual for life style assessment*. Routledge: Taylor & Francis Group.

Sonstegard, M. A., & Bitter, J. R. (2020). 아들러 학파의 집단상담 및 치료(*Adlerian group counseling and therapy*). (전종국, 정대겸, 최선남 공역). 서울: 학지사. (원저는 2004년에 출판).

Sperry, L., & Carlson, J. (2021). SM-5와 사례 개념화 관점의 아들러 정신병리와 심리치료 (*Psychopathology and psychotherapy: DSM-5 diagnosis, case conceptualization, and treatment*). (박예진, 서보경, 강향숙, 김명진 공역). 서울: 학지사. (원저는 2015년에 출판).

Sperry, L., & Sperry, J. (2015). 상담실무자를 위한 사례개념화 이해와 실제(*Case conceptualization: Mastering this competency with ease and confidence*). (이명우 역). 서울: 학지사. (원저는 2012년에 출판).

Sweeney, T. J. (2012). 아들러 상담이론과 실제(*Adlerian counseling and psychotherapy*). (노안영, 강만철, 오익수, 김광운, 송현종, 강영신, 오명자 공역). 서울: 학지사. (원저는 2005년에 출판).

Watts, R. E., & Holden, J. M. (1994). Why continue to use "final ficionalism"?. *Individual Psychology, 50*, 161-168.

인간중심 심리치료

4장

1. 로저스의 생애와 학문적 관심

1) 로저스의 생애

칼 로저스(Carl Rogers)는 1902년 미국 일리노이(Illinois)주 시카고의 오크 파크(Oak Park)에서 6남매 중 넷째로 태어났다. 그의 아버지는 위스콘신 대학교(University of Wisconsin)를 졸업했고, 로저스가 태어날 무렵 공학 분야에서 맹활약을 하는 사업가로 자리를 잡았다. 그의 어머니 역시 2년간 대학 교육을 받은 경험이 있으며, 17세기에 대서양을 건너와 300년 이상 미국 발전에 공헌해 온 가문의 출신이었다. 로저스의 부모는 가족의 유대를 강조하고, 매우 엄격하고, 타협의 여지 없이 종교적이고 윤리적이었으며, 성실함을 강조하였기 때문에 이런 점들이 로저스의 세계관을 형성하는 데 영향을 주었다(Rogers, 2010).

1914년에 로저스의 가족은 시카고에서 서쪽으로 30마일 떨어진 농장으로 이사를 했다. 그 이유는 로저스의 부모가 청소년기의 자녀들을 도시 생활의 유혹으로부터 보호하고 싶어 했기 때문이었고, 또 다른 이유는 로저스의 아버지가 농장 생활을 원했기 때문이었다. 농장 생활을 하면서 로저스는 농장의 가축들과 주변 숲에 서식하는 곤충들에 매료되었고, 그때부터 생물에 대한 많은 책을 읽으며 과학자의 면모를 갖추어 나가기 시작하였다. 이러한 가정환경의 영향으로 로저스는 위스콘신 매디슨 대학교

(University of Wisconsin-Madison) 농업학과에 진학했다. 당시 로저스가 농학을 전공했던 것은 그의 인간관과 상담이론을 형성하는 데 기초가 되었다. 그러나 대학 과정에서 그의 관심은 농업에서 역사로, 다시 종교로, 그리고 임상심리로 바뀌어 갔다. 로저스의 관심이 변해 가는 과정을 구체적으로 살펴보면 다음과 같다.

먼저 대학 2학년 때부터 로저스는 신학을 공부하기 시작하였고, 3학년이 되었을 때는 북경에서 열린 '세계학생기독교연합회'(World Student Christian Federation)에 참석하기도 하였다. 이때 그는 중국에서 6개월을 보내면서 서로 다른 배경을 가진 다양한 사람들을 만나게 되었는데, 그 경험은 로저스가 영적·지적·정서적인 측면에서 부모로부터 벗어나 독립적으로 성장하는 계기가 되었다. 로저스는 그때를 회상하며 "나는 비로소 내 부모의 사상이자 나의 사상이기도 했던 편견으로부터 벗어나 오직 나만의 목표와 가치, 목적, 철학 등을 만들어 나갈 수 있었다(Boring & Lindzen, 1967: 351)"고 술회했다.

위스콘신 대학을 졸업한 후 로저스는 뉴욕에 있는 유니언 신학대학(Union Theological Seminary)에서 심리학과 정신의학을 연구했다. 이 시기에 그는 특정한 종교만 믿도록 강요하는 것은 '끔찍한'(horrible) 정서적 폭력이라고 생각하게 되었다(Rogers, 1961: 8). 그 결과 그는 2년 만에 유니언 신학대학을 그만두고, 콜롬비아 대학교 교육대학원에서 임상 및 교육심리학을 전공해 1931년에 철학박사 학위를 받았다. 그 후 12년 동안 로저스는 뉴욕 로체스터(Rochester)에 있는 아동학대방지협회의 아동 연구 부서에서 일했다. 이 기간에 그는 『문제아동에 대한 임상치료(The Clinical Treatment of the Problem)』(1939)를 출판하였다.

이후 1942년에 로저스는 상담에서의 지시적 접근이나 정신분석적 접근에 반대하면서 '비지시적 상담'을 제시하였고, 1951년에는 『내담자 중심 치료(Client-Centered Thrapy)』를 출간하였으며, 1956년에는 미국심리학회로부터 '학술공로상(The Distiguished Scientific Contribution Award)'을 받기도 했다(Thorne, 2008). 그 결과 당시 그의 심리치료 접근법은 '내담자 중심 요법(client-centered therapy)'으로 바뀌게 되었다.

그 후 로저스는 오하이오 주립대학, 시카고 대학, 위스콘신 대학 등에서 심리학을 강의했으며, 1963년에는 교수직을 그만두고 서부행동과학협회(Western Behavioral Science Institute)에서 연구원으로 있다가, 1968년에 인간연구센터(Center for the Studies of the Person)를 설립해 집단감수성 훈련, 대인관계 등에 초점을 두고 연구를 지속했다. 1974년에 로저스와 그의 동료들은 '내담자중심상담'을 '인간중심상담'으로 수정하였고, 그의 상담이론을 상담뿐만 아니라 생활지도, 교육, 사회사업, 종교, 조직 개발, 심지어 국제관계에까지 적용하기 위해 노력하였다. 1987년 2월에 로저스는 생을 마감했다.

2) 학문적 관심

로저스의 관심은 개인상담과 심리치료에 있었다. 로저스는 정신분석적 심리치료에 반대하여 '비지시적 치료'를 제안하였고, 후에 이를 '내담자 중심 치료'로 수정하였다. 이는 로저스가 성격에 대한 상담이론을 개인상담에 활용하고, 경험을 통해 체계화시켜서 '내담자 중심 심리치료'라고 명명한 것이다(Rogers, 1951). 이 내담자 중심 치료는 기본적으로 내담자가 스스로 자기 성장과 자기 회복을 향해 나아갈 수 있는 존재로서, 자신의 삶을 지시할 수 있는 책임감을 가지고 있다는 것을 전제로 한다. 그와 동료들은 심리치료의 과정과 결과에 대해 10년간 광범위한 연구를 함으로써 내담자 중심 접근법의 중심 가설을 계속 검증해 나갔다(Rogers, 1961). 로저스는 1957년에 위스콘신 대학교로 자리를 옮기게 되었고, 1961년에『진정한 사람 되기(On Becoming a Person: A therapist's view of psychotherapy)』라는 저서를 통해 심리치료의 관점을 '인간 중심'쪽으로 발전시키게 되었다.

(1) 비지시적 치료

로저스는 아동학대방지협회에서 일하면서 정신분석 이론에 기초를 둔 치료법들이 실제 임상 현장에 적용되기 어렵다는 것을 알게 되었다. 왜냐하면 로저스는 심리치료 과정에서 내담자의 문제와 그 해결 방안이 상담자가 아니라 내담자 본인으로부터 나올 수 있다는 것을 깨달았기 때문이다. 그래서 그는 기존의 상담자 중심의 지시적 치료와는 다른 방법을 찾기 시작했다. 로저스는 치료과정에서 내담자들이 자신의 생각과 내면세계를 자유롭게 탐색하면서 본인의 삶에 대한 책임 의식을 발달시키도록 하는 데 초점을 두었다. 로저스는 이러한 치료과정을 통해 내담자가 자신을 더 잘 이해하고, 더욱 긍정적으로 성장하게 된다고 믿었다. 로저스는 이러한 치료 방법을 '비지시적' 상담이라고 지칭하였다. 비지시적 상담은 내담자를 치료과정의 중심에 둠으로써 상담자가 주도권을 가지고 지시하는 기존의 전통적인 치료 방법과 차별화한 것이 특징이다.

(2) 내담자 중심 치료

로저스는 1945년부터 새로운 치료법에 관심을 가지고 동료들과 함께 자신의 치료 방법을 연구하기 시작하였다. 시카고에 있을 때 로저스는 자신이 상담하게 된 한 여성 내담자로 인해서 엄청난 스트레스를 받으면서 위기를 겪게 되었는데, 그때 그는 자신의 깊은 내면과 직면하고 스스로를 치유하는 시간을 보냈다. 그 과정에서 로저스는 본인의 어린 시절부터 가지고 있던 자신에 대한 부정적인 생각으로부터 벗어나 스스로를 수용하게 되었고, 자기 자신과 더욱 친밀한 관계 안에서 자신을 사랑하고 믿는 방법을 알게 되었다. 이러한 경험을 통해서 로저스는 내담자 중심 치료를 개발하였고, 1951년에는 『내담자 중심 치료(Client-Centered Therapy)』라는 책을 출간하며 세계적인 주목을 받게 되었다.

(3) 인간중심 치료

1968년 이후 로저스는 캘리포니아로 자리를 옮겨서 '인간연구센터'를 설립하였다. 사회의 각 분야에서 인간과 주관적 경험의 본질적 가치에 대하여 깊은 관심을 가지고 있는 40여 명의 구성원이 그가 설립한 인간연구센터로 모여들었다(Thorne, 2008). 1970년대 후반부터 로저스는 집단 워크숍을 통해 자신이 만든 치료 방법을 집단에 적용해 가며 처음으로 '인간중심'이라는 용어를 썼고, 그 이후 이 치료 방법을 '인간중심 치료'라고 부르게 되었다. 1960년대와 1970년대는 로저스가 인간에 대한 이러한 생각들을 여러 유형의 사람과 함께하는 만남의 집단에 적용한 시기이다(Rogers, 1970). 그리고 그는 그러한 만남을 행정가, 소수 집단, 종족과 문화가 다른 집단, 국제적인 관계로 확산시켰다(Rogers, 1977).

2. 인간중심 심리치료

1) 인간중심적 접근법과 심리치료

로저스에 의하면, 인간은 끊임없이 성장하려고 하며 자신의 기능을 완전히 발휘하려는 경향성을 가진 존재이다. 또한 인간은 자신의 깊은 내면에 적극적인 선을 소유한 존재로서 긍정적이고 건설적인 방향으로 발전하려는 경향을 지닌 존재이다. 따라서 로저스는 인간이 가진 공격적인 충동을 통제할 필요가 없다고 주장하였다. 로저스는 인간이 때때로 비정한 살인의 감정, 이상한 충동과 반사회적 행동을 나타낸다는 사실은 인정하였으나 이런 것들마저도 인간 본성에서 우러나는 것이 아니라, 그 개인의 유기체적 경험(organismic experience)과 자아(self) 사이의 부조화에 의한 것뿐이라고 믿었던 것이다(Rogers, 1951). 이러한 믿음에 따라 로저스는 인간을 신뢰할 수 없는 존재로 보면서 우월하고 탁월한 위치에 있는 사람이 지시하고, 동기화시키고, 가르치고, 처벌 또는 보상하거나, 통제해야 할 대상으로 간주하는 전통적인 이론들에 반대하였다. 더 나아가 로저스는 심리치료에서 내담자가 상담자의 지시에 수동적으로 따르기만 할 것이 아니라, 내담자 자신의 인식능력과 결단능력을 능동적으로 사용할 수 있어야 한다고 주장하였다.

이처럼 로저스의 인간중심 심리치료는 인간에 대한 깊은 신뢰에 근거하는 인간중심적 접근법에 기초한다. 인간중심 접근법에서는 인간이 스스로 성장하려는 자기실현화 가능성을 지닌 존재로서 자신이 성장하고자 하는 방향으로 스스로 나아갈 수 있는 존재이며, 자신을 조절할 수 있고, 자신의 삶의 목표를 설정하고 행동 방향을 결정하는 능력을 지닌 존재라는 신뢰를 핵심 요소로 한다. 또한 인간중심 접근법에서는 인간이 타인에게 받아들여지고 소중히 여겨질 때 자신을 돌보는 태도가 더욱 발달한다고 가정한다. 그러므로 인간중심 접근법에서는 상담자가 전문적 권위로서 내담자를 대하는 것이 아니라 상담자와 내담자가 인간 대 인간으로 만나는 관계 속에서 내담자 스스로 자신의 긍정성을 발견하고 변화의 힘을 발휘할 수 있도록 함으로써 진정한 자기 자신이 되어 가도록 도와야 한다.

따라서 이러한 인간중심 접근법을 근거로 하는 인간중심 심리치료는 상담에 임하는 한 인간으로서의 '내담자'를 중요시하며, 내담자로 하여금 자신을 완전한 사람으로 생각하고 느끼고 탐색하도록 함으로써 자신이 가지고 있는 내적 준거의 구조를 변화시키도록 돕는다. 또한 인간중심 심리치료는 어떠한 치료 '기법'에 관심을 두기보다는 상담자의 인간적 성향, 내담자에 대한 태도 및 인생관, 그리고 내담자와의 관계에 중점을 둔다. 그런 이유로 인간중심 치료과정에서는 치료 행위나 기법보다는 상담자의 말이나 행동이 더 결정적인 요인이 된다. 만약 상담자가 내담자에게 이 기법을 의도적인 치료전략의 하나로 적용하게 되면 상담 관계는 왜곡되어 오히려 비인간화될 수 있다. 따라서 인간중심 심리치료는 이 기법을 사용하는 상담자가 인간으로서 솔직한 수용, 존경, 표현을 수행함으로써 이루어져야 하며, 치료를 위한 의도적인 행위가 되어서는 안 된다.

2) 인간중심 심리치료의 목표

로저스는 자신의 임상 경험을 통해 심리적으로 건강한 사람들이 성숙한 행동을 보인다는 점을 깨닫게 되었고, 그러한 성숙한 행동의 개념을 '현실적으로 인식하는 능력' '자신과 타인을 존중하는 능력' '타인을 자신과 다른 독특한 개체로 받아들이는 능력' '자신의 행동에 대하여 책임지는 능력' '자신의 행동에 대해 책임을 평가하는 능력' '자신의 감각에서 나온 증거에 따라 경험을 평가하는 능력' '새로운 증거가 생기면 기존의 경험에 대한 평가를 바꾸는 능력'이라고 정리하였다. 이는 로저스가 가공적인 공상의 세계에서 찾은 것이 아니라 자신의 임상 경험에서 수집된 자료에 근거하여 찾아낸 개념이며, 이후 이 개념들은 '충분히 기능하는 인간(fully functioning person)'이라는 개념에 포함되었다(Thorne, 2008). 따라서 로저스가 말하는 '충분히 기능하는 인간'이란 최대한 정확하게 내적 · 외적 실존 상태에서 자기 감각의 사용을 증진시키고, 총체로서의 자기를 인식하고, 온전한 자각을 유지하면서 자신의 모든 정보를 사용하는 사람을 말한다. 또한 복잡한 상황에서도 전체적인 유기체로서 자기의 모든 기능을 자유롭게 작동하는 사람을 말하기도 한다. 뿐만 아니라 충분히 기능하는 인간은 자신의 느낌을 두려움 없이 진실로 경험하고 수용하면서 진정한 자기 자신을 만드는 데 온전히 헌신하며, 이러한 일련의 과정에서 건강하게 사회와 관계를 맺는 사람이기도 하다(Rogers, 1961). 따라서 충분히 기능하는 인간은 그들이 처한 현실, 그리고 미래에 닥치게 될 문제들에 대해 보다 잘 대처할 수 있게 된다(Rogers, 1977). 결국 인간중심 심리치료의 목표는 심리적 장애를 가진 내담자를 충분히 기능하는 인간이 되도록 돕는 데 있다.

그러나 심리치료를 받으러 오는 대부분의 사람은 "진실로 나 자신을 어떻게 발견할 수 있을까? 내가 진실로 바라고 있는 바대로 될 수 있을까? 어떻게 나의 겉모습의 배후로 들어가 진정한 나 자신이 될 수 있을까?"와 같은 의문을 가지고 있다(Rogers, 1961). 따라서 로저스는 개인이 충분히 기능하는 인간이 되도록 도울 수 있는 환경을 제공하는 것이 중요하다고 보았고, 이를 위해서는 먼저 내담자가 현재 쓰고 있는 가면 뒤까지 도달하지 않으면 안 된다고 하였다. 로저스는 사람들이 장난이나 농담을 하면서 타인들에게 진실한 자기를 숨기려고 하고, 다른 사람을 속이려고 애쓰는 동안에 결과적으로 자기 자신으로부터도 소외되어 본래 타고난 자신과 접촉할 기회를 잃어버리게 된다고 보았기 때문이다.

그렇다면 내담자가 현재 쓰고 있는 가면 뒤까지 도달하여 마침내 자신의 가면을 벗고 나면 어떤 종류의 사람이 나타날까? 이에 대하여 로저스(Rogers, 1961)는 경험에 대해 보다 개방적이고, 자신을 신뢰하며, 자신의 내적 기준으로 자기를 평가할 수 있고, 성장을 계속하여 자기실현화를 이루려는 사람이 나타난다고 기술하였다. 이런 사람이 되었을 때 내담자는 왜곡된 자기 개념으로부터 벗어나 충분히 기능하는 사람이 될 수 있으며, 이것이 바로 로저스가 말하는 인간중심 심리치료의 기본 목표가 된다. 충분히 기능하는 사람의 특징을 구체적으로 살펴보면 다음과 같다.

(1) 경험에 대한 개방

사람은 자신이 처한 상황을 경험을 통해서 인식할 수 있으며, 새로운 방법으로 자신을 경험할 수 있는 능력을 가지고 있다. 즉, 사람의 신념은 고정된 것이 아니라 환경과 상호작용하는 경험을 통해 좀 더 나은 지식과 성장에 대한 모호성을 수용할 수 있다는 것을 뜻한다. 이러한 맥락에서 경험에 대한 개방은 현실을 왜곡시키지 않고 객관적으로 존재하는 현실을 두려움 없이 있는 그대로 인식하는 것을 말한다. 경험을 개방적으로 수용하는 사람들은 현재의 자신을 있는 그대로 인식할 수 있으며, 새롭게 자신을 구성해 나갈 수 있는 능력을 소유하게 된다. 결국 경험에 대한 개방은 자아가 외부세계에 존재하는 실체에 대하여 좀 더 잘 자각하게 되는 것을 의미한다.

(2) 자기 신뢰

인간중심 심리치료의 초기 단계에서 내담자들은 자신의 삶을 통제해 나갈 수 있는 능력이 자신 속에 내재해 있음을 신뢰하지 못하기 때문에 스스로 결정을 내리지 못하고 상담자의 충고와 답변을 기대한다. 그러나 인간중심 심리치료가 진행될수록 내담자들은 차츰 자신의 경험을 두려워하거나 왜곡시키지 않고 오히려 있는 그대로 믿고, 그 경험에 자신이 개방되어 가면서 자신에 대한 신뢰감을 형성하게 된다.

(3) 내적 근거에 의한 평가

내적 근거에 의한 평가란 삶에 대한 결정과 선택의 근거를 자신의 내부에서 찾는다는 의미이다. 인간중심 심리치료에서는 자신의 인격적 특성을 파악하는 데 있어 타인의 평가에 눈을 돌리지 않고 자기의 내면에 관심을 집중시키는 내적 근거에 의한 평가를 추구한다. 이로써 내담자가 타인의 보편적인 평가를 자신의 내적 근거에 의한 자기평가로 대체시킬 수 있는 능력을 회복하게 된다. 인간중심 치료를 통하여 자신에 대한 신뢰감을 얻게 된 사람은 자신의 구체적인 행동 기준을 결정할 때 자신을 중심에 두며, 타인의 평가보다는 스스로의 내적 가치 기준에 따라 자신의 가치를 결정함으로써 보다 자존적이고 자율적인 사람으로 성장하게 된다.

(4) 성장을 계속하려는 자발성

로저스의 인간중심 심리치료는 자기(self) 개념에 대한 전환을 요구한다. 자기 개념의 전환이란 내담자가 자기를 성장의 '결과'로 보았던 것을 성장의 '과정'으로 보도록 전환하는 것을 의미한다. 물론 심리치료의 결과가 목표를 성취한 특정 상태(마지막 산물)로 만드는 과정이라고 하더라도 내담자는 성장이라는 계속적인 과정에 놓이게 될 수밖에 없다. 즉, 내담자들은 상담하는 동안에 자신의 지각과 신념에 계속적인 도전을 받으면서 새로운 경험에 개방되지 않을 수 없게 되는 것이다. 따라서 내담자는 고정된 실체라기보다는 자기지각과 신념에 도전하는 과정적 존재이며, 새로운 경험과 전환에 대해 자신을 개방하는 존재가 되는 것이다.

이상의 네 가지 충분히 기능하는 사람의 특징은 인간중심 심리치료를 수행하는 데 필요한 구체적인 방향을 제시해 준다. 하지만 그렇다고 해서 상담자가 내담자를 위한 특정한 목표지점을 미리 정하는 것은 아니다. 왜냐하면 인간중심 심리치료의 기본 개념이 내담자가 스스로 자신의 목표를 정의하고 명료화할 수 있도록 하는 것이므로 상담자는 내담자 스스로 상담의 목표를 명확히 정의할 수 있도록 돕고, 내담자로 하여금 스스로 자신의 길을 찾게 하는 역할을 해야 하기 때문이다. 그러나 이것은 생각보다 쉽지 않다. 내담자로 하여금 자신의 내면에 귀를 기울이고 자신의 지시에 따르도록 격려해 주려면 상담자는 내담자를 신뢰하고 존중할 뿐만 아니라 있는 그대로 수용할 수 있는 용기가 필요하다. 특히 내담자가 선택한 목표가 상담자가 생각하는 목표와 다를 때는 더욱 그렇다.

지금까지 살펴본 바와 같이, 인간중심 심리치료의 초점은 내담자의 현재 문제가 아니라 인간 자체에 있다. 따라서 치료의 목표는 단순히 문제를 해결하는 것이 아니라 내담자의 성장과정을 도움으로써 그들의 자아실현을 돕는 것이다. 이 점에서 인간중심 심리치료의 목표는 정신분석의 치료목표와 다르다.

3) 상담자의 기능과 역할

　　로저스의 인간중심 심리치료에서 상담자는 독특한 존재 방식과 내담자에 대한 태도를 지닌다. 상담자는 심리치료를 위해 내담자에게 무엇인가를 하도록 시키거나, 특정한 치료기법을 수행하는 존재가 아니다. 인간중심 심리치료에서 상담자의 역할은 치료의 연속적인 과정에서 내담자의 성장을 촉진시키는 치료 분위기를 조성하는 것이다. 상담자는 협조적인 관계를 조성하여 내담자로 하여금 이제까지 인식하기를 거절했거나 왜곡시켜 온 삶의 영역을 탐구하는 데 필수적인 자유를 경험하게 해 주는 일을 한다. 그러기 위해서 가장 우선적이고 중요한 일은 상담자가 내담자와 진실한 관계를 맺는 것이다. 상담자는 편견적인 진단으로 내담자를 이해하는 대신에 순간순간의 경험에서 내담자를 만나고, 내담자의 세계로 들어감으로써 그 내담자를 도와야 한다. 상담자의 지식이나 이론, 기법보다는 상담자의 진지한 배려, 수용, 그리고 공감적인 태도를 통해 내담자를 변화시킬 수 있어야 한다. 그리하여 상담자는 내담자가 가지고 있던 방어적 태도와 고정된 인식을 버리고 개인의 기능을 좀 더 높은 수준에서 발휘할 수 있도록 돕는 진실한 동반자가 되어야 한다.

4) 내담자의 경험

　　인간중심 심리치료에서 우선적으로 주목해야 할 것은 내담자의 경험이다. 상담자의 기본적인 태도와 분위기에 따라 내담자는 심리치료 이전에 부인했던 감정들을 새롭게 성찰하고 탐색할 기회를 갖게 된다. 인간중심 심리치료에서 내담자의 경험에 대한 이해를 돕기 위해 하나의 예시를 살펴보자.

　　남편과 자녀 셋을 둔 40대 후반의 여성이 있었다. 그 여성은 자신의 직장 일과 가정에서의 자녀 양육, 그리고 시댁 및 남편과의 불화 등으로 정신적 고통을 겪고 있었다. 시간이 갈수록 해결될 줄 알았지만 오히려 이런 문제들이 더욱 심각해져 갔고, 그에 따라 별것 아닌 일에도 점차 예민해져 갔으며, 이유 없이 짜증이 나기도 하면서 남편이 원망스럽기만 했다. 그 여성이 보기에 주변 사람들이나 친구들은 자신과 달리 행복하게 잘 사는 것처럼 보였다. 이런 경우에 그 여성은 결혼해서 행복하게 살 줄 알았던 자신의 꿈이 실현 불가능한 상황이라는 것을 알게 되고, 자신이 원하는 이상적인 자기개념(ideal-self concept)과 실재적인 자기 모습(actual-self) 사이에 불일치 또는 부조화

(incongruence)가 일어나게 된다. 그렇게 되면 내담자는 자신의 불일치, 부조화로 인해 무기력과 무능력을 느끼게 되고, 마침내 스스로 결단할 수 있는 능력이나 자신의 삶을 효과적으로 관리할 만한 능력이 없다고 단정하게 될 수 있기 때문에 자신감을 잃고 불안에 빠지며, 결국 심리치료가 필요한 상태에 도달하게 된다. 즉, 내담자는 스스로 이상적 자기(self)를 상정하지만 현실적 경험을 통해 실제적 자기를 일치시킬 수 없음을 인식하게 되면서 심리적 어려움(공황)을 겪게 되는 것이다. 이런 경우에 인간중심 심리치료가 필요하다.

이 사례에서 나타나는 내담자의 심리적 상태를 몇 가지 언급해 보면 극단적으로 고정된 신념과 경직된 태도, 내적인 폐쇄, 자기 신뢰의 결여, 자신의 감정을 있는 그대로 느끼지 못하는 무감정, 자신의 내면을 드러내기 싫어함, 타인과의 친밀성에 대한 두려움, 분열, 자신의 부정적 감정과 문제들의 책임을 외부로 돌리는 것 등으로 나타날 수 있다. 이러한 심리적 상태를 가진 내담자는 치료과정에서 상담자가 분명한 대답이나 지시를 제공해 주거나, 신비한 해결 방법을 제시해 줄 것이라고 기대하기도 한다. 내담자는 상담자의 처방을 통하여 탈출구를 찾으려고 하기 때문이다.

그러나 인간중심 심리치료에서는 상담자의 수용적 분위기, 즉 안전하고 편안한 관계 속에서 내담자가 자신의 숨겨진 내면을 탐색하게 된다. 그리고 상담자의 진실함과 내담자의 감정 및 선천적인 개성을 무조건적으로 수용하고 이해하려는 태도를 통해 내담자는 점차 방어하는 위치에서 벗어나 자신의 가면 뒤에 있는 문제의 본질과 직면하게 된다. 그리고 심리치료가 계속 진행됨에 따라 내담자는 자신의 감정을 보다 넓게 탐색하게 되면서 점차 내담자 스스로 수용하거나 자신이 인정할 수 없었던 두려움, 공포, 불안, 죄의식, 수치심, 미움, 분노 등의 감정을 표현할 수 있게 된다. 내담자는 덜 위축되고, 감정을 덜 왜곡시키며, 자아에 관련된 서로 모순되고 혼동되는 감정들까지도 기꺼이 받아들일 수 있게 된다. 그리하여 내담자는 모든 경험에 더욱 개방적으로 되고, 덜 방어적으로 되며, 순간의 감정에 보다 잘 접촉하게 된다. 또한 과거에 덜 얽매이게 되고 결정론적 입장에서 벗어나며 자유롭게 결단을 내리게 되고 자신의 삶을 효율적으로 다스릴 수 있다고 믿게 된다. 결국 인간중심 심리치료에서 내담자의 경험은 자신을 심리적인 감옥에 가두었던 결정론적인 속박으로부터 벗어나게 하는 원천이다.

5) 상담자와 내담자 간의 관계

　로저스는 인간중심 심리치료를 수행하는 상담자와 내담자 간의 관계에 있어서 내담자를 변화시키기 위한 필요충분조건으로 다음과 같이 여섯 가지를 제시하였다.

　① 두 사람이 인간적인 관계를 맺는다.
　② 우리가 내담자라고 부르는 첫 번째 사람은 불일치의 상태에 있고, 상처받기 쉬우며 불안한 상태에 있다.
　③ 우리가 상담자라고 부르는 두 번째 사람은 두 사람의 관계에서 일치성이 있고 통합되어 있다.
　④ 상담자는 내담자에 대해 무조건적인 긍정적 관심을 갖는다.
　⑤ 상담자는 내담자의 내적 근거에 대하여 공감적 이해를 가지며, 이것을 내담자에게 전달하려고 노력한다.
　⑥ 상담자는 공감적 이해와 무조건적인 관심을 내담자에게 전달한다.

　로저스는 이 여섯 가지 조건이 상담자와 내담자의 관계에 존재한다면 내담자의 성격이 건설적으로 변화될 것이라고 주장했다. 이 조건들은 내담자의 유형에 따라 변하는 것이 아니고, 다른 접근법에도 적용될 수 있으며, 심리치료뿐만 아니라 개인적 관계에도 적용될 수 있다. 로저스에 의하면, 상담자는 많은 전문지식을 가질 필요가 없다. 또한 정확한 심리진단은 필요하지 않으며, 오히려 그것이 효율적인 치료를 방해하는 경우가 더 많다. 더 나아가 로저스는 이외의 어떤 다른 조건도 필요하지 않다고 가정하였다. 이러한 그의 이론은 충격적이며 급진적이라는 비판과 함께 상당한 논쟁을 일으켰다.
　그러나 로저스가 주장한 치료적 관계의 힘은 상담자와 내담자 모두에게 영향을 미친다는 점에 주목할 필요가 있다. 인간중심 심리치료에서는 치료관계를 통해 내담자뿐만 아니라 상담자도 성장하고 변화하기 때문이다. 이러한 관점에서 본다면 인간중심 심리치료에서 상담자와 내담자의 관계는 평등한 관계이다. 따라서 상담자는 치료과정에서 자신을 비밀스럽게 감추거나 신비스럽게 하려고 해서는 안 되며, 내담자는 상담자의 진실성을 경험함으로써 자신의 가면(pretense)을 벗고 자기 자신과 상담자를 진실로 만나야 한다. 또한 내담자는 상담자가 자신을 보호하고 존중해 준다는 것을 발

견함으로써 자신을 가치 있는 존재로 보아야 한다. 이러한 상담자와 내담자의 관계에
서 내담자는 자신이 모든 문제를 책임져야 한다는 것을 배우게 되고, 더 많은 자기를
이해하게 되며, 점차 더 자유롭게 된다. 또한 자유가 증대됨에 따라 내담자는 심리적
으로 보다 성숙하게 되며, 궁극적인 자기실현의 단계로 나아가게 된다.

3. 인간중심 심리치료의 핵심 기제 및 단계

1) 인간중심 심리치료의 핵심 기제[1]

인간중심 심리치료의 핵심 기제는 '진실성' '무조건적인 긍정적 존중' '공감적 이해'
이다. 이 세 가지는 상담자의 성격 특성 또는 태도의 필수요건이 된다. 세 가지 핵심
기제의 구체적인 내용은 다음과 같다.

(1) 진실성[2]

로저스에 의하면, 인간중심 심리치료에서 가장 중요한 것은 진실성(congruence)이
다. 진실성이란 상담자가 전문가의 역할로 가장하여 역할 뒤로 자신을 숨기려고 하지
않고 꾸밈없이 있는 그대로 존재하는 것을 의미한다(Thorne, 2008). 즉, 진실성은 상담
자가 자기 내면에 흐르고 있는 경험과 항상 접촉하고, 때로는 불편하고 혼란스러운 경
험의 자각도 부정하지 않으려고 애쓰는 것, 치료관계에서 일어나는 끊임없는 감정들
을 막지 않고 있는 그대로 표현하려고 노력하는 것 등이다.

따라서 인간중심 심리치료에서 진실한 상담자는 거짓이 없고 내적 경험과 외적 표
현이 일치하며, 내담자와의 관계에서 일어나는 감정이나 태도를 솔직히 표현하는 자
기개방(self-disclosure)을 할 수 있어야 한다. 예를 들어, 치료관계에서 상담자는 자기
가 좋아하는 것, 매력을 느끼는 것, 관심이 가는 것 등을 표현하기도 하고, 때로는 화
나는 것, 실패한 것, 싫증나는 것, 귀찮은 것 등과 같은 부정적인 감정도 표현하면서
자기를 개방하고 수용함으로써 내담자와 진실한 대화를 촉진시킬 수 있어야 하는 것

---

1 인간의 행동에 영향을 미치는 심리의 작용이나 원리를 의미한다.
2 로저스의 저서에 표현된 'congruence'는 조화, 일치, 진실 등으로 번역되나 여기서는 상담자와 내담자 간
   의 치료관계에 신뢰로운 분위기 형성이 중요하므로 '진실성'으로 통일하여 표현하였다.

이다. 그러나 그렇다고 해서 자신의 모든 느낌을 충동적으로 표출시키거나 짜증 나고, 화나는 원인을 내담자의 탓으로 돌려서는 안 된다. 그 이유는 상담자가 내담자에 대해 느낀 것과 다른 방향으로 행동하거나 부정적인 의사소통이 이루어지게 되면 치료에 방해가 되기 때문이다. 따라서 상담자의 자기개방은 맥락적으로 적절해야 한다.

그런데 실제 심리치료에서는 상담자가 너무 완고해서 솔직해지기 어려운 경우가 있다. 이런 경우에 상담자가 인간으로서 무엇인가를 솔직하게 표현할 수 없다면 아무리 내담자를 위한 치료관계를 공유한다고 해도 내담자와 일치될 수 없다. 그러므로 상담자는 내담자와의 만남을 방해하는 감정이 무엇인지 충분히 탐색해야 하며, 자신의 감정에 책임을 져야 한다. 인간중심 심리치료에서는 비지시적이며 진실한 인간관계의 가치를 강조하므로 상담자가 내담자를 싫어하거나 인정하지 않으면서 수용하는 것처럼 가장한다면 심리치료는 진척이 없게 될 것이다. 따라서 로저스는 내담자와의 진실한 관계를 통해 내담자의 성장뿐만 아니라, 상담자 자신의 자기완성도 실현해 나갈 수 있어야 한다고 주장하였다. 이처럼 인간중심 심리치료는 상담자와 내담자의 관계가 진실한 관계로 일치될 때 치료과정이 진전될 수 있다고 가정한다.

(2) 무조건적인 긍정적 존중

심리치료 기간 동안에 상담자는 내담자를 진실하게 돌보아야 한다. 여기에서 진실하게 돌본다는 것은 내담자의 감정이나 생각, 행위를 '좋고' '나쁨'으로 평가하고, 판단한 결과에 의해 영향을 받지 않는다는 점에서 무조건적인 돌봄을 의미한다. 즉, 진실한 돌봄이란 상담자가 내담자를 수용함에 있어서 '나는 당신이 ~ 한다면 받아들이겠다'는 태도가 아니라, '나는 당신을 있는 그대로 받아들이겠다'는 무조건적인 수용(acceptance)의 태도로 어떤 조건 없이 무조건적으로 존중하고 따뜻하게 대하는 것을 말한다.

로저스는 "만약 상담자와 내담자의 관계 속에 이런 요소들[무조건적 긍정적 존중(unconditional positive regard), 수용]이 상당히, 그리고 자주 존재하지 않는다면 내담자의 건설적인 변화는 일어나기 어렵다"고 주장하였다. 이러한 주장은 상담자가 내담자를 존경하지 않거나 싫어하는, 또는 혐오하는 경우에 치료에서 좋은 결과를 얻을 수 없다는 것을 의미한다. 왜냐하면 상담자의 존중이나 관심이 부족하다는 것을 느끼는 내담자는 점점 방어적이 될 것이기 때문이다.

따라서 상담자는 내담자를 있는 그대로 존중한다고 말해 줌으로써 거부당하거나 존중받지 못할 것이라는 내담자의 걱정을 덜어 주어야 한다. 이는 내담자가 관계적 불안함이 없이 자유롭게 자신의 감정과 경험을 탐색하고 표현할 수 있도록 돕기 위함이다. 특히 방어적이고, 공격적이며, 유약하여 상처 받기 쉬워서 갈등을 겪는 내담자들의 경우 그들이 성장하기 위한 잠재력을 자신의 내면에서 찾아내도록 도와주기 위해서는 무조건적 긍정적 존중이 더욱 중요하게 요구된다. 이런 의미에서 무조건적인 긍정적 존중이란 내담자의 생각, 느낌, 또는 행동에 대하여 어떤 판단이나 평가도 내리지 않는 순수한 치료자의 돌봄을 의미한다(Thorne, 2008).

(3) 공감적 이해

인간중심 심리치료의 목표 중 하나는 치료 기간 중에 나타나는 내담자의 경험과 감정을 민감하고 정확하게 이해하는 것이다. 상담자는 내담자의 주관적인 경험, 특히 '지금-여기(here-now)'의 경험을 이해하기 위해 노력해야 한다. 그리고 그런 이해를 하기 위해서는 어떠한 두려움 없이 내담자의 사적인 지각 세계에 들어가 온전하게 대화를 나눌 수 있는 상담자의 의지와 능력이 요구된다(Thorne, 2008). 이러한 능력을 로저스는 공감적 이해(empathic understanding)라고 했다.

로저스의 공감적 이해는 '나는 당신의 문제가 무엇인지 이해한다'는 식의 단순한 객관적인 지식에 근거하여 내담자를 이해하는 것을 의미하는 것이 아니다. 그것은 내담자의 주관적 세계를 깊이 있게 이해함으로써 내담자와 인격적으로 일체감을 이루는 것이다. 공감에 대한 로저스의 생각은 다음과 같다.

> 공감은 그것이 고통, 분노, 아픔, 혼란 그 무엇이든지 간에 타인의 내면에서 일어나고 있는 느낌의 변화에 순간순간 민감해지는 것을 말한다. 그것은 내담자의 삶 속에서 판단은 내리지 않고 세심하게 따르면서 내담자가 가까스로 인식하는 것의 의미를 감지하면서, 하지만 그 사람이 전혀 인식하지 못하는 감정은 들춰 내지 않으면서 일시적으로 사는 것을 의미한다 …〈중략〉… 내담자의 내면세계 안에서 당신은 그 사람에게 믿을 만한 동반자인 것이다(Rogers, 1980: 142).

결국 로저스가 말하는 공감적 이해는 상담자가 자신을 유지하면서도 내담자의 감정에 몰입되어 마치 자신이 내담자인 것처럼 내담자의 감정을 느끼는 심리적 동반자가 되는 것을 의미한다. 따라서 상담자는 내담자가 경험하는 세계 속으로 들어가서 자신의 감정을 내담자의 감정에 일치시킴으로써 내담자의 주관적 세계를 온전히 이해하도록 노력해야 한다. 그 결과 정확한 공감적 이해에 도달하게 되면 상담자는 내담자가 경험 속에서 미처 느끼지 못했던 감정까지도 인지할 수 있게 된다. 그리하여 상담자는 내담자가 아직 희미하게 감지하고 있는 경험의 의미를 명확히 해 줄 수 있을 뿐만 아니라 내담자가 부분적으로 인식했던 감정의 자각을 확산시킬 수 있도록 도울 수 있다. 따라서 상담자의 공감적 이해의 정도가 클수록 내담자의 치료가 진전될 수 있는 기회는 더욱 커진다.

이렇게 되었을 때 상담자의 공감은 단순히 내담자의 감정을 반영하는 것 그 이상의 것이 되며, 상담자가 공식처럼 사용하는 인위적인 기법 그 이상의 것이 되는 것이다. 결국 공감적 이해의 목적은 내담자가 자신을 더욱 내밀하게 탐색하고 자기의 감정을 더 깊이, 그리고 더 강렬하게 체험하게 함으로써 내담자의 내부에 존재하는 불일치성과 부조화를 인식하고 해소시키도록 돕는 것이다. 그러나 이때 상담자는 자신의 정체성이 분리되지 않도록 주의해야 한다. 로저스는 상담자가 자신의 정체감(identity)의 분리 없이 내담자가 현재 보고 느끼는 주관적인 세계를 파악할 때 내담자의 건설적 변화가 일어난다고 설명했다.

2) 인간중심 심리치료의 단계

로저스의 저서들에서 인간중심 심리치료의 단계는 시기에 따라 각기 다르게 제시되었다.[3] 여기서는 1961년의 저서 『인간으로서의 성장에 관하여(On Becoming a Person: A Therapist's View of Psychotherapy)』에 나타난 심리치료의 단계를 요약하였다.[4]

① 제1단계: 경직된 경험의 상태에 있는 개인은 자발적으로 심리치료에 참여하기가 어렵다. 이 단계에서의 대화는 피상적이며, 내담자는 자신에 대한 이야기를 기꺼이 할 수 없다.

3　로저스의 저서 중 『상담과 심리치료(Counseling and Psychotherapy)』(1942), 『내담자중심치료: 현재의 실천, 의미, 그리고 이론(Client-centered Therapy: Its Current Practice, Implications, and Theory)』(1951), 『인간되기에 대하여: 심리치료에 대한 상담자의 견해(On Becoming a Person: A Therapist's View of Psychotherapy)』(1961) 등에서 심리치료의 단계적 기법이 약간씩 다르게 기술되어 있다.

4　자세한 내용은 정정숙(1994: 236-237)을 참조하길 바란다.

② 제2단계: 내담자가 자신이 충분히 수용되고 있음을 경험하게 되면 가끔 자신의 감정들을 표현하기도 하는 단계에 이른다. 그러나 그 감정들이 아직은 과거의 객관적 경험의 하나로 묘사된다.

③ 제3단계: 내담자가 약간 느슨해지고 유동적이 된 태도의 변화가 방해받지 않고, 계속 자신이 있는 그대로 수용되고 있다고 느끼게 되면 제3단계에서는 보다 많은 감정과 사적인 표현을 하게 된다. 그러나 내담자 자신이 느끼는 경험이나 감정을 표현하는 것이 아니고, 하나의 객체로서의 자기와 관련된 경험들을 표현한다.

④ 제4단계: 여러 가지 경험을 가지고 있는 내담자가 여전히 있는 그대로의 자신이 수용되고 이해되고 있다고 느끼게 되면 보다 자유로운 감정의 흐름이 가능해진다. 그래서 전에는 부인하던 감정들이 그대로 표현된다. 제4단계에서는 아직 내담자가 표현에 두려움이 있고, 또 문제에 대한 자기책임 의식이 약간씩 나타나기도 한다.

⑤ 제5단계: 내담자가 자신이 있는 그대로 수용되고 있다고 느낄 때, 내담자의 유기체적 유동성의 자유가 증가된다. 따라서 제5단계에서는 감정들이 지금 현재의 느낌 그대로 표현된다.

⑥ 제6단계: 이 단계는 지금까지의 단계와는 구별되는데, 내담자가 전 단계까지 부인했던 자신의 감정들을 이 단계에서는 현재의 감정들로 즉각적으로 수용한다. 이제까지의 객체로서의 자아가 사라지고 현실적 자아가 되어 내담자 자신의 문제를 주체적으로 대처해 갈 수 있게 된다.

⑦ 제7단계: 이 단계는 내담자가 상담자의 도움을 필요로 하지 않는 단계이다. 내담자는 심리치료 장면뿐 아니라 다른 곳에서도 새로운 감정을 즉시 그리고 충분히 경험하게 된다. 따라서 이러한 경험이 내담자 행동의 분명한 준거가 된다. 또한 자아와 유기체의 경험들 사이의 불일치성이 최소화되고 일시적이 된다. 그리하여 내담자 개인은 자유를 경험하며

충분히 기능하는 인간으로 성장하게 된다.

이상과 같은 인간중심 심리치료 단계는, 첫째, 인간중심 심리치료의 과정이나 문제 해결에 대한 내담자의 책임과 주체성을 강조하고, 둘째, 인간중심 심리치료과정에서 수용적인 관계가 부각되고 있어 상담자가 내담자를 있는 그대로 수용할 때 내담자도 자신을 수용할 수 있고 개방적일 수 있다는 원리를 시사하며, 셋째, 인간적인 심리치료 단계에서의 수용적인 분위기는 내담자로 하여금 자신을 자유스럽게 표현할 수 있게 하고 문제 해결책을 스스로 찾게 만들어 준다는 특징을 보여 준다(이형득, 1992).

4. 인간중심 심리치료의 사례[5]

로저스의 인간중심 심리치료에서 이론적이고 치료적인 목표에 대한 일관성은 분명하다. 그는 내담자에 대한 무조건적인 존중과 더불어 끊임없이 내담자의 경험을 수용하고 소통하고자 노력했다. 파버(Faber), 브링크(Brink), 라스킨(Raskin)이 공동 저술한『칼 로저스의 심리치료 사례와 해설(The Psychotherapy of Carl Rogers: Cases and Commentary)』(1996)에는 로저스의 인간중심 심리치료 사례 10건에 대한 녹취와 해설이 들어 있다. 이 중 로저스의 치료과정과 내담자의 변화가 가장 잘 드러난 사례를 한 가지 소개하면 다음과 같다.

1) 사례 개관

로저스의 내담자 브라운은 고등학교 교육을 받았고, 일부 대학 과정을 이수했으나 '정신분열병적 반응, 단순형'으로 진단받은 입원환자였다. 로저스가 연구 프로젝트의 일환으로 브라운을 처음 보았을 때, 브라운은 스물여덟 살이었고 세 번째 입원 상태였다. 로저스가 그를 만나기 시작했을 때, 그는 19개월째 병원에 있었고, 그와의 인터뷰는 11개월 동안 기록되었다. 다음의 두 회기 치료과정은 로저스의 치료과정과 브라운의 변화를 잘 보여 준다.

---

5 Faber, Brink, Raskin(1996)이 정리한 로저스의 상담사례를 인용하여 재구성하였다.

2) 회기별 내용

(1) 첫 번째 회기

로저스: 오늘 아침 매우 화가 나 보이는데 내 착각인가요? 피곤해 보이네요.

브라운: (침묵 후) 단지 비참할 뿐이에요.

로저스: (배려하면서) 내가 단지 막대기처럼 여기 앉아 있는 건 아니에요. (이야기
　　　　해 보세요)

브라운: '쓸모 없다'는 지인의 말을 들었어요.

로저스: '쓸모 없다'는 지인의 말을 듣고 상처를 많이 받았군요.

브라운: (눈물을 흘리며) 나는 신경 쓰지 않아요.

로저스: 당신 스스로 아무것도 신경 쓰지 않는다고 말했지만 울고 있는 것도 당신
　　　　의 일부이기 때문에, 나는 당신이 어떤 부분에서는 신경 쓰고 있다고 생각
　　　　돼요. (19초의 침묵)…… 내가 짐작하기에 당신은 '사람들이 나를 싫어한다
　　　　고 느낄 때 나는 내 평생 받아 본 적이 없는 충격을 받았어요. 여기에 있는
　　　　누군가에게 애착을 느끼기 시작했다고 여겼는데, 지금 그는 나를 좋아하지
　　　　않아요. 그러나 눈물이 흐를 뿐이에요.'라고 느끼는 것 같군요. (반영)

브라운: 눈물을 흘림.

로저스: 정말로 상처를 받았군요. (26초 동안의 침묵)…… 그 느낌을 알았기 때문
　　　　에 울고 또 우는 것이겠죠. (반영, 공감)

브라운: 아니요. 단지 비참할 뿐이에요. 나는 도움을 받을 수 없다고 생각해요.

로저스: 도움을 받을 수 없다고 느끼는군요. 당신은 완전히 스스로에 대해 무력감
　　　　을 느끼는군요. (언어 이면의 깊은 감정에 대한 적극적 이해)

　　　　　　　　　　　　　……〈중략〉……

로저스: 나는 이곳에 있으면서 당신에게 도움이 되려고 노력할 거예요.

(2) 두 번째 회기

로저스: '자신 안으로 깊이 있게 들어가 감정 속으로 몰입하도록' 자신을 수용해
　　　　보세요.

브라운: (로저스의 말을 무시함) 나는 떠나고 싶어요.

로저스: 당신은 떠나고 싶은 건가요? 정말 여기에서 벗어나고 싶은가요? (반영)

브라운: 네.

로저스: '멀리 쫓겨서 죽기를 바라는 상처 입은 동물' 같군요. (은유) 그 친구가 말했던 것이 여전히 진실인지 궁금하지 않을 수 없네요. 그것('쓸모없다'는 지인의 말)이 여전히 당신을 끔찍하게 느끼게 하고 있나요?

브라운: 맞아요.

······〈중략〉······

로저스: 오늘은 당신이 손으로 얼굴을 가리지 않아서 당신을 좀 더 볼 수 있어서 기분이 좋아요. 나는 당신이 손 뒤로 숨는다는 느낌이 들지 않네요. (진실한 의견)

······〈중략〉······

로저스: 나는 당신이 누군가에게 좋지 않게 생각된다는 느낌에 대해 아주 잘 이해할 수 있어요. 왜냐하면 나도 그렇게 느낀 적이 있었기 때문이에요. 이 시간이 매우 힘들 수 있다는 것을 알아요. (공감적 이해, 로저스는 "그와 경험을 나눔으로써 그가 혼자가 아니라는 것을 알려 주고 싶었다."라고 적었음)

로저스: 음…… 당신은 스스로를 진심으로 좋아하지 않기 때문에 떠나고 싶었던 것이군요. 나는 당신이 스스로를 돌보지 않는다는 것을 알아요. 하지만 내가 당신을 신경 쓰고 있다는 것을 알았으면 해요. 당신에게 무슨 일이 일어나는지도 신경을 쓰고 있어요.

브라운: 눈물을 터트리며 알 수 없는 눈물을 흘림. (로저스는 이 부분을 치료의 전환점으로 보았음)

로저스: (10~15분간 침묵)

3) 정리

로저스의 심리치료에서 브라운의 변화는 두 단계로 나타났다. 첫째, 그는 병원을 떠날 수 있었으며, 자기효능감과 독립심이 커지고, 유능하게 분별력 있는 수준에서 기능하며, 행복하고, 친구들과도 상호작용을 하게 되었다. 둘째, 자신을 '고집스럽고, 억울하며, 학대 당하고, 가치가 없으며, 쓸모없고, 무력하며, 사랑받지 못하는' 사람으로 인식했던 브라운의 관점이 변화되어 더 이상 자신을 그런 사람으로 생각하지 않도록 변화되었다(Rogers, 1967: 411).

앞에서 언급했듯이, 이 회기에서 로저스의 이론적이고 치료적인 목표에 대한 일관성은 분명하다. 그는 내담자에 대한 무조건적인 존중과 더불어 끊임없이 내담자에 대한 준거 틀을 경험하기 위해 노력하고 소통하려고 했으며, 긴 침묵으로 자신을 억제하고 부정적인 반응을 하는 브라운을 이해하기 위해 지속적으로 노력했다. 또한 로저스는 브라운에게 돈을 빌려 주면서까지 한 인간으로서 내담자에 대한 헌신을 보여 주었고, 브라운과의 관계에서 자신의 감정을 '있는 그대로' 표현하기 위해 노력했다. 비록 로저스는 간혹 그의 강렬한 느낌에 대해 표현하도록 강요하기도 했지만 보통 내담자의 방향성과 독특한 존재 방식을 따라가려는 이론적 자세를 유지했다. 그는 이런 감정을 '주된 관심, 친절함, 연민, 이해에 대한 열망, 나 자신의 것 중 무엇인가를 공유하기 바람, 절망적인 체험에서 다시 일어서려는 열망'과 같은 것이라고 생각했다(Ibid., 403). 로저스는 "지금 이 순간에 한 사람으로 있으면서 브라운과의 관계 속에서 함께하는 것"을 원했다(Ibid., 402).

마지막으로 로저스는 이 두 회기가 브라운의 치료뿐만 아니라 상담자의 성장에서도 특히 중요한 부분이 있었다고 믿었다. 그는 이 회기들이 치료에서 상담자 자신의 성장을 가져온 좋은 예라고 생각했다. 로저스가 다른 인간중심 상담자들에게 "상담자에게 진전이 있었다면 어떤 것이 있었는가?" "상담자는 어떤 점에서 도움이 되었는가?" "상담자는 어떤 면에서 도움이 되지 않았는가?"와 같은 질문을 받았을 때 그는 "나는 한 사람으로서 그에 대해 따뜻하고 자발적인 배려를 느꼈고, 이것을 여러 방법으로 표현했어요. 하지만 브라운이 절망했던 그 순간에 난 가장 깊이 있게 느꼈어요. 우리는 두 명의 진정한 그리고 진실된 사람으로 교감하고 있었어요(Ibid., 411)."라고 응답하였다.

5. 요약과 평가

1) 요약

현상학에서 사람은 자신의 실재(reality)에 대한 지각에 의해 자신을 구성한다고 본다. 이러한 철학적 관점으로부터 로저스는 누구나 자기가 인지하는 실재에서 자기실현에 대한 동기를 부여받는다는 점에 주목하였다. 로저스는 인간중심적 접근을 통해 내담자를 '자신의 불행, 두려움, 부정적 감정의 원인을 이해할 수 있는 능력을 가진 존재' '자기지시적이고 건설적인 인간으로 변화하려는 능력을 가진 존재'로 가정하였다. 이러한 가정에 따르면, 진실성(일치성)을 가진 상담자가 내담자와 함께 따뜻함, 수용, 공감적 이해로 특징지을 수 있는 관계를 만들어 갈 때 내담자에게는 개인적 변화가 일어나게 될 것이다.

따라서 인간중심 심리치료는 상담자와 내담자의 인간적인 관계를 강조한다. 인간적인 관계란 내담자가 경직된 자기방어를 지양하고, 그동안 부정하고 왜곡해 왔던 자기개념을 통합하여 받아들인, 안정성과 수용의 관계로서의 '나와 너' '인간 대 인간'의 관계이다. 인간중심 심리치료에서는 이러한 관계가 기법이나 지식, 그리고 이론보다 더 중시된다. 만약 상담자가 내담자에게 '진실성(일치성)이 있는 사람'이고, '내담자의 감정과 인간성을 따뜻하게 무조건적으로 수용하는 사람'이며, '내담자가 지각하는 대로 내담자의 내적 세계를 예민하고 정확하게 인지할 수 있는 사람'이라고 느끼게 되면 내담자는 그의 잠재적 성장능력을 방해하는 것으로부터 해방되어 충분히 기능하는 사람으로 변화해 갈 것이다.

또한 인간중심 심리치료에서 인간은 자기실현에 관한 내적 욕구를 지닌다. 따라서 인간중심 심리치료에서는 치료의 방향에 대한 내담자의 책임성을 강조한다. 상담자는 계속 내담자에게 행동과 결정에 대한 책임을 부과하기 때문에 내담자는 결국 자신의 능력으로 행동이나 결정에 직면하게 된다. 인간중심 심리치료의 목표는 내담자로 하여금 경험에 보다 개방적으로 되고, 자기 신뢰감을 가지면서 내적 기준에 의한 평가를 발달시키고, 기꺼이 계속적인 성장을 하려는 존재가 되도록 돕는 것이기 때문이다.

2) 인간중심 심리치료의 공헌

로저스의 인간중심 심리치료는 전통적인 심리치료 접근 방식을 거부하면서 인간 발달에 관한 모호한 관점을 제공하였다는 비난을 받기도 했다. 그러나 전적으로 임상 경험에 바탕을 둔 로저스의 인간중심 심리치료는 분명할 뿐 아니라 오히려 호소력이 있다. 여기서는 인간중심 심리치료의 공헌을 상담심리학 분야에 대한 이론적 공헌과 심리치료 분야에서의 실제적 공헌으로 구분하여 정리하였다.

(1) 이론적 공헌

인간중심 심리치료의 이론적 공헌은 심리치료에 대한 이론적 지식, 즉 개인의 변화에 관계된 핵심 조건들을 임상적으로 검증해 왔다는 것이다. 로저스는 그런 검증을 통해 새로운 지식을 획득함으로써 기존의 심리치료 이론과 방법을 수정해 왔다고 말할 수 있다. 로저스를 비판하는 학계에서도 그가 심리치료와 상담 결과에 대해 광범위한 연구를 스스로 지속적으로 진행한 점과 다른 상담자 및 연구자들에게도 시도하도록 격려한 것에 대해 인정하였다. 이러한 노력의 결과 인간중심 심리치료의 핵심 기제들은 직선적이고 명료해서 이해하기 쉽게 되었고, 핵심 기제를 기반으로 하는 치료 기법들은 다양한 인간관계 및 조언을 제공하는 일반적인 분야에도 적용할 수 있게 되었다. 또한 수준 높은 상담심리학 이론을 습득하지 않은 상담자들도 인간중심 심리치료의 핵심 기제인 진실성, 무조건적인 긍정적 존중, 공감적 이해 등을 개인적으로나 직업적 측면에서 활용하는 것이 가능하게 되었다.

이처럼 로저스의 인간중심적 접근법과 심리치료 이론은 비록 많은 논쟁이 일고 있지만 로저스가 상담자나 이론가들에게 자신의 치료기법과 상담자의 신념을 검토하도록 요청하였다는 점에서 그의 업적은 높이 평가되고 있다.

(2) 실제적 공헌

인간중심 심리치료에서 내담자는 상담자가 자신의 말에 귀를 기울여 들어 주고 있다고 생각하게 된다. 그래서 점차적으로 내담자는 자신의 고유한 특성에 따라 자신의 감정을 표현하게 될 것이다. 이러한 접근법은 상담을 통한 심리치료에 있어서 내담자의 주관적 세계를 이해할 수 있게 하는 인간중심적 기초를 제공하였고, 내담자의 말을 경청하게 하는 기회를 제공한 것으로 평가된다.

또한 인간중심 심리치료에서는 내담자 자신이 평가되거나 판단되지 않을 것이라는 사실을 알게 되기 때문에 본래의 자기 자신이 될 수 있고, 새로운 행위를 자유롭게 시도해 볼 수 있다. 내담자는 자신에 대해 책임을 질 것이고, 치료(상담)의 진행 속도를 결정할 수 있게 되며, 자신을 변화시키려는 목표를 기초로 하여 탐색하고 싶은 영역을 결정할 수 있다. 이러한 점에서 인간중심 심리치료는 상담자가 꿈을 분석하여 무의식의 영역을 검토 및 해석하고 내담자의 상태를 진단, 처방, 지시함으로써 특정한 상태로 변화시키려고 했던 지시적 치료모형보다 안전하고 무난하다. 따라서 인간중심 심리치료는 정신적 병리, 심리적 트라우마 등에 대한 치료, 회복에 익숙하지 못한 내담자들에게 심리적인 해를 끼치지 않고 치료받을 수 있는 기회를 보장해 준다.

뿐만 아니라 인간중심 심리치료는 상담자에 의한 적극적인 경청과 내담자에 대한 존중, 내담자의 내적 준거 체제 이해를 통하여 내담자와 대화하고 의미를 해석하는 내담자 중심 접근법이다. 따라서 상담자는 내담자의 경험과 감정을 반영하고 느낀 점을 진실하게 전달하는 방식으로 내담자 스스로 자신의 능력을 통합하여 해결책을 발견하도록 격려하고 도울 수 있다.

마지막으로 인간중심 심리치료에서 상담자는 내담자에게 즉각적이고 특별한 피드백을 제공한다. 상담자는 내담자의 깊숙한 감정을 반영하는 거울과 같은 역할을 함으로써 내담자가 전에는 인식하지 못했거나 혹은 단지 부분적으로 인식했던 자기 자신에 대해 더욱 선명하게 알게 되고 더 깊은 의미를 얻게 된다.

이와 같이 인간중심 심리치료는 모든 단계에서 내담자가 중심이 되는 방식으로서 기존의 상담자 중심의 심리치료 접근 방식에 코페르니쿠스적 전환을 가져왔다는 점에서 심리치료 분야에 대한 실제적 공헌이 있다고 할 수 있다.

3) 인간중심 심리치료의 한계

인간중심 심리치료가 가지는 한계는 첫째, 상담자 자신의 인간성과 전문성을 잃기 쉽다는 점이다. 즉, 인간중심 심리치료는 상담자가 내담자의 문제를 자신의 전문성에 기초하여 관찰하지 않도록 제한받음으로써 이론과 임상 경험을 바탕으로 하는 전문적인 시각에서 내담자 문제 해결에 도전하기보다는 단지 내담자를 돕는 태도를 취하는 데 그칠 수 있다. 비록 인간중심 심리치료에서 적극적으로 경청하고 이해한 것을 전달하는 것이 중요하다고 하더라도 심리치료는 이런 것들 이상의 전문적 조력이 필요하다. 물론 경청과 반영은 심리치료에서도 매우 중요한 치료 기법이지만 치료 자체와 혼동해서는 안 된다. 상담자가 지나치게 수동적인 태도로 자신의 주체성과 전문성을 발휘하지 않는다면 내담자를 편안하게 할 수 있을지는 몰라도 긍정적 변화를 촉진하기에는 부족할 수 있다. 결론적으로 인간중심 심리치료에서 상담자는 자신의 능력과 가치를 제한하면서 내담자에게 집중하게 되기 때문에 상담자의 전문적 조력이 내담자에게 영향이나 효과를 미치지 못하게 될 수도 있다는 점에 유의해야 한다. 따라서 상담자는 내담자의 욕구와 목적을 부각시킴과 동시에 자신의 전문적 능력을 자유롭게 사용할 수 있어야 한다. 따라서 상담자는 내담자에게 진실되게 자신의 의견을 제시해야 한다.

둘째, 상담자가 인간중심 심리치료의 핵심 기제를 확고한 신념으로 받아들여서 모든 심리치료에 적용하려는 경향이 생길 수 있다. 이는 모든 심리치료에 인간중심 심리치료 기법들만을 적용함으로써 상담자의 역할을 내담자의 감정 반영과 공감적 이해만으로 제한하는 것을 의미한다. 이것은 인간중심 심리치료의 기본 개념을 제한적으로 이해하였거나 또는 제대로 이해하지 못한 것이다. 어떤 면에서 인간중심 심리치료 기법들이 치료 관계를 시작하는 데 좋은 도구가 될 수도 있다. 그러나 치료 관계에서 상담자와 내담자 간의 신뢰감이 성립되지 않으면 존경의 태도, 돌봄, 수용, 온정 등이 형성되지 못하여 치료 단계가 진전되지 않을 것이다. 따라서 인간중심 심리치료가 단지 경청이나 반영 기법 이상의 것을 필요로 하며, 치료과정에서 다른 무엇보다 상담자의 진실성이 중요하다는 점을 명심해야 한다.

또한 모든 심리치료에 인간중심 심리치료 기법을 적용하고 다른 기법은 제한하는 것은 문제가 있다. 때로는 내담자가 가지고 있는 문제의 성격과 유형에 따라 지시적 치료 기법에 대한 지식이 요구되기도 하기 때문이다. 따라서 인간중심 심리치료의 효과를 높이기 위해서는 다양한 심리치료 기법을 절충하는 방법을 고려해야 한다. 정신분석 기법을 포함하여 게슈탈트 기법, 교류분석, 인지행동치료, 합리적 · 정서적 치료, 그리고 현실치료 등의 기법과 절차를 통합시켜서 임상에 적용할 필요가 있다.

ⓐ 연습 과제

1) 여러분은 심한 불안을 느낀 적이 있나요? 그럴 때 자신이 겪고 있는 불안의 원인을 스스로 탐색할 수 있나요?

2) 여러분은 스스로 로저스가 말한 '충분히 기능하는 인간'이라고 생각하나요? 아니라면 여러분 자신이 '충분히 기능하는 인간'이 되기 위해 어떻게 해야 하나요?

3) 여러분이 로저스의 인간중심 심리치료 기법으로 비지시적 상담을 한다면 어떻게 진행해 나갈 수 있을지 구체화해 보세요.

🎙 주관식 문제

1) 로저스의 인간중심 심리치료의 특징인 비지시적 상담을 설명하세요.

2) 로저스의 인간중심 심리치료의 목표인 '충분히 기능하는 인간'의 개념을 설명하세요.

3) 로저스의 인간중심 심리치료에서 가장 중요한 세 가지 핵심 기제를 설명하세요.

4) 로저스의 인간중심 심리치료에서 상담자의 역할을 설명하세요.

📋 참고문헌

이형득(1992). 상담의 이론적 접근. 서울: 형설출판사.

정정숙(1994). 기독교 상담학. 서울: 베다니.

Boring, E., & Lindzen, G. (1967). Carl Rogers. *A History of Psychology in Autobiography, 5*, 351.

Faber, B. A., Brink, D. C., & Raskin, P. M. (2017). 칼 로저스의 심리치료 사례와 해설(*The psychotherapy of Carl Rogers: Cases and commentary*). (주은선 역). 서울: 학지사. (원저는 1996년에 출판).

Rogers, C. (2009). 칼 로저스 상담의 원리와 실제: 진정한 사람되기(*On becoming a person: A therapist's view of psychotherapy*). (주은선 역). 서울: 학지사. (원저는 1961년에 출판).

Rogers, C. (1998). 칼 로저스의 카운슬링의 이론과 실제(*Counseling and Psychotherapy*). (한승호, 한성열 역). 서울: 학지사. (원저는 1942년에 출판).

Rogers, C. (1951). *Client-centered Therapy: Its Current Practice, Implications, and Theory*. New York: Houghton Mifflin.

Rogers, C. (1967). *The Therapeutic Relationship and It's Impact: A study of Psychotherapy with Schizophrenics*. Madson: University of winsconsin Press.

Rogers, C. (1970). *Carl Rogers on Encounter Groups*. New York: Harper & Row.

Rogers, C. (1977). *On Personal Power: Inner Strength and Its Revolutionary Impact*. New York: Delacorte.

Rogers, C. (1980). Client-centered Psychotherapy. In H. Kaplan, B. Sadock, & A. Freedman (Eds.), *Comprehensive text-book of psychiatry* (Vol. Ⅲ, pp. 2153-2168). Baltimore: Williams & Wilkins.

Thorne, B. (2008). 인간중심치료의 창시자 칼 로저스(*Carl Rogers*). (이영희, 박외숙, 고향자 공역). 서울: 학지사. (원저는 1992년에 출판).

동기강화상담

5장

동기강화상담(Motivational Interviewing)은 1980년대 초에 윌리엄 밀러(William Miller)와 스티븐 롤닉(Stephen Rollnick)에 의해 개발된 심리사회적·내담자 중심적·인본주의적 상담 접근이다. 또한 동기강화상담은 '변화에 대한 대화'라고도 말할 수 있다. 즉, 상담전문가, 사회복지사, 교사, 의사 등 변화를 돕고자 하는 모든 사람에게 유용할 수 있다(Rollnick, Miller, & Butler, 2008). 이러한 동기강화상담은 기본적으로 인간중심 심리치료의 정신에 뿌리를 내리고 있기에 이와 여러 가지 면에서 유사하고, 전통적인 인간중심 접근의 확장이라고도 할 수 있다.

동기강화상담은 방향성이 있다는 점에서 어느 정도 지시적이며, 내담자의 자기 책임과 더불어 문제 행동의 해결을 위한 내담자의 협력을 중시하며, 변화 과정에서의 교착 상태를 다룰 수 있는 다양한 방법을 내담자와 함께 강구한다. 이와 같이 동기강화상담의 접근 방식은 내담자의 역량, 능력, 자원, 강점을 신뢰하고 내담자의 긍정적이고 건강한 변화에 대한 기대를 전제로 한다. 음주문제에 개입하기 위해 개발된 초기의 목적에서 확장되어 오늘날에는 약물 및 도박 중독, 섭식장애, 우울, 불안장애, 자살 등 다양한 임상 현장에서 사용되고 있다(Arkowitz & Miller, 2008; Arkowitz & Westra, 2009).

변화는 누구에게나 쉽지 않다. 그렇기에 변화를 위한 대화 역시 결코 쉽지 않으며, 이는 변화를 도우려는 사람과의 가치 차이, 개인이 원하는 변화 속도와 실제 변화 속도의 차이 등 여러 방해요인 때문일 수 있다. 이번 장에서 알아보게 될 동기강화상담은 이러한 어려움을 겪고 있는 내담자들에게, 그리고 변화를 돕고자 하는 사람들에게 변화를 방해하는 요인들을 분석하고, 변화를 만들 수 있도록 하는 방법을 찾는 데 도움을 줄 수 있을 것이다.

1. 창시자와 이론의 발달

윌리엄 밀러는 동기강화상담의 창시자로서 내담자 중심 상담에서의 치료적 동맹관계를 토대로 이론을 구성했다. 그는 1976년에 오레건 대학에서 임상심리학 박사학위를 받은 후 뉴멕시코 대학 교수로 재직하였고, 2006년에 교수직에서 은퇴하여 심리학과 정신의학 명예교수에 임명되었다. 1980년대 당시 미국의 중독치료 장면에서는 주로 권위주의적이고 직면적인 접근 방법을 사용한 상담이 진행되었으나, 밀러는 이러한 방법 대신에 로저스(Rogers)의 인간중심 심리치료의 초기 버전인 내담자 중심 상담에서의 치료적 동맹관계를 자신의 상담 장면에 적용하였다.

1980년대에는 변화의 과정과 단계(전숙고, 숙고, 준비, 실행, 유지)를 설명하는 초이론적 모델(Transtheoretical model: TTM; Prochaska & DiClemente, 1983)이 발전하며 관심을 끌고 있었다. 대부분의 인지행동치료는 변화단계로 보자면 실행단계에 해당하는, 즉 이미 변화 준비가 되어 있는 내담자에 맞게 고안되어 있었다. 밀러는 그보다 앞선 단계인 전숙고단계, 숙고단계, 준비단계에 있는 내담자들에게 제공할 상담 도구의 필요성을 인식하고 동기에 관한 문헌 조사 및 음주 치료에서 동기의 영향과 동기강화상담의 효과 등에 대한 연구를 진행하였다.

1989년 밀러는 안식년을 맞이하여 호주 국립 약물 및 알코올연구센터의 초대를 받아 호주를 방문하였고, 당시 단기 개입과 관련된 연구로 웨일스에서 온 스티븐 롤닉을 만나게 되었다. 롤닉은 밀러가 1983년에 쓴 동기강화상담에 관한 논문을 읽고 그와 동일한 마음과 정신으로 상담을 하고 있었으며, 상담자들에게 이를 가르치기 위한 효과적인 방법들 또한 개발하고 있던 터였다. 두 사람은 함께 동기강화상담에 대한 글을 쓰기로 결정하였고, 이로써 동기강화상담 제1판(Miller & Rollnick, 1991)이 출판되었다.

밀러는 로저스의 이론 중 비지시적인 상담 방식은 변화에 상당히 오랜 시간이 걸릴 것이라고 생각했기에 내담자 중심의 정신과 무조건적인 긍정적 존중, 공감적 이해의 개념은 수용하면서도 상담자가 적극적으로 내담자의 변화를 이끌어 내는 지시적인 접근을 선호했다. 그러나 이러한 지시적인 접근은 주의를 기울일 필요가 있다. 내담자에게 명시하는 것이 아니라 내담자가 자신의 길을 선택하고 책임을 지도록 안내하는 방식으로 이루어져야 한다. 이는 두 이론의 '안내자'에 관한 개념의 차이에도 드러난다. 인간중심 심리치료에서의 안내자는 내담자가 자신을 발견하는 여행이라는 긴 여정의 안내자라고 한다면, 동기강화상담에서의 안내자는 보다 목표 지향적인 경로, 예를 들어 에베레스트 등정과 같은 구체적인 목적지를 향한 여정을 안내한다는 점에서 차이가 있다.

　인간중심 심리치료와 마찬가지로 동기강화상담 역시 내담자가 자신의 인생에서 주체적으로 행동하고 독립적으로 성장하도록 격려한다. 또한 상담과정에서 상담자는 내담자의 진정한 자아와 잠재력에 초점을 맞추며, 전문가이기보다는 성장을 지원하는 파트너로서 자리매김한다. 자신의 삶에 대한 전문가는 내담자 본인이며, 상담자는 이를 지원하는 협력자이다. 인간중심 심리치료가 다른 심리치료에 앞서 이루어지는 선행치료(pre-therapy)가 될 수 있듯이, 동기강화상담도 인지행동치료의 선행치료로 활용되어 MI-CBT(Motivational Interviewing-Cognitive Behavioral Therapy)로 사용되거나, 게슈탈트, 실존치료 등의 선행치료로 사용되기도 한다. 현재 동기강화상담은 학교, 병원, 사회복지 현장을 비롯한 많은 분야에서 사용되고 있다.

2. 주요 개념

　교정반사, 저항, 양가감정, 안내하기, 변화대화, 변화모델은 동기강화상담을 이해하는 데 필수적인 개념들이다. 밀러는 내담자의 변화를 촉진하기 위한 효과적인 대화 방법을 고안했고, 그 과정에서 교정반사와 양가감정이라는 장애물을 인식했다. 안내하기는 양가감정을 효과적으로 다루면서 동시에 변화를 유도하는 대화 방식 중 하나이다. 동기강화상담은 변화 동기와 결심을 저해하거나 촉진하는 요인들을 파악하고, 이를 체계적으로 재구성하여 개인 스스로의 동기를 공고히 하는 협력적인 대화 방식이다. 변화모델은 변화의 단계를 평가하고 목표를 설정하는 유용한 기준으로 활용된다.

1) 교정반사와 저항

　교정반사는 내담자를 옳은 방향으로 바꾸고자 하는 경향성에서 비롯된 상담자의 말을 지칭하는 것으로, 밀러는 상담자의 교정반사를 내담자의 저항을 유발하고 변화를 방해하는 주된 요인으로 지적했다. 교정반사는 변화에 효과적이지 않은 '교정-저항'적인 대화 구도를 초래하며, 내담자의 긍정적인 변화를 도우려는 의도와는 반대된 결과를 초래한다. 즉, 이는 비록 선한 의도를 가지고 하더라도 변화의 주체인 내담자에게는 효과가 없는 대화법이다. 이러한 교정반사는 내담자가 경험하는 양가감정을 고려하지 않기 때문에 발생하며, 본의 아니게 내담자의 변화 가능성을 감소시킨다. 양가감정은 변화가 일어날 때 누구에게나 발생할 수 있는 자연스러운 감정으로, 변화를 원하면서도 변화를 원하지 않는 상호 양립하기 어려운 감정이 공존하는 현상을 나타낸다. 즉, 내담자의 내면에는 '변화가 필요하다'는 마음과 '지금 이대로도 괜찮다'는 마음이 함께 있다. 이런 상태의 내담자에게 하는 교정반사는 내담자에게 변화가 필요하다는 한쪽의 감정만을 지지하고 강조하여 두 감정을 모두 고려하려는 내담자에게는 마치 자신이 수용받지 못한다는 느낌을 들게 하거나 변화하지 않으려는 쪽의 입장을 취하도록 만들 여지가 다분하다. 이러한 내담자의 내적 과정은 저항이라는 양식으로 드러나는데, 이처럼 저항이 발생하는 과정에는 대화의 또 다른 한 사람인 상담자의 교정반사 요인도 있다고 보는 것이다.

　교정반사로 인한 저항은 주로 관계성 저항과 주제성 저항으로 구분된다. 관계성 저항(relational resistance)은 개인의 체면과 관련이 있으며, 이는 타인에게 좋은 이미지를 유지하고자 하는 욕구에 기인한다. 체면이 손상되면 상호작용이 어려워지며, 한 번 손상된 관계는 되돌리기 어려워지므로 미리 체면을 지키려는 노력이 증가한다. 따라서 상담 상황에서는 내담자의 체면을 고려하는 것이 중요하다. 상담자가 전문성을 강조하거나 권위적인 태도를 취해 내담자의 체면을 손상시킬 경우, 내담자는 수치심과 불쾌감을 느끼며 방어적으로 대응할 가능성이 높아지게 된다. 체면은 역량 속성과 자율 속성으로 나뉘는데, 역량 속성(competence face)은 능력 있고 우수한 이미지를 유지하려는 욕구를 나타내고, 자율 속성(autonomy face)은 독립적이고 자주적으로 결정을 내리는 이미지를 유지하려는 욕구를 나타낸다. 상담과정에서 내담자를 무지한 존재로 취급하면 역량 속성을 손상시키고, 내담자에게 명령을 내리고 결정을 내리지 못하게 하면 자율 속성을 손상시킬 수 있다. 이로 인해 내담자는 손상된 체면을 복구하려고 하면서 상담자의 말에 저항할 수 있다. 따라서 상담자는 내담자의 체면에 내재된 역량 속성과 자율 속성을 고려하여 내담자의 체면을 존중하고 유지하며, 상담자의 의사소통에서 내담자를 존중하고 공감하는 태도를 유지하는 것이 필요하다.

주제성 저항(issue resistance)은 담배를 끊는 것, 식사법을 바꾸는 것과 같이 특정한 쟁점과 관련된 저항이다. 개인은 전문가와 교류하기 전에 이미 주제성 저항을 가지고 있을 수 있는데, 특히 이는 그들이 처해 있는 상황을 부분적이고, 불완전하거나, 부정확한 생각을 통해 이해하려고 할 때 나타날 수 있다. 이러한 상황에서 상담자가 내담자의 주제성 저항을 즉각적으로 수정하려고 하면, 저항은 계속해서 지속될 뿐 아니라 상담자의 의견도 무시될 수 있다. 따라서 상담자는 내담자의 생각과 저항을 이해하고, 집중하는 태도를 유지하는 것에 주의를 기울여야 한다.

2) 양가감정

양가감정은 변화의 과정에서 인간이 자연스럽게 경험하는 감정으로, 변화를 원하면서도 원치 않는 감정을 동시에 가지게 된다. 운동의 필요성을 느끼고 운동을 하게 되기까지의 과정에서 주말 아침에 일찍 일어나 운동을 하면 좋겠다는 마음과 늦잠을 자고 싶은 마음이 공존할 수 있다. 양가감정은 변화의 중간 과정에서 발생하는 자연스러운 인식과 감정의 갈등이다. 변화에 대한 자연스러운 반응임에도 너무 오랫동안 양가감정에 머무를 경우에 내담자는 늪에 빠져 있거나 묶여 있다는 느낌을 받을 수 있다. 더구나 양립할 수 없는 두 감정이 팽팽하게 대립하고 있다면 내담자는 상담을 받는 내내 내적 갈등과 피로감을 경험할 수 있다.

동기강화상담에서는 이 양가감정이 내담자의 말 속에 변화대화와 유지대화로 나타난다고 본다. 양가감정의 한 편인 변화를 지향하며 찬성하는 입장과 관련된 진술은 변화대화, 다른 한 편인 현 상태를 지속하고 유지하려는 입장과 관련된 진술은 유지대화이다. 예를 들어, '이제 휴대폰 사용하는 시간을 줄여 보려고 하는데 쉽지 않네요. 그래도 이번 주부터는 사용 시간을 줄여 보려고 해요'라는 문장에서 '사용시간을 줄여 보려고 해요'라는 부분은 변화대화를 나타내며, 변화를 원하고 의지를 표명하는 내담자의 말이다. 그러나 '쉽지 않네요'는 유지대화에 해당하는 마음으로, 변하지 않고 현 상태를 유지하려는 의지를 나타낸다. 그리고 이어서 '이번 주부터는 사용시간을 줄여 보려고 해요'는 다시 변화대화를 나타낸다. 이처럼 양가감정은 일상 대화에서도 변화

대화와 유지대화로 번갈아 나타나기 때문에 밀러는 상담자가 두 감정 모두를 공감적
으로 잘 이해하며 내담자의 생각 및 의지를 변화의 방향으로 안내하고, 촉진할 때 내
담자의 변화에 보다 효과적으로 기여할 수 있을 것으로 생각했다.

3) 안내하기

밀러는 중독치료기관에서 알코올문제를 가진 개인들과 만나면서 인간중심 심리치
료의 접근 방식처럼 경청하고 배우려고 했고, 열린 마음으로 내담자들을 대하는 방식
을 채택했다. 이러한 접근은 당시 미국에서 행해지던 중독치료의 권위적이고 직면적
인 접근과는 대조적이었다. 밀러는 내담자들의 저항과 동기화가 관계적 맥락에서 발
생한다는 것을 인식하고, 상담자가 어떤 태도와 방식으로 말하느냐에 따라 내담자의
동기가 증가하거나 감소하며, 동시에 저항이 강해지고 약해진다는 사실을 발견하였
다. 이러한 경험들을 통해 밀러는 어떤 대화 방식이 변화의 동기를 더 촉진시킬 수 있
는지에 대한 통찰을 얻게 되었다.

언어의 힘, 말(대화)의 주된 기능에는 정보 전달 외에 감정이나 동기를 좌우하는 힘
이 있다는 것을 우리도 경험한 바가 있을 것이다. 교수님이나 존경하는 윗사람, 타인
의 칭찬과 인정의 말에 자신감이 차오르기도 하고, 날카로운 지적에 의기소침해지는
것과 같은 것이 그 예이다. 이는 내담자를 만날 때에도 유사하게 적용된다.

밀러는 조력 장면에서 사용하는 대화의 방식을 지시하기, 안내하기, 따라가기로 크
게 나누고, 대화 방식 스펙트럼의 양 끝 단에 지시하기와 따라가기를 각각 위치시켰다.

당시 미국의 중독치료 장면에서 쉽게 찾을 수 있었던 지시하기 대화 방식은 지시를
받는 사람이 지시하는 사람의 말에 순응하고 따르려는 의지가 분명할 때 효과적인 방
식이다. 치료 장면에서 내담자가 따르려는 의사가 없을 때 지시하기 식의 대화는 저항
을 유발한다. 전문가는 도움을 주는 주체로, 내담자는 전문가에게 의존해 도움을 받아
야 하는 의존적 관계 구도를 형성하기 쉽다.

지시하기의 정반대에 위치한 따라가기는 도움을 받고자 하는 내담자의 말을 관심
있게 경청하며 이해와 존중을 표하고, 도움을 주는 사람의 의견이나 주장은 하지 않는
대화 방식이다. 이는 인간중심 심리치료의 비지시적인 방법과 일치하며, 내담자를 있
는 그대로 존중하며 따라가는 방식으로 호스피스 환자나 임종을 앞둔 사람과의 대화
또는 격한 감정을 쏟아내길 원하는 내담자와의 대화에 적합하다.

안내하기는 지시하기와 따라가기의 중간 정도의 대화 방식으로 정의된다. 따라가는 대화 방식과 마찬가지로 내담자의 바람과 의견을 경청하고 존중하면서도 내담자가 필요로 하고 요청 시에 상담자 자신의 전문성을 바탕으로 정보 및 조언을 제공하여 내담자의 변화를 돕는 대화 방식이다.

다음은 지시하기, 안내하기, 따라가기의 대화 방식을 나타내는 예시이다.

- **지시하기**: "○○ 님에게 무엇이 필요하고 어떻게 해야 하는지 저는 알고 있어요. 그러니 제가 말하는 대로 하시면 될 거예요."

  "저는 ○○ 님과 같은 분들을 많이 만나 보았기 때문에 어떻게 하면 상황을 개선할 수 있는지 알고 있어요. 그저 저를 따라오시면 돼요."

- **안내하기**: "저는 ○○ 님의 생각을 신뢰하고 존중하며, 필요하다면 적절한 도움과 안내를 제공할 용의가 있어요."

  "○○ 님께서 가지고 있는 생각에 따라 결정하시되, 고민이 있거나 도움이 필요하신 경우에 제가 가지고 있는 자원을 활용해 도와드릴 수 있어요."

- **따라가기**: "○○ 님의 생각과 원하는 방법을 그저 신뢰하며 헤쳐 나가는 과정에 함께하겠습니다."

  "○○ 님께서 가지고 계신 생각의 방향대로 저도 같이 따라갈게요."

4) 변화대화

동기강화상담은 변화대화에 특별한 주의를 기울이는 의사소통 방식으로, 수용적이고 공감적인 분위기에서 내담자가 가진 고유의 변화 동기를 탐색하고 유발해낸다. 양가감정에서 기술했듯이, 변화대화는 변화를 지향하며 변화를 원하는 내담자의 말이다. 롤닉은 변화대화를 이해하고 공고히 하기 위해 여섯 가지 유형을 제시했다. 변화준비언어에 속하는 DARN과 변화실행언어인 ACT가 그것인데, 이는 변화에 대한 열망(Desire), 변할 수 있다는 능력(Ability), 변해야 하는 이유(Reason), 변화의 필요(Need), 그리고 실행활성화언언(Activation), 결심공약(Commitment), 실천하기(Taking steps)의 앞 철자를 따서 DARN＋ACT라고 한다. 변화대화에서는 양가감정을 가진 내담자의 진술문에서 DARN+ACT가 나타나는지 알아차리는 것이 중요하며, 내담자의 변화대화가 나타난다면 이를 강화하고 주제를 확장해 가는 것이 필요하다. 이러한 방식을 통해 상담자는 내담자의 변화에 더 효과적으로 조력할 수 있다.

(1) 변화 열망

변화 열망(Desire)은 내담자의 바람과 선호를 나타낸다. 주로 '나는 ~을 원합니다' 또는 '나는 ~를 하고 싶습니다'와 같은 표현을 통해 드러나며, 현재 상황에 대한 불만족과 개선을 원하는 욕망을 포함한다. 이는 내담자가 어떤 변화를 원하고, 어떤 목표를 달성하고자 하는지를 나타내는 것으로, 변화의 동기와 방향을 드러내는 중요한 진술이 될 수 있다.

"이번에는 공부를 열심히 해서 반에서 10등 안에 들고 싶어요."
"빨리 재활을 해서 다시 런닝을 시작하고 싶어요."
"적어도 잠자기 전 침대에 누워서는 휴대폰을 안 보고 싶긴 해요."

(2) 변화 능력

내담자가 자신의 변화 능력(Ability)에 대해 말할 때는 그 강도에 주의하여 반영해야 한다. 특히 변화 능력과 관련하여 강한 자신감을 드러내는 '할 수 있다'와 그보다 낮은 자신감을 나타내는 '할 수 있을 것 같아요'를 정확히 구분하여 반영하는 것이 중요하다. 내담자가 '할 수 있을 것 같아요'라고 말할 경우, 이것을 강한 확신을 가지고 상담자가 반영하면 내담자가 뒤로 물러날 수 있기 때문에 상담자는 내담자의 의중과 준비도를 정확히 이해하고 그에 맞는 적절한 반응을 보이는 것이 중요하다.

"오늘은 담배를 피지 않고 하루를 보낼 수 있을 것 같아요."
"이번 주에는 지난 주보다 배달을 적게 시키고 손수 요리를 할 수 있을 것 같기는 해요."

(3) 변화 이유

변화 이유(Reason)는 '나의 행동을 변화시켜야만 하는 이유는 무엇인가요?'와 같은 질문에서 나오는 진술들을 나타낸다. 이는 변화 열망과 유사하지만, 구체적인 변화에 대한 개인의 이유나 사정이 담긴 말로서, 내담자가 왜 특정 행동이나 습관을 변화시켜야 하는지에 대한 자신의 명확한 근거나 동기가 드러나는 진술을 포함한다. 따라서 변화 이유는 변화 열망과 함께 내담자의 변화에 대한 깊은 이해를 제공하는 중요한 정보가 될 수 있다.

"오늘부터 매일 영어 공부를 하고 싶은데, 외국인 친구를 사귀고 싶기 때문이에요."
"이번에 장학금을 받으면 교환학생 비용을 부담할 수 있어서요."
"밤에 불을 끄고 휴대폰을 봐서인지 시력이 정말 나빠졌거든요."

(4) 변화 필요

변화 필요(Need)는 다른 선택사항이 없이 변화가 절실하게 필요하다는 사실을 인정하는 진술을 나타낸다. 이러한 내담자의 진술은 '~이 필요합니다' '~해야 합니다' '~해야만 합니다' 등의 표현으로 나타난다. 내담자가 어떤 변화가 필요하다고 인정하고 있다면, 이는 변화의 동기와 필요성을 나타내는 중요한 단서가 될 수 있다. 변화 필요의 진술이 나타날 때 상담자는 반영하기와 인정하기를 통해 내담자의 변화 동기를 강화시킬 수 있으며, 더 나아가 변화 필요를 충족시키기 위한 구체적인 방법으로 대화를 이어갈 수 있다.

"산책이라도 해야지…… 하루하루 몸이 더 무거워지고, 무기력해지는 게 이대로는 안 될 것 같아요."
"제가 도박으로 빚이 있는 걸 알면 파혼 당할 거예요. 저는 제 약혼녀와 헤어지고 싶지 않아요."

(5) 실행활성화언어

실행활성화언어(Activation)는 비록 결심공약은 아니지만, 내담자의 마음이 변화의 행위를 할 방향으로 기울어지고 있다는 신호와 같다. 내담자의 마음이 변화하고자 하는 방향으로 전환되고 있으므로, 상담자가 내담자의 이런 신호들을 적절히 알아차리는 것은 내담자의 변화준비언어를 변화실행언어로 전환시킴에 매우 중요한 의미를 가진다. 실행활성화 언어의 예시는 다음과 같다.

"스트레스를 풀 수 있는 여러 가지 방법들을 찾아보고 있습니다."
"퇴근하고 한잔하기보다 가볍게 러닝을 하는 직장 동료 모임이 있더라구요."

(6) 결심공약

결심공약(Commitment)은 변화준비언어(DARN)가 충분히 발화된 후에 등장하는 변화 대화 중 하나로, '나는 ~할 것입니다' '나는 ~할 준비가 되어 있습니다' '나는 ~하기를 희망합니다' '나는 ~하기 위해 노력하겠습니다' 등의 표현으로 나타난다. 내담자가 어떤 특정한 행동이나 목표를 달성하기로 결심한 것을 표명하는 진술이다. 결심 공약 또한 낮은 수준에서 강한 수준까지 다양한 표현이 가능하기 때문에 상담자는 내담자의 강도에 적절한 반영과 인정을 통해 내담자의 결심을 지지하고 강화할 필요가 있다. 개인의 의지와 노력을 알아주는 것이 도움이 될 수 있다.

"이제 정말로 술을 끊기로 다짐했어요. 이제는 정말 그럴 거예요."
"하루에 피우는 담배를 한 개비씩 줄여 나가려고 해요."

(7) 실천하기

실천하기(Taking Steps)는 이미 시도해 보았거나 실행했다는 진술을 포함한다. '나는 ~를 노력했습니다' '나는 ~를 실행했습니다'와 같은 표현으로, 내담자가 이미 특정 행동이나 계획을 시도했거나 실천한 경험을 나타낸다. 실천하기가 나타난다고 해서 상담자는 내담자가 일사천리로 해내고 있다고 가정해서는 안 된다. 대신 내담자의 노력과 실행에 대한 성취를 인정해 주고 지지 및 격려하는 것이 중요하다.

"금주한 지도 어느덧 일 년이 되었어요."
"이번 주는 매일 30분이라도 산책을 했네요."

5) 동기강화상담과 변화모델

초이론적 변화단계모델은 내담자의 변화가 어느 단계에 있는지를 확인하고, 상담자가 이에 맞게 개입할 수 있도록 돕는 모델이다. 이 모델에 따르면, 변화를 위해서는 내담자가 처해 있는 단계를 먼저 파악하고 그 단계에 적절한 개입을 하는 것이 효과적이다.

(1) 전숙고단계(Precontemplation Stage)

- 상태: 아직 변화에 대한 필요성을 느끼지 못하는 단계
- 특징: 행동 변화를 실천하기 위한 의지가 없는 상태
- 진술 가능한 내용: "내가 왜 바뀌어야 하죠?" 또는 "지금 이대로가 좋아요"와 같은 표현

(2) 숙고단계(Contemplation Stage)

- 상태: 행동 변화에 대한 필요성을 인식하는 단계
- 특징: 변화가 필요하다고 생각하며 고민하는 상태
- 진술 가능한 내용: "좀 변화가 필요한 것 같긴 해요" 또는 "바뀌어야 하나…… 생각만 하고 있어요"와 같은 표현

(3) 준비단계(Preparation Stage)

- 상태: 변화에 대한 책임을 가지는 단계
- 특징: 문제의 심각성을 깊이 인식하고 변화를 위한 적절한 방법을 모색, 구체적인 행동을 계획하고 의지를 다짐하는 상태
- 진술 가능한 내용: "이제 운동을 시작하고 술도 줄여 보려고요" 등의 행동할 것을 암시하는 표현

(4) 실행단계(Action Stage)

- 상태: 행동 변화가 발생하는 단계
- 특징: 실제로 변화하는 단계로, 실제 행동 실천에 대한 진술이 나타남
- 진술 가능한 내용: "지난 주에 술을 한 번도 안 마셨어요" 등의 실제로 실천 및 행동한 변화에 대한 진술

(5) 유지단계(Maintenance Stage)

- 상태: 변화 이후 3~6개월 동안 변화 행동이 유지되고 있는 단계
- 특징: 행동 변화를 지속하고 생활의 일부로 정착되어 가지만, 한편으로는 재발의

위험이 있는 상태

- 진술 가능한 내용: "3개월 간 금주를 하고 있는데, 요즘은 스트레스를 받아서인지 술 생각이 나곤 합니다"와 같은 표현

(6) 재발단계(Relapse Stage)

이러한 모델을 통해 상담자는 내담자의 변화단계를 파악하고, 각 단계에 맞게 효과적인 개입을 할 수 있으며, 유지단계에서 언제나 재발이 일어날 수 있음을 생각하고 있어야 한다. 재발이 일어나게 되면 다시 준비단계로 가서 변화를 재시도 하는 경우가 많은데, 이런 경우에 내담자는 제대로 변화의 필요성을 깨닫지 못할 가능성이 크기에 숙고단계로 돌아가 점검해 볼 필요가 있다.

3. 치료의 목표

동기강화상담은 내담자가 변화에 대해 가지고 있는 양가감정을 탐색하고, 이를 해결함으로써 내담자 내면의 변화 동기를 강화시키는 것을 목표로 한다. 이를 위해 상담자는 내담자의 내재적 동기를 탐색하고 변화에 대한 열망을 구체화할 수 있도록 하는 일에 중점을 두며, 내담자가 자신의 행동을 변화시키는 데 방해가 될 수 있는 장벽들을 인식하고 해결하도록 돕는다. 즉, 동기강화상담은 내담자가 자신의 건강 행동을 변화시킬 수 있도록 도와주는 내담자 중심적 노력이라고 할 수 있다.

또한 동기강화상담의 상담자는 내담자의 입장에서 행동의 변화를 돕는 협력적인 대화에 내담자를 참여시키고 도움이 되는 대인관계 상황을 조성함으로써 자연스러운 변화 과정이 일어나도록 돕는다. 변화에 대해 양가감정과 저항을 보이는 내담자에게 상담자는 공감적이고 지지적이며 경청하는 태도를 유지해야 하는데, 이러한 상담자의 공감, 조율 및 수용은 내담자와의 치료적 대화를 가능하게 하고, 내담자의 인생 및 목표에 대한 세부적인 부분들을 탐색할 수 있게 돕는 자원이 된다. 치료적 관계 속에서 상담자는 내담자의 내적 경험과 행동을 타당화하고, 내담자와 함께 의미 있는 중장기적인 목표를 함께 탐색하며, 내담자의 내면의 불일치감을 유발함으로써 내담자가 변화 동기를 갖고 변화 행동을 실천하며 이를 유지할 수 있도록 돕는다.

4. 방법 및 절차

1) 동기강화상담의 정신

동기강화상담을 시작하기에 앞서 상담자들은 동기강화상담의 마음가짐과 태도, 즉 동기강화상담의 정신에 대해 숙지할 필요가 있다. 동기강화상담의 정신은 협동정신, 수용, 유발성, 연민으로 구성되며, 동기강화상담을 하고자 하는 상담자는 각각이 의미하는 바가 무엇인지를 이해하고 상담에서 실현하고자 해야 한다.

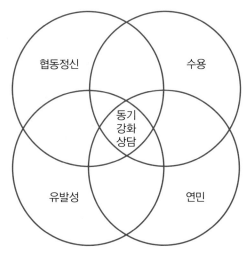

[그림 5-1] 동기강화상담의 정신
출처: Miller & Rollnick(2015)에서 인용

(1) 협동정신

동기강화상담에서 의미하는 협동정신이란 상담자와 내담자가 '함께'해 나아가는 것을 의미한다. 상담자와 내담자는 각자가 서로 다른 열망들을 가지고 있을 수 있다. 여기서 협력한다는 의미는 상담자의 열망과 내담자의 열망이 조화를 이루어 상담이 진행되는 것을 의미한다.

상담 과정 중 상담자는 쉽게 자신이 내담자의 문제에 있어서 전문가라고 생각하는 '전문가 함정'에 빠지기 쉽다. 이로 인해 상담자는 내담자의 고민거리를 상담자의 전문성에 의존해서 해결책을 찾으려고 할 수 있다. 그러나 동기강화상담에서는 내담자

를 자신의 문제에 있어서 최고의 전문가라고 여기는데, 이는 누구도 본인만큼 자신을
잘 알 수 없다고 여기기 때문이다. 따라서 상담자는 내담자의 조력자로서 내담자의 이
야기를 공감하고 지지하며 경청하는 것에 초점을 두어야 한다. 많은 경우에 내담자는
상담자의 긍정적인 조력만으로도 자신의 삶에 대해 스스로 전문가로 여기게 되어 삶
의 변화를 일으키게 된다.

(2) 수용

수용은 로저스가 그의 이론에서 언급한 개념으로, '절대적 가치, 정확한 공감, 자율
성 지지, 인정하기'의 네 가지 개념을 포함한다. 먼저 절대적 가치는 모든 인간 안에
있는 잠재력과 내재된 가치를 귀하게 여기는 것이다. 로저스는 이러한 태도를 소유
하지 않는 돌봄 또는 무조건적인 긍정적 존중이라고 지칭했는데, 이와 반대되는 개념
은 판단하거나 가치에 조건을 붙이는 것이다. 정확한 공감은 내담자의 눈으로 세상을
바라보고자 노력함으로써 그의 내적 세계에 적극적으로 관심을 갖기 위해 정진하는
것으로, 내담자의 관점이 잘못되었다는 가정을 가지고 상담자 자신의 관점을 관철하
는 것과 반대되는 개념이다. 자율성 지지는 각 사람의 권리와 자율성, 자기결정능력
을 존중하고 명예롭게 해 주는 것을 의미하는데, 로저스는 내담자-중심 이론을 통해
사람들에게 '존재와 선택에 대한 완전한 자유'가 있다는 것을 깨닫게 해 주고 싶어 했
다. 이는 내담자를 통제하고 강요하는 식으로 어떤 일을 하도록 하는 것과 상반되는
것이다. 인정하기는 내담자의 강점과 노력을 알아주는 것을 포함한다. 이는 공감뿐만

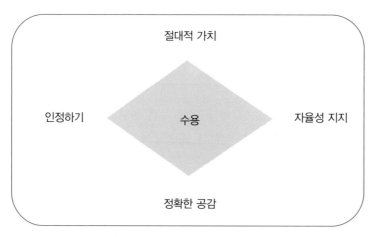

[그림 5-2] 수용의 네 가지 측면
출처: Miller & Rollnick(2015)에서 인용

아니라 의도적으로 함께하고 소통하는 것을 의미한다. 이와 반대되는 개념은 내담자가 가지고 있는 문제를 찾아 이를 어떻게 고칠 수 있을지에 대해 말해 주는 것이라고 할 수 있다.

(3) 유발성

동기강화상담에서 유발성은 내담자가 자신에 대한 전문가이며, 내담자의 내면에 변화에 대한 동기가 이미 존재한다고 보는 관점이다. 대부분의 내담자는 이미 변화를 시도했던 경험들이 있고, 이로 인해 본인이 변화하는 데 도움이 되는 것과 도움이 되지 않은 것에 대해 어느 정도라도 알고 있는 경우가 많다. 따라서 상담자는 이를 유발하면 된다는 것이 유발성의 정신이다. 상담자는 내담자의 생각으로부터 변화해야 할 이유와 잠정적으로 변화 가능한 방법을 이끌어 유도해 가는 것을 목표로 한다. 또한 상담자는 지혜, 통찰, 현실감 등에 관한 정보를 전달할 때, 교훈적인 어조가 아닌 협동적인 어조를 사용해야 한다. 또한 상담자는 내담자에게 동기를 주입하거나 만들려고 하지 말고, 내담자의 느낌이나 관점, 목표, 가치관 등을 탐색하여 내담자의 내면에 존재하는 변화 동기를 자연스럽게 이끌어 낼 수 있도록 해야 한다.

(4) 연민

연민은 다른 세 개의 동기강화상담의 정신에 이어 가장 마지막에 추가된 개념으로 상담자가 자신의 이익을 추구하지 않고 내담자의 복지를 위해 적극적인 노력을 하며, 내담자의 필요에 우선적으로 관심을 가지는 것을 의미한다. 자신에게 유익이 되고 이를 실현시킬 수 있는 측면이 있는 앞의 세 개의 정신과 달리 연민은 타인의 유익과 관심을 우선한다는 것에 차이가 있다. 상담자는 자신의 심리학적 지식과 기법들을 사용하여 전문가 자신의 유익을 구하고 내담자가 자신의 말에 따르도록 하는 측면이 있다. 따라서 연민의 개념을 동기강화상담의 정신에 포함하는 것은 상담자가 전문가다운 마음가짐을 가지도록 강조하기 위한 것이다.

[그림 5-3] 참고 영상 – 동기강화상담의 정신
출처: https://youtu.be/7mlWl85dmAE?si=Yi4Mv6ijoloFopdf

2) 동기강화상담의 네 가지 과정

동기강화상담은 관계 형성하기, 초점 맞추기, 유발하기, 계획하기로 구성된다. 이러한 정신과 원리가 담긴 동기강화상담을 어떻게 실행할 수 있는지, 밀러와 롤닉(Miller & Rollnick, 2015)은 그 방법으로 네 단계의 과정과 핵심 기술을 설명했다. 관계 형성하기와 초점 맞추기, 유발하기, 그리고 계획하기로 진행되는 이 과정은 선형적이기보다는 순환적이며, 이전 단계로 되돌아가기도 하고 중첩되기도 한다. 각 단계가 순차적이기는 하나 이전 단계는 이후 단계의 토대가 되고, 모든 과정 내내 지속된다. 이 과정은 [그림 5-4]와 같은 계단으로 도식화할 수 있으며, 상담자와 내담자 간의 대화는 때로는 한 층에 머물러 있기도 하며, 때로는 층간을 오르락내리락하는 춤과 같다고 할 수 있다.

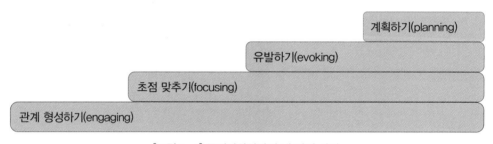

[그림 5-4] 동기강화상담의 네 가지 과정

출처: Miller & Rollnick(2015)에서 인용

(1) 관계 형성하기

관계 형성하기(Engaging)는 상담자와 내담자가 도움이 되는 협력적 관계가 되는 과정으로서 치료적 관계를 맺는 과정이라고 볼 수 있다. 이는 아주 금방 이루어질 수도 있고, 몇 주 혹은 몇 달이 걸리기도 한다. 관계 형성하기는 단순히 좋은 인상을 주는 것 이상으로 많은 요소에 의해 영향을 받는데, 상담자의 정서 상태, 내담자의 상황, 상담실 서비스 체계 등을 그 예로 들 수 있다. 본 단계에서 상담자는 OARS와 같은 동기강화상담의 핵심 기술을 사용하여 내담자의 가치 및 목표를 탐색할 수 있고, 내담자의 열망, 열망하는 것의 중요도, 긍정성, 기대 등을 발견할 수 있다. 반면에 급하게 초점 맞추기 함정, 평가 함정이나 전문가 함정, 진단명 붙이기 함정 등 관계 형성에 방해가 되는 요소들은 주의할 필요가 있다.

(2) 초점 맞추기

초점 맞추기(Focusing)는 관계 형성하기에서 발견된 내담자의 가치와 목표를 바탕으로 방향을 설정하고 유지해 나가는 과정을 의미한다. 초점 맞추기에는 총 세 가지 시나리오가 있을 수 있는데, 초점이 분명한 시나리오, 선택안이 있는 시나리오, 그리고 초점이 불투명한 시나리오가 있다. 먼저 초점이 분명한 시나리오에서는 내담자가 변화를 원하는 방향이 분명하기 때문에 상담자는 변화 방향을 확실히 하기 위해 다른 의제가 있는지 확인하는 질문을 한 후에 다음 단계인 유발하기로 넘어갈 수 있다. 선택안이 있는 시나리오에서는 의제도 작성을 위한 활동지를 활용하여 다양한 선택지를 시각적으로 살펴볼 수 있는데, 필요시 상담과정에서 언제든지 다시 꺼내어 사용할 수 있다. 초점이 불투명한 시나리오에서는 내담자가 선택지를 가지고 있지 않다고 생각하여 혼란스러워 할 수 있다. 이때 상담자는 내담자와 상호 동의한 가설들을 세워 사례 공식화를 만들고, 전체 그림을 보면서 다양한 방법을 함께 찾아볼 수 있다. 이를 통해 내담자는 산만하게 느꼈던 문제를 분명하게 보게 되는 경험을 할 수 있고, 상담자는 이를 하나의 의제로 간주할 수 있게 된다. 또한 상담자는 초점 맞추기에서 정보 교환을 위한 전략으로 '이끌어내기-제공하기-이끌어내기' 방법을 사용할 수 있다. 첫 번째 이끌어내기(elicit)에서 상담자는 내담자가 이미 알고 있는 지식을 탐색하고, 정보 제공에 대한 허락을 구한다. 두 번째 제공하기(provide)에서는 내담자가 원하는 정보의 우선순위를 정하고, 제공된 정보에 동의하거나 하지 않을 자율성을 제공하며, 상담자의 해석이 가미되지 않은 정보를 그대로 내놓는 방식을 통해 내담자가 고려할 수 있도록 한다. 마지막 이끌어내기(elicit)는 제공된 정보에 대한 내담자의 느낌이나 이해한 정도, 반응에 대해 질문하는 것이다.

(3) 유발하기

변화 목표에 대한 초점이 맞춰지면 세 번째 과정인 유발하기(Evoking)로 넘어간다. 유발하기는 동기강화상담에서 핵심이 되는 과정으로서 변화에 대해 내담자가 자신의 동기를 스스로 말할 수 있도록 이끌어 내는 것이다. 유발하기를 위한 구체적인 전략으로는 '변화대화에 반응하기, 자신감 높이기, 불일치감 만들기' 등이 있다. '변화대화에 반응하기'는 내담자의 변화대화와 유지대화 중 변화대화에 집중하여 반응하는 것을 말한다. 동시에 유지대화에도 적절한 반응을 보여 발생할 수 있는 저항을 줄여 나갈 수 있다. '자신감 높이기'에서는 내담자가 변화에 대한 희망을 가지도록 강점 찾기, 성공담 대화, 자신감 대화 등으로 나눌 수 있다. '불일치감 만들기'에서는 정보 교환하기, 내담자의 목표와 가치관 탐색하기, 주변 사람들의 걱정 탐색하기, 비직면 식으로 동기를 강화할 수 있는 피드백 제공하기 등을 통해 불일치감을 일으킬 수 있다.

(4) 계획하기

충분한 유발하기 과정을 거치면 내담자는 계획하기(Planning) 단계로 나아가는 신호를 보내게 된다. 이러한 신호들은 내담자와의 대화 속에서 변화대화의 증가, 유지대화의 감소, 변화 이후의 삶을 상상하는 내용의 말을 하기도 하며, 실제로 변화 행동을 실천하는 모습을 보이기도 한다. 또한 변화를 위한 구체적인 정보를 얻기 위한 질문을 하기도 한다(예: "금주를 위한 좋은 프로그램이 있나요?"). 이러한 신호가 보이면 상담자는 내담자에게 변화 계획을 세워 보고 싶은지에 대해 직접적으로 질문할 수도 있고, 혹은 '요점 반복하기(이제까지의 대화 내용을 요약)'나 '핵심 질문하기(예: "현 시점에서 당신의 문제에 대해 어떻게 생각하시는지 듣고 싶네요.")'의 방법으로도 내담자의 변화 계획 진입 여부를 확인할 수 있다. 계획하기는 변화대화라는 엔진을 가동하는 클러치와 같아서 내담자가 계획하기를 시작한 후, 대안들을 탐색하기에 가장 적절한 시기가 언제인지 파악하는 것이 중요하다.

[그림 5-5] 참고 영상 – 동기강화상담의 네 가지 과정
출처: https://youtu.be/4Hrz9tLUlUw?si=5wnHajFnrkUYIGBZ

3) 동기강화상담의 원리

밀러와 롤닉(Miller & Rollnick, 2002)은 동기강화상담의 중심 원리로 '공감 표현하기, 불일치감 만들기, 저항과 함께 구르기, 논쟁 피하기, 자기효능감 지지해 주기'를 제시하였다. 각각의 원리들은 동기강화상담의 네 과정 중 특정 과정에서 더 자주 사용되기도 하는데, 예를 들어 관계 형성하기에서는 주로 공감 표현하기와 저항과 함께 구르기가 자주 적용될 수 있고, 유발하기에서는 불일치감 만들기나 자기효능감 지지해 주기가 자주 적용된다. 그러나 상담과정이 순차적이지 않을 수 있고, 변수가 있음에 따라

이러한 원리는 필요할 때마다 언제든지 적용될 수 있다.

(1) 공감 표현하기

공감은 내담자의 관점과 감정, 삶에 대한 견해 및 행동을 이해하고자 노력하는 것이다. 공감적 의사소통은 상담이 시작되는 순간부터 상담과정 전반에 걸쳐 진행될 수 있다. 상담자는 공감을 하려고 할 때 '내담자의 경험과 사고방식으로 생각하면 내담자의 행동과 결정은 타당하다'라는 생각을 가지고 내담자에게 반응해야 한다.

공감 표현하기(Express Empathy)는 또한 내담자의 저항과 양가감정을 무비판적으로 반영해 주는 것이기도 하다. 이를 통해 저항과 양가감정을 가진 내담자는 이해받고 존중받는다고 느끼게 되고, 더 이상 상담자에게 자신을 주장하거나 설득할 필요가 없음을 깨닫게 된다. 따라서 내담자는 상담에 마음을 열고 자신이 다루고자 하는 문제에 집중할 수 있게 된다.

(2) 불일치감 만들기

레온 페스팅거(Leon Festinger)의 인지부조화 이론에 의하면, 인지부조화란 사람이 두 가지 이상의 상반되는 가치와 믿음을 동시에 가지고 있을 때, 혹은 자신이 추구하는 목표나 가치가 현재의 행동과 일치되지 않을 때 불편함을 느끼게 되는데, 이는 사람이 내적 일관성을 가지려는 경향이 있기 때문이다. 동기강화상담에서의 불일치감 만들기(Develop Discrepancy)는 이러한 원리를 활용하여 내담자가 원하는 목표와 내담자의 현재 행동 사이의 불일치가 있을 때 내담자의 변화에 대한 동기를 발달시키기 위한 방법 중 하나이다. 내담자가 자신이 느끼는 불일치감을 해소시키고자 도움을 받기 위해 상담자를 찾아오지만, 여전히 변화에 대한 양가감정 사이에서 갈등하고 있는 경우가 많다. 이때 상담자는 내담자가 스스로 자신의 상태를 발견할 수 있도록 질문하는 역할을 하여 변하지 않으려고 버티는 힘을 이겨낼 때까지 내담자의 불일치감을 더욱 자극하고 증폭시킬 수 있다. 유의해야 할 점은 상담자가 내담자를 지적하거나 문제의 해결 방향을 지시하는 것, 혹은 판단이나 비판하는 태도로 접근한다면 오히려 내담자의 변화를 위한 동기를 저해할 수 있다는 점이다.

(3) 저항과 함께 구르기

동기강화상담에서 저항과 함께 구르기(Roll with Resistance)는 들어오는 공격에 대해 맞받아치는 것이 아니라 오히려 공격의 대상이 되어 주면서 공격적으로 나오는 내담자의 힘에 저항하지 않고 그 힘을 유도하여 다른 방향으로 전환하는 원리를 의미한다. 상담자는 내담자가 저항할 때 함께 그 방향으로 움직여 줌으로써 같이 흘러가는 것을 통해 오히려 저항을 변화를 위한 힘으로 돌릴 수 있는 순간을 만날 수 있다. 이는 놀랍게도 내담자로 하여금 새로운 방향으로 생각할 수 있는 기회를 제공하게 된다.

저항과 함께 구르기의 원리에서도 상담자는 항상 내담자를 존중하는 자세를 가져야 하며, 내담자의 문제 해결이나 변화에 대한 결정의 책임이 내담자에게 있다는 것을 항상 기억해야 한다. 상담자의 역할은 자신의 관점을 내담자에게 강요하는 것이 아닌 내담자가 저항에 사용하는 에너지의 방향을 긍정적으로 바꾸고, 내담자가 스스로를 탐색하고 깨닫는 것을 통해 변화하는 과정을 격려하고 이에 공감을 표하는 것이다. 때로 상담자는 단순히 정보를 제공하는 수준에만 머물러야 할 수 있는데, 내담자가 상담자의 의견을 되묻는 경우에도 바로 답해 주는 것을 피하고, 내담자가 스스로 생각해 보도록 시간을 주는 것이 좋다. 내담자의 질문에 대한 답을 모두 제공하는 것은 상담자의 답변이나 의견에 대해 내담자가 동의하지 않고 논쟁을 시작하게 하는 계기가 될 수 있다. 또한 스스로 생각한 해답이 아니므로 변화에 대해 설득당하거나 강압을 받는다고 느낄 수 있기 때문에 더욱 신중해야 한다.

동기강화상담에서는 내담자와의 논쟁을 피할 것(Avoid Argumentation)을 권하는데, 논쟁은 주로 상황을 더 악화시키는 경우가 많기 때문이다. 내담자와의 논쟁은 상담자가 내담자의 생각을 반박하는 데에서 시작되는 경우가 많다. 예를 들어, 내담자가 "꼭 금연을 해야하는 건가요? 저는 그럴 필요성을 잘 느끼지 못하겠는데요"라고 할 때, 상담자가 "그렇죠, 하지만 지금은 금연이 꼭 필요한 상황이세요. 최근에 건강도 더 악화되시고 담배 때문에 가족과도 다투셨잖아요"라고 한다면 저항이 더 심화되어 금연에 대한 새로운 관점 탐색을 할 기회와 변화의 가능성이 줄어들게 된다.

(4) 자기효능감 지지해 주기

자기효능감은 자기에게 주어진 것을 성공적으로 해낼 수 있다는 믿음을 의미한다. 내담자는 자신의 문제를 인지한 후, 이에 대해 스스로 변화에 대한 가능성을 느낄 수 있어야 하고, 상담자가 내담자의 변화 가능성에 대해 굳은 믿음을 갖는 것은 상담 결과에 강력한 영향을 미칠 수 있다. 동기강화상담에서는 문제에 초점을 맞추는 것보다는 자기효능감을 지지해 주는 것(Support Self-Efficacy)을 통해 내담자의 변화 동기를 더욱 높일 수 있다. 예를 들어, 내담자가 "게임을 일주일 정도 안 하기는 했는데, 어제는 너무 하고 싶어서 다시 10시간 정도를 해 버렸어요"라고 했다면 상담자는 문제 상황보다는 일주일 동안 게임을 하지 않은 상황을 탐색하고 내담자의 자기효능감을 지지하는 데 초점을 맞출 수 있다. "어제는 너무 하고 싶은 마음이 들어서 다시 게임을 하셨군요. 그럼 일주일 동안은 어떻게 게임을 하지 않을 수 있었나요?"

[그림 5-6] 참고 영상 – 동기강화상담의 원리
출처: https://youtu.be/C02a_rAlho0?si=Kf_2zk4qXQ8woxdR

4) 동기강화상담의 다섯 가지 핵심 의사소통 기술

동기강화상담의 다섯 가지 핵심 의사소통 기술(OARS+I)은 내담자의 양가감정을 탐색하고 변화 동기를 유발시키는 것을 도와주는 동기강화상담의 핵심 기술로, '열린 질문하기, 인정하기, 반영적 경청하기, 요약하기, 정보 교환하기'로 구성된다. 이 기술들은 동기강화상담 전 과정에서 유용하게 사용될 수 있다.

- **열린 질문하기**: 열린 질문(Open-Ended Questions)이란 짧은 대답보다는 보다 상세한 대답을 이끌어 내는 질문으로, 내담자가 마음속의 이야기를 최대한 많은 양으로 할 수 있도록 촉진시키는 방법 중 하나이다. 동기강화상담 초기 단계에서는 닫힌 질문보다는 열린 질문을 사용하여야 하며, 상담자는 주의 깊게 경청하고 종종 격려의 말을 하며 대부분 내담자가 주로 이야기할 수 있도록 한다. 또한 열린

표 5-1 열린 질문과 닫힌 질문의 예

열린 질문의 예	"오늘 상담에 방문하게 된 이유는 무엇인가요?" "당신의 문제가 당신의 삶에 어떤 영향을 미쳤나요?" "제가 어떻게 도울 수 있을까요?"
닫힌 질문의 예	"술은 얼마나 마시고 있나요?" "언제 그 일이 일어났나요?" "현재 누구와 살고 있나요?"

질문 후에는 반응하기를 함으로써 내담자 스스로 탐색할 수 있는 시간을 갖도록 하고, 열린 질문이라고 하더라도 연속적인 잦은 질문은 질문-대답 패턴으로 빠질 수 있게 되므로 유의해야 한다.

- 인정하기(Affirmations): 내담자 자체와 내담자의 감정, 성공 경험, 노력 등을 긍정해 주는 진술로, 인정과 이해, 칭찬의 형태로 이루어질 수 있다. 이는 내담자의 방어를 낮추고 상담에 대한 참여를 유지시키는 데 도움이 될 수 있고, 직접적인 변화를 촉진하기도 한다. 인정하기의 예로는 내담자가 이야기한 계획에 대해 "멋진 생각인데요!"라고 칭찬하거나, "저였어도 그런 스트레스를 견디기는 너무 힘들었을 것 같아요"와 같이 이해를 표현하는 것 등이 있다.

- 반영적 경청(Reflective Listening)하기: 내담자의 진술을 듣고 의미를 추측하여 표현해 주는 것을 말하는데, 동기강화상담에서 가장 중요하고 능숙하게 되기까지 많은 연습이 필요한 기술이다. 반영적 경청에는 '단순 반영, 복합 반영, 확대 반영, 축소 반영, 양면 반영, 은유 사용하기' 등의 다양한 방법이 있다. '단순 반영'은 내담자의 말을 그대로 다시 전달하는 것이고, '복합 반영'은 내담자의 말 안에 담긴 생각, 감정 등을 반영하는 것이며, '확대 반영'은 내담자의 진술에 강도를 더 높여서 반영하는 방법이고, '축소 반영'은 내담자의 진술 중 일부를 반영하는 방법이다. '양면 반영'은 내담자의 말 안에 담긴 양가감정을 모두 반영하는 것이고, '은유 사용하기'는 내담자의 말을 은유나 상징을 통해 반영하는 것이다.

단순 반영과 복합 반영의 예

내담자: 내가 이 상담실에 와야 하는 이유를 도대체 모르겠어요!

단순 반영: 상담실에 와야 하는 이유를 모르겠다는 말씀이시군요.

복합 반영: 다른 사람이 당신의 의사와 관계없이 마음대로 결정을 내려서 답답하시군요.

확대 반영과 축소 반영의 예

내담자: 술 문제 때문에 계속 이러쿵 저러쿵 잔소리를 하는 남편이 그냥 싫어요.

확대 반영: 그렇군요. 남편의 잔소리 때문에 극도로 화가 치밀어 오르셨군요.

축소 반영: 남편 때문에 좀 기분이 안 좋으셨군요.

양면 반영과 은유 사용하기의 예

내담자: 공부할 내용이 잘 정리가 안 되어서 스트레스 받아요.

양면 반영: 배운 내용을 정리하고 싶은 마음이 있는데 잘 되지 않아 힘든 마음도 있군요.

은유 사용하기: 어질러진 방 청소를 시작하는 기분이겠군요.

• **요약하기(Summarys):** 함께 이미 논의한 얘기들을 연결하고 강화하는 목적으로 사용될 수 있다. 상담자가 대화 내용을 일정한 간격을 가지고 요약하여 말해 주면 내담자는 상담자가 자신의 말을 주의 깊게 듣고 있다고 느낄 수 있고, 이로 인해 내담자는 더 자세하게 자신의 이야기를 나누고 싶은 마음이 들게 하는 역할을 하기도 한다. 요약하기 기술의 종류는 '수집 요약, 연결 요약, 전환 요약'이 있는데, 수집 요약은 내담자의 진술 2~3가지를 모아 정리해서 다시 말해 주는 것이고, 연결 요약은 내담자의 현재 진술과 과거에 했던 진술을 같이 묶어 요약해 되돌려 주는 기술이며, 전환 요약은 마무리와 함께 새로운 주제로 전환하기 위해 하는 요약이다. 이러한 여러 요약은 상담자가 내담자에게 요약을 할 것이라고 제안한 후에 진행하는 것이 좋다.

요약하기 예시

"상담실까지 오는데 많은 고민을 했지만, 지금 할 수 있는 최선의 방법이라고 생각이 되어서 발걸음을 했다고 하셨어요. 집에서는 남편과의 다툼으로 인해 스트레스가 매우 크고, 다른 일은 손에 전혀 잡히지가 않아 휴대폰만 하게 되지만, 사실은 남편이랑 싸우고 싶지 않고 화목하게 지내고 싶다고 하셨어요. 혹시 제가 놓친 부분이 있을까요?"

• **정보 교환하기(Information Exchange):** 주로 앞서 다룬 네 가지 과정 중 초점 맞추기에서 사용되는 핵심 기술 중 하나이다. 여기서의 정보 제공과 조언은 단순히 정보를 제공하고 조언하는 것과는 차이가 있는데, 먼저 내담자의 허락을 구하고 정보 및 조언을 제공해야 하고, 제공받은 정보를 기반으로 내담자가 스스로 정보를 선택하고 결정할 수 있도록 하는 것이 중요하다. 이를 위해 상담자는 내담자와 함께 이끌어내기(elicit)-제공하기(provide)-이끌어내기(elicit)의 순서로 정보 교환하기를 진행하는 것이 필요하다.

[그림 5-7] 참고 영상 – 동기강화상담 OARS 기술
출처: https://youtu.be/8JI0IL9wRjo?si=YEv0EKAbeAOqbdTK

5. 치료사례

동기강화상담의 핵심 개념 및 주요 기술에 대한 이해를 높이기 위해 다음과 같이
가상의 내담자를 설정하여 치료사례를 제시하였다. 내담자 A는 20대 중반의 남성이
고, 고등학생 때 아버지가 돌아가신 이후로 어머니와 여동생과 함께 살아가고 있다.
경제적으로 힘들어진 가족의 생계를 위해 열심히 아르바이트를 해 왔지만, 일하는 곳
에서 만난 형을 통해 온라인 도박을 시작하여 현재는 도박으로 인해 많은 빚을 안고
있다. 이후 이 사실을 알게 된 어머니의 강력한 권유로 내담자는 상담을 시작하게 되
었다. 다음 사례에서 상담자는 내담자의 양가감정을 다루고 변화대화를 이끌어 내기
위해 OARS+I를 사용하고 있다.

> 상담자: 모든 일에는 장단점이 있듯이, 도박을 할지 말지 선택하는 일에도 장단점
> 이 있기 마련이죠. 이번 시간에는 당신이 도박을 할 때의 장단점과 도박을
> 하지 않을 때의 장단점을 살펴보도록 하겠습니다. 이를 통해 도박이 당신
> 에게 어떤 이득과 손실을 주는지, 그리고 어떤 선택이 당신에게 가장 좋은
> 선택일지 생각해 보도록 해요.
>
> 상담자: (내담자가 도박을 할 때와 하지 않을 때의 장단점을 작성한 후) 당신이 도
> 박을 할 때 어떤 장점과 단점이 있는지 말씀해 주실 수 있나요?
>
> 내담자: 특유의 짜릿함이 있어요. 돈을 베팅하고 결과를 확인하기 직전까지의 순
> 간에 느껴지는 쾌감이 있어요. 그때 스트레스가 쫙 풀리는 느낌이에요. 근
> 데 문제는 딱 그때뿐이라는 거예요. 왜냐하면 결국 돈을 잃어버려서 스트
> 레스가 다시 쌓이게 되거든요. 가족한테는 미안해서 돈 날려 버렸다고 말
> 못 하고 그냥 거짓말만 하는 거죠. 그럼 잃은 돈을 만회하려고 빚내서 다
> 시 도박하고… 그게 쳇바퀴 돌듯이 반복되는 거죠.
>
> 상담자: 도박이 당신에게 순간의 좋은 기분을 안겨 주지만, 결국 당신과 가족에게

부정적인 영향을 미치게 되는군요(반영적 경청하기: 단순 반영). 그렇다면 도박을 하지 않았을 때의 단점과 장점은 무엇인가요(열린 질문하기)?

내담자: 도박을 안 하면 짧은 시간 내에 쉽게 돈 벌 기회가 사라진다는 게 단점인 것 같아요. 그 대신에 가족한테 거짓말할 일은 사라지겠죠. 큰돈을 벌어다 주지는 못하지만 적어도 도박으로 빚을 더 만들지 않았다는 것에 대해서 나 스스로나 가족 앞에서 떳떳해질 수는 있을 것 같아요.

상담자: 도박을 하지 않는다면 가족에게 정직한 사람이 될 수 있겠군요. 이야기 나눈 장단점 중에서 당신에게 가장 크게 다가오는 부분은 무엇인가요?

내담자: 가족에게 거짓말을 한다는 게 제게 크게 다가와요. 도박의 결과가 가족에게 거짓말하는 것이라는 게 마음이 아파요. 죄책감도 들고요. 우리 가족이 행복했으면 좋겠는데, 그게 마음대로 안 되는 것 같네요. 어쩌면 도박이 모든 문제를 해결해 주는 것은 아닐지도 모른다는 생각이 들어요(변화 단계: 전숙고단계->숙고단계). 하지만 제가 도박을 멈출 수 있을지 잘 모르겠어요[양가감정: 변화대화(변화이유)와 유지대화를 동시에 하고 있음].

상담자: 도박을 그만둘 수 있을지 염려가 되면서도 한편으로는 도박이 가족의 행복을 위한 해결책이 될 거라고 생각하진 않으시군요(반영적 경청하기: 양면 반영). 도박이 도움이 되지 않는다고 생각한 이유는 무엇인가요(열린 질문하기)?

내담자: 결과가 다 좋지 못했어요. 처음엔 큰돈을 벌어서 제가 우리 가족을 행복하게 할 수 있을 것이라고 생각했어요. 근데 지금은 오히려 가족과 싸움이 잦아지고, 빚도 어마하게 늘어만 가고… 내가 뭘 위해 도박을 하나 싶어요. 이러다간 가족을 잃을 것만 같아요.

상담자: 당신에게 가장 중요한 가치는 가족이군요. 도박은 그 가치를 빼앗을 수 있고요(반영적 경청하기: 복합 반영).

내담자: 네, 그러니 이제 도박을 멈춰야 할 것 같아요(변화대화: 변화필요).

상담자: 도박을 그만두기 위해서 무엇을 할 수 있을까요?

내담자: 잘 모르겠어요. 제가 무엇을 할 수 있을까요?

상담자: 저와 함께했던 많은 내담자 분은 단도박을 위해 여러 효과적인 방법을 사용했어요. 어떤 것들이 있는지 들어 보시겠어요(정보 교환하기: 이끌어 내기)?

내담자: 네, 좋아요.

상담자: 도박과 관련된 무언가를 보기만 해도 도박을 하고 싶다는 생각이 들기 마련인데요. 그래서 많은 분이 도박과 관련된 물건, 사람, 장소 등과 적절한 거리를 두기도 해요. 예를 들어, 스마트폰 대신에 피처폰을 사용한다거나, 도박을 권유하거나 같이했던 사람과의 만남 혹은 연락을 자제하는 것이죠. 제가 말씀드린 방법들에 대해 어떻게 생각하시나요(정보 교환하기: 제공하기, 이끌어 내기)?

내담자: 좋은 방법인 것 같아요. 특히 저는 온라인 도박을 했기 때문에 스마트폰 사용을 절제하는 방법이 도움이 될 것 같아요.

상담자: 좋아요, 그렇다면 구체적으로 스마트폰 사용을 절제하기 위해 어떻게 할 계획인가요?

내담자: 앞으로 스마트폰으로 도박을 하고 싶어질 때, 전원을 끄고 가족과 운동을 하러 가겠어요(변화대화: 결심공약, 변화 단계: 숙고단계->준비단계).

(상담이 끝나고 일주일 후, 다음 회기에서 만난 상담자와 내담자)

상담자: 저번 주에 우리가 나눴던 얘기들을 한번 정리해 볼게요. 우리는 도박을 할 때의 장단점과 하지 않았을 때의 장단점을 살펴보았고, 당신은 소중한 가족을 위해서라도 도박을 하지 않겠다고 다짐했죠. 그리고 도박을 멈추기 위한 행동 계획을 세웠어요(요약하기: 연결요약). 그 뒤로 한 주 동안 어떻게 지내셨나요(열린 질문하기)?

내담자: 저번에 말한 것처럼 스마트폰이 하고 싶어질 때, 스마트폰 전원을 끄고 엄마와 배드민턴을 하러 공원에 갔어요. 근데 잘 실천하고 있다가 어제 다시 온라인 도박에 손을 대고 말았어요(변화대화: 실천하기, 변화단계: 준비단계->실행단계).

상담자: 처음부터 도박을 완전히 멈춘다는 것은 쉽지 않은 일이지요. 일주일을 버티는 것도 쉽지 않았을 텐데 많은 노력을 하셨군요(반영적 경청하기: 인정하기).

6. 요약

- '변화에 대한 대화'로 정의할 수 있는 동기강화상담은 변화를 위한 다양한 방법에 적용될 수 있다.
- 동기강화상담은 인간중심 심리치료의 정신에 뿌리를 내리고 있다.
- 동기강화상담의 이해를 돕기 위해 동기강화상담의 주요 개념인 교정반사, 저항, 양가감정, 변화대화, 변화모델, 안내하기 등을 이해하는 것이 필요하다.
- 동기강화상담의 실제에는 정신(마음가짐, 태도), 과정, 원리, 핵심 의사소통 기술이 존재한다. 첫째, 정신은 협동정신, 수용, 연민, 유발성으로 구성된다. 둘째, 과정은 관계 형성하기, 초점 맞추기, 유발하기, 계획하기로 이루어진다. 셋째, 원리에는 저항과 함께 구르기, 공감 표현하기, 논쟁 피하기, 불일치감 만들기, 자기효능감 지지해 주기가 있다. 마지막으로 핵심 의사소통 기술은 열린 질문하기, 인정하기, 반영적 경청하기, 요약하기, 정보 교환하기로 구성되어 있다.

⊚ 연습 과제

    이번 장을 통해 배운 동기강화상담의 기술인 OARS+I를 바탕으로 내담자의 말에 상담자가 어떻게 반응할 수 있을지 다양한 대안을 생각해 볼 수 있습니다. 만약 당신이 상담자라면 다음의 주어진 상황에서 내담자에게 어떻게 반응할 것인가요? 제시된 OARS+I 기술을 사용하여 빈칸에 적어 보세요. 다 작성하였다면 다음에서 다른 예시들을 참고할 수 있습니다.

    또한 2명씩 짝을 지어 한 명은 상담자 역할, 다른 한 명은 내담자 역할을 맡아 역할극으로 다음의 상황을 연습해 보세요(역할을 바꾸어 가며 반복하세요). 추가로 앞서 5절에서 상담자가 내담자에게 어떻게 다른 반응을 할 수 있을지 생각해 보세요.

1) 사례 실습

(1) 열린 질문하기

내담자: 선생님, 저는 오늘 너무 힘든 하루를 보냈어요.

상담자: (a. 열린 질문하기) _____

(2) 인정하기
내담자: 술이 몸에 안 좋다는 건 잘 알지만, 매번 금주에 실패하게 되네요.
상담자: (b. 인정하기) _____

(3) 반영적 경청하기
내담자: 아들이 게임을 그만했으면 좋겠는데, 아무리 설득해도 말을 안 듣네요.
상담자: (c. 단순 반영) _____

내담자: 그때 사용했던 방법은 좋은 선택이 아니었던 것 같아요.
상담자: (d. 복합 반영) _____

내담자: 큰 걱정은 하지 않지만, 건강검진을 받고 1년이 넘긴 했어요.
상담자: (e. 양면 반영) _____

내담자: 엄마는 제가 세 살짜리 어린애인 것처럼 항상 잔소리만 해요.
상담자: (f. 확대 반영) _____

내담자: 성적을 올리기 위해 일주일 동안 매일 도서관에 가서 공부했어요.
상담자: (g. 축소 반영) _____

내담자: 한순간에 큰 빚이 생기고, 모아 놓은 돈도 다 써버린 데다가 지금 바로 일할 곳도
　　　　없어요. 이제 어떡하죠?
상담자: (h. 은유 사용하기) _____

(4) 요약하기
내담자: 지난 몇 달간 너무 힘든 시간을 보냈어요. 어머니께서 유방암 진단을 받고 항암
　　　　치료를 받는 동안에 가족 모두 걱정을 많이 했거든요. 가족이나 주변에 암 투병

을 했던 사람이 없으니 아는 정보도 없어서 처음에는 어떻게 해야 할지도 모르
겠고, 그냥 왜 이런 일이 우리 가족한테 일어나는지 억울하고 원망스럽기도 했어
요. 항암치료를 받는 동안에 어머니가 고통스러워하시고 갈수록 살이 빠지는 모습
을 보면 너무 속상하고 잠도 제대로 못 잤어요. 그땐 정말 가족 모두가 우울했던
것 같아요. 다행히 지금은 치료가 잘 끝나서 건강을 되찾으셨어요. 치료가 끝나
고 이제 4년이 넘었는데, 완치를 기대할 수 있게 되어 기뻐요. 저도 그렇고 가족
모두가 지금은 두 발 뻗고 자죠.

상담자: (i. 수집 요약) _____

내담자: (지난 회기에 금주를 위해 냉장고에 있는 술을 모두 버리겠다고 결심하며 상담을
마무리함) 선생님, 지난 일주일 동안에 많은 일이 있었어요.

상담자: (j. 연결 요약) _____

내담자: 가족은 제 마음을 하나도 몰라요. 제가 끼니를 굶는다고 해도 걱정해 주는 척도
하지 않고요. 오히려 제가 게으르다고 잔소리만 해요. 요즘 시험 기간이고 팀 과
제도 있어서 엄청 바쁘고 스트레스를 많이 받고 있는데 말이죠. 게다가 팀 사람
들과는 서로 안 맞아서 대화도 잘 안 통해요. 팀원 중 한 명이랑 조금 말다툼이
있었는데, 어떻게 화해해야 할지도 모르겠고, 팀 분위기만 안 좋아진 것 같아요.
그 와중에 사촌 동생은 시간만 나면 저한테 놀아 달라고 무작정 떼만 쓰는 거 있
죠. 이제 중학교 3학년인데 철없게 구는 모습이 이해가 안 되고 답답해요. 요즘
스트레스가 이만저만이 아니에요.

상담자: (k. 전환 요약) _____

(5) 정보 교환하기

내담자: 제가 오늘 상담에 처음 오는 거라 잘 모르는데… 상담이 제게 어떻게 도움이 되
는지 알고 싶어요.

상담자: (l. 이끌어 내기) _____

내담자: 제가 여기서 어떤 것들을 말하면 되는지, 얼마나 만나야 하는 건지… 이런 것들이
궁금하네요.

상담자: (m. 제공하기) _____

상담자: (n. 이끌어 내기) _____

2) 예시 답안

(1) 오늘 어떤 일들이 당신을 힘들게 했나요?

(2) 지속되는 포기에도 불구하고 새롭게 금주에 도전하는 것이 쉽지 않은데, 매번 다시 도전하는 모습을 보니 건강을 지키려는 마음이 간절해 보이네요.

(3) 아들이 게임을 그만하도록 어떻게든 돕고 싶군요.

(4) 마치 당신이 할 수 있었던 보다 나은 다른 선택이 있었던 것처럼 들리네요.

(5) 건강이 괜찮을 거라 생각하면서도 한편으로는 건강을 염려하는 마음도 있으시군요.

(6) 당신에게 엄마는 전혀 도움이 되지 않는 사람이군요.

(7) 작게나마 변화를 시도하기 시작하셨군요.

(8) 갑자기 큰 빚이 생겨 경제적으로 막막한 상황에서 마치 돌아갈 길 없는 낭떠러지 끝에 떠밀려 있는 기분이시겠군요.

(9) 정말 힘든 시간을 보내셨군요. 어머니께서 암을 치료받으시는 과정에서 가족이 속상하고 우울했지만, 치료가 잘 끝나서 모두가 다시 마음의 안정을 찾은 것 같아요.

(10) 저번 주에 당신은 술에 의지하며 살아가는 삶을 멈추고자 금주를 결심하셨고, 이를 실천하기 위해 집에 있는 술을 모두 버리겠다고 다짐하셨죠. 그 후에 어떤 일들이 있었는지 궁금하네요.

(11) 가족이 ○○ 씨의 힘든 상황을 이해해 주지 못해 서운하기도 하고, 과제를 하면서 팀원과 어려웠던 일들도 있었군요. 거기에다가 사촌 동생까지 말썽이니 정말 스트레스였겠네요. 이 중에서 ○○ 씨에게 가장 스트레스가 되는 것부터 같이 얘기해 보면 좋을 것 같아요.

(12) 상담에 대해 궁금하시군요. 혹시 상담에 대한 어떤 점들이 궁금하시나요?

(13) 상담에서 저희가 어떤 것들을 다루게 될지, 또 얼마나 저희가 만나야 하는지를 알려드리도록 하겠습니다. (관련 내용 제공)

(14) 제가 이야기를 좀 해 드렸는데 어떻게 생각하시나요?

3) 연습문제

(1) 초이론적 모델(Transtheoretical Model)에 따른 변화 단계에 따라 빈칸에 들어갈 단
계를 적으세요.

(A)단계 ⇨ (B)단계 ⇨ 준비단계 ⇨ 실행단계 ⇨ 유지단계 ⇨ (C)단계

(2) 동기강화상담의 4단계 과정에 따라 빈칸에 들어갈 단계를 적으세요.

관계 형성하기 ⇨ (A) ⇨ (B) ⇨ 계획하기

(3) 이것은 동기강화상담의 정신 중 하나로, 내담자와 상담자가 위계적인 관계가 아니
라 파트너 정신을 가지고 작업하는 것을 의미한다. 상담자와 내담자가 '함께'해 나
가는 것을 뜻하는 이것은 무엇인가요?

(4) 이것은 동기강화상담의 정신 중 하나로, 내담자가 자신에 대한 전문가이며 변화에
대한 동기가 내담자에게 이미 내재되어 있다고 보는 관점이다. 내담자는 변화를 시
도했던 경험을 통해 자신의 변화에 도움이 되는 것과 도움이 되지 않는 것을 잘 알
고 있다고 보는 이것은 무엇인가요?

(5) 이것은 동기강화상담의 중심 원리 중 하나로, 상담자가 내담자로부터 들어오는 공
격에 대해 맞받아치는 것이 아니라 오히려 공격의 대상이 되어주는 것을 의미한다.
내담자의 공격적인 힘에 저항하지 않고 그 힘을 유도하여 다른 방향으로 전환하는
원리를 의미하는 이것은 무엇인가요?

4) 답안

(1) 전숙고, 숙고, 재발
(2) 초점 맞추기, 유발하기
(3) 협동정신
(4) 유발성
(5) 저항과 함께 구르기

🅞 주관식 문제

1) 동기강화상담의 4가지 정신과 그에 대한 정의는 무엇인가요?

2) 동기강화상담의 4가지 과정은 무엇이고, 각 과정에서 사용할 수 있는 상담전략에는 무엇이 있나요?

📖 참고문헌

Arkowitz, H., & Miller, W. R. (2008). Learning, applying, and extending motivational interviewing. In H. Arkowitz, H. A. Westra, W. R. Miller, & S. Rollnick (Eds.), *Motivational interviewing in the treatment of psychological problems* (pp. 1-25). New York: The Guilford Press.

Arkowitz, H., & Westra, H. A. (2009). Introduction to the special series on motivational interviewing and psychotherapy. *Journal of clinical psychology, 65*(11), 1149-1155.

Miller, W. R., & Rollnick, S. (2015). 동기강화상담: 변화 함께하기(*Motivational interviewing: helping people change*). (신성만, 권정옥, 이상훈 역). 서울: 시그마프레스. (원저는 2013년에 출판).

Miller, W. R., & Rollnick, S. R. (1991). *Motivational interviewing: Preparing people to change behavior.* New York: The Guilford Press.

Miller, W. R., & Rollnick, S. R. (2002). *Motivational Interviewing: preparing people for change* (2nd ed.). New York: The Guilford Press.

Prochaska, J. O., & DiClemente, C. C. (1983). Stages and processes of self-change of smoking: Toward an integrative model of change. *Journal of consulting and clinical psychology, 51*(3), 390.

Rollnick, S., Miller, W. R., & Butler, C. C. (2008). *Motivational interviewing in health care: Helping patients change behavior.* New York: The Guilford Press.

[참고 사이트]

Psychwire.(2019,June 18). *The Four Processes of Motivational Interviewing*[Video]. YouTube. https://www.youtube.com/watch?v=4Hrz9tLUlUw

Psychwire.(2019,June 19). *What Does the Acronym OARS Mean in Motivational Interviewing?* [Video]. YouTube. https://www.youtube.com/watch?v=8JI0IL9wRjo

Psychwire. (2020,November 8). *The Underlying Spirit of Motivational Interviewing*[Video].
        YouTube. https://youtube.com/watch?v=7mIWI85dmAE&si=mA2QBxu57sldzEIa

Teachproject. (2014,January 17). *The 4 Principles of Motivational Interviewing*[Video].
        YouTube. https://www.youtube.com/watch?v=C02a_rAIho0

6장 인지행동치료

  정신분석치료와 행동치료로 이어지는 심리치료의 역사 속에서 혜성처럼 등장한 인지치료는 기존의 행동치료를 병합하고 통합하면서 인지행동치료라는 이름으로 현재까지 수십 년간 심리치료의 대표적 접근으로 자리매김해 왔다. 아주 오랜 기간 인정을 받고 있는 치료로서 현장의 치료 전문가들로부터 선택을 받아 온 가장 큰 이유는 방대한 연구를 통해 치료효과를 포함하여 치료 기제 등에 대한 과학적이고도 객관적인 근거를 제시했다는 점과 비교적 어렵지 않게 이해하고 사용할 수 있는 이론과 기법이라는 점을 들 수 있다. 게다가 다른 치료 접근에서 사용하는 기법들도 받아들여 확장해 나감으로써 개방성과 유연성을 보여 준 점도 일조했다고 할 수 있다. 이러한 특징들은 인지행동치료하면 대표적으로 떠오르는 아론 벡(Aaron Beck)과 앨버트 엘리스(Albert Ellis)를 필두로 하여 전 세계의 많은 인지행동치료자들이 노력한 결과이다.

  행동이라는 용어는 우리가 일상적으로 사용하고 있기에 직관적으로 이해하는 데 어려움이 없지만 인지라는 용어는 생소하고 어색할 수 있는데, 쉽게 말해 인지는 생각을 의미한다. 따라서 인지행동치료란 고통받는 내담자를 돕기 위해 내담자의 생각과 행동을 다루는 접근이며, 생각과 행동을 변화시킬 수 있는 다양한 기법을 활용한다. 우리의 삶에서 발생하는 신체적·심리적 고통을 조절하기 위해서 우리는 약물치료처럼 직접 생리학적 측면을 다룰 수도 있고, 운동이나 요가처럼 신체를 다룰 수도 있으며, 우울이나 분노와 불안에 직접 초점을 두고 정서 조절을 시도할 수도 있다. 그러나 인지행동치료는 우리의 정서와 행동과 신체 반응은 우리의 생각에 영향을 받고, 그 생각을 확인하여 다루는 것이 고통을 감소시킬 뿐만 아니라 안녕을 추구하는 데 효과적이라고 본다. 최근 인지행동치료의 흐름은 초기에 생각의 변화를 강조하는 것에서 인지, 정서, 행동, 신체의 객관적 관찰과 수용을 강조하며, 변화와 수용의 균형, 심리적 유연성을 중요하게 본다.

1. 창시자와 이론의 발달

인지행동치료(Cognitive-Behavioral Therapies: CBT)의 창시자를 든다면 엘리스(1913~2007)와 벡(1921~2021)을 대표적으로 꼽을 수 있다. 두 사람은 각자 자신만의 이론과 치료 방법을 제시하며 인지행동치료의 부흥을 이끌었는데, 인지행동치료의 등장과 발전사를 이해하려면 인지행동치료 이전에 주류 심리치료 방법이었던 정신분석치료 및 행동치료와의 관련성을 먼저 살펴보아야 한다. 1950년대와 1960년대에 발전한 행동치료는 그 당시까지 심리치료를 주도했던 정신분석과 전혀 다른 입장을 취했는데, 무의식이 아닌 관찰 가능한 행동을 다루고, 과거가 아닌 현재에 초점을 두며, 장기치료가 아닌 단기치료를 지향하는 특징을 지니고 있었다. 그런데 행동치료는 관찰 가능한 행동과 환경 자극에 초점을 두었기에 개인 내면의 특징은 우리가 알 수 없는 블랙박스로 취급하면서 이를 무시하는 한계를 드러냈다. 이러한 한계는 앨버트 반두라(Albert Bandura)의 사회학습이론을 통해 개인의 신념, 가치, 기대 등이 개인의 행동에 영향을 미친다는 것으로 분명해졌고, 이에 영향을 받은 엘리스와 벡은 한 개인의 생각이 후속 반응에 결정적이라는 이론에 기반한 인지행동치료를 제시하였다. 처해 있는 상황이 같아도 그 상황을 어떻게 받아들이냐에 따라 감정과 행동은 달라진다는 것인데, 인지행동치료에서는 이를 인지매개설이라고 부른다. 어쨌든 인지행동치료는 행동치료의 유산을 이어받으면서도 인지치료라는 새로운 요소를 가미하여 확장된 형태로 발전하게 되었다. 인지행동치료는 1970년대 이후에 다양한 심리장애 영역과 치료 주제를 다루며 수많은 연구결과를 제시하였고, 진화에 진화를 거듭하면서 다양한 심리장애에 효과적인 치료로 인정을 받게 되었다.

인지행동치료를 하는 상담자라고 해서 모두 동일한 치료를 하고 있다고 단정할 수는 없다. 다시 말해 인지행동치료에는 매우 다양한 형태의 치료가 모여 있다고 할 수 있다. 엘리스와 벡 역시 많은 공통점을 지니고 있으면서도 차이점 역시 많고, 엘리스는 자신의 치료를 합리적 치료에서 합리적 정서치료로, 다시 합리적 정서행동치료 (Rational Emotional Behavioral Therapy: REBT)로 변경하여 명명한 반면, 벡은 자신의 치료를 인지치료(Cognitive Therapy: CT)[1]라고 부르며 차별화를 시도하였다. 그렇다면 인지행동치료라고 부를 수 있는 기준은 무엇인가? 치료 명칭대로 인지적 기법과 행동적 기법을 사용하기만 하면 모두 인지행동치료라고 할 수 있을까? 물론 두 가지 기법을 활용하는 것은 명시적으로 중요한 요소가 될 것이다. 그러나 여기에 반드시 포함해야 할 부분은 인지의 역할을 중요하게 보는 인지매개설에 기초한 사례개념화[2]를 하고 있느냐일 것이다. 다시 말해 내담자의 문제를 이해하기 위해서는 내담자의 생각과 의미부여를 알아야 한다는 것에 동의하고, 이를 중심으로 내담자의 문제를 설명할 수 있어야 한다. 또 하나의 기준을 추가하면 근거 기반 심리치료를 지향하는 입장에서 치료효과를 객관적이면서도 과학적으로 반복 입증하고 있느냐일 것이다.

결과적으로 인지행동치료는 이전의 주류 심리치료였던 정신분석치료와 행동치료의 문제를 보완하고 극복하는 과정에서 나타났다고 할 수 있다. 물론 엘리스나 벡의 인지행동치료이론과 기법을 탄생시키고 발전시킨 직간접적인 요소들은 매우 다양하여 그리스 로마 시대의 스토아 학파의 철학, 실존 철학, 동서양의 종교에 영향을 받았음을 두 사람 모두 인정하고 있고, 알프레드 아들러(Alfred Adler), 카렌 호나이(Karen Horney), 조지 켈리(George Kelly) 등에 영향을 받은 부분도 있다. 또한 앨버트 반두라 등이 제시한 사회학습이론과 인지심리학의 정보처리모형 또한 인지행동치료를 출발시키고 성장시킨 주요 동력이었다고 할 수 있다(박기환, 2020).

엘리스와 벡은 거의 동시대에 활동하면서 인지행동치료의 발전과 전성기를 이끌었던 대표적 인물로서 성장기 및 치료 경력에서 몇 가지 공통점이 눈에 띈다. 우선 두 사람은 어린 시절에 허약하여 병치레를 많이 했는데, 엘리스는 신장염으로 자주 입원을 하였고, 벡은 몸이 아파 한 학년을 다시 다녀야 했다. 이러한 어려움은 두 사람 모두에게 열등감을 심어 주었을 수 있으나, 열등감에 좌절하기보다는 스스로의 노력으

---

1 벡은 자신의 치료법 명칭이 일반적으로 생각을 다루는 치료로서의 인지치료라는 대표 명칭과 동일한 문제를 해결하기 위해 자신의 인지치료는 대문자(Cognitive Therapy: CT)로, 일반적인 인지치료는 소문자(cognitive therapy)로 구분하여 사용하기도 하였으나, 헷갈리는 것은 매한가지이며, 대문자와 소문자 구분이 없는 한국말로는 전혀 구분할 수 없는 문제가 있다.

2 사례개념화란 특정 이론에 기초하여 내담자의 문제가 무엇이고, 그 문제가 어떻게 그리고 왜 발생했는지 설명하는 과정이라고 할 수 있다.

로 이를 극복하는 과정에서 생각하는 방식의 중요성을 깨달았고, 이후 이러한 개인적 경험은 인지행동치료의 이론과 기법을 만드는 데 초석이 되었다. 흥미롭게도 어떤 치료 접근이든 창시자의 어린 시절의 성장 경험과 치료이론 및 기법은 매우 긴밀하게 연결되어 있는 것 같다. 또 다른 공통점으로 두 사람은 처음에 정신분석 훈련을 받은 후에 정신분석가로 활동하였으나, 정신분석의 이론과 효과에 회의를 느끼고 새로운 접근, 즉 자신만의 인지행동치료를 만들게 되었다는 점을 꼽을 수 있다. 그 당시 주류 치료로서 정신분석에 기반을 두고 내담자들을 치료하고자 하였으나, 풀리지 않는 이론적 의문과 실제적인 비효율성으로 인해 내담자의 문제를 보다 직관적으로 이해하고 설명할 수 있는 이론 및 치료기법을 만들게 되었다.

2000년 전후로 새로이 주목을 받으며 성장한 수용 기반 혹은 마음챙김 기반 인지행동치료의 등장으로 인지행동치료의 역사는 또 다른 국면을 맞이하게 되었다. 변증법적 행동치료(DBT), 수용전념치료(ACT), 마음챙김 기반 인지치료(MBCT) 등과 같은 치료들이 등장하였는데, 이 치료들은 궁극적으로 행동의 변화를 목표로 한다는 점에서 기존의 행동치료나 인지행동치료와 공통점이 있지만, 인지적 개입과 행동적 개입뿐만 아니라 수용적 개입과 마음챙김 훈련을 강조하면서 변화를 위한 노력뿐만 아니라 수용의 중요성을 강조한다는 점에서 차이가 있다. 이러한 치료적 개선 노력은 기존의 치료로 충분히 효과를 보지 못하는 내담자나 심리장애를 효과적으로 다루기 위한 시도와 노력 속에서 나타난 것이다. 예를 들면, 기존의 인지행동치료로 잘 치료되지 않는 만성 우울증 환자나 경계선 성격장애 환자를 돕기 위한 보다 효과적인 방법을 찾으려는 임상 현장에서의 고민이 새로운 변화의 촉매제가 되었다. 수용 기반 인지행동치료에서는 자신들의 접근을 행동치료의 세 번째 물결로 부르면서 기존의 인지행동치료를 행동치료의 두 번째 물결이라고 구분하여 지칭하기도 하였다.

요약컨대 1950년대 후반과 1960년대 초반에 시작된 인지행동치료는 1970년대를 거쳐 1980년대에 이르면서 다양한 심리장애와 심리적 문제에 대한 치료의 효과성을 입증하며 주류 심리치료로 확고히 자리잡았다. 또한 1990년대를 거쳐 2000년대로 넘어오면서는 전통적인 이론과 기법을 확장하거나 변형하는 새로운 시도들이 나타남으로써 인지행동치료의 범위를 매우 넓히는 결과로 이어졌다.

2. 주요 개념

　상담자와 내담자의 협력적 관계, 혹은 치료동맹의 중요성을 인정하지 않는 심리치료 방법은 없을 것이다. 인지행동치료 역시 치료효과를 담보하기 위한 필수 조건으로 상담자와 내담자의 협력의 필요성을 강조하며, 협력적 경험주의라는 용어를 특별히 사용하고 있다. 또한 인지행동치료에서는 치료의 핵심 원리와 개념을 전달하기 위해 인지모델을 사용하며, 인지모델에 기반하여 사례개념화를 하고 치료목표와 치료전략을 수립한다. 인지모델에서는 외부 사건에 대한 개인의 해석이 중요함을 강조하며, 개인의 해석에 영향을 미치는 과거의 경험도 포함한다. 인지행동치료에서는 특정한 상황에서 개인이 갖는 생각이나 해석을 자동적 사고라는 용어로 부르고, 과거의 경험을 통해 보다 견고하게 만들어진 개인의 믿음 체계를 스키마(혹은 핵심믿음)라는 용어로 부른다. 개인의 해석에는 간혹 객관적인 상황과 맞지 않는 인지적 오류가 나타날 수 있는데, 누구나 그러한 오류를 보일 수 있지만 그러한 오류가 빈번하고 광범위하게 나타날수록 정신병리의 문제가 더 심각해질 수 있다. 이 절에서는 인지행동치료의 주요 개념으로 협력적 경험주의를 우선 살펴보고, 인지모델, 자동적 사고와 스키마, 그리고 인지적 오류를 차례대로 설명할 것이다.

1) 협력적 경험주의

　협력적 경험주의란 상담자와 내담자가 함께 협력하여 경험에 근거한 변화를 추구한다는 의미를 담고 있다. 협력을 위해서는 서로 존중하고 믿는 관계가 필요하며, 경험에 근거한 변화를 위해서는 다양한 시도와 체험을 단계적으로 하면서 내담자의 생각을 다룰 필요가 있다. 상담자는 내담자와의 협력을 강조함으로써 상담자의 권위적인 역할에 대한 내담자의 저항과 반감을 최소화할 수 있다. 아무리 좋은 얘기여도 내담자에게 일방적으로 가르치거나 설득하는 방식으로는 내담자의 치료적 변화를 충분히 이끌어 내기가 어렵다. 내담자 스스로가 깨닫고 받아들인 내용이 바로 내담자의 것이 되므로 상담자의 역할은 내담자 스스로 성찰할 수 있도록 돕는 것이다. 이러한 과정과 결과는 인지행동치료에서 협력적 경험주의를 통해 이루어진다.

　인지행동치료에서는 내담자를 실용적인 과학자에 비유하는데, 이는 인간은 자신의 행동을 합리적으로 바라보고 선택할 수 있는 존재라는 인간관과 일맥상통한다. 많은 내담자는 대부분 기능적인 방식으로 상황을 해석하지만, 정보를 모으고 통합하는 데에서 편향이나 오류로 인해 일시적으로 방해를 받을 수 있다. 내담자는 상담자와 협력하여 자신이 왜 고통을 받는지를 살펴보고, 이를 해결하기 위해 고통의 원인에 대한 가설을 세우고, 이 가설이 맞는지 여부를 다양한 방식으로 확인한다. 다시 말해 상담자와 내담자는 내담자의 믿음과 관련한 증거들을 모으고 설정한 가설들을 검증하기 위해 함께 노력한다. 이때 상담자와 내담자는 내담자의 해석 혹은 믿음을 무조건 잘못된 것으로 간주하지 않고 맞을 수도 있고 틀릴 수도 있는, 그래서 확인하고 검증할 필요가 있는 가설로 보고 그 믿음이 맞다는 증거와 틀린 증거를 각각 수집하는 과정을 밟는다.

또 다른 비유를 들자면 내담자의 문제를 해결하기 위해 내담자와 상담자는 한 배를 탄 파트너로서 서로 협력해야 한다. 서로 같은 방향으로 노를 저으며 목표 지점을 향해 나아가야 하는데, 어디로 가는 것이 좋을지 상담자가 제안한다고 하더라도 내담자가 이에 동의하고 함께 노를 젓지 않는다면 순탄하게 배가 나아갈 수 없을 것이다. 또 다른 맥락에서는 상담자와 내담자의 관계를 교사-학생 혹은 코치-선수로 비유하기도 한다. 내담자가 상담자에게 도움을 요청하고 상담자는 내담자에게 필요한 도움을 제공하는 관계이기에 상담자가 조금 앞서서 내담자를 안내하는 적극적인 역할도 필요하지만, 협력적 경험주의를 실천하는 인지행동치료자는 우호적이고 친절한 태도로 내담자의 적극적인 참여를 안내할 수 있어야 한다.

2) 인지모델

일상생활을 하며 우리는 외부 사건 때문에 내 감정이나 행동 혹은 생리적 증상과 같은 반응이 생겼다고 여기는 경향이 있다. 예를 들어, 어떤 대학 신입생이 최근 알게 된 선배를 캠퍼스에서 지나가다 인사를 했는데 선배가 쳐다보지 않고 그냥 지나쳤을 때 얼굴이 화끈거리면서 심장이 뛰고 화가 나 고개를 숙이고 이를 악무는 행동을 했다고 가정해 보자. 그 신입생은 인사를 받지 않은 선배 때문에 화가 났다고 얘기할 수 있다. 그런데 그 상황에서 모든 대학생이 화가 나는 감정을 경험하지는 않을 것인데, 어떤 대학생은 우울해질 수도 있고, 어떤 대학생은 불안할 수도 있으며, 어떤 대학생은 아무렇지도 않을 수 있다.

왜 같은 상황에서도 이렇게 다른 반응들이 나타날 수 있는 것인가? 그것은 바로 그 사건에 부여하는 의미, 즉 개인의 해석이 다르기 때문이다. 인사를 받지 않고 지나간 선배에 대해 '나를 무시했다'고 생각한다면 화가 나겠지만, '나는 인사받을 가치도 없는 사람이다'라는 생각이 들었다면 우울해질 것이고, '내가 저 선배에게 뭘 잘못한 게 있나?'라는 생각을 한다면 불안을 느낄 것이다. 한편 '바쁜 일이 있어서 날 못 보고 지나갔나?'라고 생각한다면 불쾌한 기분을 느끼지 않을 것이다.

　앞선 예에서 본 것처럼, 내 감정, 행동, 생리적 변화 등의 반응을 결정하는 것은 외부 사건이 아니라 외부 사건에 대한 개인의 해석이라는 것을 알 수 있다. 이러한 개인의 해석을 인지행동치료에서는 자동적 사고라고 부르고, 자동적 사고 중 합리적이지 못하고 적응적이지 못한 생각을 역기능적 사고라고 부른다. 이러한 일련의 과정을 설명하는 것이 인지모델인데, [그림 6-1]에서 보는 것처럼 지금까지 설명한 구체적 사건 상황에서의 자동적 사고와 반응은 가로축으로 연결된 반면, 오랜 기간 발달 과정을 거쳐, 특히 어린 시절의 경험에 영향을 받으며 만들어지는 스키마 혹은 핵심믿음은 세로축으로 연결되어 있다. 스키마는 자신과 타인과 세상을 바라보는 눈이자 신념이라고 할 수 있으며, 어떠한 스키마를 가지고 있는지에 따라 어떤 자동적 사고를 하게 되는지가 결정된다. 따라서 긍정적인 스키마를 가지고 있는 사람은 많은 상황에서 긍정적인 자동적 사고를 하게 되고, 부정적인 스키마를 강하게 가지고 있는 사람은 상황 상황마다 부정적인 자동적 사고를 하게 될 가능성이 높다.

　지금까지 설명한 전통적인 인지모델에 대한 설명에 추가할 부분이 있는데, 이는 [그림 6-1]에 점선으로 표시되어 있다. 첫 번째는 자동적 사고 없이 사건이나 상황 자체가 개인의 반응을 만들어 내는 경우도 있다는 것이다. 외상 사건에 대한 즉각적 반응이 그러한 예인데, 뭔 생각을 해서가 아니라 본능적으로 몸은 반응을 하게 된다. 대개 그러한 반응에 대해 우리는 후속적으로 어떠한 생각을 가지게 된다. 반복된 연합 학습에 의해 자동적으로 반응이 나오는 경우도 사건이나 상황이 직접 개인의 반응을 만들었다고 할 수 있다. 두 번째는 우리는 우리의 반응에 대해 해석함으로써 고통을 받는 경우가 매우 많다는 것이다. 예를 들어, 외상으로 인한 공포도 고통스럽지만 공포를 느끼는 자신을 약하고 이상한 사람으로 생각하며 수치심을 느끼는 것이 더욱 고통스럽게 한다.

　종합하자면 인지모델에서는 자동적 사고가 개인의 반응에 일방적으로 영향을 주기보다는 상호 영향을 주고받는 관계라는 것을 강조한다. 생각이 특정 감정과 행동과 신체 증상을 야기하지만, 반대로 어떤 감정이 들거나 어떤 행동을 하거나 신체 증상을 느낀 후에 여러 가지 생각이 들 수도 있다. 다만 인지행동치료자는 내담자의 반응에 핵심적인 역할을 하는 자동적 사고에 주목하며, 자동적 사고의 변화를 통해 반응의 변화가 이루어지도록 돕고자 한다.

3) 자동적 사고와 스키마

앞서 특정 상황에서의 개인적 해석을 자동적 사고라고 설명하였다. 다시 앞선 예를 꺼내 보면, 인사를 받지 않은 선배에게 화가 난 대학생은 화가 난 것을 느끼면서도 자신이 왜 화가 났는지 바로 설명하기 힘들 수 있는데, 대개 선배가 인사를 받지 않고 지나가서라는 상황을 이유로 설명하기 쉽다. 물론 자신이 화가 난 건지도 잘 모르는 경우도 있다. 어쨌든 나중에 곰곰이 생각을 해 보면서 선배가 날 보고도 무시하고 지나갔다는 생각을 했다는 것을 알아차릴 수 있는데, 이처럼 즉각 알아차리기 어려울 정도로 너무나 빨리 스쳐 지나가는 생각이라는 뜻에서 자동적 사고(automatic thought)라는 용어를 사용하고 있으며, 말 그대로 심사숙고하거나 합리적으로 판단한 생각이 아니며, 어렴풋이 인식할 수는 있으나 바로 그 순간에 의식하기 힘든 특징이 있다.

자동적 사고는 정신분석의 전의식(preconsciousness)에 비유할 수 있는데, 평소 의식하기 힘들지만 노력을 하면 의식에서 확인이 가능하다고 볼 수 있다. 따라서 자동적 사고를 바로 인식하기보다는 자동적 사고에 뒤따르는 감정이나 신체 변화를 인식하는 경우가 대부분이다. 그러므로 인지행동치료에서는 자동적 사고를 다루는 것이 중요하지만, 처음에 자동적 사고를 확인하기가 쉽지 않으므로 우선 접근 가능한 내담자의 반응, 즉 감정, 행동, 생리적 특징을 명료화해야 한다. 그중에서도 특히 감정의 변화에 주목하여 강한 부정적 감정이 들 때 어떤 생각이 스쳐 지나가는지를 살펴보면 자동적 사고에 접근할 수 있다.

스키마(schema)는 정보처리의 기본적인 틀이자 규칙으로서 자동적 사고에 영향을 주는 토대이다. 인지행동치료에서 스키마라는 용어와 거의 같은 의미로 많이 사용하는 핵심믿음이라는 용어는 스키마라는 틀 속에 담긴 내용을 의미하는 것으로 이해할 수 있다. 다만 스키마라는 구조는 눈으로 확인하기가 어렵기 때문에 핵심믿음이라는 내용을 통해 주로 이해하게 되는 특징이 있다. 학문적 맥락에서는 스키마를 인지 구조로, 핵심믿음을 인지 내용으로 구분하여 설명하기도 하지만, 실제적 맥락에서는 거의 동의어처럼 사용한다.

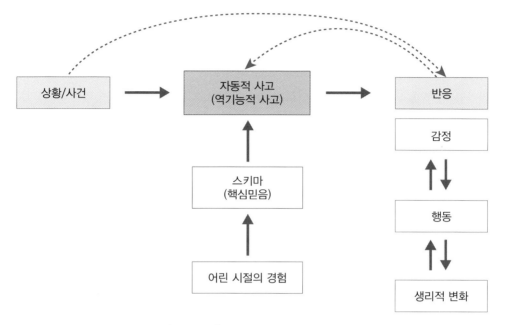

[그림 6-1] 인지행동치료의 인지모델

출처: 박기환(2020)을 토대로 일부 변형함.

　　스키마는 특정 상황을 바라보는 관점에 영향을 주기 때문에 세상을 보는 개인의 고유한 세계관이자 인간관이라고 할 수 있다. 이러한 스키마는 성장기 발달 경험을 통해 주로 형성되는데, 부모의 훈육, 대인관계, 외상, 성공 혹은 실패 경험 등 다양한 요인의 영향을 받는다. 다시 앞의 예로 돌아가 보면, 인사를 받지 않은 선배에게 화가 난 대학생이 자라면서 공부를 잘하는 동생과 비교를 당하며 부모로부터 무시를 당했고, 그래서 다른 사람이 자신을 무시하는지 여부에 예민하다고 한다면 사람들이 자신을 무시한다는 스키마가 선배와의 상황에서도 특정 자동적 사고를 하도록 영향을 미치고 있는 것이다.

　　스키마는 기능적인 것도 있고 역기능적인 것도 있어서 평상시에는 비교적 기능적인 스키마가 작동하다가도 앞선 예처럼 사람들이 자신을 무시하는 것 같다는 지각과 해석이 작동하는 상황에서는 역기능적인 스키마가 작동할 수 있다. 인지행동치료자는 내담자의 기능적 스키마와 역기능적 스키마 모두에 관심을 가지고 탐색하는 것이 필요하며, 역기능적 스키마의 영향은 줄이고 기능적 스키마의 힘은 키우도록 도와야 한다. 또한 역기능적 스키마라고 하더라도 이는 내담자의 성장과정에서 자신의 경험을 이해하는 틀로서 자신의 생존과 적응에 기여한 바가 있었기 때문에 계속 유지되어 왔을 것이라고 받아들이는 것이 바람직하다. 과거에는 적응에 도움이 된 부분이 있었겠지만, 현재에도 도움이 되고 있는지 여부를 내담자와 협력하여 함께 밝혀 나가는 것이 필요하다. 일반적으로 치료의 초반과 중반에 자동적 사고를 다룬 후, 중반 이후에 스키마를 다루게 되는데, 이는 더 의식 아래에 있는 스키마에 접근하는 것이 어렵기도 하고, 내담자에게 위협과 부담이 되기 때문이다.

4) 인지적 오류

사람들은 눈앞의 상황을 바라볼 때 특정 자극에 선택적으로 주의를 기울이며 자신만의 지각 방식에 따라 상황을 받아들이고, 그 상황에 대한 의미를 만들어 낸다. 이러한 일련의 과정을 정보처리(information processing)라고 부르는데, 인지행동치료에서는 스키마에 의해 이러한 처리가 일어나는 것으로 보고 처리의 결과적 내용을 자동적 사고에서 확인할 수 있다고 본다. 이때 확인되는 자동적 사고는 비교적 구체적인 현실에 잘 맞는 내용일 수도 있지만, 과장되거나 왜곡된 부분이 반영되어 나타나기도 한다. 이처럼 자동적 사고에서 부풀려진 특징을 인지적 오류(cognitive error) 혹은 인지적 왜곡(cognitive distortion)이라고 부른다.

자신의 스키마에 맞는 증거나 해석은 받아들이고, 스키마와 맞지 않는 증거나 해석은 무시하거나 간과해 버림으로써 지니고 있는 스키마는 더욱 공고해지고 변하기 어렵게 된다. 앞선 예처럼, 사람들이 자신을 무시할 것이라는 스키마를 지닌 대학생은 선배가 자신의 인사를 받지 않고 지나간 행동은 자신을 무시한 강력한 증거로 받아들이면서도 선배가 황급히 지나가면서 자신을 쳐다보지 못했을 가능성은 생각하지 못함으로써 사람들이 자신을 무시하는 또 하나의 증거로 기억하게 되고, 사람들이 자신을 무시한다는 스키마는 더욱 단단해진다.

벡은 정서장애를 가진 사람들의 자동적 사고에서 논리적 오류가 많이 나타남을 발견하고, 다양한 인지적 오류의 종류들을 제시하였으며, 이러한 오류를 확인하고 수정함으로써 정서장애의 치료를 촉진할 수 있다고 보았다. 물론 이러한 인지적 오류는 모든 사람에게서 나타날 수 있는 것으로, 연속선상에서 그 정도가 지나칠 때 정서장애를 초래할 수 있는 것으로 간주된다. 인지적 오류 중 일부를 소개하면 다음과 같다. ① 전체를 보지 않고 부정적인 일부 정보들만으로 결론을 내리는 선택적 초점(selective abstraction) 혹은 정신적 여과(mental filtering), ② 한 가지 상황이나 증거를 가지고 모든 상황에 적용하여 일반적인 결론을 내리는 과잉일반화(overgeneralization), ③ 관련이 없는 외부 사건이나 상황을 자신과 관련시키면서 부정적인 사건에 대해 스스로 과도한 책임을 지거나 자기 비난을 하는 개인화(personalization), ④ 자신 혹은 타인에 대한 판단이 양 극단의 두 가지 범주(예: 좋은 사람 혹은 나쁜 사람, 성공 아니면 실패, 100점 아니면 0점) 중 하나로만 이루어져서 연속선상에서 생각하지 못하는 이분법적 사고(dichotomous thinking), ⑤ 미래의 결과를 지나치게 부정적으로만 예상하고 현실적으로 가능한 결과를 고려하지 않는 재앙화(catastrophizing), ⑥ 충분한 근거가 없는데도 다른 사람들이 무슨 생각을 하고 있는지 알고 있다고 믿는 독심술(mind reading), ⑦ 자신과 다른 사람들이 어떻게 행동하고 살아야 하는지에 대해 지나치게 경직된 생각으로 '~해야 한다'라는 진술 형태를 띠는 당위 진술 혹은 강박적 부담(should statement)이 그것이다.

3. 치료의 목표

인지행동치료의 목표는 다른 모든 심리치료 접근과 마찬가지로 불쾌하고 고통스러운 반응을 감소시키고, 행복과 성장을 지향하는 것이라고 할 수 있다. 다만, 부정적 결과를 감소시키고 긍정적 결과를 얻기 위해서 무엇을 어떻게 해야 하는지와 관련해서는 인지매개 가설을 중요하게 강조한다. 인지매개 가설에서는 한 개인이 정서적이든, 행동적이든, 생리적이든 어떠한 반응을 하게 되는 것은 특정 사건 때문이라기보다는 특정 사건을 지각하고 해석하는 개인의 인지적 특징 때문이라고 본다.

인지매개 가설은 "인간의 고통은 사건 그 자체 때문이 아니라 사건에 대한 해석 때문에 발생한다."라고 말한 스토아학파의 에픽테토스(Epictetus)의 주장과 맥을 같이한다. 그리고 인간은 사건 그 자체보다는 사건에 대한 해석과 의미 부여에 따라 반응한다고 보는 현상학적 입장과도 유사하다. 한편으로는 '모든 것은 오직 마음이 지어 낸다'는 일체유심조(一切唯心造)라는 표현과도 일맥상통한다. 다만 현실의 문제 자체를 부정하거나 모든 문제가 내담자의 책임이라고 말하는 것은 결코 아니다. 오히려 문제해결이 필요한 경우에는 현실적 대안을 찾아 행동하는 것이 필요하고, 내담자가 그렇게 생각할 수밖에 없었던 배경에 대해 공감하고 타당화해 주어야 한다. 그러면서도 인지행동치료는 우리가 우리 자신과 타인과 세상을 바라보는 관점을 바꿀 수 있고, 바꾸겠다고 결심하고 결정하는 사람은 바로 자신이라는 것을 강조한다.

동일한 상황이라고 해서 모든 사람이 똑같은 반응을 하지는 않는다는 사실은 일상생활의 기억을 떠올려 보면 쉽게 이해할 수 있다. 예를 들어, 사람들로 꽉 찬 만원 지하철을 타고 출근하는 상황을 떠올려 보자. 휴대폰을 꺼내어 들여다볼 공간조차 없을 정도로 다닥다닥 붙어 있는 상황에서 옆에 있는 누군가가 나의 발을 밟았다면 어떤 기분이 들 것 같은가? 화가 날 것 같은가? 슬퍼질 것 같은가? 불안해질 것 같은가? 아니면 별 대수롭지 않게 아무런 기분도 느끼지 않을 것 같은가? 이런 기분 중 하나 혹은 둘 이상을 느낄 수도 있고, 또 다른 기분을 느낄 수도 있을 것이다.

그렇다면 왜 이렇게 서로 다른 반응을 보이게 되는 것일까? 인지매개 가설에 따르면, 발을 밟힌 상황에 대한 개인의 기분이 다양하게 나타나는 것은 그 상황에 대한 해석과 의미 부여가 서로 다르기 때문이다. 예를 들어, 발을 일부러 밟았다고 생각한다면 화가 날 것이고, 복잡한 지하철을 탈 수밖에 없는 자신의 신세를 한탄한다면 슬퍼질 것이며, 앞으로도 출근 때마다 발을 밟히는 일이 계속 생길 거라고 생각하면 불안해질 수 있다. 복잡한 출근길에는 이런 일이 생길 수 있고, 누구의 잘못도 아니라고 생각한다면 대수롭지 않게 지나갈 수 있을 것이다. 이처럼 일상생활에서는 내가 마주한 상황에 대해 해석을 하게 되고, 그 해석은 나의 반응을 결정하게 된다. 물론 이러한 해석이 꼭 의식적인 것만을 얘기하는 것은 아니어서 의식하지 못한 채 자동적으로 해석이 이루어지고 나는 그 해석에 따른 기분만을 느끼는 경우도 흔하다.

인지매개 가설을 간단한 공식으로 만들어 본다면 ABC로 표현할 수 있다. A는 선행사건(Antecedents), B는 믿음(Belief) 혹은 개인의 해석, C는 결과(Consequence)를 의미하는데, 앞선 예시로 보자면 발을 밟힌 상황은 A가 되고, 이에 대한 개인의 해석은 B, 다양한 기분은 C가 될 것이다. 옆 사람이 일부러 내 발을 밟았다고 생각해서 화가 난 당신이 곧바로 '여긴 복잡한 지하철 안이니 실수로 그럴 수도 있는 거지. 내가 다른 사람 발을 실수로 밟을 수도 있는 거잖아'라고 생각을 바꿔 먹으면 화난 기분이 어떻게 될까? 분명히 기분이 풀리면서 힘이 들어갔던 얼굴 표정도 풀리고 좀 더 너그러운 마음을 가지게 될 것이다. 이처럼 해석의 변화는 기분의 변화와 함께 생리적·행동적 반응의 변화를 가져온다. 이때 해석의 변화는 B′라고 표현해 볼 수 있고, 반응의 변화는 C′로 표현할 수 있다. 예시를 통해 지금까지 설명한 내용을 공식으로 표현하자면, 처음에 A라는 상황 혹은 사건에서 B라는 해석을 했더니 C라는 반응이 나타났는데, B′라는 해석으로 바꾸니 C′라는 반응으로 바뀌더라는 것이다. 이는 다음의 그림과 같이 그려 볼 수 있다.

$$A \rightarrow B \rightarrow C$$
$$B' \rightarrow C'$$

　　ABC 공식을 가지고 인지행동치료의 목표를 다시 얘기해 보자면, 내담자를 불편하게 하고 그래서 변화시키고 싶은 C를 가지고 상담을 받으려는 내담자에게 인지행동치료자는 C는 B 때문에 발생하는 것이니 이를 B'로 변화시킬 수 있다면 C도 C'로 변화하게 될 것이라고 설명할 것이다. 인지행동치료에서 치료자와 내담자가 합의하는 표면적 목표는 보통 C'가 될 것이다. 일반적으로 불쾌하고 고통스러운 반응을 감소시키고, 행복과 성장을 지향하는 것이 목표가 될 것이다. 그렇지만 이러한 결과는 개인의 해석에 좌우되기에 인지행동치료가 궁극적으로 지향하는 목표는 B'이며, 보다 객관적이면서도 자비롭게 상황을 해석하는 것이다. 좀 더 나아간다면 자신과 타인과 세상을 좀 더 넓고 따듯하게 바라보는 것이라고 할 수 있겠다.

　　만약 B'로의 변화가 일어나지 않은 상태에서, 다시 말해 B가 변하지 않은 상태로 그대로 있는데도 운 좋게 혹은 일시적으로 C의 변화가 생겨 C'가 되었다고 해 보자. 이런 경우에도 표면적으로는 상담의 목표가 이루어졌고, 이젠 문제가 해결되었다고 느낄 수 있다. 그러나 이러한 변화는 온전히 지속될 수 있는 것은 아니어서 언제든 B의 영향을 받으면서 C라는 결과를 만들어 낼 수밖에 없다. 따라서 지속적인 효과 혹은 재발 방지를 위해서는 B가 B'로 변화해야 한다. 이러한 인지적 변화의 목표를 다른 측면에서는 자가치료자(Self Therapist)가 되는 목표라고 할 수도 있다.

　　인지행동치료에서 자가치료자란 문제 상황에서 스스로 자신의 생각을 검토하여 맥락에 맞춰 유연하게 다룰 수 있는 사람을 의미한다. 아무런 문제 없이 항상 평온하고 편안하게 사는 사람은 아무도 없을 것이다. 삶이 지속되는 동안 우리는 문제가 없기를 기대할 수 없고, 어쩔 수 없이 문제가 나타날 때마다 이를 지혜롭게 해결하거나 다뤄 나갈 수 있어야 한다. 우리의 삶 속에서 계속 부딪히게 되는 다양한 문제를 그때그때 잘 풀어 나가는 사람을 우리는 자가치료자라고 할 수 있을 것이고, 이것이 바로 인지행동치료에서 이루고자 하는 목표이자 결과이다. 인지행동치료과정에서 B에서 B'로의 변화가 C에서 C'로의 변화를 이끌었다는 체험적 이해와 더불어 스스로의 노력이 이러한 변화를 가지고 올 수 있다는 자신감이 결합되면 문제 해결의 지혜와 기술이 만들어진다.

따라서 인지행동치료자는 내담자가 이전보다 좋아졌다는 것에 단순히 만족하지 않고 왜 혹은 어떻게 해서 좋아졌는지를 내담자가 이해할 수 있도록 노력해야 한다. 내담자의 이러한 이해는 자신만의 노하우가 되는데, 이를 통해 향후에 유사한 문제가 닥쳤을 때 내담자는 이전과는 달리 자신만의 노하우를 적용하여 적절히 대처할 수 있게 된다. 비유하자면 인지행동치료는 내담자의 당장의 심리적 허기를 채워 주기 위해 물고기를 몇 마리 잡아 주는 것에 그치지 않고, 스스로 물고기 잡는 방법을 익히게 함으로써 상담자 없이 스스로 허기를 해결할 수 있도록 돕고자 한다. 필요할 때 스스로 물고기를 잡을 수 있는 사람이 바로 자가치료자이다.

인지행동치료에서 자가치료자가 되기 위해서는 자신의 생각을 찾고 검토하여 수정하는 훈련이 필요한데, 이때 생각을 찾기 위한 주요 단서는 내담자의 반응으로, 특히 정서적 반응에 주목함으로써 그 정서와 관련된 생각을 찾아 들어갈 수 있다. 따라서 궁극적으로 생각의 변화가 중요하지만, 치료 초반에는 내담자의 정서를 포함한 행동, 생리의 요소를 객관적으로 관찰하는 자기 모니터링(self-monitoring)이 매우 중요하며, 이러한 모니터링은 인지행동치료의 핵심 수단인 과제를 통해 효과적으로 수행된다. 과제는 내담자가 상담 회기에서 배운 기술을 회기 밖에서도 계속 연습할 수 있게 하고, 상담에서의 변화를 실제 생활로까지 적용하고 일반화할 수 있도록 해 준다.

4. 방법 및 절차

벡(J. Beck, 2017)은 인지행동치료의 기본 원칙 10개를 제시했는데, 첫째는 내담자 문제를 인지행동치료 맥락에서 사례개념화한다는 것이고, 둘째는 건강한 치료적 동맹을 형성해야 한다는 것이며, 그 외에 단기적이고 구조화된 치료라는 것과 자신의 역기능적 사고와 믿음을 찾고 다루도록 하기 위해 다양한 기법을 사용함으로써 내담자 스스로 치료자가 될 수 있도록 하는 것을 목표로 하는 등의 내용을 담고 있다. 인지행동치료는 치료 초반에 내담자가 겪고 있는 심리적 고통의 정도와 고통을 일으킨 문제를 정확하게 이해하기 위한 평가의 과정과 경청 및 공감을 토대로 한 치료관계 형성을 강조한다. 치료 초반부터 치료 기간 내내 지속적으로 이루어지는 사례개념화를 통해 치료자와 내담자는 구체적인 치료목표 및 치료계획을 세울 수 있고, 치료계획에 따라 다양한 기법을 선택적으로 활용할 수 있다. 이번 절에서는 평가, 치료관계, 사례개념화, 치료계획, 치료시간 구조화에 대해 살펴보고, 인지행동치료에서 많이 활용하는 인지적 개입, 행동적 개입 및 수용적 개입에 대해 알아볼 것이다.

1) 평가

인지행동치료에서 평가의 목적은 내담자의 문제를 인지모델에 따라 파악하고 치료계획을 세우는 것이다. 이를 위해 면접, 질문지, 행동평가 등의 방법을 활용하여 정보를 수집하게 된다. 우선 면접의 경우에는 대개 반구조화된 면접과 비구조화된 면접으로 구분한다. 반구조화된 면접은 정신과적 진단준거(DSM)에 따라 연구를 수행하는 장면에서 많이 사용되며, 대표적인 면접 도구로는 DSM-5 장애에 대한 구조화된 임상적 면담(Structured Clinical Interview for DSM-5: SCID-5; First, Williams, Karg, & Spitzer, 2016)과 DSM-5의 불안장애 면담 도구(Anxiety and Related Disorders Interview Schedule for DSM-5: ADIS-5; Brown & Barlow, 2014) 등이 있다. 내담자가 특정 진단에 해당하는지를 확인하기 위한 목적이 아니라면 주로 비구조화된 면접을 사용하게 된다. 비구조화된 면접을 통해 내담자의 일상생활 기능 수준이나 대처방식 등 내담자의 다양하면서도 전반적인 특징을 살펴볼 수 있다. 비구조화된 면접은 정해진 구조 없이 진행하는 것이기는 하지만, 개인정보, 현재 문제, 가족 배경, 개인력 등과 같이 면접에서 다루어야 할 주제 혹은 항목에 대한 지침을 가지고 수행하는 경우가 많다.

질문지도 널리 사용되는 평가 방법 중 하나인데, 벡 우울질문지(BDI), 벡 불안질문지(BAI)와 같이 주로 특정 증상이나 문제 영역을 평가하는 자기보고식 질문지가 많이 사용된다. 비교적 부담 없이 시행할 수 있는 용이성이 장점이며, 질문지 점수를 통해 내담자의 현재 증상과 상태를 알 수 있을 뿐만 아니라 나중에 치료를 통해 호전이 있는지 여부를 판단하기 위한 기초 자료로도 활용될 수 있다.

행동평가는 내담자의 행동을 주의 깊게 관찰하는 것으로, 상담소에 들어오는 순간부터 면접 혹은 질문지를 실시하는 과정에서 나타나는 행동은 모두 내담자가 실생활에서 보일 수 있는 행동들의 연장선상에 있기에 다른 사람들을 어떻게 대하고 반응하는지 유추할 수 있는 정보를 준다.

그 외에 내담자 스스로 자기 행동을 관찰하여 기록하는 자기관찰 일지도 많이 사용하는 방법이고, 내담자와 친밀한 사람들, 즉 부모, 배우자, 룸메이트 등으로부터 내담자에 관한 정보를 얻을 수도 있다.

2) 치료관계

인지행동치료 역시 대면으로 의사소통하는 다른 심리치료들과 유사한 상담자-내담자 관계 맥락을 가지므로 치료관계 형성을 위한 치료자의 자질 역시 공통된 특성을 공유한다. 그러한 자질로는 칼 로저스(Carl Rogers)가 언급한 바와 같이, 내담자의 관점으로 그들의 세상을 보는 능력인 공감, 자신이 생각하고 느끼는 것과 일치되게 말하고 행동하는 진솔성, 조건이나 결과와 상관없이 있는 그대로 수용하고 존중하는 무조건적인 긍정적 존중 등을 들 수 있다. 다만 인지행동치료에서는 치료관계 형성의 중요성뿐만 아니라 협력적 관계 내에서 치료자의 좀 더 적극적인 치료적 역할과 기법적 개입을 강조한다.

치료관계와 관련하여 인지행동치료의 핵심 특징이자 치료적 요소는 앞서 설명한 협력적 경험주의라고 할 수 있다. 협력적 경험주의는 치료자와 내담자가 마치 공동 연구를 진행하는 과학자처럼 협력하여 내담자의 문제가 왜 생겼고, 왜 계속되고 있는지에 대한 가설을 세운 뒤에 이 가설이 맞는지 객관적으로, 경험적으로 검증함으로써 문제를 해결한다는 의미이다. 앞서 언급한 바와 같이, 치료자와 내담자는 한 배를 탄 파트너로도 비유할 수 있는데, 이때 배가 어느 방향으로 나아가야 할지 치료자와 내담자가 잘 합의하는 것이 중요하지만, 배의 방향을 정하거나 노를 젓는 요령에 대해 항해 경험이 많은 치료자가 내담자를 좀 더 안내하는 역할을 맡게 된다. 그러나 배의 방향을 왜 이쪽으로 잡은 것인지, 왜 힘들게 노를 저어야 하는 것인지를 내담자가 납득하지 못해 협조적이지 않다면 두 사람의 노젓기는 엇박자를 내게 될 것이고, 순항하기 어려울 것이다.

따라서 협력적 경험주의를 실천하는 인지행동치료자는 존중과 배려의 태도로 내담자의 적극적인 참여를 이끌어 낼 수 있어야 하는데, 치료목표 및 치료전략에 대해 내담자가 이해하고 수용할 수 있도록 잘 설명해 주어야 한다. 또한 내담자의 문제를 발생시키고 유지시키는 기제로서 경직된 내담자의 사고방식과 행동방식을 변화시키기 위해서는 상담자 스스로 창의성과 유연성을 발휘하며 문제 해결의 롤모델이 될 수 있어야 한다. 그뿐 아니라 치료효과의 핵심이라고 할 수 있는 내담자의 체험적 변화를 유도하기 위해 내담자가 실생활에서 치료기법을 반복적으로 활용하며 자기 것으로 소화하도록 적극적으로 도울 수 있어야 한다.

3) 사례개념화

사례개념화라는 용어는 사례설계 혹은 사례공식화(case formulation), 인지개념화 (cognitive conceptualization)라는 용어와 함께 거의 같은 의미로 사용되고 있다.

사례개념화는 내담자의 문제와 그 문제를 지속시키는 기제를 인지행동 모델로 설명 하려는 시도인데, 내담자를 설명하는 가설이라고 할 수 있다. 치료자는 접수면접, 심 리검사 결과, 상담 회기 등에서 나타난 정보들을 통합하여 내담자의 심리적 문제를 유 지시키는 요인들에 대한 가설을 만들고, 이 가설에 근거하여 치료계획을 세우게 된다. 따라서 정확한 평가는 적절한 사례개념화를 할 수 있도록 하고, 이를 통해 적절한 치 료계획 수립이 가능해진다.

동일한 진단 혹은 거의 유사한 문제를 가지고 있는 내담자라고 하더라도 그러한 진 단이나 문제를 일으킨 원인이나 촉발요인은 사람마다 다를 수 있고, 내담자 개개인의 발달 과정이나 성격 특성 또한 다를 수밖에 없다. 따라서 내담자 개개인의 특징을 무 시하고 특정 장애 혹은 문제를 치료하기 위한 인지행동치료 매뉴얼 혹은 기법에만 의 지한다면 충분히 효과적인 치료를 할 수 없을 것이다. 효과가 입증된 매뉴얼을 사용하 더라도 특정 내담자의 사례개념화에 토대를 두고 사용하는 것이 바람직하다. 따라서 사례개념화는 치료과정 및 성과의 효율을 높이는 인지행동치료의 핵심 요소이다.

사례개념화는 '치료자의 나침반' 혹은 '길잡이'라고 표현되기도 하고(Persons, 1999), 퍼즐 맞추기에 비유되기도 한다. 치료를 진행하면서 방향을 잃어버리지 않기 위해 필 수적으로 챙겨야 하는 요소라는 의미이기도 하고, 처음에는 문제의 핵심을 명확하게 모른 채 여러 조각으로 된 퍼즐들을 합리적으로 맞추어 나가는 시행착오 과정이라는 의미이기도 하다.

인지행동치료의 사례개념화 모델로 많이 인용되는 퍼슨스(Persons, 2015)는 다음과 같 이 다섯 단계로 진행하는 사례개념화 접근을 제시한 바 있다. ① 내담자의 문제를 총 망라한 문제 목록 작성하기, ② 장애와 문제를 유발하는 기제 확인하기, ③ 현재 문제 를 활성화시키는 촉진요인 명료화하기, ④ 내담자의 어린 시절에서 현재 문제의 기원 고려하기, ⑤ 모든 요소를 일관성 있게 전체로 엮기가 그것이다. 각 단계별 특징과 내 용에 대한 설명은 본 장의 수준을 넘어서는 것이기에 박기환(2020), 퍼슨스(2015) 등을 참고하기 바란다.

4) 치료계획

치료계획은 앞서 설명한 사례개념화의 내용에 따라 이루어진다. 사례개념화에서 내담자의 주요 문제와 이 문제를 유지시키는 기제에 대한 가설이 나오면, 이에 따라 치료목표를 설정하고 이를 달성하기 위한 전략 방향을 정하며, 구체적인 치료기법도 선택하게 된다. 물론 치료효과에 대한 주기적인 검토를 통해 사례개념화의 내용은 수정될 수 있고, 이에 따라 치료계획도 수정해야 할 수 있다. 이와 같이 치료계획의 수립과 실행은 사례개념화와 밀접하게 연결되어 있다.

치료계획에서 처음 고려해야 할 부분이자 치료효과의 평가와 직접 관련되는 부분이 치료목표 설정이다. 치료자는 구체적이고 평가 가능한 목표를 세울 수 있도록 내담자와 잘 상의할 필요가 있다. 왜냐하면 많은 내담자가 "자신감 있는 사람이 되고 싶다"든가 "불안하지 않으면 좋겠다"와 같은 막연하고 주관적이며 평가하기 어려운 목표를 얘기하기 때문이다. 이렇게 목표를 잡게 되면 자신감 있는 사람 혹은 불안하지 않다는 것이 무엇을 의미하는지가 사람마다 다를 수 있는 상당히 주관적인 것이어서 나중에 치료효과를 객관적으로 확인하기가 어렵게 된다. 따라서 이럴 경우에 치료자는 내담자가 자신감 있는 사람이 되거나 불안하지 않으면 구체적으로 지금과 무엇이 달라지고, 어떤 것들을 할 수 있게 될 것 같은지를 확인함으로써 "수업에서 발표를 피하지 않고 해내고 싶다" 혹은 "고층 엘리베이터나 비행기를 탈 수 있다"와 같이 구체적이면서도 달성 가능한 치료목표를 세우도록 도와야 한다. 또한 치료목표를 설정할 때 치료자는 내담자의 주요 문제뿐만 아니라 내담자가 원하는 삶의 모습, 강점과 자원 등을 종합적으로 고려하는 것이 바람직하다.

5) 치료시간 구조화

인지행동치료의 주요 특징 중 하나인 치료시간 구조화는 제한된 치료시간을 최대한 효율적으로 사용하기 위한 전략이자 내담자에게 예측 가능한 환경을 제공하여 안정감을 주는 역할을 할 수 있다. 다만 이러한 구조화의 특징은 치료목표를 최대한 효율적으로 달성하기 위한 목적에서 나왔기 때문에 얼마나 엄격하게 구조화를 적용할지는 상담자 및 내담자의 특성에 따라 유연하게 조절할 수 있다. 따라서 인지행동치료에서는 구조화가 매우 중요한 특징이지만, 치료자의 구조화 활용 역량이나 편안함 수준에 따라 구조화의 정도를 조절하고, 내담자가 구조화를 수용하는 정도에 따라 유연하게 조절하는 것이 필요할 수 있다.

일반적인 회기 구조는 증상 혹은 기분 점검하기, 이전 치료시간과의 연결, 의제 설정하기, 이전 회기에 내준 과제 검토하기, 의제 다루기, 다음 주에 해 올 과제 내주기, 회기 요약하기 및 피드백 주고받기로 되어 있다. 회기 구조화의 일반적인 형식과 대략적 소요시간은 〈표 6-1〉에 제시하였다. 이러한 순서는 상황에 따라 바뀔 수도 있고, 일부 항목은 생략할 수도 있다. 한 회기를 50분으로 가정할 때 회기의 본론이라고 할 수 있는 의제 다루기는 약 30분 정도밖에 되지 않는데, 대개 중요한 의제 한두 가지, 혹은 작은 의제 세 가지 정도를 다룰 수 있는 시간이다. 치료 초반 회기와 후반 회기는 앞서 설명한 일반적인 회기 구조와 다소 다르게 진행해야 하는데, 치료 초기에는 인지모델과 인지행동치료의 개념 및 주요 특징에 대한 심리교육이 포함되어야 하고, 치료 후기에는 재발 방지와 치료종결 준비 부분이 추가되어야 한다.

표 6-1 회기 구조화의 일반적인 형식과 대략적 소요시간

증상 혹은 기분 점검하기	
이전 치료시간과의 연결	
의제 설정하기	(여기까지 약 5분)
이전 회기에 내준 과제 검토하기	(약 5분)
의제 다루기	(약 30분)
다음 주에 해 올 과제 내주기	(약 5분)
회기 요약하기 및 피드백 주고받기	(약 5분)

출처: 박기환, 2020에서 인용.

6) 인지적 개입

(1) 자동적 사고 탐색하기

인지행동치료의 원리를 간명하게 보여 주는 인지모델에서는 개인의 반응을 결정짓는 것이 자동적 사고라고 전제한다. 따라서 내담자가 호소하는 다양한 정서적·행동적·생리적 증상을 다루기 위해서는 이러한 증상들과 연관된 내담자의 자동적 사고를

다루어야 한다. 그런데 자동적 사고를 다루기 위해서는 어떤 자동적 사고가 있는지를 알아야 하는데, 자동적 사고는 마치 습관처럼 몸에 배어 있기 때문에 나도 모르는 사이에 나타나서 알아내기가 쉽지 않다. 자동적 사고를 탐색하는 효과적인 방법은 질문하기이다. 인지행동치료에서는 질문에 대답하는 과정에서 스스로 답을 찾아간다는 의미에서 소크라테스식 질문이라고도 부른다.

그런데 많은 초보 인지행동치료자가 범하는 오류 중 하나는 인지행동치료는 자동적 사고를 찾아서 바꾸어야 하며 소크라테스식 질문을 해야 한다고 생각하여 치료 초반부터 자동적 사고를 찾기 위한 질문 세례를 퍼붓는 것이다. 자동적 사고를 다루는 것이 인지행동치료의 핵심이기는 하지만, 모든 일에는 순서가 있는 법이다. 다른 심리치료와 마찬가지로 인지행동치료 역시 치료 초반에는 내담자의 얘기를 주의 깊게 경청하고 공감하는 것을 통해 라포 형성을 잘해야 하며, 자동적 사고를 효과적으로 탐색하기 위한 초석으로서 내담자의 반응을 우선 분명하게 확인해야 한다. 내담자의 반응은 대개 정서적·행동적·생리적 측면으로 구분해 볼 수 있는데, 그중에서도 정서적 반응을 명료화하는 작업이 이후 자동적 사고 탐색을 위해 매우 중요하다.

자신이 경험하고 있는 감정을 명확하게 인식하는 것은 분명 쉬운 일이 아니지만, 자동적 사고를 인식하는 것은 더욱 쉽지 않은 일이다. 우리가 특정 상황에서 느낀 감정을 잘 쫓아가면 그 감정을 촉발시킨 자동적 사고를 만날 수 있으며, 자신의 감정을 적절히 인식하고 표현하는 것 자체가 자기 성찰과 통찰의 요소이기도 하다. 벡(Beck, 1989)도 "감정은 인지로 가는 지름길"이라고 언급한 바 있다.

내담자의 반응을 명료화한 후에 본격적으로 자동적 사고를 찾기 위해 가장 일반적으로 던질 수 있는 기본 질문은 "바로 그때 마음속에 무엇이 스쳐 지나갔나요?"이다. 이러한 질문의 내용은 유사한 의미의 다른 질문, 예를 들어, "그때 어떤 생각이 들었나요?" "그때 머릿속에 지나간 생각은 무엇일까요?" "그 상황이 어떻게 받아들여졌나요?" 등으로 바꿔 사용할 수 있다. 자동적 사고를 탐색하기 위해서는 기본 질문 외에도 다양한 질문을 맥락에 맞게 창의적으로 사용할 수 있어야 한다. 예를 들어, "그때 어떤 생각이 들었던 것 같은지 한번 짐작해 보세요. 어떤 생각이었을까요?" "그 상황은 자신에게 어떤 의미가 있습니까? 무엇을 의미합니까?"라고 질문할 수 있고, 상황에 따라서는 "혹시 이러한 혹은 저러한 생각을 한 것은 아니었을까요?"라며 몇 가지 가능한 내용들을 제시해 줄 수도 있으며, "그때 일이 잘 풀릴 것이라고 생각하셨나요?(짐작되는 대답과 반대되는 내용을 질문함으로써 '아니요'라는 대답을 유도하여 자신의 생각을 탐색할 방향을 제시해 줌)"라고 질문하는 방법도 있다.

　자동적 사고 탐색을 위해 가장 많이 사용하는 기법 중 하나가 자동적 사고 기록지 작성인데, 흔히 과제로 주어 스스로에게 질문하기를 통해 자동적 사고를 찾아보도록 한다. 〈표 6-2〉의 예시처럼, 자동적 사고 기록지는 '사건, 감정, 자동적 사고'로 된 세 칸 기록지를 흔히 사용하지만, '사건, 감정' '사건, 자동적 사고' 혹은 '사건 및 감정, 자동적 사고'로 이루어진 두 칸 기록지를 사용할 수도 있고, 자동적 사고 다루기와 연결하여 세 칸에 더해 '합리적 사고'와 '결과'를 추가한 다섯 칸 기록지, 혹은 '인지적 오류'까지 추가하여 여섯 칸 기록지를 만들 수도 있는 등 치료자는 내담자에게 적용하기에 가장 효과적이라고 생각하는 기록지 방식을 선택하여 사용할 수 있다. 자동적 사고 기록지는 전통적으로 종이 양식지를 여전히 많이 사용하지만, 컴퓨터에 기록할 수도 있고, 휴대폰 앱을 활용할 수도 있다. 결국 자동적 사고 기록지를 통한 자동적 사고 탐색하기는 감정, 인지, 행동 등에 관한 일종의 자기 모니터링으로 볼 수 있으며, 자기 모니터링은 자신을 객관적으로 관찰한다는 의미에서 마음챙김이나 탈중심화 혹은 거리두기의 개념과 일맥상통한다. 인지행동치료에서의 치료적 출발은 자기 모니터링이라고 할 수 있으며, 문제를 인식하는 것으로부터 문제의 해결이 시작된다고 할 수 있을 것이다.

표 6-2 자동적 사고 기록지 작성 예시

사건	감정	자동적 사고
심리학개론의 학기말 성적이 기대에 미치지 못함	실망 분노 불안	열심히 노력했는데 왜 이런 성적이 나온 거지? 공정하게 채점하여 성적을 준 게 아닌 것 같아. 앞으로 학점 관리가 잘 안 되면 취업도 안 될 텐데…….

(2) 자동적 사고 다루기

　자동적 사고를 다루기 위한 다양한 인지적 기법이 있는데, 그중 일부를 제시하면 다음과 같다. 소크라테스식 질문하기, 자동적 사고 기록지 활용하기, 인지적 오류 찾기, 파이기법, 인지적 예행연습, 목소리의 외현화, 장점과 단점 따져 보기, 극단적 표현 공략하기, 걱정시간 따로 두기, 사고 중지, 주의 분산/재초점화, 대처카드, 논박하기가 그것이다. 이러한 기법들은 내담자의 문제 유형과 상담목표 및 내담자의 선호 등에 따라 적절히 선택하여야 한다. 여기서는 인지행동치료에서 가장 널리 사용되는 인지적 기법인 소크라테스식 질문하기를 살펴보고자 한다.

소크라테스식 질문하기는 앞서 자동적 사고 탐색하기에서도 중요한 방법으로 언급한 바 있지만, 자동적 사고를 다루는 데 있어서도 핵심적인 방법이다. 질문하기는 내담자가 스스로 자신의 생각을 검토하여 다양한 대안을 모색하도록 하기 때문에 직접적인 반박, 설득, 설명보다 훨씬 지속적인 치료효과를 보인다. 이러한 질문하기는 내담자 스스로 자기 문제의 핵심을 깨달아 나가고 다양한 해결책이 있다는 것을 발견하며, 그중 자신에게 잘 맞는 것을 선택하도록 도움으로써 인지행동치료의 궁극적 목표인 자가치료자가 되는 과정을 촉진한다.

벡(J. Beck, 2017)은 자동적 사고를 평가하는 소크라테스식 질문을 다음과 같이 여섯 가지로 요약하여 제시한 바 있다. ① 증거에 대해 질문하기, ② 대안적 설명에 대해 질문하기, ③ 탈재앙화에 대해 질문하기, ④ 자동적 사고의 영향에 대해 질문하기, ⑤ 거리두기에 대해 질문하기, ⑥ 문제 해결에 대해 질문하기가 그것이다. 다음에 각 질문에 대한 설명을 간략하게 제시하였다.

증거에 대해 질문하기는 "증거는 무엇인가? 내 생각을 지지하는 증거는 무엇인가? 내 생각에 반대되는 증거는 무엇인가?"라고 질문해 보는 것으로서 자동적 사고의 타당성을 지지하는 증거와 지지하지 않는 반대 증거를 찾아보고 이를 비교 평가함으로써 사고의 변화를 유도하는 기법이다. 대안적 설명에 대해 질문하기는 "내 생각과 다른 대안적 설명은 없는가?"라고 질문하는 것으로서 내담자가 가지고 있는 자동적 사고, 즉 그 상황에 대한 내담자의 해석 이외에 다른 가능한 해석은 없겠는지를 다양하게 살펴보는 것이다. 탈재앙화에 대해 질문하기는 "이런 경우에 일어날 수 있는 최악의 일은 무엇인가? 최상의 일은 무엇인가? 가장 현실적인 결과는?"이라고 질문하는 것으로서 특정 상황 혹은 대부분의 상황에서 최악의 시나리오를 예상하는 내담자들의 자동적 사고를 다루는 데 유용하다. 자동적 사고의 영향에 대해 질문하기는 "자동적 사고를 믿어서 나타나는 효과는 무엇인가? 내 생각을 바꾸면 그 영향은 무엇인가?"라고 질문하는 것으로서 "이런 생각을 믿는 것이 내게 무슨 도움이 되는가?"라는 질문으로 대체해 볼 수도 있는데, 자동적 사고를 함으로써 나타나는 부정적 반응들을 확인하도록 해 주며, 자동적 사고를 하지 않거나 다른 생각을 한다면 어떨지도 살펴볼 수 있다. 거리두기에 대해 질문하기는 "만약 나의 소중한 친구나 가족이 나와 유사한 상황에 처해 있다면 내가 해 줄 수 있는 충고나 조언은?"이라고 질문하는 것으로서 자신의 자동적 사고와 거리를 두고 떨어져서 바라보도록 하는 방법이다. 문제 해결에 대해 질문하기는 "만약 내 생각에 오류가 없다면 어떻게 문제 해결을 할 것인가? 차선책은 무엇이며, 각각의 장단점은? 차선책을 어떻게 실행에 옮길 것인가?"라고 질문하는 것으로서 내담자의 생각에 오류가 없고 해결해야 할 현실적인 문제가 있어 실제 문제를 어떻게 풀어 갈 것인지를 고민할 때 사용하는 질문이다.

이러한 여섯 가지 질문은 항상 사용해야 하거나 모두 다 사용해야 하는 것은 아니므로 내담자가 다루어야 할 문제나 상황에 맞는 질문을 선택해야 하며, 가급적이면 한번에 한두 질문을 선택하여 활용하는 것이 추천된다. 자동적 사고를 다룰 때 치료자는 내담자의 자동적 사고가 잘못되고 틀린 것이라는 가정을 지니고 이를 빨리 찾아서 바꿔 주어야 한다는 태도를 지양해야 한다. 내담자의 자동적 사고는 오랜 발달과 성장의 과정 속에서 학습된 특징을 가지고 있고, 과거 특정 시점에서는 내담자의 생존과 적응을 도운 기능적인 측면이 분명 있었을 것이라고 가정하는 것이 합리적이다. 자동적 사고 다루기 과정에서 치료자는 내담자가 지금까지 살아오고 버텨 온 역사와 주관적 진실을 부정함으로써 내담자의 위협감과 치료적 저항을 불러일으키지 않도록 주의해야 한다. 내담자의 자동적 사고에 담겨 있는 삶의 주관적 진실은 존중하되, 일부 과장되거나 내담자를 괴롭히는 자동적 사고를 다루면 내담자의 문제나 고통을 해결해 나갈 수 있다는 치료자의 태도가 필요하다.

(3) 스키마를 탐색하고 다루기

스키마는 살면서 경험한 인생의 다양한 주요 사건뿐만 아니라 부모 및 주변 지인들과의 지속적인 상호작용을 통해 형성된다. 스키마는 내외부의 정보를 처리하는 기본 규칙이자 나와 세상을 받아들이는 핵심적인 믿음이다. '어려워도 해낼 수 있다'는 기능적 스키마가 우세한 사람은 자신감을 가지고 주도적으로 일을 하면서 문제 해결을 시도하는 반면, '능력이 부족하니 혼자서 해낼 수 없다'는 역기능적 스키마가 우세한 사람은 조금만 힘든 상황이 생겨도 문제 해결을 포기하거나 수동적으로 다른 사람의 도움에 의지하고자 할 것이다.

스키마는 기능적 스키마와 역기능적 스키마로 구분할 수 있으며, 누구나 두 가지 스키마를 모두 가지고 있으나, 어떤 스키마가 우세한지는 개인에 따라 다르다. 또한 역기능적 스키마라고 하더라도 평상시 활성화되어 있지 않을 때는 일상생활에 부정적 영향을 주지 않지만, 스트레스 사건이 생기면 역기능적 스키마가 활성화되어 평소와 다른 부정적 기분과 생각을 일으킨다. 따라서 기능적 스키마를 강화하고 역기능적 스키마를 약화시키는 노력은 내담자의 현재 증상을 완화시킬 뿐만 아니라 미래 재발을 방지하고 지속적인 대처능력을 키운다는 점에서 중요하다.

여기서는 스키마 탐색하기의 방법으로 하향화살기법, 자동적 사고의 공통분모 찾기, 스키마 목록 사용하기를 살펴볼 것이다. 하향화살기법(downward arrow technique)은 기저에 있는 믿음 수준의 사고를 탐색하기 위해 일련의 질문들을 던지는 방법으로, 질문을 계속함으로써 내면의 심층적 의미를 발견하고자 한다. 일반적인 시작 질문은 자동적 사고를 묻는 것이다. 그리고 나서 치료자는 내담자의 자동적 사고가 맞다는 가정하에 대개 다음과 같은 질문들을 던진다. "만일 당신의 생각이 사실이라면 그것은 당신에게 어떤 의미가 있나요?" 혹은 "만일 당신의 자동적 사고가 맞다고 가정하면 어떤 일이 생길 것 같나요? (혹은 무엇이 문제가 되나요?)" 이 기법은 자동적 사고를 탐색하고 다루는 연습이 어느 정도 익숙해진 후에 실시하는 것이 바람직하며, 연속적인 질문을 통해 그 의미를 보다 심층적으로 파고들어 가야 하므로 치료관계가 잘 형성된 이후에 시행할 필요가 있다.

자동적 사고의 공통분모 찾기는 내담자의 여러 자동적 사고에 공통되게 포함된 주제를 찾는 방법으로, 다양한 상황에서 자동적 사고의 내용이 조금씩 다름에도 불구하고 그 자동적 사고들에 공통분모가 있다면 그것은 내담자의 스키마일 가능성이 높다. 반복되는 자동적 사고의 공통분모를 찾기 위해서는 첫째, 치료 회기마다 언급되거나 확인되는 자동적 사고들에 유사하게 나타나는 주제가 있는지 주목해야 하고, 둘째, 자동적 사고 기록지에 나오는 반복된 주제가 있는지 주목해야 한다.

스키마 목록 사용하기는 많은 사람에게서 나타날 수 있는 스키마의 목록을 준비하여 내담자에게 확인하게 하는 방법으로, 내담자가 자신의 스키마를 잘 찾지 못할 때 특히 유용하게 사용할 수 있다. 이러한 목록의 예시로는 역기능적 태도척도(Dysfunctional Attitude Scale; Beck et al., 1991), 스키마 질문지(Young Schema Questionnaire; Young & Brown, 2001; Young et al., 2003), 스키마 체크리스트(Schema Checklist; Wright et al., 2017) 등이 있다. 이 중 스키마 체크리스트는 기능적 스키마와 역기능적 스키마를 함께 확인해 볼 수 있어 다양한 부정적인 스키마뿐만 아니라 내담자의 강점으로 활용할 수 있는 적응적인 스키마에도 관심을 가지게 해 주는 이점이 있다.

스키마를 다루는 방법은 소크라테스식 질문하기, 장단점 목록 만들기, 인지적 연속선 사용하기를 중심으로 살펴볼 것이다. 우선 소크라테스식 질문하기는 앞서 자동적 사고 다루기에서 활용된 방식과 유사하지만, 자동적 사고가 아닌 스키마 혹은 핵심믿음에서 내담자 스스로 모순을 발견하도록 질문을 사용한다. 여러 질문 중 스키마 다루기에서 유용한 것은 증거 점검하기이다. 스키마를 지지하는 증거와 지지하지 않는 증거를 찾아보는 과정은 그동안 지녀 온 스키마의 모순 지점을 발견하고 느끼도록 할 수 있다. 대부분의 내담자는 스키마를 지지하는 증거 찾기에 비해 지지하지 않는 증거 찾기를 무척이나 어려워한다. 이는 스키마가 오랜 세월 동안 형성이 되었고, 그 스키마에 따라 자신과 세상을 바라보고 있다는 점에서 당연한 현상이자 인지적 편향의 증거이기도 하다. 치료자는 서두르지 말고 내담자와 함께 꾸준히 증거들을 모아서 대안적 스키마를 만들 수 있도록 노력해야 한다.

장단점 목록 만들기는 내담자의 스키마의 장점과 단점을 살펴봄으로써 스키마가 내담자에게 어떤 의미가 있는지 확인하고, 대안적 스키마를 모색해 보는 방법이다. 내담자의 스키마를 먼저 확인한 후에 스키마의 장점을 기록하고 단점도 기록하게 한다. 대부분의 내담자가 스키마의 단점을 기록하기 어려워하므로 치료자는 질문과 격려를 통해 내담자가 기록할 수 있도록 도와야 한다. 기록한 장점과 단점을 비교하며 보다 합리적이고 대안적인 스키마를 만들어 보고, 대안적 스키마에 따른다면 어떤 행동을 할 수 있을지 새로운 변화로의 과제를 정하여 내담자가 대안적 스키마에 따른 행동을 연습할 수 있도록 한다.

인지적 연속선 사용하기는 0에서 100 혹은 −100에서 +100까지의 연속선에서 내담자 자신의 능력이나 매력을 평가해 보게 하고, 그 타당성을 검토하여 보다 유연하고 현실적인 자기평가를 유도하는 방법이다. 일반적으로 0에서 100의 연속선을 많이 사용하며, 점수에 부여하는 의미는 맥락에 따라 정할 수 있지만 흔히 0을 능력이나 매력이 전혀 없는 상태로, 100을 능력이나 매력이 세상에서 최고인 상태를 의미하는 것으로 가정한다. 내담자의 스키마에 흑백논리의 특징이 강하게 있거나 자신에 대한 관점이 극단적으로 부정적일 때 유용하게 사용할 수 있다.

7) 행동적 개입

행동적 기법은 행동의 변화를 이끌어 내기 위해 사용되기도 하지만, 사고의 변화를 이끌어 내기 위한 목적으로도 사용되며, 내담자에게 필요한 특정 기술을 훈련시키기 위해 사용되기도 한다. 일반적으로 내담자 증상의 병리적 정도가 심하고, 대처 기술이 부족할수록, 지능의 문제나 의사소통의 문제로 언어적 개입의 효과가 떨어지는 경우에 행동적 기법의 필요성이 커진다. 또한 내담자의 핵심 문제가 불안인 경우에도 불안한 상황에의 노출을 포함한 행동적 기법이 효과적이다. 노출, 행동 활성화, 점진적 과제 부여, 활동 계획하기, 행동실험, 고정역할치료, 사회기술훈련, 자기주장훈련, 행동적 예행연습, 호흡 및 이완 훈련, 독서치료 등 다양한 행동적 기법이 있지만, 여기서는 노출에 대해서만 간략히 살펴보고자 한다.

노출은 상상 노출(imaginal exposure)과 실제 노출(in vivo exposure)로 크게 나눌 수 있으며, 가장 두려운 상황에 바로 노출을 시행하는 홍수법(flooding)과 낮은 공포 위계에서부터 점차적으로 높은 위계로 진행하는 점진적 노출(graded exposure)로도 구분할 수 있다. 홍수법은 가장 힘든 목표에 바로 도전하여 단기간에 해결할 수 있다는 장점이 있지만, 그만큼 위험부담이 있고, 내담자의 치료동기와 치료자의 노출치료 경험이 중요하기 때문에 초보 치료자가 시행하기 쉽지 않아서 실제 치료 장면에서는 내담자에게 덜 위협적이면서 단계적으로 준비시켜 나가는 점진적 노출을 많이 사용하고 있다. 따라서 여기서는 점진적 노출을 상상과 실제를 통해 시행하는 방법을 설명할 것이다.

상상 노출에서는 내담자에게 자신이 두려워하는 장소나 상황에 대한 심상을 떠올리도록 하여 심상 속에 머물면서 불안에 대처하는 상상을 하도록 한다. 노출 훈련에 들어가기 전에 불안에 대처하는 방법으로 호흡 및 이완 기법, 인지재구성 기법, 사고중지기법, 주의분산기법 등을 미리 연습하게 된다. 체계적 둔감화(systematic desensitization)는 대표적인 상상 노출의 한 방법인데, 이완훈련을 먼저 한 후에 불안한 상황들의 위계에 따라 점진적으로 상상 노출을 하되 이완의 대처를 연합하는 방식의 노출이라고 할 수 있다.

실제 노출은 내담자가 두려워하는 장소나 상황에 직면하도록 하는 기법인데, 광장공포증, 사회불안, 단순공포증 등의 치료에 특히 효과적이다. 대부분의 치료에서 실제 노출은 내담자에게 과제로 주어져서 내담자 스스로 하게 된다. 이때 치료자의 역할은 내담자가 실제 노출을 성공적으로 할 수 있도록 사전 준비를 시켜 주는 것이다. 우선 과제로 수행할 노출 상황을 매우 구체적으로 정하도록 돕고, 노출 상황의 난이도가 적절한지를 살피며, 향후 노출할 때 어떤 정서적·행동적 반응이 나타날 것 같은지, 그때 나타나는 자동적 사고를 어떻게 다루며 대처할 것인지 등을 내담자와 함께 대비해야 한다.

상상 노출에 비해 실제 노출의 효과가 더 큰 것으로 알려져 있으나, 현실적으로 바로 실제 노출을 하기 어렵거나 단계적인 접근을 고려한다면 상상 노출에 이어 실제 노출을 함으로써 노출의 효과를 극대화할 수 있다.

8) 수용적 개입

헤이스(Hayes, 2016)는 인지행동치료의 역사를 세 번의 물결로 나누어서 설명한 바 있는데, 첫 물결은 행동치료로서 주로 고전적 조건형성과 조작적 조건형성과 같은 학습이론에 토대를 두고 엄격한 과학적 방법에 따라 관찰 가능한 행동의 변화를 목표로 삼았으며, 대표적 인물로는 스키너(B. F. Skinner)와 월페(J. Wolpe)가 있다. 두 번째 물결은 벡과 엘리스가 주도한 인지치료의 흐름으로서 이전 행동치료의 원리를 통합하여 인지행동치료라는 용어를 사용하였으며, 개인의 반응을 결정하는 것은 객관적 상황이 아니라 개인의 주관적 해석이라는 인지매개설을 주장하였다. 따라서 치료의 목표도 행동 변화뿐만 아니라 인지 변화가 중요함을 강조하였다. 세 번째 물결은 수용 기반 인지행동치료라고 할 수 있는데, 1990년대에 나타나기 시작하여 지금까지 계속 발전해 왔다. 이 범주의 치료로는 수용전념치료, 변증법적 행동치료, 마음챙김 기반 스트레스 감소(MBSR), 마음챙김 기반 인지치료, 자비중심치료(CFT) 등을 들 수 있는데, 수용을 공통적으로 강조하고 있고, 마음챙김의 원리와 요소도 공통적으로 포함하고 있는 점이 특징이다.

제3물결의 흐름은 인지나 행동을 의도적으로 변화시키려는 시도보다는 개인의 경험을 있는 그대로 바라보고 수용하는 것의 중요성을 강조하거나 변화와 수용의 균형을 강조하였다. 자신의 고통스러운 경험을 회피하지 않고 수용하는 것, 즉 경험을 변화시키려고 하지 않고 있는 그대로 허용하고 바라보는 것이 중요한데, 마음챙김의 태도가 이를 도울 수 있다. 마음챙김이란 자신의 감각, 감정, 생각, 행동 등을 판단하지 않고 관찰하며, 지금 여기서의 경험을 있는 그대로 온전히 받아들이는 것이다. 마음챙김은 지속적인 훈련이 필요하고, 정좌 명상이나 바디스캔 명상 같은 명상 훈련을 포함하기도 하지만, 처음에는 호흡과 신체감각에 주의를 기울이면서 지금 여기서 경험하는 감각, 감정, 생각 등을 비판단적으로 관찰하도록 한다.

대부분의 내담자가 자신의 생각과 감정에 갇혀서 고통을 받고 있다는 점에서 정신병리의 핵심은 심리적 경직성이라고 할 수 있고, 심리치료의 과정은 내담자에게 심리적 유연성을 키워 주는 것이라고 볼 수 있다. 자신의 생각은 단지 생각일 뿐이고, 감정도 그때그때 지나갈 뿐이라는 것을 받아들일 수 있다면 자신의 문제에만 갖혀 있지 않고 좀 더 넓은 시야를 가지고 유연한 생각을 할 수 있다. 수용과 마음챙김의 자세는 심리적 유연성을 향상시키는 데 기여하며, 자신이 통제할 수 없는 경험이나 고통과 싸우거나 혹은 회피하지 않으면서 자신의 가치를 추구하는 삶을 살도록 해 준다.

5. 치료사례

여기서는 박기환(2020)에 실린 성호의 사례를 간략하게 정리하여 제시하고자 한다. 보다 상세한 내용은 박기환(2020)을 참고하기 바란다.

1) 내담자 정보

성호는 만 20세 대학교 1학년 남학생으로, 학교 적응문제와 발표불안을 해결하고자 대학교 학생생활상담소에 상담을 신청하였다. 성호는 어릴 때부터 대인불안과 발표불안을 경험해 왔으나, 대인불안보다는 발표불안이 더 문제가 되었고, 성호는 지금까지 어떻게 하든지 발표를 회피해 왔으나 대학에 온 이후에는 수업에서의 발표를 회피하기 힘든 상황이 되어 매우 불안해졌다.

성호는 어릴 때부터 비교적 조용하고 말을 잘 듣는 아이였으며, 수줍음이 많고 소극적이어서 자발적으로 질문을 하거나 발표를 하는 경우는 거의 없었다. 초등학교 1학년 수업 때 앞에 나가서 '내가 가장 좋아하는 것'에 대해 짧게 발표하는 상황에서 얼굴이 빨개진 상태로 아무 얘기도 못한 채 울어 버렸고, 친구들이 웃으며 놀렸던 트라우마가 있어 사람들 앞에서 발표해야 하는 상황이면 그때의 끔찍하고 창피했던 장면이 떠올라 더 안절부절못하게 된다. 성호의 부모님은 두 분 다 중학교 교사로 재직 중이고, 세 살 아래 여동생이 있다. 가족과의 관계는 괜찮은 편이며, 아버지는 성호처럼 불안이 많고, 어머니는 외향적인 성격으로 성호를 과보호하였다.

2) 1회기: 라포 형성 및 심리교육

상담자는 첫 회기 때 자신의 문제를 해결하기 위해 상담소를 방문한 성호의 용기를 우선 격려해 주며 많은 학생이 학교 적응이나 발표불안의 문제로 상담소를 방문하여 도움을 받고 있음을 얘기해 주었다. 또한 성호의 학교 적응문제는 주로 발표불안에서 비롯되고, 대인불안의 특징도 보이고 있어 사회불안의 치료를 주요 치료목표로 삼을 것을 제안하였으며, 성호는 이에 동의하였다. 치료는 우선 12회기로 진행한 후에 필요하면 합의하에 연장하기로 하였다. 상담자는 사회불안 치료의 핵심 요소는 인지재구성과 점진적 노출로서 사회적 상황에서 불안을 심화시키는 생각들을 찾아서 검토하는 과정과 불안을 이겨 낼 수 있는 모의연습을 단계적으로 해 보는 과정으로 이루어져 있음을 설명해 주었다. [그림 6-2]는 성호의 문제를 사례개념화한 도표로서 본 사례에서는 접수면접에서 많은 정보가 나왔고, 성호의 참여 동기도 높아서 첫 회기에 공유되었으나, 일반적으로는 내담자와의 라포 형성이 이루어진 후에 공유되는 것이 내담자의 수용성을 보다 높일 수 있다.

첫 회기에는 사회불안의 특징과 원인에 대한 간단한 설명, 인지모델에 대한 설명도 이루어졌고, 불안의 3요소(생리적·인지적·행동적 요소)에 대한 설명 및 기록지 연습도

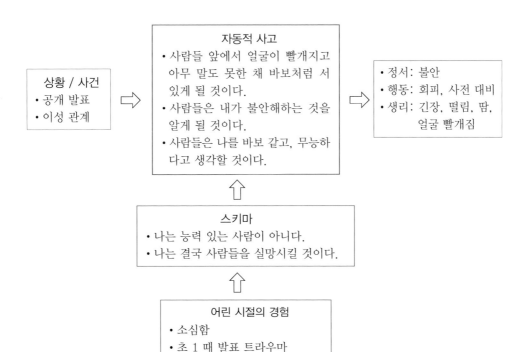

[그림 6-2] 성호의 인지모델에 따른 사례개념화

출처: 박기환(2020).

진행되었다. 성호에게는 한 주 동안에 사회불안 상황에서 불안의 3요소를 기록해 오는 과제가 주어졌다.

3) 2회기: 불안 및 회피 위계표 작성

두 번째 회기에서는 지난 주 과제 검토 이후에 불안 및 회피 위계표를 작성하였는데, 사회불안 치료의 핵심이라고 할 수 있는 노출 훈련을 효과적으로 진행하기 위해서는 불안해하는 상황을 세밀하게 확인한 후에 우선순위를 잘 세워 두어야 한다. 성호의 불안 및 회피 위계표가 〈표 6-3〉에 제시되어 있다. 각 불안 상황은 주관적 불편감 척도 (SUDS)의 0점부터 100점까지의 점수로 평정되는데, 0점은 전혀 불안하지 않거나 회피하지 않는 것이고, 100점은 최고로 심한 불안과 항상 회피한다는 것을 의미한다. 불안 점수만을 기록하게 할 수도 있으나 불안과 회피의 정도가 일치하지 않는 상황들이 종종 있기 때문에 두 가지를 구분하여 기록하는 것이 좋다. 2회기의 과제는 작성한 불안 및 회피 위계표에 새롭게 추가할 항목들이 있는지 검토하는 것과 지난 주 과제로 했던 불안의 3요소에 대한 관찰을 계속하는 것이었다.

표 6-3 성호의 불안 및 회피 위계표

상황	불안	회피
사람들 앞에서 원고 없이 발표하거나 토론하기	100	100
사람들 앞에서 원고를 보면서 발표하기	95	95
손을 들고 질문하기	90	95
이성과 소개팅하기	80	90
사람들 앞에서 간단히 자기소개하기	75	50
길거리에서 음식 사 먹기	60	90
수업 직후에 교수님께 개인적으로 질문하기	50	60

출처: 박기환(2020).

4) 3~4회기: 인지재구성

3회기와 4회기에서는 지난 주 과제 검토 후, 성호의 자동적 사고를 찾고 인지적 오류를 확인하며, 자동적 사고를 대안적 사고로 바꿔 보는 방법을 배우는 과정으로 진행되었다. 이를 위해 자동적 사고 기록지 사용법을 익혔으며, 자동적 사고를 효과적으로 다루기 위한 여섯 가지 질문의 활용(앞선 인지적 개입 참고)에 대해서도 회기 내에 연습을 하였다. 성호의 자동적 사고 기록지 작성 예시는 〈표 6-4〉에 제시하였다. 5회기부터는 본격적으로 노출훈련에 들어갈 계획이므로 첫 노출 상황을 어떤 것으로 할지 논의하였으며, 과제는 불안한 상황이 있을 때 자동적 사고 기록지를 작성해 오는 것이었다.

표 6-4 성호의 자동적 사고 기록지 작성 예시

사건	감정	자동적 사고	인지적 오류	합리적 사고	결과
부정적 감정을 일으킨 상황이나 사건을 구체적으로 기록	불안, 우울, 분노 등의 감정을 기록하고, 그 정도를 0~100점으로 평가	감정과 연관된 생각을 기록하고 믿는 정도를 0~100점으로 평가	인지적 오류의 종류를 기록	합리적 대안을 기록하고 믿는 정도를 0~100점으로 평가	감정의 변화 정도를 0~100점으로 평가하고 행동의 변화를 기록
구내식당에 혼자 앉아 식사하고 있었음	불안(70점)	사람들이 쟤는 친구도 없나, 혼자서 밥 먹으니 참 불쌍하다고 생각할 거야(90점) 친구 사귈 능력도 없고 성격에도 문제가 있는 사람으로 생각할 거야(80점)	독심술 과잉일반화 감정적 추론	내 생각이 맞다는 증거는 분명하게 없어. 물론 사람들이 속으로 그렇게 생각할 가능성은 있겠지만 혼자 밥 먹는 학생이 나 말고도 여러 명 있었으니 나에게만 그러한 생각을 가졌다고 보긴 어려워. 시간이 없어서 혼자 먹을 수도 있고, 혼자 먹는 것을 좋아해서 혼자 먹을 수도 있잖아. 요즘은 혼밥 문화라는 말도 있듯이 혼자 먹는 게 문제될 것은 없어(60점)	불안(40점) 나중에 식당에서 혼자 밥 먹으면서 덜 불안할 것 같음

출처: 박기환(2020).

5) 5~9회기: 노출하기

노출하기는 사회불안의 치료에서 핵심적인 부분으로, 회기 내 모의노출 연습에 많은 회기 수가 할애된다. 내담자가 불안해하는 상황을 실제와 최대한 유사하게 연출하여 반복 연습하는 것이 훈련의 효과를 높일 수 있고, 노출 전, 노출 동안, 노출 후에 내담자가 보이는 부정적인 자동적 사고를 확인하여 잘 다루어 주는 것이 중요하다. 또한 불안을 감추기 위한 미묘한 안전 행동을 확인하여 이를 제거한 노출훈련과 비디오피드백을 활용한 노출훈련이 효과적이며, 힘든 반복 노출훈련을 내담자가 견뎌 낼 수 있도록 상담자와 내담자가 협조하는 것이 필수적이다.

성호는 5회기 때 상담자 앞에서 5분간 자기소개를 하였는데, 이름, 나이, 학과 등을 소개하고 간략한 가족관계, 취미, 이성관계 및 이상형 등을 설명하였다. 6회기에는 성호가 상담자 앞에서 자기소개하는 장면을 스마트폰을 통해 동영상으로 찍은 후 이를 함께 시청하며 성호의 소감과 상담자의 피드백 주기로 진행하였다. 성호는 원고를 들고 있으면 손이 떨리는 모습을 청중들에게 보일 수 있으므로 원고를 테이블 위에 올려 놓거나 그게 어려우면 최대한 팔을 내려서 떨림을 최소화하려는 안전 행동이 있었기에 노출훈련의 효과를 극대화하기 위해 안전 행동을 하지 않으면서 노출하기로 했다. 따라서 7회기에는 준비한 원고를 손에 들고 발표하는 것을 스마트폰으로 촬영하였다. 8회기에는 미리 섭외한 대학원생 몇 명을 청중으로 초대하여 상담센터의 회의실에서 3분간 자기소개와 3분간 준비한 원고를 들고 발표하기 후 질의응답을 하면서 동영상 촬영을 하였다. 물론 청중을 초대하여 발표를 하는 모의노출은 사전에 성호의 동의를 얻어서 진행되었다. 9회기에는 성호가 불안 및 회피 위계표에서 가장 높은 순위에 올려놓은 원고 없이 즉석 발표하기를 상담자 앞에서 하며 동영상을 촬영하였다. 상담자는 성호에게 안락사에 대한 본인의 생각을 5분간 발표해 달라고 즉석에서 요청하였고, 발표 후 상담자의 즉석 질문에 성호는 자신의 생각을 대답하였다. 회기 간 과제로는 길거리에서 음식 사 먹기, 이성을 소개받아 만나기, 수업시간 중에 손 들어 질문하기, 수업에서의 조별 발표 때 발표 자청하기 등을 수행하였다.

6) 10~11회기: 스키마 다루기

10회기는 스키마를 찾아보는 것이 주요 의제였다. 성호는 지금까지의 회기 동안에 자신이 작업했던 자동적 사고 기록지에 기록된 자동적 사고들을 살펴보면서 "난 능력이 부족해" "난 완벽한 모습을 보여 줘야 해" "완벽하지 않으면 인정받지 못할 거야"라는 스키마가 있는 것 같다고 정리하였다. 성호는 2회기 때 얘기했던 내용들을 떠올리면서 기질적으로 소심했던 자신이 완벽주의를 강화하는 부모님의 양육을 받으면서 자신의 스키마가 형성된 것 같고, 발표 트라우마로 그 스키마가 공고해지게 된 것 같다고 스스로 분석하였다.

11회기의 주요 의제는 스키마 다루기로, 성호의 스키마를 대체할 수 있는 합리적인 믿음을 만들어 보는 작업을 하였다. 성호는 부정적 스키마를 대체할 만한 합리적 스키마를 만들기 위해 소크라테스식 질문을 통해 자신의 스키마를 지지하는 증거와 지지하지 않는 증거를 살펴보았다. 이러한 작업들을 통해 성호는 다음과 같은 대안적 믿음을 만들어 보았다. "내가 능력이 없다는 스키마를 지지하는 증거도 많지만 지지하지 않는 증거도 그 못지않게 많다. 나는 장점도 있고 단점도 있는 평범한 사람이다. 노력한다면 지금보다 향상되고 성장할 수 있을 것이다. 완벽한 것은 어차피 이 세상에 없다. 완벽하다고 그 사람을 좋아하는 건 아니다. 누구나 실수하면서 더 성장하는 법이다." 상담자는 이러한 내용을 좀 더 압축적인 한두 문장으로 만들어 대처 카드에 써서 활용하길 제안하였다. 성호는 "나는 그냥 평범한 사람이다. 누구나 실수는 한다"라는 내용으로 정리하였다.

7) 종결 및 추후 회기

일반적으로 종결 회기에서는 종결에 따른 내담자의 불안한 마음을 다루고, 전체 회기를 통한 향상 정도를 체크하며, 지금까지 프로그램에서 배운 주요 내용들을 강조해 주고, 프로그램 후의 자가 과제들에 대해 정리한다. 상담자는 회기를 통한 향상 정도를 성호와 함께 살펴보았는데, 2회기 때 작성했던 불안 및 회피 위계표의 불안점수와 회피점수에서 큰 향상이 있었음을 확인할 수 있었다. 발표하거나 이성과 만나는 상황들이 여전히 다소간 불안하기는 하지만 예전보다 회피하는 정도는 확실히 줄었음을 알 수 있었다. 치료 전과 후에 실시한 설문지 점수 비교에서도 성호의 긍정적 변화가 확인되었다.

성호는 회기에서의 반복 연습과 실제 상황에서 노출한 경험이 많은 도움이 된 것 같고, 그 과정을 통해 불안해지면 안 되고, 실수하면 안 된다는 생각이 많이 약해진 것 같다고 대답하였다. 성호는 앞으로도 회피하지 않고 계속 도전하면서 "나는 그냥 평범한 사람이다. 누구나 실수는 한다"라는 합리적 믿음을 받아들일 수 있도록 노력해야겠다고 말했다. 상담자는 힘든 노출훈련을 피하지 않고 직면한 성호의 용기와 노력이 좋은 결과를 가져왔음을 강조해 주었다. 1달 후 추후 회기에서 만날 때까지 자가 과제들로 성호는 기회가 되는 대로 수업에서 질문하고 발표할 것이며, 이성과의 데이트를 포함하여 사람들과의 모임에서 자발적으로 자기표현을 시도하겠다고 말하였다. 기회가 되는 대로 자동적 사고 기록지도 계속 작성하기로 했다.

1달 후 추후 회기에서는 주로 성호가 그동안 어떻게 지냈는지를 중심으로 대화가 오갔다. 성호는 자신이 그동안 많은 노력을 했고, 더 향상이 있었음을 전달하고 싶어 했다. 수업에서 발표를 하며 많이 떨렸지만 준비한 내용을 끝까지 전달한 상황, 여자친구와 교제하고 있는 상황 등을 얘기해 주었고, 학교 홍보 동아리에 지원해서 활동하기 시작하였음을 얘기하였다. 상담자는 성호의 긍정적 도전과 성취를 축하하며, 앞으로 성호가 계속 도전하고 싶은 부분과 힘들 때 대처할 수 있는 방법 등을 얘기 나눈 후 필요한 경우에는 언제든 연락하여 만날 수 있음을 전달하고 회기를 마무리하였다.

6. 요약

엘리스와 벡이 선도한 인지행동치료의 흐름은 행동치료를 이어 새롭고 통합적인 치료접근의 장을 열었으며, 최근에는 인지행동치료 내에서 수용 기반 접근의 또 다른 흐름으로 이어지고 있다. 인지행동치료는 인지매개설을 토대로 개인의 고유한 믿음과 해석이 개인의 반응을 결정한다고 보고, 자동적 사고와 스키마를 탐색하여 다루고자 하며, 이를 위해 인지적 개입, 행동적 개입, 수용적 개입 등의 다양한 기법을 활용한다. 인지행동치료를 효과적으로 사용하기 위해서는 다양한 기법에 대한 이해뿐만 아니라, 인지모델과 사례개념화에 대한 이해가 필수적이며, 협력적 경험주의의 원칙에 따라 내담자와 치료관계를 적절히 형성하고, 치료가 계획에 따라 효과적으로 진행되는지 주기적으로 평가하는 노력이 필요하다. 결국 인지행동치료의 목표는 내담자의 생각 혹은 사고방식이 달라짐으로써 내담자 스스로 자신의 문제를 해결해 나갈 수 있는 자가치료자가 되고, 이를 통해 내담자의 삶의 질이 향상되는 것이다.

🎧 연습 과제

1) 자신이 최근 경험했던 우울, 불안, 혹은 분노와 관련된 한 가지 상황을 구체적으로 떠올려 보고, 이 상황에 대한 자동적 사고 기록지(6칸)를 작성해 보세요. 작성하면서 애로사항과 도움이 된 점은 무엇인지, 여섯 칸 중 가장 기록하기 어려웠던 칸은 무엇이고 그 이유는 무엇인지, 자신에 대해 알게 된 부분을 포함하여 전반적인 소감을 자유롭게 적어 보세요. 최근 경험한 상황이 없다면 오래 전 상황을 회상해도 상관없습니다.

2) 사례에 제시한 것처럼, 자신의 불안 및 회피 위계표를 작성해 보세요. 자신이 불안을 느끼는 구체적인 상황을 다섯 가지 이상 기록하고, 그 상황에서 느끼는 불안의 정도를 0(전혀 불안이 없음)에서 100(경험할 수 있는 최고의 불안)으로 평가하고, 회피의 정도도 0(전혀 회피하지 않음)에서 100(항상 회피함)으로 평가해 보세요. 작성한 위계표의 항목 중 우선 불안이나 회피가 너무 높지도 않고 너무 낮지도 않은 항목을 정하여(50점 내외의 항목) 그 상황에 직면 혹은 노출할 계획을 구체적으로 작성해 보세요.

🎧 주관식 문제

1) 엘리스와 벡의 공통점을 성장기 및 치료경력 측면에서 설명해 보세요.
2) 인지모델에서 자동적 사고와 스키마의 역할을 비교하여 설명하세요.
3) 인지매개설의 특징을 자신의 경험을 예로 들어 설명하세요.
4) 자동적 사고 다루기에서 자동적 사고를 평가하는 소크라테스식 질문 여섯 가지를 간략히 설명하세요.
5) 인지행동치료에서 변화를 위한 개입과 수용을 위한 개입의 조건 및 효과에 대한 자신의 입장을 설명하세요.

📑 참고문헌

박기환(2020). 인지행동치료. 서울: 학지사.

Beck, A. T. (1989). *Cognitive therapy and research: A 25-year retrospective*. Paper Presented at the World Congress of Cognitive Therapy. Oxford, UK.

Beck, A. T., Brown, G., Steer, R. A., & Weissman, A. N. (1991). Factor analysis of the Dysfunctional Attitude Scale in a clinical population. *Psychological Assessment, 3*(3), 478-483.

Beck, J. S. (2017). 인지행동치료 이론과 실제(*Cognitive behavior therapy: Basics and beyond* (2nd ed.)). (최영희, 이정흠, 최상유, 김지원 공역). 서울: 하나의학사. (원저는 2011년에 출판).

Brown, T. A., & Barlow, D. H. (2014). *Anxiety and related disorders interview schedule for DSM-5 (ADIS-5): Client interview schedule, adult version*. Oxford: Oxford University Press.

First, M. B., Williams, J. B. W., Karg, R. S., & Spitzer, R. L. (2016). *Structured clinical interview for DSM-5 disorders: Clinician version*. Arlington: American Psychiatric Association Publishing,

Hayes, S. C. (2016). Acceptance and commitment therapy, relational frame theory, and the third wave of behavioral and cognitive therapies-Republished article. *Behavior Therapy, 47*, 869-885.

Persons, J. B. (1999). 인지치료의 실제(*Cognitive therapy in practice: A case formulation approach)*. (김지혜, 임기영 공역). 서울: 중앙문화사. (원저는 1989년에 출판).

Persons, J. B. (2015). 인지행동치료의 사례공식화 접근(*The case formulation approach to cognitive-behavior therapy)*. (이유니, 김지연 공역). 서울: 학지사. (원저는 2008년에 출판).

Young, J. E., & Brown, G. (2001). *Young schema questionnaire* (Special ed.). New York: Schema Therapy Institute.

Young, J. E., Klosko, J. S., & Weishaar, M. E. (2003). *Schema therapy: A practitioner's guide*. New York: Guilford.

Wright, J. H., Brown, G. K., Thase, M. E., & Basco, M. R. (2017). *Learning cognitive-behavior therapy* (2nd ed.). Washington D.C.: American Psychiatric Association Publishing.

7장 | 수용전념치료

    티베트의 유명한 속담 중 하나인 '걱정을 해서 걱정이 없어지면 걱정이 없겠네'를 들어본 적이 있는가? 인간은 일반적으로 고통을 피하려고 노력하지만, 이 속담이 의미하는 것처럼 이러한 노력은 종종 큰 효과를 내지 못한다는 사실을 우리는 이미 많은 경험을 통해 알고 있다. 만약 고통을 다른 관점에서 접근한다면 반응이 어떻게 달라질 수 있을까? '나쁜 것'으로 분류하는 대신에 삶의 일부로 받아들인다면 어떨까? 이 핵심 원칙이 수용전념치료(Acceptance and Commitment Therapy: ACT)의 기초가 된다. ACT는 부정적인 감정과 경험을 삶의 일부로 간주하고, 내담자의 마음속에서 일어나는 일의 내용을 바꾸려고 하지 않는다는 점에서 다른 많은 치료법이나 이론적 방향과 다르다. 비교적 최근에 개발된 ACT가 많은 주목을 받으며 빠른 성장을 보이는 이유는 무엇일까? 지금부터 ACT에 대해 좀 더 자세히 살펴보도록 하자.

1. 스티븐 헤이스와 이론의 발달

    ACT('A-C-T'라는 이니셜 대신 '액트'라고 발음)는 1980년대에 스티븐 헤이스(Steven Hayes)와 그의 동료들에 의해 개발되었다. 이전까지의 심리적 접근이 내적 장애물(즉, 원치 않는 생각이나 느낌, 신체감각 등)을 어떻게 효과적으로 제거할 것인가에

스티븐 헤이스

초점을 맞추었다면, 헤이스와 동료들은 인간의 복잡한 고통을 해결하기 위해서는 보다 포괄적인 접근 방식이 필요하다고 생각했다. ACT에서는 오히려 심리적 고통이 부정적인 감정과 생각을 회피할 때 발생한다고 주장한다. 이에 증상을 감소시키려는 노력보다는 개인의 증상과 고통스러운 생각 및 감정을 수용하고, 이러한 상황에서도 자신의 가치에 따라 행동하도록 돕는 것을 주요 목표로 삼는다. 이를 토대로 ACT에서는 내담자가 불쾌한 감정에 과잉 반응하지 않고, 해당 감정을 유발하는 상황을 피하지 않도록, 그리고 자신의 왜곡된 인식을 현실과 구별하는 법을 습득할 수 있도록 도움을 제공한다.

ACT는 변증법적 행동치료, 마음챙김 기반 인지치료, 마음챙김 기반 스트레스 감소 프로그램과 함께 (인지)행동치료의 제3세대에 속한다. 1950년대와 1960년대의 제1세대는 명백한 행동 변화에 중점을 두고 조작적 조건화 및 고전적 조건화 원리와 관련된 기술을 활용했다. 1970년대의 제2세대는 비합리적인 생각과 그로 인한 행동을 교정하는 데 중점을 두었다. 1990년대 이후의 제3세대는 더 이상 부정적인 생각과 감정을 통제하거나 교정하려고 하지 않고 수용과 탈집착화(Detachment)를 촉진한다. 특히 제2세대의 접근 방식은 특정한 인지, 감정 및 생리적 상태가 역기능적 행동으로 이어진다고 가정하여 이러한 문제적인 내적 경험을 제거하거나 최소화하는 것을 목표로 한다. 한편, 제3세대는 자신과 세상을 더 편안하게 받아들이도록 돕는 데 중점을 두어 내적 경험의 내용보다는 그 경험의 맥락, 과정, 기능에 더 집중한다.

ACT는 인간이 경험하는 많은 고통의 근원이 언어에 기인한다고 가정한다. 언어는 경험을 좋고 나쁨, 흑과 백, 행복과 불행으로 평가함으로써 고통을 만들어 낸다. 이러한 가정의 기반이 되는 이론은 인간 언어와 인지에 대한 기능 분석적 접근법인 관계구성틀 이론(Relational Frame Theory: RFT; Hayes, Barnes-Holmes, & Roche, 2001)으로, 이는 인간이 문제를 해결하기 위해 사용하는 이성적 기술이 심리적 고통을 극복하는 데 효과적이지 않을 수 있음을 주장한다. 예를 들어, 차가 고장 났을 때는 이성적인 능력으로 해결할 수 있지만, 연인과 이별한 후 상심한 마음은 이성적인 능력으로 해결하기 어려울 수 있다. 따라서 정신적·정서적 고통에 관해서는 새로운 접근 방식이 필요하다. 이에 ACT에서는 내담자가 자신의 어려움이 경험 그 자체보다는 마음과 그 마음에서 나오는 언어에 기인한다는 사실을 깨닫도록 돕는다.

2. 주요 개념

1) ACT의 핵심 과정 모형: 육각형 모형

　육각형(Hexaflex) 모형은 내담자의 문제를 종합적으로 분류하고 개입하기 위한 시각적 도구로(Bach & Moran, 2008), 육각형의 각 꼭지점은 ACT의 핵심 과정, 즉 수용, 인지적 탈융합, 현재 순간과의 접촉, 맥락으로서의 자기, 가치, 전념 행동에 해당한다. ACT는 이러한 6가지의 핵심 과정이 모두 겹치고 상호 연관되어 있다고 본다. 특히 이 핵심 과정은 다음과 같이 3가지 과정으로 요약할 수 있다. 고통을 향해 마음을 여는 과정(수용, 인지적 탈융합), 중심 잡기 과정(현재 순간과의 접촉, 맥락으로서의 자기), 피부 밖의 세상에 관여하는 과정(가치, 전념 행동)이 그것이다(Hayes, 2011; 이선영, 2017에서 재인용). 이러한 과정들은 상담자가 내담자를 돕기 위한 다양한 활동과 연습을 포함하며, 상담자는 이 육각형 모형을 사용하여 상담 개입의 시작점을 선택할 수 있다. 이 모형에 따르면, 6가지 핵심 과정은 ACT의 궁극적인 목표인 심리적 유연성을 향상시키는 데 기여한다.

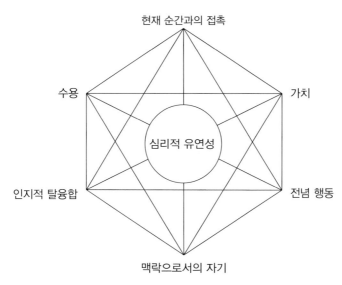

[그림 7-1] ACT의 핵심 과정 모형

출처: Hayes et al. (2006).

2) 심리적 유연성

ACT는 심리적 경직성(Psychological Inflexibility)을 인간의 고통과 정신병리의 원인으로 간주한다. 불쾌한 상황이나 감정을 피하려고 애쓰고, 과거와 미래에 대해 걱정하며, 엄격한 규칙에 따라 생활하고, 부정적인 생각을 사실로 받아들이며, 가치가 명확하지 않은 경우에 내담자는 불행한 삶을 살 가능성이 높다. 심리적 유연성(Psychological Flexibility)이란 "개방적으로 느끼고 생각하는 능력이자 현재 순간의 경험에 자발적으로 주의를 기울이는 능력이며, 가치와 열망에 일치하는 삶을 살도록 습관을 가짐으로써 삶을 자신에게 중요한 방향으로 이동시키는 능력"을 의미한다(Hayes, 2019). 즉, 현재 순간에 존재하는 감정, 생각, 기억 등의 내적 경험에 대해 개방적이고 유연한 태도를 가지며, 가치와 일치하는 행동을 할 수 있는 능력을 의미한다. 심리적 유연성은 목표 달성 과정에서 발생하는 어려움이 고통을 일으킬 때 특히 유용하다. 이에 ACT에서는 심리적 유연성을 정서적 건강과 안녕의 정점으로 여기며, 이를 향상시키는 것을 주요 목표로 삼는다(Doorley, Goodman, Kelso, & Kashdan, 2020).

3) 인지적 탈융합

인간은 일상에서 수많은 생각을 하며 살아간다. 의식적으로 하는 생각도 있지만, 때로는 의도치 않게 떠오르는 생각들도 있다. 한 연구에 따르면, 인간은 하루에 평균 6,500번 정도의 생각을 한다고 한다. 이 생각들 가운데는 때로 이상하거나 사실과는 거리가 먼 것도 있을 수 있다. 가령, 누군가를 때리고 싶다거나 창문에서 뛰어내리고 싶다는 생각이 들 수도 있다. 하지만 이러한 생각이 떠올랐다고 해서 그 생각을 사실로 여기거나 행동으로 옮긴다는 의미는 아니다. 사실 대부분의 생각은 사실이 아니거나 정확하지도 않으며, 도움이 되지 않는 경우도 많다. 그럼에도 불구하고 이러한 생각 중 일부는 고통을 줄 수 있고, 때로는 사실로 느껴질 수도 있는데, 이를 인지적 융합(Cognitive Fusion)이라고 한다. 예를 들어, '나는 멍청하다'라는 생각을 하면 마음은 이를 사실로 받아들이는 경향이 있다. 마찬가지로 수치심이나 죄책감을 느낀다면 마음은 이를 내가 무언가 잘못했거나 나쁜 사람이라는 것으로 받아들일 가능성이 높다. [그림 7-2]는 사람들이 자신의 생각이 단순히 생각일 뿐이라는 것을 알아차리지 못하고 생각을 믿을 때 어떤 일이 벌어지는지를 보여 준다.

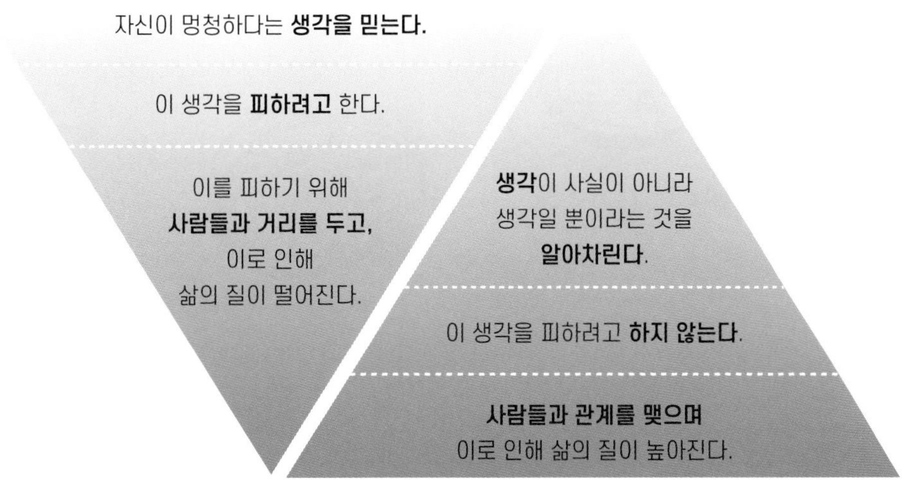

자신이 멍청하다는 **생각을 믿는다.**

이 생각을 **피하려고** 한다.

이를 피하기 위해
사람들과 거리를 두고,
이로 인해
삶의 질이 떨어진다.

생각이 사실이 아니라
생각일 뿐이라는 것을
알아차린다.

이 생각을 피하려고 **하지 않는다.**

사람들과 관계를 맺으며
이로 인해 삶의 질이 높아진다.

[그림 7-2] 생각의 함정

출처: Gustafson(2024)에서 일부 발췌 및 수정

　인지적 탈융합(Cognitive Defusion)은 우리의 생각, 특히 우리에게 문제가 되는 생각과 자신을 구분하기 위한 전략이다. 이를 통해 우리의 말이나 생각이 실제가 아님을 이해하고, 잠재적으로 불안하고 방해가 되는 생각을 관리하는 데 도움이 된다. 이 전략을 사용함으로써 우리는 생각의 산물과 과정을 관찰하는 법을 배우고, 생각과 자신을 구분할 수 있게 된다. 예를 들어, 우리는 '내적 경험에 있는 그대로 이름 붙이기' 연습을 통해 "나는 ~라는 생각을 하고 있어" "나는 ~라는 감정을 느끼고 있어" "나는 ~에 대한 기억을 하고 있어" "나는 ~한 신체감각을 느끼고 있어"라고 말할 수 있다. 인지적 탈융합의 관점에서 역기능적 생각은 다른 생각으로 대체해야 하는 대상이 아니라, 실제가 아닌 단지 마음이 만들어 낸 창조물이라고 본다. 인지적 탈융합은 생각에 빠져 있거나 얽매이지 않고 한 발 물러서서 자신의 생각을 관찰하는 능력이다. [그림 7-3]은 생각에 '융합'된 나와 생각에서 '탈융합'된 나를 나타낸다. 인지적 탈융합의 목표는 생각을 그저 생각으로 알아차리고, 그중에서 도움이 되는 생각은 따르되, 생각이 우리를 지배하거나 행동을 좌지우지하지 않도록 하는 것이다(Gustafson, 2024).

[그림 7-3] 인지적 융합과 탈융합 예시

출처: Gustafson(2024).

4) 수용

대부분의 사람은 원치 않는 내적 경험을 피하려는 경향이 있다. 이 과정에서 우리는 도움이 되지 않는 다양한 행동(예: 음주하기, 폭식하기, 특정 장소 또는 사람 피하기)을 하게 된다. 이러한 행동들은 일시적인 효과가 있을 수 있지만, 일반적으로 장기적인 효과는 없다. 특히 고통스러운 감정에 대한 저항과 이를 피하기 위해 하는 모든 행동은 역설적으로 해당 감정의 강도와 지속시간을 증가시켜서 고통과 정신장애를 유발할 수 있다. 이렇듯 원치 않는 감정, 때로는 슬픔이나 분노와 같은 지극히 정상적인 감정을 없애거나 회피하려는 시도는 문제를 야기할 수 있다. 정서적 어려움을 회피하면 정상적인 감정이 임상적 문제로 변질될 수 있다. 이렇듯 경험 회피(Experiential Avoidance)는 평범한 일상적인 문제들을 악화시킬 수 있다. [그림 7-4]는 경험 회피를 통해 악순환에 빠지는 과정을 나타낸다.

경험 회피의 대안은 수용(Acceptance)이다. 실제로 '수용'이라는 단어는 종종 체념이나 포기로 오해되는 경우가 많다. 그러나 ACT에서 수용은 고통스럽고 도움이 되지 않는 감정이나 생각과 같은 내적 경험을 단순히 견디는 것이 아니라, 이를 피하거나 저항하지 않고 그 경험이 자연스럽게 일어나도록 허용하는 것이다. 통제할 수 없는 내적 경험에 저항하고 많은 에너지를 낭비하는 것은 고통스러운 경험이 될 수 있다. 따라서 이러한 불필요한 투쟁을 그만둘 때, 우리는 보다 많은 에너지를 가지고 원하는 방향으로 삶을 살아갈 수 있게 된다. ACT에서는 내적 경험을 회피하는 것이 반드시 문제가

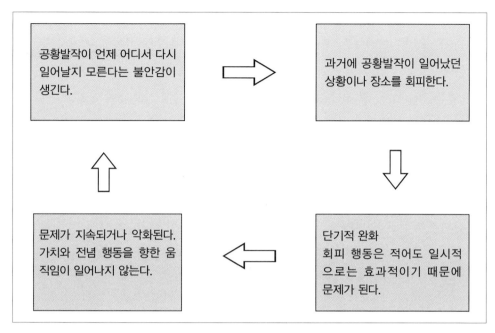

[그림 7-4] 회피 순환주기
출처: Gustafson(2024)에서 일부 발췌 및 수정

되지 않는다고 본다. 이는 내담자가 원하는 삶을 사는 데 방해가 될 때에만 문제가 되며, 이에 따라 적절한 개입을 시도한다. 수용의 본질은 저항하지 않는 태도를 취하는 것이며, 이러한 태도는 우리가 불필요한 고통에서 벗어날 수 있도록 도움을 준다.

5) 현재 순간과의 접촉

인지적 융합과 경험 회피는 일반적으로 개인을 특정 상황에 갇히게 하고, 이로 인해 현재 순간, 즉 지금-여기에서의 삶을 놓치게 만든다. 지금-여기에서의 경험에서 벗어나면 개념화된 과거와 미래에 집착(Dominance of the Conceptualized Past and Future)하게 된다. 고통스러운 기억에 머물며 왜 일이 그렇게 되었는지 반추하고, 미래에 대한 공상을 하고, 아직 일어나지 않은 일에 대해 걱정하게 된다. 과거를 반성하고 미래를 생각할 수 있다는 사실은 인간이 가지고 있는 고유한 자원이지만, 이러한 인지능력은 심각한 문제를 야기할 수 있다(Harris, 2006). 과거나 미래에 지나치게 집중하면 현재 순간과의 접촉(Contact with the Present Moment)을 잃게 되어 상황이 더 압도적으로 느껴지며, 고통이 커져서 현재를 살아가는 데 방해가 될 수 있다. 과거와 미래 모두 중요하지만 지금 이 순간을 제외하고는 행동을 통제할 수 있는 시간은 없다.

따라서 행동이 일어나는 곳이 바로 지금-여기라는 사실을 기억하는 것이 중요하다. 현재야말로 우리가 실제로 삶을 영위하고 우리에게 중요한 변화를 일으킬 수 있는 유일한 장소이다. 현재 순간에 접촉한다는 것은 생각에 사로잡히지 않고 지금-여기에서 자신의 경험을 온전히 의식하는 것을 의미한다(Harris, 2009). 즉, 외부 세계(주변 환경)와 내부 세계(생각, 감정, 신체감각) 모두에 유연하게 주의를 기울이는 것이다. 생각에 잠기거나, 과거를 회상하거나, 지나간 일을 되새기면 현재 시점에서 행동하는 데 방해가 된다. 이에 ACT에서는 마음챙김 연습을 활용하여 의도적으로 현재 순간에 비판단적으로 모든 측면(좋은, 나쁜, 중립적인)에 주의를 기울이도록 도와 현재 순간에 접촉할 수 있도록 한다. 이를 통해 내담자는 자신의 생각, 감정, 신체감각을 더 잘 알아차리고 자신의 가치에 부합하는 선택을 할 수 있게 된다.

6) 맥락으로서의 자기

사람들은 자동적으로 떠오르는 생각 외에도 자신에 대한 근본적인 관점이나 이야기를 가지고 있다. 자기 이야기는 "나는 누구인가?"라는 질문에 대해 자신이 어떻게 대답하는지를 말한다. 이러한 자기 이야기를 개념화된 자기(Conceptualized Self)라고도 하는데, 이는 한 개인이 가지고 있는 자기참조적 관념과 신념을 지칭하는 개념이다. 여기에는 객관적인 사실과 주관적인 사실이 모두 포함되어 있다. 개념화된 자기(예: '나는 부족한 사람이야.')에 지나치게 집착하게 되면 자신의 삶에서 원하는 변화를 만들어 내는 것이 어려워질 수 있다. 예를 들어, '나는 부족한 사람이야'라는 이야기가 지나치게 우세해지면 모든 삶의 영역에서 자신을 비하하면서 사람들이나 새로운 일을 최대한 피하려고 할 수 있다. '나는 부족한 사람이야'라는 진술이 사실일 수도 있지만, 이 이야기에 지나치게 몰두하면 개인이 변화할 수 있는 능력이 제한될 수 있다.

ACT에서는 생각하는 자기와 맥락으로서의 자기를 구분한다. 생각하는 자기는 모든 생각을 하는 뇌의 일부로, 미래에 대한 걱정이나 과거에 대한 후회 등이 여기에 해당한다. 반면 맥락으로서의 자기는 이 모든 생각을 알아차리는(예: 내가 미래에 대한 걱정을 하고 있다는 것을 알아차리는 것) 우리의 일부이다. 생각, 감정, 신체감각 등은 끊임없이 변화하지만, 변하지 않는 유일한 부분은 이 모든 변화를 관찰하는 인식요소, 즉 맥락으로서의 자기이다. 이에 맥락으로서의 자기는 특정한 감정이나 생각과 자신을 동일시하지 않고 거리를 두고 바라볼 수 있는 기회를 제공한다. 사람들은 종종 "나는 불안을 느껴"가 아니라 "불안해"라고 말하는데, 이는 불안이라는 감정에 자기를 동일시하는 것을 나타낸다. 맥락으로서의 자기는 이러한 자기개념에서 벗어나는 데 도움이 되며, 다양한 관점에서 자신을 바라볼 수 있는 유연성을 제공하여 부정적인 감정이나 생각에 효과적으로 대처할 수 있게 한다.

7) 가치

ACT에서 핵심적인 역할을 하는 가치(Value)는 자신에게 가장 중요한 것이 무엇이고 진정으로 원하는 삶이 무엇인지를 나타낸다. 가치를 확인하면 개인의 삶에 의미를 부여하는 요소를 이해할 수 있고, 어떤 행동을 할지 결정하는 데 도움이 된다. 따라서 의미 있는 삶을 살기 위해서는 이러한 가치를 명확히 하는 것이 중요하다. 가치의 명확성이 부족(Lack of Value Clarity)하면 장기적인 결과를 고려한 행동이 어려워지고, 대신에 단기적인 우발 상황에만 대처하기 급급해지며, 이로 인해 원치 않는 내적 경험과 융합되어 파괴적인 경험 회피 패턴에 빠지게 된다. 예를 들어, 배우자와의 관계가 소원해져서 일찍 출근하는 배우자를 위해 아침을 준비하고자 하는 내담자가 있다고 가정해 보자. 이 행동의 근본적인 동기가 배우자와의 관계 증진보다는 배우자와의 갈등으로 인한 불편함을 줄이기 위함이라면 부부관계에서 실질적이고 긍정적인 변화가 일어나기 어려울 것이다.

가치는 목표와 혼동하기 쉽지만, 이 둘은 서로 다르다. 가치는 방향이고, 목표는 그 방향으로 향하는 도중에 들르는 정거장이라고 할 수 있다. 즉, 가치는 행동의 방향을 주도하는 평생의 노력인 반면, 목표는 노력하여 달성할 수 있는 성과이다(Luoma, Hayes, & Walser, 2007). 예를 들어, '가족 배려하기'라는 가치를 충족하기 위해서는 가치와 관련된 행동이 계속되어야 한다. 가족을 배려하는 한 번의 행동으로는 충분하지 않다. 이 가치를 만족시키기 위해서는 가족을 배려하는 태도가 일관되게 나타나야 한다. ACT에서는 다양한 활동을 통해 내담자가 사회적/종교적 압력(예: 정직한 삶)이나 인지적 융합(예: '착한 사람은 남에게 피해를 주지 않아.')에 기반한 선택을 피하도록 하면서 삶의 다양한 영역(예: 가족관계, 건강관리, 사회참여)에서 진정으로 원하는 삶의 방향을 정하는 데 도움을 준다.

8) 전념 행동

자신의 가치가 무엇인지 명확히 아는 것만으로는 의미 있는 삶을 만드는 데 충분하지 않다. 의미 있는 삶은 가치와 일치하는 행동을 시작할 때 비로소 만들어진다. 그러나 물러서거나, 포기하거나, 자동적이고 반사적이며 충동적인 행동(Inaction, Impulsivity or Avoidant Persistence)은 가치에 따른 삶을 사는 데 방해가 되는 행동이다. 또한 명확한 가치 없이 회피하거나 경직된 태도를 고수하면 실질적이고 긍정적이며 성장을 촉진하는 삶의 변화를 이루기 어렵다. 사회적으로 철수하거나, 활동하지 않거나, 이전에 즐겼던 활동을 피하거나, 약물이나 알코올을 과도하게 사용하거나, 심지어 자살을 시도하는 등의 행동은 익숙한 나쁜 습관에 갇혀서 자신을 해치거나 망치는 행동이라고 할 수 있다. 이러한 융통성 없는 접근 방식은 단기적인 안도감만 가져다줄 뿐, 삶을 풍요롭게 하고 더 중요한 목표를 향해 나아갈 수 있는 능력을 방해하게 된다.

ACT의 궁극적인 목표는 내담자가 자신의 가치에 충실하게 살면서 장기적인 목표를 달성하는 데 보다 도움이 되는 새로운 행동에 전념하도록 돕는 것이다. 전념 행동(Committed Action)은 특정한 가치에 따른 삶을 살아가기 위해 취하는 행동을 의미한다. 앞서 가치와 목표를 구분한 것을 기억하는가? 여기서는 목표가 중요한 역할을 하는 단계이다. 예를 들어, 만약 개인이 '건강관리'를 중요한 가치로 여긴다면 1주일에 3일 각 1시간씩 운동하기, 하루에 과일 1개 먹기 등이 전념 행동에 해당할 수 있다. 이는 어려움이나 불편함에 직면했을 때에도 개인의 가치와 일치하는 행동을 계획하고 실행하는 것을 포함한다. 이 과정에서 목표 설정, 기술훈련, 시간 관리, 문제 해결, 위기 대처 등 전통적인 행동 개입의 학습이 이뤄질 수 있다. 이때 결과보다는 과정에 중점을 두어 전념 행동을 목표나 성취로 보는 대신에 의지나 노력을 강조하는 것이 좋다(Gustafson, 2024).

3. 치료의 목표

ACT의 목표는 내담자의 통제 범위를 벗어난 것, 특히 감정, 생각, 충동 등 원치 않는 내적 경험을 피하거나 통제하려는 대신에 이를 받아들이면서 그 경험이 더 큰 문제를 일으키거나 내담자가 원하는 방향으로 나아가는 것을 방해하지 않도록 하는 것이다. ACT의 일반적인 목표는 개인이 심리적 유연성, 즉 현재 순간에 접촉할 수 있는 능력과 자신의 가치에 충실하면서 행동을 조절하거나 유지할 수 있도록 돕는 것이다. 이는 다음과 같이 구체화될 수 있다. 첫째, 행동 변화에 대한 심리적 장벽을 낮추기 위해 심리적 경험에 개방적이고 수용적인 태도를 촉진한다. 둘째로, 마음챙김 과정을 통해 내적 경험과 주변 상황에 대한 인식을 향상시켜서 내담자가 상황에 더 잘 맞는 선택을 할 수 있도록 도와준다. 셋째, 내담자가 건강하고 가치와 일치하는 행동을 개발하고 유지하는 데 전념하도록 도와준다.

4. 방법 및 절차

다른 상담과 마찬가지로 ACT는 내담자가 원하는 목표가 무엇인지 파악하는 것에서 시작한다. 내담자는 주로 자신이 경험하는 문제나 증상의 제거 또는 감소(예: "우울에서 벗어나고 싶어요.")를 목표로 설정하는데, ACT에서는 이 목표를 더 의미 있는 삶을 위한 수단으로 재구성하게 된다(예: "만약 우울에서 벗어나면 어떤 것을 하고 싶나요?"와 같은 질문을 통해). 그 후에는 내담자가 목표를 달성하기 위해 시도한 모든 노력과 이러한 노력이 얼마나 효과가 있었는지 다음과 같은 질문들을 통해 평가한다. '장기적으로 증상이 감소했는가?' '이 방법은 시간, 에너지, 건강, 활력, 관계의 측면에서 어떤 대가를 지불했는가?' '당신이 원하는 삶에 더 가까워졌는가?' 이때 상담자는 주로 통제할 수 없는 내적 경험, 특히 가치에 따른 삶을 방해하는 경험을 통제하거나 피하려는 패턴을 파악하려고 노력한다. 이 패턴은 명백한 것(예: 대인관계 회피, 음주, 폭식)부터 미묘한 것(예: 작게 말하기, 신경 끄기, 질문 피하기)까지 다양할 수 있다. 내담자는 자신이 지금까지 불편함을 줄이기 위해 사용했던 통제 전략들이 효과가 없거나 일시적일 뿐이었다는 것을 깨닫게 된다. 이에 내담자는 그동안의 무의미한 노력을 중단하고 더 나은 대안을 찾기로 결심할 수 있는데, 이 과정에서 그동안의 노력이 자신이 진정으로 원하는 삶을 사는 데 방해가 되고 있었다는 것을 이해하게 되면서 변화에 대한 동기가 생기게 된다(치료사례1 참조).

ACT에서의 심리교육은 주로 은유, 이야기, 경험적 연습을 통해 심리적 경험이 상당 부분 통제가 불가능하며 수용이 가능하다는 것을 보여 주는 데 중점을 두고 있다. 이는 일반적으로 생각하는 것보다 생각이 덜 강력하고 제한적이라는 것을 드러내기 위한 목적을 가지고 있다. 예를 들어, '난 부족해'와 같은 고통스러운 생각을 다루는 방법 중 하나는 해당 문구를 소리내어 말하면서 속도, 음성의 높낮이, 음조를 변화시켜서 자극을 단순한 소리로 취급하는 것이다. 또한 생각을 억누르려고 애쓰는 것과 받아들이는 것의 차이를 설명하기 위해 상담자가 먼저 해당 생각을 카드에 적어서 내담자에게 밀어 주고, 내담자가 다시 밀어내도록 하는 식으로 시작한 후, 다음에는 내담자의 무릎 위에 카드를 올려놓아 내담자가 그 생각과 접촉하는 연습을 할 수 있다. 또한 내담자가 생각이 떠오를 때마다 손가락을 그 생각이 떠오른 시간선상(먼 과거, 가까운 과거, 지금, 가까운 미래, 먼 미래)의 해당하는 위치에 올려놓도록 하는 활동을 통해 자기인식을 향상시킬 수 있다. 이렇듯 ACT에서는 다양한 활동을 통해 생각을 무해하고 중요하지 않은 것으로 다루도록 내담자와 상담자에게 지속적으로 새롭고 다양한 전략을 개발할 것을 권장한다.

다음 단계에서 내담자는 자신의 핵심 가치를 탐색하고 자신에게 중요한 것이 무엇인지를 파악한다. 이 과정은 삶의 방향을 제시하는 데 그치지 않고, 동기 부여를 통해 행동에 전념하는 데에도 큰 역할을 한다. 내담자는 '묘비명 쓰기' '아픈 곳이 어디인가?'(활동2 참조), '가치 질문지'(활동3 참조) 등의 다양한 활동을 통해 자신의 가치를 확인할 수 있다. 가치를 확인한 후에는 내담자의 가치와 일치하는 행동을 확인하고, 그 행동을 실제로 수행할 수 있도록 S.M.A.R.T 전략에 따라 구체적이고(Specific), 측정 가능하고(Measurable), 가치와 일치하며(Aligned), 현실적이고(Realistic), 기한이 있는 (Time-Sensitive) 방식으로 계획한다. 헤이스가 ACT를 별도의 글자가 아닌 '액트'라고 발음하길 요청한 것처럼, 전념 행동은 ACT에서 가장 핵심적인 부분이다. 따라서 상담자는 내담자가 배운 모든 기술(인지적 탈융합, 수용, 현재 순간과의 접촉, 맥락으로서의 자기, 가치)을 일상에서 활용하여 심리적 유연성을 키우고, 이를 통해 자신의 가치에 따른 삶을 살도록 조력한다.

■ ACT의 은유 예시

버스 운전사 은유

당신이 버스를 운전하는 사람이라고 상상해 보겠습니다. 여러 명의 승객을 태우고 목적지를 향해서 운전을 시작했습니다. 승객 중에 어떤 사람들은 소란을 떨기도 하고, 때로 당신이 하는 운전에 대해 '이렇게 하면 되나, 저렇게 해야지'라고 간섭합니다.

어떻게 하면 좋을까요? 버스를 멈출까요? 승객이 하자는 대로 운전할까요? 승객이 목적지와 전혀 상관없는 곳을 이야기하면 어떻게 해야 할까요? 아마도 당신은 승객의 소란을 들으면서도, 또 간섭을 받으면서도 자신이 가고자 했던 목적지로 운전해 갈 것입니다. 결국 운전대를 잡은 사람은 당신 자신이기 때문입니다. 여기서 목적지가 가치라면, 승객은 당신의 여정에 함께하는 생각 또는 감정입니다. 때로 당황스럽고, 화가 나고, 짜증이 날 수도 있습니다. 때로 이런저런 생각이 들 수도 있지만 결국 운전대는 당신이 잡고 있으며, 어디로 갈 것인지는 당신 자신이 선택합니다. 이것이 가치의 특징입니다.

출처: 이선영(2017)에서 일부 발췌 및 수정

5. 치료사례

사례 1: 창조적 무망감[1] 유발 후 관점 전환하기

상담자: 통증이 시작된 후 삶에서 이전과 달라진 점이 있다면 어떤 게 있을까요?

내담자: 잠도 제대로 못 자겠고, 그러다 보니 다음날 피곤하고 예민해지고, 사람 만나는 것도 부담되고, 외출하면 아플까 봐 자꾸 집에만 있게 돼요. 기분도 자꾸 축축 쳐지고요. (눈물을 흘리며) 원래 이런 사람이 아니었는데…….

상담자: 상심이 크시겠어요. 많은 통증 환자가 비슷한 반응을 보이면서 힘들어합니다.

내담자: 아, 그런가요? 저는 저만 이렇게 힘든 줄 알았어요.

상담자: 지금까지 통증을 해결하기 위해 많은 노력을 했을 거 같은데요.

내담자: 맞아요, 안 해 본 게 없는 것 같아요.

상담자: 어떤 게 있을까요?

내담자: 물리치료, 도수치료를 받아 봤고, 주사도 꾸준히 맞고요. 통증에 좋다는 약은 다 먹어 봤어요. 술도 마셔 보고, 누워 있기도 해 보고요.

---

1 창조적 무망감(Creative Hopelessness)은 내적 경험을 통제하려는 노력이 효과가 없다는 것을 깨닫고 기꺼이 새로운 가능성을 모색하는 과정을 말한다.

상담자: 말 그대로 안 해 보신 게 없는 것 같네요. 각각의 방법이 얼마나 효과가 있었는지 하나하나 살펴볼까요? 단기적인 효과부터 알아보죠.

내담자: 각각 따져 볼 필요도 없어요. 다 그때뿐이었어요. 뭘 하든 잠깐은 괜찮아요. 그러다 몇 시간 지나면 다시 원래 상태로 돌아가요.

상담자: 장기적인 효과는 없고 단기적인 효과만 있었네요.

내담자: 네, 장기적인 효과는 전혀… (눈물을 흘리며) 전혀 없어요. 얘기하다 보니 제가 지금까지 뭐했나 싶네요. 이제 더해 볼 것도 없는데, 이제 어떡하죠?

상담자: 방금 말씀하신 방법들이 ○○ 님이 원하는 삶을 살도록 도움을 주었나요?

내담자: 아니요.

상담자: ○○ 님께서 원하는 삶은 어떤 삶인가요?

내담자: 저는 사람 만나는 것도 좋아하고, 배우는 것도 좋아해서요. 아프기 전에는 그래도 나름 재밌게, 생산성 높게 살았는데…….

상담자: 그럼 그동안 통증으로 인해 이런 행동들을 못 했던 걸까요, 안 했던 걸까요?

내담자: (한참 생각한 후) 사실 못 했다고 생각해 왔는데, 안 한 게 맞는 것 같아요.

상담자: 그런가요? 어떤 점 때문에 안 하게 됐을까요?

내담자: 아프고 초라한 내 모습을 다른 사람에게 보여 주기 싫었고요, 다른 사람들이 나를 부담스러워할 거라고 생각하기도 했고요, 새로운 걸 배우는 것도 아플까 봐 겁나서 못하겠고요.

상담자: 가만히 들어보니 생각이나 감정이 그런 행동들을 막은 걸로 들리네요.

내담자: 인정하고 싶진 않지만, 그 말이 맞는 것 같아요.

상담자: 지금보다 생각과 감정을 좀 더 잘 다룰 수 있다면 다르게 행동할 수 있을 까요?

사례 2: 가치 작업

상담자: ○○ 님이 심리상담을 통해 기대하는 결과가 있다면 어떤 걸까요?

내담자: 공황장애에서 벗어나고 싶어요. 그래서 다시 예전처럼 돌아가고 싶어요. (힘없는 목소리로) 그런데 그게 가능할까요?

상담자: 좀 더 얘기를 나누면서 그 가능성을 같이 한번 살펴보죠, 다시 예전 삶으로 돌아가고 싶다고 했는데 그게 어떤 삶인가요?

내담자: (한숨을 쉬며) 글쎄요……. 지금 와서 그런 생각을 하는 게 무슨 의미가 있나 싶네요. 희망고문 같아요…….

상담자: 그동안 잃어버린 삶에 대해 상심이 크셨군요. 괜찮아요, 충분히 그럴 수 있습니다. 그럼 질문을 바꿔서 드려 볼게요. 만약 지금 막 공황장애에서 벗어났다면 당장 하고 싶은 게 뭘까요?

내담자: 지금 당장이요? 음… 혼자서 마트도 가고, 맛있는 것도 먹으러 가고 싶어요.

상담자: 혼자서요? 그렇게 하고 싶은 이유는 뭘까요?

내담자: 지금까지 공황발작 때문에 겁이 나서 집 밖으로 잘 못 나가기도 하고, 나가도 가족의 도움이 없으면 아무것도 못 했어요. 저 혼자 할 수 있는 게 아무것도 없었어요.

상담자: 공황장애가 생기기 전의 삶은 지금과 많이 달랐을까요?

내담자: 그쵸, 그때는 항상 적극적이고 다른 사람을 도와주는 걸 좋아하던 사람이었는데…….

상담자: 그런 삶을 사는 게 ○○ 님에게는 굉장히 중요하고 의미가 있었군요.

내담자: 네, 맞아요. 가족이든, 친구든, 이웃이든 누군가를 도우면서 사는 게 제가 원하는 삶이었어요. 전에는 그렇게 살기도 했고요. 그때는 활력이 넘치고 살아 있다는 느낌이 강했는데, 지금은 아무것도 못 하는 산송장 같은 느낌이에요. 지금은 제가 누군가에게 도움이 되는 게 아니라 짐이 되어 버린 상황이에요……. (눈물을 흘린다)

상담자: 단순히 공황장애가 있어서 힘들기보다는 공황장애로 인해서 ○○ 님이 원하는 삶을 살지 못한다는 점이 ○○ 님을 더 힘들게 하는 것 같습니다.

내담자: 맞아요, 그게 정확한 표현인 것 같아요.

상담자: 그런 삶을 살기 위해서 가장 필요한 게 뭘까요?

내담자: 공황장애가 사라지는 거요.

상담자: 공황장애가 사라지지 않은 상태에서는 ○○ 님이 원하는 삶을 사는 게 완전 불가능한 건가요?

내담자: 그렇지 않을까요? 지금까지 그랬는데요.

상담자: 만약 공황장애가 사라지지 않은 상태에서도 ○○ 님이 원하는 삶을 살 수 있다고 한다면요?

내담자: 상상이 되지는 않지만 그런 방법이 있다면 한 번 이야기를 들어보고 싶네요.

6. 요약

- ACT는 부정적인 감정과 경험을 삶의 일부로 간주하고 내담자의 마음속 내용을 바꾸려고 하지 않는다는 점에서 다른 많은 치료법이나 이론적 방향과 다르다.
- ACT는 인간이 경험하는 많은 고통의 근원이 언어에 기인한다고 가정한다.
- ACT의 핵심 과정은 수용, 인지적 탈융합, 현재 순간과의 접촉, 맥락으로서의 자기, 가치, 전념 행동으로 구성되어 있다.
- ACT에서는 심리적 유연성을 정서적 건강과 안녕의 정점으로 여기며, 이를 향상시키는 것을 주요 목표로 삼는다.
- 인지적 탈융합은 생각에 빠져 있거나 얽매이지 않고 한 발 물러서서 자신의 생각을 관찰하는 능력이다.
- 수용은 고통스럽고 도움이 되지 않는 감정이나 생각과 같은 내적 경험을 피하거나 저항하지 않고 그 경험이 자연스럽게 일어나도록 허용하는 것이다.
- 현재 순간과의 접촉은 생각에 사로잡히지 않고 지금-여기에서 자신의 경험을 온전히 의식하는 것을 의미한다.
- 맥락으로서의 자기는 모든 생각을 알아차리는 우리의 일부이다.
- 가치는 자신에게 가장 중요한 것이 무엇이고, 진정으로 원하는 삶이 무엇인지를 나타낸다.
- 전념 행동은 특정한 가치에 따른 삶을 살아가기 위해 취하는 행동을 의미한다.

🎯 연습 과제

1) 활동1: 원하는 삶을 살도록 하라

원하는 삶을 사는 것을 미루게 만드는 감정, 신체감각, 기억, 충동에는 어떤 것이 있나요? 이를 수용하기 시작하고 원하는 삶을 산다는 것은 어떤 의미일까요? 다음은 우리가 원하는 삶을 사는 것을 미루는 이유와 감정을 수용할 경우에 성취할 수 있는 것들에 대한 몇 가지 예입니다.

- 몸매에 대해 엄청 의식하면서 살지 않으면 데이트를 할 수 있어.
- 그렇게 불안하지 않으면 새로운 사람들을 만날 수 있어.
- 공황발작을 겪지 않으면 헬스장에 갈 수 있어.
- 그렇게 부족하다고 느끼지 않으면 입사 제안을 받아들일 수 있어.
- 이런 기억, 악몽, 플래시백이 없으면 사회생활을 할 수 있어.

빈칸에 감정적 · 인지적 · 신체적 장애물과 성취할 수 있는 것을 작성하도록 한다.
만약 내가 _____ 않으면 _____ 수 있어.

곤경에서 벗어나기 위해 수용해야 하는 것은 무엇일까요? 투쟁을 멈추고 원하는 삶을 시작할 준비가 되었나요?

- ~~몸매에 대해 엄청 의식하면서 살지 않으면~~ 데이트를 할 수 있어.
- ~~그렇게 불안하지 않으면~~ 새로운 사람들을 만날 수 있어.
- ~~공황발작을 겪지 않으면~~ 헬스장에 갈 수 있어.
- ~~그렇게 부족하다고 느끼지 않으면~~ 입사 제안을 받아들일 수 있어.
- ~~이런 기억, 악몽, 플래시백이 없으면~~ 사회생활을 할 수 있어.
- ~~만약 내가 _____ 않으면~~ _____ 수 있어.

회피하는 것에 시간과 에너지를 투자하지 않을 때, 우리는 비로소 그 시간과 에너지를 의미 있는 삶을 사는 데 투자할 수 있습니다.

출처: Gustafson(2024)에서 일부 발췌 및 수정

2) 활동 2: 아픈 곳이 어디인가

당신의 삶을 되돌아보거나 현재 내면의 경험에 집중하면서 '아픈 곳이 어디인가?'라고 자신에게 물어보도록 합니다. 어디에서 고통을 알아차렸나요? 당신이 느낀 고통이 당신의 가치에 대해 무엇을 말해 주나요? ACT에서 고통은 직면하고 극복해야 하는 대상이 아닌, 의미 있는 삶을 만들기 위한 도구로 사용됨을 기억하세요. 고통은 당신의 가치에 대해 무언가를 전달하려고 합니다. 우리가 가장 소중히 여기는 것이 바로 고통이 나타나는 곳이기도 합니다. 고통이 나타나는 곳과 가치는 복잡하게 얽혀 있어서 이 둘을 분리할 수 없습니다. 나의 가치 중 하나는 친절함이지만, 내가 언제나 친절한 것은 아닙니다. 나는 매우 가혹할 때도 있었습니다. 대부분의 사람이 그렇듯이, 이 가혹함은 고통을 느끼는 지점에서 나타날 수 있습니다. 그러나 한편으로는 가치와 일치하지 않는 방향으로 행동하는 것이 고통의 원인이 되기도 합니다.

당신이 가치와 일치하지 않는 방식으로 행동한 크고 작은 일들을 떠올려 볼 수 있나요? 그럴 때 자신을 용서할 수 있나요? 자신을 자비롭게 대할 수 있나요? 우리 중 누구도 완벽하지 않으며, 인간으로서 그저 최선을 다할 뿐입니다. 때로는 길을 잃고 많은 고통과 혼란을 느낄 수도 있지만, 그런 상황을 오래 유지할 필요는 없습니다. 우리는 수용과 자기자비를 연습하고, 가치에 따른 삶을 살아가기 위한 의지를 새롭게 다질 수 있습니다. 당신의 고통은 가치에 대해 무슨 이야기를 하는 걸까요? 이 고통을 외면하지 않고, 오히려 이를 활용하여 보다 의미 있는 삶을 만들기 위한 방법을 찾아볼 수 있나요?

_____

_____

_____

_____

_____

_____

_____

출처: Gustafson(2024)에서 일부 발췌 및 수정

3) 활동 3: 가치로운 삶 질문지(Valued Living Questionnaire: VLQ)

　다음에는 사람들이 소중하게 여기는 삶의 영역이 제시되어 있습니다. 각 영역에서 당신이 가치를 두는 내용(인생에 있어 중요하고 소중하게 여기는 내용)을 떠올려 보고, 그것이 자신에게 얼마나 중요한지를 10점(중요도 높음)에서 1점(중요도 낮음)까지로 표시해 주세요. 가치를 두는 영역과 그 중요도는 사람마다 다릅니다. 당신 자신만의 감각에 따라 중요도 점수를 매겨 주세요.

	전혀 중요하지 않음									매우 중요함
1. 가족관계(결혼, 자녀 양육을 제외한 가족관계)	1	2	3	4	5	6	7	8	9	10
2. 커플/부부	1	2	3	4	5	6	7	8	9	10
3. 자녀 양육하기	1	2	3	4	5	6	7	8	9	10
4. 친구/사회적 관계	1	2	3	4	5	6	7	8	9	10
5. 하고 있는 일(직장, 직업, 그 외 업무 등)	1	2	3	4	5	6	7	8	9	10
6. 배움/교육	1	2	3	4	5	6	7	8	9	10
7. 휴식과 여가생활	1	2	3	4	5	6	7	8	9	10
8. 영성	1	2	3	4	5	6	7	8	9	10
9. 사회참여/시민의식	1	2	3	4	5	6	7	8	9	10
10. 건강관리(다이어트, 운동, 수면 등)	1	2	3	4	5	6	7	8	9	10

　앞의 설문에 이어서 각 영역에서 당신의 가치에 부합하는 행동을 지난 한 주간 얼마나 해 왔는지 숫자로 표시해 주세요. 이상적인 모습이나 남들이 평가하는 모습에 대해서 쓰지 말고 스스로 생각하기에 지난 주 동안에 얼마나 가치와 일관된 행동을 했는지 표시해 주세요. 높은 점수일수록 가치와 일관된 행동을 많이 했다는 의미로, 10점(매우 실천적임/나의 가치와 부합하게 행동하였음)에서 1점(전혀 실천하지 않음/나의 가치와 전혀 일관되게 행동하지 않음)으로 표시해 주세요.

	전혀 중요하지 않음								매우 중요함	
1. 가족관계(결혼, 자녀 양육을 제외한 가족관계)	1	2	3	4	5	6	7	8	9	10
2. 커플/부부	1	2	3	4	5	6	7	8	9	10
3. 자녀 양육하기	1	2	3	4	5	6	7	8	9	10
4. 친구/사회적 관계	1	2	3	4	5	6	7	8	9	10
5. 하고 있는 일(직장, 직업, 그 외 업무 등)	1	2	3	4	5	6	7	8	9	10
6. 배움/교육	1	2	3	4	5	6	7	8	9	10
7. 휴식과 여가생활	1	2	3	4	5	6	7	8	9	10
8. 영성	1	2	3	4	5	6	7	8	9	10
9. 사회참여/시민의식	1	2	3	4	5	6	7	8	9	10
10. 건강관리(다이어트, 운동, 수면 등)	1	2	3	4	5	6	7	8	9	10

출처: 박세란, 이훈진(2012); Wilson & Groom(2002)에서 일부 발췌 및 수정

주관식 문제

1) 수용전념치료의 접근 방식이 다른 전통적인 심리치료의 접근 방식과 어떻게 다른지 설명하세요.

2) 수용전념치료의 목표에 대해 설명하세요.

3) 수용전념치료의 핵심 과정에 대해 설명하세요.

4) 가치와 목표의 차이점에 대해서 설명하세요.

5) 수용전념치료가 개인의 삶에 어떻게 의미 있는 변화를 가져올 수 있는지, 개인의 실제 사례(또는 가상의 사례)를 들어 설명하세요.

참고문헌

박세란, 이훈진(2012). ACT 기반 가치탐색 집단 프로그램의 효과연구. 인지행동치료, 12(1), 1-20.

이선영(2017). 꼭 알고 싶은 수용-전념 치료의 모든 것. 서울: 소울메이트.

Bach, P., & Moran, D. (2008). *ACT in practice: Case conceptualization in acceptance and commitment therapy*. Oakland, CA: New Harbinger.

Doorley, J. D., Goodman, F. R., Kelso, K. C., & Kashdan, T. B. (2020). Psychological flexibility: What we know, what we do not know, and what we think we know. *Social and Personality Psychology Compass, 14*(12), 1-11.

Gustafson, C. (2024). 새로운 삶의 시작 수용전념치료(*Reclaim Your Life*). (조성근, 유현경, 조성우 공역). 서울: 학지사. (원저는 2019년에 출판).

Harris, R. (2006). Embracing your demons: An overview of acceptance and commitment therapy. *Psychotherapy in Australia, 12*, 2-8.

Harris, R. (2009). *ACT made simple: An easy-to-read primer on acceptance and commitment therapy*. Oakland, CA: New Harbinger.

Hayes, S. C. (2019). Acceptance and commitment therapy: Towards a unified model of behavior change. *World Psychiatry: Official Journal of the World Psychiatric Association (WPA), 18*(2), 226-227.

Hayes, S. C., Barnes-Holmes, D., & Roche, B. (Eds.). (2001). *Relational frame theory: A post-Skinnerian account of human language and cognition*. New York: Kluwer Academic/Plenum Publishers.

Hayes, S. C., Luoma, J. B., Bond, F. W., Masuda, A., & Lillis, J. (2006). Acceptance and Commitment Therapy: Model, Processes, and Outcomes. *Behaviour Research and Therapy, 44*, 1-25.

Luoma, J. B., Hayes, S. C., & Walser, R. D. (2007). *Learning ACT: An acceptance and commitment therapy skills-Training manual for therapists*. Oakland: New Harbinger Publications.

Wilson, K. G., & Groom, J. (2002). *The valued living questionnaire*. Unpublished document, available from the first author at the Department of Psychology, University of Mississippi, University, MS.

8장

현실치료상담

"우리는 현실을 살아가면서 매순간 선택의 기로에 서 있다. 어떤 선택을 하느냐가 삶의 방향을 좌우하기도 한다. 선택이론을 배워 자신의 삶에 적용하면 좋은 선택을 할 수 있는 개인적 힘이 증대되는 것을 느낄 것이며, 자기 삶의 주인이 되어 살아가는 데 도움될 것이다. 또한 주위 사람과 원만한 관계를 맺으면서 자유롭게 살아가는 데 하나의 이정표를 제시해 줄 수 있다."

현실치료상담(reality therapy)은 미국의 정신과 의사 윌리엄 글래서(William Glasser)가 창시한 치료기법이다. 선택이론에 기초하여 자신이 선택한 행동이 원하는 것을 얻는 데 도움이 되는지에 초점을 둔다. 현실치료상담에서는 효율성 여부와 상관없이 우리의 행위, 특히 행동과 생각을 우리가 책임지고 선택한다는 점을 강조한다. 내담자가 행위를 변화시키는 것이 가능하고 바람직하다는 것을 알게 되면 상담자는 내담자가 계획을 세우고 책임 있는 행동을 할 수 있도록 도와준다.

현실치료상담은 선택이론을 근거로 하며, 선택이론은 가까이 지내는 데 문제가 있는 사람들이 사용하고 있는 외부통제 심리학을 대신하는 새로운 심리학을 제안하고 있다. 선택이론에서는 인간이 행동하는 이유가 외부에서 비롯되는 것이 아닌 개인의 내면 작용에 의한 것이라고 주장한다. 우리가 할 수 있는 일은 행동하는 것이며, 우리는 다섯 가지 욕구 중 하나 혹은 그 이상의 욕구를 충족시키기 위해 행동한다는 것이다. 성공적인 삶을 살아가기 위해서 우리는 서로 잘 지내는 방법을 배워야만 한다. 현실치료에서의 선택은 한 인간이 자신의 욕구를 효율적으로 충족시키기 위한 방법을 배우는 것이다.

현실치료상담은 내담자의 문제나 증상의 원인이 아니라, 내담자의 바람과 욕구의 탐색에 초점을 둔다. 친밀한 관계 형성을 기반으로 WDEP 상담절차는 간결하고 핵심적이어서 비교적 짧은 시간에 내담자의 바람을 확인하고 전행동(total behavior)에 대한 자기평가를 통해 구체적인 변화를 도모할 수 있다. 이는 전문적 상담 및 심리치료뿐만 아니라 예방적 활동에도 적용되고 있으며, 부모교육, 좋은 학교 만들기, 교정 및 재활 기관, 기업 조직과 경영 관리 등 다양한 인간관계 장면에 적용된다.

1. 현실치료상담 이론의 발달과 체계화

1) 윌리엄 글래서: 현실치료상담의 창시자

현실치료상담의 창시자인 윌리엄 글래서(William Glasser, 1925~2013)는 미국의 정신과 의사이다. UCLA와 로스앤젤레스의 재향군인병원에서 전통적인 정신분석 치료 방법으로 훈련을 받았으나 정신분석치료의 이론과 기법, 그리고 효과에 회의를 느끼면서 지도교수인 조지 해링턴(George Harrington) 박사와 함께 현실치료상담을 발전시키게 되었다. 그는 개인상담 외에도 재활센터와 청소년 감화원 등에서 정신치료를 하였으며, 1963년부터는 캘리포니아주의 공립학교의 자문위원으로서 학급 실정에 맞는 현실치료상담을 적용한 접근으로 '낙오자 없는 학교 만들기'를 위해 광범위하게 노력했다.

현실치료상담은 글래서가 1965년에 『현실치료(Reality Therapy)』라는 저서를 집필한 것을 토대로 교육, 상담 치료, 산업상담, 보호관찰 등의 영역에서 활용되고 있다. 글래서와 그의 동료들은 개인치료에서의 이론을 집단과 가족치료에도 적용하여 좋은 효과를 얻었다. 특히 알코올이나 약물 중독자, 범법자 등에 대한 효과적인 치료 프로그램으로 알려져 있으며, 재활센터와 청소년 감화원 등에서 치료 방법으로 활용되었다. 현실치료상담은 비판과 비난 없이 미래지향적인 설계를 통해 내담자를 이해하는 데 도움을 주며, 실질적이고 적용 가능한 치료적 접근 방법이다. 글래서는 1967년에 로스앤젤레스에 현실치료상담연구소를 개설하여 연구소 소장과 재단운영위원회장으로 재직하였다. 초기 활동은 미국과 캐나다에 국한되었으나, 이후에는 아일랜드, 유고슬라비아, 호주, 일본, 노르웨이와 한국 등을 비롯한 전 세계로 확장되었다. 그는 선택이론과 현실요법 강의와 훈련에 적극적으로 참여했으며, 그의 현실치료상담연구소(1996년, '윌리엄 글래서 연구소'라고 명칭을 바꿈)에서는 의사, 간호사, 심리학자, 목회자, 사회사업가, 법률가, 교사들을 위한 현실요법 집중훈련 과정에 필요한 정보를 제공했다. 그의 주요 관심사는 선택이론의 개념을 발전시켜서 보급하는 것이며, 이 개념들을 적용하여 원하는 삶을 추구할 수 있다는 것을 보여 주는 것이었다. 최근에는 현실치료상담과 선택이론이 전문직 분야 상담과 치료 외에도 인간관계, 교육, 경영과 관리, 형사재판과 교정, 중독과 회복, 건강과 안녕, 종교, 연구 분야에도 다양하게 적용되고 있다. 그의 대표 저서로는 『선택이론(Choice Theory)』(1998), 『내 삶의 주인이 되다(Take Charge of Your Life)』(2011) 등이 있다.

2) 로버트 우볼딩: 현실치료상담의 체계화

　　　　　　　　로버트 우볼딩(Robert Wubbolding, 1936~) 박사는 세계적으로 잘 알려진 현실치료 강사이며 저술가이자 상담가이다. 그는 오하이오주 신시내티에 위치한 자비어(Xavier) 대학의 명예교수이며, 동시에 현실치료센터 소장으로도 활동하고 있다. 1987년에는 글래서 박사가 임명한 윌리엄 글래서 연구소에서 초대 교육 및 훈련 책임자를 역임하였다. 또한 미 육군과 공군의 약물 및 알코올 남용 치료 프로그램의 자문가로 활동하였으며, 다양한 교육 관련 활동에서 집단상담자, 자문가, 교사 등의 역할을 수행해 왔다.

　우볼딩은 현실치료의 이론 및 실제에 많은 기여를 했다. 예를 들어, 긍정적 증상, 상담사이클, 상담 몰입의 다섯 수준, 평가 과정의 확장 등이 이에 포함된다. 특히 글래서가 초기에 발전시킨 현실치료상담 여덟 단계를 WDEP 전달체계로 요약했다(Wubbolding, 2000, 2011, 2017).

　우볼딩은 24년간 윌리엄 글래서 연구소에서 실시한 집중훈련의 수련감독으로 활동했으며, 『현실치료의 적용』을 비롯한 130여 편의 논문과 17권의 책을 저술하였다. 우볼딩은 글래서의 후계자로서 선택이론(CT), 현실치료(RT), 좋은 학교(QS), 리드형 관리(LM)를 전문적으로 이해하고 발전시켰다. 특히 한국심리상담연구소(KART, 김인자 소장)를 중심으로 한국에 현실치료상담이 보급된 초창기부터 실질적인 교육과 자문으로 활동해서 한국 현실치료상담 전문가 양성과 발전에도 크게 기여하였다.

'WDEP' 상담절차는 Want, Doing, Self-Evaluation, Plan의 첫 글자로 구성되어 있으며, 이는 내담자에 대한 상담과정에서 어떤 개입이 이루어지는가를 핵심적으로 나타낸다. 대표 저서로는 『21세기와 현실요법』(2000)과 『현실치료의 적용 I, II』(1988, 2011) 등이 있다.

글래서 박사는 "가장 가깝고 신뢰할 수 있는 동반자"로 우볼딩 박사를 추천했으며, 우볼딩은 그의 논문에서 글래서 박사의 세 가지 정신적 유산으로, 첫째, 인간의 마음이 어떻게 기능하는지를 설명한 통제이론을 확장시켜서 선택이론(Choice Theory)을 공식화했고, 둘째, 이론적 토대에 앞서 현실치료상담의 전달 체계를 구조화했으며, 셋째, 현실치료연구소를 설립하여 이 조직을 중심으로 현실치료에 대한 체계적인 교육 훈련 프로그램을 개발 및 보급한 점을 꼽았다(Wubbolding, 2017).

3) 현실치료상담: 발달단계, 인간관 및 특징

(1) 현실치료상담의 발달단계

글래서는 현실치료상담을 발전시키는 과정에서 세 사람의 연구와 경험에서 많은 영향을 받았는데, 조지 해링톤(George Harrington)과 윌리엄 파워스(William Powers), 에드워즈 데밍(Edward Deming)이다. 따라서 발달단계는 세 단계로 나뉘는데, 첫번째는 조지 해링톤기이다. 글래서는 로스앤젤레스 재향 군인병원에서 정신과 수련의로 일하면서 만성 정신증 환자에게 기존의 정신분석치료 방법과 약물치료를 병행하는 치료에 회의를 느껴 지도교수인 해링톤과 함께 새로운 치료방법을 적용하여 많은 치료적 성과를 거두었다. 이후 십대 비행 소녀들을 위한 '벤추라 학교'에서 현실치료상담을 임상적으로 적용하였다. 두 번째는 윌리엄 파워스기이다. 인간의 뇌를 컴퓨터 체계에 비유한 윌리엄 파워스의 뇌의 통제체계설은 현실치료상담의 이론적 배경이 된 선택이론을 발전시키는 기초가 되었다. 세 번째는 에드워즈 데밍기이다. 데밍은 '통계적 품질 관리방식(statistical control)'을 연구하여 전후 일본의 경제를 회복하는 데 큰 영향을 준 사람이다. 글래서는 데밍의 경영방식을 현실치료상담과 접목시켜서 '좋은 학교'와 '좋은 관리자'가 되는 길을 구체적으로 제시하였다.

(2) 현실치료상담에서 인간관

현실치료상담에서 보는 인간에 대한 관점은 긍정적이며, 자신의 행동과 정서에 대해 책임을 지는 반결정론적인 존재이다. 우리가 자신감을 갖고 살아가는 데 성공적인 정체감이 중요한데, 이것은 자신과 주위의 사람들이 자신을 사랑하고 가치 있는 존재로 인식할 때 발달한다고 여긴다. 그렇지 못한 경우에는 패배적인 정체감이 발달한다는 것이다. 다시 말해 개인의 바람이나 좋은 세계와 지각된 세계가 일치하지 않을 때 갈등이 생기면서 문제 행동을 선택한다고 본다. 이 접근법에서는 전통적인 접근과는 달리 내담자 자신이 선택한 행동과 그 결과에 대해 책임을 지도록 한다. 즉, 내담자가 자신의 욕구를 충족시킬 수 있는 더욱 합리적인 행동을 배우거나 계획함으로써 성공적으로 현실을 살아갈 수 있는 방법을 탐구하는 데 중점을 둔 치료법이다. 궁극적으로 상담의 목표는 내담자가 자기통제력을 키워 가도록 도와주는 것이다. 글래서는 누구나 자신의 좋은 세계를 추구하기 위해 최선을 다하기 때문에 진정한 의미에서의 패배적 정체감은 없다고 하였다.

(3) 현실치료상담의 특징

전통적 정신분석치료와 비교하여 현실치료상담의 특징은 다음과 같다. 첫째, 현실치료상담은 반 질병모델로, 내담자가 정신질환을 앓고 있다는 개념을 용납하지 않는다. 둘째, 내담자의 과거보다는 현재와 미래에 초점을 둔다. 셋째, 상담자는 초연한 전이적 대상 인물이 아니라 따뜻하고 인간적인 위치에서 내담자와 친밀한 관계를 맺는 사람이다. 넷째, 현실치료상담에서는 무의식적인 행동의 원인을 배제하며, 행동의 진단보다는 욕구와 바람을 비교하여 그러한 행동을 선택한 것을 평가하는 데 초점을 맞춘다. 다섯째, 행동의 도덕성과 책임성을 강조한다. 여섯째, 현실치료상담에서는 통찰과 허용성을 통해 내담자의 행동이 변화하기를 기대하기보다는 효율적인 욕구 충족을 위한 새로운 방법을 적극적으로 찾아가도록 안내하는 것을 강조한다(김인자, 2015).

2. 선택이론 관련 주요 개념

1) 외부통제이론과 선택이론: 선택이론을 배워야 하는 이유

　선택이론에서는 다른 사람들과 가까이 지내는 데 문제가 있는 사람들이 사용하는 외부통제 심리학을 대신하는 새로운 심리학을 제안한다(Glasser, 1998). 흔히 사람들이 정신질환이라고 부르는 자기파괴적인 행동의 주된 이유는 불만족스러운 관계에서 비롯된다. 이런 관계에는 약물중독, 폭력, 범죄, 학업 중단, 배우자나 아동학대, 그 외에 바람직하지 못한 모든 인간관계가 포함된다. 성공적인 삶을 위해 우리는 서로 잘 지내는 방법을 배워야 한다. 그러나 불만족스러운 관계를 해결하기 위해 외부통제 심리학에 의존하고 있는 한 이것을 배울 수가 없다. 강요하고, 처벌하고, 매수하는 데 흔히 사용되는 외부통제 심리학은 우리가 필요로 하는 인간관계를 파괴시킨다.

　우리가 내부통제 심리에 기반한 선택이론을 배워야 하는 이유는 다음과 같다(Glasser, 2011). 첫째, 분노, 죄의식, 우울 같은 느낌에 대한 통제력을 갖고 보다 긍정적인 생각하기를 선택하기 위해서이다. 둘째, 내적 갈등이나 혹은 타인과의 갈등을 해결하기 위한 구체적인 기술을 배우기 위해서이며, 우리는 오직 자신만을 통제할 수 있다는 것을 알게 될 것이다. 셋째, 자신을 수용하게 되면서 타인에 대해서는 덜 비판적이 되기 위해서이다. 넷째, 보다 융통성 있는 사람이 되어 보다 더 많은 선택과 기회를 가지고 있음을 깨닫기 위해서이다. 그 외에도 불평불만을 좀 더 효과적으로 다루고, 자신의 행복을 증진시키며, 동시에 주변 사람들과 더 잘 지내기 위해서라도 선택이론을 배우는 것이 중요하다.

2) 선택이론: 관계의 심리

　글래서는 성공적인 삶을 사는 데 인간관계가 매우 중요하다고 강조하였다(Glasser, 1998, 2011). 우리를 괴롭히는 폭력, 비행, 범죄, 학대, 알코올 문제와 약물중독, 미숙하고 사랑이 없는 성관계와 정서적인 불행 같은 문제는 불만족스러운 인간관계에서 비롯된다고 설명한다. 선택이론에서는 '왜 이런 일들이 일어나는가? 그리고 다른 사람들과 잘 지내기 위해서는 무엇을 해야 하는가?'에 대해 설명한다. 관계의 심리에서는 네 가지의 주요 관계에 중점을 두는데, 남편과 아내, 부모와 자녀, 교사와 학생, 그리고 관리자와 근로자의 관계이다. 이 관계들을 개선시키지 못한다면 앞에서 언급한 폭력과 범죄, 중독문제들을 감소시키는 것이 매우 어려울 것이다.

긍정적인 관계 만들기(Create Positive Relationship): 성공적인 삶을 살아가기 위해서 우리는 서로 잘 지내는 방법을 배워야 한다. 현실치료상담에서의 선택은 한 인간이 자신의 욕구를 충족시키기 위해 효율적인 방법을 배우는 것이다. 앞으로 행복한 삶을 원한다면 '내가 현재 하는 행동이 다른 사람과의 관계 형성에 도움이 되는 행동'이어야 한다. 인간관계에서 파괴적인 외부통제와는 달리 선택이론은 인간관계를 발전시키며, 현재 성공적으로 해결하지 못하는 인간관계의 문제를 예방할 수 있다. 행복한 인간관계를 원한다면 당신이 제일 먼저 그만두어야 할 일은 외부통제의 파괴적인 측면인 비난하고, 탓하고, 불평하기를 멈추는 것이다. 사람들의 관계 습관에는 관계를 해치는 습관과 관계를 좋게 하는 습관이 있다. 관계를 해치는 습관은 외부통제에 해당하며, 관계를 좋게 하는 습관은 내부통제에 해당한다. 이를 〈표 8-1〉에 제시하였다.

표 8-1 관계를 해치는 습관과 관계를 좋게 하는 습관

관계를 해치는 습관	관계를 좋게 하는 습관
외부통제(external control)	내부통제(internal control)
– 비판하기(criticizing)	– 지지하기(supporting)
– 비난하기(blaming)	– 격려하기(encouraging)
– 불평하기(complaining)	– 경청하기(listening)
– 잔소리하기(nagging)	– 수용하기(accepting)
– 협박하기(threatening)	– 믿어 주기(trusting)
– 벌하기(punishing)	– 존중하기(respecting)
– 통제하기 위해 매수 또는 회유하기 (bribing or rewarding to control)	– 불일치를 협상하기(negotiating differences)

내가 지금 하고 있는 행동이 우리를 가까워지게 할 것인가, 멀어지게 할 것인가

출처: Glasser(1998, 2011).

3) 선택이론: 주요 개념들

(1) 선택이론 차트: 인간이 왜, 어떻게 행동하는가

글래서(Glasser, 1996, 2015)는 통제 체계로서 뇌의 기능에 기반하여 인간이 왜, 어떻

게 행동하는가를 선택이론 차트(Choice Theory chart: CT chart)로 설명했다. 선택이론을 알기 쉽게 설명하고자 'CT 차트'라고 부르는 그림을 제시했는데, 비생산적인 상황 A(비효과적인 통제)와 생산적인 상황 B(효과적인 통제)로 나누어 설명하고 있다. CT 차트는 선택이론을 전체적으로 설명한다는 장점이 있지만, 선택이론에 대한 사전 지식이 있어야 이해할 수 있다. 이를 이해하기 쉽게 CT 차트의 상반부인 상황 A를 재구성하여 수정한 도표가 [그림 8-1]에 제시되어 있다.

모든 생물체는 행동하며, 그 행동은 총체적이다. 모든 행동은 내면적으로 동기화되어 있으며, 목적 지향적이다. 상담을 원하거나 상담에 의뢰된 대부분의 사람은 상황 A에 놓여 있다고 볼 수 있으며, 이것은 그들이 현재 자신의 삶의 중요한 부분을 비효과적으로 통제함을 뜻한다. [그림 8-1]에서 인간 행동의 형성 순환은 통제 체계가 사실상 하나의 고리로 연결되어 있다는 것을 나타낸다. 통제 체계 고리는 행동 체계로부터 시작되는데, 행동 체계 고리는 좋은 세계로부터 시계 반대 방향으로 돌아서 비교 장소와 갈등 신호, 행동 체계, 전행동 자동차, 현실 세계, 감각 체계, 지각 체계, 그리고 시발점이었던 좋은 세계로 돌아간다. 이 고리의 목적은 부적인 피드백을 통해서 우리가 우리의 삶을 통제하고 기본적인 욕구들을 충족할 수 있게 하는 것이다.

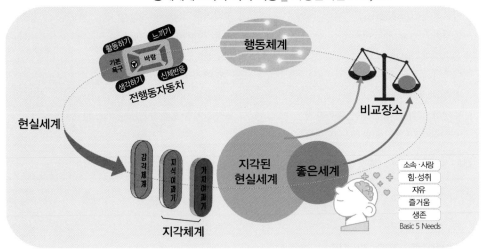

[그림 8-1] 선택이론 차트: 인간 행동의 형성 순환
출처: 글래써(1996, 2015), 박재황(2018), 김영순(수정).

(2) 선택이론: 열 가지 개요

글래서는 선택이론의 개념을 열 가지로 다음과 같이 정리하였다. 우리가 인생에서 외부통제 심리학을 선택이론으로 대체하면 훨씬 더 많은 자유를 갖게 된다고 강조했다(Glasser, 1998).

① 우리가 통제할 수 있는 유일한 사람은 우리 자신뿐이다. 보통은 상대방이나 상황을 변화시키고자 하지만, 대개는 효과가 없는 경우가 많다.

② 우리가 다른 사람에게서 받거나 줄 수 있는 것은 정보뿐이다. 어떻게 그 정보를 활용할 것인가 하는 것은 각자 개인의 선택이다.

③ 모든 지속적인 심리적인 문제는 관계의 문제이다. 고통, 소진, 취약함, 그리고 어떤 만성 질병 같은 많은 문제의 부분적인 원인은 관계의 문제에 있다.

④ 문제 있는 관계는 언제나 현재 인생의 일부분이다. 관계를 살펴보기 위해 멀리 갈 필요도 없다. 이것은 과거나 미래의 관계가 아니라 현존하는 것이다.

⑤ 과거에 고통스러운 일이 일어났던 것은 지금 우리가 존재하는 현 시점과 관계가 있다. 그러나 고통스러운 과거를 재경험하는 것은 원하는 것을 얻는 데 도움이 안 되며, 중요한 것은 현재의 관계를 향상시키도록 돕는 것이다.

⑥ 우리는 다섯 가지의 기본 욕구를 따라가고 있다. 생존, 사랑과 소속, 힘과 성취, 자유, 그리고 즐거움의 욕구이다. 대부분의 행동은 다섯 가지 기본 욕구를 충족시키기 위해 선택한 행동이다.

⑦ 우리는 이 욕구들을 좋은 세계 속의 그림들을 만족시킴으로써 충족시킬 수 있다. 우리가 아는 모든 것 중에서 어떤 그림들을 이 세계에 넣을 것인가 하는 것이 가장 중요하다.

⑧ 우리가 태어나서부터 죽을 때까지 할 수 있는 일은 행동하는 것이다. 모든 행동은 전행동이며, 활동하기, 생각하기, 느끼기, 그리고 신체 반응의 네 요소로 되어 있다.

⑨ 모든 전행동은 대체로 부정사나 동명사인 단어들로 이루어져 있고, 가장 두드러지게 드러나는 부분의 이름으로 불린다. 예를 들어, 우울로 고통을 받거나 우울한 것이 아니고 우울하기를 선택하고 있거나 우울해하고 있는 것이다.

⑩ 모든 전행동은 선택된 것이지만, 우리는 활동하기와 생각하기에서만 직접적인 통제가 가능하다. 그렇지만 우리는 우리의 느낌과 신체 반응을 우리가 어떻게 활동하고 생각하는가를 통해 간접적으로 통제할 수 있다.

(3) 선택이론: 주요 개념

글래서의 선택이론에 따르면(Glasser, 1998, 2011), 인간은 누구나 자기 삶의 주인이 되어 자신의 삶을 통제할 수 있을 때 행복감을 느낀다. 이 이론에서는 우리의 모든 행동이 외부작용이 아닌 내부작용에 의해서 행해지고 있다는 기본 가정에 그 근거를 둔다. 우리가 어떻게 느끼고 생각하고 행동하는가 하는 것은 타인이나 외부 상황에 의해서 좌우되는 것이 아니라 우리 스스로가 선택한다는 것이 이론의 핵심이다.

선택이론에서는 우리가 행동하는 모든 것(좋은 것과 나쁜 것, 효율적인 것과 비효율적인 것, 즐거운 것과 고통스러운 것, 정상적인 것과 비정상적인 것 등)은 우리 내면에 있는 욕구를 충족시키기 위한 최선의 선택이라고 본다. 따라서 적절한 선택을 통해 자기 통제의 방법을 배우게 되면 문제를 비난하는 대신에 문제를 해결하는 긍정적인 방향으로 에너지를 사용하게 될 것이라는 것이 글래서의 기본 주장이다. 선택이론의 주요 개념 중에 기본 욕구, 좋은 세계, 전행동을 설명하면 다음과 같다.

■ 인간의 기본 욕구

인간을 움직이게 하는 강력한 힘은 생물학적인(Genetic) 기본 욕구에서 비롯된다. 인간의 기본 욕구는 신뇌(New Brain)에 자리한 네 가지의 심리적이고 정서적인 욕구인 사랑과 소속의 욕구, 힘과 성취에 대한 욕구, 즐거움에 대한 욕구, 자유에 대한 욕구와 구뇌(Old Brain)에 자리한 생존에 대한 욕구 다섯 가지가 있다.

- **사랑과 소속의 욕구(Love & Belonging Need)**: 사랑과 소속의 욕구는 사랑하고 사랑받고 싶은 욕구, 소속되고 싶은 욕구, 원하는 사람들에게 받아들여지고 싶은 욕구이다. 이 욕구는 생존의 욕구만큼이나 큰 비중을 차지한다. 인간은 사회적 동물이고 다른 사람들과 관계를 맺지 않고는 살아갈 수가 없다. 이 욕구가 잘 채워지지 않으면 고통을 경험하게 되고, 불안, 우울과 같은 심리적 증상이 나타나게 된다. ⑩ 결혼, 친구 사귀기, 생일 축하하기, 동호회 모임, SNS로 소통하기
- **힘과 성취에 대한 욕구(Power & Achievement Need)**: 우리는 성취나 영향력 행사 등의 욕구를 지니고 있는데, 이는 자신과 남에게 가치가 있고 중요한 사람이라고 느끼고 싶은 욕구이다. 어떤 일을 계획하고 실천에 옮기거나, 학위나 자격증을 따기 위해 도전하는 것, 새로운 것을 배우는 것이 이 욕구를 채워 주는 범주에 들어간다. 이 욕구는 때로 사랑과 소속의 욕구와 상충되는 경우가 있다. ⑩ 사회적

지위, 부의 축적, 승진, 자격증 따기, 게임 레벨 높이기, 봉사 활동하기

- **자유에 대한 욕구(Freedom Need)**: 우리는 궁극적으로 자유롭기를 원한다. 자신의 삶을 선택하고 자신의 의사를 자유롭게 표현하고 싶어 한다. 자신이 원하는 사람과 교제하고 싶어 하고, 종교의 자유 등을 누리고 싶어 한다. 사람은 이동하고 선택하는 것을 마음대로 하고 싶어 한다. 자유에 대한 욕구는 매우 기본적인 것이어서 내면적으로 늘 자신의 삶에 대해 선택할 자유를 갖고 싶어 한다. ⓔⓧ 원하는 곳에서 살기, 대인관계, 종교활동, 원치 않는 것을 거절하기

- **즐거움에 대한 욕구(Fun Need)**: 우리는 새로운 것을 배우고, 놀이를 통해서 즐거움을 얻고자 한다. 인간은 다른 동물과는 다르게 즐거움에 대한 욕구가 충족될 때 웃는다. 글래서는 인간이 웃는 주된 이유는 웃는 순간에 즐거움을 추구하려는 욕구가 충족되었다는 강한 느낌을 경험하기 때문이라고 했다. 즐거움을 추구하는 데 흥미를 잃는 것은 정신적 퇴보의 신호일 수 있다. ⓔⓧ 놀이(등산, 낚시, 암벽타기, 자동차 경주), 새로운 학습하기, 맛집 탐방, 드라마 보기

- **생존에 대한 욕구(Survival Need)**: 이 욕구는 호흡, 소화, 땀 흘리는 것, 혈압 조절 등을 맡고 있으며, 필수적으로 신체 구조를 움직이고 건강하게 유지하도록 한다. 이 욕구는 뇌의 가장 오래된 부분인 척수 바로 위에 있는 구뇌라고 불리는 곳에 있다. 구뇌는 혼자서는 작용하지 못하고 신뇌와 끊임없이 교신하면서 욕구를 충족시킬 방법을 찾게 된다. 구뇌가 적절하게 기능을 발휘하는 한 우리의 생존 욕구는 충족된다. ⓔⓧ 푹 자기, 밥 챙겨 먹기, 건강을 위해 운동하기

글래서는 인간이 기본 욕구를 충족시키기 위해 움직인다고 보았다. 우리의 욕구는 기본적이고 본질적이지만 각각의 사람들은 그 욕구를 충족시키는 방식이 다르고 다양하다. 그러나 이러한 기본적인 욕구들은 생물학적으로 내재된 지시(Generic Instrucion)이기 때문에 충족되지 않을 경우에는 불균형과 고통의 상태로 이어질 수 있다고 설명했다.

■ 좋은 세계

좋은 세계(Quality World)는 우리 삶에서 매우 중요한 부분이다. 좋은 세계에는 기본 욕구를 충족시키는 구체적인 방법(사람, 사물, 신념, 가치 등)들로 가득 차 있다. 우리의 삶은 좋은 세계 안에 있는 이미지에 의해서 동기화되며, 이러한 이미지들은 우리가 원

하는 대로 욕구가 충족된 삶을 대표하기 때문이다. 현실치료상담에서는 좋은 세계를 통해 바람과 욕구를 연결하고 탐색한다. 우리는 좋은 세계에 무엇을 넣을지에 대해 매우 신중하게 고려해야 한다. 왜냐하면 좋은 세계 안에 저장된 이미지는 쉽게 빼낼 수 없기 때문이다.

■ 비교장소(Comparing Place)와 행동체계(Behavioral System)

좋은 세계와 지각된 세계와의 차이에 의해 비교장소에서 저울이 기울게 되면 좌절 신호가 전달되고, 행동체계에서 어떤 행동을 선택하게 된다. 행동체계란 개인이 행동할 수 있는 모든 행동이 있는 곳으로 그 행동들이 조직화되거나 재조직화하는 장소이다. 행동체계에는 선택할 수 있는 조직화된 행동들이 많으며 이 순간에도 새로운 행동의 선택을 통하여 재조직화되고 있다. 행동체계를 이해함으로서 자신의 행동에는 단 한가지의 행동선택 만이 아니라 다양한 행동을 선택할 수 있다는 걸 알게 된다.

■ 전행동

모든 행동에는 목적이 있으며, 원하는 것과 얻고 있다고 지각한 것 사이의 간격을 줄이기 위해 행동하는 것이다. 전행동 체계는 활동하기(Acting), 생각하기(Thinking), 느끼기(Feeling), 신체 반응(Physiology)의 네 요소로 구성되어 있다. 전행동의 구성요소 중 활동하기에 대해서는 거의 완전한 통제력을 가지고 있고, 생각하기에도 어느 정도의 통제가 가능하나, 느끼기의 통제는 어려우며, 신체 반응에 대해서는 통제력이 거의 없다. 따라서 우리가 전행동을 변화시키고자 할 때, 활동하기와 생각하기를 먼저 변화시키면 느끼기나 신체 반응도 따라오게 된다. 다시 말해 적극적인 활동에 많이 참여할수록 좋은 생각과 유쾌한 감정, 그리고 신체적 편안함이 따를 것이다.

3. 현실치료상담의 적용: 목표 및 절차

1) 상담목표

현실치료상담은 선택이론을 기반으로 한 상담방법으로, 내담자가 불만족스러운 현실 상황에서 자신의 삶을 효과적으로 선택할 수 있도록 도와주는 것을 목표로 한다

(Glasser, 1998). 첫째, 목표는 내담자가 자신의 기본 욕구를 좀 더 효과적인 방식으로 습득하여 내적 통제력을 증대시키는 것이다. 둘째, 바람 탐색과 자기평가 과정을 통해 내담자가 개인적인 자율성을 갖도록 함으로써, 자신이 원하는 삶의 주인이 되도록 돕는다. 셋째, 현실치료상담은 타인과의 관계에 중점을 두기 때문에 내담자가 중요한 타인과 좋은 관계를 형성하도록 돕는 것이 목표이다. 또한 내담자가 개인의 선택에 책임감을 갖게 하는 것이 중요한 상담목표가 된다. 내담자는 자신의 행동이 자신의 통제하에 있다는 것을 배우고 자신이 선택한 것이라는 것을 인식함으로써 변화할 수 있다는 것을 깨닫게 된다. 인간은 동물과는 달리 책임감을 배우고 가르치는 능력을 발전시켜 왔기 때문에 현실치료상담에서는 상담자의 가르치는 기능을 중시한다.

2) 상담절차

글래서는 현실치료상담의 과정을 여덟 가지로 제시했고, 이후에 우볼딩은 'R-WDEP' 절차로 체계화하였다. 현실치료상담의 절차는 크게 두 과정으로 나눌 수 있다. 첫 번째는 상담환경 가꾸기(R)이고, 두 번째는 내담자를 행동이나 방향 변화로 이끌어 가는 과정이다. 상담과정에서는 이 두 과정을 조화롭게 결합하여 내담자가 자신의 삶을 스스로 평가하고 바람직한 방향을 선택하도록 돕는 것이 목표이다. 현실치료를 적용한 상담사이클은 [그림 8-2]에 제시되어 있다.

(1) 상담환경 가꾸기

상담자는 지지적인 환경을 만들어서 그 안에서 내담자들이 삶을 변화하도록 도와야 한다. 이러한 환경을 만들기 위해서는 다음과 같이 일관성이 있어야 한다.

첫째, 상담자는 친근감을 가지고 내담자의 이야기를 경청함으로써 내담자로 하여금 자신의 욕구를 충족시킬 수 있는 바람직한 방법을 찾는 데 도움을 줄 수 있는 사람이라고 신뢰할 수 있도록 해야 한다. 둘째, 내담자의 과거사는 현재 상황을 설명하는 데 도움이 되지 않는 한 이야기하지 않는다. 셋째, 내담자의 감정이나 신체 반응을 전행동과 분리시켜서 이야기하는 것을 피한다. 넷째, 무책임한 행동에 대한 변명을 허용하지 않는다. 다섯째, 처벌하거나 비판하지 않으면서 내담자의 행동에 대한 선택에 필연적인 결과를 깨닫게 한다.

상담환경 가꾸기에서 준수해야 할 권장사항과 금지사항, 기타 사항은 다음과 같다

(Wubbolding, 1988, 2000).

- **권장사항**(do): 현실치료상담에서 원활한 상담이 되도록 하기 위한 권장사항은 다음과 같다.
- 주의를 기울이는 행동하기: 상담자–내담자 관계를 증진시킨다.
- AB 법칙을 실시하기(practice the AB-CDEFG): 항상 침착하고 예의 바를 것, 항상 신념을 가질 것, 항상 열성적일 것, 항상 확고할 것, 항상 진실할 것 등이다.
- 판단을 보류하기: 내담자의 어떠한 행동도 내담자 자신의 욕구를 충족시키려는 최선의 선택으로 보아야 한다.
- 예상하지 않은 행동하기: 내담자가 또 다른 내적 바람을 보게 하여 새로운 관점을 갖게 한다.
- 건전한 유머 사용하기: 인간의 고통을 치유하는 최상의 방법으로 유머를 권장한다.
- 자기답게 상담하기: 상담자의 패턴과 스타일대로 가장 자기답게 상담하는 것이 도움이 된다.
- 자기 자신을 개방하기: 상담자의 진지하고 개방적인 태도가 내담자로 하여금 신뢰

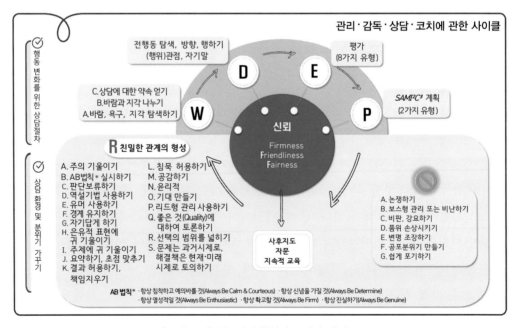

[그림 8–2] 우볼딩의 현실치료 상담 사이클

출처: 우볼딩(2000, 2011), 김영순(수정).

를 증진시킬 수 있다.

- **은유적 표현에 귀 기울이기**: 내담자의 이해와 통찰을 깊게 하고, 심미적이고 정서적인 강도를 표현하도록 돕는다.

- **주제에 귀 기울이기**: 내담자의 주제를 경청한 후에 그 이야기를 확인하고 다시 반영시켜 준다.

- **요약하기와 초점 맞추기**: 내담자의 이야기를 요약한 후 진실로 원하는 것에 초점을 맞출 수 있도록 도와준다.

- **결과를 허용하거나 떠맡기기**: 특히 내담자의 바람직하지 않은 행동에 대해 책임을 지게 하는 기술이다.

- **침묵을 허용하기**: 내담자가 침묵하는 동안에 자신의 생각을 정리하도록 기다려 주는 것이다.

- **윤리적인 상담자의 태도**: 내담자와의 관계 형성을 위해 반드시 필요하다. 예를 들어, 내담자 자신이나 타인의 안녕을 침해하는 행동은 관련 기관에 알릴 의무가 있으며, 상담자-내담자 관계 이상의 친밀 관계나 상거래 관계 등과 같은 상황으로 발전시키는 것은 삼가야 한다.

- **금지사항(don't)**: 현실치료상담을 진행함에 있어 금지사항으로는 변명을 받아들이지 말아야 하며, 비판하거나 논쟁하지 말아야 한다. 쉽게 포기하지 말고 강요하지 말아야 하며, 공포 분위기를 조성하지 말아야 한다. 또한 무시하지 말 것 등이 있다.

- **기타 사항**: 상담자에게 권장되는 추가적인 사항으로는 사후 지도(Follow-Up)를 통해 상담이 종료된 후에도 내담자가 시도하고 있는 변화들을 강화시켜 주는 것이다. 또한 내담자를 효과적으로 돕기 위해 자문이나 지속적인 교육을 통해 끊임없이 상담자 자신의 성장을 위해서 노력하는 것이 중요하다.

(2) 행동 변화를 위한 상담과정

현실치료상담에서 행동 변화를 위한 상담과정과 절차에 대해 우볼딩은 'WDEP' 전달 체계로 요약했다. 'WDEP' 절차는 바람(Want), 하고 있는 일(Doing), 자기평가하기(Self-Evaluation), 계획하기(Plan)의 네 요소로 구성되어 있다(Wubbolding, 2000, 2011).

① **바람(Want), 욕구, 지각의 탐색**: 바람은 내담자가 무엇을 원하는지에 대해 상세하

게 탐색하는 단계이다. 상담자는 내담자가 좋은 세계를 탐색하도록 내담자가 주변 사람이나 자기 자신에게 원하는 것이 무엇인지 알아보고, 자신의 심리적 욕구 중 충족된 것과 충족되지 않은 것을 구분하도록 돕는다. 사람들은 자신이 진정 원하는 것이 무엇인지를 잘 인식할 때 원하는 것을 얻는 쪽으로 가는 것이 수월해진다. 또한 바람 단계에서는 내담자의 인식 구조를 탐색한다. 사람들은 당신에게 '원하는 것은 무엇인가?' '당신은 세상을 어떤 시각으로 보는가?'를 자연스럽고 구체적인 질문을 통해 탐색한다. 여기에서 상담에 참여하겠다는 확약을 받는 것이 매우 중요하다. 이 단계에서 현실치료상담자는 내담자가 주위 사람이나 세상을 어떻게 보는지 질문을 통해 알아본다. 질문의 내용을 살펴보면 다음과 같다.

- "무엇을 원하는가?"라고 질문하기
  - "당신은 무엇을 원하십니까?"
  - "그 사람들이 당신에게 무엇을 바란다고 생각하십니까?"
  - "상담자에게 바라는 것은 무엇입니까?"
  - "상담자가 당신을 위해 무엇을 할 수 있는지 생각해 보시겠습니까?"
- "진정으로 원하는 것이 무엇인가?"라고 질문하기
  - "당신이 원하는 것을 얻는다면 무엇을 갖게 될까요?"
  - "당신이 원하는 것을 갖게 된다면 무엇을 하시겠어요?"
  - "당신이 만일 그런 일들을 한다면 당신의 삶은 어떠할까요?"
  - "지금 바라는 것이 다 이루어지면 결국 무엇을 얻게 될까요?"
- "사람들이 당신에게 원하는 것이 무엇이라고 생각하는가?"라고 질문하기
  - "사람들이(부모, 친구, 선생님 등) 당신에게 바라는 것은 무엇일까요?"
- "당신은 어떤 시각으로 바라보는가?"라고 질문하기
  - "아이들을 볼 때 어떤 생각이 드나요?"
  - "받아들일 수 있는 것은 무엇이고, 속상한 것은 무엇입니까?"
  - "지금의 당신의 삶을 어떻게 보고 있나요?"
  - "예를 들면, 집에서, 학교에서, 직장에서, 자신을 어떻게 보나요?"
- 상담자인 당신이 무엇을 제공해야 하는지, 내담자가 무엇을 원하는지, 또한 상담자가 상황을 어떻게 바라보는지에 대해 내담자에게 말하기
- 상담에 대한 확약 받기

- "문제를 해결하기 위해 기꺼이 노력하겠습니까?"
- "이 문제를 해결하기 위해 노력할 수 있다고 생각합니까?"
- "일을 변화시키는 데 얼마나 많은 노력과 에너지를 들일 수 있다고 생각합니까?"
- "확실하게 하는 뜻에서 악수할까요?"

② **전행동 탐색하기(Doing):** 전행동 탐색하기는 상담 초기에 내담자 자신이 어디로 가고 있는지 알아차리도록 도와주는 과정이다. 전행동은 활동하기, 생각하기, 느끼기, 신체 반응의 네 가지 요소로 구성되어 있다. 상담자는 내담자가 통제할 수 있는 활동하기를 스스로 탐색할 것을 강조한다. 왜냐하면 내담자 스스로 자신의 활동요소를 바꿈으로써 그가 지녔던 우울, 격분, 외로움 등의 느낌 요소와 신체 반응까지 변화시킬 수 있기 때문이다. 이 단계에서 활용할 수 있는 질문의 예시는 다음과 같다.

- "지금 당신은 어떤 행동을 하고 있나요?"
- "현재 당신이 선택한 행동은 당신을 어디로 데려갈까요?"
- "당신이 외로울 때 함께 이야기 나눌 사람이 있나요?"
- "당신이 시간날 때 즐겨 하는 행동은 무엇인가요?"
- "불안하거나 우울할 때 당신은 무엇을 합니까? 그 감정에서 벗어나기 위해 당신은 무엇을 합니까?"
- "행복해 보이는 주위 사람을 떠올려 보십시오. 그들은 당신이 하지 않는 어떤 행동을 합니까?"
- "당신이 한 달 혹은 일 년 후에 있기를 원하는 곳을 생각해 보세요. 지금 그 방향으로 가고 있나요?"
- "이번 주 동안에 실제로 한 것은 무엇입니까? 무엇을 다르게 하고 싶은가요?"
- "최근 스트레스 받는 상황을 떠올려 볼 때, 당신은 어떤 행동을 선택했나요?"
- "당신이 원하는 상황을 떠올려 볼 때, 당신은 어떤 행동을 선택했나요?"

③ **자기평가하기(Self-Evaluation):** 내담자에게 자기 자신을 평가하도록 요청하는 과정으로, 여기서 자기평가란 개인의 행동과 욕구와의 관계를 점검해 보는 것이다. 상담자는 내담자의 욕구, 지각, 전행동에 대해 질문함으로써 내담자가 가치 판단을 내릴 수 있도록 격려할 수 있다. 이 과정에서 내담자가 자신의 행동 결과를 직면하고 스스로

평가하도록 돕는 것이 상담자의 역할이다. 이러한 자기평가가 있어야 내담자는 변화에 대한 첫걸음을 내딛을 것이다. 이 과정은 내담자의 책임능력 내에서 이루어져야 하며, 상담자는 내담자에게 대답에 대한 책임을 묻지 않도록 주의해야 한다. 이 단계에서 다음과 같은 평가 질문을 해 볼 수 있다.

- "지금의 행동이 당신에게 도움이 됩니까?"
- "당신이 지금 하고 있는 것이 당신이 진정으로 원하는 것을 얻는 데 도움이 됩니까?"
- "당신이 행동하는 것이 규칙에 어긋납니까?"
- "당신이 원하는 것은 현실적이거나 실현 가능한 것입니까?"
- "그런 식으로 바라보는 것이 당신에게 도움이 됩니까?"
- "상담의 진행과 당신 인생의 변화에 대해 어떻게 약속을 하시겠습니까?"
- "당신이 원하는 것에 가까이 가는 데 도움이 되는 계획입니까?"

④ 계획하기(Plan): 사람들은 계획을 수립하고 실천하는 과정을 통해서 자신의 삶을 통제할 수 있다. 계획하기의 목적은 성공적 경험을 하도록 하는 것이다. 도움이 되는 계획이란 다음과 같은 조건을 충족해야 한다. 내담자 자신이 스스로를 평가하며 변화하고 싶다는 의지를 보일 때 내담자 중심으로 계획을 수립하게 된다. 모든 계획은 활동에 대해 긍정적이어야 한다. 이 계획은 욕구를 충족시킬 수 있고 단순하며 현실적이고 실현 가능한 계획이어야 하며, 행위자에 기초를 두고 있어야 하며, 구체적이고 반복적인 계획이어야 한다. 구체적으로 살펴보면 다음과 같다.

※ 바람직한 계획의 특징은 SAMI^{2}C^{3}이라고 하는데, 이는 Simple(단순하고), Attainable(달성 가능하고), Measurable(측정 가능하고), Immediate(즉각적이며), Involved(관여되고), Controlled(통제할 수 있고), Committed(확실하며), Continuously(계속되어야 한다)는 영어 철자의 첫 글자를 조합한 것이다.

- 내담자의 욕구 충족과 관련된 계획: 정말 우울증을 극복하기를 바라는가?
- 단순한 계획: 실천하기 어려운 계획이 아니라 쉽고 단순한 계획인가?
- 현실적이고 실현 가능한 계획: 현실적인가? 실천 가능한 계획인가?
- 행위를 중지시키기보다는 어떤 일을 계속하도록 하는 계획인가?

- 행위자에 기초한 계획: 당신이 할 수 있다고 알고 있는데 그렇게 할 것인가?
- 구체적인 계획: 언제, 어디서, 어떻게 할 것인가?
- 반복적인 계획: 매일 조금씩 반복하여 실천하겠는가?
- 직접적인 계획: 삶을 변화시키기 위해 오늘 무엇을 하겠는가?
- 현실적인 계획: 현실적으로 가능한 계획인가?
- 진행 중심적인 계획: 결과 중심이 아니라 진행 중심적인 계획인가?
- 계획에 대한 평가하기: 계획대로 하는 것이 도움이 되었는가?
- 확실성 보장: 이 계획을 확실하게 실천하겠는가?
- 강화된 계획: 계획을 적어 보게 하고 사인하게 하거나 반복해서 확인한다.

(3) 현실치료상담의 평가: 강점과 한계점

현실치료상담은 기본적으로 행동적이고 구체적이며 실제적인 특성을 가지고 있다. 내담자는 변화로 이끄는 실제적인 행동을 하도록 격려된다. 현실치료상담의 초점은 과거나 감정, 무의식의 동기가 아니라 욕구를 충족할 수 있는 행동의 변화이다. 현실치료상담은 현대인들이 삶에 직접적으로 활용할 수 있도록 고안되어 실용적이고 구체적인 이론이다. 현실치료상담의 강점과 한계점은 다음과 같다.

① **강점**: 글래서의 선택이론을 근거로 한 현실치료상담은 다음과 같은 강점이 있다. 첫째, 과거의 경험을 중시하지 않고 현재에 중점을 두고 상담을 시작하기 때문에 문제 해결의 시작이 용이하다. 둘째, 행위요소에 초점을 맞추기 때문에 환경조건이 바뀌지 않아도 개인의 활동을 계획함으로써 변화시킬 수 있고 내담자의 통제력 증대가 수월해진다. 셋째, 비교적 단기치료로 접근하며 의식적 행동의 문제를 다룬다는 점이다. 넷째, 현실치료상담이 청소년에서 장노년층에 이르기까지 모든 계층에 도움을 주는 것은 선택이론이 시대 환경이나 문화적 요인과는 무관하게 인간의 생래적 속성을 근거로 한 뇌의 기능 이론이기 때문이다. 다섯째, 정신과 병동에서부터 청소년 치료감호 시설, 지역사회 적용에 이르기까지 다양한 환경에서 적용이 가능하다. 또한 개인상담뿐 아니라 가족상담, 집단상담에도 적용이 가능하며, 중독상담, 우울, 정신병리 등의 중증 사례에도 효과적으로 적용된다.

② **한계점**: 현실치료상담의 강점은 동시에 한계점으로 작용할 수도 있다. 우선, 현실

치료상담은 현재와 미래에 중점을 두기 때문에 과거나 어린 시절의 경험을 간과하는 한계를 가진다. 덧붙여 현실치료상담은 주로 의식적 차원에 초점을 맞추고 있어 무의식 차원에 충분한 주의를 기울이지 않아 결과적으로 지나치게 단순하고 일시적인 변화를 일으킨다는 평가를 받기도 한다. 또한 개인의 선택을 강조함으로써 환경적 변인을 간과하는 경향이 있다. 마지막으로 과학적인 연구의 근거가 부족하다는 지적도 있다. 그러나 이 모든 제한점에도 불구하고 현실치료상담은 접근 용이성이나 단기상담의 효과성, 다양한 장면에 적용 가능성 등에서 과소평가될 수는 없다.

4. 현실치료상담을 적용한 상담사례 연구

- 반려견의 죽음으로 인한 아픔과 고통을 극복하고 싶어요 -

상담시연	김영순
내담자 역할	여, 25세, 직장인, 다솜(가명) / 장소 : ○○○상담센터 / 일시: 2023. 11
내담자 호소 문제	삶이 허무하다는 생각이 들어요. '이렇게 살아서 무슨 의미가 있을까?' 하는 생각이 들어요. 10세 무렵부터 키우던 강아지가 얼마 전에 죽었어요. 강아지를 산책시킬 겸 남자 친구와 함께 수목원에 다녀오는 길에 과자 모양의 구충제를 먹였는데 목이 막혀 숨을 쉬지 않는 거예요. 급하게 병원으로 옮겼지만 이미 죽었대요. 살려 달라고 엉엉 울었지만, 아무 소용이 없었어요. 라떼가 죽은 것은 완전히 제 잘못이에요. 모든 일이 제 탓인 것 같아요.

1) 현실치료상담 사례 연구보고서

※ 다음은 본 상담자가 상담시연한 내용을 현실치료상담 사례 연구보고서 양식에 따라 정리한 내용이다.

① 내담자와 친구되기(상담환경 조성을 위한 지침들 중)를 위하여 무엇을 하였는가?

- **해야 할 것(Do):** 내담자의 말을 경청하기, 주의 기울이기, 판단을 보류하기, 공감하기, 예상치 않은 질문하기(라떼와 좋았던 때, 행복했던 때를 떠올리게 하기)
- **하지 말아야 할 것(Don't):** 논쟁하거나 강요하지 않기, 비난하거나 변명을 조장하지 않기

② 내담자가 원하는 것은 무엇인가? 진정으로 원하는 것은 무엇인가? 지각(Perception)
은 어떠한가? 내담자는 어떤 면에서 좌절(Frustration)을 느끼고 있는가?

- 내담자가 원하는 것은 반려견이 죽기 이전으로 돌아가는 것
- **진정으로 원하는 것**은 반려견이 죽기 이전의 평온한 일상을 회복하는 것
- 내담자의 지각은 반려견이 자신 때문에 죽었다고 생각함. 반려견의 죽음으로 모든 것이 허무하고 의미가 없다고 생각함
- **내담자가 좌절을 느끼는 것**은 반려견의 죽음으로, 자신이 원하는 것과 지각된 현실 사이에 괴리감이 커서 심리적 저울이 기울게 되고 좌절하면서 우울과 죄책감에 시달리고 있음

③ 내담자는 지금 어떻게 하고 있는가? 자신이 원하는 것을 얻기 위해서 무엇을 하고 있는가? 그는 어떻게 자신의 욕구를 충족시키려고 하고 있는가?

- **내담자는 지금 어떻게 하고 있는가?**: 비효율적으로 통제하는 비생산적인 상황 A 사이클을 선택하고 있다. 전행동의 네 요소는 다음과 같다.
  - 활동하기(움직이기 싫다, 사람들도 안 만남, 식사도 제대로 안 함)
  - 생각하기(내 잘못이야, 삶이 허무하다, 이렇게 살아서 무슨 의미가 있을까?)
  - 느끼기(우울감, 불행감, 죄책감)
  - 신체 반응(자꾸 눈물이 남, 가슴이 답답하고 숨이 안 쉬어짐, 잠도 못 자고 밥 맛도 없음)
- **자신이 원하는 것을 얻기 위해서 무엇을 하고 있는가?**
  - 우울하고 무기력감에 빠져서 아무것도 하지 않음
  - 산책하기, 배드민턴 치기를 통해 우울을 극복하려고 노력하는 중임

④ 내담자가 자기평가를 할 수 있도록 상담자로서 어떤 질문을 하였는가?

- "이 상태로 시간이 흘러가면 어떻게 될 것 같나요?"
- "현재 상태를 유지하면 원하는 것에 가까워지나요? 멀어지나요?"
- "행복의 길과 불행의 길이 있어요. 어느 길로 가는 게 도움이 될까요?"

⑤ 어떤 긍정적인 계획을 하였는가? 그 계획은 'SAMI^{2}C^3'의 기준에 맞는 것인가?

- 하루 30분 햇볕 쬐면서 걷기, 주말 오후에 배드민턴하기('SAMI^{2}C^3' 기준에 맞음).

- 반려견의 죽음으로 아픔을 겪고 있는 친구에게 전화해서 위로하기('SAMI^{2}C^3' 기준에 맞음).
- 반려견 상실 회복자 모임 온라인 카페 검색하기('SAMI^{2}C^3' 기준에 맞음).

⑥ 내담자로부터 어떻게 약속(commitment)을 얻어 내었는가? 내담자는 그 약속을 말로 어떻게 표현을 하였는가?
- 꼭 해 보겠는가? 정말 해 보겠는가? 실천 가능성은 얼마나 되는가?(90% 이상)
- 언어로 해 보겠다는 의지를 반복해서 표현하도록 하기
- "꼭 하겠다는 의미로 악수 한번 할까요?" 꼭 하겠다는 의지를 확약하기

⑦ 내담자가 변명을 할 경우에 상담자로서 어떻게 대처하였는가?
- 변명하는 게 상황이 나아지게 하는 데 도움이 되는가? 질문을 통해 평가하기
- 변명하지 않고 오늘부터 내가 다르게 실천해 볼 수 있는 계획 짜기를 도움

⑧ 심리적 욕구(소속과 사랑, 힘과 성취, 즐거움, 자유) 중에서 어떤 욕구를 내담자가 효율적으로 충족하고 있는가? 또 어떤 욕구를 충족하지 못하고 있는가?
- 반려견의 죽음으로 사랑과 소속, 즐거움, 자유의 욕구가 충족되지 않음
- 정서적 불안정과 우울로 인해 먹고 자는 것에 무관심해져서 생존의 욕구가 충족되지 않음
- 힘든 상황에서도 직장에는 계속 출근함으로써 힘과 성취의 욕구는 일부 충족하는 상황임

⑨ 내담자의 강점(strength)은 무엇인가?
- 남자 친구, 가족의 사랑과 지지를 받고 있다는 점
- 직장생활을 통해 일상생활을 유지하는 점
- 상실감을 극복하고 일상을 회복하려는 의지가 있고, 스스로 노력하고 있다는 점

⑩ 이 상담을 다르게 한다면 어떤 대안이 있겠는가?
- 일상생활에 대한 이야기를 좀 더 경청하기
- 내담자의 바람을 행동과 연결하여 구체적으로 탐색하기

- 내담자의 강점과 관심사를 탐색하고 지지를 강화하기
- 주변 사람들(가족, 친구)과의 관계, 관계 자원에 대한 얘기 나누기

⑪ 이 내담자와의 다음 면담을 위하여 상담자로서 어떤 계획을 세우고 있는가?
- 내담자의 정서적 안정화를 도모하기
- 반려견의 죽음에 대한 애도 작업, 좋은 추억을 떠올리도록 촉진하기
- 반려견의 죽음에 대한 비합리적인 죄책감 다루기
- 일상의 스트레스를 탐색하고 스스로 관리할 수 있는 대처 전략 모색하기
- 현재 생활에서 사랑과 소속, 자유와 즐거움의 욕구를 충족할 수 있는 대안적 활동에 초점 맞추기
- 내담자의 바람을 전행동과 연결하여 자신의 삶을 원하는 모습으로 재창조하도록 돕기(바라는 상황을 떠올리고, 그때의 전행동을 연결해서 탐색하기)

2) 상담시연 축어록

※ 다음은 본 상담자가 상담시연 내용을 정리한 글이다. 현실치료상담에서 상담시연은 상담실습을 위한 매우 효과적인 방식이다. 상담자, 내담자, 관찰자 역할을 정해서 진행해 보고, 상담과정을 평가한 후 피드백을 나눈다. 상담자 반응에서 WDEP 질문을 참고로 하면 도움이 될 것이다.

■ W(Want): 내담자의 바람, 욕구, 지각을 탐색하기
상: 어서 오세요, 다솜님. 오늘은 무슨 얘기를 하고 싶으세요? (바람 탐색하기)
내: 삶이 허무하다는 생각이 들어요. 이렇게 살아서 무슨 의미가 있을까 하는 생각이 들어요.
상: 무슨 일이 있었는지 얘기해 주실래요?
내: 제가 키우던 강아지 라떼가 얼마 전에 죽었어요. 모든 일이 제 탓인 것 같아요. 앞으로 어떻게 살아야 할지 걱정이 돼요. 제가 초등학교 4학년 때 친구처럼 지내면 좋겠다면서 아빠가 라떼를 우리 집에 데리고 왔어요. 라떼는 나의 동생이기도 하고, 가족보다 더 많은 시간을 보낸 존재예요.
상: 무척 힘드시겠어요. 이 상황이 어떻게 되었으면 좋겠어요? (바람 탐색하기)

내: 라떼가 하늘나라로 가기 전으로 돌아갔으면 좋겠어요. 그날이 있기 전으로 돌아가면 좋겠어요. 그때 남자 친구와 수목원에 가지 말았어야 했어요.

상: 그 상황에 대해 좀 더 얘기해 주시겠어요?

내: 남자 친구는 운전을 하고 있었고, 나는 운전석 옆자리에 앉아 있었어요. 잔디밭에서 뛰어놀기를 좋아하는 라떼에게 혹시라도 진드기가 붙지 않도록 하기 위해 구충제를 먹여야겠다는 생각이 들었어요. 가방에 있는 과자 형태의 구충제를 라떼에게 줬는데 라떼가 갑자기 숨을 못 쉬는 거예요. (많이 놀랐겠어요). 평소에도 급하게 음식을 먹는 라떼가 씹지도 않고 삼켜서 기도가 막힌 거죠. 너무 놀라 라떼를 안고 엉엉 울었어요.

상: 얼마나 놀라고 힘드셨을까요? 라떼가 무사하기를 간절히 바랐겠네요. (바람 확인하기).

내: 네, 가장 가까운 동물병원에 갔는데 숨을 쉬지 않는다고 하더라고요. 동물병원 의사 선생님께 어떻게든 살려 달라고 애원했어요. 그 약을 라떼에게 주지 말았어야 했어요. 목에 걸리지 않도록 좀 더 잘게 잘라서 줬어야 했어요. 라떼가 죽은 것은 제 잘못이에요. (울음).

상: 이 상황에서 가장 도움받고 싶은 점이 무엇인가요? (바람 탐색하기)

내: 죄책감과 우울함 때문에 힘들어요. 라떼 생각이 나서 퇴근하고 집에 들어가기가 싫어요.

상: 다솜님이 원하는 것은 죄책감, 우울감에서 벗어나고 싶고, 집에 갈 때 이전처럼 편안하게 들어갔으면 하는 거네요. 바람에 대해 좀 더 구체적으로 얘기해 볼까요? (바람의 구체화)

■ D(Doing): 전행동 탐색하기

상: 요즘 어떻게 지내세요? 가장 힘든 점이 무엇인가요? (전행동 탐색하기)

내: 라떼가 하늘나라로 갔다는 것이 믿어지지 않아요. 라떼가 늘 있던 그 장소에 여전히 있는 것 같아요. 회사에서 일이 끝나고 집에 돌아와 라떼를 안고 있을 때가 가장 행복했어요. 집에 가면 라떼가 여전히 있을 것 같은데, 라떼가 없으니까 집에 가기가 싫어요. 라떼의 죽음을 인정할 수가 없어요.

상: 너무 힘드시겠어요. 식사는 하는지요? 잠은 제대로 자나요? (전행동-활동하기 탐색하기)

내: 길을 걷다가도 눈물이 나요. 밥도 먹기 싫고, 잠도 안 오고요. 그때 만약 내가 남자 친구와 수목원으로 산책을 가지 않았으면 좋았을 텐데…… 하는 후회와 자책하는 마음이 들어 괴로워요.

상: 건강 상태는 좀 어떠세요? (전행동–신체 반응 탐색하기)

내: 매사 의욕이 없고, 멍하고, 죽어있는 것 같아요. 잠도 안 오고, 자꾸 한숨도 나오고, 눈물이 나요.

상: 지금 무엇을 하고 있다고 생각되나요? (전행동 탐색하기)

내: 슬퍼하고 있어요. 라떼가 너무 보고 싶어서 그리워하고 있어요.

■ E(Evaluation): 내담자가 자기평가를 하도록 돕기

상: 라떼가 죽은 일로 인해 어떤 영향을 받았을까요? (자기평가를 하도록 돕기)

내: 앞으로 다시는 강아지를 키우지 않을 거예요. 이런 슬픔을 다시는 겪고 싶지 않아요. 라떼를 사랑했던 것처럼 어떤 강아지가 와도 사랑할 수가 없어요. 라떼에 대한 예의가 아니라고 생각해요.

상: 지금 현재의 상황이 계속되면 어떻게 될 것 같은가요? (자기평가를 하도록 돕기)

내: 우울해서 죽을 것 같아요.

상: 여기 행복의 길과 불행의 길이 있어요. 지금 어느 쪽으로 가고 있나요? (평가하기)

내: 불행하다고 느껴요.

상: 두 갈래 길에서 어느 길로 가고 싶은가요?

내: 물론 행복한 길을 걷고 싶지요. 하지만 자신이 없어요.

상: 어느 길로 가는 게 도움이 될까요? (자기평가를 하도록 돕기)

내: 그런데 이렇게 힘든데 그게 가능할까요?

상: 그 방법을 찾기 위해 상담에 오신 것 같아요. 그동안 그 문제를 극복하려고 어떤 노력을 했을까요?

내: 아무것도 못하고 있는데, 다시 힘을 내야겠지요? 잠도 자고, 밥도 먹고, 산책도 하고요.

상: 다솜님이 우울한 거를 보면 라떼가 뭐라고 할 것 같은가요?

내: 라떼가 너무 슬퍼할 것 같아요. 라떼도 제가 행복하기를 원할 것 같아요.

■ R(Relation): 예상치 않은 질문하기

상: 라떼와 행복하게 지냈을 때의 모습을 한번 떠올려 볼 수 있을까요? (예상치 않은 질문하기)

내: 라떼의 냄새가 나요. 새하얀 털이 꼭 라떼같다고 해서 이름이 라떼예요. 정말 예쁘게 생겼어요. 저는 라떼를 꼭 안고 있을 때가 제일 행복했어요. 라떼와 함께 산책할 때가 떠올라요. 바람을 느끼는 것을 좋아해서 라떼를 태우고 자전거를 탈 때 너무 행복했어요.

상: 그 얘기를 하면서 정말 행복해 보이네요. 그 모습을 떠올릴 때 몸에서 어떤 반응이 느껴지나요? 떠오르는 이미지는요?

내: 몸이 따뜻해져요. 얼굴에 미소도 지어지고요. 파란 하늘, 시원한 바람이 느껴져요. 라떼와 함께 자전거를 타고 있거든요. (얼굴에 미소)

상: 라떼가 앞에 있다면 뭐라고 말할 것 같은가요?

내: 말없이 안아 줄 것 같아요(눈물). 라떼도 저와 함께 자전거 타는 것이 너무 즐거웠다고 하네요.

상: 라떼가 앞에 있다고 생각하면서 앞에 있는 라떼를 한번 안아 줘 보세요.

내: (말없이 안아 줌)

■ E(Evaluation): 자기평가를 하도록 돕기

상: 다솜님의 지금의 행동이 행복의 길로 가는 데 도움이 될까요? (자기평가를 하도록 돕기)

내: 도움이 안 되겠죠. 돌아 버리거나 죽어 버릴 것 같아요.

상: 지금 하고 있는 것은 진정으로 원하는 것을 얻는 데 도움이 될까요? (자기평가를 하도록 돕기)

내: 전혀요.

상: 지금과 같은 행동이 계속되면 어디로 갈 것 같은가요? (자기평가를 하도록 돕기)

내: 아마도 우울해서 죽을 거예요. 생각만 해도 끔찍해요.

상: 지금 행동이 우울을 극복하는 데 도움이 안 된다는 얘기로군요.

■ 죄책감 다루기

내: 저를 여전히 용서할 수가 없어요. 라떼가 식탐이 많다는 것을 잘 알고 있었거든

요. 왜 그때 좀 더 잘게 잘라서 주지 않았을까 너무 후회가 돼요.

상: 후회와 죄책감이 어느 정도의 비중으로 다가오나요? 100%에서 몇 % 정도인가요?

내: 90% 이상이요.

상: 마음이 무겁겠네요. 그중에 조금만 덜어 놓고 갈 수 있다면 어느 정도 두고 가실
까요?

내: 두고 갈 수 있다면 절반 정도요.

상: 절반은 너무 많아요. 제가 보관하기가 어려워서요. 제가 종이를 드릴게요. 이 종
이엔 다솜님의 불행감이 가득하게 있어요. 20% 정도만 두고 가도 될까요?

내: 그래도 될까요? 그럼 25% 두고 갈게요. (종이를 1/4을 잘라서 상담자에 제출함)

상: 다음 주에 와서 필요하면 도로 가져가셔도 됩니다. 필요 없다면 버릴게요.

■ **P(Plan): 계획 세우기**

상: 자신을 위해 다르게 해 볼 수 있는 일이 무엇이 있을까요? (계획 세우기)

내: 햇빛을 자주 보려고 해요. 우울증에 도움이 될 것 같아요. 그리고 자전거를 탈 거
예요. 그러면 라떼와 함께 자전거를 타던 아름다운 추억이 기억날 것 같아요.

상: 좋은데요. 제가 기대했던 것보다 훨씬 잘 찾아가고 있네요. (지지 격려하기)

내: 집에만 있지 말고 활력을 얻을 수 있는 취미를 찾아야겠어요. 지난 주에 남자 친
구와 배드민턴을 쳤는데, 그때는 아무 생각도 나지 않아서 좋더라고요.

상: 무엇부터 실천하는 게 도움이 될까요? 다음 주에 올 때까지 실천할 수 있는 작은
계획을 하나 세워 볼까요? (계획 세우기)

내: 우선, 점심시간이나 퇴근길에 30분간 햇볕을 쬐며 산책을 할게요.

상: 좋아요. 실천 가능성은 얼마나 될까요? (계획 세우기)

내: 80% 이상이요. 퇴근 후에 버스 타러 가는 길에 충분히 가능할 것 같아요.

상: 오늘 자신을 위해서 계획한 것을 꼭 실천한다는 의미에서 악수 한번 할까요? (확
약하기)

내: 그 정도는 할 수 있을 것 같아요. 나를 위해서요.

상: 맑은 공기를 마시며 가슴을 열고 걷는 것도 도움이 되겠네요. 오늘 상담을 통해
어떤 도움이 되었을까요?

내: 털어놓고 나니 마음이 한결 가벼워졌어요. 답답증이 생겨 가슴을 치곤 했거든요.

(다음 상담 약속하기)

3) 상담자 평가

- **잘한 점(Good RT)**: 상담에서 잘했다고 생각하는 점은 다음과 같다. 첫째, 상담자는 내담자와 관계 형성을 위해 주의 기울여 듣기, 공감 경청하기, 예상치 않은 질문 하기 등을 통해 상담환경을 적극적으로 조성하였다. 둘째, 관계 형성을 기반으로 WDEP 상담절차를 충실히 적용하여 적절한 질문을 시도했다. 셋째, 행복의 길과 불행의 길의 메타포를 활용하여 방향성을 분명하게 제시하고 개인의 선택을 강조하고자 하였다. 넷째, 죄책감 다루기에서는 고통을 상징하는 종이를 잘라 두고 가는 활동을 직접 시도하게 함으로써 도움이 되었다고 생각한다.

- **상담의 방향성(Direction)**: 상담의 방향성은 내담자의 바람과 욕구를 탐색하여 반려견의 죽음으로 인한 우울과 죄책감을 극복하도록 도왔다. 내담자가 원하는 것에 가까이 갈 수 있도록 긍정적인 활동하기를 선택함으로써 내담자가 일상을 회복하고, 더 나아가 삶에 희망이 있다는 것을 경험하도록 돕고자 했다.

- **대안적 접근(Add)**: 대안적 접근은 다음과 같다. 첫째, 내담자의 바람, 욕구, 그리고 좋은 세계 그림을 더 구체적으로 탐색했다면 도움이 되었을 것이다. 둘째, 전 행동 탐색을 자동차 네 바퀴의 구성요소에 비유하여 더 구체적으로 다루어 보고, 바람과 활동하기를 연결하여 탐색해 볼 것이다(무엇을 하고 싶은지, 주변 세상에 대해 어떻게 생각하는지, 어떻게 느끼고 싶은지, 신체 반응은 어떤지 등). 셋째, 내담자가 최선을 다하고 있더라도 다르게 반응할 수 있는 부분을 찾도록 하겠다. 마지막으로, 우볼딩이 강조한 것처럼 현실치료상담을 제대로 학습하고자 한다면 자신의 삶에 일과 놀이, 학습에 적용하는 것이 최선의 학습이 될 것이다.

5. 요약

- 현실치료상담은 윌리엄 글래서가 주창했으며, 그는 지도교수인 해링턴 박사와 함께 정신질환자들을 새로운 방법으로 치료함으로써 현실치료상담이 시작되었다. 현실치료상담 이론을 체계적으로 발전시킨 사람은 우볼딩 박사이다.

- 현실치료상담에서 보는 인간은 긍정적이며, 자신의 행동과 정서에 대해 책임을 지는 반결정론적인 존재이다. 자신과 주위 사람들이 자신을 사랑하고 가치있게 여기면 성공적인 정체감이 발달한다고 본다.

- 현실치료상담은 선택이론을 근거로 하며, 상담과 심리치료, 좋은 학교 만들기, 교육과 경영 관리, 정신병 치료, 중독상담 및 치료, 부모역할, 그리고 여러 유형의 인간관계에도 다양하게 적용되고 있다.

- 선택이론은 다른 사람들과 가까이 지내는 데 문제가 있는 사람들이 사용하는 외부통제 심리학을 대신 하는 새로운 심리학을 제안한다. 흔히 사람들이 정신질환이라고 부르는 자기파괴적인 행동을 하는 가장 큰 이유는 불만족스러운 관계에서 비롯된다.

- 선택이론에서 다섯 가지 기본 욕구는 사랑과 소속, 힘과 성취, 즐거움, 자유, 생존의 욕구이다. 내담자가 바람직한 방법으로 욕구를 충족시킬 수 있도록 하는 데 있어 선택에 대한 책임감을 강조한다. 기본 욕구를 건강하게 충족시키는 것이 개인 삶의 질을 높인다.

- 인간의 전행동은 활동하기, 생각하기, 느끼기, 신체 반응으로 이루어져 있으며, 모든 행동에는 목적이 있다. 선택이론에서는 인간의 기본 욕구를 충족시키기 위한 내적인 바람 때문에 전행동이 야기된다고 설명한다.

- 우볼딩 박사는 현실치료상담을 'WDEP' 전달 체계로 요약했다. 'WDEP' 상담 절차는 바람(Want), 전행동 탐색하기(Doing), 자기평가하기(Self Evaluation), 계획하기(Plan)의 네 요소로 구성되어 있다.

- 계획하기의 목적은 성공적 경험을 하도록 하는 것이다. 도움이 되는 계획이란 $SAMI^2C^3$ 표기되며, 간단하고 즉각적이고 구체적이고 진지하게 계획되어야 성공 가능성이 높다.

- 선택이론은 궁극적으로 개인의 자유를 강조하는 이론이다. 선택이론에서는 오래된 외부통제 심리에 기반한 비난하기, 탓하기를 중단하고, 관계를 유지 및 강화시키는 내부통제 심리, 즉 선택이론으로 대체해야 함을 강조한다.

🎯 연습 과제

1) 앞의 사례에 선택이론을 적용하여 내담자 이해 및 사례개념화를 토론해 보세요([그림 7-1]의 CT 차트에 대입해 설명해 볼 것을 권장함).
2) 앞의 사례에 현실치료상담절차를 적용한다면 WDEP 질문 목록을 각 10개씩 만들어 보세요(조별 토론).
3) 애도상담 작업을 한다면 효과적인 개입 방법에 대해 토론해 보세요.
4) 내담자의 죄책감을 다루기 위한 상담적 개입 방법에 대해 토론하세요.
5) 이후 상담에 도움이 될 수 있는 상담의 방향에 대해 토론하세요.

🎯 주관식 문제

1) 외부통제 심리학과 선택이론을 비교해 보고, 우리가 선택이론을 배워야 하는 이유에 대해 설명해 보세요.
2) 선택이론의 주요 개념인 인간의 다섯 가지 기본 욕구에 대해 설명해 보세요. 자신의 욕구강도를 체크해 보고, 욕구 강도에 대해 설명하세요. (실습지1 활용)
3) 전행동의 네 가지 구성요소에 대해 설명하고, 그중에 가장 변화 가능한 요소에 대해 제시하세요.
4) 현실치료상담과정인 WDEP 상담절차에 대해 설명하고, 자기 생활에 적용하여 작성해 보세요. (실습지2 활용)
5) 성공 가능성이 높아지게 하는 효율적인 계획 세우기의 조건을 설명해 보세요. (SAMI^{2}C^3 플랜)

📑 참고문헌

김영순(1999). 현실요법 부모집단상담 프로그램의 개발과 그 효과. 원광대학교 박사학위논문.
김영순, 이은하(2015). 현실치료의 기본욕구와 에니어그램의 적용. 에니어그램 심리역동연구, 2(2), 111-129.

김인자(1994). Glasser모델의 현실가족치료. 한국가족치료학회지, 2, 105-129.

김인자(2015). 현실치료상담과 선택이론. 서울: 한국심리상담연구소.

박재황 외(2018). 현실치료상담. 서울: 학지사.

우애령 역(2015). 결혼의 기술. 서울: 하늘재.

Glasser, W. (1965). *Reality therapy*. New York: Harper & Row.

Glasser, W. (1985). *Control theory*. New York: Harper & Row.

Glasser, N. E. (1989). *Control theory in the practice of reality therapy: Case studies*. New York: Harper & Row.

Glasser, W. (1996, 2015). *How the brain works chart*. Tempe, Arizona: The William Glasser Institute.

Glasser, W. (1998). *Choice theory*. New York: Harper & Row.

Glasser, W. (2003). *Warning: Psychiatry can be hazardous to your mental health*. New York: HarperCollins Publishers.

Glasser, W. (2011). *Take charge of your life*. Bloomington, Indiana: iUniverse Inc.

Wubbolding, R. E. (1988). *Using reality theory*. New York: Harper & Row.

Wubbolding, R. E. (1990). *Understanding reality therapy*. New York: Harper Collins Publishers.

Wubbolding, R. E. (2000). *Reality therapy for the 21st century*. New York: Routledge.

Wubbolding, R. E. (2011). *Reality therapy: Theories of psychotherapy series*. Washington, D.C.: American Psychological Association.

Wubbolding, R, E. (2012). *Cycle of counseling, coaching, managing, and supervision*. Cincinnati, OH: Center for Reality Therapy.

Wubbolding, R. E. (2017). The three-fold legacy of William Glasser, MD. *International Journal of Choice Theory and Reality Therapy, 37*(1), 17-21.

[참고 사이트]

글래서선택이론연구소 https://wglasser.com

선택이론에 대한 소개(Introduction to Choice theory by William Glasser)

　　https://www.youtube.com/watch?v=MENJyjWU1IE

선택이론과 현실치료상담(Choice theory and Reality therapy)

　　https://www.youtube.com/watch?v=YYBFcl7P3w0

한국심리상담연구소 https://www.kccrose.com

한국현실치료상담학회 http://rtct.or.kr

현실치료상담 소개(Reality Therapy for Addictions with Robert Wubbolding Video) https://www.youtube.com/watch?v=43DpzOnKyFU

Reality Therapy with Dr Robert Wubbolding

https://www.youtube.com/watch?v=IqjfX4RI_nQ&t=2101s

[실습지 1] 윌리엄 글래서의 욕구 강도 프로파일

다음 질문에 답을 생각해 보고, 다음과 같이 1~5점 사이의 해당되는 점수에 체크하세요. 욕구별 합계를 내어보고, 그래프를 그려서 욕구 강도를 비교해 봅시다.

전혀 그렇지 않다: 1	별로 그렇지 않다: 2
때때로 그렇다: 3	자주 그렇다: 4 언제나 그렇다: 5

1) 생존의 욕구

돈이나 물건을 절약하는가?	1　2　3　4　5
돈으로 살 수 있는 것에 각별한 만족을 느끼는가?	1　2　3　4　5
자신의 건강 유지에 관심을 가지고 있는가?	1　2　3　4　5
균형 잡힌 식생활을 하려고 노력하는가?	1　2　3　4　5
성적인 관심을 많이 지니고 있는가?	1　2　3　4　5
매사에 보수적인 편인가?	1　2　3　4　5
안정된 미래를 위해 저축하거나 투자하는가?	1　2　3　4　5
부득이한 경우가 아니면 모험을 피하고 싶은가?	1　2　3　4　5
외모를 단정하게 가꾸는 데 관심이 있는가?	1　2　3　4　5
쓸 수 있는 물건은 버리지 않고 간직하는가?	1　2　3　4　5
합계	

2) 사랑과 소속의 욕구

나는 사랑과 친근감을 많이 필요로 하는가?	1　2　3　4　5
다른 사람의 복지에 관심이 있는가?	1　2　3　4　5
타인을 위한 일에 시간을 내는가?	1　2　3　4　5
장거리 여행 때 옆자리의 사람에게 말을 거는가?	1　2　3　4　5
사람들과 함께 있는 것을 좋아하는가?	1　2　3　4　5
아는 사람과는 가깝고 친밀하게 지내는가?	1　2　3　4　5

파트너가 내게 관심 갖기를 바라는가?	1	2	3	4	5
다른 사람들에게 친절하게 대하는가?	1	2	3	4	5
다른 사람들이 좋아해 주기를 바라는가?	1	2	3	4	5
파트너가 나의 모든 것을 좋아해 주기를 바라는가?	1	2	3	4	5
합계					

3) 힘과 성취의 욕구

내가 하는 가사나 직업에 대해 사람들로부터 인정을 받고 싶은가?	1	2	3	4	5
다른 사람에게 충고나 조언을 잘 하는가?	1	2	3	4	5
다른 사람에게 무엇을 하라고 잘 지시하는가?	1	2	3	4	5
경제적으로 남보다 잘 살고 싶은가?	1	2	3	4	5
사람들에게 칭찬 듣는 것을 좋아하는가?	1	2	3	4	5
내 밑에서 일하는 사람이 문제가 있을 때 쉽게 해고하는가?	1	2	3	4	5
내 분야에서 탁월한 사람이 되고 싶은가?	1	2	3	4	5
어떤 집단에서이든 지도자가 되고 싶은가?	1	2	3	4	5
자신을 가치 있는 인간이라고 느끼는가?	1	2	3	4	5
내 성취와 재능을 자랑스럽게 여기는가?	1	2	3	4	5
합계					

4) 자유의 욕구

사람들이 내게 어떻게 하라고 지시하는 것이 싫은가?	1	2	3	4	5
내가 원하지 않는 일을 하라고 하면 참기 어려운가?	1	2	3	4	5
타인에게 어떻게 살아야 한다고 강요하면 안 된다고 믿는가?	1	2	3	4	5
누구다 다 인생을 살고 싶은 대로 살 권리가 있다고 믿는가?	1	2	3	4	5
인간의 자유로운 선택능력을 믿는가?	1	2	3	4	5

내가 하고 싶은 일을 하고 싶을 때 하고자 하는가?	1　2　3　4　5
누가 뭐라고 해도 내 방식대로 살고 싶은가?	1　2　3　4　5
인간은 모두 자유롭다고 믿는가?	1　2　3　4　5
파트너의 자유를 구속하고 싶은 생각이 없는가?	1　2　3　4　5
나는 열린 마음을 지니고 있다고 믿는가?	1　2　3　4　5
합계	

5) 즐거움의 욕구

큰 소리로 웃는 것을 좋아하는가?	1　2　3　4　5
유머를 사용하거나 듣는 것이 즐거운가?	1　2　3　4　5
나 자신에 대해서도 웃을 때가 있는가?	1　2　3　4　5
뭐든지 유익하고 새로운 것을 배우는 것이 즐거운가?	1　2　3　4　5
흥미있는 게임이나 놀이를 좋아하는가?	1　2　3　4　5
여행하기를 좋아하는가?	1　2　3　4　5
독서하기를 좋아하는가?	1　2　3　4　5
영화 구경 가기를 좋아하는가?	1　2　3　4　5
음악감상하기를 좋아하는가?	1　2　3　4　5
새로운 방식으로 일하거나 생각해 보는 것이 즐거운가?	1　2　3　4　5
합계	

<합계 점수 그래프>

※ 각각의 욕구 점수의 합계를 내어 그래프로 작성 후 욕구 강도를 비교해 본다.

5					
4					
3					
2					
1					
욕구 (점수)	생존 ( )	사랑과 소속 ( )	힘과 성취 ( )	자유 ( )	즐거움 ( )

출처: 우애령 역(2005).

[실습지 2] WDEP 상담일지–계획세우기

1) WDEP 체계를 바탕으로 자신의 바람과 욕구를 탐색한 후, 원하는 것을 이루기 위해 계획을 세워 보세요.

● 상황   날짜: .   .   .

절차	질문하기
W 바람, 욕구, 지각의 탐색	• 내가 진정으로 원하는 것은 무엇인가?
D 전행동 탐색	• 원하는 것을 얻기 위해 현재 나는 무엇을 하고 있는가?
E 자기평가	• 지금 행동이 내가 원하는 것을 얻는 데 도움이 되는가?

절차	질문하기			
P 계획 세우기	• 원하는 것을 이루기 위한 계획 세우기 1. 2. 3.			
	• 실행에 옮길 계획 선택하기			
	• 실천 계획 점검 (∨ 체크)			

5가지 욕구 충족	단순	즉각적	구체적	직접적
혼자 실천 가능	측정 가능	반복적	실현 가능	진행 중심적

• 약속 수준 (노력 / 최선 / 반드시)

결과	• 어느 정도 실천하였는가? (달성률 %)				

20	40	60	80	100

• 원하는 것을 얻었는가?

9장

교류분석치료

교류분석(transactional analysis) 이론은 에릭 번(Eric Berne)이 개발하였으며, 상담과 심리치료 분야뿐 아니라 교육, 경영, 산업, 의료 및 기타 여러 분야에서 광범위하게 적용되고 있다. 교류분석치료 이론은 인지와 정서, 행동, 신체, 영성적 관점을 모두 포괄하는 통합적인 심리치료 이론으로서 인간의 문제를 이해하기 위해 자아상태, 교류 패턴 분석, 게임, 인생각본과 같은 심리적 개념을 구체적으로 도식화한 점이 특징이다. 또한 인간의 성장 가능성을 존중하고, 자신의 삶을 새롭게 결정하기 위한 '재결단'을 강조하는 실존적인 관점을 가지며, 상담자와 내담자 사이의 계약을 통한 공개적이고 평등한 대화를 강조한다.

교류분석치료 이론은 여러 가지 측면에서 상담 장면의 내담자에게 활용도가 높다. 먼저, 교류분석치료는 일시적인 어려움을 겪는 사람부터 심각한 정신장애에 이르기까지 다양한 내담자를 대상으로 한다. 특히 관계의 문제가 있는 내담자에게 상호 간 의사소통의 문제를 이해하고 효과적으로 소통하는 방법에 대해 구체적인 지침을 제공할 수 있다. 또한 교류분석치료 이론은 전반적으로 간결하고 많은 사람이 이해하기 쉽다. 따라서 내담자가 교류분석의 관점에서 자신의 증상의 원인과 심리치료과정을 이해하면서 치료의 파트너가 되도록 동참시킬 수 있다. 게다가 교류분석치료 이론은 자신의 이론이나 접근법을 고집하지 않고 다른 심리상담 접근법에 대해 개방적인 입장을 취한다. 교류분석치료 이론은 내담자의 어린 시절의 역동을 강조한다는 점에서는 정신분석 상담 이론에 해당되지만, 개인의 실현 가능성을 변화의 힘으로 간주한다는 점에서 인간중심상담 이론과 유사하며, 명확한 행동 계약을 체결한다는 점에서 인지행동 이론의 특징을 가지고 있다. 그밖에도 게슈탈트 이론, 실존주의 이론, 사이코드라마 등 다른 이론의 개념과 기법들을 가져와 활용하는 유연성을 가지고 있다. 또한 교류분석치료 이론은 초기에는 집단치료의 형태로 운영되었으나 점차 개인 심리치료, 교육이나 산업 현장 등 다양한 분야에서 폭넓게 응용되고 있다. 지금까지 교류분석학자들은 교류분석 이론의 심리적 개념 정립에 주력해 왔으며, 이를 과학적으로 검증하려는 노력을 해 왔다. 그 결과 교류분석치료의 이론 체계가 확립되었고, 내담자의 실질적인 행동 변화를 가져오는 현대 심리치료 이론으로 자리매김할 수 있었다.

반면에 교류분석치료 이론은 종종 피상적이라는 비판을 받는데, 이는 1964년 『심리게임(Game People Play)』의 출간을 통해 교류분석 이론이 지나치게 단순화된 방식으로 대중에게 소개되었기 때문이다. 또 다른 비판점은 교류분석학자들의 주장과는 달리 내담자가 교류분석상담에서 사용되는 용어를 이해하는 데 어려움을 느낄 수 있다는 점이다. 또한 교류분석 이론은 체험보다는 인지적인 측면을 강조하고 있으나 지적인 이해를 통해서 실제로 성격을 변화시키는 것이 쉽지 않다는 비판이 제기되고 있다.

1. 에릭 번과 교류분석의 발달

교류분석의 창시자인 에릭 번(Eric Berne)은 1910년 캐나다에서 의사인 아버지와 전문 작가인 어머니 사이에서 1남 1녀 중 장남으로 태어났다. 번이 11세 때 아버지가 독감에 걸려 사망했다. 가난하고 소외된 사람들을 위해 헌신하는 의사였던 아버지를 늘 자랑스럽게 생각하였던 번은 아버지의 직업을 이어받아 의사가 되기로 결심하였다. 이후 번은 부모님이 다니던 학교인 맥길 대학교에 입학하여 의학을 전공하였고, 25세에 의학박사학위를 받았다. 1936년에는 레지던트 과정을 위해 미국에 건너가 예일대학교 소속 뉴욕 시몬병원에서 본격적으로 정신분석 공부를 시작했다. 1941년 그는 뉴욕 정신분석연구소에서 정신분석학자로 훈련을 받으며 정신분석학자가 되고자 최선을 다했다. 제2차 세계 대전이 발발한 후 1943년부터 1946년까지 미 육군 정신과 군의관으로 복무하면서 집단 심리치료를 시작하여 다양한 경험을 하였고, 군인들의 의사소통을 관찰하면서 교류분석의 이론적 기초를 만들 수 있었다. 1947년 전역 후에는 샌프란시스코 정신분석연구소에서 에릭 에릭슨(Erick Erickson)의 지도를 받으며 체계적으로 정신분석학을 공부했다. 그는 환자들을 대상으로 효과적인 집단치료 방법을 연구하던 중 전통적인 정신분석적 방법과는 다른 보다 적극적인 접근으로서 교류분석이라는 새로운 치료를 시작하게 되었다. 1949년에는 직관에 관한 논문을 썼고, 프로이트의 무의식 이론에 대해 도전하였다. 1956년 전통적인 정신분석학자들은 번의 시도가 정신분석가로서 미숙하다고 평가하고 정신분석학회의 회원 자격 신청을 보류했다. 이 사건은 번이 그의 세미나에 합류한 동료들과 함께 자신의 독자적인 이론을 발전시키게 하는 촉매제 역할을 했다.

교류분석치료 이론의 발달 과정은 4단계로 나눌 수 있는데, 1단계(1950~1960년)는 자아상태의 성격 구조 개념을 정립한 시기이다. 1950년부터 1951년까지 샌프란시스코에서 매주 화요일 저녁마다 세미나를 열어 함께 연구하면서 교류분석의 이론적 기반을 다졌다. 이 모임은 1958년에 시작된 '샌프란시스코 사회정신의학 세미나(San Francisco Social Psychiatry Seminar)'로 발전하였다. 1957년에는 미국 심리치료 저널에 『심리치료에 있어서 자아상태(Ego States in Psychotherapy)』, 미국집단심리치료학회에 『교류분석: 새롭고 효율적인 집단치료법(Transactional Anaysis: A New and Effective Method of Group Therapy)』을 발표하였다.

2단계(1961~1965년)는 교류분석과 게임의 개념이 정립된 시기로서 교류분석의 인기를 누린 시기라고 할 수 있다. 번은 1961년에 최초의 교류분석 저서인 『심리치료에서의 교류분석(TA in Psychotherapy)』을 출판하여 그의 이론이 인기를 얻기 시작했다. 1964년에 『심리게임(Games People Play)』을 출판하여 모든 사람이 사회적 수준 이면에 숨겨진 메시지가 있는 이면의 교류인 심리 게임을 하고 있다는 것을 소개하였다. 원래는 실무자들을 위해 쓰여졌던 책이 대중에게 소개되면서 교류분석 이론이 대중에게 많은 관심을 받게 된 계기가 되었다. 1964년에 번과 동료들은 '국제교류분석협회(International Transactional Analysis Association)를 창립하였다.

3단계(1966~1970년)는 인생각본 이론과 각본분석이 등장한 시기이다. 이 시기에 개인은 저마다의 독특한 삶의 각본을 구성하여 이에 따라 살아간다는 생활각본의 개념에 집중하였으며, 정서적 재경험을 강조하였다. 1966년에는 『집단치료의 원리(Principles of Group Treatment)』를 저술하였고, 1970년 번은 심장발작으로 사망하였다.

4단계(1971년~현재)는 번의 사후 시기로, 교류분석 상담을 적용하고 새로운 기법과 통합하기 위한 노력을 했던 시기이다. 교류분석은 정신치료 이론을 넘어서 상담, 조직, 교육 분야 등의 다양한 영역으로 확대되어 적용되고 있다. 아울러 번의 죽음 이후에 교류분석은 지속적으로 발전을 거듭해 오고 있다. 1971년 국제교류분석협회에서는 에릭 번 기념 과학상을 제정하여 수상작에 대해서 교류분석의 기초이론으로 간주하였다. 구체적으로 클로드 스테이너(Claude Steiner)의 각본 매트릭스, 스티븐 카프만(Stephen Karpman)의 드라마 삼각형, 존 듀세이(John Dusay)의 에고그램, 골딩(Bob Goulding과 Mary Goulding) 부부의 재결정과 12가지 금지명령, 프랭클린 에른스트(Franklin Ernst)의 오케이 목장, 리차드 어스킨(Richard Erskine)과 마를린 잘만(Marllyn Zalcman)의 라켓체계와 라켓분석 등의 개념이 고안되면서 교류분석치료 이론은 보다 확장되고 심화되어 왔다. 또한 이론이 체계화되면서 교류분석치료의 효과를 과학적으로 검증하려는 시도가 이루어졌다.

2. 주요 개념과 원리

1) 인간관

교류분석은 인간을 긍정적으로 바라보며, 인간은 사고능력과 자율성을 지닌 존재임을 강조한다. 교류분석에서 인간에 대한 가정을 구체적으로 살펴보면 다음과 같다(Stewart & Joines, 1987).

첫째, 모든 인간의 긍정성(OK)을 신뢰한다. 모든 인간은 사랑받을 가치가 있으며, 모든 인간은 평등하다는 전제를 가지고 있다. 또한 모든 인간은 누구나 성장에 대한 욕구와 잠재력을 가진 존재이며, 자신의 정서를 표현하는 자발성과 다른 사람들과 친밀함을 나눌 수 있는 존재라고 간주한다.

둘째, 모든 인간은 사고할 능력을 가지고 있는 합리적인 존재라고 가정한다. 인간이 사고할 수 있다는 것은 자기 자신의 삶에 대해 책임을 질 수 있다는 것을 의미한다. 또한 인간은 사고할 수 있기 때문에 자신의 성격이나 행동 양식을 충분히 이해할 수 있고, 삶의 각본을 새롭게 재구성할 수 있다.

셋째, 모든 인간은 자율적인 존재라고 가정한다. 교류분석은 반결정론적인 철학에 기초하며, 생애 초기에 인생 전략을 선택한 초기 결정이 적절하지 않으면 새로운 결정으로 대체할 수 있다고 믿는다. 즉, 인간은 탄생과 성장의 과정을 통해 자신의 의지와 상관없이 성격과 행동 패턴을 형성하지만, 과거의 결정이 자신의 행복에 기여하지 않으면 새로운 결정으로 대체할 수 있는 자율적인 존재라고 할 수 있다.

2) 성격 이론: 자아상태(성격 구조)

교류분석의 주요 개념은 자아상태(ego state)로, 이는 일관된 사고와 감정이 실제적이고 관찰 가능한 행동으로 표현되는 성격의 구조라고 할 수 있다. 번(Berne)은 인간의 성격은 부모 자아상태(Parent ego state), 성인 자아상태(Adult ego state), 어린이 자아상태(Child ego state)의 세 가지 요소로 구성되어 있다고 제안하였다(Berne, 1961).

첫째, 부모 자아상태(P)는 생후 6세경부터 발달하며, 주로 중요한 인물의 영향을 받아서 형성된다. 부모와 같은 중요한 대상의 생각, 감정, 행동을 내면화하는 상태를 나타낸다. 이는 프로이트의 초자아(Super ego)에 해당하는 개념으로, 초자아의 개념과 다른 점은 비판적 기능 외에도 부모 자아에는 양육적인 기능도 포함되어 있다는 것이다. 부모 자아상태는 직접적인 형태와 간접적인 형태로 나타날 수 있다(Corey, 2003). 부모의 영향이 직접적이면 부모 중 한 명이 실제로 반응하는 것처럼 반응할 수 있고, 부모의 영향이 간접적이라면 부모가 원하는 방식으로 반응할 가능성이 크다. 직접적이든, 간접적이든 부모 자아상태는 어린 시절에 경험한 사회화의 과정과 비슷하다. 초기 사회화는 부모나 다른 중요한 사람들로부터 전달이 되며, 부모 자아상태에 기록된 정보를 통해 스스로 부모로서의 역할을 하거나 자녀 양육에 필요한 정보를 제공할 수 있으며, 일상적인 문제에도 자동적으로 대처하게 된다.

둘째, 성인 자아상태(A)는 유아의 언어능력이 향상되면서 발달하는 것으로, 12세경에 정상적으로 기능하게 된다. 지금-여기에서 객관적이고 논리적인 사고를 하면서 행동하고 감정을 느끼는 상태를 말한다. 성인 자아상태는 프로이트의 자아(ego)에 대응되는 개념으로, 성인 자아상태에 있는 사람은 자율적으로 행동하며 부모 자아상태와 어린이 자아상태를 통합하고 조절할 수 있다.

셋째, 어린이 자아상태(C)는 출생부터 5세까지 어린 시절에 했던 것처럼 생각하고 행동하고 감정을 느끼는 상태를 말하며, 프로이트의 원초아(id)에 해당되는 개념이다. 생애 초기에는 언어로 표현하기 어렵기 때문에 대부분의 경험은 감정으로 기록이 되며, 어린 시절부터 보존된 감정적 반응은 성인이 되어서도 말, 자세, 태도, 전반적인 외모 등으로 표현될 수 있다. 어린이 자아상태에서는 어린 시절에 자주했던 사고나 감정, 행동을 재연하고, 본능적이고 창조적이며 자기중심적인 특징을 나타낸다.

3) 구조분석과 구조적 병리

구조분석(Structural Analysis)은 부모(P), 성인(A), 어린이(C)의 세 가지 자아상태가 어떻게 구성되어 있는지를 분석하는 것이다(Stewart & Joines, 1987). 한 자아상태의 내용은 다른 자아상태와 분명히 구별되어 설명할 수 있다. 즉, 자아상태 구조가 서로 혼합되지 않고 자아상태 간에 이동이 원활하게 이루어지는 사람은 심리적으로 건강한 사람이라고 할 수 있다.

교류분석치료에서 구조적 병리는 두 개의 자아상태의 내용이 뒤섞이는 오염(Contamination)이나, 특정한 자아상태로 들어가지 못하거나, 특정한 자아상태에서 벗어나지 못하는 배제(Exclusion)의 상태에 놓이게 되는 것을 말한다. 먼저, 오염이란 한 자아상태가 다른 자아상태의 경계 속에 침입하는 것을 말한다(Berne, 1961). P 자아상태가 A 자아상태를 침범하면 P오염, C 자아상태가 A 자아상태를 침범하면 C오염, P 자아상태와 C 자아상태가 모두 A 자아상태를 침범하면 이중오염이라고 한다. P오염은 P 자아상태의 내용을 A 자아상태의 내용으로 잘못 인식하는 것을 말하며, 부모나 사회로부터 주입된 신념을 사실인 것처럼 믿어 편견을 가지고 배타적인 태도를 취하는 것을 말한다. C오염은 사실에 근거한 것이 아니라 감정에 의해 발생한 망상(Delusion)이며, 이에 대한 강력한 확신을 갖고 있기에 설득을 해도 받아들이지 못한다. 이중오염은 A가 거의 기능을 못 하는 상태이기에 언행 불일치, 사고와 태도 등의 반전, 감정의 억제나 폭발 등을 보인다(Erskine & Zalcman, 1979). 이중오염의 내용은 자신이나 다른 사람, 그리고 세상에 대해 한 개인이 가지는 낡고 왜곡된 신념으로 이루어져 있으며, 이를 교류분석치료에서는 각본 신념이라고 한다.

배제란 P, A, C 자아상태의 자유로운 이동을 허락하지 않아 전형적으로 하나 또는 두 개의 자아상태를 제외시키는 현상이다. 먼저, 자아상태가 하나만 배제된 경우를 살펴보면 P가 배제된 경우에는 세상의 기존 규칙을 배제하고 A가 상황에 따라 규칙을 만들어 내거나 C가 직관으로 상황을 처리하고자 한다. A가 배제된 경우에는 현실검증력에서 문제가 발생할 수 있으며, C가 배제된 경우에는 매우 차갑거나 권위적이고 비사교적으로 보일 수 있다. 한편, 자아상태 두 개가 배제된 경우로서 P만 일관되게 사용하게 되면 규칙과 의무에 충실한 과업지향적인 사람이 될 수 있고, 권위적이고 지시적인 태도를 보일 수 있다. A만 일관되게 사용하게 되면 상황에 맞게 감정, 사고, 행동을 드러내려고 하고, 정보 수집이나 처리를 하는 데만 치우칠 수 있다. C만

일관되게 사용하게 되면 어린아이처럼 행동하면서 판단력이 부족하고 감정적이고 미성숙하게 행동할 수 있다.

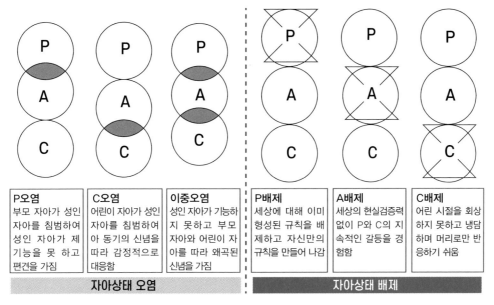

P오염	C오염	이중오염	P배제	A배제	C배제
부모 자아가 성인 자아를 침범하여 성인 자아가 제 기능을 못 하고 편견을 가짐	어린이 자아가 성인 자아를 침범하여 아 동기의 신념에 따라 감정적으로 대응함	성인 자아가 기능하지 못하고 부모 자아와 어린이 자아를 따라 왜곡된 신념을 가짐	세상에 대해 이미 형성된 규칙을 배제하고 자신만의 규칙을 만들어 나감	세상의 현실검증력 없이 P와 C의 지속적인 갈등을 경험함	어린 시절을 회상하지 못하고 냉담하며 머리로만 반응하기 쉬움

자아상태 오염 / **자아상태 배제**

[그림 9-1] 자아상태 오염과 배제

출처: Stewart, I., & Joines, V. (1987).

4) 기능분석

기능분석은 그 사람의 자아상태가 실제로 어떻게 기능하는가를 아는 방법으로, 각 자아상태는 긍정적·부정적인 기능으로 구분할 수 있다(Stewart & Joines, 1987). 기능분석은 구조분석을 기능적으로 세분화하여 자아상태가 어떻게 활용되는지를 말한다. 기능분석에서는 부모 자아를 통제적 부모(Critical Parent: CP)와 양육적 부모(Nurturing Parent: NP)로 나누고, 어린이 자아를 순응하는 어린이(Adapted Child: AC)와 자유로운 어린이(Free Child: FC)로 나눈다.

부모 자아상태 기능 중 통제적 부모(CP)는 주장적이고 처벌적이며 남을 비판하는 기능을 하고, 양육적 부모(NP)는 타인을 배려하고 격려하는 기능을 한다. 이들의 기능은 긍정적인 측면(OK)과 부정적인 측면(Not-OK)으로 구분할 수 있다. 긍정적-통제적 부모 자아상태에 있는 경우에는 지시와 안내를 통해 다른 사람들을 보호하고 건강하게 하는 데 도움을 줄 수 있는 반면, 부정적-통제적 부모 자아상태에 있는 경우에는

다른 사람을 깎아내리고 비판하는 행동을 하게 된다. 또한 양육적인 부모 자아상태가
긍정적인 경우에는 다른 사람들에게 동정심을 갖거나 지원을 할 수 있으나 양육적인
부모 자아상태가 부정적인 경우에는 다른 사람에게 필요 이상으로 도움을 주면서 타
인의 독립을 저해하는 행동을 하게 된다.

　어린이 자아상태 기능 중 순응하는 어린이 자아상태(AC)는 타인의 기대에 부응하
는 행동을 보이는 반면, 자유로운 어린이 자아상태(FC)는 어린 시절처럼 자유롭게 표
현하는 자발적인 기능을 말하며, 이러한 기능은 긍정적 또는 부정적으로 분류될 수
있다. 긍정적인 순응하는 어린이 자아상태는 신중하고 적응적인 특성을 보이는 반면,
부정적인 순응하는 어린이 자아상태는 우유부단하고 의존적이며 감정을 억압하는 특
성을 보인다. 또한 긍정적인 자유로운 어린이 자아상태는 권위적 인물이 부과한 규칙
에 구애받지 않는 행동을 하면서도 활기 있고, 적응적으로 살아갈 수 있다. 반면에 부
정적인 자유로운 어린이 자아상태는 감정 조절을 하지 못해서 충동적으로 행동하고,
타인과의 교류와 적응에 어려움을 겪을 수 있다.

　성인 자아상태는 기능적 관점에서 하위 부분으로 분류되지 않고 통합적으로 기능한
다. 성인 자아상태 기능은 지금-여기의 상황에 대해 자신의 자원을 총 동원하여 논리
적인 판단을 내리고 성숙하게 대응을 하는 것이다. 그러나 성인 자아상태가 지나치게
강한 경우에는 이해타산적이고 냉정하고 인간미가 없는 사람으로 보일 수 있다.

　에고그램이란 번의 동료이자 후학인 듀세이(Dusay, 1972)가 개발한 것으로, 다섯 가

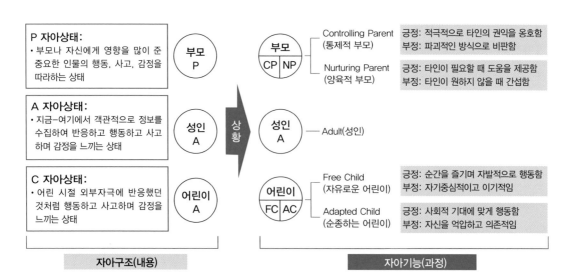

[그림 9-2] 교류분석치료 이론의 자아상태 구조모델과 기능분석. Hollins Martin, C. J. (2011). 참고해서 재구성

지 자아상태의 기능을 에고그램 질문지를 통해 파악하고, 이들의 자아상태 기능이 지닌 심리적 에너지의 양을 그래프로 나타낸 것이다. 항상성 가설(Constancy Hypothesis)에 의하면, 인간이 사용할 수 있는 에너지는 일정량이 있으며, 에고그램에서 하나의 자아상태가 올라가면 이를 보상하기 위해 다른 자아상태가 내려감으로써 심리적 에너지의 총량이 유지되어 전체 자아상태가 균형을 이루게 된다. 일상의 선택을 하는 과정에서 다섯 가지 자아상태의 에너지가 사용되는데, 교류분석에서는 다섯 가지 기능을 충분하게 활용하며 살아가는 사람을 기능적인 사람이라고 본다.

5) 의사소통 이론: 교류패턴분석

　교류는 어떤 순간에 둘 또는 그 이상의 사람들 사이에 작동하는 자극과 반응을 말한다. 교류패턴분석은 사람과 사람 사이에 P, A, C 자아상태를 사용하여 주고받는 언어적·비언어적 의사소통(말, 태도, 행동)을 분석하는 것이다. 교류패턴분석을 하게 되면 자신의 자아상태를 깊이 이해하면서 타인과 어떤 교류를 하고 있는지, 상황에서 어떻게 대처하는 것이 좋은지 의식적으로 자기조절을 하는 데 도움이 된다. 두 명 이상이 모였을 때 사회적 행동이 시작이 되고, 교류는 자극과 반응으로 이루어진다. 교류를 할 때 어떤 자아상태에서 메시지를 보내는가에 따라 기대하는 반응이 달라진다. 교류에는 개인의 전이가 반영되는데, 개인이 P 자아상태로 반응한다면 상대방을 C 자아상태로 간주하고 있음을 알게 된다. 교류에는 명확한 사회적 수준과 그 밑에 감춰진 심리적 수준의 두 가지의 기본 수준이 있다. 이 두 가지의 교류 수준은 화살표로 표시된다. 즉, 사회적 수준이라고 하는 표면적이고도 명백한 교류는 진한 화살표로 표시하며, 심리적 수준이라고 하는 감춰진 교류는 점선 화살표로 표시한다.

　교류분석에서는 대인 간 교류패턴을 상보교류, 교차교류, 이면교류의 세 가지 유형으로 구분한다(Berne, 1961). 먼저, 상보교류(Complementary Transaction)는 어떤 자아상태에서 보낸 메시지에 대해 예상대로의 반응이 돌아오며, 자극과 반응의 교류가 상호 평행선이 되고, 2개의 자아상태가 상호 관여하는 교류이다. 언어적인 메시지와 표정, 태도 등 비언어적인 메시지가 일치하는 교류로서 P대 P의 교류는 제3자에 대한 동정, 위안, 비난이나 비판 등의 대화에 주로 활용이 된다. A대 A의 교류는 의례적인 인사, 정보 교환, 원인 분석, 질의응답, 자료 확인 등의 대화에 주로 활용되는 교류이다. C대 C의 교류는 자주 어울리는 직장동료, 연인이나 부부 등의 대화에 주로 활용되는 교류이다. FC대 NP의 교류는 선후배, 동료, 부부, 의료 장면의 조력, 돌봄, 지지, 격려 등의 대화에 주로 활용되는 교류이다. A대 NP의 교류는 상담이나 충고 요청하기 등의 대화에 주로 활용되는 교류이다. 메시지가 건전하고 친밀한 것인지는 언어적 메시지와 더불어 몸짓, 표정, 자세, 소리의 높낮이 등 비언어적 메시지도 고려해야 한다.

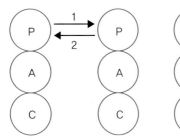
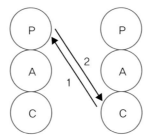
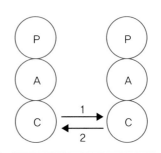

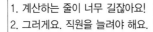

| 1. 계산하는 줄이 너무 길잖아요! | 1. 약속시간 30분이나 늦게 오셨네요. | 1. 내 안경 봤어요? |
| 2. 그러게요. 직원을 늘려야 해요. | 2. 늦어서 너무 죄송합니다. | 2. 식탁 위에 있어요. |

[그림 9-3] 상보교류(Berne, 2016 참고)

다음으로 교차교류(Crossed Transaction)는 어떤 반응을 기대하며 시작한 교류에 대해서 예상 밖의 반응이 되돌아오는 경우를 말한다. 자극과 반응이 기대한 자아상태에서 오지 않아서 자극과 반응의 선이 교차하면서 두 사람이 갈등 상태에 있는 것이다. 예를 들어, 자녀가 C에서 P로 자극을 보낸 경우에 부모가 P에서 반응하지 않고 C로 반응하는 것을 말한다.

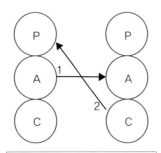
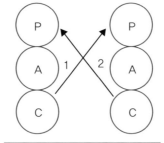
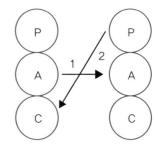

| 1. 이제 일을 시작합시다! | 1. 요즘 사는 게 너무 힘들어요. | 1. 내 안경 봤어요? |
| 2. 일을 시작하려면 많은 도움이 필요해요. | 2. 저도 너무 힘들어서 누군가 도움을 줄 사람이 필요해요. | 2. 안경을 또 잃어버렸어요? |

[그림 9-4] 교차교류(Berne, 2016 참고)

마지막으로 이면교류(ulterior transaction)는 사회적 차원에서 메시지를 보내고 있는 것 같으나, 실제로 숨겨진 의도가 있는 것이 특징이다. [그림 9-5]에서 실선은 사회적 수준에서 주고받는 자극과 반응이고, 점선은 심리적 수준에서 주고받는 자극과 반응을 말한다. 이면교류는 2개 이상의 자아상태가 관련되는 교류 유형으로, 이중 이면교류와 각진 이면교류가 있다. 이중 이면교류는 표면적으로는 A-A의 교류로 보이지만, 심리적 수준의 메시지는 P-C 또는 C-P 간의 메시지이다. 이는 솔직하게 자신의 욕구를 전달하지 못하고 숨겨진 상태로 전달하기 때문에 대인관계에 많은 문제를 초래하기도 한다. 또한 각진 이면교류는 상대방에게 A-A 간의 메시지로 보이지만 동시에 상대방이 특정한 자아상태에서 반응하기를 기대하면서 비밀 메시지를 보내는 것이다.

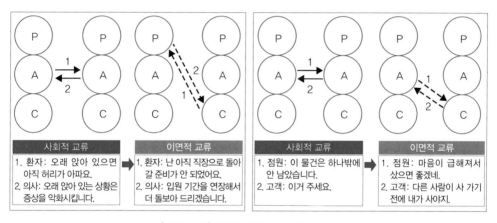

[그림 9-5] 이면교류(Berne, 2016 참고)

6) 게임분석

게임이란 겉으로는 합리적인 성인자아 대 성인자아의 교류처럼 보이지만 그 이면에는 숨겨진 동기를 지닌 교류로, 결국에는 두 사람 모두 라켓감정을 불러일으키는 역기능적인 의사소통을 말한다. 라켓은 초기 결정을 확증하기 위하여 다른 사람을 조작하는 과정이고, 라켓감정은 게임 뒤에 맛보는 불쾌하고 쓰라린 감정을 말한다. 초기 인생각본의 한 형태인 게임은 숨겨진 동기를 가진 이면적 교류로서 스트로크를 충족하고자 하는 욕구가 내재되어 있다. 또한 자신이 게임을 하고 있다는 사실을 느끼지 못하면서 타인을 조작하거나 이용하는 시간구조화 양상을 보인다. 번(Berne, 1972)은 모든 게임은 여섯 단계를 거쳐 진행된다고 하며, 게임에 대한 공식을 제시하였다. 게임

초대자가 속일 수 있는 상대를 찾아서 속임수(Con)를 만들면, 약점(Gimmick)을 가진 상대방이 걸려들면서 게임이 시작이 된다. 반응(Response)단계에서는 사회적 수준과 심리적 수준의 반응 차이가 나타나는 이면적 교류로 시작한다. 그러나 시간이 지나면서 게임이 확대되면서 엇갈림이나 대립, 허둥대기와 같은 교차교류가 나타나는 전환(Switch)이 생기고, 나아가 서로의 관계는 혼란(Crossed up)에 빠진다. 최종적으로는 불쾌한 결말(Pay off)로 끝이 난다. 게임은 이러한 단계를 왔다 갔다 하면서 이루어진다.

카프만(Karpman, 1968)은 게임과 드라마의 유사점에 주목하면서 드라마를 통해 게임을 이해할 수 있다고 하였다. 어떤 게임을 하든 박해자(Persecutor), 희생자(victim), 구원자(Procurer)의 세 가지 역할 중 한 역할로 시작을 하게 된다. 이를 드라마 삼각형이라고 제시하였다.

박해자는 인간관계에서 지배적인 힘을 갖고 상대방을 억압하거나 깎아내리는 부정적인 통제적 부모(CP)의 기능을 하는 반면, 희생자는 인간관계에서 희생되거나 착취당하는 역할을 한다. 희생자는 자신을 박해할 박해자를 찾기도 하고 주로 순응하는 어린이(AC)가 관여한다. 마지막으로 구원자는 인간관계에서 희생자를 돕는 역할을 하며, 상대방은 스스로 할 수 있는 능력이 없기 때문에 자신이 도와주어야 한다고 생각한다. 결국 구원자는 박해자와 희생자를 화해시키거나 보호하고 상대방을 의존하게 하는 부정적이고 양육적인 부모(NP)의 역할을 하게 된다. 이 세 가지 역할은 진정한 역할이 아니며 과거에 대해 반응하고 있는 것이라고 할 수 있다.

번(Berne, 1964)은 30개가 넘는 다양한 게임의 유형을 제시하였는데, 이 중 대표적인 세 가지 유형을 살펴보면 다음과 같다. 첫 번째는 '예, 그러나(Yes, but) 게임'으로 결말이 나지 않는 논쟁을 하는 게임이다. 이 게임은 자기긍정-타인부정, 자기부정-타인부정의 인생태도를 확인하는 데 목적이 있다. 이 게임을 하는 사람은 어린 시절에 통제적인 부모에게서 양육되었을 가능성이 있으며, 희생자의 입장에서 상대방에게 도움을 요청하는 것처럼 보이지만 상대방이 도움을 주는 방법을 제안하면 "예, 그러나…"라고 하면서 반론을 제기한다. 게임을 건 사람이 상대방의 말을 받아들이지 않으면 결국 상

속임수(Con) + 약점(Gimmick) = 반응(Response) ⇨ 전환(Switch) ⇨
혼란(Crossed up) ⇨ 결말(Pay off)

[그림 9-6] 게임의 진행단계(Berne, 1964)

대방은 당혹감을 느끼며 침묵을 하게 된다. 그러므로 상대방이 게임을 시작하고 있다
는 느낌이 든다면 상대방에게 도움을 주려고 하기보다는 상대방의 생각을 물어보는
것이 도움이 될 수 있다. 이 게임을 하는 사람은 다른 사람을 탓하고 원망할 수 있다.
두 번째는 '나를 차 주세요(Kick me) 게임'으로 자기부정을 확인하는 게임이다. 상대방
의 부정적인 감정을 자극하여 자기를 낮추는 행동을 하거나 상대방의 거절을 유도하
는 행동을 하게 되어 결국 외로운 처지에 몰리는 것이다. 이 게임의 목적은 자기부정-
타인긍정의 태도를 확인하고, 자신에 대한 부정적인 자세를 증명하며 이를 강화하는
것이다. 결국 게임의 연기자는 자신은 왜 항상 어려움을 당하는 것인지 괴로워하며 슬
픔에 빠지게 된다. 이 게임을 하는 사람은 많은 사람이 찬성하는 안건에 대해서 끝까
지 반론을 제기할 수 있다. 세 번째는 '너 때문에 이렇게 되었어(See what you made me
do) 게임'으로, 책임 전가를 하는 것이다. 이 게임의 목적은 자기긍정-타인부정 태도
를 확인하는 것으로, 이 게임은 투사에 의한 자기방어를 포함하며, 자신의 실수를 인
정하지 않고 다른 사람이나 환경을 탓하며 책임을 전가하는 것이다. 이 게임을 연출하
는 사람은 자기주장이 강해서 상대방의 말을 잘 받아들이지 못하는 경향이 있다.

　앞에서 제시한 게임에서 벗어나기 위해서는 게임이 시작되는 상황을 인지할 수 있
어야 하고, 외부에서 제공되는 정보를 자신이 선택적으로 무시하지 않는지 인식하고
직면할 수 있어야 한다. 또한 부정적인 자아상태 대신 긍정적인 자아상태를 선택하거
나, 부드러운 A로 대화를 하는 것이 필요하다. 또한 상대방이 원하는 긍정적인 스트로
크를 미리 주어서 게임을 중단시키는 방법을 사용할 수도 있다.

7) 인생각본분석

　인생각본(Life-Script)이란 어린 시절에 만들어지고, 부모에 의해 강화되고, 일련의
사건에 의해 정당화되어 궁극적으로 선택한 인생계획을 의미한다(Berne, 1972). 사람
은 세상이라는 무대에서 자신의 삶에 대한 각본을 갖고 살아가고, 사람들은 앞으로 자
신이 어떤 삶을 살 것인지에 대한 무의식적인 이야기를 써 나간다. 어렸을 때 욕구를
충족시키기 위해 최선의 전략이었던 행동이 성인으로서 현재 상황에는 적합하지 않을
수 있다. 그러나 성인이 되었을 때 스트레스를 받게 되면 자기도 모르게 어린 시절의
전략을 되풀이하게 된다. 각본분석(Script Analysis)은 사람들이 각자 특정한 방식으로
행동하는 이유를 설명할 수 있다.

어린 시절의 결정에 의한 각본 중 승리자 각본은 자신의 인생목표를 설정하고 최선을 다해 이를 달성하는 승리자가 되는 각본을 말한다. 승리란 선언한 목표에 대해서 편안하고 행복하게 달성하는 것을 말한다. 반면에 패배자 각본은 인생의 목표를 달성하지 못한 사람의 각본으로서 일이 잘못될 경우에는 책임을 남에게 전가하며 과거의 실패에 얽매여서 살아가는 것을 말한다. 순응자(비승리자) 각본은 다른 사람과 같은 수준에 이르면 그것으로 만족하는 것으로, CP의 지시에 충실히 따르며 현재의 삶에 만족하는 평범한 각본을 말한다.

인생각본 매트릭스는 스테이너(Steiner, 1974)가 각본이 형성되는 과정을 시각적인 형태로 설명하기 위해서 개발하였다. 첫 번째는 부모 명령으로, 아이가 3세에서 12세가 될 때까지 부모의 P에서 자녀의 P에 언어를 통해 전달되는 메시지로서 금지명령이라고 한다. 부모 명령이나 사회문화적 맥락이 합쳐져서 어떻게 삶을 살고 목표를 달성하는지를 안내해 주는 무조건적이고 절대적인 기억이다. 패배자 각본을 작성하는 사람은 스트레스 상황에서 다섯 가지 부모 명령을 따르려고 하는데, 이러한 부모 명령을 드라이버라고 한다(Kahler, 1975). 이 메시지에는 '강해져라' '완벽해라' '사람들을 기쁘게 해라' '서둘러라' '열심히 노력하라' 등의 명령이 있다. 이러한 명령을 긍정적으로 활용하는 경우에는 사회 적응에 큰 도움이 될 수 있지만, 대부분의 경우에는 이를 부정적으로 사용한다. 두 번째는 프로그램으로, 일을 어떻게 해야 하는가에 대한 메시지들로 이루어져 있다. 부모의 오염된 A로부터 나와서 성장하는 자녀의 A의 발달을 오염시킨다. 프로그램은 '~하는 방법'이라고 표현된다. 세 번째 메시지 유형은 금지령이다. 금지령은 강력한 메시지로서 자녀가 6세에서 9세가 될 때까지 부모의 미해결된 문제들과 관련된다. 금지령은 부모의 어린이 자아상태로부터 자녀의 어린이 자아상태로 비언어적으로 전해지며, 이러한 메시지에는 다음과 같은 열두 가지 유형이 있다

〈금지명령 메시지〉	
• 존재하지 마라	• 생각하지 마라
• 네 자신이 되지 마라	• 느끼지 마라
• 무엇도 하지 마라	• 친밀하지 마라
• 어린이가 되지 마라	• 소속되지 마라
• 성장하지 마라	• 중요한 사람이 되지 마라
• 건강하지 마라	• 성공하지 말라

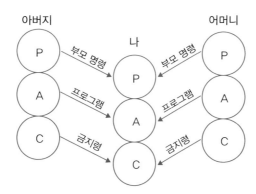

[그림 9-7] 각본 매트릭스(C. Steiner, 1971)

(Goulding & Goulding, 1976).

라켓체계(Racket System)는 인생각본의 특징을 설명하고, 일생 동안에 어떻게 자신의 각본을 유지하려고 하는지를 보여 주는 모델이다(Erskine & Zalcman, 1979). 각 라켓은 어린 시절에 허용되었던 슬픔, 분노 등의 감정과 연결되어 있고, 자신과 타인, 그리고 세상에 대한 일련의 믿음을 반영하고 있다. 라켓체계란 사람들이 자신의 각본을 유지해 나가기 위해 자신의 감정, 사고, 행동을 스스로 강화하는 왜곡된 체계라고 할 수 있다. 라켓체계는 각본 신념과 감정, 라켓표현, 기억 강화라는 세 가지의 구성요소로 이루어져 있다.

먼저, 각본 신념과 감정(Script Belief and Feeling)은 어린 시절에 감정을 표현했지만 감정이 거부를 당하면서 부모에게 관심을 끄는 데 효과적인 다른 신념과 감정을 사용하는 것을 말한다. 처음에 가지고 있는 감정은 미해결 감정이 되고, 혼란스러운 경험을 자신에게 납득시키기 위하여 자신과 타인, 세상에 대한 결론을 내리게 된다. 예를 들어, 어린 시절 부모에게 거부당한 경험을 한 유아는 나는 사랑받을 가치가 없고 사람들은 나를 좋아하지 않으며, 세상은 외로운 곳이라는 결론을 내릴 수 있다. 그리고 사랑받기 위해 화를 내거나 문제를 일으키면 부모의 관심을 끌 수 있다는 것을 알게 되면서 자신의 욕구를 충족시킬 수 있는 방법으로 분로라는 라켓감정을 사용하게 된다.

라켓표현(Racket Display)은 각본 신념과 감정을 드러내는 관찰 가능한 행동이나 보고된 내적인 경험, 공상으로 구성된다. 이러한 표현은 반복적이고 정형화된 특성이 있으며, 라켓표현을 하면서 각본 신념과 일치하거나 각본 신념을 방어하는 행동을 하게 된다. 예를 들어, 어린 시절에 버림받은 경험이 있는 사람이 애인으로부터 거부당했다고 지각할 때, 자신의 각본 신념이 재연되면서 어릴 때 학습한 대로 자신의 정서를 분노로 표현할 수 있다. 이러한 행동을 통해 애인과의 관계가 악화되면서 자신은 버려질 것이라는 각본 신념이 정당화된다.

기억 강화(Reinforcing Memory)는 사람들이 각본을 따르면서 각본 신념을 강화해 줄 기억을 회상해 내는 것으로, 과거의 시점으로 되돌아가서 각본 신념과 각본 감정을 다시 경험하는 것이다. 기억의 강화는 각본 신념에 대한 피드백 역할을 하면서 라켓체계가 순환적인 과정을 통해 지속되게 한다.

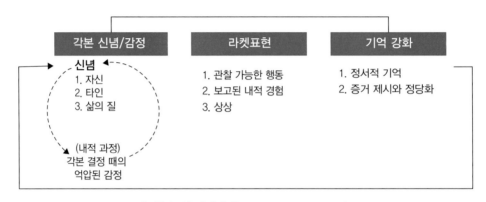

[그림 9-8] 라켓체계(Erskine & Zalcman, 1979)

라켓체계에서 빠져나오기 위해서는 각본 신념을 새롭게 해야 하며, 억압된 감정을 해결해야 한다. 라켓체계 내의 어느 지점에서든 변화를 둠으로써 순환의 고리를 끊을 수 있다. 재결단을 통해 억압되었던 진실한 감정을 타인에게 표현함으로써 각본 신념을 변화시킬 수 있고, 라켓표현 대신에 자율적인 표현을 할 수 있으며, 과거의 긍정적 상황에 대한 기억을 강화할 수 있다. 이를 통해 역기능적인 라켓체계에서 벗어나 자율 체계의 흐름을 따라 살 수 있게 된다.

8) 스트로크

스트로크(Stroke)란 언어적 · 비언어적 의사소통 수단에 의해서 주어지는 일종의 존재 자극(A Unit of Recognition)으로 번은 자극의 욕구를 인간의 일차적인 욕구로 간주하였다(Berne, 1964). 인간은 누구나 접촉과 인정 욕구를 지니며, 생존을 위해서는 일정한 양의 스트로크를 반드시 받아야 한다. 타인과 스트로크 교환이 잘 이루어질 때 자기존중감이 높아지고 원만한 인간관계를 형성할 수 있다. 삶을 유지시키는 마음의 영양소인 스트로크는 긍정적(조건적, 무조건적, 신체적, 언어적, 비언어적), 부정적(조건적, 무조건적, 신체적, 언어적, 비언어적), 무스트로크로 구분된다. 인간은 스트로크 없이 방치되는 무스트로크보다는 부정적 스트로크라도 받아내려고 한다. 부정적 스트로크나 무스트로크의 경우에는 부정적인 생활자세를 형성하는 원인이 되며, 생의 후반기에도 부정적 스트로크를 추구하게 되어 부정적 생활자세가 전 생애를 지배하게 된다(Steward & Joines, 1987). 인간은 어린 시절에 경험한 스트로크 충족 방식을 재연하는 경향이 있다. 어린 시절에 부정적인 스트로크 충족에 자주 노출이 되면 성인기에도 부정적 스트로크에 자동적으로 반응하게 된다. 게임은 스트로크 추구의 수단이 되고 자아상태에 따라 주고받는 스트로크도 달라질 수 있다. 예를 들어, CP 자아상태일 경우에는 부정적인 스트로크를 줄 가능성이 크고, NP 자아상태일 경우에는 상대적으로 긍정적 스트로크를 줄 가능성이 크다. 또한 C 자아상태일 경우에는 어린 시절에 주고받는 형태의 스트로크를 취할 가능성이 크다.

스테이너(Steiner, 1971)는 인간은 어렸을 때 부모가 강조한 다섯 가지 스트로크 경제(The Stroke Economy) 규칙의 영향을 어른이 되어서도 받는다고 하였다.

- 줄 수 있는 스트로크가 있어도 주지 말라(Don't give strokes when you have them to give).
- 스트로크가 필요해도 요구하지 말라(Don't ask for strokes when you need them).
- 스트로크를 원해도 받아들이지 말라(Don't accept strokes if you want them).
- 스트로크를 원하지 않더라도 거절하지 말라(Don't reject strokes when you don't want them).
- 자기 스스로에게 스트로크를 주지 말라(Don't give yourself strokes).

어린 시절에 양육자는 스트로크를 줄임으로써 자녀들이 규칙을 따르도록 통제하려고 한다. 이러한 경험으로 인해 사람들은 스트로크가 제한되어 있다고 믿고, 스스로 스트로크 주고받기를 제한한다. 또한 성인이 되어서도 스트로크 결핍 상태에서 스트로크를 얻기 위해서 많은 에너지를 사용하게 된다. 그러나 양육자를 통해 학습한 바와는 달리 스트로크는 무제한 공급이 가능하고, 우리가 원할 때 얼마든지 요구하고 받을 수 있다. 주어진 스트로크가 마음에 들지 않으면 거부할 수 있고, 자기 자신에게 스트로크를 주면서 즐길 수 있다는 것을 인식하는 것이 필요하다.

9) 시간의 구조화

발달단계별로 스트로크를 충족하는 방법은 다르다. 유아기에는 신체적 접촉을 통한 인정을 받으려고 하고, 아동기에는 비언어적·언어적 인정을 받는 것이 중요하다. 성인이 되었을 때는 폐쇄(Withdrawals), 의례(Rituals), 잡담(Pastimes), 활동(Activities), 게임(Games), 친밀(Intimacy)이라는 시간의 구조화를 통해서 의미 있는 시간을 보내며 스트로크를 충족하려고 한다(Stewart & Joines, 1987). 여기서 시간의 구조화란 개인이 혼자 혹은 다른 사람과 함께 지내는 상황에서 주어진 시간을 어떻게 사용할 것인지 각자의 방식으로 구조화하는 것이다. 폐쇄에서 친밀로 갈수록 스트로크의 강도가 증가하며, 동시에 존재가 거절당할 수 있다는 심리적 위험도 증가한다. 첫째, 폐쇄란 심리적 위험을 피하기 위해 자신을 타인으로부터 멀리하고 혼자만의 세계에 틀어박히는 것이다. 어린 시절에 중요한 대상으로부터 필요한 최소한의 스트로크를 얻지 못하는 경우에는 심리적인 폐쇄 상태인 공상으로 도피하는 경향이 있다. 예를 들어, 우울증이나 건강을 과도하게 걱정하는 건강염려증이 해당될 수 있다. 둘째, 의례란 특정한 일에 대해 사회가 합의한 방식과 절차에 맞추어 시간을 사용하면서 형식적인 교류를 하는 것이다. 누구와도 특별히 친하게 지내지 않으면서 갈등을 유발하지 않는 상태를 말한다. 예를 들어, 일상적인 인사에서부터 다양한 가족 행사나 종교적 의례에 참여하는 것이 해당될 수 있다. 셋째, 잡담은 일정한 틀에서 벗어나서 자유롭게 얘기를 주고받는 것을 말한다. 잡담을 통해 부정적 스트로크도 주고받을 수 있지만 주로 긍정적인 스트로크를 교환하면서 단순한 상보교류를 할 수 있다. 예를 들어, 편안한 사람들과 주고받는 가벼운 대화나 취미 생활 등이 해당된다. 넷째, 활동은 지금-여기에서 목적을 가지고 일을 행하는 것으로, 조건적으로 긍정적이거나 부정적인 스트로크를 주고받을 수 있다. 활동이 생산적이고 창의적인 경우에는 만족감이 높은 긍정적인 스트로크를 획득할 수 있다. 반면, 부정적인 예는 관계를 회피하기 위해서 활동이나 일에 더 몰두하게 되는 경우이다. 다섯째, 게임은 이면적인 교류를 한 후에 서로 불쾌한 감정이라는 부정적인 스트로크를 경험하는 것을 말한다. 게임은 어린 시절에 주 양육자와의 관계에서 긍정적 스트로크를 받지 못한 경험에 기초하며, 승자가 없고 패자만이 존재하는 대화방식이라고 할 수 있다. 게임은 심리적 위험의 강도가 의례나 활동보다 훨씬 강하며, 신뢰와 애정을 바탕으로 한 진실한 교류가 이루어지지 않는 것을 말한다. 마지막으로, 친밀은 상대방을 신뢰하고 배려하면서 긍정적 스트로크를 주고받는 상보교류를 하는 것이다. 친밀한 관계를 맺기 위해서는 구조적으로는 A 자아상태에 있어야 하며, 진술한 관계라는 점에서는 C 대 C의 대화라고도 할 수 있다. 친밀한 교류는 서로를 이용하려고 하거나 비난을 하지 않고 인간적인 참만남을 하는 것으로, 교류분석치료에서 목표로 하는 이상적인 시간 구조화 양상이다.

10) 인생태도

인생태도란 어린 시절에 부모나 중요한 대상에게 받는 스트로크에 기초하여 자기, 타인 또는 세계에 대해 어떻게 느끼고 결론을 내리는지를 말한다. 모든 어린이는 '나는 O.K고, 너도 O.K다'라는 자세로 출발을 한다. 또한 주 양육자가 일관적으로 스트로크를 제공하게 되면 자신은 사랑을 받는 소중한 존재이고, '나는 OK이다'라는 믿음이 형성이 되며, 자신이나 사회에 대한 신뢰를 형성하게 된다. 그러나 주 양육자에게 거부를 당하게 되면 '나는 OK가 아니다'라는 인생태도를 갖게 하고, C자아의 발달이 저해되면서 성장과정에서 A자아와 P자아가 건강하게 분화하는 데 어려움이 생긴다.

번은 부모와 자식의 접촉의 질이나 내용에 따라서 네 가지 인생태도로 구분을 하였다(Berne, 1972). 첫째, 자기긍정-타인긍정(I'm OK, You're OK)의 태도는 나와 타인을 모두 긍정하는 관점으로, 나와 타인이 이만하면 괜찮다고 보는 건강한 삶의 태도이다. 이러한 삶의 태도를 가진 사람들은 자신을 사랑하고 타인과 어울리는 것을 좋아하며, 상대방에게 순수한 배려를 하고 미래에 대한 긍정적인 태도를 갖는다. 결국 이들은 정서적·신체적 욕구가 충족되면서 승자각본을 형성하게 된다.

둘째로 자기부정-타인긍정(I'm not OK, You're OK)은 자신을 부정하고 타인을 긍정하는 삶의 태도이다. 자신을 믿지 못하고 타인의 인정을 추구하면서 상대방에게 의지하려는 인생태도이다. 이러한 태도를 가진 사람들은 낙심하고 생기가 없으며 우울증에 걸리기 쉽다. 또한 타인의 인정을 추구하지만 인정을 주는 대상을 만나더라도 친밀한 관계를 유지하기가 어렵다. 이들은 자기 자신을 타인에게 희생당하고 피해를 주는 존재로 여기면서 패자각본을 쓰는 인생태도이다.

셋째로 자기긍정-타인부정(I'm OK, You're not OK)의 삶의 태도이다. 자기 자신을 긍정하면서 타인을 부정하는 독단적인 인생태도로서 자신을 높이고 타인의 존재나 능력을 인정하지 못한다. 겉으로 보기에는 승자각본을 형성한 것 같지만 대인관계에서 지배적이고 자신의 웅대한 자기상을 유지하기 위해 끊임없이 투쟁한다. 가해자나 범죄자가 이에 해당하며, 자신의 부정적이거나 약한 모습을 감추기 위해서 더 과장되게 긍정적인 것처럼 게임을 하는 것일 수도 있다.

넷째, 자기부정-타인부정(I'm not OK, You're not OK)으로 자기 자신과 타인을 모두 부정하는 파괴적인 인생태도이다. 생애 초기에 스트로크가 심각하게 결핍된 경우에 아동은 자신과 타인을 부정적으로 보면서 인생은 무의미하다는 패자각본을 형성할 가능성이 크다. 타인이 주는 긍정적 스트로크조차도 부정적으로 인식하기 때문에 상대방의 호의를 거절하고, 인간관계를 단절할 수 있으며, 자신이 희생자임을 확인하는 심리적 게임을 하는 경우가 많다.

인간은 누구나 네 가지 인생태도를 바탕으로 하여 각본을 형성하면서 성인기에 이르게 된다. 그러나 매 순간 하나의 인생태도에 머물러 있는 것은 아니며, 이러한 태도는 상황에 따라서 이동한다(Stewart & Joines, 1987). 인생태도 유형과 전형적 에고그램 유형을 관련시켜서 살펴보면 자기긍정은 에고그램에서 FC가 AC보다 높은 경우, 자기부정은 AC가 FC보다 높은 경우가 해당된다. 타인긍정의 경우에는 NP가 CP보다 높게 나타나고, 타인부정은 CP가 NP보다 높게 나타난다. 문제 행동을 예방하고 삶에 적응을 잘하기 위해서는 자기긍정-타인긍정의 인생태도로 개선하는 것이 필요하다.

자기부정-타인부정 (I'm not OK, You're not OK) 모든 희망을 포기하고 삶을 절망적으로 보는 삶의 자세	**자기부정-타인긍정** (I'm not OK, You're OK) 낙심하고 생기가 없으며 우울증에 걸리기 쉬운 삶의 자세
자기긍정-타인부정 (I'm OK, You're not OK) 자신의 문제를 타인의 탓으로 돌리고 불평하는 삶의 자세	**자기긍정-타인긍정** (I'm OK, You're OK) 자신의 가치와 타인의 가치를 인정하고 존중하는 삶의 자세

[그림 9-9] 네 가지 인생태도(Ernst Jr. F. H., 1971)

3. 치료의 목표

번(Berne, 1964)은 교류분석치료의 궁극적인 목표는 자율성의 획득이라고 하였다. 교류분석치료에서는 내담자가 그의 현재 행동과 삶의 방향을 건설적인 방향으로 새로운 결정을 내리는 것에 우선적인 목표를 둔다. 이를 통해 긍정적인 인간관을 회복하고, 합리적으로 생각하고 결단을 내려서 자기 삶에 대한 책임을 질 수 있게 된다. 자율성은 성장한 어른으로서 자신의 모든 능력과 자원을 활용해서 세상에 대한 모든 정보를 받아들이고, 이후 반응할 자아상태를 선택할 수 있는 것을 말한다. 즉, 자율성이란 인생각본에서 벗어나 문제해결력을 발달시키는 것이다.

자율성은 자각, 자발성, 친밀성의 세 가지 능력을 발휘하거나 회복하는 것이다 (Steiner, 1974). 먼저, 자각(Awareness)이란 자신과 타인을 있는 그대로 순수하게 지각하는 능력이다. 자신이 느끼고 있는 감정과 신체감각을 정확히 자각해야 문제 해결에 초점을 맞출 수 있고 몸과 마음을 통제할 수 있게 된다.

또한 자발성(Spontaneity)은 감정과 사고, 행동에 대한 모든 대안을 놓고 선택할 수 있는 능력을 의미한다. 자발성은 사람의 세 가지 자아상태 중 어느 것으로도 자유롭게 반응할 수 있다는 것을 말한다. A 자아상태로서 생각하고 행동하며, C 자아상태로 직관력을 가지고 창의력을 발휘할 수 있다. 또한 P 자아상태에서 배운 도덕과 규칙을 재연할 수 있다.

마지막으로 친밀성(Initimacy)은 서로 간에 감정과 욕구를 공개하여 공유한다는 것을 의미한다. 이는 왜곡된 인간관계에 빠지지 않고 진정성 있게 자신의 감정을 표현하는 것이다. 사람들이 친밀한 상태에 있을 때는 A 자아의 현실성과 P 자아의 원칙을 확실히 하면서 긍정적인 C 자아상태로 이동한다.

4. 방법 및 절차

1) 치료관계를 위한 상담자의 개입

크로스먼(Crossman, 1966)은 유능한 상담자는 허용-(Permission), 보호(Protect), 치료능력(Potency)의 세 가지 3P를 적절히 활용할 수 있어야 하며, 이를 통해 치료적 관계가 발달할 수 있다고 하였다.

허용은 내담자가 부모에게 받은 금지 메시지로부터 자유로워지게 하는 것이다. 상담자는 필요하다면 내담자에게 말로 허용해 줄 수 있다. 상담자는 "당신은 명확하게 생각하는 능력이 있다" 또는 "당신은 가치 있는 사람이다"라는 말로서 지속적으로 내담자가 스스로의 힘으로 생각하도록 유도하는 것이다. 만약 질문을 했는데 혼란스러워 한다면 바로 해답을 주지 말고 스스로 해답을 찾을 때까지 기다려 준다.

보호는 상담자가 성인자아로서 내담자의 어린이자아를 지지해 주면서 신체적, 정서적으로 안전함을 느끼게 하는 것이다. 적절한 보호를 받지 못하는 내담자는 어린 시절의 부정적인 경험으로 인해 자신도 모르게 자신의 감정을 숨기려고 하는 유아적 동기에 매달리게 된다. 상담자가 자신을 보호해 줄 거라는 확신이 있어야 새로운 모험을 시도할 수 있는 용기를 가질 수 있다.

치료능력은 내담자의 변화를 가능하게 하는 치료자의 심리적 힘을 말한다. 상담자는 전문적 기술을 적용하여 내담자를 분석하고, 적절하게 개입할 수 있어야 한다. 또한 내담자가 자신의 내부에 있는 P 자아보다 훨씬 큰 힘을 지니고 있다는 믿음을 줄 수 있어야 한다.

2) 상담과정 5단계

김장회와 이영호(2019)는 교류분석 상담이 6단계로 구성된다고 하였다. 1~2단계는 상담의 초기에 해당되고, 3~4단계는 상담의 중기에 해당하며, 5~6단계는 종결단계에 해당된다.

1단계는 초기접촉단계이다. 초기접촉단계에서 접수면접을 통해 내담자의 기본적인 정보를 확인하고, 내담자의 언어로 초기 상담계약을 체결하며 변화에 도움이 되는 행동을 결정한다.

2단계는 사정 및 계약단계로, 상담계약을 맺기 전에 개인의 과거력에 대해 탐색하고 내담자의 관계 갈등의 원인을 탐색하는 단계이다. 내담자의 문제를 사정하기 위해 자아 구조분석, 교류패턴분석, 게임분석, 생활각본분석을 활용한다. 먼저, 자아 구조분석을 통해 P, A, C 자아체계의 에너지 분배와 상호 역동적인 관계를 파악하여 자신의 사고, 감정, 행동의 이유를 이해하는 데 도움을 준다. 자아 구조분석은 자기대화분석, 에고그램, 자아오염 확인을 통해서 이루어진다. 다음으로 교류패턴분석을 통해 자신이 대인관계에서 사용하는 대화 방식과 관계 방식 등을 학습함으로써 자신의 자아 상태의 모습에 대해 자각하게 한다. 게임분석은 결과적으로는 불쾌한 정서를 초래하는 이면적 교류인 역기능적 심리게임을 확인하고 상보적 교류방식으로 변형시키는 것이다. 생활각본분석은 내담자의 인생태도와 각본에 대한 통찰을 하고, 미래 생활에 대해 재결단을 할 기회를 제공하는 것을 말한다. 즉, 부모로부터 받은 초기 금지 메시지와 그에 따른 초기 결정을 파악하고, 이것들을 토대로 형성된 인생태도를 분석하는 것이다. 내담자의 문제를 사정한 후에는 구체적이고 관찰 가능한 행동에 대한 계약을 맺는다. 상담계약에는 행정적 계약과 치료적 계약이 있는데, 행정적 계약은 상담의 기간, 장소, 상담료 등에 관한 계약이며, 치료적 계약은 내담자가 원하는 변화가 무엇이고, 이러한 변화를 위해서 무엇을 해야 하는지를 정의하는 계약이다. 효과적인 계약을 맺기 위해서는 긍정적인 말들로 표현되어야 하고, 변화 가능한 것으로 목표를 정해야 한다. 또한 '자살 또는 자해를 하지 않는다', '가해를 하지 않는다' 등 상호 간에 안전을 위한 약속을 하는데, 이를 도피구 폐쇄라고 한다.

3단계는 개입단계로 상담자는 내담자의 자아상태, 삶의 태도, 스크로크 등 교류분석의 개념적인 용어를 이해하도록 교육을 해야 한다. 이 단계에서는 A자아가 제대로 역할을 할 수 있도록 자아 기능을 강화하도록 하고, 건설적인 자아상태로 대화하는 훈련이 이루어진다. 정서적인 작업으로 빈 의자 기법이나 어린이자아 인터뷰 등을 활용할 수 있다.

4단계는 일상 속에서의 문제 해결이 이루어지는 단계로, 라켓감정이 관계에 미치는 영향을 인식하도록 하고, 새로운 결정을 내리도록 지지를 해야 한다. 앞의 과정을 통하여 자신의 자아상태를 확인하고, 인지적, 정서적으로 자기 자신, 타인, 세상에 대해 새로운 결단을 내리는 것이다. 또한 새롭게 결정한 부분을 현실 속에서 적용하는 학습이 이루어지는 단계이다.

5단계는 계약평가단계로 계약이 달성되었는지의 여부를 확인하고, 새로운 계약이 필요한지를 논의하는 단계이다.

6단계는 종결단계로, 상담의 전 과정을 검토하고, 달성한 부분에 대해서 긍정적인 스트로크를 준다. 또한 예상되는 어려움을 확인하고 종결을 하면서 필요한 경우에는 추후상담을 계획한다.

3) 상담과정에서 적용하는 기법

번(Berne, 1966)이 제안한 주요 개입 기법은 다음과 같다.

첫째, 질문(Interrogation)은 정보를 얻기 위한 단순하고 직접적인 질문과 내담자의 현상학적 경험에 대한 자각을 이끌어 내기 위한 질문이 있다. 질문은 내담자가 제시한 자료를 명료화하여 내담자가 A자아로 반응하도록 조력하는 것이다.

둘째, 직면(Confrontation)은 내담자로 하여금 지금-여기의 현실에 반하는 각본 신념을 확인하도록 하는 치료자의 모든 시도를 의미한다. 번(Berne, 1966)은 내담자의 A자아가 자신의 일관성 없음을 알아차리고 문제를 해결하게 하는 것이 직면이라고 하였다. 즉 직면은 현실에 적절하지 않은 사고나 행동을 지금-여기에서 마주하고 합리적인 사고와 행동을 하도록 안내하는 것이다.

셋째, 설명(Explanation)은 내담자로 하여금 깊이 생각하게 하거나 정보를 제공함으로써 내담자의 A자아를 강화하는 데 도움을 주고자 하는 것이다. 상담자와 내담자가 서로 A자아상태로 소통하면서 내담자의 심리내적 또는 대인관계의 부적응 패턴을 이해시키며, 동시에 현재 문제의 원인에 대해 상담자가 설명해 주는 것이다.

넷째, 예시(Illustration)는 이야기, 은유, 비유, 이미지를 사용하는 것이다. 적절하게 사용된 예시는 사안을 깊이 있게 이해하게 하고 내담자가 도전할 수 있도록 도와주며 새로운 의미를 발견할 수 있게 해 준다.

다섯째, 확인(Confirmation)은 내담자의 행동이 상담에 의해 일시적으로 좋아졌다가 원래대로 되돌아갔을 때 변화의 과정을 지지하고 강화하는 것이다. 각본의 어떤 측면이나 도움이 되지 않는 패턴으로 회귀하는 것을 방지하기 위해서 사용된다.

여섯째, 해석(Interpretation)은 내담자의 성인 자아가 자신의 행동 이면에 숨어 있는 문제의 핵심적인 원인을 깊이 이해하게 하는 것이다. 어린이 자아상태의 혼란의 제거를 위해 해석을 사용하는 것이 강력한 효과가 있다. 혼란의 제거는 내담자가 지금까지 마음속에 담아 두었던 억눌린 감정에 접근해서 그것을 인지하고 표현하여 해결하는 필수 과정이다.

일곱째, 명료화(Specification)는 상담자의 A자아와 내담자의 A자아가 특정한 내담자의 행동이 자아상태의 어디에서 비롯되었는지에 대해 서로 동의하면서 자신의 세 가지 자아상태를 이해할 수 있게 한다.

또한 교류분석치료 이론에서는 게슈탈트이론, 사이코드라마 등의 기법들을 가져와서 활용하고 있다. '스스로 자기 부모가 되는 상상하기'는 내담자의 어린이 자아상태에게 동정이나 돌봄, 양육을 제공하는 상상을 사용하는 것이다. 또한 '어린이 자아 인터뷰'를 통해 내담자의 어린 시절의 경험을 탐색함으로써 어린이 자아의 경험을 깊이 이해하면서 어린이 자아의 충동적인 행동을 조절하게 할 수 있다. '빈 의자 기법'은 게슈탈트 이론에서 사용되는 기법으로, 빈 의자를 두고 마치 사람이 그곳에 앉아 있다고 가정하고 이야기를 하는 것이다. 또한 '두 의자 기법'을 통해 특정한 자아의 역할과 관련된 감정이나 사고를 표현하게 함으로써 다른 두 자아상태에 대해서도 자각하도록 도울 수 있다. '자아상태 대화'는 상담자가 내담자에게 부모·성인·어린이 자아상태가 세 개의 의자에 앉아있다고 상상하게 하면서 서로 대화를 하게 하는 것이다. 부모 자아상태와 어린이 자아상태가 주로 이야기하도록 하고, 성인 자아상태는 이를 요약하면서 개입하도록 한다. '역할극'은 관계에 어려움이 있는 대상을 상담자나 집단의 구성원이라고 생각하고 직접 대화를 하게 하는 것이다. 즉, 문제를 가진 구성원의 자아상태를 다른 구성원들을 참여시켜서 역할을 수행하고, 내담자가 그 사람과 대화를 하게 하는 역할극의 기법을 사용하는 것이다.

5. 치료사례

우울 증상이 있는 내담자에 대한 치료사례를 통해 교류분석치료의 과정과 특징에 대해서 살펴보고자 한다.

1) 내담자 정보

내담자는 만 29세의 사무직을 맡고 있는 1남 1녀 중 장녀로, 업무에 대한 소진과 우울감을 호소하면서 개인상담을 신청하였다. 내담자의 아버지는 가부장적이고 다혈질적인 성격이었고, 어머니는 아버지에게 순종적이었다. 어릴 때부터 내담자는 기를 펴지 못하고 살아가는 어머니를 안타까워하며 어머니를 기쁘게 해 드리려고 노력해 왔다. 내담자는 현재 낮에는 직장에서 일을 하고, 퇴근을 한 이후나 주말에는 부모님의 가게 일을 돕고 있다. 내담자의 부모님은 인터넷을 잘하지 못하시기 때문에 자연스럽게 온라인 판매 일을 도와드리게 되었다. 내담자는 직장에서도 동료들의 부탁을 거절하지 못해서 많은 책임을 떠맡으면서 한계를 느끼고 있다. 우울감과 무력감이 심해지고, 더 이상 이렇게 살고 싶지 않은 마음이 들어서 상담을 신청하였다고 하였다.

2) 1회기: 상담의 구조화, 내담자의 문제 파악, 상담관계 수립

상담자는 상담의 구조화를 통해 상담에 대해 전체적으로 안내하면서 상담시간 및 횟수, 장소, 상담자와 내담자의 역할, 비밀보장 등에 대한 안내를 하였다. 또한 내담자의 호소문제를 탐색하면서 상담에 오게 된 이유와 증상을 탐색하였고, 내담자는 '우울한 감정이 줄어들면 좋겠다'고 표현을 하였다. 상담의 초기단계에서 상담자는 내담자에게 긍정적인 스트로크와 따뜻한 정서적 환경을 제공하면서 신뢰 관계를 형성하였고, 내담자의 정서에 공감적으로 반응하였다. 상담자는 내담자와 지금-여기에서 의사소통을 하면서 내담자가 AC자아와 NP자아 기능을 두드러지게 사용한다는 것을 확인할 수 있었다.

3) 2~3회기: 사정 및 사례개념화, 계약 체결

2~3회기에 상담자는 내담자의 문제의 역동을 파악한 후에 사례개념화를 하고, 내담자와 구체적인 상담계약을 맺었다. 먼저 과거력의 탐색을 통해 [그림 9-10]과 같이 부모명령, 프로그램, 금지령을 확인하였다.

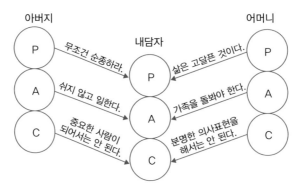

[그림 9-10] 내담자의 각본매트릭스 분석

[그림 9-11]과 같이 내담자의 라켓체계를 파악한 결과, 내담자는 어린 시절에 양육자로부터 존중과 돌봄을 제대로 받지 못하여 분노를 경험하였다. 또한 타인에게 인정을 받기 위해서 타인에게 지나치게 맞추다가 우울하고 무력해지는 행동패턴을 보이고 있다. 과거의 좋지 않은 기억들이 증거가 되어 부정적인 신념이 더 강화되고 있다. 가정이나 직장에서 스트레스를 받을 때마다 어린 시절에 만든 각본에 빠지며 순환고리가 반복되었다.

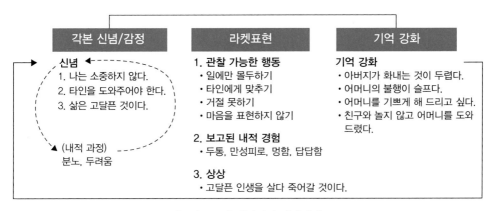

[그림 9-11] 내담자의 라켓체계

[그림 9-12]와 같이 자아상태 검사 결과를 통해 성격의 기능을 설명하고, 이를 통해 내담자가 자신의 삶과 연결하여 명확하게 자기이해를 할 수 있도록 도왔다. 내담자는 AC와 NP가 높게 나타났는데, 이는 AC의 부모에게 과도하게 순종하는 기능과 NP의 희생적으로 타인을 돌보는 기능이 강화된 상태로 보인다. 또한 FC가 낮게 나타나 타

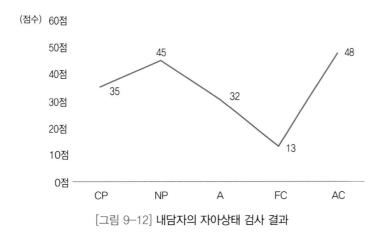

[그림 9-12] 내담자의 자아상태 검사 결과

인과 즐거운 관계를 맺지 못하고 자기 자신을 잘 돌보지 못하는 것으로 확인되었다.

사정을 통해 수집된 정보를 토대로 사례개념화를 하였다. 사례개념화는 초기에 이루어졌지만 치료의 전 과정을 통해 수정 및 보완해 나갔다.

사례개념화

내담자의 주된 문제는 우울감이었으며, 이러한 문제는 자책과 무기력으로 나타나 상담을 신청하게 되었다. 내담자는 어린 시절부터 가부장적이고 다혈질적인 아버지와 순응적으로 대응해 온 어머니 사이에서 순종하며 살아왔다. 최근 직장에서도 동료들의 부탁을 거절하지 못해 많은 일을 떠맡게 되면서 더 이상은 견디기 어렵다고 자각을 하게 되었다.

자아상태 분석 결과 AC와 NP가 높으며, FC는 낮게 나타났다. 내담자의 각본 속 부모명령은 "너는 순종해야 해"이고, "열심히 일하고 희생해야 해"라는 프로그램으로 살아가고 있다. 내담자는 자기부정–타인긍정(I'm not OK, You're OK)의 인생태도를 가지고 자신의 욕구를 존중하지 못하고 타인에게 맞추며 살고 있다. 내담자는 타인으로부터 스트로크를 받기 원했지만 이를 직접 표현하지 못하고 희생을 통해 인정을 받고자 하였다. 그 결과 타인은 내담자에게 점점 더 많은 요구를 하게 되었고, 내담자는 이를 감당하기 어려워 대인관계에서 후퇴하게 되었다. 내담자의 각본 신념은 '나는 소중하지 않은 존재이고 나는 타인에게 도움을 주어야 하며, 삶은 너무 지치고 힘든 것'이라고 정리할 수 있다. 내담자는 아버지에게 주눅 들어 살았던 어머니를 기쁘게 해 드리기 위해 주로 AC자아와 NP자아로 살아가며 가정을 위해 희생해 왔다. 내담자는 우울감 이면에 자신을 비난하고 존중하지 않았던 아버지에 대한 분노를 억압하고 있다. 이로 인해 신체적으로 두통과 만성피로를 느꼈으며, 결국 고달픈 인생을 살다 죽어갈 것이라는 생각을 갖고 있었다. 부모에게 존중받지 못하고 무시를 받았던 정서적 기억들이 내담자의 신념을 강화하고 있었다.

상담의 방향은 내담자가 가혹한 부모 자아의 영향력에서 벗어나서 자기 자신을 성인 자아의 입장에서 객관적으로 바라보면서 스스로 원하는 삶을 선택해 나갈 수 있도록 돕는 것이다. 이를 위해 우울을 유발하는 각본 신념을 파악하고, 이를 수정해 나가면서 억압되어 있던 정서를 분출할 수 있도록 지지하고자 한다. 우울 감소에 도움이 되는 행동 목표에는 자기 자신을 위한 휴식시간을 허용하고, 주변 사람들의 무리한 부탁을 거절하며, 친한 친구 A에게 자신의 마음을 진솔하게 표현하는 것이다.

이를 위한 상담 개입으로는 상담자로부터 부모에게 금지된 메시지를 허용받고, 무조건적으로 존중받는 스트로크를 경험하도록 하고자 한다. 또한 질문이나 직면을 통해 A자아를 강화하고, 시간의 구조화 분석을 통해서 우울감을 감소시키면서 즐거움과 친밀함을 높이는 데 도움이 되도록 시간을 활용하도록 한다. 또한 금지령의 허가, 빈 의자 기법을 통해 감정

> 을 표현하고, 역할극을 통해 부모나 동료에게 하고 싶은 말을 하면서 자기주장을 강화하는
> 개입을 하고자 한다.

내담자는 자기 자신을 위해 일주일에 하루의 휴식시간을 허용하고, 타인의 부당한 부탁을 거절하며, 친구 A와 주 1회 연락하면서 자신의 마음을 진솔하게 표현해 보는 등 구체적인 행동에 대한 계약을 체결하였다.

4) 4~7회기: 개입단계

이 단계에서는 내담자에게 교류분석치료에 대한 개념을 설명하였고, 내담자의 성인 자아상태가 제대로 역할을 할 수 있도록 자아 기능을 강화하고, 정서적인 작업과 일상 속에서 건설적인 의사소통을 하기 위한 훈련을 하였다. 이 단계에서 내담자가 이해할 수 있도록 교류분석의 개념들, 즉 자아상태, 교류 패턴, 스트로크, 시간의 구조화, 게임 등을 설명하였다. 내담자는 자신의 문제를 교류분석치료의 용어를 사용하여 이해할 수 있었다. 자아구조 분석 결과 이중오염 상태였는데, '나는 타인에게 도움을 주어야 사랑받을 수 있다'라는 비합리적인 생각을 하고 있음을 확인할 수 있었다. 이에 A자아 기능을 활성화하기 위해서 상담자의 NP자아로 부드럽게 직면시키면서 A자아를 작동시킬 수 있었고, 심상화 작업, 빈 의자 기법이나 어린이 자아 인터뷰 등을 활용하여 부모에게 내사된 메시지가 드러나게 하여 내담자가 그것의 영향을 자각하고 정서적인 분출을 하도록 하였다. 또한 역할극을 통해 건설적인 A자아상태로 대화하는 연습을 하였다.

5) 8~10회기: 일상에서의 문제 해결단계

문제 해결단계에서는 새로운 결단을 지지하고 일상 속에서 적용해 보며 재학습을 하는 단계이다. 이 단계에서는 라켓체계를 자율체계로 바꾸는 작업이 이루어졌다. 과거에 기반을 둔 라켓감정 대신에 지금-여기에서 A자아로서 적절한 반응을 하도록 안내하였고, 각본 신념과 반대되는 긍정적인 경험에 대한 기억을 회상하도록 격려하였다. 이러한 과정을 통해 내담자는 자신이 우울한 이유를 자각하고, 새로운 행동에 대

한 결단을 내릴 수 있었다. 상담자는 내담자에게 긍정적인 스트로크를 주면서 새로운 변화 행동을 지지하였고, 내담자는 상담을 통해 자각한 내용을 생활 속에 적용하려고 시도하였다. 구체적으로 내담자는 '쉬지 않고 일해야 한다'는 프로그램에 도전함으로써 휴식시간을 확보하고 에너지 수준이 올라갈 수 있었다. 또한 친구와의 진솔한 대화 시간을 나누며 친밀감을 느낄 수 있었고, 타인의 부당한 요구를 거절하고 타협하는 등의 시도를 통해 타인과 주도적으로 교류를 할 수 있었다.

6) 11~12회기: 계약 평가 및 종결단계

종결단계에서는 내담자에게 자신이 성취한 상담목표를 되돌아보며 상담회기를 검토해 보도록 안내하였고, 계약 완료 체크 목록을 활용하여 그동안의 변화에 대해 평가하였다. 내담자가 추가적으로 해결하고 싶은 문제가 있는지를 확인하였고, 상담자의 지지가 없더라도 내담자가 각본에서 빠져나올 수 있는 내적인 힘을 유지할 수 있음을 확인하였다. 상담의 종결 후에 경험할 수 있는 어려움에 대해 논의하고, 이에 대한 대응방안을 다루었으며, 추후상담의 가능성에 대해서도 안내하였다.

6. 요약

교류분석치료는 인간의 성격 이론이자 건강한 의사소통을 통해 인간의 성장을 도모하는 체계적인 심리치료 이론이다. 인본주의적인 가치관을 바탕으로 인간의 문제를 깊이 이해하는 정신분석적 이론으로, 행동의 가시적인 변화를 강조한다는 점에서 인지행동 이론을 포괄하는 통합적인 이론이라고 할 수 있다. 또한 교류분석치료 이론은 다양한 상황에 적용할 수 있고, 다른 이론의 개념과 기법들을 활용할 수 있는 유연성을 가지고 있다. 교류분석치료에서 가장 기본이 되는 것은 인간의 성격을 설명하는 자아상태 모델로, 기능 분석을 통해 세 가지 자아상태가 실제적으로 어떻게 기능하는지를 다룬다. 또한 교류패턴분석을 통해 두 사람 간에 주고받는 자극과 반응을 자아상태 모델을 활용해서 분석하고, 이면의 교류를 통해 부정적인 감정으로 결말이 나는 게임분석과 두 사람 이상의 교류에서 시간을 보내는 방법인 시간 구조화 분석을 통해 인간의 행동을 통해 드러나는 성격을 이해하게 해 준다. 또한 인생각본 분석은 자아상태

모델과 함께 교류분석의 중요한 기반이 된다. 인생각본은 어린 시절에 형성된 무의식적인 인생계획이 어떻게 지금 현재의 문제로 이어지는지 보여 준다. 교류분석치료는 각본에서 벗어나 자각과 성인 자아상태의 활성화를 통해 자율성을 획득하는 데 목표를 둔다. 교류분석치료의 상담자는 내담자 스스로가 자신의 삶을 변화시킬 수 있다는 내적인 힘을 믿으며, 부모에게서 받은 메시지에서 자유로울 수 있도록 허용하면서 내담자가 성장을 향해 나아갈 수 있도록 돕는 전문적인 역량을 갖추고 있어야 한다. 이를 통해 내담자는 자신의 역기능적인 각본 신념을 건강하고 적응적인 신념으로 변화시키고, 삶에 대한 선택의 폭을 넓히며 자율적인 삶을 살아갈 수 있다.

🎧 연습 과제

1) 교류분석에서 주장하는 세 가지 자아상태 중 자신은 주로 어떤 자아상태를 가지고 살아가고 있는지 구체적인 예를 들어 보세요. 또한 다섯 가지 자아상태 기능 중 자신은 현재 어떤 자아상태로 인한 어려움을 경험하고 있는지 작성해 보세요.

2) 교류분석에서 개인의 생활각본을 구성하는 주요 요소인 기본적인 네 가지 인생태도 중 자신이 주로 사용하는 인생태도는 무엇인가요? 자신의 인생태도 중 변화되고 싶은 부분이 있다면 어떻게 실천할 수 있을지 구체적으로 작성해 보세요.

3) 당신의 인생에서 기억에 남는 스트로크는 무엇이 있었나요? 또한 당신은 타인에게 어떤 스트로크를 주로 사용하면서 살고 있는지 생각해 보고, 앞으로 어떤 스트로크를 주면서 살고 싶은지 작성해 보세요.

4) 자신의 인생각본을 쓴다면 어떤 이야기가 될지 생각해 보세요. 인생각본의 제목은 무엇으로 정할 수 있을까요? 인생각본을 새롭게 쓸 수 있다면 어떤 부분을 변화시키고 싶은지 구체적으로 작성해 보세요.

🎧 주관식 문제

1) 교류분석치료의 세 가지 자아상태와 다섯 가지 자아 기능을 설명하세요.

2) 교류분석치료에서 개인의 생활각본을 구성하는 기본적인 인생태도 네 가지를 설명하

세요.

3) 다른 사람과의 의사소통 과정에서 나타나는 세 가지 교류에 대해서 구체적인 예를 들어 설명하세요.

4) 교류분석치료의 과정을 내담자의 사례를 통해 설명하세요.

📋 참고문헌

김장회, 이영호(2019). 교류분석상담. 서울: 학지사.

Berne, E. (1961). *Transactional analysis in psychotherapy*. New York: Grove Press.

Berne, E. (1964). *Games people play*. New York: Grove Press.

Berne, E. (1966). *Principles of group treatment*. New York: Oxford University Press.

Berne, E. (1972). *What do you say after you say hello?*. New York: Grove Press.

Corey, G. (2003). 심리상담과 치료의 이론과 실제(*Theory and practice of counseling and psychotherapy*). (조현춘, 조현제 역). 서울:시그마프레스 (원저는 2001년에 출판).

Crossman, P. (1966). Permission and protection. *Transactional Analysis Bulletin, 5*(19), 152-154.

Dusay, J. M. (1972). Egograms and the "constancy hypothesis". *Transactional Analysis Bulletin, 2*(3), 37-41.

Ernst Jr, F. H. (1971). The OK corral: The grid for get-on-with. *Transactional Analysis Journal, 1*(4), 33-42.

Erskine, R. G., & Zalcman, M. J. (1979). The racket system: A model for racket analysis. *Transactional Analysis Journal, 9*(1), 51-59.

Goulding, R., & Goulding, M. (1976). Injunctions, decisions, and redecisions. *Transactional Analysis Bulletin, 6*(1), 41-48.

Hollins Martin, C. J. (2011). Transactional analysis (TA): A method of analysing communication. *British Journal of Midwifery, 19*(9), 587-593.

Kahler, T. (1975). Drivers: The key to the process of scripts. *Transactional Analysis Bulletin, 5*(3), 280-284.

Karpman, S. (1968). Fairy tales and script drama analysis. *Transactional Analysis Bulletin, 7*(26), 39-43.

Karpman, S. (1971). Option. *TA Journal, 1*(1), 78-87.

Solomon, C. (2003). Transactional analysis theory: The basics. *Transactional Analysis*

Journal, 33(1), 15-22.

Steiner, C. M. (1971). The stroke economy. *Transactional Analysis Journal, 1*(3), 9-15.

Steiner, C. (1974). *Scripts people live: Transactional analysis of life scripts*. New York: Grove Press.

Stewart, I., & Joines, V. (1987). *TA today: A new introduction to transactional analysis*. Nottingham: Life space Publishing.

10장

명상심리상담

오늘날 '명상'은 현대 문명의 핵심 키워드로 자리 잡고 있다. 기업체, 병원, 교육기관, 복지시설, 군부대 등 거의 모든 분야에 널리 스며들어 명상은 현대인의 스트레스 관리에 많은 도움을 주고 있다. 정보화시대와 인공지능으로 대변되는 제4차 산업혁명의 시대를 맞아 명상은 인간의 정신적 건강을 치유하기 위한 삶의 기술로서 더욱 강조될 전망이다.

'명상심리상담'은 명상과 심리치료의 통합된 방식으로서 근본적으로 인간의 영적 건강을 목표로 한다. 대체로 명상심리상담은 '명상상담' '명상치료'와 같은 용어로 서로 구분하지 않고 사용한다. 물론 엄격하게 이들을 구분해서 사용하는 경우도 있다. '심리상담'은 내담자란 용어와 함께 교육 및 상담심리적 관점에서 상담자들이 자주 사용하는 용어라면, '심리치료'란 용어는 손상의 정도가 심해서 약물치료가 필요한 환자를 대상으로 이루어지는 임상심리나 정신과적 개념이 있다. 이들은 내담자나 환자의 심리적인 장애 수준에 따라 치유적 접근 방법을 달리하는 경우가 많다. '이상(Abnormal)' '정상(Normal)' '영적 초월(Transcendent)'과 같은 인간의 발달수준이나 병리적인 측면에 따라서 엄격하게 구분해서 사용하기도 한다.

그렇기는 하지만 동양의 명상적 전통을 서구에서 개발된 상담이나 심리치료적 전통과 상호 유기적으로 통합된 형식으로 활용하는 명상심리상담은 명상상담, 명상치료 등의 용어와 엄격하게 구분하지 않고 동의어로 사용할 것이다. 왜냐하면 인간의 심리적 '고통'이 존재하고 그런 고통을 소멸하는 방법으로 '명상'을 적극 활용하고 있다는 점에서 특히 장애의 수준이나 발달 수준과 관계없이 동일하게 적용할 수 있다는 점 때문이다. 더구나 현장에서는 내담자의 상태나 증상에 맞추어서 다양한 수준의 명상 기법을 활용하는 까닭에 서로를 엄격하게 구분할 필요는 없다고 본다.

일반적으로 심리적인 문제를 가진 내담자(혹은 '환자')란 자신의 심리적 장애를 스스로 치료하거나 현실적인 문제를 해결하는 능력의 결여로 인하여 현실적 적응에 어려움을 겪고 있는 개인을 의미한다. 이것을 해결하는 데 세 가지 정도의 방법이 있다. 첫째는 약물치료인데, 여기서는 일단 논외로 제외시킨다. 둘째는 제삼자의 개입으로 전문가인 치료자나 상담자의 도움이 필요하다. 이것은 방문한 고객에 대한 심리상담적 접근으로서 주로 언어를 활용하는 '대화'의 방법을 사용한다. 셋째는 내담자 스스로 내적인 힘을 성장시키는 '명상'을 적극적으로 활용하는 방법이다. 환자나 내담자는 명상 수련을 통해서 스스로 자신의 문제를 발견하고 해결하는 역량을 강화한다.

명상 중심의 이런 접근 방법은 상담자나 치료자의 도움을 받아서 내담자가 스스로 명상을 통해 내적인 평정의 힘을 얻을 수 있고, 동시에 심리상담을 통해서 소통문제와 함께 현실적인 문제를 해결하는 방법을 터득할 수 있기에 상대적으로 장애의 '재발률'을 현저하게 낮추는 역할을 한다.[1] '명상(冥想)'의 치유적 요인은 '마음의 평화[冥]'와 함께 '내적인 성찰[想]'이다. 마음의 평화와 내적 성찰은 언어적인 접근보다는 직접적인 명상 체험을 통해서 습득된다. 장애가 심한 환자나 내담자라도 지속적인 명상 수련을 통해서 내적인 자기 성찰과 마음의 안정감을 얻게 되면 현실의 불안이나 우울과 같은 마음의 고통은 점차 소멸된다는 원리이다. 이러한 과학적인 증거들은 많은 연구를 통해서 보고되고 있다.[2]

---

1 우울 환자의 재발을 방지하기 위해 개발된 프로그램으로 '명상 기반 인지치료(MBCT)'가 있다. 명상 기반 인지치료에 따르면 우울증 환자의 80% 이상의 재발률을 인지치료(CT)가 50% 수준으로, '명상 기반 인지치료(MBCT)'가 30% 수준으로 현저하게 감소시켰다. Segal, Z. V., Williams, J. M. G., & Teasdale, J. D.(2002). Mindfulness-based cognitive therapy for depression: A new approach to preventing relapse. New York: Guilford Press.

2 명상 기반 인지치료(MBCT)가 겉으로 보면 명상과 인지치료의 결합으로 간주되지만, 실제 프로그램의 구성요소를 보면 인지치료적 요소는 배제되어 있다. 곧 인지치료를 대표하는 '생각 바꾸기'나 '소크라테스식 문답'이나 '논박 기술'을 전혀 사용하지 않고 있으며, 프로그램 전체가 '3분 호흡 명상'을 비롯해서 온통 명상 활동으로 이루어져 있다. 이것은 명상 활동 자체가 주의력을 강화시키고 우울증을 유발하는 인지적 반추작용을 멈추게 하는 효과를 가져온다고 본다. 상세한 정보는 다음 논문을 참조하길 바란다. Teasdale, J. D., Segal, Z. V., & Williams, J. M. G.(1995). How does cognitive therapy prevent depressive relapse and why should attentional control (mindfulness) training help?. Behavioral Research Therapy, 33(1),

　여기서 명상심리상담의 경우에는 대표적으로 미해결된 문제가 반영된 영상 이미지를 의식에 떠올려서 관찰하는 영상관법과 같은 명상 활동을 중심으로 이루어지면서도 서구의 심리학에서 개발된 심리상담의 다양한 접근 방식을 함께 적극적으로 활용한다. 차이점이라면 명상심리상담은 '영상관법을 통한' 내적인 경험적 접근과 함께 자기 문제를 발견하고 현실문제를 해결하는 통찰을 강조한 점에서 전통적인 심리상담과는 차별성을 가진다. 명상심리상담을 기술하는 구체적인 연구과제는 다음과 같다.

- '명상심리상담'의 관점과 이론은 어떻게 형성되었는가?
- 심리적인 문제를 상담하고 치료하는 데 명상심리상담의 핵심된 개념은 무엇인가?
- 영상관법을 비롯한 명상을 활용한 심리상담이나 심리치료의 구체적인 절차는 어떠한가?
- 명상심리상담의 사례를 제시한다면 구체적으로 어떻게 할 것인가?

1. 이론의 형성과 발달

　여기서는 '명상'과 '심리치료'를 통합하게 된 관점이나 이론적 형성과 발달의 과정을 주로 필자의 경험을 중심으로 간단하게 기술하고자 한다.

1) 본성으로서 불성, 영성에 대한 자각

　필자가 '명상'에 대한 관심을 가지게 된 결정적 동기는 송광사의 초대 방장이셨던 구산선사를 고등학교 2학년 때 여름방학 수련회(1974년 8월)에서 뵙게 된 이후이다. 그 때 구산선사는 '무엇이 나인가?'라는 질문을 했다. 당시에 필자는 '생각하는 것'이 바로 '나'라고 대답을 했다. 그러나 스님께서는 '생각'은 인연에 따른 결과로서 끊임없이 변하는 까닭에 '참된 나'가 될 수 없고, 이렇게 저렇게 생각하는 가운데에서도 변하지 않는 '주인공'이 있는데, 이것이 '참된 나[眞我]'라고 했다. 이것이 우리의 근원적 심성(心

　25-39; Teasdale, J. D, Segal, Z. V, Williams, J. M. G, Ridgeway, V. A, Soulsby, J, M, & Lau, M. A. (2000). Prevention of relapse/recurrence in major depression by mindfulness-based cognitive therapy. Journal of Consulting and Clinical Psychology, 68(4), 615-623.

性)이고, 신령한 바탕[靈體]이며, 본래적 성품[本性]이라고 했다.

이것을 찾기 위해서 '무엇이 참된 나인지', 또한 그것이 '어떻게 생기었는지'를 질문하고 편지하라고 했다. 이후로 필자는 질문에 대해서 선사께 편지하기도 하고, 방학을 이용하여 지속적으로 수련회에 참여하여 직접적인 면담을 통해서 명상지도를 받았다. 이렇게 구산선사께서 입적(1983년 12월)하실 때까지 필자는 10년 동안 선사의 지도 아래 '간화선 명상'공부를 하였다. 이런 인연으로 필자는 출가하여 승려가 되었다.[3]

간화선 명상은 '무엇이 나인가' 하는 질문, 곧 화두 참구를 통해서 자기의 본성을 깨닫는 공부법이다. 이것을 통해서 필자는 인간의 '본성(불성, 영성)'에 대한 깊은 자각과 더불어서 직접적인 체험을 경험하게 되었다. 당시 스님께서는 '이뭣고' 화두 공부를 통해서 깨달음을 많이 말씀하셨지만 종종 심리적·정신적 문제를 치료할 수 있다고 하면서 구체적인 치료 사례를 말씀해 주기도 했다.

이런 인간의 근본적인 건강과 본성을 향한 참구의 경험들은 서구 심리학의 전통에서도 발견된다. 각성(覺性, 깨달음의 성품)과 영성(靈性, 신령한 성품)으로 대변되는 인간의 '본성'에 대한 탐색은 정신분석, 인지행동, 인본주의와 더불어서 제4세력으로 평가되는 '자아초월심리학'의 초월 및 영적인 영역과 연결된다. 특히 에이브러험 매슬로(Abraham H. Maslow, 1908~1970)는 자신의 5단계 욕구이론에서 가장 높은 위치에 배치했던 '자아실현'을 넘어서는 '자아초월'의 단계를 새롭게 신설하면서 미래 심리학의 과제로서 '영적인 건강'의 영역을 언급하였다.[4] 이러한 영향으로 1969년에 '자아초월심리학회'가 설립되었고, 1998년에 '세계보건기구(WHO)'의 집행부에서는 건강의 개념에 영적(spiritual) 측면을 새롭게 채택하기도 했다.[5] 이것은 인간의 적극적이고 근본적

3 이후로 필자는 간화선의 성립과 국내에 유입되고 정착되는 과정을 추적한 『몽산덕이와 고려후기의 간화선 연구』(인경, 2000, 명상상담연구원), 간화선 명상의 핵심 이슈별로 철학적 혹은 수행론적인 논쟁을 다루는 『쟁점으로 살펴보는 간화선』(인경, 2010, 명상상담연구원), 『쟁점으로 살펴본 현대 간화선』(개정판)(인경, 2022, 조계종출판사), 구산선사께 간화선 명상의 수행 점검을 받으면서 경험한 내용을 이야기하는 『화두참구에 대한 내러티브적 접근–구산선사께 배운 가르침을 중심으로』(인경, 2023, 『보조사상』 제67집)와 같은 논문과 저술로 정리하고 체계화시켰다.

4 Maslow, A. H. (1996). Critique of self-actualization theory. In E. Hoffman (Ed.), Future visions: The unpublished papers of Abraham Maslow(pp. 26-32). Thousand Oaks, CA: Sage.

5 Dhar, N., Chaturvedi, S., & Nandan, D. (2011). Spiritual health scale. Defining and Measuring 4th Dimension of Health. Indian Journal of Community Medicine, 36(4), 275-282; https://www.who.int; 세계보건기구 홈페이지(1998)에는 "건강이란 완전한 신체적(身), 정신적(心), 영적(佛性/靈性), 그리고 사회적 웰빙의 역동적인 상태이다. 단순하게 질병이나 허약함의 부재가 아니다. (Health is a dynamic state of

인 건강문제가 종교단체에서 강조하는 불성, 영성과 같은 본성의 개념에 연결되어 있다는 점을 자각하게 된 계기가 되었다. 이 점은 필자에게도 결코 과소평가할 수 없는, 온전한 인간의 건강을 영적인 본성, 참된 자기에서 발견하는 중요한 변곡점이 되었다.

2) 간화선 명상과 위빠사나 명상의 갈등과 통합

필자는 근본적인 '본성'을 참구하는 간화선을 수련하면서 동시에 1980년 초반에 번뇌의 '마음 현상'을 관찰하는 위빠사나를 함께 수련했다. 당시에 현음스님이 남방 태국이나 미얀마의 수련센터에서 공부하고 돌아와서 '위빠사나 10일 명상코스'를 송광사 수련회에 4박 5일로 정착시켜서 대중을 지도했다. 이때 필자는 수련회를 통해서 정좌명상을 비롯하여 호흡 명상, 바디스캔, 걷기 명상, 간단한 몸풀기를 함께하는 명상요가와 같은 다양한 명상법을 익혔다. 그러다가 현음스님의 요청에 의해서 당시에 널리 알려진 남방불교의 '10일 위빠사나 코스'를 소개하는 『단지 바라보기만 하라』[6]를 번역하여 출간하기도 했다.

이렇게 1990년대에 접어들면서 새롭게 남방의 위빠사나 수행론이 본격적으로 소개되면서 2000년대 중반에 이르기까지 북방 대승불교의 간화선 전통과 서로 심각하게 갈등하는 국면이 생겨났다. 필자 역시 여기에 깊게 관여하게 되었다.[7] 이런 다양한 논쟁은 서로 다른 문화가 만나면서 생겨난 자연스런 갈등 현상이지만, 필자에게는 간화선과 위빠사나의 명상 수행에 대한 통합적이고 상호보완적인 방법을 찾아야 하는 계기가 되었다. 다시 말하면 간화선 명상이 '이게 무엇인고?'와 같은 화두 질문을 통해서 마음의 신령한 바탕[靈體]으로서 본성, 심성에 대한 경이로운 '깨달음'의 경험을 강조하는 직관의 방식이라면, 반면에 남방의 위빠사나 명상은 몸, 느낌, 마음, 현상과 같은 번

---

complete physical, mental, spiritual and social wellbeing not merely the absence of disease or infirmity" 고 정의했다. 그런데 2021년 5월 18일 정신건강(mental health)에 대해서 세계보건기구(WHO) 홈페이지 에는 "신체적, 심리적, 사회적, 문화적, 영적 및 기타 상호 관련된 요인이 정신건강에 기여하며 정신건강과 신체건강 사이에는 불가분의 관계가 있다(Physical, psychological, social, cultural, spiritual and other interrelated factors contribute to mental health, and there are inseparable links between mental and physical health)"고 폭넓게 정의하였다.

6 Hart, W. (1991). 단지 바라보기만 하라-고엔카(S.N. Goenk)의 가르침(The Art of Living: Vipassana Meditation: As Taught), 인경 역. 1991. 서울: 길출판사(원저는 1987년에 출판).

7 인경(2003). 위빠사나와 간화선, 보조사상 제19집. 서울: 보조사상연구원; 인경(2012). 간화선과 위빠사나 는 공존할 수 없는가?, 보조사상 제38집. 서울: 보조사상연구원.

뇌의 '마음 현상[心所]'을 존재하는 그대로 관찰해서 그것들이 항상 변화하고[無常], 텅 비어 있고[空], 그것에는 나라고 할 게 없음[無我]을 '통찰'하는 분석적 방식을 강조한다. 그렇기에 필자는 본성에 대한 참구를 강조하는 간화선과 마음 현상의 번뇌를 관찰하는 위빠사나가 수행의 대상과 방법이 다른 까닭에 서로 갈등할 이유는 없고 함께 보완적 관계로 통합을 이룰 수 있다고 보았다.

예를 들면, 몸, 느낌, 마음, 현상과 같은 다양한 대상으로 하는 위빠사나 명상을 간화선의 질문과 결합해서 통합적으로 운영하는 것이다. 우리는 차를 마시면서 그 맛을 입 안에서 느낀다. 혀에서 느껴지는 맛을 알아차림하고, 그것에 집중해서 머물러 보고, 그런 마음에 호흡과 함께 조용히 그 맛의 변화를 지켜본다. 이것은 알아차리고 머물러 지켜보는 '염지관 명상', 혹은 '알머지 명상'이다. 그런데 맛을 충분하게 느끼고 그 맛이 다 사라짐을 알게 된 이후에 이때 이 느낌은 '어디에서 와서 어디로 갔을까?'를 질문한다면 변화하는 느낌의 본질을 묻는 질문이기에 이런 방식을 간화선 명상이라고 부를 수가 있다. 그렇기에 이런 경우에는 느낌명상과 간화선의 통합이다.

3) 명상과 심리상담의 만남

한편, 컴퓨터와 인터넷이 본격 등장한 1990년 중반부터 '자아초월심리학'의 유입과 함께 2000년대에 들어서면서 미국에서 비롯된 서구의 심리학과 명상이 접목된 프로그램들(MBSR, MBCT, ACT, DBT)이 급속하게 국내에 영향을 미치게 되었다. 자연스럽게 과거 지향적 문헌연구를 벗어나서 명상을 현장에 적용할 수 있는 과학적 방법을 모색하던 필자는 자아초월심리학 스터디와 함께 명상에 깊은 관심을 가지고 있는 몇몇 교수들과의 교류모임에 동참하게 되었다. 이런 교류는 '불교명상과 심리학의 만남'이란 주제로 약 1년 정도 발표회가 이루졌다. 여기에 참여하면서 지식인들과 대중이 명상에 대한 깊은 관심이 있다는 것을 알게 되었고, 명상과 심리학이 서로 별개가 아닌 하나로 통합된 이론으로서 연구의 필요성을 구체적으로 인식하는 계기가 되었다.

사실 이런 교류로 필자는 명상을 심리상담과 하나로 결합해야 할 절박성을 느꼈다. 내담자에 대한 진단과 접근은 서구에서 개발된 심리치료를 참조하고, 치유적 방법은 명상을 통해서 이룬다는 모토를 확립하게 되었다. 이런 노력들로 2007년에 '한국명상치료학회'가 출범하게 되었다. 2013년 10월에 국회에서 「자격기본법」이 통과되면서 자격 발급과 관련해서 학회 명칭이 '(사)한국명상심리상담학회'로 변경되었다. 아울러서

학회지도 『명상치료』에서 『명상심리상담』으로 변경되었다. 현재는 연구재단의 '등재학술지'로 유지 및 발간되고 있다.

그러면서 필자는 과거에 출가하기 전에 교직 생활에서 생활지도의 일환으로 익혔던 '심리상담'을 다시 소환해서 새롭게 구성된 '명상에 근거한 심리상담' 프로그램을 현장에서 우울, 조현병, 불안장애와 같은 다양한 문제를 가진 내담자를 대상으로 10년이 넘도록 지속적으로 '명상상담'이란 이름으로 진행하였다. 이런 결과로 2012년에 『명상상담-불교명상과 심리치료의 통합적 연구』[8]를 출간하게 되었다.

필자는 현장에서 '명상상담' 활동을 진행하면서 '명상'과 '심리상담(혹은 심리치료)'은 서로 다른 영역이 아니며, 양자는 서로 보완적인 관계임을 더욱 분명하게 인식하게 되었다. 물론 명상과 심리상담은 이론적인 기반이나 철학적인 배경이 서로 다르기에 별도의 현장 훈련을 받아야 할 필요성이 있음을 인정한다. 그렇기는 하지만 문제가 되는 내면을 성찰하고 마음의 평화를 추구하며 자신을 포함해서 타인의 고통을 공감하고 이해하려는 관점은 서로 공통된 관심사이다.

내향적인 '명상'은 위로 진리를 구하는 자기성찰에 직접적으로 도움을 준다. 반면에 외향적인 '상담'은 사회적인 소통능력과 적응의 기술들을 개발하여 현실문제를 해결하는 데 효과적 방편을 제공한다. 명상과 상담이 결합하면 양자의 장점을 살리고 약점을 보완할 수가 있다. 내적인 성찰을 강조하는 명상은 외적인 상담의 사회적 적응적 기술이 접목되고, 반면에 외적인 현실문제에 초점을 맞춘 상담에 내적인 자기성찰의 명상이 융합된다. '진단은 심리상담적 방식이, 처방은 명상에 의해서'라는 관점에서 양자는 상호 시너지 효과를 올리게 되고, 치료적으로 그만큼 재발률을 감소시킬 수 있다. 이런 점에서 '명상'과 '심리상담'(혹은 심리치료)은 서로 차이점을 구분하기보다는 근본적 건강을 지향하면서 보완적으로, 통합적으로 운영될 필요가 있다.

2. 주요 개념

'명상심리상담'을 구성하는 심리학적 이론과 명상 기술들은 너무 많아서 모두를 다 언급할 수 없다. 여기서는 중요하고 핵심된 몇 가지만을 기술하기로 한다.

---

8 인경(2012). 명상상담-불교명상과 심리치료의 통합적 연구, 서울: 명상상담연구원.

1) 세 종류의 마음

명상심리상담의 기본적 관점은 일차적으로 다양한 방식으로 마음을 탐색하고, 이차적으로 본성을 참구하여 번뇌의 고통으로부터 해탈을 목표로 한다. 이 점은 내담자에게나 상담자에게나 동일하게 적용된다. 내담자는 자신의 고통이 왜 생겨났는지를 발견하고, 상담자는 스스로의 명상 경험을 통해서 내담자의 상태를 점검하고 통찰에 도움을 주어 고통에서 벗어나는데 적극적인 협력자가 된다.

그러면 먼저 마음의 본성을 참구한다고 할 때, '마음이란 무엇인가?'의 질문은 명상-심리학적 기틀을 제공한다는 점에서 매우 중요한 지점이다. 이것은 동양의 명상적인 관점이나 서구에서 개발된 심리상담의 경우에도 공통되는 본질을 관통하는 질문이다. '마음'과 '본성'을 어떻게 이해하느냐에 따라서 '명상 활동'이나 '심리상담' 혹은 '심리치료'의 방향이 결정된다. 이것은 마음과 관련된 장애로부터의 해탈과 함께 나아가서 마음의 본성/참나를 깨닫는 결정적 계기를 제공한다는 점에서 중요한 이론적 기반이 된다. 명상심리상담에서는 다음과 같이 '마음'을 크게 세 종류로 분류한다(인경, 2024).

첫째는 이런저런 생각들에 '끌려다니는 마음', 번뇌가 있다. 멈출 수가 없을 정도로 반복되고 끊임없이 생각들이 파도처럼 흘러왔다가 흘러간다. 이런 생각들은 대부분 과거의 기억들이고, 앞으로 다가올 미래에 대한 계획들로 마음을 가득 채운다. 이것들은 명상하는 '자(者)'의 조건화된 혹은 학습된 현실을 반영한다. 이것은 잠시도 멈추지 않고 계속적으로 생겨난 까닭에 일상에서는 스트레스로 작용하기도 하고, 명상하는 경우에는 중간에 명상을 포기하게 만들기도 한다.

이렇게 이리저리 생각에 끌려다니는 번뇌의 마음을 '집착하는 마음(Obsessed Mind)' 혹은 '애착의 마음(Attachment Mind)'이라고 부르자. 애착의 마음은 세속적인 현실을 반영하는 마음이다. 늘 소유하고 집착하는 습관을 그대로 투영된 마음으로 잠시도 쉬는 때가 없다. 이 마음은 공황이나 우울과 같은 다양한 감정적 문제와 함께 강박성이나 회피성과 같은 성격적인 장애를 일으키기도 한다. 그렇기에 '명상에 기반한 심리상담'에서 집착의 마음은 치유의 핵심 대상이 된다. 주의깊은 상담자는 무엇이 불안을 만들어 내고 우울증을 심화시키는지 명상 후에 면담을 통해서 쉽게 발견할 수 있을 것이다.

둘째는 이리저리 생각에 끌려다니는 마음을 '관찰하는 마음'이 존재한다. 이것은 '명상하는 마음'이다. 이를테면 호흡명상을 할 때 이것은 들숨이다, 저것은 날숨이다 혹은 이것은 짧은 호흡이고 저것은 긴 호흡이고 '관찰'한다. 그리고 숨이 들어오고 나감을 알고, 혹은 이런저런 생각에 빠지면 곧 이것을 알아차림하여 '이놈은 무엇인지?' 질문해서 참나를 탐색하는 '참구하는 마음'이기도 하다.

대상에 끌려다니는 마음을 관찰하는 것, 이것을 '지켜보는 마음(Watching Mind)' 혹은 '이것이 무엇인가' 질문하고 자신을 탐색하는 것, 이것을 '참구의 마음(Inquiring Mind)'이라 하자. 지켜보고 관찰하는 마음은 업(Karma)에 끌려다니는 집착의 마음을 직접적으로 직관하고 알아차림하고 지켜볼 수 있는 지혜의 마음이다. 이것은 끌려다니는 마음, 동일시된 세속적 마음에서 벗어나게 한다는 점에서 출(出)-세간적 특징을 지니고 있으며, 또한 상대적으로 세속적 '자기'라는 개념을 떨쳐 내고 본래적이고 '참된 자기'를 참구하는 마음이기에 이것은 '초월적' 지혜로움이다.

셋째는 평화롭고 고요하면서 깨어 있는 마음이다. 이것은 '참나'라고 하는 '본성(本性)'이다. 이를테면 호흡을 관찰하면 점차로 거친 호흡은 가라앉고 마음이 차분해진다. 호흡을 지켜보면, '고요함'을 느낀다. 물론 조용해지면 종종 잠이 들기도 하지만, '이놈이 무엇인고?' 질문을 하면서 다시 '깨어난다'. 그러면 점차로 마음은 명료해지고 가을 하늘처럼 '청명'해진다. 물론 이런 편안하면서 청명한 마음은 처음에는 잘 느끼지 못할 수도 있다. 조금만 연습해 보면 곧 이런 마음의 존재를 알게 될 것이다.

이렇게 평온하고 깨어 있는 마음, 이것을 본래적으로 존재하는 깨달음의 '본성(Original Nature)'으로서 참나[眞我, True Self], 혹은 '영적 마음(Spiritual Mind)'이라고 부르자. 이 마음은 '평온하며[安]' '한결같고[如]' '완성된[成]' 근본적[實] 마음이다. 이것은 결코 형이상학적이거나 관념적인 종교적 절대자가 아니다. 잠들지 않는 '고요한' 가운데 '깨어 있음'이며, '청정함' 자체이고, 깨달음의 본성[佛性]이다. 이것은 '경이롭고' '환희'이며, '행복감'으로 넘쳐난다. 궁극적인 우리 마음의 본래적 성품으로서 '깨달음'의 바탕[體]을 지칭한다.

여기서 중요한 사실은 이 세 가지 마음은 명상하면서 혹은 일상의 평상심에서 모두 발견된다는 것이다.[9] 이것은 경험이 가능하고 과학적으로 측정이 가능한 상태를 말한

---

9 화두수행은 마음의 본성을 참구하는 것인데, 좌선을 할 때 나타나는 마음을 송광사 조계총림 초대 방장이셨던 구산선사(1910~1983)는 마음이 생각들 사이로 배회한(wandering) 상태, 조용해지면서 잠에 들어간(to sleep) 상태, 집중하여(focused) 경계하며(alerting) 정신이 명확해지는(clearing) 상태의 세 가지로 구분했다. Shramana, T. (2023). Memoris of Meditation Master Kusan Sunim, Meetins with a Remarkable Man: Reflections on the Greater Kusan (p. 197). 서울: 불일출판사. 특히 선사께서는 고요해지면서 잠에

다. 이들의 관계는 어떤가? 이들은 서로 섞이지 않게 단절되어 있다. 그럼에도 불구하고 이들은 서로 별개가 아닌 '하나의 마음(One-Mind)'이다. 단절되었다는 것은 '집착의 마음'이 일단 공포나 분노와 같은 감정에 휩싸이면 이곳에는 '지켜보는 마음'이나 '평온하게 깨어있는 마음'은 부재하다는 뜻이다. 오직 집착의 마음이 지배하여 다른 마음 상태를 압도한다.

이런 경우를 우리는 내담자 혹은 환자라고 부른다. 환자라고 해도 근본적으로 그 마음은 성인의 경우와 다르지 않다. 물론 이것은 상황에 따라서 개인별 수행과 깨달음의 정도에 따라서 강도와 빈도는 차이가 있다. 반면에 이런 공포와 분노에 휩싸인 마음을 분명하게 알아차림하게 된다면 이곳에는 '지켜보는 마음'이 존재하게 된다. 이때 치료자나 상담자의 지속적인 지도가 있다면 참구하고 관찰하는 마음이 세력을 얻게 되어 집착의 마음은 현저하게 줄어들게 된다. 집착하는 마음과 지켜보는 마음은 서로 어느 정도 공존할 수 있지만, 한쪽이 강해지면 풍선처럼 상대적으로 다른 쪽은 위축된다. 이는 지속적인 명상 실습이 요청되는 이유이다.

이렇게 지속적으로 명상을 실습하게 되면 점차로 관찰하고 지켜보는 마음이 점점 강해지면서 마침내 '고요하게 깨어 있는 마음'이 출현한다. 이런 경우에는 세계보건기구가 정의한 '건강한' 마음, '웰빙' 상태라고 호칭할 수 있다. 여기서 관찰하는 마음과 본래적 참된 본성의 관계를 질문할 수 있다. 물론 본래적 본성[佛性/靈性]이 온전하게 드러나기 위해서는 탐색하고 '관찰하는 마음' 역시 멈추어야 한다. 관찰하는 마음이 있으면 관찰되는 '대상'과 관찰하는 '마음'이 서로 분리된 까닭에 이것은 마음이 하나로 합일(心境一如)하는 데 방해한다. 이상의 과정을 정리하면 다음과 같다.

집착하는 마음 ⇒ 관찰하는 마음 ⇒ 신령한 영적인 본성

이 세 가지 마음은 단절되어 있지만 실제로는 하나의 마음으로서 서로 긴밀하게 연결되어 있다. 이것은 성인에게서나 일반 사람에게나 심지어 심리적인 문제를 가졌다고 판단되는 환자에게나 마찬가지로 동일하다. 근본적으로 서로가 다르지 않다. 그렇기에 상담자나 내담자, 치료자나 환자는 서로 갑을 관계가 아니다. 평등한 관계로서

들어간 상태의 항목에 대해서 남방불교의 수행론에 비판적인 태도를 취했다. 그러면서 간화선의 화두여야 잠에서 깨어나 본래적 심성, 참된 자기를 깨닫게 됨을 강조했다.

서로에게 존중되는 특별한 관계이다. 이런 관계가 명
상심리상담의 실질적인 치유의 과정이기도 하다.

　단지 상황에 따라서 혹은 개인의 집착적 마음의 상
태에 따라서 어떤 마음이 더 지배적인가 하는 점은 개
인적 차이가 있다. 이 점을 이해하는 것이 중요하다.
일반적으로 명상 수행을 많이 했거나 자기 마음이 본
래적 성품으로서 본성에 대해서 깨달음을 성취했다면
좀 더 행복하게 안전감을 이룰 것이다. 반대로 세속적

[그림 10-1] 마음의 전변

으로 집착이 강하여 그래서 심한 심리적 장애를 가진다면 이런 경우에는 자기집착으
로 더 많은 고통을 경험할 것이고, 그렇기에 더욱 자기를 관찰하는 명상의 근력을 강
화시킬 필요가 있다는 점을 시사한다. 다시 말하면 명상심리상담에서 중간 단계로서
'관찰하는 마음'이 치유의 핵심적 요인이 된다.

　[그림 10-1]에서 마음을 깨달아서 신령한 본성에 도달했는데 어찌하여 다시 '집착'으
로 떨어지는가를 질문할 수 있다. 이런 경우에는 물론 집착이 아니다. 이것은 수행의
'순환'적 과정으로서 현실의 참여를 통한 봉사와 헌신을 의미한다. 이것은 결코 집착이
라고 말할 수 없다. 깨달음을 통한 본성을 체험하였기에 이때는 자비의 실천으로서 현
실과 자신의 내면을 여전히 관찰하고, 스스로에게 다시 화두 질문을 통해서 계속적으
로 '궁극적인 참된 자기[眞我]'를 참구하면서 '수행'을 정진해 나아가야 함을 나타낸다.

2) 마음작동 5요인 분석

　명상심리상담에서 치유의 모토는 ① 이리저리 끌려다니는 집착적 마음을 ② 충분하
게 경험하거나 지속적으로 관찰하면 ③ 하늘처럼 맑고 환한 본래적인 영적 마음, '참
나'에 도달할 수 있다는 것이다. 비유적으로 말하면 먹구름이 걷히면 맑은 하늘(SM)이
드러남과 같다. 먼저 먹구름을 온전하게 이해하고 해체 작업을 진행하기 위해서는 분
석적인 접근이 필요하다. 여기서 먹구름이란 '집착의 마음'으로 대체로 고통으로 경험
된다. 이런 고통을 충분하게 공감하고 이해하는 과정과 함께 그것들이 어떻게 발생되
었는지 패턴을 관찰하고 파악하는 마음을 연습할 필요가 있다.

　이리저리 끌려다니는 마음을 이해하기 위해서, 혹은 구체적인 패턴을 파악하도록
내담자에게 그것을 객관적으로 관찰할 수 있도록 적절한 기회를 제공할 필요가 있다.

이러한 상담자와 내담자의 공동작업을 도와주는 도구가 바로 '마음작동 5요인'이다. 이것은 다음과 같다.

'촉발 자극(작의)' → '감정' → '생각' → '갈망' → '행동'

이 마음작동 5요인에서 '자극'과 '행동'은 외적으로 관찰이 가능하다. 반면에 '마음현상[心所法, 마음 자체가 소유한 현상]'이라고 불리는 '감정' '생각' '갈망'은 내현 행동이라서 제삼자에 의해서 관찰되지 않는다. 물론 개인들도 훈련이나 연습하지 않으면 자신의 감정이나 생각, 그리고 갈망을 정확하고 쉽게 관찰하기가 어렵다. 이것들을 내담자가 보고해 주지 않으면 상담자나 치료자 역시 알 수 없다. 이것을 알지 못한 관계로 치유에 도움을 주지 못한다. 그렇기에 심리상담/심리치료의 사태에서 마음작동 5요인에 대한 자각과 보고를 분석하는 연습은 내담자나 상담자/치료자 모두에게 매우 중요한 위치를 차지한다.

이 다섯 가지 요인은 상황에 따라서 끊임없이 변화한다. 이것들은 마음이 있는 곳에는 항상 함께하는 까닭에 '마음작동 5요인'이라고 부른다. 이것을 통해서 집착하는 마음을 이해하고, 그것으로부터의 분리가 가능하다. 어떻게 마음이 작동하고, 고통의 패턴이 생겨나는지 과정을 분석해 보면 분석하는 사례 속에서 '고통'과 고통의 '원인'이 선명하게 드러난다. 이것을 '명상상담'에서는 '명료화 작업'이라고 부른다.

첫째, 대상과의 접촉/작의는 감각기관, 대상, 의식이란 세 가지가 합해져서 성립된다. 감각기관은 눈이나 귀와 같은 신체적 기관을 말하고, 대상은 객관적 대상이기보다는 주관적으로 감각기관의 자극으로 구성된 표상적 대상을 말하고, 의식은 대상에 대한 직접적인 알아차림이다. 의식은 기본적으로 외적인 대상 표상을 '향하여' 있다. 그러나 의식은 순수한 의식이 아니라, 내면에 잠재된 심층의 알라야식(제8식) 씨앗을 포함한다.

[그림 10-2]를 살펴보면 내적인 잠재된 씨앗이 격동해서 의식의 표층으로 드러남을 '작의(作意, 마음이 작동됨)'라고 한다. 이것은 의식의 '접촉'과 함께 동시에 발생되는 까닭에 그림처럼 '작의'를 별도의 항목으로 나누어서 5항목에 포함시키지 않았다. 그러나 작

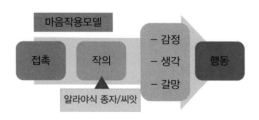

[그림 10-2] 마음작동모델(인경, 2024)

의는 심층의 정보가 격동되어 발생한다는 것은 중요하다. 일단 대상과의 접촉이 이루어지면 마음의 세 쌍둥이인 '감정' '생각' '갈망'이 거칠게 작동한다.

둘째, 감정은 마음의 느낌이다. 물론 몸에서 느껴지는 감각도 포함된다. 눈으로 보이는 얼굴 표정이나 귀로 듣게 되는 소리, 혹은 마음의 표상이나 심상과 같은 이미지를 포함한 내외적 대상에 접촉되는 순간에 발생된 느낌, 감정이다. 여기서 느낌과 감정을 구분해서 부른다. '느낌'은 신체가 느끼는 감각을 포함한다면, '감정'은 몸보다는 마음에서 느껴지는 정서적 상태를 말한다.

셋째, 생각은 외적이나 내적인 대상에 대한 자동적 사고이다. 명상심리상담에서는 생각이 감정을 불러일으킨다는 인지적 입장을 기본적으로 인정한다. 하지만 영상관법의 입장은 '영상 이미지'가 감정을 발생시킨다는 심리학적 관점을 견지한다.[10] 물론 생각은 신념을 포함한다. 신념에 대한 탐색은 에니어그램이나 심리도식과 같은 성격심리학의 도움을 받을 수 있다. 명상할 때는 판단을 멈추고 있는 그대로 대상을 바라보게 한다. 그러나 이때 생각을 분명하게 자각하는 작업을 먼저 진행한 이후에 명상으로 이끌면 효과적이다.

넷째, 갈망은 욕구나 기대를 함축한다. 그렇기에 역으로 두려움이나 걱정을 말할 때도 있다. 갈망은 상황에서 원하는 바가 무엇인지를 파악할 수 있지만, 어린 시절의 결핍된 부분과 연결해서 찾아보고 탐색할 수 있다. 결핍된 부분을 보상받기 위해서 현실에서 강력하게 추구하는 경우가 많은 까닭이다.

다섯째, 행동은 상황에서 당시의 행동을 말한다. 그때 어떻게 행동했는지를 질문하면 알 수가 있다. 그러면서 왜 그렇게 했는지를 이해함도 중요하다. 그런 다음에 앞으로 어떻게 할지를 묻는다. 그러면서 자연스럽게 행동 계획으로서 어떻게 실천할지 작업을 한다.

이렇게 마음작동 5요인 분석을 통해서 상담자는 구체적인 사례에서 어떻게 느끼고, 어떻게 행동했는지를 정확하게 평가할 수가 있고, 내담자는 자신을 명확하게 이해하고 자각하는 데 도움을 준다. 이 점은 치료자나 환자 혹은 상담자나 내담자에게 공통적으로 중요하다. 내담자가 자신의 마음작동 5요인을 이해하면 그리고 자신의 심리적

---

10 인지치료에서 감정의 발생은 생각이 결정적인 역할을 한다고 본다. 그래서 '생각바꾸기'가 중요한 작업이 된다. 명상상담의 영상관법은 '영상 이미지'가 즉각적으로 감정을 발생시키고, 그런 연후에 언어적인 사고작용이 뒤따른다는 입장을 취한다. 이것은 영상관법의 심리치유적 이론적 관점을 대변한다[인경 (2024). 영상관법과 마음치유, 서울: 명상상담연구원].

문제가 어떤 패턴으로 작동하는지 그림으로 그릴 수 있다면 '집착의 마음'에서 '관찰의 마음'으로 전환되고, 치유적 '통찰'을 얻게 되면서 일진보를 이룰 것이다.

[그림 9-2]에서 볼 수 있듯이 심층의 잠재의식(알라야식)에 들어 있는 정보/씨앗이 문득 의식의 표층으로 올라오면(作意, 내적 자극) 과거의 습관이 다시 활성화되면서 내담자의 증상은 재발될 수 있다. 그렇기에 몇 번의 치유적인 작업으로 중요한 전환점을 얻었지만, 아직은 온전하고 평온한 상태의 건강함을 성취하였다고 평가하기에는 이른 감이 있다. 다시 말하면 깨어 있는 청정한 마음 자체를 성취하기 위해서는 관찰의 마음을 계속적으로 연습해야 하고, 그리고 명상과 심리상담의 유기적인 통합 작업을 계속해야 한다는 의미가 된다.

3) 호흡명상과 안전한 공간 확보

명상에 기반한 상담 작업에서 호흡명상은 안전한 공간을 확보함에 있어 중요한 역할을 한다. 불안은 대부분 위협적인 환경에 자주 노출되면서 생겨난다. 우울은 대체로 자신과의 관계에서 부정적인 판단에서 비롯된다. 이런 정서적인 장애는 안전하지 못한 경험과 자신과 타인을 비롯한 세상에 대한 왜곡된 지각에서 기인되는 경우가 많다. 그렇기에 내담자에게 안전한 공간과 편안하고 행복한 경험을 제공할 필요가 있다. 이것이 '호흡명상'이다. 호흡명상은 안전한 공간을 제공하면서 내담자를 정서적으로 편안하게 만든다.

호흡명상은 수련자에게 심리적 '안전함'과 함께 부정적 판단을 '중지'하는 효과를 제공한다. 첫 번째 심리적 안전함은 편안한 느낌인데, 이것은 호흡과 같은 '하나'의 대상에 집중함으로써 경험된다. 호흡에 집중함으로써 순간적으로 다른 생각에 끌려가지 않기 때문이다. 두 번째 판단중지는 호흡에 집중하면 자연스럽게 이루어진다. 호흡은 선악의 분별에서 벗어난 가치 중립적 성격을 가지고 있기 때문이다. 명상심리상담에서는 호흡명상을 '베이스캠프(Basecamp)'라고 부른다. 높은 산을 등정할 때 폭풍과 거센 비바람이 불면 안전한 공간으로 되돌아와야 하는 것과 같다. 호흡 자체는 신을 믿는 종교도 아니고, 그렇다고 특정한 사회적 지식과 연결되지도 않는다. 호흡은 그 자체로서 가치 중립적인 생생한 살아 있는 생명 그 자체일 뿐이다.

그렇기에 호흡에 집중하다 보면 자연스럽게 마음이 편안해지고 안정감을 느낄 뿐만 아니라 자신과 세상에 대한 부정적인 판단이 곧장 멈추게 된다. 멈출 수 없는 생각으로 인하여 고통을 받아 온 내담자는 호흡에 집중하면서 실질적인 휴식과 잠을 잘 수 있게 된다. 물론 지속적인 연습이 필요하다. 생리적으로 보면 호흡명상은 마음을 안정시키고, 면역력을 신장시키는 부교감 신경계를 활성화시킨다. 처음부터 호흡에 집중하는 것은 어렵지만 상담자나 치료자의 점검과 리더로 한결 쉽게 안정감을 느낄 것이다.

물론 매우 시급하고 힘들어지는 경우는 약물치료가 도움을 줄 수 있다. 그러나 대부분 약물치료는 부작용을 동반한다. 정신이 맑지 못하고 현실에서 적응하는 데 방해하기도 한다. 호흡명상은 이런 부작용이 없다. 아주 힘들지 않다면 약물보다 호흡명상이 매우 효과적인 치료적 경험을 제공한다. 심한 환자의 경우에는 약물치료와 명상치료를 병행하는 것도 좋은 방법이다. 호흡명상은 내적 성찰을 강화하고 부작용 없이 스스로의 만족감과 성취감을 제공하면서 자존감을 높여 준다. 무엇보다도 조금만 연습하면 스스로 혼자서 할 수 있는 장점이 있다.

4) 몸느낌관찰 명상

명상심리상담에서 편안하고 안전한 공간을 확보하는 것과 함께 문득 찾아오는 변덕스러운 몸의 느낌이나 감정을 있는 그대로 관찰하는 것은 마음 치유작업에서 매우 중요하다. 처음에는 느낌이나 감정 등을 관찰하는 일은 쉽지가 않다. 오히려 감정과 생각에 끌려가기가 일쑤이다. 그렇기에 오히려 추상적인 마음을 '관찰하기'보다는 몸에 나타나는 구체적인 '몸'느낌, '감각'느낌 등의 증상을 관찰하는 것이 쉬운 방법이다.

이를테면 화가 나 있다면 우리는 화가 난 그 마음을 곧장 알아차림하는 것은 중요하다. 그러나 화가 날 때 생겨나는 몸의 감각을 있는 그대로 관찰하는 것은 더욱 중요하다. 화가 나거나 혹은 불안할 때 호흡이 거칠어지고, 몸의 근육이 긴장되고, 몸에서 열기가 난다. 그러면 우리는 이런 몸의 증상, 몸느낌을 관찰할 수가 있다. 그러나 불안이나 성남의 직접적인 원인을 관찰하기는 쉽지가 않다. 원인은 매우 다양하고, 쉽게 관찰되지 않을 수도 있다.

비유하자면 우리가 감기에 걸리면 감기바이러스를 직접 관찰할 수 없는 것과 같다. 대신에 감기로 인하여 생겨나는 콧물, 기침, 두통과 같은 몸의 증상, 형상들을 관찰할 수 있음과 같다. 이런 몸의 증상, 느낌들이 사라지면 이때 감기가 나았다고 하듯이, 마찬가지로 우울이나 불안과 같은 마음 현상의 원인을 직접 관찰할 수 없지만, 그것의 증상으로서 몸느낌은 충분하게 경험하고 관찰이 가능하다. 염지관 명상은 이렇게 몸느낌을 충분하게 경험하고 그 변화를 관찰해서 통찰에 이르게 한다는 점에서 유용한 접근이다.

이렇게 '몸느낌' 혹은 '감각느낌'을 구체적으로 관찰하는 기술이 바로 '염지관(念止觀)' 명상이다. 염지관은 '알아차리고 머물러 지켜본다'는 3단계 과정으로 구성되는 까닭에 '알머지' 명상이라고도 불린다. 염지관 명상은 보통 사진을 찍을 때와 비교된다. 찍어야 할 피사체를 선정하여 렌즈로 포착하는 것이 '알아차림'이라면, 그 대상의 이미지나 구도에 선명하게 초점을 고정시키는 일은 '머물기'의 집중이고, 마지막 '지켜보기'는 잡힌 이미지 대상을 향하여 흔들림 없이 셔터를 눌러서 찍는 행위에 해당된다.

첫 번째 '알아차림(Sati, 念, Mindfulness, Awareness)'은 대상, 몸에서 일어나는 느낌을 포착하는 단계를 말한다. 예를 들면, 내담자가 우울증이라서 아침에 일어나지 못하고 물속에 잠긴 듯한 무기력을 어깨나 가슴에서 느낀다면 이런 몸의 느낌을 포착하는 것이 알아차림의 단계이다.

두 번째는 '머물기(Samatha, 止, Stay)'로서 몸에서 느껴지는 무기력을 거부하거나 '판단하지 않고 수용해서' 있는 그대로 '충분하게 느끼는' 경험의 단계이다. 이때 몸느낌의 맛이나 모양을 온전하게 집중하면서 느끼고 자신이 경험한 내용을 그대로 보고하는 연습이 중요하다. 그래야 치유의 효과는 배가 된다.

세 번째는 '지켜보기(Vipassana, 觀, Observation, Watching)'이다. 지켜보기는 무기력이라는 감각느낌에 대해서 호흡과 함께 그 변화를 지켜본다는 것을 말한다. 몸에서 느껴지는 감각느낌은 결국은 변화하는데, 이런 변화를 숨을 마시면서 바라보고 숨을 내쉬면서 지켜보는 것을 말한다. 속도가 느리지만 조금씩 무기력의 강도나 그 맛 또는 모양이 변한다. 그러면서 무겁기만 했던 무기력의 느낌은 점차로 가벼워지고, 나중에는 몸과 '분리'되어 소멸되면서 마음이 편안해지고 가벼워진다.

여기서 중요한 것은 호흡과 함께 몸느낌을 관찰하는 것이다. 그러면 느낌의 변화가 관찰된다. 일단 무기력이 느낌이고, 변화가 가능하다는 것을 자각한다면 그동안 힘들었던 무기력에서 거뜬하게 일어날 수 있다는 자신감을 갖게 될 것이다. 염지관 명상은 굴레와 같은 어쩔 수 없는 고통의 몸느낌/감각느낌에서 벗어나게 도와준다. 충분하게 느끼고 그것의 변화를 관찰하면서 내담자는 장애를 극복하게 되고 점차로 자신감을 회복할 것이다.

5) 영상관법

'명상심리상담'에서 가장 중요한 핵심 요소는 영상관법(影像觀法, Reflected Image Meditation, RIM)'이다. 영상관법은 미해결된 과제를 반영하는 잠재적 영상을 의식에 떠올려서 관찰하여 통찰하고, 당면한 현실문제를 해결하는 데 초점을 맞춘 명상이다. 영상관법은 앞에서 설명한 안전한 공간을 확보하는 '호흡명상'과 몸느낌을 체계적으로 관찰하는 '느낌명상'을 포함한다. 특히 처음 명상을 접하는 내담자의 경우에는 '영상관법'을 하기 전에 먼저 '호흡명상'이나 '몸느낌관찰 명상'을 사전에 연습할 필요가 있다. 물론 잘 훈련된 리더자라면 명상을 전혀 접하지 못한 내담자라도 호흡명상, 느낌명상을 포함하여 충분하게 영상관법을 잘 이끌도록 할 수 있을 것이다. 그럼에도 불구하고 내담자의 내적인 직관의 힘을 성장시키기 위해서는 호흡명상과 느낌명상의 훈련은 매우 중요한 요소가 된다.

영상관법(RIM)은 마음의 심층에 저장된 정보의 영상을 현재의 시점에 떠올려서 충분하게 재경험하고 관찰함으로써 미해결된 과제를 해결하는 것을 목표로 한다. 심층에 저장된 영상이란 과거의 경험이 마음속에 '언어와 결합된 이미지 형태'로 기억된 정보/씨앗이다. 우리는 '엄마'라는 말을 듣게 되면 '엄마의 이미지'가 마음에 상기된다. 이것은 '엄마'라는 언어적 소리와 함께 엄마의 이미지가 마음속에 되살아나면서 즉각적으로 감정과 신체적인 반응이 생겨난다.

앞의 '마음작동 5요인'에서 보았듯이, 영상 이미지 자극에 접촉이 되는 순간 감정이 자동적으로 발생하게 된다. 현재의 시점에서 엄마라는 이미지를 떠올리면 그것은 시신경을 자극한다. 그러면 뇌는 여기에 반응한다. 어떤 사람은 '그리움'으로, 어떤 사람은 '안쓰러움'으로, 어떤 사람은 '화'가 날 수도 있다. 이것은 '심층에 저장된 영상 이미지'의 내용/정보에 따라서 그들의 '감정'은 달리 경험된다.

마찬가지로 '영상관법'의 관점에서 보면, 우울증 환자는 우울한 경험을 만들어 내는 심리적 영상 이미지가 심층에 존재하고, 자주 분노를 터뜨리는 사람은 그럴 수밖에 없는 심적인 분노의 씨앗을 가지고 있고, 불안을 가진 공황장애 환자는 공포를 생겨나게 하는 내적인 핵심된 영상 이미지를 소유한 것으로 전제한다. 다시 말하면 심리적인 고통이나 장애를 불러일으키는 결정적 요인은 영상관법의 입장에서는 잠재된 언어적 '인지'의 측면도 중요하지만, 인지보다 더 중요한 것은 '영상-이미지'란 입장을 취한다. 다시 말하면 선악의 마음이 발생하는 원초적인 출발점은 인지적인 관점보다는 영상 이미지가 우선한다는 입장이다. 이 결정적인 영상 이미지/씨앗/정보가 '감정'을 비롯해서 언어적인 '분별'과 '신념' 및 '갈망'이라는 마음 작동을 촉발시킨다는 관점을 취한다. 마음작동 5요인의 밑바닥에는 상황에 따른 고유한 마음을 발생시키는 씨앗이 있는데, 그것은 근본적으로 영상, 심상과 같은 이미지의 형태라고 본다.

영상관법의 유형은 [그림 10-2]에서 보듯이 영상 이미지가 감정, 생각, 갈망을 촉발시킨다는 이론적 배경을 가진 까닭에 감정형, 사고형, 의지형으로 구분된다. 심층에 저장된 씨앗이 의식의 표층으로 떠올라오면 결정적인 핵심 장면의 이미지가 노출되어 마음이 작동하게 된다. 그러면 감정, 생각, 갈망이 함께 경험되고 행동으로 연결된다.

감정형 영상관법은 감정에 초점을 맞춘 관찰의 명상법이다. 핵심 장면, 선택된 사진에 마음이 접촉되면 감정이 즉각적으로 발생하게 된다. 이때 경험한 감정을 몸느낌관찰로 전환해서 그것의 강도, 모양, 색깔이나 맛 등을 경험하고, 그 경험 내용을 상담자나 치료자에게 보고하게 한다. 그런 다음에 그것을 대상으로 해서 생겨난 감정을 알아차림하고, 그 감정의 형상에 충분하게 머물러서 호흡과 함께 지켜보는 알머지 명상의 절차를 진행하게 된다. 명상이 끝나면 이후의 변화를 보고하게 하여 명상 전후의 '상태'를 비교할 수 있도록 하고 그 효과성을 검증한다.

사고형 영상관법은 '자극에서 발생된 생각'에 초점을 맞춘다. 이것은 두 단계로 구성된다. 하나는 문득 일어나서 분명하게 자각하지 못하는 생각이나 신념을 분명하게 자각하는 것이고, 다음 단계는 판단을 멈추고 생각을 촉발시킨 감각자료를 있는 그대로 관찰하는 명상이다. 생각을 분명하게 자각하기 위해서는 생각을 천천히 혼자서 중얼거리거나 크게 말해 보고, 감각자료를 관찰함은 먼저 생각을 촉발시킨 감각자료 이미지를 눈앞에 잡아당겨서 판단을 멈추고 그대로 바라보는 작업이다. 그럼으로써 상황에 대한 객관적인 평가를 통해서 현실문제를 해결하는 대안을 찾을 수 있다.

의지형 영상관법은 문제의 사례 가운데 결정적인 장면에서 누구에게 무엇을 기대하거나 원했는지를 살펴보고, 그것을 상대방이 바로 앞에 앉아 있다고 떠올리고 자신을 정확하게 표현하는 것을 말한다. 왜 그런 갈망을 원하는지 성찰할 뿐만 아니라, 그동안 하고 싶었지만 못했던 말이나 행동을 직접적으로 표현하여 소통하는 방법이다. 또한 상대방의 입장과 자신의 관점, 그리고 상황에 대한 각각의 관점을 평가해 보고 혹은 필요하다면 그의 입장이 되어 보는 간단한 역할극을 진행할 수도 있다. 나아가서 미해결된 과제를 앞으로 어떻게 할지 시뮬레이션을 해 보는 작업을 통해서 문제 해결과 실천의 실마리를 찾게 한다.

영상관법은 맥락에 따라서 이미지와 관련된 '표상' '심상' '영상'이란 다양한 용어를 사용하는데, 구분해서 사용할 때도 있다. 외적인 대상이 마음에 나타난다는 측면이 강조되면 '표상(表象)'이란 용어가 사용된다. 이런 경우에는 감각에 의한 직접적인 자극을 말한다. 반면에 외적인 자극이 마음에 의해서 새롭게 구성되거나 형상화가 발생할 때는 '심상(心象)'이라는 용어를 사용한다. 영상(影像)은 과거의 기억이나 심리적인 문제와 직접적으로 연결된 심층의 핵심적 이미지인 경우에 사용한다.

이를테면 경영난을 겪고 있는 회사 사장이 3~5명의 직원들이 모여서 회사의 장래를 수군거리는 듯한 모습을 목격하면서 심한 스트레스를 받는다고 해 보자. 이런 사례에서 첫 번째의 '표상'은 불안해하고 걱정하는 직원들의 현실적인 모습이다. 이런 기억은 사장실에 들어와 앉아 있으니 마음에 떠오른다. 이런 이미지는 직접적으로 현실을 반영해 주는 마음에 생겨나는 일차적 이미지로서 '표상(Represental Image)'이다.

둘째로 직원들의 모습이 떠오르면서 사장은 고통을 받는다. 앞으로 직원들과 더불어서 회사의 앞날이 어찌될지 걱정이 더욱 심해진다. 그러면서 가슴이 답답하고, 꽉 막힌 기분이 든다. 그러면서 끔찍한 철벽이 앞을 가로막고 있다고 생각하면 뒷목에서 심한 통증을 느끼곤 한다. 이때 생겨난 가슴의 '철벽'이나 뒷목의 '통증' 이미지는 내적 갈등에서 오는 이차적인 형상이다. 그렇기에 외적 자극에 의해서 생겨난 일차적인 '표상'과 구분해서 내적 갈등을 상징하는 이차적인 이미지로서 '심상(Mental Imagery)'이라고 하자.

셋째로 이런 철벽의 이미지는 어린 시절에 아버지와의 관계에서 소통이 막히면서 느낀 가슴이 답답했던 경험과 연결된다고 해 보자. 갈등 관계에서 스트레스를 받게 되면 뒷목이 아파오는 경험이 오랜 만성 통증과 연결되는 심리적 문제를 반영한다면 이때는 '영상'이라고 구분해서 부르자. 이것은 권위적인 아버지의 압박감으로 힘들었던 어린 시절의 경험과 연결된 심층의 이미지이다. 이런 경우에는 심층에 잠재된 정보로서 오랜 무의식적으로 저장된 씨앗인 까닭에 '영상(Reflected Image)'이라고 한다.

이것들은 [그림 10-3]처럼 마음의 깊이를 드러낸다. 과일의 비유로 보면 외부의 직접적인 자극에서 생겨난 '표상'이 겉껍질이라면, 내적인 갈등을 상징하는 '심상'은 속살로서 중간에 위치하고, 심층의 오랜 무의식을 드러낸 '영상'은 씨앗으로서 가장 깊이 묵은 이미지이

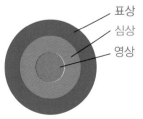

[그림 10-3] 세 종류 이미지

다. 물론 이 세 가지는 마음의 상태를 보여 주면서도 서로 긴밀하게 연결되어서 작동하는 까닭에 실질적으로 영상관법의 '명상작업'을 할 때 엄격하게 구분하지 않는 경우가 많다. 그렇기에 그냥 총칭해서 사용자의 취향에 따라서 융통성 있게 이 용어들 가운데 하나를 선택해서 사용할 수도 있다. 그러나 내담자나 환자의 내적인 메커니즘을 엄격하게 분석하고 그 수준과 특성을 평가할 때는 구분하여 진행할 수 있겠다. 특히 임상 상황에서 가장 깊게 뿌리처럼 잠재된 영상 이미지는 핵심 역할을 한다는 점에서 중요한 위치를 차지한다.

6) 참된 나를 참구하는 간화선 명상

"무엇이 참된 나인가?" 우리는 이런 질문을 종종 자신에게 하거나 혹은 질문을 받기도 한다. 여기서 말하는 참된 나란 구체적으로 무엇을 말하는가? 필자는 [그림 10-4]에서 볼 수 있듯이, 마음의 유형을 '집착하는 마음' '관찰하는 마음' '깨달음의 영적인 마음'으로 구분하였다. 여기서 '참된 나'란 무엇을 말하는 것일까? 다양한 대답을 할 수 있다. 이 세 가지 마음이 모두 '참된 나'라고 대답할 수도 있다.

첫째로 여기저기 끌려다니면서 '고통받는 것이 나일까?' 하면 대부분 부인한다. 대부분은 생각에 끌려 여기저기로 다니면서 고통받는 자신을 인정하지 않는다. 혹자는 이런 사실을 인정하기도 한다. '그래, 맞다.' 그동안 나는 여기저기로 끌려다니면서 힘들게 살아온 게 맞다고. 그게 바로 나라고 말할 수도 있다. 이것은 반성적인 성찰이고, 자신을 되돌아보면서 관찰한 내용이라는 점에서 [그림 10-4]의 관찰적 마음에 속한다.

성찰하고 관찰하는 두 번째 마음은 심리-사회적인 관점에서 보면 가족을 비롯해서 타인이나 사회적인 인습에 메이지 않는 진정한 자신의 모습을 말할 때 자주 사용한다. 거짓된 가면을 벗고, 관계 속에서 가식이나 편견에서 벗어나서 혹은 억압이나 방어적 자세를 취하지 않고, 참된 자신의 감정이나 생각, 그리고 자신이 원하는 바를 있는 그대로 만나는 것을 의미하곤 한다. 다른 표현으로 있는 그대로의 자신과 대면함이다. 왜곡시키지 않고 설사 그것이 부정적인 내용이라고 할지라도 존재하는 그대로 수용하고 허용하는 것을 말한다.

이 점은 명상수행을 통해서 보다 정확하

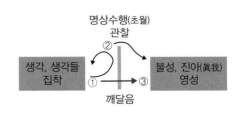

[그림 10-4] 세 종류 마음(인경, 2024)

게 경험할 수 있다. 명상하고 있으면 생각들이 끊임없이 일어난다. 잠시도 멈출 수가 없다. 지나간 과거의 기억들, 앞으로 하고픈 일들이 주마등처럼 계속된다. 잠깐 쉴 때도 있지만 대부분은 생각들로 마음이 가득 차 있다. 이게 첫 번째의 집착하는 마음의 표상이다. 그러나 명상에서 중요한 것은 이것들에 끌려가지 않고 그대로 '흘러보낸다'는 것이다. 일상에서는 생각이 일어나면 곧 행동으로 전환될 것이지만, 명상에서는 그냥 그대로 지켜보기를 한다는 점이 중요하다.

이것은 명상을 통한 '관찰적 마음'의 강화이다. 우리의 일상은 특히 내담자나 환자에게는 생각과 행동의 결합(생각=실재)이 매우 강력하여 생각과 실재가 서로 구분되지 않고 동일시된 상태라 생각이 일어나면 우울이나 공황과 같은 불건강한 상태로 쉽게 빠져들곤 한다. 환자나 내담자에게 일어나는 나쁜 생각은 그냥 생각이 아니라 그것들은 실재적 현실로 착각하는 경향이 있다. 생각은 생각일 뿐, 사실적 실재가 아님에도 불구하고 마음속에서 일어난 생각들은 그대로 자기의 일부로서 인식되는 경향이 있다. 그러나 명상 훈련을 통해서 이러한 생각들에 끌려가지 않고 그것들을 있는 그대로 지켜보면서 흘러가게 허용한다면 더는 '생각=실재'의 결속을 강화하지 않게 되어 생각과 실재의 내밀한 결탁에 분리의 틈이 일어나면서 탈동일시(생각≠실재)가 생겨난다. 이것이 바로 명상의 치유적 효과이다.

무엇인 참된 나인가? 이런 질문은 선불교에서 자주 하는 화두이지만, 현대 자아초월심리학에서도 자주 하는 질문이다. 관찰의 마음이 계속적으로 강화되어서 힘을 얻게 되고, '무엇이 참된 나인가?'라는 질문을 반복적으로 하면서 관찰하게 되면 마음의 평정과 깨달음이 생겨난다. 이것이 세 번째 깨달음의 영적인 마음이다. 이 세 번째의 마음을 진정한 건강한 마음이라고 말할 수 있다. 왜냐하면 이 마음이 우리의 본래적인 성품으로서 본성인 까닭이다. 이 본래적인 마음은 고요함이며, 환하게 밝음이며, 행복감이며, 생각에 끌려가지 않음이며, 모든 마음의 든든한 기반이 된다. 텅 비어 있는 근본적인 마음이 있기에 인연에 따른 생각들도 하게 되고, 반성적으로 성찰도 하고, 새로운 환경에 문제 해결을 위한 적극적인 대처를 할 수 있게 한다. 이 본성으로 인하여 몸, 마음, 사회가 존재하게 된다.

3. 명상심리상담의 치료 목표

명상심리상담의 치료목표는 일차적으로는 내담자의 심리적인 과제를 이해하고 현실적인 문제 해결을 위한 네 가지 절차적 목표를 가진다. 명상수행의 목표는 일상생활 속에서 명상수행을 통한 웰빙 상태를 경험하고, 궁극적으로는 영적 성찰과 깨달음을 이루는 것이다.

첫째, 내담자의 주호소 문제가 무엇이고, 어떻게 고통받는지 이해하면서 라포 형성을 한다.

둘째, 내담자/환자의 고통이 발생하는 원인과 그 발생의 패턴 양상을 분명하게 안다.

셋째, 호흡명상, 몸느낌관찰명상과 결합된 영상관법을 통해서 내담자/환자의 핵심 증상을 노출하여 충분히 감정을 느끼고, 그 변화를 통찰하면서 스스로 치유의 과정을 직접 경험하도록 돕는다.

넷째, 사례별로 반복적인 영상관법을 통해서 자신의 문제를 발견하고 해결하는 현실적 대안을 탐색하고, 나아가 참된 자기를 찾아서 실천할 수 있도록 돕는다.

4. 명상심리상담의 방법 및 치료적 절차

명상심리상담의 방법과 치료적 절차는 '명상상담 4단계 모델'로서 첫째, 경청과 공감의 단계, 둘째, 문제를 개념화하는 명료화단계, 셋째, 영상관법에 의한 수용과 통찰의 단계, 넷째, 문제의 발견과 대안 찾기이다. 이것은 불교의 핵심 교설인 고집멸도(苦集滅道)의 심리상담에로 응용된 관점이다. 그렇기는 하지만 고통이 있고[苦], 고통의 발생에는 원인이 있으며[集], 우리는 고통을 소멸할 수 있고[滅], 소멸에는 적절한 방법, 즉 길[道]이 있다는 이런 사유체계는 다양한 문화에서 공통적으로 발견되며, 기업 경영뿐만 아니라 심리치료의 패러다임으로서 진단[苦集]과 처방[滅道]이라는 원형적 형태로 본다.

첫째의 상담목표[苦]는, '내담자/환자의 주요한 증상과 문제가 무엇이고, 어떻게 고통받는지 이해하면서 라포 형성을 하는' 것이다. 이 단계는 경청과 공감의 단계이다. 경청 및 공감을 통해서 환자나 내담자의 문제와 증상을 파악하고 라포를 형성한다. 이 때 사용하는 기본적인 상담기술은 '경청' '공감' '요약' '질문'하기이다.

경청은 적극적으로 이루어져야 한다. 상담자는 피상적인 이해가 아니라 적극적으로 내담자나 환자의 증상을 이해하려고 노력한다. 필요하다면 상담노트를 활용해서 중요한 키워드를 필기하고, 비언어적인 측면도 파악해야 한다. 상담자는 내담자의 감정, 생각, 갈망에 대해서 공감을 표시할 수 있지만 주로 감정에 초점을 맞추길 권장한다. 이를테면 "~해서 화가 많이 나겠어요" 혹은 "그런 상황이라면 저라도 그냥 못 지나갔을 것 같아요"라고 공감을 한다. 요약은 간결하게 문제의 핵심을 관통하는 게 중요하다. 남편, 자식, 시집에 대한 다양한 이야기를 간단하게 요약하고, 그 가운데 하나의 주제를 선택해서 핵심 내용을 파악하는 것이 중요하다. 그러면 상담의 주제를 정하는 효과를 가져다준다. '질문'하기는 선정된 주제에 집중해서 보다 구체적인 정보를 얻기 위해서 이루어지고, 광범위한 시각보다는 상담주제에 좁혀서 진행하면 된다. 내담자의 문제나 갈등이 무엇인지를 정확하게 이해하기 위해서 질문한다고 보면 바람직한 접근이다.

둘째의 상담목표[集]는 '내담자/환자의 고통이 발생하는 원인과 그 발생의 패턴 양상을 분명하게 아는' 것이다. 내담자의 고통이나 심리적인 문제에는 반드시 원인이 있다는 시각이다. 그것을 명료화하는 단계이다. 이때의 원인은 내적인 심리적 요인일 수도 있고, 외부의 갈등적 환경이 그 원인일 수도 있다. 심리치료는 주로 내면의 특정한 집착요인이 있고, 환경적 요인은 일종의 촉발된 계기로서 작동하는 경우가 많다. 이것을 파악하기 위해 명상심리상담에서는 '마음작동 5요인'을 분석하는 '명료화' 작업을 진행하곤 한다.

마음작동 5요인에 의한 명료화 작업을 할 때, 자주 범하는 실수는 핵심 사례 한 개를 선택하지 않고 동영상처럼 여러 상황을 뒤섞는 경우에 발생한다. 사건은 전후 맥락에서 발생되지만 명료화 작업은 그 가운데 하나의 장면을 선택해서 이루어진다. 때문에 그 핵심 장면이 무엇인지 선정을 해야 한다. 이야기한 여러 가지 가운데 가장 힘들었던 장면이 무엇이냐 물으면 내담자는 그 순간을 이야기해 줄 것이다. 그러면 상담자나 치료자는 그곳에서 자극이 무엇이고, 그때의 감정, 생각, 갈망이 무엇인지, 그리고 당시에 어떻게 행동을 했는지 물어볼 수 있다.

그러면 명료화 작업이 이루어진 것이고, 무엇이 문제인지를 상담자나 치료자는 평가를 할 수 있다. 자극과 행동은 외적으로 관찰이 가능하다. 이것들은 피할 수 없다. 그렇지만 선택할 수는 있다. 내적으로는 감정, 생각, 갈망 등에서 무엇이 문제인지를 발견할 수 있다. 그렇게 되면 상담의 구체적인 목표와 함께 개별적인 진행 절차를 결정할 수 있게 된다.

세 번째의 상담목표[滅]는 '호흡명상과 몸느낌관찰 명상과 결합된 영상관법을 통해서 내담자/환자의 핵심 증상을 노출하여 충분히 감정을 느끼고 그 변화를 통찰하면서 치유의 과정을 직접 경험하는' 것이다. 이것은 체험적 단계로서 주로 '영상관법 프로그램(Reflected Image Meditation Program: RIMP)'을 활용한다. 이것은 핵심된 체험적 접근이지만, '프로그램으로서 영상관법'은 두 가지의 접근 방식이 있다. 하나는 '호흡명상 → 몸느낌관찰 명상 → 영상관법'으로 이어지는 명상 훈련 프로그램이고, 다른 하나는 심리상담의 4단계 프로그램으로서 '경청 · 공감단계→ 명료화단계 → 영상관법의 체험 단계 → 문제해결 단계'로 진행되는 과정이다. 이러한 접근 방식에서 영상관법의 중요한 기술은 증상을 적극적으로 떠올려서(Sati, 念) 노출하여 충분히 경험하고(Samatha, 止), 그 변화의 과정을 지켜보면서(Vipassanā, 觀) 통찰한다는 '염지관' 명상이다. 문제가 되는 결정적 심층의 영상을 의도적으로 떠올려서 관찰함으로써 고통에서 벗어난다는 영상관법은 결국 고통스러운 감정을 수용한다는 '집중'명상과 그것의 본질을 꿰뚫어 본다는 '통찰'명상이 결합된 형식이다. 이것은 심리상담의 관점에서 보면 정서적인 '지지'적 접근과 통찰을 강조하는 '경험'적 접근의 통합이다.

영상관법을 진행할 때 고려해야 하는 중요한 요소는 어떤 유형의 영상관법을 선택할 것인가이다. 이것은 내담자나 환자의 '감정'이 문제라면 감정형 영상관법을, '생각'이 문제라면 사고형 영상관법을, '갈망'이 문제라면 의지형 영상관법을 진행하는 것이 좋다. 하지만 상담자나 치료자의 개인적인 성향이 영향을 주기도 한다. 감정형의 리더자는 감정형을 선호하는 경향이 있듯이, 사고형의 리더자는 사고형을, 의지형의 리더자는 의지형 영상관법을 선호하는 경향이 발견된다. 이 점은 내담자 중심이 되어야 하고, 감정, 생각, 갈망은 마음이 있는 곳에는 항상 존재하기에 무난한 진행이지만, 사례에 따라서 어떤 유형의 영상관법이 최선인지는 정밀하게 살펴서 적용되어야 한다.

네 번째의 상담목표[道]는 문제의 발견과 대안을 찾는 해결의 단계이다. 여기서는 사례별로 반복적인 영상관법을 통해서 자신의 문제를 발견하여 해결하는 현실적 대안을 찾고, 참된 자기를 찾아서 실천할 수 있도록 돕는다. 이 단계에서 다루어야 할 과제는 세 가지이다. 하나는 문제가 무엇인지에 대한 내담자 스스로의 발견이다. 둘은 문제 해결의 현실적인 대안을 찾는 작업이고, 셋은 참된 자기를 찾는 질문이다.

문제가 무엇인지는 대체로 영상관법에서 문제가 되는 장면을 떠올려서 충분히 경험한 다음에 상담자가 내담자에게 직접적으로 요청한다. 지시적 상담에서는 상담자나 치료자가 무엇이 문제인지 '검사'를 통해서 정보를 제공해 준다. 대신에 명상심리상담에서는 '영상관법'을 통해서 내담자 스스로 문제가 무엇인지 찾아야 하는 과제로 주어진다. 그러면 둘째의 대안적인 해결책을 발견하게 되고, 해결하기 위한 구체적인 계획을 세워서 실천할 수 있게 된다.

여기까지 내담자나 환자가 잘 학습하여 왔다면 마지막으로 '참된 나가 무엇인지' 묻게 된다. 이것은 그때의 상황에서 나는 무엇에 '집착'을 했는지와 그곳에서 무엇이 참된 '나'인지를 질문하면 찾아서 '대답'하도록 요청한다. 건강한 내담자는 혹은 건강을 회복한 내담자는 이런저런 생각들에 끌려다니는 자신의 마음 상태를 반성하면서 여기에 끌려다니는 나는 참된 나가 아니라고 대답할 것이다. 그러면서 그것을 관찰하는 마음이나 혹은 근본적인 존재로서 고요하고 청정한 마음이 참된 나라고 대답을 할 수 있다. 이런 대답은 현실적인 '지혜로움'과 함께 참된 '본성'을 발견해 가는 중요한 과정의 일부이다.

여기서 중요한 것은 상담자나 치료자가 내담자나 환자의 대답에 대해서 평가적인 자세를 취하지 않는 것이다. 내담자나 환자의 삶을 대신 살아 줄 수 없기에 무조건적으로 일단은 내담자나 환자의 대답을 지지하고 긍정적인 공감을 표시하는 것이 매우 중요하다. 그들의 위축된 자신감과 자존감을 살려 주는 것이 그들이 하는 대답의 내용에 대한 평가보다 더욱 중요한 요소이다.

5. 명상심리상담의 사례

여기서는 명상상담 4단계를 사례로 제시한다. 첫째는 내담자의 문제를 파악하는 경청과 공감의 단계[苦], 둘째는 불편한 증상에 대한 명료화 작업[集], 셋째는 핵심 장면의 영상을 선택하여 의도적으로 의식의 표층에 떠올려서 관찰하는 영상관법을 통한 수용과 통찰의 작업[滅], 넷째는 현실에서 문제를 해결하는 대안을 찾아 실천계획을 세우는 단계[道]로 구분된다.

이런 4단계는 가장 기본형으로, 1회기에 모두 진행할 수 있고, 필요에 따라서 8회기 전체를 2개씩 배분해서 프로그램으로 진행해도 된다. '명료화' 작업은 일반적으로 경청 공감을 끝내고 실행함이 원칙이지만 경우에 따라서는 영상관법의 '체험적' 단계가 끝나고 진행할 수도 있다. 다음의 사례는 2회기를 축어록의 형식으로 간략하게 제시한다(인경, 2024).

1) 경청과 공감[苦]

내담자는 40대 중반의 여성으로, 2년 전에 다니던 직장을 그만두었다. 그런데 점점 우울 증상이 심해지자 상담을 위해서 내방하였다. 약물치료를 해 보았지만, 별로 내키지 않아서 방문하게 되었다. 불면증으로 외형적인 인상은 많이 연약하고 피곤해 보였다. 심하지는 않았지만 늘 우울했다고 했다. 우울 증상은 직장을 그만둔 계기로 더욱 심해졌다고 했다. 그것을 다음과 같이 조심스럽게 이야기했다. 요약하면 이렇다.

> 직장은 참 좋은 회사였고, 회사의 복지 상태가 마음에 들었다. 그래서 대학 졸업 이후 20년 이상을 봉직했다. 연구직인데 승진도 해서 과장이 되었다. 그러나 새로 부임한 상사와 잦은 시비가 생겨났다. 새로 부임한 상사는 매우 의욕적이고 세세한 문제까지 챙기는 스타일이었다. 어느 날 내담자는 아주 심하게 질책을 받았다. 내담자는 기분이 너무나 상하고 무엇인가 무너진 느낌이 들었다. 더구나 상사는 계속해서 직원들을 탓하고, 직원들 앞에서 내담자를 질책하곤 했다. 내담자는 화가 너무 나서 그날은 끝내 못 참고 회의가 끝나자 부장실로 찾아가서 따졌다. "우리는 열심히 했다" 다른 직원들 앞에서 이게 뭐냐며 "사과하라"고 강력하게 요구하였다. 이 일로 일주일 동안 갈등 관계로 대치하게 되었다.

내담자의 이야기를 듣고 공감이 된다. 이런 경우에는 화가 참 많이 난다. 더구나 직원들 앞에서 지적질을 당하고, 자존심을 뭉개는 상사에 대해서 누가 봐도 참 화가 나겠다. 분명하게 내담자는 열심히 일했고, 성과도 있다고 여겼다. 오히려 상사로부터 과도한 질책을 받고 나니 그동안 참아 온 분노가 폭발하는 것이 당연하다. 직장생활에서 상사와 크게 싸울 수 있다지만, 부하 직원들이 있는 앞에서 자신을 질책하면 도저히 못 참을 것이다. 충분히 이해가 된다.

2) 마음작동 5요인 모델에 의한 명료화 작업[集]

명료화 작업으로 마음작동 5요인은 촉발 자극, 감정, 생각, 갈망, 행동이다. 이

5요인을 점검하면서 내담자의 문제 원인을 탐색한다. 축어록을 정리하면 다음과 같다.

- 그곳에서 많이 화가 났겠어요. 무엇이 내 마음을 자극했나요?

  "…상사의 심한 질책이죠. 너희는 잘못한다. 다른 직원들 앞에서… 아무런 연구도 하지 않는다. 돌대가리이다."

- 그렇군요. 저라도 그런 상황이면 정말로 화가 날만 하겠어요. 그 화난 감정은 어떤 생각에서 비롯된 것 같아요? 당시에 했던 생각들을 다 이야기해 줄 수 있나요?

  "…나는 잘하고 있어. 직원들 앞에서 그렇게 말하면 안 되지… 직원들과 신뢰가 있어야 되는데, 상사가 신뢰를 깨뜨린다… 왜 우리 노력을 인정하지 못하지… 지금 상황이 얼마나 힘든데… 우리는 엄청 애를 썼는데… 이런 노력을 왜 무시하지… 나는 능력이 있는데… 내가 돌대가리이라고… 도저히 참을 수가 없다."

- 정말로? 그러네요. 인정이 됩니다. 그런 생각을 할 때, 당시에 어떤 감정을 느꼈나요?

  "…기대감이 깨지면서 상사를 향한 분노가 극도로 심하게 올라왔어요… 그러다가 시간이 지나면서 자책과 무력감이 올라왔어요… 아이고, 너는 왜 그랬니, 그렇게 하지 않았어도 되는데… 꼭 그렇게 했어야 했나. 인정이 그렇게 필요했나… 슬퍼지고 무력감에 빠져들었어요."

- 많이 아팠겠어요. 그러면서 자책과 함께 많이 우울했겠네요. 회사와 상사에게 뭔가를 기대했는데 그것이 무너졌네요.

  "그렇죠. 노력한 바를 인정받기를 많이 원했죠. 사회적으로 직장 상사에게 당연하게 뭔가를 기대하잖아요. 저도 마찬가지이죠. 상식적인 것들을 말이죠. 그런데 그게 무너진 것 같아요. 내가 잘못 본 것이겠죠."

- 그래서 당시에 어떻게 행동했나요?

  "처음에는 화가 많이 나서 싸웠지만 시간이 지나면서… 나도 어떻게 할 수 없네. 잘 모르겠다는 무력감으로 그냥 오랫동안 울기만 했던 것 같아요. 영화도 보고 잠도 많이 자고 명상도 하고, 그러다가 결국 회사를 그만 두었어요… 그런데 회사를 그만두고 처음에는 홀가분했지만, 시간이 지나면서 많이 우울해졌어요."

3) 마음작동 5요인에 의한 영상관법[滅]

명료화 작업을 끝내고, 그것을 중심으로 눈을 감고 당시의 핵심 장면을 떠올리면서 '마음작동 5요인에 의한 영상관법'을 실시한다. 상담자는 그 장면을 떠올리게 하고, 질문을 통해서 마음작동 다섯 가지 항목들을 체크한다. 내담자는 보고하는 형식을 취한다.

① 눈을 감고 명상을 합니다. 방금 말한 상사와의 장면을 떠올리면서 질문에 대답해 보세요.
  • **장면의 접촉 자극**: 직장 상사의 엄한 질책, 표정과 함께 목소리가 들림
② **주목할 점**: 장면을 떠올리자 그동안 참아 왔던 감정들이 다시 한번 치고 올라옴
  • **느낌**: 엄청난 화, 참을 수 없는 분노(100%)
  • **생각**: 왜 인정을 못하나. 직원들 앞에서 못한다고 비난한다. 우린 정말로 열심히 애썼다. 그런데 질책을 받는다. 이건 온당하지 못하다.
③ **표현**: 분노의 감정을 크게 표현하게 함, 온몸으로 소리를 질러댐, 내담자에게 잘했다고 지지함.
  • **갈망**: 좋은 평가, 인정 받길 바랐지만 기대에 어긋났다.
  • **당시 행동**: 처음엔 따지고 사과를 요구함, 나중에는 무력감과 자책으로 우울해짐. 결국 회사를 그만 두게 됨.
  • **잠재된 미해결 과제 발견**: 어려운 회사 사정을 알고서 나는 열심히 희생적으로 일을 했다. 그래서 참고 참아 왔다. 상사는 그렇게 신뢰할 만한 사람이 아니다. 여기서 그만두는 게 좋겠다… 갑자기 칭찬에 인색한 엄마의 모습이 보인다고 말한다.
④ 상담자는 중요한 발견이라고 격려를 하면서 엄마의 모습을 그대로 바라보라고 하자 내담자가 갑자기 눈물을 흘림, 계속해서 바라보기를 진행함
  • **엄마 모습이 어떤가**: 항상 노심초사하면서 딸을 걱정하는 모습, 그러면서

계속적으로 지적하고 잔소리를 한다… 나는 가까이 가고 싶었지만 엄마에게 다
가가지 못하고 있다… 이제는 나이가 들어서 안쓰러운 모습… 계속 바라보니
조금씩 엄마가 이해가 됨

4) 문제 해결[道]

명상 이후에 핵심 문제를 중심으로 체크한다. 곧 마음작동 5요인에 의한 '영상관법
명상'을 끝내고 '상담'을 진행한다. 이것을 도(道)라고 한 이유는 자신의 모습을 있는
그대로 수용하고 문제의 원인을 통찰하면서 자신을 자책하고 꾸중하기보다는 반대로
자신을 격려하고 지지하는 새로운 행동 방식을 연습해 보는 기초작업인 까닭이다.

- 방금 영상관법을 명상하면서 새롭게 알게 된 점이 있다면요?
  "문득문득 다시 안 좋은 생각이 일어났는데… 반복해서 감정을 깊게 들여다봄이
  좋음… 상사에게 미안함을 느끼지 않음… 이제는 내가 사과를 받지 않아도 된
  다고 생각이 됨."
- 참, 그런데 엄마가 생각난다고 했는데 엄마와 관계가 어땠나요?
  "…엄마요? 저를 많이 사랑했지만 그만큼 간섭도 많이 했죠. 아무리 잘해도 칭
  찬이 부족했던 것 같아요. 그리고 보면 엄마에게 인정받고 싶은 마음이 (상사와
  의 관계에서) 약간 반영된 것 같기도 해요. 그래서 인정받음에 많이 매달린 이유
  도 있는 것 같아요."
- 그것 참 좋은 통찰입니다. 회사에서 '사건'이 있는 후에 자주 문득 떠오르는 생
  각이나 영상이 있나요?
  "상사의 사무실에서 혼자 기다리며 서 있는 자신이 자주 떠오름… 말 없는 벽들
  과 가구들이 보임… 적막감이 느껴지고… 분노와 함께 우울감이 올라와서 헷갈
  리기도 해요."
- 좋아요, 그런 자신에게 어떻게 해 주고 싶나요?
  "외로움에서 우울감이 생겨나는데… 아이(내담자 자신을 표현한 말)가 고개를
  떨구고 돌아가는 허탈감… 다 큰 커다란 나를 안아 주고 싶어요."
- 아, 좋아요. 이번에는 자책하지 말고 자신을 껴안고 격려와 위로의 말을 해 보
  세요.

"…(눈을 감고 자신의 가슴과 어깨를 껴안으면서) … (자신의 이름을 부르면서) 힘들지(계속 눈물을 흘림) … 침묵하는 동료들에 대한 분노와 슬픔이 느껴지는 것이지… 그래도 괜찮아. 넌 충분하게 잘했어. 누가 인정해 주길 바랐지만… 할 만큼 충분하게 넌 했어. 이것으로 충분해. 잘했어. 만족해도 돼."

• (호흡으로 돌아와 끝내고 몸 풀기를 함) 좋아요, 지금은 어떤가요?

"많이 편안해졌어요."

• 침묵하는 동료들 때문에 더욱 화가 나고 슬펐겠어요.

"맞아요. 많이 생각이 났지만 이제는 조금 나아졌어요. 상사나 동료들, 이제 나와 관계가 없다고 생각이 들면서 더욱 마음이 편안해졌어요."

• "네, 축하드립니다."

5) 회사 생활과 가족과의 관계[苦]

여기서 엄마와의 어린 시절의 관계는 깊게 다루지 않는다. 원가족의 문제는 아버지와의 관계를 비롯한 복잡한 문제를 함께 다루어야 하기에, 여기서는 지면 관계로 생략을 하고 곧장 현 가족의 관계를 다루기로 한다.

• 어떤가요? 회사생활은 그렇고, 일상에서 가족과의 관계는? 아이들이나 남편과의 관계는 어떠했나요?

"똑같은 것 같아요. 저는 완벽주의자인 것 같아요. 그래서 자주 가슴이 매우 답답해요. 계속적으로 나를 지적하고 꾸중하면서 자책을 해요. 사실 저는 회사의 상사와 같은 과인 것 같아요… 성과를 내기 위해서 과도하게 일에 매달리고… 저 자신을 비롯해서 직원들에 대해서도 실수를 용납하지 않았던 것 같아요. 그렇다 보니 자주 화를 내고 그 끝은 우울해져요."

• 그렇군요. 성남과 우울은 서로 깊게 연결되어 있네요.

"이 점은 집에 와서도 마찬가지입니다…남편이나 아이들에게 동일한 방식을 요구해요… 이 점은 제게 힘들고 그렇지 않아도 힘없는 저의 에너지를 소진시켰어요. 반복적으로 화를 내고 또 우울해지니까요."

6) 감정형 영상관법[減]

원래 순서라면 제2단계 명료화 작업인데, 먼저 제3단계 영상관법을 실시한다. 이유는 감정적인 접촉이 된 '지금의' 순간을 이어서 활용하려는 것도 있지만, 다음 단계에서 그림그리기를 통한 명료화 작업을 하려는 까닭이다. 그림을 그리려면 내담자가 먼저 영상관법을 하고 난 다음에 그때 경험하고 관찰한 내용을 그림으로 그리는 게 훨씬 편하기 때문이다.

- 자, 영상관법을 시작할게요. 눈을 감고 방금 말한 불안해서 가슴의 답답함에 집중하여 보세요. 제가 질문을 하면 관찰하는 그대로 대답을 해 주시면 됩니다… 지금 어떤 상태인가요? 몸느낌을 이야기해 줄 수 있나요?(몸느낌관찰명상이 사전에 이미 연습이 되어 있음)
  "무언가 가슴을 움켜잡고 있는 것 같아요. 그래서 가슴이 저리고 답답해요."
- 강도는 얼마나 되나요? 전체가 100이라면요?
  "지금은 조금 나아졌지만, 여전히 강도는 90 정도예요."
- 그 답답함의 모양은 어떻게 생겼나요?
  "검은 색깔의 손바닥만 한 바위같아요."
- 그러면 이제 그 손바닥만 한 바위를 호흡과 함께 조용히 지켜보기를 해 봅니다(이미 호흡명상이 연습이 된 상태임) (1분 정도가 지난 다음에) 지금은 어떤가요?
  "많이 줄어들었어요. 강도는 50 정도이고요. 바위 색깔이 검은색에서 회색으로 바뀌었고, 크기가 점점 줄어들고 있어요."
- 좋아요. 계속해서 호흡과 함께 가슴의 바위를 지켜보시길 바랍니다. 판단은 멈추고 주의집중을 가슴의 느낌에 두면서요. (1분이 지난 다음에) 지금은 어떤가요?
  "편안해졌어요. 가슴의 바위는 밝은 주홍색이 되어 가면서 없어졌어요… 지금은 답답한 느낌은 사라지고 시원한 느낌도 들어요."
- 답답한 느낌은 어느 정도이고, 시원함은 어느 정도인가요?
  "답답함은 10 정도이고요, 시원함은 60 정도가 됩니다."
- 네, 잘했어요. 이제는 호흡으로 돌아오세요. 크게 심호흡을 해 보세요. (심호흡을 마친 다음에 상담자의 지시에 따라서 몸풀기를 함)

7) 그림과 함께하는 명료화 작업[集]

영상관법을 끝내고 명료화 작업은 제2단계인데, 여기서는 먼저 영상관법을 끝내고 명상에서 관찰한 내용을 그림 그리기로 한다. 이것은 앞에서 영상관법으로 체험한 내용을 인지적으로 명료화하는 작업의 일종이다. 먼저 영상 이미지를 접촉한 순간에 일어난 감정을 그리고, 그다음에는 영상을 관찰하면서 감정의 변화를 그리고, 마지막으로 감정이 모두 사라진 상태를 그린다.

여기서는 내담자가 그린 그림을 제공하지 않기로 한다(내담자의 허락도 문제이지만, 흑백 인쇄라서 모양과 색깔이 충분하지 못한 까닭이다). 내적인 변화를 관찰하고 그린 그림을 보면서 어떻게 상담을 진행하는지 그 과정을 구체적으로 볼 수 있을 것이다. 세 장의 그림은 앞서 언급한 '집착' '관찰' '참나'라는 세 종류의 마음을 나타낸다.

- 명상을 끝내고 그림을 그려 보니 어떤가요?

  "영상으로 관찰한 내용을 그림으로 그린다는 게 쉽지는 않아요. 그래도 잘 그려진 것 같아요. (웃음) 마음으로 보았던 이미지를 그대로 그리려고 했어요. 정리되는 기분입니다."

- 어떻게 마음의 변화가 일어났나요?

  "가벼워진 것 같아요."

- 가슴에 손모양의 바위가 있군요. 90 정도는 되는 상당하게 강한 압박감인데 어떤가요?

  "네, 강한 압박으로 가슴을 쥐고 있는 것 같아요. 마치 뭔가를 해야 되는데 그것이 이루어지지 못한 답답함과 막막함이 항상 있어요… 그래서 자꾸 화가 났고, 그렇지 않으면 우울했던 것 같아요."

- 아, 좋은 통찰입니다. 가슴의 답답함이 분노의 핵심 요소라는 거잖아요.

  "어찌할 바를 몰라서 화를 내고, 그런 다음에는 나 자신을 못살게 자책했던 것 같아요. 이제 생각을 해 보면 시발점은 가슴에서 풀리지 않는 답답함인 것 같아요."

- 네, 좋아요. 첫 번째 그림은 분별의 집착을 표현한 것인데, 무엇에 집착된 것 같나요?

  "마땅히 해야 할 규칙이나 지켜야 할 약속에 집착하고, 그것이 어긋나면 가족에게 화를 내고 답답해하는 모습 같아요. 이것은 엄마가 그랬는데, 이제 내가 그렇게 하고 있어요."

- 그렇군요. 그렇게 인정이 된다는 말이니 참 좋군요. 그런데 그림에서 바위 같기도 하고 '손' 모양으로 영상이 표상되었는데, 이건 무엇을 의미하는 것 같나요?

"손에 뭔가가 잡혀 있다는 느낌이 들어요. 규칙인 것 같기도 하고, 남편이나 아이들 같기도 해요. 혹은 도움의 손을 내미는 듯한… 아무튼 뭔가 책임감과 같은 것이 내 가슴을 쥐고 있다는 느낌이 아닐까 해요."

- 그렇군요. 그런 것 같습니다. 뭔가가 가슴을 세게 잡고 있는 느낌이요. 누르는 '바위'는 강박과 같은 종류 같은데 동의합니다. 그것들을 관찰하면서 그 변화가 드러난 두 번째 그림은 어떤가요? 관찰은 잘 진행되었나요?

"아주 선명하게 영상이 잘 떠올라 왔어요… 바라보고 있으니 참 신기하게 소멸되고… 강도가 줄어들면서 변화가 일어나요. 색깔이 점점 회색으로 변하더니 나중에는 밝은 색깔로 바뀌면서 점차 편안해졌어요."

- 아, 축하드립니다. 무엇이 이런 변화를 가져오는 것 같나요?

"몸느낌 자체에 집중하는 것… 바위같은 돌덩이를 판단하지 않고 그냥 바라보니까 변화가 되는 것 같아요. 그리고… 호흡도 큰 역할을 하는 것 같아요. 감정이 분리되는 느낌이 들어요."

- 좋아요, 좋은 경험을 했습니다. 마지막 세 번째 그림을 설명해 주실래요?

"어두운 색깔이 밝은 색깔로 바뀌니까 정말로 편안해졌어요. 답답함이 풀리고 막막함이 해소되는 듯한 느낌이죠. 색깔이 밝아지니 마음이 한결 가벼워지고 시원해지는 것 같아요."

- 네, 이렇게 3장의 그림을 보니 마음이 어떻게 변화되었는지 한눈에 보입니다. 그런데 여기서 '참된 나'를 찾아본다면 무엇이 참 나인가요?

"세 개의 그림 가운데 아무래도 집착에서 벗어나서 자신을 관찰하고… 한결 가벼워진 세 번째 그림이 '참 나'를 그린 게 아닐까요?"

- 네, 그렇군요. 그런데 무엇이 문제이죠?

"가족에게나 주변 사람들에게 너무 규칙을 강요하는 것이요. 이것을 확실하게 느꼈어요. 조금만 어긋나도 잔소리하고, 그런 다음에는 자책하고, 나 스스로를 힘들어했던 것 같아요."

- 앞으로 어떻게 하고 싶나요?

"좀 더 편안하게 대하고 싶어요. 지나면 결국 별것도 아닌데… 너무 내가 안달했던 것 같아요. 어릴 때 조금만 실수해도 엄마가 그랬죠. 이젠 내가 그래요. 닮았어요. 금방 바뀌지지 않겠지만 알아차림하면서 노력을 해 보겠어요."

• 네, 좋아요. 파이팅입니다.

8) 문제 해결[道]

• 지금까지 살펴본 바처럼 회사 생활이나 가족과의 관계에서 뭐가 문제인 것 같나요?

"두 가지 같아요. 엄격한 잣대를 가지고 동료나 가족에게 들이대죠. 그러다가 맘에 들지 않으면 화를 내고, 혼자 있으면 우울에 빠져요."

• 맞아요. 그런 것 같아요. 뭐가 문제이죠?

"완벽주의입니다. 내 기준에 맞지 않으면 먼저 화를 내요."

• 그러게요. 완벽주의를 선택하면 어떤 좋은 일이 있죠?

"아, 엄마에게 질책을 받지 않죠. 엄마의 지적을 피하는 길인 것 같아요. 애써 실수를 하지 않도록 노력을 하면 그날은 편하게 넘어갈 수 있었죠… (눈물을 흘림)… 그런데 이제는 제가 가족에게 그렇게 해요. 인정을 받고 싶어서 그렇게 했던 것 같아요. 회사에서도 그렇고, 엄마와의 관계에서도 그렇고… 가족과의 관계에서도 마찬가지이고요. 그래야 안심이 되니까."

• 가족과 주변 인물들을 많이 도와주죠? 어떤가요?

"맞아요. 바로 그것도 제 문제예요. 상대방이 원하기도 전에 내가 알아서 도와주려고 하죠. 이게 참 힘든 일인데 멈추기가 쉽지 않네요."

• 무엇을 위해서 그렇게 하죠?

"그것은… 부끄럽지만, 사랑받고 싶어서 그래요. 관심을 받고 싶어서… 혼자 서 있는 막막함은 끔찍해요."

• 그게 문제라면 앞으로 어떻게 하면 좋을까요?

"여기서 배운 게 있다면 알아차림하는 것입니다. 쉽지 않지만 누군가를 돕고자 하고 완벽주의가 발동하면, 곧 그것을 알아차림하는 것입니다."

• (박수를 치면서) 좋아요. 내 안에서 완벽주의가 나타나면 '완벽주의'라고 이름을 붙이고, 만약에 사랑받고 싶은 갈망이 일어나면 곧 알아차림하고 '사랑받고 싶

음'이라고 이름 붙이기를 하면 좋을 것 같아요. 이게 일상에서 하는 '라벨링(이름붙이기) 명상'입니다. 어떤가요? 이것을 일상에서 지속적으로 하기 위해서는 '명상일지'를 작성해 보면 좋을 것 같아요.

"명상일지? 그것은 어떻게 하는데요?"

- 일단은 문제가 되는 짜증이나 우울감이 찾아오거나, 아니면 누군가를 돕고자 하는 마음이 생겨나면 곧 그것을 스마트폰에 기록을 해 두는 것입니다. 그때의 날짜와 함께 그때의 상황을 간단하게 기록하고, 그때 느꼈던 '자극' '감정' '생각' '갈망' '행동' 등을 '마음작동 5요인'에 따라서 기록합니다. 다음에 오실 때 자유롭게 기록해서 가져와 보세요. 부담감 갖지 말고 그냥 한번 자유롭게 작성해 보세요. 그러면 제가 점검해 보도록 하겠습니다. 오늘 참 수고했습니다.

"네, 감사합니다. 다음 주에 뵙겠습니다."

6. 요약

명상심리상담은 '명상에 기반한 상담'이다. 내적 성찰의 동양적 명상과 사회적인 관계를 중시하는 서구에서 개발된 심리상담 이론의 통합적인 접근을 중시한다. 심리적 '진단'은 주로 서구에서 개발된 심리치료적 도구를 활용한다면, 치료적 전략은 언어적인 대화보다는 체험하는 '명상적 접근'을 사용한다. 명상의 경우에는 번뇌를 관찰하는 '위빠사나' 기술과 함께 영적인 본성을 질문해서 '참나'를 찾아가는 '간화선'의 방법을 통합해서 운영한다.

명상심리상담의 심리학적 주요 개념으로 '집착의 마음' '관찰하는 마음' '영적 본성'이라는 세 종류의 마음과 자극, 감정, 생각, 갈망, 행동으로 구성된 '마음작동 5요인'과 함께 핵심 명상 기술로 자주 활용되는 호흡명상, 몸느낌관찰명상, 영상관법, 참된 자기를 참구하는 간화선 명상 등을 소개한다.

명상심리상담의 치료적 목표는 일차적으로는 내담자의 심리적인 과제를 이해하고 현실적인 문제 해결을 위한 네 가지 '절차'를 제시한다. 명상수행의 목표는 일상생활 속에서 명상수행을 통한 웰빙 상태를 경험하고, 궁극적으로는 영적 성찰과 함께 본성(참나)을 깨닫고 실현해 가는 삶을 지향한다. 명상심리상담의 네 가지 절차적 목표는 다음과 같다.

첫째, 내담자의 주호소 문제가 무엇이고, 어떻게 고통받는지 이해하면서 라포 형성을 한다.

둘째, 내담자/환자의 고통이 발생하는 원인과 그 발생의 패턴 양상을 분명하게 안다.

셋째, 호흡명상과 몸느낌관찰명상이 결합된 영상관법을 통해서 내담자/환자의 핵심 증상을 노출하여 충분히 감정을 느끼고, 그 변화를 통찰하면서 스스로 치유의 과정을 경험하도록 돕는다.

넷째, 사례별로 반복적인 영상관법을 통해서 자신의 문제를 발견하고 해결하는 현실적 대안을 탐색하고, 나아가 참된 자기를 찾아서 실천할 수 있도록 돕는다.

🔘 연습 과제

1) 호흡명상을 실습하고 토론해 보세요.

2) 몸느낌관찰 명상을 실습하고 토론해 보세요.

3) 영상관법을 실습하고 토론해 보세요.

4) 명상심리상담의 치료적 목표와 4단계 절차를 기술해 보세요.

5) 사례 분석을 통해서 무엇이 '참나'인지 토론해 보세요.

🔘 주관식 문제

1) 명상이 현대 사회에서 붐을 일으킨 배경을 구체적으로 설명해 보세요.

2) 명상하면서 발견되는 마음의 세 종류를 구체적으로 예시하여 설명해 보세요.

3) 위빠사나 명상과 간화선 명상의 차이점을 논술해 보세요.

4) 마음작동 5요인을 요약하고 구체적인 사례를 제시하여 분석해 보세요.

5) 영상관법의 구체적인 절차를 사례를 들어서 논술해 보세요.

📑 참고문헌

인경(2012). 명상심리치료-불교명상과 심리치료의 통합적 연구. 서울: 명상상담연구원.

인경(2022). 쟁점으로 살펴본 현대 간화선. 서울: 조계종출판사.

인경(2023). 화두참구에 대한 내러티브적 접근-구산선사께 배운 가르침을 중심으로. 보조사상, 67, 9-55.

인경(2024). 영상관법과 마음치유. 서울: 명상상담연구원.

Dhar, N., Chaturvedi, SK., & Nandan, D. (2011). Spiritual health scale 2011: Defining and Measuring 4th dimension of health. *Indian Journal of Community Medicine, 36*(4): 275-282.

Gurdjieff, G. (2010). *Meeting with a remarkable man: Reflections on the greater Kusan.* : Martino Fine Books.

Hart, W. (1991). 단지 바라보기만 하라-고엔카(S. N. Goenk)의 가르침(*The art of living: Vipassana meditation as taught by S. N. Goenka*), (인경 역), 서울: 길출판사. (원저는 1945년에 출판)

Maslow, A. H. (1996). 'Critique of self-actualization theory'. In E. Hoffman (Ed.), *Future visions: The unpublished papers of Abraham Maslow* (pp. 26-32). Thousand Oaks, CA: Sage.

Segal, Z. V., Williams, J. M. G., & Teasdale, J. D. (2002). Mindfulness-based cognitive therapy for depression: A new approach to preventing relapse. New York: The Guilford Press.

Teasdale, J. D., Segal, Z. V., & Williams, J. M. G. (1995). How does cognitive therapy prevent depressive relapse and why should attentional control (mindfulness) training help?. *Behavioral Research Therapy, 33*(1), 25-39.

Teasdale, J. D, Segal, Z. V, Williams, J. M. G, Ridgeway, V. A, Soulsby, J, M, & Lau, M. A. (2000). Prevention of relapse/recurrence in major depression by mindfulness-based cognitive therapy. *Journal of Consulting and Clinical Psychology, 68*(4), 615-623.

2부

대상자별 심리상담

11장

가족치료

  가족치료를 이해하기 위해서는 가족치료의 발달단계와 가족치료 이론을 알아보는 것이 필요하다. 가족치료의 이론은 초기가족치료이론과 후기가족치료이론으로 분류되는데, 초기가족치료이론에는 정신분석적 가족치료, 의사소통 가족치료, 다세대 가족치료, 경험적 가족치료, 구조적 가족치료, 전략적 가족치료, 인지행동 가족치료가 해당된다. 후기가족치료이론에는 단기해결중심치료, 내러티브상담, 정서중심가족치료와 통합적 모델이 포함된다.

  이 장에서는 가족치료의 발달단계와 가족치료이론 중 다세대 가족치료, 경험주의 가족치료, 구조적 가족치료, 단기해결중심치료, 내러티브상담의 주요 인물, 이론적 발달, 치료목표 및 치료기법을 중심으로 기술하고자 한다. 그리고 내러티브상담의 치료사례를 통해 가족치료에 대해 이해하도록 한다.

1. 가족치료의 발달단계

  정신질환의 원인을 개인 내적인 문제로 인식하여 가족을 대상으로 유전적인 요인을 찾았던 유럽과는 달리, 여러 민족이 모여 하나의 국가를 건설한 미국은 가족에 대한 환경적 요인에 관심을 가졌다.

  1940~1960년대는 가족치료의 태동기로서 제2차 세계대전 후, 가족의 안정성과 회

복에 대한 관심이 증가되었다. 이 시기에 조현병은 가족 내에서 발생한 대인적·관계적 현상이라고 보았다. 해리 설리반(Harry Sullivan)은 부모-자녀 간의 의사소통 왜곡의 병리성에 의한 조현병 가족연구를 발전시켰고, 프리다 프롬-리히만(Frieda Fromm-Reichmann)은 어머니가 자녀의 조현병을 유발한다고 보았다. 이는 어머니와-자녀의 동반 면담과 가족평가를 탄생시키는 계기가 되었다. 리츠(Theodore Lidz)는 조현병 환자 가족관계를 분열과 왜곡, 윈(Lyman Wynne)은 거짓 상보성, 베이슨(Gregory Bateson)은 이중 구속, 휘터커(Carl Whitaker)는 조현병 치료를 위해 가족의 변화를 목표로 치료적 개입을 하였다. 그리고 보웬(Murray Bowen)은 조현병 가족에 대한 개념을 미분화된 자아로 보았는데, 이는 가족치료의 기초가 되었다. 즉, 이 시기에는 조현병을 이해하기 위해 가족의 역할과 의사소통 유형을 고려하기 시작하였다.

1970년대는 가족치료의 정착기로서 일반체계이론과 사이버네틱스의 개념이 도입되면서 유기체적 사고에 대한 관심의 필요성이 대두되었다. 그리고 피드백에 관한 연구를 통해 사람들 간의 상호작용과 관계 패턴에 초점을 두었다. 이 시기는 정신분석을 비롯해 여러 가지 치료적 배경을 가진 임상가들이 가족치료에 참여해서 가족치료 모델을 발전시켰다. 특히 조현병 가족에 대해 더 이상 가족을 조현병의 원인 제공자로 보지 않고, 가족을 전체의 상호작용으로 본 체계론적 이론이 대두되면서 가족체계와 상호작용을 중요시하기 시작하였다. 이는 문제의 원인을 한 개인이나 가족이 아닌 가족 내의 관계에서 찾기 시작한 중요한 전환점이라고 볼 수 있다.

1980~1990년대는 가족치료의 전환기 및 혁신기로서 한 가지 모델을 고집하지 않고 초기 가족치료의 여러 모델을 통합하고, 필요에 따라서는 적절하게 특정 모델을 사용하였다. 1980년대 이전의 가족치료 모델은 근대과학의 전제인 객관성, 보편성, 절대적 진실이라는 구조주의(Structuralism)가 기반이었는데, 1980년 이후에는 구조주의에 회의를 가지면서 구성주의(Constructivism)의 관점과 체계론적 인식의 한계를 지적하고 가족치료의 체계를 언어체계로 이해하기 시작하였다(Anderson & Goolishian, 1988). 뿐만 아니라 1970년대 이후 여성주의 관점도 그동안 남성 위주의 가치관에 근거한 개념에서 탈피하는 계기가 되었다. 이러한 움직임은 빈곤층, 소수민족, 동성애자, 여성, 흑인인권운동 등과 같은 소수 계층의 내담자들에 대한 관점이 달라지게 하였다. 즉, 통제가 아닌 가족과 가족 구성원 개개인의 강점과 임파워먼트(Empowermwnt)를 강조하기 시작하였고, 이는 사회구성주의(Social Constructivism) 관점의 치료가 도입되는 계기가 되었다.

1990년대의 가족치료는 포스트모더니즘 시대로서 치료사와 내담자의 관계가 달라지게 되었다. 포스트모더니즘 시대의 가족치료는 가족을 개인, 가족이라는 대상으로 보지 않고 개개인을 심리적으로 돕는 치료과정 그 자체를 강조하기 시작했다. 또한 절대적 진실, 보편성, 객관성이 아닌 다양성, 차이, 비본질주의, 탈중심적, 탈이성적, 개인이 가지고 있는 고유한 지식을 강조하였다. 이로 인해 포스트모더니즘 시대의 가족치료는 치료사와 내담자가 치료과정 속에서 언어를 통해 삶에서 놓치고 있었던 현실을 새롭게 구성해 가면서 자신의 새로운 스토리를 만들어 낸다고 보았다. 즉, 포스트모더니즘 시대에는 언어의 역할과 치료사와 내담자의 협력적이고 동등한 관계를 강조하였다.

2000년대의 가족치료는 가족치료의 통합기로서 특정 학파의 이론보다는 내담자나 가족이 가진 문제에 도움이 되는 모델을 통합해 사용하기 시작했고, '지금-여기'라는 과정 중심의 가족치료에 심리적 측면을 강조하였다. 이 시기에는 정서중심 가족치료 (Emotional Focosed Couple Therapy: EFT)와 실천의 중요성을 강조하기 시작하였다.

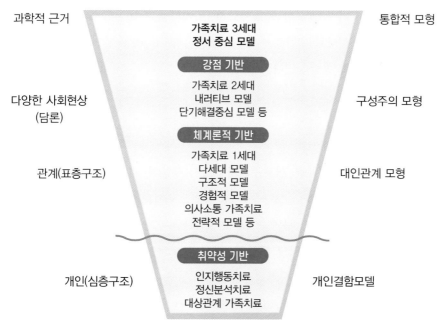

[그림 11-1] 가족치료에 대한 패러다임의 변화

출처: 김유숙(2022)에서 수정.

2. 다세대 가족치료

1) 주요 인물

정신분석학자인 머레이 보웬(Murray Bowen)은 1940년대에 메닝거 클리닉(Menninger Clinic)에서 정신과 의사로 일할 때부터 가족에 대해 관심을 가졌다. 정신분석치료의 원칙은 치료사-환자 간의 전이관계의 오염을 방지하기 위해 치료사가 가족을 접촉하지 않는 것이었으나, 보웬은 다른 동료들과 달리 환자 가족과 상당한 교류를 하였기에 환자와 그들의 가족관계에 흥미를 느끼고 연구하였다.

이후 보웬의 제자들 중 필립 게린(Philip Guerin)과 토마스 포가티(Thomas Fogarty)는 1973년 뉴욕 뉴로셀(New Rochelle)에 가족학습센터(Center for Family Learning)를 설립하여 가족치료와 훈련을 담당하였고, 베티 카터(Betty Carter)와 모니카 맥골드릭(Monica McGoldrick)은 가족생활주기에 대한 저서와 가족치료에서의 여성주의 옹호자로 명성을 떨쳤다. 마이클 커(Michael Kerr)는 1977년부터 보웬의 제자들 중 다세대 가족치료 이론의 가장 충실한 옹호자로서, 조지타운 가족상담소(Georgetown Famiy center)의 소장을 역임하였고 『가족평가(Famly Evaluation)』(Kerr & Bowen, 1988)을 통해 보웬의 이론을 가장 잘 설명하였다.

2) 이론적 발달

가족치료 선구자들은 대부분 실용주의자들로서 행동과 기법에 더 관심을 가졌으나, 보웬(Bowen)은 일련의 치료기법보다는 사고 방법으로서의 체계이론에 더 관심을 가졌다. 보웬은 우리의 삶에는 만성불안(Chronic Anxiety)이 항상 존재하고, 만성불안의 감소는 분화를 통해서만 가능하다고 보았다. 보웬의 체계이론은 자아 분화, 정서적 삼각관계, 핵가족 정서체계, 가족투사과정, 다세대의 전수 과정, 출생 순위라는 상호 연결적인 여섯 가지의 개념(Bowen, 1966)을 통해 가족이 여러 세대에 걸친 관계망을 통해 어떻게 개별성(Individuality, 가족 내에 분리하고자 하는 힘)과 연합성(Togetherness, 가족 내에 연합하고자 하는 힘)의 상호작용을 계속해 오는가를 설명하였다. 그리고 개별성과 연합성이 서로 균형을 이루고 있을 때가 이상적이며, 연합성의 불균형은 융해(fusion)나 미분화(undifferentiation)라고 명칭하였다. 이후 1970년대에 다세대 가족치료는 정서적 단절과 사회적 정서 과정이라는 두 가지 개념을 추가하였다.

• **자아분화**: 정신내적 개념인 동시에 대인관계적 개념으로서 정신내적 측면에서는 지적 기능이 정서적 기능에서 얼마나 분화[1]되어 있는가를 의미한다. 대인관계적 측면에서는 자아분화가 잘 이루어지지 못한 사람은 확고한 자아를 발달시키지 못하고, 거짓자아가 발달하게 되므로 자신의 일관된 신념을 가지고 자주적이며 독립적인 행동을 하지 못한다.

　개인의 자아가 가족 자아 집합체에서 얼마나 분화되어 있는가를 사정하기 위한 자아분화 척도는 〈표 11-1〉과 같다. 0~25는 가족 및 다른 사람에게 정서적으로 융합되어 있어 낮은 자아분화에 속하고, 50~75는 스트레스가 발생해도 감정에 지배되지 않을 만큼 자아분화가 충분히 발달되어 있다는 것을 의미한다. 75~100은 사고와 정서가 균형 있게 잘 발달되어 있으나 이런 사람은 드물다. 자아분화 척도에서 '정상'이라는 개념은 없다. 만약 자아분화의 정도가 낮더라도 일상생활에서 정서적인 안정을 갖고 아무 증상 없이 살아간다면 다른 기준에서 정상에 속할 수 있기 때문이다. 대부분의 사람은 스트레스를 많이 받고, 상처받았을 때 증상을 드러내기 쉽다.

표 11-1 자아분화 척도

• 0~25: 가족 및 다른 사람에게 정서적으로 융해되어 자기 자신의 사고는 활동하지 못하고 감정에 지배되는 생활을 한다. 이런 사람은 융통성이 적고, 적응력이 부족하며, 정서적으로 의존적이다.
• 25~50: 여전히 다른 사람의 정서적 체계와 반응에 유도된다. 이런 사람은 목표지향적 행동을 하고 있으나, 이것은 다른 사람의 인정을 받기 위한 행동이다.
• 50~75: 스트레스가 발생해도 감정에 지배되지 않을 만큼 사고가 충분히 발달되어 있으며, 잘 발달된 자의식을 가지고 있다.
• 75~100: 대체로 사고와 감정이 균형 있게 발달되어 있으나 이런 사람은 매우 드물다.

출처: 김유숙(2014), p. 236.

---

1 분화란 내적 또는 외적인 정서적 압력에 자동적으로 반응하지 않고 생각할 수 있는 능력, 또한 불안에 직면하더라도 유연하고 현명하게 행동할 수 있는 능력이다. 분화된 사람은 사고와 감정 사이에 균형과 자제력이 있고 객관적인 반면, 분화되지 못한 사람은 자율성이 부족하며 다른 사람과 융해되려는 경향이 있다.

- **정서적 삼각관계**: 어떤 두 사람이 자신들의 정서적 문제에 또 다른 한 사람을 끌어들이는 형태를 기술하는 개념으로, 삼각관계가 일어나는 주요 요인은 자아분화 수준과 가족관계 안에서 경험하는 긴장 정도이다. 정서적 삼각관계는 갈등이 깊은 부부가 그들의 문제를 해결하지 않은 채, 어린 자녀를 끌어들여서 어린 자녀의 문제행동에 초점을 맞추면서 긴장을 완화시키는 것이다. 이때 부부 사이에 긴장이 심화되면 삼각관계에서는 부모 한 사람과 자녀 사이에 강한 애착 관계를 유발할 수 있다. 이때 삼각관계에 휘말리는 자녀가 상처받기 쉬운 성향을 가진 자녀라면 유분증이나 분리불안 또는 비행과 같은 여러 가지 문제 증상을 보일 수 있다. 삼각관계에 가장 큰 영향을 미치는 것은 불안이며, 불안이 심할수록 사람들은 다른 사람과 정서적으로 가까워지려고 하거나, 정서적으로 거리를 두려고 한다. 두 사람의 관계에 끼어들은 제삼자가 일시적으로 둘 사이에 관여하거나, 두 사람으로 하여금 문제를 해결하도록 도우면 삼각관계가 고착되지 않지만, 부모-자녀 관계처럼 오랜 시간 계속해서 부부 사이에 자녀가 관여하게 되면 이러한 삼각관계는 굳어지게 된다. 다세대 가족치료에서 치료사는 정서적 삼각관계에 연루되지 않으면서 두 사람 사이에서 중립적이고 객관적인 관계를 통해 가족관계를 개선하는 '탈삼각화'가 치료목표이다.
- **핵가족 정서체계**: 여러 해를 두고 반복적으로 작용하는 가족 내의 정서적 기능에 대한 것이다. 예를 들어, 원가족과 분화가 이루어지지 못한 부모는 자신의 부모와 정서적 단절이 생기기 때문에 현재의 가족생활에서 융해[2]를 이루어서 안정을 찾으려고 한다. 그러므로 자아분화가 낮은 사람이 결합할수록 두 사람의 자아가 융해되어 너가 나이고 내가 너인 공동자아를 형성한다. 이러한 융해는 불안정하며, 때로는 부부간의 정서적 거리감을 증가시켜서 자녀에게 자신들의 문제를 투사하는 등 여러 가지 부적응을 초래할 위험성이 있다. 이때 문제의 심각성 정도는 미분화의 정도, 자신이 태어난 원가족으로부터의 정서적 단절 정도, 가족체계 내에서의 스트레스 수준에 따라 달라질 수 있다.
- **가족투사과정**: 부모가 자신의 미분화를 자녀들에게 전달하는 과정으로, 미분화는 세대에 걸쳐 진행된다. 자아분화 수준이 낮은 부모는 미분화에서 오는 불안을 삼각관계를 통해 회피하려고 하고, 특정 자녀와 공생 관계를 형성해서 자기 문제를 투사

2　융해(fusion)는 한 사람이 다른 사람과 정서적으로 매우 가까워서 자신의 경계가 애매한 상태로서 자기분화와 대립되는 용어이다. 융해의 특징은 다른 사람과의 개별성, 자립을 유지하는 능력을 저하시킨다.

시킨다. 이때 투사 대상이 된 자녀는 최소한의 자아분화만을 한 채, 부모와 밀착 관계를 형성한다. 이처럼 가족투사과정은 자녀세대를 희생시키면서까지 부모세대의 미분화에서 발생한 불안을 경감시키려고 한다.

• **다세대 전수과정**: 가족의 정서 과정이 대를 이어 전달되는 과정을 설명하는 것이다. 다세대 전수과정은 자아분화 수준이 낮은 사람이 자신과 비슷한 분화 수준을 가진 사람과 결혼하고, 다음 세대인 자녀에게 그들이 가진 미분화된 특징을 투사해서 자녀의 자아를 더욱 미분화 상태에 놓이게 하는 것을 말한다. [그림 11-2]는 개인의 자아분화 수준이 대대로 전달되는 것을 나타내는 것으로, 약물·알코올 의존 문제나 남편의 실직으로 아내가 가족을 부양하는 것과 같은 역기능의 문제는 개인의 질병이 아니라 가족체계에서 누적된 자아의 미분화된 결과라고 본다.

• **출생 순위**: 보웬은 성격 형성에 출생 순위가 영향을 미칠 수 있다고 보았다. 이때 보웬은 생물학적 출생 순위뿐 아니라, 기대를 걸었던 장남이 사고로 사망하면 그 다음 순위인 둘째 자녀가 부부의 삼각관계에 휘말릴 가능성이 높다고 보는 기능적 출생 순위까지 그 개념을 확대하였다.

• **정서적 단절**: 한 개인과 자신의 원가족 간의 미분화, 그것과 관련된 정서적 긴장을 설명한 것으로, 극심한 정서적 분리를 의미한다. 정서적 단절은 세대 간의 잠재된 융해의 문제를 반영하기 때문에 세대 간의 정서적 융해가 심할수록 정서적 단절의 가능성 또한 높다.

• **사회적 정서 과정**: 환경이 가족에게 영향을 미치는 것처럼, 사회 내의 정서적 과정

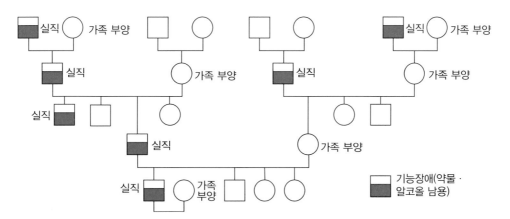

[그림 11-2] 기능 수준의 균형과 역할 유형의 반복

출처: McGoldrik, Gerson, & Shellenberger(2005), 정문자 외(2019)에서 수정

은 가족 내의 정서적 과정에 중요한 영향을 미친다. 사회에서의 불안과 스트레스가 높을 때 융화의 압력이 강해지고, 집단 분화 수준이 낮을수록 사회 구성원의 이기심과 공격성, 회피성이 높아진다. 보웬은 개인이나 가족의 자아분화 수준이 낮으면 부정적인 사회적 영향에 보다 잘 대처하지 못하는 반면에 자아분화 수준이 높으면 부정적인 사회적 영향에 보다 잘 대처할 수 있다고 보았다.

3) 치료목표 및 치료기법

다세대 가족치료에서는 치료목표를 세우기 전에 가족문제가 가족체계에 어떻게 작용하는지를 철두철미하게 이해하고 있어야 한다. 치료는 과거로 돌아가서 부모, 조부모, 그 밖의 친척들을 찾아 잘 지내는 법을 배워 나가는 것이다. 치료는 반드시 가족 전체를 단위로 할 필요는 없지만, 전체 가족을 체계론적으로 본다. 다세대 가족치료는 치료 시 개인에게 삼각관계에 대해 설명하고 삼각관계에서 벗어나도록 원가족과의 상호작용을 재조명한다. 즉, 개인의 자아분화를 발달시켜 개인뿐만 아니라 개인이 속한 전체 가족에게도 치료적 영향을 미치는 것이 다세대 가족치료의 치료목표이다.

다세대 가족치료의 주요 기법으로는 탈삼각화, 가계도, 과정질문, 코칭, 나의 입장 기법 등이 있다.

- **탈삼각화**: 다세대 가족치료에서 한 개인은 원가족의 경험과 관련되어 있기 때문에 원가족 속에서 자신의 위치를 이해하는 것이 중요하다. 치료단위와 상관없이 치료목표는 '자기 분화'에 있다. 궁극적으로 자아분화는 자신과 관련된 삼각관계를 인식하고 탈삼각화하는 것으로, 가계도에서 얻은 정보에 의해 자신들의 삼각관계를 인식하는 것이 중요하다. 이때 치료사는 가족 안에서 표면적으로 드러나는 내용보다는 가족의 상호작용 과정에 관심을 집중하여 가족체계 안에서 자신의 문제를 분석하고 변화할 수 있도록 돕는다.
- **가계도**: 다세대 가족치료에서는 치료 초기에 확대가족을 포함한 가족의 정보를 얻기 위해 가계도를 사용한다. 가계도(genogram)란 3세대 이상에 걸친 가족 구성원에 관한 정보와 그들 간의 관계를 도표로 기록하는 작성 방법이다. 가계도는 가족체계 내에서 다양한 집단의 지리적 위치와 문화적 · 경제적 · 교육적 수준과 같은 사회관계망, 원가족과의 융합 또는 융해 문제, 미분화 문제, 핵가족 정서체계, 정서적 단

절, 삼각관계 등을 탐색할 수 있다.

[그림 11-3]은 프로이트 가계도이다. 가계도는 가족에 관한 정보가 도식화되어 있기 때문에 복잡한 가족유형의 형태를 한눈에 볼 수 있다는 이점이 있다.

[그림 11-4]와 [그림 11-5]는 가계도의 기호와 관계를 나타내는 선의 예이다.

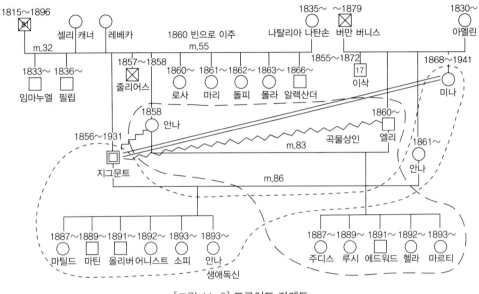

[그림 11-3] 프로이트 가계도

출처: 김유숙(1998).

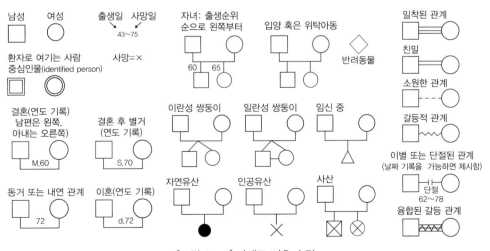

[그림 11-4] 가계도 기호 수정

출처: 정문자 외(2019).

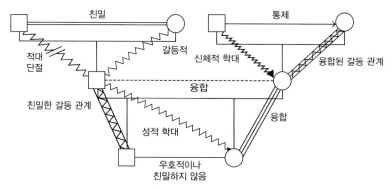

[그림 11-5] 가계도에서 관계를 나타내는 선

출처: McGoldrick et al. (2005).

- **과정 질문(Process Question):** 가족 안에서 내담자의 정서보다는 인지와 사고에 초점을 두고 탐색하는 질문기법이다. 예를 들어, 딸이 남자친구와 데이트를 하면 극도로 불안해하는 아버지에게 "딸이 데이트하러 나갈 때, 당신은 속으로 무슨 생각을 하나요?"라는 과정 질문을 통해 아버지의 마음을 가라앉히고 불안을 감소시켜, 아버지의 불안이 딸의 대인관계 문제에 어떻게 개입되고 있는지를 사고하도록 돕는다.

- **코칭(Coaching):** 내담자들이 직접 자신들의 가족문제를 해결해 나갈 수 있도록 치료사가 중립적이고 객관적인 조언을 통해 가족 개개인의 분화를 돕는 기법이다. 코칭의 목적은 내담자가 자신에 대한 이해를 높여 가족 구성원과 보다 기능적으로 관계하도록 돕는 것이다.

- **"나의 입장"기법(I-Position):** 상대방의 행동보다는 내 자신의 감정에 초점을 맞추어서 이성적으로 표현하는 방법이다. 예를 들어, 일요일에 소파에 누워 있는 남편을 보면서 "당신은 정말 게을러. 소파와 아주 한 몸이 되었네"라고 말하는 아내가 있다고 하자. 이때 아내의 감정은 무엇일까? 아내의 감정은 '일요일에는 나도 쉬고 싶어. 나는 집안일 하느라 바쁜데 남편은 아무것도 안 해서 화가 나. 남편이 좀 도와주면 빨리 집안일을 끝내고 쉴 수 있을 텐데'라는 화가 나고 서운한 감정일 것이다. '나의 입장' 기법은 아내의 화가 나고 서운한 감정에 초점을 맞춘 후 이를 이성적으로 "당신이 나를 좀 도와주었으면 좋겠어"라고 표현하도록 하는 것이 '나의 입장'기법이다.

3. 경험주의 가족치료

1) 주요 인물

경험주의 가족치료의 대표적인 인물로는 칼 휘태커(Carl Whitaker)와 버지니아 사티어(Virginia Satir)가 있다. 휘태커는 무책임과 위장을 들춰 내고, 가족 구성원이 그 자신이 되어 그들 스스로가 자유로울 수 있게 이끈 대표적인 치료사이다. 휘태커는 정신분열증 치료에 있어서 치료에 참가한 모든 사람은 환자인 동시에 치료사가 될 수 있다고 보고, 환자와 치료사가 서로 몰입하는 과정을 통해 서로 성장한다고 보았다. 또한 휘태커는 치료 시 개인적 만남을 강조하여 인간 대 인간의 관계를 맺을 수 있도록 돕고, 가족의 변화를 위해서는 치료사 자신을 활용해야 한다고 주장하였다. 사티어는 정신건강연구소(Mental Research institute: MRI)의 초기 구성 멤버로 정서적 경험과 함께 의사소통을 강조하였다. 사티어는 1951년에 개인상담소를 열어 가족을 관찰하기 시작했으며, 1959년에는 MRI에서 최초로 가족치료 프로그램을 고안하고 지도하였다. 사티어는 치료란 성장과정에서 체험하는 연습이며, 이때 치료사는 가족이 성숙한 인간으로 성장할 수 있도록 도와야 한다는 성장모델을 강조했다. 그녀는 치료 기간 동안 가족의 감정표현을 중심으로 가족이 서로의 감정표현을 연습하고 활동에 참여하는 경험이 중요하다고 하였다.

2) 이론적 발달

경험적 가족치료는 가족문제의 원인은 정서적 억압에 있다는 전제하에 발달하였다. 체계론적 가족치료사들이 문제 행동의 뿌리는 가족의 상호작용이라고 보는 반면, 경험주의 치료사들은 가족의 상호작용은 각자의 방어기제의 투사라고 하였다. 이러한 관점에서 성공적인 변화는 가족 구성원이 각자 자신의 진정한 정서를 알고, 개인의 정직한 감정을 드러낸 후에 가족 간의 진술한 결속력을 이루는 것이다. 휘태커는 가족의 응집성을 강조했고, 사티어는 다른 가족 구성원 간의 건강한 의사소통의 중요성을 강조했다. 그러나 경험적 가족치료의 기본 신념은 개인의 성장이며, 가족의 융통성과 자유를 강조하였다. 치료는 가족 전체를 다루기보다는 가족 개개인의 성장으로 보고, 개인의 성장이 가족체계를 변화시킨다고 보았다. 경험주의 가족치료에서는 상호작용의 변화를 강조할 때 개인 경험이 어떤 수준이든 상호작용 안에 이미 내재되어 있다고 전제한다.

- **자아존중감(self-esteem)**: 자기에 대한 신뢰와 존중을 의미하며, 자아존중감 형성은 생애 초기에 큰 영향을 받는다. 경험적 가족치료에서 자아존중감은 개인과 가족의 정신건강의 기초가 되며, 개인의 자아존중감을 회복해서 긍정적인 자기가치를 갖도록 하는 것이 중요하다고 본다. 그러므로 경험적 가족치료는 개인의 낮은 자아존중감을 향상시켜 자신의 가치를 인정하고, 자신의 장점과 자원을 발견하고 활용해서 해결책을 찾게 하는 것이 중요하다. 이때 자아존중감의 세 가지 요소는 자기, 타인, 상황이다.
- **의사소통 및 대처 유형**: 자아존중감의 세 가지 요소인 자기, 타인, 상황 중 하나라도 심리적 평형 상태가 깨질 때 회유형, 비난형, 초이성형, 산만형, 일치형의 역기능적인 의사소통 대처 유형을 사용한다. 경험적 가족치료 모델은 이와 같은 역기능적인 의사소통 유형을 일치형으로 변형시키고자 한다.

[그림 11-6] 의사소통 및 대처유형(정문자, 정혜정, 이선혜, 전영주(2019), pp. 185-187).

  - **회유형(placating)**: 회유형은 상황과 타인은 있지만 자신은 무시하는 유형으로, 생존이 위협받거나 거부되었다고 느낄 때 자신의 내적 감정이나 생각을 무시하고 타인의 비위에 맞추려고 한다. 그러므로 회유형은 자신을 스스로 돌보거나 다른 사람에게 도움을 요청하지 못한다.
  - **비난형(blaming)**: 비난형은 자기와 상황은 있지만 타인은 무시하는 유형으로, 자

신을 보호하기 위해 다른 사람을 괴롭히거나 비난하고, 환경을 탓한다. 비난형은 회유형과 그 특성이 반대로 보이기 때문에 표면적으로는 공격적인 행동을 보이나, 내면에서는 자신이 소외되어 있어서 외로운 실패자라는 느낌을 갖는다.

- 초이성형(super-reasonable): 초이성형은 자신과 타인 모두를 무시하고 상황만을 중시하는 유형이다. 이 유형은 지나치게 이성적이고 주로 객관적인 자료나 논리로만 기능한다.

- 산만형(irrelevant): 산만형은 자기, 타인, 상황 모두를 무시하는 유형으로, 접촉하기 가장 어려운 유형이다. 이들은 의사소통 시 자기, 타인, 상황 모두에 관심이 없는 것처럼 행동한다.

- 일치형(congruent): 일치형은 자신, 타인, 상황을 모두 지각하고 돌보는 유형으로, 의사소통의 내용과 내면의 감정이 일치한다. 일치형은 의사소통 시 자신의 감정과 생각, 기대, 자신이 원하는 것과 그렇지 않은 것에 정직하고 개방적으로 표현한다. 다섯 가지 의사소통 유형 중 일치형만이 기능적인 의사소통 유형이다.

• **가족규칙**: 가족 구성원의 행동을 지배하는 것으로 명시적이거나 암묵적일 수 있다. 예를 들어, 아픈 엄마가 있는 가족의 경우에 '엄마는 아프니까 엄마에게는 힘든 말을 하면 안 되고 감추어야 한다'는 명시적이지는 않지만 암묵적으로 지켜야 하는 가족규칙이 있을 수 있다. 이러한 비합리적인 가족규칙은 자아존중감에 부정적인 영향을 미칠 수 있으므로 가족 안의 변화하는 상황에 맞는 융통성 있는 규칙으로 바뀌어야 한다.

가족규칙 바꾸기 예 – 규칙: 엄마에게 가족은 힘든 말을 하면 안 된다.

1단계: '해야만 한다'를 '할 수 있다'로 바꾸기 – 엄마에게 가족은 힘든 말을 하지 않을 수 있다.

2단계: '가끔'을 포함해 선택의 폭 넓히기 – 엄마에게 가족은 힘든 말을 가끔 할 수 있다.

3단계: '일 때'를 첨가하여 가능성 폭 넓히기 – 아픈 엄마라도 필요하다면 가족은 힘든 말을 할 수 있다.

3) 치료목표 및 치료기법

경험주의 가족치료에서는 증상 완화가 아닌 개인의 경험 확장과 통합이 치료목표이다. 경험적 가족치료는 경험의 깊은 수준을 드러내는 것이 정서적인 건강에 이르는 방법이며, 치료목표는 개인의 능력, 존재감, 자아존중감을 높이고 성장시키는 것이다. 또한 가족은 현재의 안정된 상황에 머무르지 않고 내면의 경험이나 그러한 경험의 확대를 통해 가족 구성원이 서로를 보살필 수 있는 능력을 회복하도록 한다. 이때 치료사는 가족이 자기인식, 자기신뢰, 인간적 성장을 할 수 있도록 돕는다. 치료기법으로는 빙산치료, 원가족 삼인군 치료, 가족조각, 은유, 가족그림 그리기 기법, 역할놀이가 있다.

- **빙산치료**: 개인의 내적 과정을 빙산에 비유한다. 빙산의 표면인 1차 수준뿐 아니라 빙산의 수면 아래인 2차 수준과 3차 수준의 변화를 목표로 한다. 빙산치료 과정은 내담자의 잠재의식 수준인 내적 과정과 작업해서 빙산의 2차 수준인 감정, 감정에 대한 감정, 지각, 기대를 통해 내담자의 역동을 변형시키고 충족되지 않았던 아동기의 열망을 통해 자기(Self)를 실현한다.
- **원가족 삼인군 치료**: 스타(내담자), 스타의 어머니, 스타의 아버지 각각의 원가족 도표를 사용해서 원가족의 맥락 속에서 개인의 심리 내적 과정과 가족과의 상호작용 및 가족의 역동성 이해와 평가를 가능하게 하는 치료방법이다. 다세대 가족치료의 가계도와 비슷하나, 원가족 삼인군 치료에는 IP를 스타로 표현하고 선정한다. 그리고 원가족 도표를 제시하여 설명하면서 현재 다루고 싶은 상황도 함께 설명한다. 이때 부부의 결혼 시 연령, 출생 장소, 인종/문화, 종교, 학력, 취미, 사망원인, 성격적 특성(형용사)표현, 의사소통의 대처 유형 방식을 기록하고 관계의 양상은 [그림 11-8]과 같은 선으로 표현한다. 원가족 삼인군 치료의 첫 번째 목적은 역기능적인 원가족 삼인군 관계에서 발생한 문제를 현재 가족의 삶에서 이해하고, 긍정적인 부분을 부각해서 치유하는 것이다. 두 번째 목적은 가족규칙과 원가족의 규제에서 벗어나서 가족 개개인의 개별성과 자아존중감을 높이는 것이다.

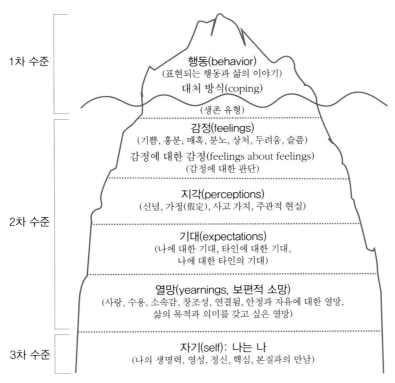

[그림 11-7] 빙산에 비유한 인간의 내적 경험

출처: 정문자 · 정혜정 · 이선혜 · 전영주(2019); Banmen(2001), p. 195.

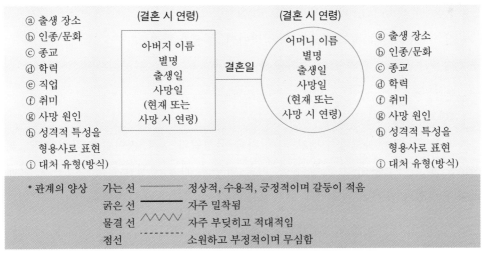

[그림 11-8] 원가족 도표 그리기

출처: 정문자 · 정혜정 · 이선혜 · 전영주(2019). p. 198.

- 스타의 아버지와 어머니를 각각 도형(□, ○)으로 그리고, 각 도형 안에 아버지와 어머니의 이름, 출생일, 연령을 적는다. 부모가 사망한 경우에는 사망일을 적고, 도형에 ×표시를 한다(예를 들어, ⊠,⊗).
- 부모의 도형 옆에 부모의 인구사회학적 정보를 적는다.
- 부모의 연결선 위에 결혼 날짜, 별거 또는 이혼 날짜를 적는다.
- 스타 형제의 출생 순서대로 도형을 그리고, 인구사회학적 정보를 적는다.
- 가족 구성원의 각 도형 옆에 성격적 특성을 긍정적 특성과 부정적 특성 각각 세 가지를 형용사로 표현한다.
- 의사소통 유형을 적는다. 가족 구성원이 스트레스를 받을 때 일차적으로 보이는 의사소통 유형을 적는다. 의사소통 유형은 회유형, 비난형, 초이성형, 산만형, 일치형으로 표시한다.
- 관계의 양상을 그린다. 스트레스를 경험한 특정한 상황을 생각하면서 그때의 가족관계를 표시한다. 만약 두 사람 간에 하나 이상의 양상이 보이면 모두 표시한다. 두 사람의 관계에서 관계의 양상이 서로 다를 때, 관계 양상이 향하는 방향의 끝에 화살표를 그린다.
  * 얇은 선(————): 정상적 · 수용적 · 긍정적인 관계
  * 굵은 선(━━━━): 자주 밀착된 관계
  * 꺾은 선(∧∧∧∧∧): 자주 부딪히고, 적대적인 관계
  * 점   선(⋯⋯⋯⋯⋯): 소원하고, 부정적이며, 무심한 관계
- 스타를 표시하기 위해 스타 주위에 ★를 그린다.

* 1단계: 가족지도 그리기

가족지도는 인구사회학적 정보 외에 가족 구성원의 성격, 자아존중 간의 정도, 의사소통 및 의사소통 유형, 가족 규칙, 가족 역동성, 가족 구성원 간의 상호관계, 세대 간의 유사점과 차이점, 사회와의 연계성 수준 등이 있다(그림 11-9 참조).

* 2단계: 가족지도 탐색

가족지도 탐색은 전반적인 치료를 위한 사정 및 치료도구이다. 부모의 특성, 의사소통 유형, 가족관계 탐색에 초점을 둔다(그림 11-9 참조).

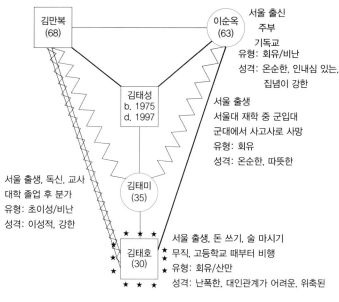

[그림 11-9] 원가족 도표의 예

출처: 김유숙(2014), p. 331.

- **가족조각**: 가족 구성원 중 IP에게 나머지 가족 구성원들을 IP 마음대로 배열해서 의미 있는 장면을 조각하도록 한다. 가족조각은 공간과 자세, 태도를 통해 가족 구성원에 대한 인식을 나타내도록 하는 동적 방법이다. 가족조각은 현실의 공간에 가족을 놓고 자세나 얼굴 표정을 사용하여 IP가 생각하는 가족관계와 IP가 느끼는 가족에 대한 인식과 감정을 나타낸다. 가족조각 이후에 치료사는 가족 개개인에게 조각하는 동안에 어떤 느낌을 가졌는지 물어야 하며, 이때 가족 구성원 간에 감정적 차원에서 보다 많은 피드백이 이루어질 수 있도록 도와야 한다.

- **가족그림 그리기 기법**: 가족으로 하여금 각자 가족에 대한 그림을 그리게 한다. 그리고 각자 그린 것을 가지고 이야기하도록 한다. 가족 그림의 결과를 통해 이전에 논의되지 않았던 부분이나 한 번도 생각해 보지 않았던 관점을 생각할 수 있다.

- **역할놀이**: 경험적 치료사들이 좋아하는 기법으로 이때 치료사는 과거의 사건이나 바람, 미래 사건의 두려움을 치료 회기 중에 역할놀이를 통해 다룬다. 실제 경험을 바탕으로 현재의 느낌을 다루는 것이 중요하다.

- **은유**: 직접 지시나 평가 대신에 간접적이고 비유적인 표현을 사용하는 것이다. 경험적 가족치료에서 은유는 내담자에게 덜 위협적으로 느껴질 수 있으며, 가족 개개인에게 나름대로 해석의 여지를 제공할 수 있다.

4. 구조적 가족치료

1) 주요 인물

구조적 가족치료의 주요 인물은 살바도르 미누친(Salvador Minuchin)으로, 그는 아르헨티나에서 태어나고 자랐다. 미누친은 미국으로 건너와 네이선 에커만(Nathan Ackerman)과 함께 뉴욕에 있는 유태인 지도연구소에서 아동 정신과 의사로서 훈련을 받았다. 미누친은 1954년부터 미국의 월트윅(Wiltwyck) 학교에서 비행 청소년들을 위해 근무했는데, 그곳에서 비행 청소년 가족에게 가족치료를 실시하면서 이론과 기법을 구성해 나갔다. 미누친은 비행 청소년을 치료하는 과정에서 비행 청소년의 사회적 맥락과 가족을 변화시켜야 할 필요성을 절감하고 가족의 구조를 바꾸기 위한 개입 방법을 개발했다. 이후 1970년대 후반부터 2000년대에 이루기까지 미누친의 구조적 가족치료는 모든 가족치료 중에서 가장 영향력 있는 치료기법으로 명성을 갖게 되었다.

2) 이론적 발달

- **체계**: 가족을 체계(System)로 볼 때 가족 안에 존재하는 더 낮은 체계, 즉 가족 구성원 중 일부에게만 규칙이 적용되는 체계가 하위체계이다(예를 들어, 저녁 9시에 아이들은 자야 한다는 것은 부부체계 중 하위체계인 자녀에게만 적용되는 규칙이다). 가족 구성원 개개인은 전체 가족의 하위체계를 이루고 있다. 예를 들면, 4명의 가족 구성원이 있다면 아이들끼리는 자녀하위체계(Sibling Subsystem), 아버지와 어머니에 의해서 만들어진 하위체계는 부모하위체계(Parental Subsystem), 남편과 부인에 의해서 만들어진 하위체계는 부부하위체계(Marital Subsystem)이다.
- **위계질서**: 체계들 간에는 일정한 위계질서(Hierarchy)가 있다. 상위체계는 전체 가족 구성원을 대상으로 규칙과 기능을 가진다. 반면에 하위체계는 가족 구성원 중 일부에 해당하는 규칙과 기능들로 구성되어 있다. 이들 사이에는 일정한 위계질서가 있고, 위계질서에 의해서 전체체계는 하위체계와 조화를 이루면서 존재한다. 각각의 하위체계는 서로에게 적용되는 규칙과 행동을 갖는다. 그러므로 각각의 하위체계 안에서는 일정한 위계질서가 성립되고, 이러한 위계질서에 따라서 행동한다(예를 들어, 첫째인 형이나 누나 또는 언니, 오빠가 말을 하면 동생들은 따라야 하는 규칙을 갖는 것

이 하위체계의 위계질서이다). 즉, 부부체계, 부모체계, 자녀체계는 일정한 위계질서를 가지고 있다. 또한 부부체계는 부모체계보다 더 상위에 존재하는 체계이다. 그러므로 부부체계는 부부간의 관계에 대한 규칙과 전체 가족을 책임지며, 전체 가족이 나아갈 방향에 대한 규칙을 정하고 행동한다. 구조적 가족치료에서 부모체계는 부부체계보다 하위에 있어야 하며, 자녀체계는 부부체계나 부모자녀체계보다 하위체계이다.

- **경계선(Boundary):** 개인과 하위체계의 안과 밖을 구분하는 선을 말한다. 즉, 경계선은 가족이라는 체계와 가족 밖이라는 외부를 구분하는 선이며, 이 선은 가족이 가지고 있는 규칙에 의해서 유지된다. 경계선은 경직된, 분명한, 밀착된, 분명한 경계선이 있다. 경계선은 규칙에 의해서 만들어지므로 가족은 규칙을 유연하고 융통성 있게 적용해서 경계선을 유연하고 부드럽게 만들어야 한다. 유연하고 부드러운 경계선을 분명한 경계선(Clear Boundary)이라고 하는데, 분명한 경계선은 모든 경계선 중 가장 기능적이다. 경직된 경계선은 독립, 자율, 실험, 소외감, 거리감, '나는 나, 너는 너'와 같이 가족체계에서 최소한의 접촉과 의사소통을 한다. 모호한 경계선은 관여, 협동, 지지, 소속감, 충성심, '너도 나, 나도 너'와 같이 가족체계에서 최대한의 접촉과 의사소통을 한다. 경계선은 [그림 11-10]과 같은 기호로 표시된다.

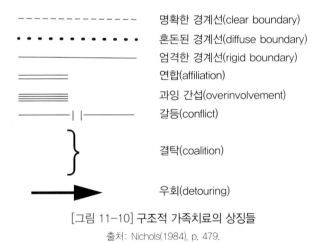

[그림 11-10] 구조적 가족치료의 상징들
출처: Nichols(1984), p. 479.

- **순응:** 체계는 환경의 변화에 따라 스스로 적응과 변화를 통해 순응(Adaptation)한다. 두 사람이 만나서 관계를 형성하고 결혼을 통해 부부체계를 이룬다. 그리고 자녀 출생 후 가족은 복잡한 체계를 갖는다. 즉, 자녀의 출생은 부부체계, 부모체계,

자녀체계로 변화한다. 그리고 체계를 유지하기 위해서 외부와 내부의 변화에 따라서 적응과 변화를 계속해 나가는데 이것이 순응이다. 이처럼, 체계는 살아 있는 유기체로서 환경과 상호작용을 통해 자신의 존재를 확인하고 변화시킴으로써 체계를 계속 유지한다.

3) 치료목표 및 치료과정

구조적 가족치료의 치료목표는 역기능적인 가족구조를 재구조화하고, 적절한 위계구조를 확립해서 경계선을 분명히 하는 것이다.

치료과정은 합류, 가족 구조 확인, 가족의 재구조화를 하는 과정이다. 치료사는 첫 번째 합류를 통해 가족의 조직과 상호교류 유형을 그대로 수용하고, 가족의 강점을 직접 경험함으로써 가족체계와 관계를 맺는다. 두 번째로 치료사는 관찰, 실연을 통해 가족 하위체계의 기능, 경계선, 위계 구조 등의 측면에서 가족 구조를 파악한다. 마지막으로 가족이 내외적인 스트레스에 적응하도록 하기 위해 치료사는 경계선과 하위체계의 기능을 조정하고, 적절한 위계구조를 확립해서 명확한 경계선을 갖는 가족으로 재구조화한다.

4) 치료기법

구조적 가족치료의 치료기법으로는 합류를 위한 기법, 가족구조 확인 기법, 가족 재구조화 기법, 경계 설정하기가 있다.

- **합류를 위한 기법**: 합류를 위한 기법에는 유지, 추적, 모방기법이 있다. 치료사가 가족 구성원이 방어하는 자세를 풀 수 있도록 가족의 구조를 의도적으로 지지해 주는 유지 기법, 가족의 의사소통 패턴을 따라가는 추적 기법, 가족이 사용하는 언어, 몸짓 대화 방식을 따라하는 모방 기법을 통해 치료사는 가족 안에 자연스럽게 합류한다.
- **가족구조 확인 기법**: 가족구조 확인 기법에는 관찰, 실연, 구조적 지도가 해당된다. 관찰은 치료사가 치료실에 앉는 위치 등 가족이 치료사의 개입 없이 자발적으로 하는 행동을 관찰하여 가족구조를 확인하는 기법이다. 실연기법은 가족의 상호작용을 치료실에서 실제로 행동하도록 하는 기법이다. 실연기법은 치료사를 가족

의 상호작용에서 제외시키는 역할을 한다. 구조적 지도는 치료사는 가족이 현재 가지고 있는 문제와 그들이 보이는 구조적 역동을 파악하여 가족의 상호작용 구조를 그림으로 간략히 나타낸 후 가족에게 이를 설명해 준다. 구조적 지도는 가족의 변화 과정을 평가하거나 치료목표를 설정하는 데 사용한다.

- **가족 재구조화 기법**: 가족 재구조화 기법에는 긴장고조 기법, 증상 활용 기법, 과제 부과 기법이 해당된다. 긴장고조 기법은 치료사가 가족의 평소 의사소통 방식을 방해하거나, 갈등을 공개적으로 표면화하는 등 스트레스를 증가시키는 기법이다. 증상 활용 기법으로는 증상에 초점 맞추기, 증상을 과장하기, 증상에 무관심하고 새로운 증상으로 이동하기, 증상 재명명하기가 있다. 과제 부과 기법은 가족의 재구조화가 진행되는 과정에서 자연스럽게 이루어질 수 없었던 영역을 강화시키기 위한 기법이다.

- **경계 설정하기**: 가족 구성원 간의 관계를 변화시키거나 심리적 거리를 변화시키는 것으로, 가족 경계를 변화시키는 데 유용한 기법이다. 치료사는 가족관계의 상보성에 대해 강조함으로써 남편에게 자기와 함께 더 많은 시간을 보내자고 잔소리하는 아내에게 잔소리가 아닌 다른 방법으로 남편과 더 많은 시간을 갖도록 하는 방법을 배워서 (예: 아내가 음식을 준비해서 남편과 함께 먹으면서 시간을 보내는 것, 남편과 같은 취미생활을 하면서 시간을 보내는 것) 가족이 서로 변화해 가는 것을 돕는다.

5. 단기해결중심치료

1) 주요 인물

단기해결중심치료는 위스콘신 주의 밀워키에 있는 단기가족치료센터(Brief Family Therapy Center: BFTC)의 스티브 드쉐이저(Steve de Shazer), 인수 킴 버그(Insoo Kim Berg)와 동료들의 연구에서 시작됐다. 단기해결중심치료 이론의 창시자인 드쉐이저는 MRI 집단의 단기적 접근에 크게 영향을 받았으며, 임상활동보다는 연구와 집필을 중심으로 기여하였다. 인수 킴 버그는 임상가로서 세계적으로 치료사들을 훈련시키고, 알코올 중독, 부부치료, 가난한 사람들의 가족 관련 서비스에 단기해결중심치료의 이론과 임상 발전에 크게 기여하였다.

2) 이론적 발달

기존의 가족치료가 과거가 아닌 문제가 유지되는 현재에 초점을 둔 것이라면, 단기해결중심치료의 기본 가정은 문제가 해결될 미래에 초점을 두고 내담자가 정말로 변화하고자 한다고 가정한다. 단기해결중심치료에서는 내담자가 자기 문제에 대한 편협한 시각에 갇혀 잘못된 해결책을 사용하고, 이런 경직된 패턴이 지속되는 것이 문제이므로 이 패턴을 바꾸는 것이 치료의 핵심으로 본다. 그러므로 단기해결중심치료에서는 내담자의 '문제 중심적 대화'를 '해결 중심적 대화'로 바꾸는 것이 목표이다.

단기해결중심치료는 이론에 기초한 것이 아니라, 실용적인 방법으로 만들어졌고, 다음과 같은 기본 가정을 가지고 있다.

- 내담자에게 문제가 되지 않는다면 그대로 둔다.
- 내담자가 가진 해결책에 대한 질을 평가하는 것이 아니라, 효과가 있는 것을 더 많이 한다.
- 효과가 없다면 무언가 다른 것을 한다.
- 작은 변화는 큰 변화를 이끈다.
- 해결책이 반드시 문제와 직접 관련된 것이 아니라, 문제가 해결되면 무엇이 달라질 것인지에 대한 설명을 이끌어 내면서 해결책을 찾아낸다.
- 해결책을 발달시키는 데 필요한 언어는 문제를 서술하는 언어와는 다르다.
- 문제가 항상 일어나는 것은 아니다. 언제나 활용할 수 있는 예외는 있기 마련이다.
- 미래는 창조될 수 있으며 만들어 갈 수 있다.

3) 치료목표 및 치료과정

단기해결중심치료의 목표는 도움을 받으러 온 가족에게 그들의 생활을 현재보다 만족스럽게 하기 위해 지금 하고 있는 것과 다른 방법을 사용하거나, 생각해 내도록 해서 문제를 해결하고자 하는 데 있다. 그러므로 치료사는 상담 시 내담자와의 대화를 문제중심적 대화에서 해결중심적 대화로 바꾸고, 보다 구체적이고 성취 가능하며, 명확한 작은 목표를 설정한다.

단기해결중심치료의 치료사들은 문제의 원인과 행동을 평가하는 데에는 관심이 없다. 그들이 중요하게 생각하는 것은 문제가 발생하지 않을 때의 행동 유형이다. 그러므로 과거의 문제가 아닌 미래의 목표 설정이 중요하다. 또한 가족의 역동을 관찰하는 데에는 관심이 없기 때문에 모든 가족이 치료실에 내방해야 한다고 생각하지 않는다. 접수 정보도 중요하게 생각하지 않는다. 단기해결중심치료는 단기적이며 치료과정이 구조화되어 있다. 먼저, 문제에 대한 기본 가정, 내담자와 목표 설정, 적절한 시기에 질문 기법 사용, 내담자 유형에 대한 개별적인 치료적 접근, 메시지와 과제 부여 등으로 치료과정이 체계적이다.

단기해결중심치료에서는 내담자가 스스로 방문했는지, 타의로 방문했는지가 중요하다. 드쉐이저는 치료사와 내담자의 관계 유형을 고객형, 불평형, 방문형의 세 가지로 구분했다.

표 11-2 단기해결중심의 내담자 유형

고객형 내담자	불평형 내담자	방문형 내담자
- 문제를 분명하게 인식하고 있으며, 변화를 위해 자발적인 동기와 적극성을 표현하는 내담자 - 치료사와 협력적인 치료관계로 쉽게 발전할 수 있다. - 실제로 그다지 많지는 않지만 치료사가 원하는 이상적인 내담자다.	- 문제의 내용은 잘 알지만 문제를 자기 책임이 아닌 남의 책임으로 돌리고, 증상을 보이는 가족 때문에 자신이 희생되었다고 생각하는 유형이다. - 문제 상황을 다른 관점에서 관찰하고 깊게 생각할 수 있도록 해 주는 것이 중요하다. - 심리적인 위로와 지지가 필요하며, 해결중심적 대화가 필요하다. - 예외 상황 발견하기, 관찰과 심사숙고형, 과제 부여하기 기법을 활용할 수 있다.	- 치료를 받아야 한다는 필요성이나 문제 해결 동기가 약한 사람으로, 자신의 문제에 대한 의식이 없고 변화하고자 하는 동기가 매우 약하다. - 문제에 대한 인식을 스스로 알 수 있도록 협조하는 태도가 중요하다. - 폭력 가해자, 비행 청소년, 약물 중독자, 알코올 의존자 등이 그 예이다. - 다른 사람의 의견을 따르는 것이 얼마나 힘든지 이해해 줄 때, 이해받는 느낌으로 형성된 신뢰감으로 치료와 협상이 가능하다.
- 변화를 향해 행동으로 옮길 수 있는 과제를 준다. - 해결책을 모색하고 적극적인 역할을 수행하게 되므로 자기결정을 증진시키기 위해 과제에 충실할 것이다.	- 무언가를 관찰하라는 과제가 적당하다. 자신의 변화는 의지는 적고 상대방에게 기대하는 부분이 많으므로 많은 관찰을 하도록 한다. - 단, 긍정적인 관점에서 가족을 관찰하도록 하는 과제가 좋다.	- 칭찬만 하고 과제는 주지 않는다. 오히려 면담에 온 것을 높이 평가해서 내담자 자신을 이해해 주는 치료사로 남는 게 중요하다.

출처: Nichols(1984), 이영분 · 김유순 · 신영화 · 전혜성 · 최선령(2020) 참조.

4) 치료기법

(1) 내담자 가족과 함께 목표 설정하기

내담자가 성취할 수 있는 치료목표를 설정하는 데 도움이 되는 7개 원칙은 다음과 같다.

첫째, 가족에게 가장 중요한 것, 가족이 원하는 것을 치료목표로 설정한다.

둘째, 내담자 가족이 설정하는 목표는 가능한 한 작고, 성취할 수 있는 것이어야 한다.

셋째, 내담자의 생활에서 현실적이고 성취 가능한 것을 목표로 한다.

넷째, 구체적이고 행동 가능한 것을 목표로 한다.

다섯째, 목표를 설정할 때는 가족에게 없는 것보다는 있는 것에 관심을 가진다.

여섯째, 목표는 끝이라기보다는 시작으로 간주한다.

일곱째, 내담자에게 목표를 실행하는 것은 어렵고 힘들지만 가치 있다는 것을 알려 준다.

(2) 면담 전 변화에 관한 질문

가족이 상담을 받으러 오겠다고 결심하고 접수면접을 하는 시기가 가장 문제가 심각한 상태일 때가 많다. 따라서 1주 후나 며칠 후에 약속하고 그 시간에 왔을 때는 오히려 내담자의 긴장이나 불안이 감소되거나 문제의 심각성 정도가 완화되곤 한다. 즉, 내담자 자신이 의식하고 있지 못하는 가운데 해결 방안을 찾아낼 수 있다.

이때, 단기해결중심치료에서는 면담 전 변화에 관한 치료기법으로 다음과 같은 질문을 활용한다.

"상담 약속을 위해 전화하신 후 어떤 변화가 있었나요? 이 질문에 내담자는 세 가지 정도의 답이 가능하다.

- 첫째, 아무 일도 일어나지 않았다. 이 경우 "오늘 제가 어떻게 도움이 되면 좋을까요?" "어떤 일이 일어나면 오늘 상담이 도움이 된다고 생각하실까요?"라고 질문한다.
- 둘째, 변화가 시작되었다거나 좋아지고 있다. 이 경우 "이런 변화가 계속되길 원합니까?"라고 질문함으로써 구체적이고 긍정적이며 변화지향적인 목표를 세울 수 있다.
- 셋째, 거의 변화가 없다. 이 경우 "어떻게 해서 상황이 더 나빠지지 않을 수 있었나요?"라고 질문한다.

(3) 예외질문

가족은 많은 성공 경험을 가지고 있거나 지금 잘하고 있는 것이 있음에도 불구하고, 문제에만 집착하여 현재 상황을 부정적으로만 본다. 단기해결중심치료에서 예외질문은 일상생활에서 성공적으로 잘하고 있지만 의식하지 못하는 것을 발견하고, 내담자가 작은 것이라도 성공했던 행동을 할 수 있게 하는 기법이다. 즉, 문제가 일어나지 않았던 상황에 주의를 돌려서 그때 무엇이 달랐는지 탐색해 봄으로써 문제에 대한 시각을 변화시키고 예외적인 상황을 확장시킨다.

〈예외질문의 예〉
"당신에게 문제가 없었던 시간이 있었습니까?"
"그 시간은 무엇이 달랐나요?"
"그것이 당신에게 얼마나 중요합니까?"
"문제가 생기지 않는 상황을 어떻게 하면 지속할 수 있을까요?"
"어째서 일들이 더 악화되지 않았나요? 더 악화되지 않기 위해 무엇을 해 왔습니까?"

(4) 기적질문

기적질문은 문제가 해결된 상황을 상상해 봄으로써 해결되기 원하는 문제를 구체화하고 명료화시킨다. 이는 치료목표를 설정하는 데 도움이 된다. 기적질문의 구체적인 예는 다음과 같다.

(성인의 경우) "오늘 저녁에 집에 가서 주무시는 동안에 기적이 일어나 지금 겪고 있는 문제가 모두 해결되었습니다. 당신이 아침에 눈을 떠서 무엇이 달라졌다면 지난밤에 기적이 일어났다는 것을 알 수 있을까요? 그리고 당신에게 기적이 일어난 것을 다른 가족은 무엇을 보고 알 수 있을까요?"
(아동의 경우) "만약에 마법사가 나타나서 네가 힘들어하는 문제가 모두 사라진다면 너는 무엇이 달라지겠니?"

(5) 척도질문

척도질문은 가족이 해결 방안을 찾기 위해 변화에 대한 동기를 강화하고 다음 단계로 발전하기 위해 무엇을 해야 할지 탐색하기 위해 만들어진 질문이다. 문제의 심각성 정도, 치료목표, 성취 정도의 측정 등을 수치로 표현해서 변화 정도를 사실적으로 설명하고 구체적인 목표를 세울 때 유용하다.

> 우울한 내담자에게 "0에서 10점까지의 척도 중 0점은 저에게 처음 상담에 왔을 때 우울했던 점수이고, 10점은 기적이 일어난 다음 날의 기분이라고 합시다. 지금 몇 점 정도 될까요?" 내담자가 2점이라고 한다면 "지난번보다 조금 나아졌네요. 어떻게 해서 좋아졌죠?" 또는 "3점이 되기 위해서는 무엇을 해야 할까요?"

※ 치료사는 척도질문을 할 때, 긍정적인 변화 점수를 높은 점수로 설정한다.

(6) 대처질문

대처질문은 만성적인 어려움, 즉 오랫동안 절망적인 상태의 내담자에게 효과적이다. '모든 것이 의미 없다'고 말하는 내담자에게 대처질문은 내담자 자신의 경험과 좋은 점, 갖고 있는 자원이나 강점을 재발견할 수 있는 기회를 준다.

> "어떻게 지금까지 더 이상 나빠지지 않을 수 있었습니까?"
> "어떻게 지금까지 포기하지 않고 이 상황을 유지하는 것이 가능했나요?"
> "참 힘든 상황으로 보이는군요. 그런데 현재 정도로 유지하기 위해 당신은 무엇을 하셨나요?"

(7) 피드백 메시지 작성과 전달

단기해결중심치료에서는 면담 중간에 휴식 시간을 갖고 치료에 관한 메시지를 가족에게 전달한다. 이 방법은 매우 효과적인데, 일반적으로 30~45분 동안 면담을 하고 상담 끝부분에 5~10분 정도의 짧은 휴식 시간을 갖는 것을 원칙으로 한다. 치료사는 잠시 상담실을 나가서 내담자에게 전해 줄 피드백 메시지를 준비한다. 치료사가 2명 이상인 경우에는 서로 의논해서 피드백과 과제를 내준다. 피드백 메시지는 다음의 칭찬과 메시지와 과제로 구성되어 있다.

- 칭찬은 내담자에게 긍정적인 맥락과 분위기를 조성한다.
- 칭찬은 내담자가 하고 있는 긍정적인 노력을 강조한다.

- 칭찬은 치료사가 내담자를 판단할 것이라는 두려움을 감소시킨다.
- 칭찬은 내담자의 책임감을 증진시킨다.
- 칭찬은 가족의 여러 의견을 지지하기 위한 것이다.

칭찬은 면담에서 드러난 구체적인 내용일 때 효과적이다. 치료사는 내담자가 지금까지 시도해 왔던 노력과 결과를 인정하며 칭찬해 준다. 칭찬의 효과는 가족의 자존감을 높이고, 내담자가 자신의 문제를 해결하기 위한 동기 부여 및 적극성을 가지게 되며, 이미 성공적으로 하고 있는 것들을 지속할 수 있게 한다.

메시지는 치료사가 내담자의 문제나 변화되기 원하는 것들을 기초로 작성한다. 피드백 메시지 내용은 다음의 네 가지 목적 중 하나를 중심으로 구성하여 작성한다.

- **교육적인 것**: 정보나 지식을 전달한다.
- **정상화시키기**: 내담자 가족이 겪는 어려움은 누구나 겪을 수 있는 상황이라는 정상화시키는 메시지를 통해 내담자가 상황을 긍정적으로 느끼고, 자신의 노력을 인정할 수 있게 한다.
- **대안적 의미**: 문제에 대한 재정의나 긍정적 관점으로 재해석한다.
- **과제에 대한 이론적 근거**: 과제에 대한 이론적 근거를 제시할 때 과제에 대한 이해를 보다 명확히 할 수 있고 실천 가능성도 높아진다.

6. 내러티브상담의 특성

1) 주요 인물

내러티브상담의 주요 인물은 마이클 화이트(Michael White)와 데이비드 엡스턴(David Epston)이다. 화이트는 이야기 운동의 창시자로, 호주 애들레이드에서 활동했던 사회사업가 겸 가족치료사이다. 1970년대 후반에 체계모델의 행동적 패턴과 기능주의적 생각들보다는 그레고리 베이트슨(Gregory Bateson)의 정보에 대해, 그리고 사람들이 어떻게 세계를 그리는가에 관심을 가졌다. 베이트슨과 미셸 푸코(Michel Foucault)의 영향으로 화이트는 문제를 외재화하는 독창적인 생각을 발전시켰다. 엡스턴은 뉴

질랜드 오클랜드 출신의 가족치료사로, 인류학에 대한 관심을 가지고 이야기의 은유가 사이버네틱스보다 내담자들에게 더 유용하며, 내담자들이 자신의 새로운 이야기를 쓰기 위해서는 지지적인 공동체가 필요함을 강조하였다. 엡스턴은 치료적 문서를 통해 내담자들이 치료사의 영향력이 사라지고 난 후에도 그들의 이야기를 지지해 주는 편지가 내담자의 문제를 스스로 해결할 수 있다고 보았다.

2) 이론적 발달

(1) 내러티브상담의 철학적 배경

포스트모더니즘은 모든 현상 아래에 심층구조가 있다고 보았다. 즉, 본질적이며 절대적 진리라는 구조주의 사고 자체는 모더니즘 담론에 불과하다는 전제하에 포스트모더니즘은 출발하였다. 포스트모더니즘을 전제로 한 내러티브상담은 한 사람의 삶속에 존재하는 다양하고 복합적인 이야기를 가지고 있기 때문에 이분법적이고, 정형화된 틀에 기초하지 않고 인간을 바라보았다. 즉, 내러티브상담은 건강하고 정상적인 삶과 병리적이고 비정상적인 삶으로 내담자를 단순하게 분류할 수는 없다고 정의하였다. 그러므로 내러티브상담은 어떤 단일 이론으로 모든 것을 설명하려는 시도를 거부하며, 각각의 특수성을 인정하고 차이점을 존중하는 것을 중시한다. 내러티브상담의 중요 과업은 내담자가 새로운 관점에서 자신의 래러티브를 탐색할 수 있는 기회를 제공하는 것이다.

(2) 내러티브상담의 기본 가정과 원리

내러티브상담은 문제와 사람을 분리하고, 내담자는 유능함, 믿음, 가치, 헌신 경험능력이 있기 때문에 내담자 스스로 문제에 대한 관계를 변화시킬 수 있다고 가정한다. 치료사는 내담자의 이야기에 대해 잘 모른다는 자세, 즉 '알지 못한다는 자세'로 내담자에게 질문한다. 내러티브상담의 중요한 원칙은 내담자 스스로가 대화의 방향을 선택한다는 것이다. 여기서 '알지 못한다는 자세'는 치료사가 내담자에 대해 진짜 모른다는 의미가 아니라, 내담자 자신을 가장 잘 아는 사람은 내담자이며, 치료사는 내담자의 삶에 대해 호기심을 가지고 질문해야 한다는 의미이다.

내러티브상담의 원리는 내담자가 가지고 온 문제를 어떻게 새로운 방식으로 다르게 이야기할 수 있는지에 초점을 둔다. 문제는 사람이 아니라 문제는 그 사람이 살고 있는 사회, 문화, 역사적인 맥락 안에 있으므로 '해체적 경청하기' '부재하지만 암시적인 이야기'를 통해 내담자의 지배적인 이야기에서 독특한 결과를 찾아내도록 한다. 내러티브상담에서 치료사의 역할은 전문적 이론이나 지식보다는 내담자와 동등한 관계에서 질문과 반영을 통해 내담자와 내담자 가족의 대안적 인생 이야기를 좀 더 풍부하게 해 주는 '공동 저자'이다.

3) 내러티브상담의 치료목표 및 치료과정

내러티브상담의 목표는 내담자가 호소하는 문제의 해결을 목표로 두지 않고, 문제 해결을 넘어 내담자가 자기 삶의 이야기를 다시 써서 문제를 해소하는 데 주안점을 둔다. 치료사는 내담자와 내담자 가족이 삶의 주체로서 입장을 확립하고, 의식을 향상하여 자신들의 지배적 문제에 영향을 받지 않고 대안적 선택과 수행을 실천하도록 돕는다.

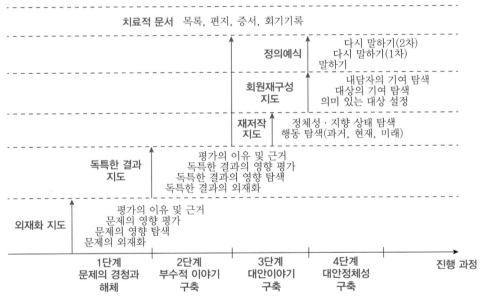

[그림 11-11] 내러티브상담의 절차와 과정

출처: 정문자, 정혜정, 이선혜, 전영주(2019).

이때 치료사의 태도와 자세는 내담자와 내담자 가족에 대해 호기심을 가지고 질문한다. 그리고 그 과정에서 내담자와 내담자 가족을 알아 가는 자세가 필요하다. 또한 치료사는 내담자와 가족을 존중하며, 동등하고 협력적인 관계에서 내담자와 내담자

가족의 대안적 이야기를 구축할 수 있도록 돕는다.

내러티브상담의 치료기법은 (1) 외재화 (2) 독특한 결과 (3) 다시쓰기 (4) 회원재구성 (5) 정의예식 (6) 치료적 문서작업이 있다.

(1) 외재화

외재화는 '사람이 문제가 아니라 문제가 문제이다'로 보는 것으로, 문제와 사람을 분리하는 기법이다. 외재화의 목적은 사람과 문제가 동일하지 않다는 것을 인식하게 하는 것으로, 사람이 아니라 문제를 대상화하여 접근한다. 외재화는 1980년대 초에 화이트(White, 1984)가 가족상담 분야에서 처음 소개한 개념이다. 화이트(White, 1984)는 유분증(encopresis)을 호소하는 아동과 그의 가족과 함께 외재화 대화를 적용한 논문을 발표하였다. 이후 다양한 전문가가 아동, 청년, 성인을 대상으로 개인, 가족, 집단을 매개로 한 상담에 외재화 대화를 적용하면서 가능성이 확장되었다.

표 11-3 문제를 외재화하는 방법

사람이 문제이다	(외재화 대화) 사람이 문제가 아니고 문제가 문제이다
"나는 불안해요. 아무것도 하고 싶지 않아요."	"불안이 당신을 아무것도 하지 못 하게 하는군요."
"나는 뭔가를 시작하려고 하면 언제나 불안해요."	"불안이 당신이 새로운 일을 하려는 걸 방해하는군요."
"나는 게을러서 집 청소를 하지 못해요."	"게으름이 당신이 집 청소를 하는 걸 방해하는군요."

치료사는 외재화 기법 시 형용사를 명사로 바꾸어서 질문한다. 예를 들면, "나는 우울한 사람이다"라고 생각하는 내담자에게 치료사는 "우울은 얼마나 오랫동안 당신에게 영향을 미쳤나요?"라고 질문한다. 즉, '우울한'을 '우울'로 바꾸어서 질문함으로써 문제 자체를 의인화한다. 문제를 의인화하면 내담자는 자신이 문제가 아니라, 문제와 자신을 분리해서 볼 수 있다. 이때 치료사는 내담자에게 자신의 문제에 이름을 붙이게 할 수도 있고, 내담자와 내담자 가족이 자신들의 문제와 비슷하게 생각하는 사물을 가지고 와서 의인화하게 할 수도 있다.

내담자와 내담자 가족이 치료사에게 가져오는 모든 이슈는 외재화 대화로 개입할 수 있다. 즉, 불안, 걱정, 두려움, 죄책감과 같은 감정, 사람들과의 갈등, 말다툼, 비난, 불신, 실망, 모성 신화, 여성 비하, 인종차별, 종교 등과 같이 문화와 사회적 관습 등 모든 문제는 외재화 대상이 가능하다. 외재화 대상은 내담자와 내담자 가족이 가지고 온 문제만이 아니라 강점, 신뢰, 자존감과 같이 내담자와 내담자 가족의 내재화된 가치나 신념도 해당된다. 치료사는 어떻게 내담자의 삶에서 유능감이 만들어졌는지, 누가 그것을 만드는 데 도왔는지, 그 이야기를 듣고 가장 놀라지 않을 사람은 누구인지, 무엇이 그것을 지속하게 하고 가능하게 했는지를 질문한다. 또한, 내담자에게 그것이 의미하는 바는 무엇인지, 이것과 관련된 문제 해결 기술은 무엇이 있는지 등을 질문할 수 있다. 이러한 과정을 통해 내담자와 내담자 가족은 문제가 나타난 상황에서 어떻게 대처하면서 살아왔는지, 그 과정이 자신의 삶에 어떠한 영향을 미쳤는지를 본다. 그 후 자신의 삶에 더 의미 있는 사람들을 찾을 수 있도록 한다.

외재화 대화의 기대 효과는 다음과 같다.

첫째, 내담자는 자신과 문제를 분리하면서 자기비난에서 벗어나고, 자신에 관한 다른 이야기들을 다양한 방법으로 다룰 수 있다는 생각에 마음이 편안해진다.

둘째, 외재화는 자신이 지금까지 문제라고 생각했던 문제를 자신의 삶의 중심부에서 주변으로 이동시킨다. 즉, 지금까지 자신의 삶에서 가장 중요했던 문제가 더 이상 중요해지지 않게 된다.

셋째, 문제에 대한 입장 말하기는 자신의 삶을 되찾을 공간을 확대한다.

넷째, 새롭게 발견된 생활 기술과 삶의 지식이 내담자 삶의 중심부에 위치하도록 한다.

■ 외재화 대화의 4단계
① 1단계: 경험에 가깝게 문제 정의하기

이 단계에서는 내담자가 말하고자 하고 이해하고자 하는 문제에 대해 내담자가 자신의 방식으로 정의를 내릴 수 있도록 도움을 준다. 이 단계에서는 문제에 이름을 붙이고, 사람이 아닌 문제를 주어로 사용해서 사람과 문제를 분리한다.

경험에 가깝게 문제 정의하기 과정에서 활용할 수 있는 질문들은 다음과 같다.

"이 문제를 무엇이라고 부르면 좋을까요?"

"그 문제를 생각하면 당신은 어떤 이미지가 떠오르나요?"

"혹시 문제를 그림으로 그린다면 어떻게 생겼나요?"

"이 문제의 크기는 얼마나 될까요? 혹시 어떤 색깔인가요? 모양은 어떻게 되나요?"

"이 문제가 사람이라면 누구라고 부를까요? 성별은 여자, 남자 혹은 어떤 젠더로 부를까요?"

② 2단계: 문제의 결과 탐색하기

이 단계에서는 문제가 내담자의 삶에 미치는 영향에 대해 질문한다. 이 단계에서는 가정, 직장, 학교, 또래 집단과 같은 생활 영역, 자기, 가족관계, 친구 관계와 같은 관계 영역, 그리고 내담자가 추구하는 목적, 소망, 꿈, 열망, 가치와 같은 정체성 영역뿐 아니라 미래 계획과 가능성도 포함할 수 있다(White, 2010).

"절규는 정준이와 아버지의 관계에 어떤 영향을 미치나요?"

"절규는 정준이의 생각에 어떤 영향을 미치나요?"

"절규는 정준이의 생활에 어떤 영향을 미치나요?"

"절규는 정준이의 미래 계획에 어떤 영향을 미치나요?"

③ 3단계: 문제의 영향력 평가하기

이 단계에서는 문제의 활동 방식과 활동 내용을 평가한다. 그리고 그 문제가 내담자의 삶에 미치는 중요한 영향을 평가할 수 있도록 문제가 가지는 영향력을 평가한다(이선혜, 2020). 때때로 우리의 삶에서 문제는 긍정이나 부정의 한 가지 방향으로만 볼 수 없다. 예를 들면, 예술가인 에드바르트 뭉크에게 '불안'은 뭉크의 일생을 괴롭힌 부정적인 요소이지만, 예술적인 측면에서 뭉크에게 '불안'은 〈절규〉를 비롯한 다양한 작품에 영감을 주었다는 부분에서는 긍정적이라고 볼 수 있다. 다음과 같은 질문을 통해 문제가 가지는 영향력을 평가할 수 있다.

"이러한 결과가 긍정적이라고 할 수 있나요? 아니면 부정적이라고 할 수 있나요? 또는 둘 다 맞나요, 둘 다 아닌가요?"

"이러한 결과가 당신의 삶에 도움이 됩니까? 아니면 문제('절규')의 삶에 도움이 됩니까?"

"이 문제('절규')와 함께 살아야 한다는 것에 대해 당신은 어떻게 생각하세요?"

"당신의 삶에 책임을 가지는 사람이 누구이길 원하나요? 당신인가요? 문제('절규')인가요?"

"말씀하신 문제('절규')가 이런 행동을 계속해도 괜찮나요?"

④ 4단계: 평가의 근거 제시하기

이 단계에서는 3단계에서 밝힌 문제와 문제의 영향력에 대한 평가에 '왜'라는 질문을 통해 평가의 근거를 제시한다. 기존의 상담에서 '왜'라는 단어는 내담자의 자신을 방어할 수 있기에 선호하지 않는 질문이었으나, 내러티브상담에서 '왜'는 평가에 대한 도덕적 판단이 아닌 내담자의 문제 영향력 평가의 근거로서 사용한다. 즉, 내러티브 상담에서 '왜'는 내담자가 자신의 삶에서 중요한 목적, 가치, 독특한 결과를 발견하거나 문제에 대한 대처행동의 기반으로 사용된다.

"왜 괜찮다고 느끼시나요?"

"왜 괜찮지 않으세요?"

"무엇이 소중해서 그런 생각을 하시나요?"

"그런 입장을 갖는 이유는 뭐지요?"

"어떻게 해서 그런 판단을 하게 되셨나요?"

외재화 대화는 사람과 문제의 관계가 역사와 문화에 의해 형성되었다는 것을 탐색하므로 만약 불안한 내담자가 있다면 불안이 누군가의 삶에 얼마나 오랫동안 영향을 미쳐 왔는지, 불안이 그 사람에게 그리고 다른 사람들과의 관계에 미친 영향이 무엇인지, 언제 그 영향은 강하고 언제 약해지는지, 불안을 유지시키는 것은 무엇인지를 질문한다. 그리고 어떤 상황에서 불안의 영향력을 감소시키는지를 질문하여 문제가 누군가의 삶에 미친 영향을 시간과 사회문화적 맥락 안에서 본다.

(2) 독특한 결과

■ 독특한 결과의 이해

내러티브상담에서 독특한 결과란 문제의 영향력에서 벗어나 다르게 경험했던 또는 경험되는 사건을 말한다. 아주 작은 사건이나 단어 또는 하찮게 여겼던 것, 내담자가 주목하지 못했던 것, 무심코 지나친 것, 예외적인 것, 의도하지 않은 것 등이 해당된다. 상담 시 문제가 내담자의 삶에 미치는 영향을 상세히 탐색하는 과정에서 때때로 문제가 영향을 미치지 못하고 있는 영역이 드러날 수 있다. 때로는 내담자가 문제에 영향력을 발휘하는 경우도 발견할 수 있다. 이것이 독특한 결과이다.

예: "뭉크는 자신도 다른 가족들처럼 언제 죽을지도 모른다는 생각에 언제나 불안해 한다. 그래서 자주 침대에 누워 있고 학교에 결석한다. 그러나 뭉크는 미술시간만큼은 등교를 한다. 그리고 그림을 그릴 때 그는 안정되고 평온해 보였다."

뭉크의 이야기에서 '불안'을 문제로 보고 외재화하면 '불안'은 뭉크에게 의욕 없고 학교에 자주 결석하게 하는 등 뭉크의 삶을 무기력하게 만들고 우울하게 만든다. 이 것이 지배적 이야기이다. 그러나 뭉크가 '가끔 미술 시간에 등교하는 것' '그림을 그릴 때만큼은 안정되고 평온해 보이는 것'은 독특한 결과이다.

■ 독특한 결과의 발견과 확장
① 문제 이야기와 다른 사건 바라보기

문제의 이야기는 내담자의 삶에서 고통스러운 이야기, 피하고 싶은 이야기라면, 문제와 다른 사건은 '어려웠지만 견뎌 낸 일'은 문제의 이야기와는 다르게 사건을 바라보는 독특한 결과이다. 다음과 같은 질문으로 독특한 결과를 다른 사건, 상황, 관계, 의미로 연결할 수 있다.

예: 〈절규〉라는 시대의 걸작을 그린 '에르바르트 뭉크'는 어머니와 누이의 죽음, 그리고 아버지의 죽음을 보면서 평생 죽음이라는 불안에 시달리면서 살았다. 그는 언제나 죽음이 자신 옆에 있다고 생각했으며, 생애 전반을 걸쳐 자살충동을 느꼈다. 그럼에도 불구하고 그는 81세까지 뭉크는 죽지 않고 살았고, 살아있는 동안에 2만점 이상의 작품을 남겼다(출처: https://namu.wiki/w/에드바르트%20뭉크).

뭉크의 문제는 불안과 자살충동이었다. 이때 치료사는 다음과 같은 질문을 통해 문제의 이야기가 아닌 대조적인 사건을 바라보게 한다. 그리고 내담자(뭉크)가 그것을 의미 있는 사건으로 받아들인다면 그것이 독특한 결과가 된다.

"불안과 죽음에서 견뎌 보고자 하는 생각은 어떻게 하게 되었나요?"

"무엇이 '불안과 죽음' 가운데서도 그냥 있지 않도록 이끌었나요?"

"불안과 죽음을 견뎌 낼 수 있었던 삶의 자원(의도, 태도, 능력, 관계 등)은 무엇이었나요?"

"불안과 죽음을 견뎌 내는 과정에서 길러진 것은 무엇인가요?"

"불안과 죽음을 견뎌 냈던 그때의 당신에게 지금의 당신은 어떤 말을 해 주고 싶나요?"

"불안과 죽음을 겪어 봤기에 자신이나 삶에 대해 알게 된 것은 무엇인가요?"

"불안과 죽음을 견뎌 낸 경험은 앞으로 살아갈 자신에게 어떤 이야기를 해 주나요?"

"당신이 불안과 죽음을 견뎌 낸 것을 알고 있는 사람은 누구이고, 그는 당신의 어떤 모습을 보았을까요?"

② 독특한 결과를 선호하는 이야기로 만들기

문제를 해체하기 위해서는 경청이 필요하다. 그리고 문제가 삶에 미치는 영향을 알아보는 과정에서 독특한 결과를 발견할 수 있다. 예를 들어, 뭉크가 평생 불안과 자살충동을 느꼈지만 죽지 않았던 이유, 병마와 싸우면서도 그림을 그렸던 이유처럼 독특한 결과 안에 존재하는 내담자가 원하는 목적, 목표, 계획, 열망, 희망 등과 신념, 원칙, 확신, 믿음과 같은 가치는 내담자가 선호하는 삶을 구성하는 요소이다. 이때 행동은 정체성으로, 정체성은 행동으로 연결되면서 내담자 자신이 선호하는 이야기를 구성해 간다.

(행동 영역을 정체성 영역으로 연결하기) 자신의 행동에는 어떤 의도, 가치, 목적, 신념, 희망이 담겨 있는가? 또는 사람과의 만남, 사건에서 어떤 깨달음이나 교훈, 지식을 얻게 되었는가?

(정체성 영역을 행동 영역으로 연결하기) 자신이 가지고 있는 의도, 가치, 목적, 신념, 희망 또는 깨달음, 교훈, 지식이 과거의 어떤 행동으로 나타났는가? 혹은 미래에 어떤 것을 하게 될 것 같은가?

(출처: 고미영 · 고정은 · 권희영 · 김인화 · 김사라 외(2023), p. 17.)

③ 대안적 이야기로 나아가는 독특한 결과의 발견과 확장

독특한 결과가 대안적 이야기로 구성될 때 내담자는 자신을 힘들게 했던 사건을 바라보는 관점이 달라진다.

'내담자가 중요하게 생각한 혹은 바라본 사건'을 어떤 관점으로 바라보느냐에 따라 사건에 대한 의미는 달라질 수 있다. 내담자가 자신의 삶을 어떻게 보느냐에 따라 우리의 삶은 여러 가지 관점으로 바뀔 수 있다. 즉, 삶을 독특한 결과로 바라본다는 것은 자신의 삶에 대해 내담자가 스스로 설명하고 새롭게 의미를 부여하는 것이다. 평생 불안, 질병, 자살충동에 시달린 뭉크는 생애 마지막에 다음과 같이 말했다.

예: "삶에 대한 두려움은 내 병과 마찬가지로 나에게 필요하다" "불안과 질병이 없다면 나는 방향키가 없는 배와 같다, 나의 고통은 내 자산과 내 예술의 일부이다."

이처럼 뭉크는 자신이 겪는 불안과 질병, 그리고 자살충동이라는 사건 자체에 자신의 삶의 방향키를 잡지 않고, 그것을 예술 작품으로 승화해서 스스로의 삶에 의미와 가치를 부여함으로써 자신의 이야기를 풍부하게 발전시켰다.

독특한 결과는 내담자의 이야기를 새롭게 구성하여 독특한 결과가 삶 안에 자리 잡게 하고, 내담자가 앞으로의 삶을 살아갈 수 있는 또 다른 이야기를 만들어 낸다.

(3) 다시 쓰기

다시 쓰기는 내러티브상담이론과 실천 자체의 철학적 근간이 된다. 화이트와 엡스턴(White & Epston, 1990)은 상담 장면에서 텍스트 유추(Bruner, 1990)로 다시 쓰기(re-authoring) 대화를 탐색하는 방법을 활용했다. 그리고 독특한 결과는 다시 쓰기 대화를 시작할 수 있는 중요한 전환의 시작이라고 보았다. 다시 쓰기 대화는 내담자가 경험한 시간과 공간, 주제 사이에 대안적인 측면을 채워 넣는 것이다. 다시 쓰기가 진행될수록 사람과 관계에 대해 반영할 수 있는 새로운 발달단계들을 탐색할 수 있다. 다음의 질문을 통해 내담자는 생태학적 관점, 거시적으로 자신의 정체성 이야기를 바라보게 되고, 이는 다시 쓰기를 가능하게 만든다.

잘 알려진 문제가 시간의 흐름에 따라 어떠한 영향을 받고, 만들어지고, 지속되었는지 질문한다.

문제 자체를 지속시키도록 도운 사회적 측면은 무엇이었는지 질문한다.

문제에서 대안적 이야기를 찾지 못하게 하는 문화적인 현실에 대해 파악한다.

독특한 결과와 선호하는 내담자 자신의 이야기를 기억해 낼 수 있는 방법이 무엇인지 연구한다.

내담자 주변의 인적 자원과 내담자의 지지 세력이 무엇인지 알고 이를 활용한다.

다시 쓰기는 행동 영역의 질문과 정체성 영역의 질문으로 구성되어 있다. 행동영역에서는 언제, 어디서, 누가, 무엇을, 어떻게 했는가를 중심으로 매우 구체적으로 질문한다.

"당신의 삶에서 정말 중요한 가치를 보여 주는 이와 비슷한 다른 사건이 있나요?"

"최근에 아니면 예전에 이와 비슷한 일을 한 적이 또 있었나요?"

"'절규'가 엄습했을 때 당신은 '절규'에게 '그만'이라고 외쳤는데, 어떻게 그렇게 할 수 있었나요?"

정체성 영역에서는 내담자가 경험한 사건이나 행동의 의미와 내담자의 생각을 물어본다.

"당신은 '절규'가 엄습할 때 잠식당하지 않았잖아요. 그런 당신은 어떤 사람이라는 생각이 드나요?"

"어머니가 당신의 행동을 보면 당신은 어떤 사람이라는 생각이 들까요? 최근에 아니면 예전에 이와 비슷한 일을 한 적이 또 있었나요?"

"그때 일어난 사건을 돌아보면 당신의 삶에서 중요하게 생각하는 것은 무엇인가요?"

다시 쓰기 대화는 정체성 영역과 행동 영역이 교차되는 질문을 통해 작은 이야기에서 복잡한 이야기로, 그리고 점차 분명한 주제를 가진 풍부한 이야기로 발전한다.

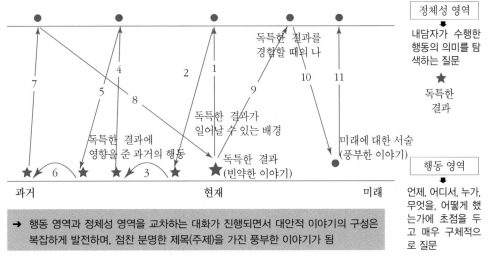

[그림 11-12] 다시 쓰기 대화의 구조

출처: 정문자, 정혜정, 이선혜, 전영주(2019). 수정

(4) 회원재구성

회원재구성이란 용어는 문화인류학자인 바바라 마이어호프(Barbara Myerholf)의 연구에서 유래되었다. 마이어호프는 유대인 남부 공동체의 노인들이 인생의 의미를 주고받는 대화가 진행되는 과정에서 서로 공감하고, 지지와 격려 등을 나누면서 정체성을 확인해 간다는 것을 관찰했다. 이는 사람들의 정체성은 타인과의 관계를 통해 형성된다는 후기구조주의 철학적 배경과 맥을 같이한다. 즉, 후기구조주의에 뿌리를 두고 있는 내러티브상담에서 개인은 개별적이고 분리된 개체로 존재하는 것이 아니라, 사람들과의 관계를 통해 상호작용하면서 성장하고 자신의 정체성을 찾는다.

회원이란 내담자의 삶에서 알고 지내거나 관계된 모든 사람이며, 내담자는 자신의 인생에서 회원권을 결정하는 권한을 가진다. 여기에서 회원은 내담자가 판단하기에 자신의 삶에 중요한 영향을 미친 '존재'이다. 회원은 내담자의 삶에 중요한 영향을 미친 가족이나 친구일 수도 있지만, 반려견이나 소중한 물건 등 무엇이든 가능하다.

표 11-4 회원재구성 대화의 구성

1단계	2단계
회원 → 내담자에게 기여한 점 말하기	내담자 → 회원에게 기여한 점 말하기
회원과의 관계, 내담자의 인생에 미친 영향, 현재 상황에서 해석되는 결과 등을 탐색한다.	내담자가 회원에게 기여한 것을 찾고 확인하는 과정에서 관계가 상호적이라는 사실을 이해한다.
"그 사람은 누구인가?" "나와 어떤 관계인가?" "그 사람을 언제, 어떻게 알게 되었는가?" "그 사건은 당신과 당신의 인생에 어떤 의미인가?"	"선생님이 호동씨의 어떤 모습을 보시고 지지하신 것 같나요?" "호동씨는 선생님의 바람과 기대에 부응하고자 어떤 노력을 했나요?" "그렇다면 그러한 것이 선생님에게 어떤 의미가 있었을 거라고 생각하나요?"

출처: 고미영·고정은 외(2023), p. 169.

회원재구성 대화는 내담자가 자신의 삶에서 의미 있는 존재와의 관계를 서로 상호적인 관점에서 이야기할 수 있도록 돕는다. 이처럼 회원재구성 대화를 통해 내담자는 자신의 인생클럽 안에 회원들을 중요한 순서대로 정리하거나 제외할 수 있다. 이는 마치 내가 주최하는 크리스마스 파티에 누구를 초대할 것인지, 누구는 초대하지 않을 것인지, 작년에 초대한 사람 중 누구는 다시 초대할 것인지, 작년에 초대한 사람 중 다시 초대하지 않을 사람은 누구인지를 선별하여 초대장을 보내는 것과 같다. 회원재구성 대화는 내담자의 관점에서 내담자의 인생을 재해석, 재평가, 재구성할 뿐 아니라 통찰하고, 더 나아가 내담자가 향후 자신이 원하는 방향으로 삶을 결정할 수 있다. 이때 치료사가 고려해야 할 점은 내담자에게 의미 있는 회원이 언제나 내담자가 좋아하거나 사랑하는 사람일 것이라고 단정하지 않아야 한다.

(5) 정의예식

정의예식이란 내담자가 자신의 정체성을 재정의하고, 이를 사회적으로 인정받는 예식으로 마치 결혼하는 신랑, 신부가 하객들 앞에서 부부가 되었음을 인정받는 것과 같다. 내러티브상담에서 정의예식은 내담자, 즉 주인공이 신중하게 선발한 외부 증인 앞에서 자신이 선호하는 삶을 이야기하고 이를 지지받는 것이다.

내러티브상담에서 정의예식은 정체성의 재정의와 관련되며, 화이트(White, 2010)는 정의예식과 관련하여 다음과 같이 말했다.

- 정체성은 공적이고 사회적으로 형성되는 것이다.
- 정체성은 인간 본성의 영향보다는 역사적이고 문화적인 영향에 의해 형성되는 것이다.
- 개인의 정체성은 당사자가 자기 정체성에 대한 나름의 주장을 가지고 이에 대한 사회적 인정을 통해 형성되는 것이다.

출처: 고미영 외(2023), p. 183-184.

정의예식의 핵심은 상담에 청중을 참여시키는 것이다. 상담에서 청중의 역할은 다음과 같다.

- 내담자가 주장하는 정체성은 공적이고 사실적 차원에서 확인시켜 주는 것-**이야기의 인정**
- 자신도 모르게 타인의 서사에 참여하여 줄거리를 발전시키는 것-**이야기의 공유**
- 내담자가 자기 자신 및 자기가 선호하는 정체성을 공동체 속에서 경험하는 것

출처: 고미영 외(2023), p. 184.

화이트(White, 2010)는 정의예식의 구조를 다음의 4단계로 구분하여 설명하였다.

첫 번째 단계: 말하기(telling)	• 내담자가 주인공으로, 외부 증인은 이를 듣는다. • 치료사는 이야기를 끌어낼 책임을 진다. • 이야기의 내용은 문제가 내담자(정의예식에서 내담자는 주인공이다. 그러므로 이하 내담자는 주인공으로 명칭하겠다)의 삶에 어떤 영향을 미쳤는지, 그 과정에서 주인공은 어떤 경험을 했는지, 그동안의 상담과정을 요약하는 것 등이 해당된다.
두 번째 단계: 다시 말하기(retelling)	• 말하기 단계에서 나왔던 내용을 인정하고, 의미를 부여하는 과정이다. • 치료사는 주인공의 이야기를 외부 증인에게 다음의 네 단계에 따라 질문한다.

두 번째 단계: 다시 말하기(retelling)	- 표현질문: 주인공의 이야기 중 가장 마음에 와닿았던 표현은 어떤 것입니까? - 이미지 설명하기: 주인공의 이야기 중 어떤 이미지가 떠올랐습니까? - 공명질문: 주인공의 표현 중 당신(외부 증인)의 삶의 경험 가운데 비슷한 부분이 있다면 말해 줄 수 있나요? - 이동질문: 앞의 경험으로 당신은 어떤 생각을 하게 되었나요? 앞의 경험이 앞으로 당신의 삶에 미칠 영향은 무엇인가요?
세 번째 단계: 다시 말하기에 대한 다시 말하기(retelling of retelling)	• 치료사는 주인공에게 두 번째 단계에서 외부 증인에게 들은 경험에 대해 질문한다. • 이 단계의 핵심은 외부 증인이 아니라 주인공 자신의 삶과 정체성에 대한 이미지이다. • 이 단계도 다음의 네 단계 질문으로 이루어진다. - 표현질문: 외부 증인의 이야기 중 가장 마음에 와닿는 표현은 무엇인가요? - 이미지 질문: 그러한 표현을 들으면서 자신의 어떤 이미지나 장면이 떠올랐나요? - 공명질문: 외부 증인의 표현을 들으면서 자신의 어떤 개인적 경험이 떠올렸나요? - 이동질문: 외부 증인의 표현을 들으면서 앞으로 주인공의 인생 행보에 어떤 생각을 하게 되었나요?
네 번째 단계: 모든 사람이 함께 모여서 말하기	• 내담자와 외부 증인 모두가 대화하도록 초대된다. • 모든 사람이 모여서 자기 경험을 말하는 시간이다. 이 과정의 목적은 상담 과정에 모든 사람을 참여시켜서 상담과 관련된 대화를 투명하게 하고자 하는 것이다.

(6) 치료적 문서작업

치료사와 내담자가 상담과정 중에 의미 있는 대화를 나누고 그것이 내담자의 삶에 긍정적인 변화를 일으킨다고 하더라도, 시간이 흐르면 그것이 삶에 미치는 영향력은 점점 흐려지거나 의미 있었던 기억을 되살리기가 어려워지는 경우가 있다. 이때 상담 과정 속에서 발견한 의미 있는 이야기를 사진, 편지, 메모, 진술서, 계약서, 증서와 같은 문서로 만든다. 문서는 대화처럼 사라져 버리거나, 희미해지는 것이 아니므로 상담과정에서 이룬 성과를 오래도록 유지할 수 있다. 그리고 상담 종결 후에도 내담자의 삶에서 소중한 의미로 다시 되새길 수 있다. 이것이 내러티브상담에서의 치료적 문서이다.

치료적 문서는 내담자가 자신을 위해 스스로 작성할 수도 있고, 내담자의 이야기를 더 많은 사람과 공유하기 위해 치료사와 내담자, 외부 증인, 가족, 공동체와 공동으로 작업할 수도 있다. 때로는 내담자를 모르는 사람들이 내담자의 삶의 이야기를 듣고 작성해 줄 수도 있다.

다양한 치료적 문서의 예 – 편지

선생님은 우울증을 '코치'라고 명명한 후에 코치는 '내가 선수라면 코치는 균형이 엇나가기 시작하면 찾아온다'고 했어요. 그래서 코치 때문에 균형을 맞추어 생각하므로 코치는 삶에서 마이너스가 아닌 앞으로 나아갈 수 있도록 해 주는 존재라고 했어요. 그러면서 선생님은 가족 안에서 자신의 역할은 아버지와 어머니 사이에서 중재 역할을 하는 '배려자'였다고도 말씀했어요. 그리고 일을 하면서도 선생님은 가족 안에서처럼 조직 안에서도 '중재자' '배려자'의 역할을 했다고 했어요. 그런 역할을 했던 이유는 남을 도운 후에 칭찬받는 것이 기분 좋았기 때문이라고도 했지요. 그러나 선생님 자신은 타인에게 도움을 주는 사람이었지만, 선생님 자신은 타인에게 도움을 받지 않으려고 했다고 했어요. 김호동 선생님의 이야기를 들으면서 '자신은 타인에게 도움을 주지만 타인에게는 도움을 받지 않으려고 한다'라는 말이 제 가슴에 와닿았답니다. 그리고 그동안 선생님이 많이 힘들지는 않으셨을까라는 감정이 들면서 마음이 무척 아팠어요. 왜냐하면 그 이야기는 선생님의 이야기이기도 하지만 제 자신의 이야기이기도 했기 때문이에요. 그러나 다른 한편으로는 '다른 사람들이 선생님처럼 자신에게 중요하고 소중한 사람(김호동 선생님)을 돕고, 그 안에서 느끼는 기분 좋은 경험을 먼저 차단'한 것이 아닌가라는 생각도 들었답니다. 이 말은 선생님뿐만 아니라 제 자신에게도 한 말이기도 합니다. 만약 지금 '코치'가 선생님 옆에 있다면 이 부분에 대해서 어떻게 균형을 맞추라고 이야기해 줄지 궁금하네요. 선생님의 '코치'가 혹시 저에게도 그 노하우를 알려 줄 수 있을까요?

- **다양한 치료적 문서의 예:** 동화책 만들기의 주인공 김호동은 "인생을 살아간다는 건"이라는 제목의 동화책 만들기를 통해 자신의 정체성을 정의하였다. 다음은 김호동이 스스로 만든 동화책의 내용이다.

어른이 된다는 건

"아저씨! 어른이 된다는 건 어떤 거예요?"

"인생의 목표를 정하고, 그저 앞으로 나아가는 것 아닐까?"

"아저씨도 목표를 정하고 그저 앞으로만 걸어왔어……"

"그저 걷다 보니 이런 생각이 들더라."

'모두 어디로 간 걸까?'

"어른들이 미리 만들어 놓은, 만들어진 길로 갈까?"

"아니면 다른 사람 손에 이끌려서?"

"멈추고, 뒤돌아 봤지."

"아프고, 힘들었어."

"화도 나고, 허무했지……"

"목표를 잃고, 도망쳤지."

"얼마나 지났을까... 내 주위에 길잡이 친구가 나타났어."

"지금 그대로도 괜찮아."

"지금 힘든 것 또한 네 모습이야. 너만의 길을 가는 거라구."

"그 한마디에 아저씬 힘을 얻고, 일어섰어."

"마음의 소리에 귀 기울이고, 보살펴주렴."

"통제로 하고 같이 길들이고 끌어안는 거야."

"너를 괴롭히는 마음은 차분히 놓아주렴."

"그러면 우린 다시 나아갈 수 있어."

"그래, 혼자가 아닌 우리 함께."

"어른이 된다는 건 함께 나아가는 것!"

그렇게 서로 저마다의 위치에서, 각자의 소망을 품고 함께 살아가는 거야. "옳고 그르다" 보단 각각의 색으로 빛을 내는 거야.

아무리 힘들고 지쳐도…… 자신만의 빛을 잃지 말길

그런 형형색색의 빛들이 아름답게 비춰 주니까

7. 치료사례

호두는 1남 2녀 중 막내로 현재 중학교 2학년이다. 호두가 3살 때 부모님은 경제적인 이유로 이혼했다. 호두는 부모님의 이혼을 모르는 상태이며, 아버지가 귀농하여 농사 짓는 것으로 알고 있다. 호두는 큰누나와 사이가 좋은 편이며, 작은누나와는 자주 부딪히곤 한다. 최근에 어머니와는 단답식으로만 대화를 하고 있다. 호두는 어릴 때부터 친구가 많지 않았고, 친구를 만나도 숨었다. 호두는 초등학교 때부터 친구들에게 괴롭힘을 당하였으나 집에 말한 적이 없었고, 중학교 1학년 때와 2학년 때는 심하게는 아니지만 학교 친구들에게 폭력을 당해 학교로부터 연락을 받아 어머니가 그 사실을 알게 되었다. 이런 사실이 있음에도 불구하고 호두는 주변 사람들에게 자신은 학교에서 친구 관계는 아무런 문제가 없다고 이야기하곤 하였다. 이번에 학교폭력 피해자로 상담을 받게 되었는데, 호두는 이 부분에 대해서 누구에게도 이야기하고 싶어 하지 않는다. 최근에 호두는 아침에 일어나서 학교에 등교하는 것에 대해 짜증을 많이 내곤 한다.

(1) 1회기 상담

첫 상담에서는 상담절차에 대한 설명과 호두와 호두 어머니의 동의를 얻는 시간을 가졌다. 호두의 어머니는 호두의 문제를 설명하였고, 호두는 아무런 말도 하지 않은 채 얌전히 앉아 있었다. 치료사는 어머니에게 호두가 친구들에게 계속 폭력을 당한 영향에 대해 질문하였고, 다음과 같은 것을 발견할 수 있었다.

- 가족 내 부모의 이혼과 이 사실을 호두만 모르면서 호두는 가족 안에서 알 수 없는 소외감을 느꼈다. 그리고 호두는 아버지가 부재한 상태에서 작은누나와 엄마와의 갈등, 자기주장이 강한 어머니와 큰누나 사이에서 점차 말이 없는 아이가 되었다. 그리고 그 과정에서 호두는 자신의 주장을 하지 못하면서 친구들에게 괴롭힘을 당해도 말할 수 없는 아이, 힘이 없는 아이로 자신을 인식하게 되었다.
- 호두의 어머니는 원가족 안에서 부모와 애착 관계를 형성하지 못했고, 특히 여러 번 외도를 한 아버지와는 갈등이 심했다. 결혼 후 남편의 무능력으로 이혼하면서 '정상 가족'에 대한 이해가 부족했다. 호두의 어머니는 이혼한 남편과 사이가 좋은 둘째 딸에 대해서 양가감정을 가지고 있으며, 큰 딸에 대해서는 지나치게 의지하고 있다. 그리고 이혼한 남편과 성격 면에서 닮은 호두에 대해서는 이성적으로 대처하지 못하고 감정적으로 대응하면서 호두와의 관계가 점차적으로 소원해졌다.

■ 문제의 외재화 사례

호두: 아무 이유 없이 짜증내는 것

치료사: 짜증내지 않았으면 좋겠어?

호두: 네, 제가 짜증을 내면 가족도 별로 기분이 안 좋고, 저 역시도 그런 가족의 모습에 기분이 안 좋아요.

치료사: 그렇구나. 그런데 나는 좀 궁금한데 호두는 계속 짜증이 나는 거니, 아니면 짜증이 나는 상황이 있는 거니? 예를 들면, 아침에 깨울 때 짜증이 나는 거니? 밥을 먹을 때 짜증이 나는 거니? 세수할 때 짜증이 나는 거니? 알람 소리에 짜증이 나는 거니?

호두: 음… 저는 일어날 때는 짜증이 나지 않아요. 준비할 때 짜증이 나요.

치료사: 그래! 준비할 때 짜증이 나는구나? 구체적으로 준비하는 것 중 어느 때 짜증이 나니?

호두: 교복 입을 때요. 그때 짜증이 나요.

치료사: 아, 그렇구나! 너는 밥 먹을 때 일어날 때 씻을 때 계속 짜증이 나는 게 아니라 교복 입을 때만 짜증이 나는구나. 그럼, 교복은 너에게 어떤 의미이니?

호두: 교복이요… 교복은 학교 갈 때 출입증이에요.

치료사: 출입증! 그래, 출입증이구나. 출입증의 의미를 조금 더 설명해 줄 수 있니?

호두: 아무나 못 들어가잖아요.

호두: 아무나 못 들어가잖아요.

치료사: 그래, 그럼 어떤 사람들이 들어가는 거야?

호두: 학생.

치료사: 아, 학생만 들어가는구나. 교복은 학생들만 입을 수 있지! 학생들만 들어갈 수 있는 출입증이 맞구나. 너가 생각하는 학생은 어떤 거니?

호두: 공부를 해야 하는 사람이요.

치료사: 너에게 공부는 무엇이니?

호두: 하기 싫지만 억지로 하는 것……

치료사: 아, 공부를 하기 싫지만 억지로 하는 것이구나. 그럼, 너의 짜증의 원인은 공부이니?

호두: 네, 공부해라…….

치료사: 아, 이유 없이 짜증이 나는 건 아니네. '공부해라'와 '공부'의 차이가 뭐야?

호두: '공부'는 자기가 때가 왔을 때, 하고 싶을 때, 느낌 올 때 하는 거예요. 공부를 하려고 하는데 누나나 엄마가 '공부해라'라고 억지로 얘기를 하면 짜증이 나요. 네, 전 누군가 하라고 하면 더 하기 싫고 하지 말라고 하면 더 하고 싶어요.

치료사: 그래, 넌 공부가 그냥 하기 싫은 게 아니라 강요받는 게 싫은 거구나. 혹시 너는 스스로 뭔가를 하는 걸 중요하게 생각하는 아이이니?

호두: 맞아요. 제가 원치 않는 일을 시키는 것이 싫어요.

치료사: 아, 그렇구나. 너가 원하지 않는 것에 대해서 어떻게 해야 되는 것이 짜증나는구나, 맞니?

호두: 네, 하라고 할 때는 하기 싫은데 하지 말라고 하면 하게 돼요.

치료사: 아, 너는 공부하고 싶은 마음을 가지고 있는데 사람들이 해라가 아니라 하지 말라고 하면 더 하고 싶은 마음이 생기는구나. 와, 너는 어떻게 얘기해 주면 공부를 하고 싶다는 방법도 아는구나.

호두: 네, 전 누군가 먼저 얘기하면 더 하기 싫어요.

치료사: 그럼, 그런 너는 어떤 사람인 거니?

호두: 전 누군가의 강요가 아니라 제가 스스로 선택해서 하는 걸 좋아하는 사람인 것 같아요.

치료사: 그렇구나, 너는 자율성을 중요하게 생각하는 사람이구나. 혹시 오늘 한 얘기 중에 가장 기억에 남는 말이 있니?

호두: 네, 제가 스스로 하는 걸 중요하게 생각하는 사람이라는 거요. 그리고 그냥 아무 이유 없이 짜증나는 게 아니라 억지로 강요받을 때 짜증이 난다는 걸 알았어요.

(2) 2회기 상담

2회기 상담에서는 이미지를 활용해서 내러티브상담 1단계인 '문제에 대해 말하기' 중 문제의 외재화, 문제의 영향을 탐색하는 대화 후에 독특한 결과를 찾아 그 영향을 탐색하는 대화가 이어졌다. 그리고 마지막 3단계인 내러티브의 다시 쓰기 중 행동영역에 대해서 질문하였다. 또한 가족 내 외부 증인을 통해 정체성 영역 질문에 대한 대화가 이어졌다.

■ 문제의 영향 탐색하기, 독특한 결과를 찾기, 독특한 결과의 영향 탐색, 정체성 질문 예

치료사: 호두를 닮은 것을 가져와도 좋단다.

호두: (아기 새 3마리와 어미 새를 가지고 옴) 아기 새만 가지고 오고 싶었는데 아기 새만 있는 건 없었어요. 그래서 이렇게 다 가져왔어요.

치료사: 그랬구나, 아기 새구나. 이 아기 새는 어떤 새니?

호두: 여리고 보호받아야 할 거 같은 새예요. 안겨야 되고 덜 성장했어요. 보호받아야 해요.

치료사: 보호받아야 하는 새구나.

호두: 네, 아기 새가 3마리인 이유는 3배로 보호받아야 해서…….

치료사: 그럼, 이 새를 보호해 주는 것이 있니?

호두: 네, 집, 기댈 수 있는 곳, 엄마, 아빠, 큰누나, 작은누나!

치료사: 그런데 보호라는 것은 위험한 곳으로부터 보호한다는 생각이 드는데… 그럼 아기 새가 위험할 때도 있니?

호두: 네, 있어요. 뱀이나 추락이요.

치료사: 뱀이나 추락이 아기 새를 위험하게 하는구나. 그럼, 그때 아기 새는 어떻게 하니?

호두: 아무것도 못해요. 기껏해야 꼬집는 정도…….

치료사: 꼬집기도 하는구나. 그건 아무것도 안 하는 게 아닌 거 같은데?

호두: 부리로 뱀을 쪼을 수도 있어요. 날갯짓도 하고요.

치료사: 꼬집기뿐만 아니라 부리로 쪼을 수도 있고, 날갯짓도 하는구나. 그런데 호두의 얘기를 듣고 보니 아기 새가 스스로를 보호하기 위해 아무것도 안 하는 게 아니네. 아기 새가 스스로를 보호하기 위해 많은 것을 한다는 생각이 드네.

호두: 아기 새는 혼자 자기를 지켜 내야 해요. 뱀과 추락의 위험에서 계속 지켜야 해요.

치료사: 뱀과 추락 때문에 힘들어도 부리와 날갯짓을 하는 아기 새… 그런 아기 새는 어떤 새이니?

호두: 포기하지 않는 새예요.

치료사: 포기하지 않는 새라, 대단한데? 그럼, 그런 호두는 어떤 사람이니?

호두: 좀 대견한 것 같아요. 제 스스로가 좀 멋져 보여요.

치료사: 네가 포기하지 않는 새라는 걸 호두 가족 중 누군가 듣는다면 누가 너의
　　　　이야기를 듣고 너는 원래 그런 친구라고 말해 줄 것 같니?

호두: 큰누나요. 큰누나는 제가 포기하지 않는 새라는 걸 알고 있었다고 말해 줄 것
　　　같아요.

[그림 11-13] 외재화를 통한 독특한 결과 이미지

■ 행동영역 질문의 대화 사례

치료사: 지난 상담에서 자율성을 중요하게 생각하는 사람이라는 걸 안 호두는 일
　　　　주일 동안에 어떻게 지냈니?

호두: 달라졌어요. 짜증이 안 났어요. 스스로 공부하게 되었어요.

치료사: 와, 스스로 공부하게 되었구나. 어떻게 그렇게 할 수 있었니?

호두: 다른 사람이 강요하기 전에 하려고 하니까 그렇게 되었어요.

치료사: 그렇구나. 그럼, 네가 달라졌다는 사실을 너말고 알고 있는 사람이 있니?

호두: 큰누나요. 큰누나가 '너 웬일로 공부하냐'고 했어요. 기분이 좋아져서 아침
　　　에 짜증을 안 내게 되었어요.

치료사: 아무도 너의 행동에 대해서 강요하지 않게 하기 위해 미리 너 스스로 행
　　　　동하니까 오히려 가족이 잘한다고 얘기해 주었구나.

호두: 네, 맞아요. 제 스스로 짜증을 통제하게 되었어요.

(3) 3회기 상담

3회기 상담에서 치료사는 치료적 문서를 통해 호두와의 그동안의 상담내용을 정리

하고, 호두가 자신의 문제를 외재화하는 과정에서 발견한 **독특한 결과**에 대해 확인하였다. 또한 호두는 친구에 대한 자신의 지배적 이야기에서 독특한 결과를 찾아내고 그동안의 상담 중 자신이 선호하는 이야기를 발달시키는 과정으로 활용하였다. 그동안 호두는 학교폭력에 대해 한 번도 직접적으로 언급하지 않았는데, 치료사와의 문서작업을 통해 호두 스스로 자신의 학교 폭력과 친구에 대해 이야기하고 가족관계에 대해 생각해 보도록 도왔다.

■ **호두가 생각하는 친구에 대한 지배적 이야기 사례**

호두: 친구가 다른 아이의 물건을 망가뜨렸는데 비밀로 해 달라고 해서 제가 덮었어요.

치료사: 덮었던 이유가 있니?

호두: 네, 그 친구가 실망할까 봐요. 친구에게 배신감을 안 주기 위해서이지요. 다행히 물건이 망가진 친구 역시 신경을 안 써서 안심이 되었어요. 친구에게 실망을 주고 싶지 않았어요.

치료사: 친구는 너에게 어떤 의미이니?

호두: 친구는 제2의 나예요. 친구가 다치면 위로해 주고 싶고 상처받으면 위로해 주고 위로 받고 싶어요. 저 역시 친구로 인해 위로 받을 수 있고요. 저를 활기차게 만들어 주고 용기 있게 해 줘요.

치료사: 그렇구나, 친구는 제2의 너구나. 친구는 서로를 위로해 주는구나. 그런 친구들은 너의 삶에서 어떤 영향을 주니?

호두: 저를 활기차게 만들어 주고 용기 있게 해 줘요.

치료사: 모든 친구가 그러니?

호두: 네, 모든 친구가 그래요.

치료사의 치료적 문서

호두에게!
두 번의 만남을 통해 호두를 알게 되어 너무 기쁘단다. 우리가 이야기 나눈 것들을 내가 어떻게 이해했는지 적어 보려고 해. 혹시 내가 잘못 이해했거나 중요한 무언가를 빠뜨린 것 같다면 나에게 이야기해 줄 수 있겠니?

너가 치료실에 온 첫날의 표정은 경직되어 보였고, '아침에 이유 없이 짜증나는 것' 때문에 오게 된 것 같다고 했지. 아침에 이유 없이 짜증이 나서 너와 가족의 기분이 좋지 않다고 했지. 그러고는 아침 전체가 아니라 교복 입을 때 짜증이 나는 너를 발견했지. 교복은 너에게 학생들만 들어갈 수 있는 출입증이고, 그런 교복을 입은 너가 싫고, 억지로 공부를 해야 하기 때문에 짜증이 난다고 했지. 그리고 너는 짜증의 원인이 공부 자체가 아니라 누군가에게 강요받는 것이 싫어서 짜증이 나고, 그걸 통해 너가 '자율성'을 중요하게 생각하는 사람이라는 것을 깨달은 것 같더구나. 나는 호두가 말하는 자율성을 듣고 자동차 엔진이 떠올랐어. 자동차 엔진은 자동차에서 눈에 보이지 않지만 엔진이 있어야만 자동차가 움직일 수 있잖아. 호두도 그런 사람이 아닐까? 자동차 엔진처럼 눈에 바로 띄지는 않지만 자동차 전체를 움직일 수 있는 힘이 있는 친구……

그리고 난 후 정말 나를 감동시킨 놀랄 만한 일이 벌어졌지. 호두가 짜증을 스스로 통제하게 되었다는 거야. 그리고 호두가 스스로 공부를 하게 되었고, 그렇게 달라진 너의 행동을 보면서 너는 정말 스스로 움직이는 자동차 엔진 같다는 생각이 들었단다.

호두가 2회 상담 때 너는 친구에게 배신감을 안 주기 위해 잘못한 친구의 비밀을 지켰고, 다행히 피해를 입은 친구 역시 별말 없이 지나가서 안심이 되었다는 말을 했지. 호두는 친구에 대한 의리와 배려가 있고, 친구를 '제2의 나'로 생각할 만큼 소중히 생각하고 있다는 것을 알 수 있었어. 호두에게 친구는 또 다른 나이기 때문에 친구들 중 너에게 심하게 장난을 치는 친구가 있어도 호두는 힘들지 않고, 너그럽게 그런 친구를 이해하고 배려할 수 있었던 것이 아닐까? 그런데 호두야. 너에게 모든 친구가 또 다른 나는 아닐 수 있을 텐데……. 여러 친구 중 너에게는 어떤 친구가 또 다른 너인 거니? 혹시 선생님에게 또 다른 나와 그렇지 않은 나인 친구에 대해서 이야기해 줄 수 있니? 그리고 또 다른 너에 대해 알고 있는 사람이 있니? 있다면 그 사람은 누구이니? 그 사람은 너에 대해 뭐라고 이야기할 것 같니? 내 이야기 중 가장 마음에 와닿는 말이 있니? 만약 있다면 호두가 상담 시간에 이야기해 주면 좋겠구나.

■ 독특한 결과의 영향 탐색, 행동영역 질문, 정체성 질문의 대화 사례

치료사: (1~2회기와 관련된 편지를 줌) 편지 내용 중 함께 나누고 싶은 얘기가 있니?

호두: 네, 있어요. 2학년 중 다른 아이들이 싫어하는 아이가 있어요. 그 아이가 자주 시비를 걸어요. 저에게도 시비를 걸어요. 그 아이는 제2의 나가 아닌 것 같아요. 그 아이는 여자에게 욕하고, 저한테도 욕했어요. 아이들에게 아무 이유 없이 시비 거는 건 제2의 나가 아니에요.

치료사: 그럼 제2의 나와 다른 친구에게 호두는 어떻게 행동하니?

호두: 며칠 전에 시비 거는 그 친구가 저에게 시비를 걸었어요. 그래서 제가 그 친구에게 나한테 왜 자꾸 시비 거냐고, 귀찮게 하지 말라고 했어요. 처음으로… 제가 하는 대응 방법이 달라지자 아이들의 태도도 달라졌어요.

치료사: 좀 더 구체적으로 이야기해 줄 수 있니?

호두: 예전에는 아이들이 시비를 걸면 저도 화를 내거나, 아니면 아이들이 하는 대로 그냥 있었거든요. 그런데 요즘은 제가 좀 단호해지고, 때로는 아이들이 나와 놀고 싶어서 그렇구나라고 생각하거나 아이들을 무시해요. 어느 때부터 아이들이 그런 제 모습을 보고 오히려 그냥 가요.

치료사: 너의 대응 방법이 달라지자 너를 대하는 아이들의 태도도 달라졌다는 거니?

호두: 네, 제가 제2의 나와 그렇지 않은 친구를 구별하게 되어서 그런 것 같아요.

치료사: 제2의 나와 그렇지 않은 친구를 구별하는 넌 어떤 사람이니?

호두: 적정선을 아는 사람이에요. 그런데 선생님 이 말을 하니까 부끄러워요. 근데 한편으론 시원해요. 이렇게 이야기해 본 적이 처음이라서…….

치료사: 적정선을 알게 된 너는 앞으로의 삶에 어떤 영향을 미칠 것 같니?

호두: 자존심을 지킬 수 있을 것 같다는 의미? 버릴 수 있는 것, 존경할 만한 사람이 아니라면 자존심을 버릴 수 없어요. 지금까지 사실 친구들에게 맞은 적도 있고, 놀림을 받은 적도 있었는데 그때는 가족에게 이야기하지 않았어요. 그게 제 자존심이라고 생각했어요. 그런데 오늘 이야기하다 보니 진짜 자존심은 제가 절 지키는 거라는 생각이 들었어요. 가족을 위해서, 그리고 나의 사회적 위치를 위해서라도 나를 지켜낼 거예요.

(4) 6회기 상담과 그 후

6회기 상담에서는 생명나무 기법을 활용해서 호두와 정체성 질문의 대화를 하였다. 생명나무 기법은 HIV나 AIDS, 빈곤 상태에 처해 있는 남아프리카공화국 아동들을 대상으로 한 하나의 프로젝트로, 느쿠베-엠리오(Ncube-Mlilo)와 데이비드 덴보로(David Denborough)가 공동으로 개발한 기법이다. 이 기법을 통해 실제 임상 경험 연구에서 아동들은 자신의 문제에서 벗어나 살아갈 수 있었다. 생명나무 기법은 진술과 재진술이 핵심이며, 호두의 사례에서도 치료사와 호두는 진술과 재진술을 통해 호두 자신이 태어난 것은 기적이라는 다른 관점을 볼 수 있었다. 그리고 호두는 그 기적을 제공해 준 부모님에 대해 고마움을 가지게 되었다. 또한 호두는 미래에 대한 희망과 자신의 삶에 대한 기대를 가지게 되었다.

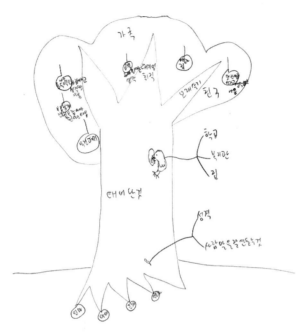

[그림 11-14] 호두의 생명나무 기법

■ 생명나무 기법

호두: (생명나무 작업) (기둥: 태어난 것) 태어난 것이 기적이라고 생각해요.

치료사: 호두가 태어난 것이 기적이라고 누가 생각할까?

호두: 엄마, 아빠요. 사실 절 유산할 수도 있었는데 안전하게 태어나서 기적이라고 생각할 것 같아요. (열매: 자랑거리) 물건 고치기를 잘해요. 고치다 보니 리모컨도 되곤 해요.

치료사: 뭔가를 고치는 능력이 있구나.

호두: (웃으며) 제 생각은 그래요. 그리고 마음가짐이요. 선생님을 만나기 전에는 평범한 회사원으로 대충 살겠다는 생각이었는데, 지금은 꿈이 커지고 노력을 하는 것 같아요.

치료사: 어떤 노력을 하고 있니?

호두: 중 3때부터 공부해야지가 아니라 그때부터 공부를 하고 있어요. 부모님에게 도움이 되어야겠다는 생각을 해요. 부모님에게 빚을 졌기 때문에 그걸

갚아야 할 것 같아요.

치료사: 빚을 갚으려는 생각이구나. 그런데 선생님은 잘 모르겠는데 그 빚은 어떤 빚이니?

호두: 의식주와 보살핌이요. 크면서 그런 생각이 점점 들어요. 예전에 전 평범한 사람만 되어도 좋겠다고 생각했어요. 그런데 제가 무엇을 하고 싶은지를 생각하면서 요즘 나는 조금은 특별한 사람이라는 생각이 들었어요. 그래서 제가 태어난 것이 기적이라는 생각이 들어요. 그래서 부모님에게 보답하고 싶어요.

호두의 아기 새는 점점 성장하였고, 호두의 가족도 아기 새가 성장하는 과정을 지켜보면서 호두에 대한 불안한 마음을 내려놓게 되었다. 호두는 친구도 사귀고, 학교 공부도 따라가고 있었으며, 태권도 학원도 빠지지 않고 다니게 되었다. 또한 호두는 다이어트를 시작해서 5kg을 감량하였다. 호두의 변화를 호두 가족은 지지해 주었고, 특히 큰누나는 호두의 큰 지지자가 되어 주었다. 치료사와 호두는 아기 새가 계속 성장하도록 추후 계획을 세웠다. 한 달 후에 치료사는 가족을 상담했고, 호두는 계획한 일들을 잘 지키고 있었으며, 가족과도 잘 지내고 있었다. 3개월 후 호두는 누군가의 도움이 필요한 아기 새에서 혼자서 다할 수 있는 부엉이로 변하였고, 친구들과도 잘 지내고 있었다. 또한 가족 안에서는 자신의 의사를 명확히 표현하는 수다스러운 막내로 지내고 있었다.

8. 요약

이 장에서는 가족치료를 이해하기 위해 가족치료의 발달단계, 다세대 가족치료, 경험주의 가족치료, 구조적 가족치료, 단기해결중심치료, 내러티브상담의 주요 인물, 이론적 발달, 치료목표와 치료기법에 대해서 학습하였다. 마지막으로 내러티브상담 사례의 개입 과정을 통해 문제의 외재화, 독특한 결과, 다시 쓰기, 회원재구성, 정의예식, 치료적 문서가 어떻게 활용되는지 살펴보았다.

🎯 연습 과제

앞의 치료사례를 보고 문제의 외재화, 독특한 결과, 독특한 결과의 영향, 행동영역 질문, 정체성 질문의 대화내용을 구체적으로 찾아서 적어 보세요.

🎯 주관식 문제

1) 초기가족치료와 후기가족치료의 차이에 대해서 서술하세요.

2) 다세대 가족치료의 가계도를 활용해서 자신의 가계도를 작성하세요.

3) 경험주의 가족치료의 빙산치료를 활용해 나의 빙산을 만들어 보세요.

4) 구조적 가족치료의 기본가정을 쓰세요.

5) 단기해결중심치료에서 예외질문을 1개 만드세요.

6) 내러티브상담에서 외재화에 관한 질문을 1개 만드세요.

7) 화이트가 정의예식에서 사용한 4단계 반영 방식에 대해 설명하세요.

📓 참고문헌

고미영, 고정은, 권희영, 김민화, 김사라, 김유숙, 김은영, 김혜경, 박숙현, 빈미향, 신영화, 안미옥, 이경욱, 이선혜, 이은주, 최지원, 한석준, 허남순(2023). 내러티브치료. 서울: 학지사.

김사라(2018). 자신감을 가지고 내 생각을 자유롭게 표현하고 싶어요. 한국이야기치료학회지, 내러진, 18-40.

김유숙(1998). 가족치료-이론과 실제. 서울: 학지사.

김유숙, 고모리 야스나가, 최지원 공저(2013). 놀이를 활용한 이야기치료. 서울: 학지사.

김유숙(2014). 가족치료-이론과 실제(3판). 서울: 학지사.

김유숙(2022). 가족상담. 서울: 학지사.

이선혜(2020). 이야기치료. 서울: 학지사.

이영분, 김유순, 신영화, 전혜성, 최선령(2020). 사례로 배우는 가족상담. 서울: 학지사.

정문자(2007). 사티어 경험적 가족치료(2판). 서울: 학지사.

정문자, 정혜정, 이선혜, 전영주(2019). 가족치료의 이해(3판). 서울: 학지사.

Anderson & Goolishian (1988). Human systems as linguistic systems = preliminary and evolving ideals about the implications for clinical theory. *Family process, 27.* 371-393.

Banman, J. (2001). *Satir model workshop, unpublished manuscript.* Seoul Korea.

Bowen, M. (1966). The use of family theory in clinical practice. *Comprehensive psychiatry, 7.* 354-374.

Bruner, J. (1990). *Acts of Meaning.* Cambridge, MA: Harvard University Press.

Kerr, M. E. & Bowen, M. (1988). *Family evaluation.* New York: W. W. Norton.

McGoldrick, M. Gerson, R. & Shellenberger, S. (2005). 가계도: 사정과 개입(*Genograms: Assesment and Intervention*(3rd ed.)). (이영분, 김유숙, 정혜정 공역). 서울: 학지사. (원저는 1999년에 출판).

Michael, P. & Sean, D. (2008). 가족치료-개념과 방법 제7판(*Family Therapy: Concepts and Methods*). (김영애, 김정택, 송성자, 심혜숙, 정문자, 제석봉 역). 서울: 시그마프레스. (원저는 2006년에 출판).

Nichols, M. P. (1984). *Family Therapy: Concepts and Methods.* London: Gardner press.

White, M. & Epston, P. (1990). *Narrative means to the rapeutic ends.* New York, NY= W. W. Norton & Company.

White, M. (1984). Pseudo-encopresis=From avalanche to victory, from vicious to virtuous cycles. *Family Systems Medicine, 2*(2). 150-160.

White, M. (2010). 이야기치료의 지도(*Maps of narrative practice*). (이선혜, 정슬기, 허남순 공역). 서울: 학지사. (원저는 2007년에 출판).

[참고 사이트]
https://namu.wiki/w/에드바르트%20뭉크

12장 아동상담 및 놀이치료

"이것은 모두 너를 위한 거야. 재미있게 놀아라. 너를 방해할 사람은 없다."

"나는 딥스를 좋아해요. 선생님도 딥스를 좋아해요. 우리는 둘 다 딥스를 좋아해요."

-『딥스』 중에서-

1. 주요 개념

1) 아동상담 및 놀이치료란

심리치료는 대상 또는 사용하는 도구의 형태로 나누어 볼 수 있다. 상담을 받는 사람이 '아동, 청소년, 부부, 가족, 노인' 등 누구인지에 따라 심리치료의 형태를 구분한다. 만약 아동이 상담을 받는 내담자가 된다면 '아동상담'이 되는 것이다. 또한 '놀이, 미술, 모래놀이, 음악, 보드게임, 동물매개' 등 치료적인 매체가 무엇인지에 따라 치료의 형태를 나누기도 한다. 놀이치료는 놀이를 매체로 심리치료를 진행하는 것이며, 근래에 들어서는 아동뿐만 아니라 청소년, 성인, 노인 등을 대상으로 폭넓은 영역에서 놀이치료를 진행하고 있다. 아동의 경우에는 자신의 생각과 감정을 전달하기에 언어적인 표현에 한계가 있다. 따라서 아동의 발달 및 특성상 아동상담에서는 놀이치료를 많이 활용하고 있으며, 본 장에서는 아동상담과 놀이치료를 크게 구분하지 않고 서술하고자 한다.

미국놀이치료협회(Association for Play Therapy: APT)에서는 놀이치료를 '이론적 모델을 체계적으로 이용하여 훈련된 놀이치료 전문가들이 놀이의 치유적 힘을 활용하여 내담자가 심리사회적 어려움을 예방하거나 해결하고, 최적의 성장과 발달을 이루도록 대인관계 과정을 수립하는 것'이라고 정의하였다(https://www.a4pt.org). 한국놀이치료학회에서는 놀이치료에 대해 다음과 같이 소개하고 있다(https://www.playtherapy-korea.or.kr/).

> '놀이치료란 놀이를 통해 아동이 가지고 있는 발달 및 심리적인 문제를 해결해 가는 심리치료입니다. 이때 놀이심리상담사는 놀이의 치료적 힘을 사용하여 아동의 놀이 속에서 표현한 내용을 이해하고 수용하는 치료적 관계를 맺게 됩니다. 이 과정을 통해 아동은 자발성, 주도성을 회복하고 자신의 발달 및 심리적인 문제를 해결하게 됩니다. 놀이치료는 많은 연구를 통해 심리치료로서 그 효과가 입증되고 있는 과학적이고 실증적인 치료 방법입니다.'

아동중심 놀이치료의 선구자라고 할 수 있는 엑슬린(Axline, 1950)은 놀이에 대해서 다음과 같이 설명하였다.

> '놀이는 치료적 경험이다. 왜냐하면 아동과 성인 간에 안전한 관계를 제공하여 아동이 그 순간에 자신의 방식으로 정확하게 표현할 수 있는 자유로움과 공간을 마련해 주기 때문이다.'

아동중심 놀이치료의 선구자 중 한 사람이라고 할 수 있는 게리 랜드레스(Garry Landreth)는 자신의 저서 『놀이치료: 치료 관계의 기술(Play Therapy: The Art of the Relationship)』에서 놀이치료에 대해 다음과 같이 말했다.

> '놀이치료란 아동(또는 모든 연령의 사람)과 훈련된 치료자 사이의 역동적인 대인관계로 정의된다. 치료자는 아동이 자기 자신을 온전히 표현하고 자기(감정, 사고, 경험과 행동)를 탐색할 수 있도록 안전한 관계의 발달을 촉진하는 놀잇감을 선택하여 제공한다. 놀이는 아동의 자연스러운 의사소통 매체로 사용되어 적절한

성장과 발달을 촉진한다.'

　이들 정의의 공통점을 통해 볼 때, 놀이치료란 '훈련된 치료자와 아동과의 안전한 치료적 관계 속에서 놀이라는 상호작용을 통해 아동의 온전한 성장과 발달을 위해 이루어지는 치료적 과정 및 방법'이라는 것을 알 수 있다.

2) 놀이의 특성

　그렇다면 놀이란 무엇일까? 우선 놀이가 가지는 특성을 살펴봄으로써 아동상담에 놀이가 가장 많이 활용되는 이유를 살펴보겠다.

　첫째, 놀이는 자발적으로 이루어지는 자유롭고 즐거움을 주는 활동이다. 아이는 태어나면서 누가 가르쳐 주지 않아도 스스로 놀고, 놀이하는 방법을 스스로 선택하고, 목표나 결과물이 없이도 놀이한다. 놀이를 강제로 하게 하거나 의무적으로 하게 하지 않아도 아동은(아동 뿐 아니라 성인도) 놀이를 함으로써 긍정적인 경험을 느끼기 때문이다.

　둘째, 놀잇감은 아동의 언어이며, 놀이는 아동이 자기 표현을 할 수 있는 매우 적절한 도구이다. 아마도 아이들은 본능적으로 놀이를 통해 자신의 경험과 감정을 자연스럽게 표현하는 것 같다. 실제로 아동들의 놀이를 잘 관찰해 보면 아동은 놀이할 때 가장 편안하고 즐거워 보이며 굳이 언어를 사용하지 않아도, 심지어 서로 말을 하지 못하는 또래들끼리 있다고 해도 함께 놀이를 하기에 어려움이 없어 보인다. 이는 놀이란 언어 없이도 이루어지는 타고난 자연스러운 활동이라는 것을 짐작하게 한다. 놀이가 가진 이러한 강점을 아동의 발달단계 특성과 연결 지어 생각해 볼 수 있다. 아동은 성인에 비해 자신의 생각과 감정, 경험 등을 표현하기에 어휘력이 부족하다. 따라서 자신이 어떠한 경험을 했는지, 그 경험이 어떠했는지, 그 경험으로 느낀 심리적 어려움과 고통을 언어로 표현하기에는 어려움이 있다(사실 상담에서 성인 또한 자신의 감정과 생각을 말로 설명하기 어려워하는 내담자들도 많다. 성인도 그러한데 하물며 아동은 어떠할까!). 그 부족한 부분을 채우려면 자신의 경험을 설명할 수 있는 언어가 필요한데, 아동에게 있어 놀이는 자신의 상황과 생각과 감정 등을 표현하기 위한 언어가 되는 것이다.

　셋째, 놀이는 상징적이다. 놀이 과정에서 놀잇감의 다양한 형태는 자신의 어휘로 이야기할 수 없는 너머의 마음을 표현하기에 아주 적당하다. 예를 들어, 아동에게는 미워하거나 원망스러운 누군가를 벌하거나 처벌하고 싶은 마음이 놀이 속에 표현(엄마로 상징되는 마녀 인형을 가마솥에 넣는 일, 동생이 태어남으로써 사랑을 빼앗겼다고 생각하는 아동이 동생으로 상징되는 인형을 못 살게 구는 일 등)될 수도 있다. 실제 그러한 마음을 언어적으로 표현하기에 아동에게는 죄책감을 불러일으키기 때문이다. 성적 관심이 있지만 수치스러움을 동시에 느끼는 아동은 성적 표현을 언어로 표현하기에는 어려움이 있기에 수놈과 암놈의 동물이 서로 뽀뽀를 하게 하기도 하고, (자궁으로 상징되는) 굴을 파서 그 안에 보물을 넣어 두었다가 꺼내는 놀이로 잉태의 과정을 상징화하기도 한다. 아동은 현실에서 실제 일어나면 위험하거나 자신이 감당할 수 없는 시도들을 놀이를 통해 안전하게 투사하고, 그들은 감정의 정화를 느낄 수 있다. 놀이의 세계에서는 되지 못하는 것도 없고, 불가능한 것이란 없기 때문이다.

넷째, 아동은 놀이를 통해 누구도 가르쳐 주지 않은 많은 것을 경험하고 배우게 된다(Frank, 1982). 아동들은 놀이를 통해 현실의 공간, 시간, 동물, 물건, 구조물을 익히고, 사람들에게 어떻게 대해야 하는지를 탐색하고, 자기 자신이 누구인지를 알아간다. 놀이에 참여하면서 아동들은 이 세계에서 어떻게 살아가야 하는지를 배우게 되며, 각자 자기만의 방식으로 탐험하고 실험하기도 하면서 창의력을 기르고 새로운 것을 학습해 나간다.

다섯째, 놀이는 아동에게 사회적 상호작용을 배우도록 하며, 이를 통해 대인관계 기술을 배우게 된다. 예를 들어, 많은 아동의 놀이를 관찰해 보면, TV 속에 나오는 캐릭터를 맡아 연기하는 것을 볼 수 있다. 이러한 역할놀이는 아동이 자신이 아닌 타인의 역할을 연기함으로써 그 역할을 맡은 인물의 입장이 되어 보게 한다. 자연스럽게 아동은 타인의 입장에서 말하고 생각하며 다른 사람의 입장을 헤아려 보고 감정을 이해하는 능력을 발달시키게 된다. 또한 치료자와 함께하는 게임에서는 규칙과 차례를 지켜야 하는 것을 배운다. 이처럼 아동은 놀이를 통해 사회적 행동을 경험하고 새로운 상황에 적응해 나가는 대처능력을 발달시킨다.

여섯째, 놀이는 아동의 감각 통합, 운동 기능 등 다방면의 인지발달에 도움을 준다. 놀이에는 아동의 신체적 활동이 수반된다. 보보인형을 주먹으로 치고 발로 찰 때는 대근육이 사용되고, 팔찌를 만들기 위해서 보석의 구멍 사이로 가느다란 실을 꿰어 넣을 때는 아주 미세한 소근육과 협응능력이 필요하다. 치료자와 함께 보드게임을 할 때는 똑같이 카드를 나누기 위해서 수를 셀 수 있어야 하고, 부루마불처럼 게임 머니가 있는 보드게임 시에는 수에 대한 개념을 알아야 한다. 처음에는 모르더라도 치료적 과정 속에서 아동의 인지발달은 자연스럽게 이루어진다.

마지막으로, 놀이는 아동들에게 자아존중감을 향상시키고 긍정적인 자기개념을 형성하는 데 도움을 준다. 특히 스스로 놀이를 선택하고 자신이 놀이를 주도해 나가며 끈기 있게 무언가 해냄으로써 아동은 성취감을 느낄 수 있다. 아동은 스스로 해냈다는 자기효능감을 맛보게 됨으로써 나아가 아동의 자아존중감을 높이는 치료적 효과를 가져온다. 에릭슨은 발달단계에서 자율성, 주도성, 근면성을 확립한 아동은 청소년, 성인 및 그 이후에 발달 과업을 이루는 데 지속적으로 영향을 미친다고 하였다.

3) 놀이치료가 필요한 경우

놀이치료에 적합한 나이가 따로 있는 것은 아니지만, 놀잇감에 흥미를 보이는 나이라면 놀이치료는 언제든지 시작할 수 있다. 그렇다면 어떠한 아동에게 놀이치료가 필요할까? 사실 놀이치료는 심리적 어려움에 대한 예방적 차원이나 긍정적인 정서 및 긍정적 자아개념 형성, 자아존중감 향상에 있어 아동들에게 다방면으로 도움이 된다. 그러나 치료를 위한 시간과 비용적인 면을 고려하자면 일반적으로 아동에게 심리적 어려움이나 문제가 발생했을 때 놀이치료를 시작하게 된다. 크게는 내현적 어려움(우울 및 불안 등)과 외현적 어려움(공격성, 비행 행동 등)으로 나누어 볼 수 있겠다. 다음은 놀이치료실에 오는 아동들이 가진 어려움들을 나열한 것이다. 그러나 아동이 놀이치료실에 갖고 오는 어려움들을 보면 하나의 증상만을 갖고 있기보다는 두 개 이상의 복합적인 증상을 경험하는 아동들이 많다.

- 과격함, 산만함, 도벽, 거짓말, 충동성
- 우울, 불안, 분리불안, 강박, 함묵증(함구증)
- 섭식문제
- 언어 및 인지 발달 상의 문제
- ADHD, 주의집중 결여, 이해 및 사고력의 저하, 학습 부진 및 학업 곤란
- 부모의 이별 및 분리, 부모의 죽음
- 중요한 인물 상실이나 어떤 종류의 상실 경험
- 학습면이나 사회적으로 자신의 잠재력을 완전히 발휘하지 못하는 경우

- 악몽이나 수면장해 문제
- 학교 및 또래 관계에서 왕따를 당하거나 왕따를 시키는 경우
- 신체 · 정서 · 성적 학대 및 방임
- 어떤 형태로든(자연재해, 일회성 · 다회성, 전쟁, 관계 등) 외상 경험
- 입양(또는 입양 진행 중)이나 파양의 경험/ 아동양육시설 및 기관에 있는 아동
- 어떠한 형태로든 스트레스를 호소하는 경우
- 위축되고 자존감이 낮은 경우
- 수치스러움, 불행감 등의 부정적 정서를 경험하고 있는 경우
- 유뇨증 및 유분증, 야뇨증 등
- 심하지 않은 자폐스펙트럼장애
- 신체장애 및 만성적 질병을 갖고 있는 경우
- 친구를 사귀거나 관계를 유지하는 데 어려움이 있는 경우
- 그 외 나이나 사회문화적 분위기에 맞지 않는 부적절한 행동을 하거나 일상 적응에 어려움을 보이는 경우

아동들이 경험하는 많은 경우에 놀이치료는 효과적이라고 보고되고 있으나, 매우 심한 자폐스펙트럼장애를 가지거나 현실검증력이 매우 떨어져 있는 정신증의 경우에는 더 적절한 다른 치료 방법을 찾아보는 것이 필요하다.

2. 놀이치료에 대한 이론들

1) 놀이치료의 역사

놀이치료의 학문적인 발전은 여러 이론에서 다방면으로 연구되었기에 이를 순서대로 나열하는 것에는 어려움이 있다. 이 장에서는 오늘날 놀이치료가 발전할 수 있도록 영향을 준 이론가들을 토대로 놀이치료의 역사에 대해서 살펴보겠다. 아동의 심리치료사례에 대해 기술된 최초의 자료는 프로이트(Freud)가 1909년에 보고한 출판물에 실려 있다(Freud, 1955). 프로이트는 5세 때 '어린 한스'에 대해 연구하였는데, 한스는 말에 물리거나 차일까 봐 집을 떠나서 밖으로 나가기를 거부하는 말에 대한 공포증

을 갖고 있는 아이였다. 프로이트는 한스의 공포증이 오이디푸스 콤플렉스를 해결하지 못하고 아버지에 의해 거세될지도 모른다는 무의식적 공포를 말에게 투사(말을 통해 아버지를 연상)한 결과로 분석하였다. 프로이트는 이 사례를 통해 아동의 무의식적 세계를 이해하고 정신분석의 심리성적 발달단계와 이론을 설명하고자 하였으나, 이에 대한 다양한 해석과 비판을 받았다. 그럼에도 불구하고 아동의 심리를 분석하고자 하는 새로운 차원을 제시하며, 아동의 감정과 내적 세계를 탐구하는 데 있어서의 가능성을 열어 주었다.

오스트리아 심리학자인 헤르민 후크-헬무트(Hermine Hug-Hellmuth, 1921)는 아동분석을 위해서는 놀이를 활용해야 한다고 주장한 치료자 중 한 명이다. 그녀는 아동이 자신을 표현하게 하기 위한 놀잇감의 중요성에 대해 언급하였다. 그녀는 성인은 자신의 마음을 언어로 표현할 수 있지만, 아동은 성인처럼 언어로 표현하기에는 한계가 있기에 성인을 분석하는 것처럼 아동에게 똑같이 적용을 하면 안 된다고 주장하였다. 비록 구체적인 치료 방법을 제시하지는 못하였다는 한계에 부딪혔지만, 그녀는 아동의 심리를 이해하기 위한 방법으로 아동을 관찰하는 간접적인 치료 방법을 활용하였다.

멜라니 클라인(Melanie Klein)은 1919년에 어린 아동의 심리를 분석하는 방법으로 놀이를 활용하였다(Klein, 1955). 그녀는 아동의 놀이가 성인의 자유연상인 것으로 가정하고 성인의 자유연상을 분석하듯이 아동의 놀이를 분석하였다. 그녀는 아동에게 종이와 펜을 사용하여 그림을 그리도록 하거나 인형들과 다양한 놀잇감(예: 나무로 만든 남녀 인형, 동물 피규어, 자동차, 집, 공, 종이, 가위, 점토, 물감, 풀, 연필)을 활용하여 가능한 한 자유롭게 놀이할 수 있도록 하여 아동이 자유롭게 상상하고 표현하는 것들을 관찰하고, 얻은 자료를 기반으로 그들의 무의식적 세계를 이해하고 해석하는 시도를 하였다. 이렇듯 멜라니의 치료 방법은 소아 및 아동심리 분석에 중요한 기여를 하였다고 평가받고 있다.

안나 프로이트(Anna Freud)는 1928년에 아동상담에 놀이를 이용하기 시작하였는데, 주된 목적은 아동과 치료자 사이의 치료적 관계 형성을 위한 것이었다(Freud, 1931). 놀이를 통해 아동이 치료자를 신뢰하고 친밀감을 느끼게 하여 안정적인 애착을 형성하도록 하는 것이다. 그녀는 다른 정신분석가들과는 달리 아동의 놀이가 특정한 무의식적 갈등이나 그 해석에 의미가 없다고 보았다. 아동에게는 전이신경증[1]이 발달되지

---

1 전이란 정신분석의 개념 중 하나로, 내담자가 분석가에게 가지는 특별한 감정을 말한다. 이 감정은 내담

않는다고 보았는데, 아동은 분명하게 해석될 수 있는 전이를 일으키지 않는다고 생각 했기 때문이다.

1930년대 후반에는 놀이치료에 대한 접근 방법이 두 가지로 나뉘어져서 발달하기 시작하였다. 하나는 적극적 놀이치료(active play therapy)이고, 또 다른 하나는 수동 적 놀이치료(passive play therapy)이다. 적극적 놀이치료로 데이비드 레비(David Levy, 1938)가 형식화한 '이완놀이치료(release therapy)'가 있다. 그는 아동의 놀이는 해석할 필요가 없으며, 놀이의 효과는 감정의 정화에 있다고 하였다. 치료자의 역할은 놀잇감 을 통해 아동의 불안 반응을 일으키게 하고, 아동이 다시 놀이를 통해 불안을 통제할 수 있게 만들어 주는 것이다. 예를 들어, 치료자는 놀이치료실 안에서 아동에게 자유 놀이를 하도록 한 후, 적절하다고 느껴지는 시기에 아동이 스트레스를 일으킬 만한 순 간을 만들어 준다. 그 순간 아동에게는 외상 사건이 재경험되며 아동은 긴장이나 불안 감을 느낀다. 이후 시간에는 아동이 자유롭게 놀이하게끔 함으로써 아동의 역할은 '불 안을 느낄 수밖에 없는 수동적인 역할'에서 '불안을 통제하는 행동을 선택하는 적극적 인 역할'로 이동하게 된다. 고브 함비지(Gove hambidge, 1955)는 이후 레비의 연구를 확 장하여 '구조화된 놀이치료'라고 명명하였다.

수동적 놀이치료는 아동들이 자신의 속도대로 놀이하면서 놀이 상황에서 방향과 한 계를 스스로 설정하도록 도왔으며, 이후 관계놀이치료(relationship play therapy)로 발 달하였다. 1933년에 제시 태프트(Jesse Taft)와 1934년에 프레데릭 알렌(Frederick Allen) 에 의해 소개된 관계놀이치료는 오토 랑크(Otto Rank)의 이론에 기초를 둔 놀이치료이 론이다(McMonigle, 2008). 오토 랑크는 내담자의 과거 경험이나 무의식보다는 현재, 즉 '지금-여기(here and now)'에서의 치료자와 내담자의 관계가 중요하다고 강조한 사람 이다. 알렌(Allen)은 현재 아동의 감정과 반응에 중점적으로 관심을 두었기에 치료 기 간을 단축시키는 데 기여했다고 알려져 있다. 알렌과 태프트는 아동에게 스스로를 변 화시킬 내적 힘이 있다고 보았기에 아동이 놀이를 선택하고 주도하도록 하였다. 이 과 정에서 치료자는 아동이 성장과정을 스스로 책임질 수 있도록 돕고, 아동의 어려움에 집중한다.

자가 과거 경험, 예를 들어 자신의 부모, 가족 구성원 또는 과거의 중요했던 인물과의 경험에서 느꼈던 감 정들이다. 자신의 과거 경험 속에서 느꼈던 중요한 인물들에 대한 감정이 분석가에게 반복적으로 투사되 는 현상을 전이신경증(transference neurosis)이라고 한다. 분석가는 전이신경증을 통해 내담자의 무의식 적 갈등이 무엇인지 분석하여 내담자가 그 부분을 인식할 수 있도록 돕는다.

관계치료자들의 이론에 영향을 받은 로저스는 1942년에 그 이론을 확장시켜서 비지시적 치료로 발전시켰다. 이는 나중에 내담자중심치료라고 불리다가 현대에 와서 우리가 아는 인간중심 심리치료로 명명되었다. 이후 로저스의 학생이자 후에 동료가 된 버지니아 엑슬린(Vieginia Axline, 1947)에 의해 인간중심상담의 인간관 및 철학과 치료적 요인이 아동상담에 적용되었고, 아동중심 놀이치료로 발전하였다. 이후 많은 학자와 임상가가 아동중심 놀이치료의 이론과 기법을 발달시켰는데, 그 대표적인 치료자가 게리 랜드레스(Garry Landreth)이다.

이후 1982년에 미국놀이치료협회가 설립되었으며, 우리나라에 엑슬린의 『딥스[2]』를 번역한 주정일 교수가 아동중심 놀이치료를 한국에 소개한 것을 시작으로 1987년에 '놀이치료연구회'가 발족되었고, 이후 한국놀이치료학회로 거듭나게 되었다.

2) 놀이치료의 유형

놀이치료의 유형은 나누는 기준에 따라 달라지기에 명확히 구분을 하기란 쉽지가 않다. 아동 한 명만 만나는 경우와 다수를 만나는 경우에 따라 나누는 경우에 한 명의 치료자와 아동 한 명이 놀이치료실에서 만나게 되면 개별 놀이치료가 된다. 치료자 한 명과 여러 아동이 함께 만나 그들 간의 상호 역동을 다룬다면 집단 놀이치료가 된다. 집단 놀이치료는 보통 사회적 기술이 부족하여 비슷한 어려움을 가진 또래 2~5명 정도로 모으며, 치료자가 그 회기에 해당하는 놀이 주제를 제시하거나 보드게임과 같이 함께 진행할 수 있는 도구를 활용하기도 한다. 그 과정에서 참여 아동들은 부족했던 사회성 기술을 배우고 향상시킨다. 치료자가 아동에게 지시적인지 아니면 비지시적인지에 의해 놀이치료를 구분할 수도 있다. 지시적 놀이치료에서는 치료자가 놀이의 구조를 만들고 계획하여 아동에게 놀이를 지시하며, 적극적으로 놀이에 개입을 한다. 지시적 놀이치료의 대표적인 예로 인지행동 놀이치료, 이완 놀이치료 등을 들 수 있다.

---

2 놀이치료에 관심이 있고, 앞으로 놀이치료 현장에서 일을 하게 된다면 반드시 이 책을 읽어 보라고 권한다. 이 책은 아동중심 놀이치료의 선구자인 버지니아 엑슬린이 만났던 5세 된 남자 아이의 사례집이다. 유치원 교사들로부터(심지어 그의 부모까지도) 벙어리이거나 정신지체일 거라고 의심받던 딥스가 엑슬린을 만나 놀이치료를 통해 마음의 상처를 치유 받고 성장해 가는 과정을 그린 책이다. 만약 읽기를 선택했다면 '딥스를 있는 그대로 이해하면서, 딥스의 어려움의 원인을 파악해 보면서, 딥스의 놀이과정을 상상해 보면서, 치료자인 엑슬린의 치료적 태도를 배우면서, 딥스와 엑슬린의 관계가 어떻게 형성되어 가고 있는지, 무엇이 딥스를 성장하게 했는지'를 염두에 두고 읽기를 바란다.

비지시적 놀이치료에서의 치료자는 아동에게 지시하지 않고 그들이 스스로 놀이를 선택하고 방향을 결정할 수 있도록 비지시적이고 지지적인 역할을 한다. 대표적으로는 아동중심 놀이치료가 있다.

놀이치료를 치료이론적 관점에서 나누기도 하는데, 놀이치료자가 어떠한 이론을 바탕으로 치료적 개입을 하는가에 따라 달라진다. 예를 들어, 행동주의 놀이치료자는 아동의 행동을 관찰한 다음에 아동의 문제 행동은 소거되게 하고 긍정적인 행동은 증진시키기 위해 강화물을 사용할 것이다. 인지행동 놀이치료자는 아동이 갖고 있는 비합리적 또는 왜곡된 신념에 접근하여 사고의 변화를 통해 행동의 변화까지 이끌어 낼 수 있다. 정신분석적 놀이치료자는 아동의 놀이 속에서 아동이 가진 어려움과 연결된 무의식적 의미를 발견하고, 그 의미를 분석하고 해석해 주어 아동의 통찰을 이끌어 낼 것이다. 관계(대상 관계 및 애착 기반)놀이치료자는 아동의 손상된 대상 관계 또는 외상과 관련된 증상에 초점을 두고 치료자와의 안전하고 의미 있는 관계가 다시 이루어지도록 도와 안정 애착을 형성하도록 할 것이다. 아들러(Adler)식의 놀이치료에서는 잘못된 행동을 선택한 아동이 사회적 관계에서 상호작용을 할 수 있도록 초점을 맞추고, 아동의 생활양식을 탐색해서 재적응과 재교육을 하는 것이 목표가 된다. 우리가 흔히 '놀이치료'라고 할 때, 떠올리는 치료적 방식은 로저스의 이론을 기반으로 한 아동중심 놀이치료이며, 치료자는 반영과 경청, 공감 등을 해 줌으로써 아동의 발달과 성장을 촉진시킨다. 아동중심 놀이치료는 아동의 어려움을 다루는 데 매우 효과적인 증거로 입증이 되어(Ray, 2011) 오늘날 가장 널리 적용되어 많은 치료자가 선호하는 치료 기법이 되었다.

정리하자면 우리가 보통 놀이치료라고 일컫는 가장 기본적인 놀이치료의 형태는 치료자와 아동이 일대일로 만나는 개별 놀이치료이며, 아동이 자신의 놀이를 자유로이 선택할 수 있도록 하여 이루어지는 아동중심 놀이치료이다. 이에 본 장에서는 현장에서 치료자들이 가장 많이 선택하는 아동중심 놀이치료를 기반으로 하여 아동상담에 대해 소개를 하고, 치료 방법과 사례에 대해서 나누도록 하겠다.

3) 아동중심 놀이치료

아동중심 놀이치료는 우리에게 잘 알려진 놀이치료사례를 실은 『딥스』의 저자 엑슬린(Axline, 1964)이 처음 소개하였다. 앞서 언급하였듯이, 그녀는 로저스의 제자이자

동료로서 인간중심상담 이론을 아동상담에 적용하였다. 따라서 아동중심 놀이치료에서도 로저스의 '공감, 있는 그대로의 존중, 진솔성'을 치료적 핵심 요소로 보았으며, 인간은 누구나 자기실현의 경향성[3]을 타고난다는 인간중심상담[4]의 인간관을 기본으로 한다. 사람은 누구나 태어날 때부터 긍정적 존중을 받고 싶은 욕구를 갖고 있으며, 중요한 타인으로부터 받는 존중을 통해 '나는 괜찮은 사람이야'라는 긍정적인 자기개념을 형성해 간다. 조건없는 사랑을 받는 것, 무조건적인 존중을 받는 경험은 있는 그대로의 자기 수용이 가능하게 해 준다. 때로는 "100점을 맞아야 착한 아이이지" "공부를 못하면 엄마, 아빠의 아들이 아니야" 하며 조건을 갖추어야만 가치 있는 사람이라는 메시지를 주는 피드백을 하는 경우도 있다. 그러한 조건적 피드백이 쌓이면 원래 가지고 태어나 실현 가능성의 잠재력을 가진 자기개념(예: 나는 괜찮은 사람)과 가치 조건화에 의해 형성된 자기개념(예: 엄마의 기대에 맞추지 못하는 나는 못난 사람)과의 불일치가 일어난다. 이러한 자기개념은 아주 어릴 적에 주 양육자를 비롯한 중요한 인물(아동이 가장 처음 만나는 중요한 인물은 보통 부모가 됨)이 아동을 향해 말하는 언어, 얼굴 표정, 정서적 표현 등을 통해 아동의 경험으로 차곡차곡 쌓이게 된다. 자신을 있는 그대로 사랑하는지, 조건적 사랑을 주는지는 아주 어린 유아도 느끼는 것이 확실하다. 필자의 경험상, 적어도 언어로 표현하기 시작한 그때는 이미 형성되는 것 같다. 따라서 아주 어린 영아부터 무조건적인 사랑의 표현을 많이 해 주는 것은 건강한 자기개념을 형성하는 사람으로 자라게 하는 데 매우 중요하다. 제시되는 사례를 통해 아주 어린 아이도 자신이 한 행동과 자기 존재를 분리하는 것을 인식할 수 있다는 것을 확인할 수 있다.

> 26개월의 준이는 겨우 "쭈니"라고 자기 이름을 내뱉고 "네" "아냐" 정도의 의사 표현을 할 수 있는 어휘력을 가진 아이이다. 하루는 아이가 큰 볼일을 본 채 기저귀를 갈지 않겠다고 떼를 쓰고 있었는데, 화장실로 가기 싫어하는 아이를 향해 준이의 엄마가 "아휴~ 똥냄새가 너무 나서 싫어"라고 말했다. 그러자 준이는 엄마를 한

---

3 로저스(1902~1987)의 자기실현 경향성이란 인간은 누구가 자신의 존엄성과 자아를 실현하려는 내적 동기를 갖고 있다는 이론이다. 따라서 인간은 자연스럽게 자기 계발과 성장을 향해 나아가려는 경향이 있기에 자신을 이해하고 받아들이며, 자기 역량을 최대한 발휘하려는 욕구를 가지고 있다고 본다.
4 인간중심상담의 더 자세한 이론적 특징은 이 저서의 인본주의적 심리치료가 서술되어 있는 제1부의 3장을 살펴보기를 바란다.

참 동안 빤히 쳐다보며 "쭈니는?"이라고 물어보았고, 그 순간 준이 엄마는 아차 싶었다고 했다. 그래서 "준이는 너무 예쁘고 사랑스럽지. 엄마는 똥냄새가 나는 기저귀가 싫은 거야"라고 아이라는 사랑스런 존재와 기저귀를 갈기 싫어하는 행동을 구분하여 말해 주었다. 그러자 다시 아이가 엄마를 바라보며 "쭈니는?"이라고 마치 재차 확인하듯이 물었다. 준이 엄마는 다시 "준이는 너무 예뻐. 사랑하는 준이야, 엄마는 기저귀의 똥냄새가 싫은 거야. 우리 기저귀 갈러 갈까?"라고 물었다. 그러자 이전까지 화장실에 안 가겠다고 떼쓰던 아이가 "좋아!" 하며 흔쾌히 일어서서 스스로 걸어갔다.

앞의 사례를 통해 언어로 이제 겨우 의사표현을 하는 26개월 된 아이도 문제와 분리하여 자기 자신을 무조건적으로 수용해 주는 사람의 반응을 이해한다는 것을 알 수 있다. 그러나 만약 그때 엄마가 "기저귀 안 갈면 미워! 기저귀를 갈아야 착한 아들이지"라고 했다면 그것은 조건적 수용이 된다. 보통 조건적 수용은 '~하면 안 된다' '~해야만 ~할 수 있다' 등의 조건이 붙는 언어로 표현되는데, 이러한 조건적 상호작용은 사람에게 '~해야만 사랑받을 수 있어'라는 조건적 자기가치감을 갖게 만든다. 즉, 그러한 조건에 도달하지 못하면 수용되지 못한다고 느끼게 되는 것이다. 사랑하는 또는 중요한 사람으로부터 수용받지 못한다고 느껴지는 경험은 우리로 하여금 우울과 좌절감, 무가치감, 수치심 등의 기분이 들게 하고, 아무것도 하기 싫은 무기력한 행동을 하고, 자기 존재에 대한 의문이 들게 만든다. 그렇게 부정적 자기개념이 형성되어 본래 타고나는 자기개념과 괴리감을 크게 느끼게 되고, 자기실현의 경향성과는 거리가 멀어지며 부적응적으로 되기 쉽다.

엑슬린(Axline, 1947)은 "완전한 자기실현에 도달하려는 시도에서 한 개인이 만들어 낸 자기개념이 그 개인의 행동과 일치하지 않고 실제 자기개념 간의 괴리가 클수록 부적응의 정도는 커진다"고 하였다. 아동도 인간이기에 자기실현의 경향성을 가진 존재임을 기억하며, 아동중심 놀이치료과정에 있어 다음의 내용이 주는 의미를 살펴보자. 첫째, 아동에게 치료적이고 촉진적인 관계와 환경이 제공된다면 자기실현의 경향성을 향해 나아갈 수 있다. 둘째, 한 아동을 이해하기 위해서 우리는 그 아동이 세상을 바라보는 관점인 현상학적 장[5]을 이해해야 한다. 셋째, 치료자와 아동의 안정적인

---

5 한 사람이 경험하는 모든 의식적·무의식적인 것, 내·외적인 모든 것을 포함하며, 지각하는 모든 것이 그

치료적 관계는 아동이 자신과 타인을 보는 관점에 영향을 주는 결정적 요인이 된다. 마지막으로, 아동이 치료자로부터 있는 그대로 수용받는 경험을 하게 된다면 아동은 분명 심리적으로 성장하고 발달해 나갈 것이다. 결국 중요한 것은 치료적 관계이다.

3. 아동중심 놀이치료의 방법

1) 치료의 목표

아마도 대부분의 심리치료에서의 목표는 주호소문제(처음 놀이치료실에 방문한 이유가 되는 문제, 적응에 방해가 되는 문제들)가 개선되는 것, 초반에 갖고 온 어려움 또는 증상의 제거가 될 것이다. 나아가 일상으로의 복귀 또는 적응 정도가 될 것 같다. 아동의 경우, 성인과는 달리 자신이 어떠한 문제로 놀이치료실에 오게 되었는지를 잘 모르는 경우가 많다. 특히 내담자가 어린아이일수록 자신의 어려움을 표현하기는 더 어렵다. 예를 들어, 7세 된 아동이 스스로 "동생이 태어나서 제가 받던 엄마, 아빠의 사랑을 동생에게 다 빼앗긴 것 같은 두려움을 느껴요. 동생에게 질투가 나고 미워서 동생을 때리기 시작한 거예요. 하지만 내가 바라는 건 동생이 잘못되는 게 아니라 잃어버린 부모님의 사랑을 확인하고 되찾는 거라고요"라고 하는 경우는 아직 못 봤다. 아동상담에서는 성인상담에서처럼 내담자와 함께 합의된 목표를 도출해 내기란 어려운 일이다. 따라서 놀이치료에서 아동과 함께 치료적 목표를 세울 필요는 없다. 아동 자신이 스스로 문제를 언급하는 데 어려움이 있을지라도, 아동이 치료자와의 안정적인 치료적 관계를 형성하게 된다면 그 어려움은 놀이를 통해 드러날 것이고, 스스로 그 문제를 해결해 나갈 것이기 때문이다.

사람의 현상학적 장이 된다. 인간은 누구나 현실을 각기 달리 지각하고 각자의 주관적 경험으로 인해 다른 행동을 하게 된다. 이는 사람마다 각기 다른 환경에서 다른 경험을 하며 자랐기 때문이다. 같은 부모 밑에서 자란 형제자매일지라도 다른 유기체이기 때문에 같은 현상을 보고 다른 생각을 하고 다른 감정을 느끼는 등 서로 다른 주관적 경험을 할 수밖에 없다. 따라서 치료자는 누군가의 '현상학적 장'을 이해하기 위해서는 그의 경험 세계로 들어가서 그가 가진 '내적인 참조 체제(한 유기체가 태어나서 지금까지 살아오면서 그가 만들어 낸 주관적 경험으로 이루어진 시스템)'를 이해해야 한다. 그래야만 그 사람의 생각 및 감정, 그 사람의 경험을 그 사람의 입장에서 진정으로 이해할 수 있게 된다. 누군가의 현상학적 장을 이해한다는 것은 매우 어려운 일이나 그 사람을 온전하게 이해하고 수용하는 방법이다.

아동중심 놀이치료는 아동의 문제보다는 아동 그 자체에 초점을 두기 때문에 문제를 대처하는 데 중점을 두지 않는다. 다만 아동중심 놀이치료자는 아동의 심리적 성장과 발달을 도와 적절한 사람이 되도록 돕는 데 심혈을 기울인다. 랜드레스는 아동중심 놀이치료의 목표에 대해 다음과 같이 제시하였다.

- 더 긍정적인 자기개념을 형성하도록 한다.
- 더 큰 자기 책임을 가지도록 한다.
- 더 자기 주도적으로 행동하게 한다.
- 더 자기를 수용할 수 있도록 한다.
- 스스로 결정을 하도록 한다.
- 조절감을 경험하게 한다.
- 대처 과정에 민감해지게 한다.
- 내적 평가 기준을 발달시키게 한다.
- 자기 자신을 더 신뢰하도록 한다.

만약 치료적 과정 속에서 놀이치료의 목표가 달성된다면 아동은 자신의 변화를 촉진하게 되는 경험들을 배우게 되는데, 이를 제시하면 다음과 같다(Landreth, 2012).

- 아동은 자신을 존중하는 법을 배운다.
- 아동은 자신의 감정이 받아들여질 수 있다는 것을 배운다.
- 아동은 감정을 표현하는 것에 대해 책임이 있다는 것을 배운다.
- 아동은 스스로에 대해 책임지는 법을 배운다.
- 아동은 문제에 대해 창의적이고 적극적으로 대처하는 방법을 배운다.
- 아동은 자기 통제와 스스로 방향을 설정하는 것을 배운다.
- 아동은 감정적인 수준에서 천천히 자신을 받아들이는 방법을 배운다.
- 아동은 선택을 하고, 그 선택에 대해 책임지는 방법을 배운다.

따라서 놀이치료에서는 '아동과의 신뢰감을 형성하여 치료적 관계를 맺는 것'이 가장 중요한 치료목표이다.

2) 치료자의 역할

아동중심 놀이치료가 아동이 스스로 놀이를 선택하여 이끌어 나가게 돕는 과정이라면, 치료자는 그 속에서 무엇을 할 수 있을까?

아동이 자신의 마음을 마음껏 표현할 수 있는 안정한 장(場)이 마련되기 위해서는 그것을 표현할 수 있도록 허용된 안전한 장소가 필요하다. 아동은 치료자가 그들을 위해 함께 존재하며, 그들의 감정을 있는 그대로 수용하고, 아동의 현상학적 장을 이해할 수 있을 때 아동은 비로소 안전함과 안정감을 느낀다. 만약 그러한 기회의 장이 제공된다면 아동은 자신의 마음이 투영된 놀잇감을 선택하고, 자신이 느끼고 생각하는 것을 놀이를 통해 표현할 수 있게 된다. 그러한 장소를 제공하는 것이 치료자의 역할이기에 놀이치료에서 무엇보다 중요한 것은 치료적 관계, 즉 **치료자와 아동과의 관계**이다. 이것은 가장 기본적이지만 핵심적이고, 가장 어려운 것일 수도 있다. 그러기 위해서는 치료자에게 장시간의 훈련이 요구된다.

엑슬린은 치료자와 아동과의 상호작용에 대해서 여덟 가지 원리를 통해 설명하였다 (Axline, 1969). 엑슬린은 이 원리들을 치료자가 아동과의 치료적 관계를 형성하기 위한 지침으로 소개하였고, 내용은 다음과 같다.

---

① 치료자는 아동에게 진심으로 관심을 가지며 따뜻하고 배려하는 관계를 형성합니다.

② 치료자는 아동을 무조건적으로 수용하고 어떤 방식으로든 아동이 다르기를 바라지 않습니다.

③ 치료자는 관계에서 아동이 안전하고 허용적이라는 느낌을 받게 하여 아동이 자유롭게 자신을 탐색하고 표현하도록 합니다.

④ 치료자는 언제나 아동의 감정에 민감하게 반응하여 아동이 자기이해를 발달시킬 수 있도록 돕습니다.

⑤ 치료자는 아동의 책임감 있는 행동능력을 깊이 신뢰하고, 개인적인 문제해결력을 일관성 있게 존중하며 아동이 그것을 할 수 있도록 허용합니다.

⑥ 치료자는 아동의 내적 지향성을 신뢰하여 모든 영역에서 스스로 이끌게 하며 아동의 놀이나 대화를 지시하지 않습니다.

⑦ 치료자는 치료과정이 점진적이라는 것을 이해하며 이를 서두르지 않고 기다립니다.

⑧ 치료자는 아동이 현실 세계에 기반을 두어야 하는 경우와 관계에서 책임감을 인식하도

> 록 돕는 데에만 치료적 제한을 설정합니다.
>
> — Axline, 1969, p. 127

　아동중심 놀이치료의 선구자 중 하나인 랜드레스는 놀이치료자는 아동의 놀이에서 '아동이 경험한 것, 경험에 대한 반응, 경험에 대한 감정, 아동이 바라거나 원하는 것 또는 욕구, 자아에 대한 인식'에 대한 메시지를 찾아야 한다고 하였다. 즉, 치료자는 '아동의 경험이 놀이에 어떻게 반영되고 있는가, 아동은 그 경험에 대해 어떻게 반응하고 있으며, 어떠한 감정을 느끼고 있는가, 아동은 어떠한 욕구를 가지고 있으며 그들이 바라는 것은 무엇인가, 아동은 어떻게 그 경험을 자각하고 있는가'를 놀이 과정을 통해 생각해 봐야 한다는 것이다. 많은 놀이치료자는 놀이치료에서 치료적 관계를 통해 아동은 자신의 변화와 성장을 이끌어 낼 수 있다고 강조하고 있다.

　따라서 놀이치료에서 아동이 충분히 수용되고 무엇이든 표현할 수 있다는 안정감을 느낄 수 있게 하는 것이 치료자의 역할이다. 아동이 치료자로부터 우리가 서로 안전한 관계에 있다는 것을 느낄 수 있어야 잠재적 학습 경험을 할 수 있게 되고 성장할 수 있다. 아동의 성장을 촉진하는 놀이치료를 위해서 치료자는 다음과 같은 역할을 해내야 한다(Landreth, 2012).

아동을 믿는 것
아동을 존중하는 것
아동을 수용하는 것
아동의 내면의 소리를 듣는 것
아동의 의지를 수용하는 것
아동이 스스로 자신의 방향을 정할 자유를 주는 것
아동에게 선택할 기회를 주는 것
아동의 경계를 존중하는 것
과정에 대해 인내심을 가지는 것

　치료적 관계는 아동과 함께 있다고 해서 저절로 형성되는 것이 아니다. 성인상담에서 그저 경청만 하는 것으로 상담이 진행되는 것이 아니듯 말이다. 때로는 아동에게 놀이를 선택하게 하고 주도하게 돕는다는 말이 오해를 낳기도 한다. 마치 치료자가 아동의 곁에 함께 있어 주는 것만으로 치료가 진행이 된다고 생각하는 경우도 있다. 치료자가 해야 하는 일은 아동에게 관심을 가지고, 아동의 감정, 생각, 활동하는 것 등 모든 것에 흥미를 보이되, 아동이 스스로 선택하고 문제를 해결할 수 있는 것에는 개입하지 않는다. 아동의 존재 자체를 수용하는 데에는 적극적이지만, 아동의 활동에는 적극적으로 개입하지 말아야 한다. 아동이 안정감을 가지고 놀이할 수 있도록 보통 치료자는 치료자의 정해진 자리에 안정적으로 머무른다. 그러나 치료자의 발끝과 코끝, 그리고 눈동자는 항상 아동의 움직임을 따라서 아동을 향해 있어야 한다. 아동이 원할 때는 아동의 의사를 존중하여 아동에게 더 가까이 다가갈 수도 있다. 치료자의 관심은 아동이 관찰당하는 것처럼 부담스럽게 느껴져서는 안 되며, 부드러운 관심으로 전달이 되어야 한다. 만약 아동을 향한 치료자의 관심과 움직임이 전달되지 않는다면 아동이 먼저 눈치를 채고 "선생님, 뭐 해요?" 또는 "선생님, 무슨 생각해요?"라고 물어볼 것이다.

치료자가 아동에게 적극적인 관심이 있다는 것이 전달될 수 있도록 하는 치료자의 반응을 예로 들면 다음과 같다.

- **아동을 향해 관심을 두는 행동**: 아동이 움직이는 방향을 향해 치료자의 몸을 향하고, 몸을 기울인다.
- **아동의 행동에 대한 반영**: 아동이 하는 행동을 따라 "너는 무엇을 할지 결정하고 있는 중이구나" "그것을 갖고 놀기로 결정했구나" "그것을 벽에 붙이기로 했구나" 등의 표현으로 행동을 읽어 준다.
- **아동의 말에 대한 반영**: 아동이 하는 말에 대해 내용을 반영해 준다. 만약 아동이 집을 그린 후에 치료자에게 보여 주며 "그림 그렸어요"라고 한다면 "노란색 지붕이 있는 집을 그렸구나" "집 옆에는 나무도 있고, 꽃도 그려 넣었구나" 등으로 반응해 줄 수 있다. 여기서 주의할 점은 "정말 잘 그렸다" "너무 예쁘다" 등의 칭찬으로 돌려주지 말 것과 "그림 그리는 걸 언제, 어디에서 배웠니?" 등의 정보를 수집하는 데 집중하지 말아야 한다. 칭찬이란 사실 '잘했다' '못하지 않았다'는 평가가 되므로 때로는 아동이 앞으로의 행동을 스스로 선택하는 것에 방해가 되기 때문이다.
- **아동의 감정에 대한 반영**: 치료자는 아동의 감정을 반영해 준다. 노래를 흥얼거

리던 아동이 "오늘 친구랑 놀았거든요"라고 한다면 "오늘 친구랑 놀아서 노래가
절로 나오고, 즐거워 보이는 거구나"라고 행동과 감정을 함께 읽어 줄 수 있다.

- **아동의 변화를 민감하게 알아차림**: 아동의 변화를 알아차리고, 이를 반영해 준
다. 평소에 감정 표현이 별로 없었던 아이가 즐거운 듯 노래를 흥얼거린다면 치
료자는 "오늘은 노래를 부르고 있네"라고 반응을 해 줄 수 있다.

3) 치료과정

일본의 놀이치료자 히로나카 마사요니는 놀이치료를 '시작하는 단계, 아동이 움직
이기 시작하는 단계, 건설적인 방향으로 가는 단계, 종결단계'로 구분하였다. 놀이치
료자이면서 놀이치료자의 슈퍼바이저(Supervisor)로 40년 이상 임상 현장에서 있었던
정혜자는 놀이치료의 과정을 '탐색의 시기, 밀월의 시기, 격랑의 시기, 훈습의 시기,
독립을 다짐하는 시기, 종결의 시기'인 6단계로 구분하였다(정혜자, 2008). 이 장에서
는 치료의 과정을 거니(Guerney, 2001)가 언급한 '준비, 공격적, 퇴행, 숙달'의 4단계로
소개하고자 한다. 치료자마다 치료단계에 대해 이름을 달리 붙일 뿐, 아동이 놀이치
료에 적응하는 시기, 치료자의 신뢰를 시험하는 시기, 퇴행하는 시기, 종결을 준비하
는 시기를 거쳐 종결을 하게 되는 단계로 설명하는 것은 동일하다.

준비단계: 아동의 관점에서 볼 때, 놀잇감, 놀이치료실, 치료자에 처음 적응을 하는
시기이다. 놀이에 참여하는 아동의 행동 및 태도를 통해 아동의 어려움이 드러나게 된
다. 처음 들어와 본 놀이치료실이 아동에게는 익숙하지 않은 낯선 공간이다. 어떤 아
동은 놀이치료실에 입실한 후 놀잇감을 선택하지 않고 배회하기도 하고, 이것저것을
만지며 계속 탐색만 하는 아동도 있다. 어떤 아동은 한 가지 놀잇감만 정하여 계속 그
곳에 머무르기도 하고, 또 다른 아동은 치료자를 등 돌리고 앉아 구석진 구석에 홀로
앉아 있다가 가기도 한다. 어떤 경우에는 아동이 놀이치료실에 아예 들어오지 않으려
고도 한다. 준비단계에서 아동은 새로운 환경에 적응하는 시간을 갖는데, 경험상 처음
마주하는 놀이치료실과 치료자에게 보이는 아동의 첫 반응은 아동이 가진 핵심적인
갈등과 관련이 있는 경우가 많다. 치료자와 친해지는 단계가 길어질수록 라포를 형성
하기까지 시간이 오래 걸릴 수도 있음을 시사한다.

공격적 단계: 이제 아동은 놀이치료실에 익숙해진다. 편안함을 느끼게 된 아동은 치료자와 놀이치료실의 공간이 조금씩 안전하다고 느끼게 된다. 놀이치료실을 안전한 공간으로 여기고, 치료자를 안정적이고 자신을 수용해 줄 수 있는 사람으로 인식하게 된다면 아동의 마음은 이완이 된다. 아동은 놀이치료실에 오는 날을 손꼽아 기다리며 치료자에게 애정을 쏟는다. 치료자에게 잘 보이고 싶어서 여러 증상도 호전되는 것처럼 보인다. 그러나 이 시기에 보이는 긍정적 변화는 일시적이기 쉽다. 마치 이후의 격정적인 시기를 보내기 위해 만반의 준비를 하는 것처럼 말이다. 우리는 보통 가장 편안한 대상(주로 가족이 그 대상이 되기 쉬움)에게 자신의 감정을 쏟아붓는데, 그 대상이 자신을 떠나지 않을 것이라는 확신이 있을 경우에 그러하다. 놀이치료실에 온 아동의 경우에도 이 공간이 안전하고, 치료자가 안심할 수 있는 대상이라고 느껴지면 자신의 감정을 쏟아 낼 수 있다. 그 모습이 다소 공격적으로 보일 수도 있다(예: 보보인형을 발로 찾기, 전쟁 역할놀이, 동물 인형들끼리 싸우기). 훈련된 치료자는 공격성이 짙은 놀이 이면에 감춰진 아동의 감정(화, 두려움, 좌절스러움 등)이 어떤지 헤아리고, 이러한 아동의 마음을 수용할 수 있다. 때로는 어떤 아동의 경우에는 치료자가 자신을 받아들이는지 아닌지를 시험하듯이 문제 행동처럼 보이는 행동을 더 과격하게 하기도 한다. 이 시기를 잘 넘기기 위해서 앞서 언급한 치료자의 역할이 매우 중요하다. 치료자에게는 받아들이며 견디어 내는 긴 시간이 될 수도 있다. 아동이 치료자가 자신을 있는 그대로 받아들임을 느낀다면 치료적 관계는 더욱 공고히 될 것이다. 안전하다는 느낌 속에서 아동은 자유로이 놀이를 통해 자신을 성장시킬 수 있으며, 이후 단계로 나아갈 수 있게 된다.

퇴행단계: 아동은 치료자가 자신을 있는 그대로 받아들일 수 있는 안전한 사람이라는 것을 확인하면 마음을 놓고 좀 더 퇴행적인 놀이를 한다. 퇴행은 아동이 실제 자신의 나이보다 더 어린 아이가 된 것처럼 행동하는 것이다. 퇴행을 보인다는 것은 치료적 과정에서 오히려 반가운 신호이다. 마치 바닥을 쳐야 올라오는 것과 같다. 아동의 퇴행은 이전 발달단계에서 이루지 못했던 과업을 이루기 위해 이전 시기로 돌아가거나 또는 다시 되돌아가고 싶은 시기였기에 그 시점의 단계로 돌아가는 것이다. 이전 단계로 되돌아가서 그 시기의 과업을 한 번 더 이행하고 성장하여 본래 자신의 발달단계로 돌아온다. 퇴행의 행동은 놀이치료실과 가정에서 함께 일어나기도 하고, 놀이치료실 또는 가정에서만 일어날 수도 있다. 필자가 만났던 6세의 다현이는 더 이상 유

아차를 타지 않아서 부모가 유아차를 버린 지가 오래전이었는데, 어느 날 젖병에 물을 담아 달라고 하고 유아차를 다시 타고 싶다고 하였다. 퇴행단계에 나올 수 있는 행동들을 부모에게 미리 언급해 두었기에 아동의 어머니는 유아차를 구해서 밤마다 젖병을 물고 있는 아이를 태우고 다녔다. 아동 또한 다 커서 자신의 행동이 부끄러웠던 모양인지 엄마에게 "엄마, 밤에만 타자"라고 하며, 유아차 위에 이불을 씌워 자신을 가려 달라고 했다고 한다. 따라서 놀이치료 초반에 양육자에게 놀이치료의 단계를 설명하면서 퇴행의 단계가 올 수 있음과 그 단계에서 나타날 수 있는 행동들에 대해서도 미리 안내하는 것이 좋다. 퇴행단계에서 나타날 수 있는 행동의 예를 들면 다음과 같다 (정혜자, 2008).

- **집 또는 놀이치료실에서 잠이 는다**: 원래 낮잠을 자는 나이가 아님에도 불구하고 졸려 한다. 마치 엄마의 자궁 속으로 들어간 아이처럼 잠을 자는 것이다. 놀이치료실의 텐트 속으로 들어가서 누워 있다가 나오기도 하고, 치료자에게 불을 꺼 달라고 요청하는 경우도 있다. 이런 경우에는 잠을 자도록 허용하되, 시간의 제한(20분 이내)을 두어 자궁에서처럼 얕은 잠을 기분 좋게 잘 수 있도록 한다. 퇴행 시에 잠이 느는 경우도 있음을 미리 양육자에게 알려서 치료비에 대한 아까움이 들지 않도록 안내해 두어야 한다.
- **악몽을 꾸거나 자다가 깨서 우는 일이 잦아지기도 한다**: 프로이트는 꿈을 무의식으로 들어가는 왕도라고 하였다. 놀이를 함으로써 마치 무의식이 열리듯 치유가 필요했던 잠재되었던 기억들이 꿈을 통해 나타나기도 한다.
- **치료 초기단계에 잠시 사라졌던 문제 행동들이 나타나거나 새로운 문제 증상이 나타난다**: 긴장이 풀리고 이완이 되는 과정에서 노력을 통해 다잡고 있었던 문제나 새로운 문제가 나타나는 것이다. 손 빨기, 야뇨, 고추를 만지는 행동 등이 나타나기도 하는데, 일시적이므로 고치려고 애쓸 필요는 없다.
- **이유 없이 한바탕 크게 앓기도 한다**: 상담을 받으러 온 성인 내담자가 "상담에 올 때 힘든 얘기를 꺼내 놓으면 그날은 정말 힘들 때가 있어요"라고 말하거나 청소년 내담자가 "상담을 받고 가면 너무 배가 고파요. 왜 그렇죠?"라고 물은 적이 있다. 이처럼 아동 또한 놀이치료실에서 그저 노는 것이 아니라 자신의 아픔과 문제와 맞서 싸우느라 에너지를 쏟고 가는 것이다. 병치레를 한 이후에 어휘가 더 풍부해져서 오는 아이들도 있고, 놀이의 주제에 긍정적인 변화를 보인다. 앓

은 이후에 한층 마음이 더 성장해 오는 것이다.

- **식사나 군것질에 집착하고 입에 무언가를 물고 있고 싶어 하거나 유아적인 말투, 어리광을 부리고 떼쓰기 등의 행동이 증가한다:** 양육자에게 더 애착을 보이고 아이 같은 행동을 보이면서 젖병에 물을 담아 달라거나 엄마의 젖에 다시 집착하기도 한다. 동생을 본 아동의 경우에는 이러한 시기를 일시적으로 겪는 경우가 많다. 프로이트의 발달단계로 보았을 때, 구강기 시기의 욕구를 채우는 것처럼 보인다.

- **침 뱉고 침 바르기, 트림하기, 방귀 뀌기, 자기 체취를 묻히기, 똥이나 똥꼬 이야기를 늘어놓기, 떼쓰고 반항하기, 욕하기 등의 행동을 한다:** 흔히 '미운 네 살'이라는 이야기를 들어본 적이 있다면 그 시기의 아이들이 자주 하는 말과 행동들을 생각해 보자. 이 시기는 프로이트의 발달단계에 의하면, 항문기(18~36개월 정도) 시기로, 유아는 나와 타인을 분리하여 인식하면서 나의 것을 주장하고 고집을 부린다. 마치 항문기 시기로 퇴행한 것처럼 "내 거야!" "내가 할 거야!" 하는 행동으로 욕심을 부리고, 지저분한 놀이를 하며 자기와 자신의 영역을 지키는 것처럼 말이다.

- **공격적이고 얄미운 행동들을 한다:** 아동은 자신과 치료자와의 관계가 견고하다고 느끼기 때문에 때로는 치료자에게 공격적인 행동들을 하기도 한다. "선생님, 바보 아냐?" "이런 것도 모르지요?"라는 말로 치료자의 약을 올리기도 한다. 마치 자신을 어디까지 받아 줄 수 있는지를 테스트하듯이 때로는 엄마, 아빠를 시험하기도 한다. 이러한 행동들 또한 일시적으로 지나가므로 인내할 필요가 있다. 다만 아동의 위험한 행동들, 타인을 해치는 행동들에는 제한을 설정하여 잡아줄 필요가 있다.

- **놀이치료실에서 치료자와 실랑이를 벌인다:** 치료자와의 견고한 믿음을 기반으로 오히려 치료자와 대치하고 실랑이를 벌이기도 한다. 자신의 감정을 치료자에게 투사하고 치료자를 못살게 구는 행동과 말을 한다. 그러나 그러한 행동들은 치료자를 향한 것이 아님을 알고 동요하지 말아야 한다. 오히려 치료자에 대한 신뢰임을 기억하자. 놀이치료실에서 벌어지는 실랑이로 인해 때로는 함께 온 엄마 아빠가 놀라는 일도 있으므로 치료자가 해결할 수 있으니 편안한 마음으로 기다려 달라고 아동의 부모님께 말씀을 드려 놓을 필요가 있다. 자신의 행동에 부끄러움을 느끼고 치료를 오지 않겠다고 하는 경우도 간혹 있으므로 실랑이가 있

었던 놀이시간을 마칠 때는 "다음 시간에도 기쁜 마음으로 기다리고 있을 테니 웃으면서 보자" 정도로 마무리를 하는 것이 필요하다.

숙달단계: 폭풍우가 지나면 하늘은 더욱더 맑고 깨끗하다. 매서운 바람이 부는 혹독한 겨울이 지나면 따뜻한 봄이 오듯이 아동은 퇴행 이후에 한층 더 성장한다. 이전에 보였던 문제 행동들은 없어지고, 자신감 있고 당당해지거나 자랑하거나 과장하지 않고, 양보하고 자신의 것을 베푸는 등 마음이 한층 더 넓고 깊어지는 모습이다. 이처럼 숙달단계에서의 아동은 치료자와 형성한 안정적인 애착을 사회적 관계에서 연습을 한다. 관심을 갖는 관계의 범위도 넓어져서 "이 방에 오는 친구들은 뭐 하고 노나요?"라고 묻기도 하고, 어린이집이나 학교에서 있었던 일을 이야기하거나 이전에 하지 않았던 친구들 이야기를 늘어놓기도 한다. 놀이치료실에 숙제를 들고 오기, 곧 생일인 형제의 선물로 준다며 작품을 만드는 일, 학교에서 풀었던 시험 문제를 갖고 와서 보여주기 등의 행동들은 종결의 때가 왔음을 조금씩 알려 주는 신호이다. 놀이치료실 밖의 세상으로 아동의 관심사가 넘어가는 것이다. 이후 아동이 스스로 종결의 의사를 밝힐 때까지 기다릴 필요가 있다. 아동은 "이제 바빠서 그만 올래요" "몇 번만 더 다니고 태권도 학원 가고 싶어서요" 등 자발적으로 종결의 의사를 밝힌다. 이 시기에 조급한 마음에 아동의 의사를 반영하지 않은 종결이 이루어지지 않도록 부모님께 미리 말해 두는 것이 좋다. 종결을 다짐하는 아동들이 보이는 놀이로는 '생일 파티, 마을 축제, 아군 진영에 태극기를 꽂는 놀이, 〈애국가〉나 〈독도는 우리 땅〉 노래 부르기, 새로운 모험의 항해놀이, 전쟁이 끝난 마을에 찾아오는 평화' 등이 있다(정혜자, 2008).

그러나 모든 아동이 이 단계를 순서대로 거치지 않으며, 반드시 네 단계를 모두 거치는 것도 아니다. 어떤 아동은 순서를 왔다 갔다 하여 숙달의 단계에 다다르기도 한다.

4. 사진으로 엿보는 사례

1) 공격적 단계: 전쟁터

아군과 적군이 확연하게 나누어져 있고 스토리가 분명히 보이는 전쟁이 있는가 하면, 매우 혼란스러워 보이는 전쟁이 있다. 경험상 무질서한 공룡이나 동물들의 세계가 먼저 나타나고, 인간의 전쟁놀이가 이후에 드러나며, 질서 정연하게 싸우는 놀이가 그 다음에 나타난다. 공룡이나 동물은 통제가 되지 않는 대상을 상징한다. 마치 인간으로 태어나기 이전의 과정을 순서대로 밟는 듯하다.

[그림 12-1] 무질서한 동물의 세계

[그림 12-2] 인간의 무질서한 전쟁

[그림 12-3] 아군과 적군이 있고 질서가 느껴지는 전쟁

2) 퇴행단계: 임신과 출산

재민이는 7세의 남자 아이이다. 하루는 어머니의 자궁처럼 보이는 기찻길을 다 만든 후에 기차의 방향을 한쪽으로 설정해 놓고는 "이제 주차장으로 들어가서 쉴 거예요"라고 하였다. 실제로 기차가 터널을 통과하여 굴속으로 들어가고, 주차하는 놀이는

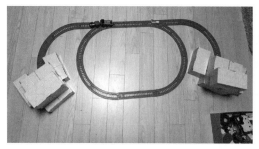

[그림 12-4] 기찻길로 표현된 자궁으로의 회귀

[그림 12-5] 임신한 여자와 태어난 아이

아이들의 놀이에 꽤 자주 등장하는데, 자궁으로의 회귀 본능을 상징하는 표현으로 해석된다.

　잉태의 상징을 좀 더 노골적으로 드러낸 경우도 있다. 7세의 가율이는 클레이를 뭉쳐 둥글게 만든 후에 리본을 붙이고 금색 반짝이로 정성들여 꾸몄다. 그리고 남성 피규어를 고르고, 여성 피규어를 선택하더니 "가슴이 커요"라고 말하였다. 이어서 자신이 만든 클레이를 여성의 배에 붙이며, "둘이 비행기 타고 신혼여행을 갔어요. 이건 임신한 거예요."라고 말한 후, 유아차에 누워 있는 아기 피규어를 옆에 가져다 두었다.

3) 숙달단계: 종결을 앞두고의 작업

　종결을 앞둔 아동이 독립을 선언하기 위해 '독도는 우리 땅' 노래를 부른다는 예를 앞서 설명하였다. 다음의 사진은 유치원 졸업을 앞둔 어느 날, 7세의 규민이가 꾸민 모래상자이다. 규민이는 치료자인 필자에게 태극기를 그려 달라고 하더니 〈독도는 우리 땅〉 노래를 신나게 부르며, 모래로 만든 동굴 안에 자신을 상징하는 보석 하나를 소중하게 넣고는 동굴

[그림 12-6] 〈독도는 우리땅〉 노래를 부르며 꽂은 태극기

위에 깃발을 꽂았다. 이후의 치료시간에는 놀이치료실에 더 이상 놀 게 없다며 심심해하더니 학교에 다니게 되면 이제 태권도 학원을 다니고 싶다면서 놀이에 대한 종결을 알렸다.

종결을 앞두고 누군가를 위해서 만드는 아동의 작품들은 사회화를 연습하는 행동으로 해석된다. 특히 실에 구슬을 하나씩 꿰는 것은 마치 그동안의 놀이를 되돌아보며 하나의 자아로 통합하는 작업처럼 느껴진다. 종결단계에서 잔치나 생일 파티를 하는 아동도 있는데, 다음의 사진은 아동이 케이크를 그린 후, 자신의 나이를 적어 넣으며 자신의 생일 케이크라고 한 그림이다.

[그림 12-7] 언니에게 준다며 만든 팔찌

[그림 12-8] 자신의 나이에 맞게 그린 생일 케이크

5. 요약

- 아동상담 및 놀이치료란: 상담을 받는 내담자가 아동이면 '아동상담'이 된다. 현장에서는 아동상담과 놀이치료를 크게 구분하지 않고 사용하고 있다. 놀이치료란 '훈련된 치료자와 아동과의 안전한 치료적 관계 속에서 놀이라는 상호작용을 통해 아동의 온전한 성장과 발달을 위해 이루어지는 치료적 과정 및 방법'이다.

- 놀이의 특성: 놀이는 자발적으로 이루어지는 활동이며, 표현이 서툰 아동의 언어가 되고, 상징적이다. 아동은 놀이를 통해 많은 것을 배우며, 감각 통합, 운동, 인지를 발달시키고, 사회적 상호작용을 익힐 수 있다. 나아가 아동의 자아존중감을 향상시키고 긍정적 자기개념 형성에도 도움을 준다.

- 놀이치료가 필요한 경우: 놀잇감에 흥미를 보이는 나이라면 심리적 어려움을 가진 아동뿐만 아니라 예방적 차원에서도 시작할 수 있다. 그러나 여건상 아동에게 문제나 심리적 어려움이 발생했을 때 놀이치료를 시작한다. 놀이치료실에 갖고 오는 어려움들을 보면 하나의 증상만을 갖고 있기보다는 두 개 이상의 복합적인 증상을 경험하는 아동들이 많다.

- 놀이치료의 역사: 오늘날 놀이치료가 발전할 수 있도록 영향을 준 이론과 학자들에는 '프로이트의 정신분석을 통한 한스 사례, 아동 분석을 위해서는 놀이를 활용해야 한다고 주장한 후크-헬무트, 놀이를 활용하여 아동 심리를 분석한 클라인, 치료적 관계의 중요성을 언급한 안나 프로이트, 적극적 놀이치료를 형식화한 레비와 구조화된 놀이치료로 확장한 함비지, 관계놀이치료를 소개한 태프트와 알렌, 지금-여기에 관심을 둔 알렌, 인간중심상담의 로저스, 아동중심 놀이치료의 선구자인 엑슬린, 미국의 치료자 랜드레스, 『딥스』를 번역한 주정일'이 있다.

- 놀이치료의 유형: 놀이치료의 유형을 나누기란 쉽지 않은 일이다. 만나는 대상의 수에 따라 개별 놀이치료와 집단 놀이치료, 지시적 놀이치료와 비지시적 놀이치료, 이론적 관점에 따라 행동주의 놀이치료, 정신분석 놀이치료, 관계놀이치료, 아들러식 놀이치료, 아동중심 놀이치료 등이 있으며, 가장 기본적인 놀이치료의 형태는 치료자와 아동이 일대일로 만나는 개별 놀이치료이며, 아동이 자신의 놀이를 자유로이 선택할 수 있도록 하여 이루어지는 아동중심 놀이치료이다.

- 아동중심 놀이치료: 아동중심 놀이치료에서도 로저스의 '공감, 있는 그대로의 존중, 진솔성'을 치료의 핵심 요소로 보며, 인간은 누구나 자기실현의 경향성을 타고난다는 인간중심상담의 인간관을 기본으로 한다. 가장 중요한 치료적 요인은 치료적 관계이다.

- 아동중심 놀이치료의 목표: 치료적 관계를 통한 아동의 심리적 성장과 발달

- 아동중심 놀이치료자의 역할: 놀이치료에서 아동이 충분히 수용되고 무엇이든 표현할 수 있다는 안정감을 느끼게 하는 것

- 아동중심 놀이치료의 과정: 준비단계, 공격적 단계, 퇴행단계, 숙달단계

ⓐ 연습 과제

1) 음악치료, 미술치료, 감각통합치료 등 아동을 위한 다른 치료 기법과 놀이치료를 비교해 보세요. 놀이치료의 주요 특징과 장단점을 설명하고, 어떤 상황에서 놀이치료가 더 효과적일 수 있을 것 같은지 생각해 보세요.

2) 놀이치료를 진행할 때 고려해야 할 윤리적인 이슈들이 있습니다. 어떠한 이슈들이 있을지를 생각하여 기술하여 보고, 이를 어떻게 다루어야 할지 방안을 제시해 보세요.

3) 최근 디지털 기술의 발전에 따라 다양한 학습 장면에 디지털 요소가 도입되고 있습니다. 만약 놀이치료에 디지털을 도입한다면, 디지털 놀이치료의 가능성과 한계에 대해 생각해 보세요. 디지털 도구를 활용한 놀이치료를 진행한다면, 그 장점과 단점을 분석하고 효과적인 적용 방법에 대해서 제안해 보세요.

ⓐ 주관식 문제

1) 아동중심 놀이치료에 대해서 설명하고, 아동중심 놀이치료 치료자의 역할에 대해서 서술하세요.

2) 놀이치료의 과정을 네 단계로 설명하고, 각 단계를 어떻게 구분할 것인지(무엇을 보고 그 단계로 보았는지)에 대해서 서술하세요.

3) 놀이치료 과정에서 일어날 수 있는 퇴행의 몇 가지 예를 들고, 치료자가 되어 아동의 보호자에게 그 퇴행이 일어나는 이유에 대해서 설명하듯이 기술하세요.

📑 참고문헌

주정일(2022). 딥스. 서울: 샘터.

유미숙(2015). 놀이치료 – 치료관계의 기술. 서울: 학지사.

정혜자(2008). 어린이 마음치료. 서울: 교양인.

Axline, V. M. (1947). *Play therapy; The inner dynamics of childhook*. Boston, MA:

Houghton Mifflin.

Axline, V. M. (1950). Play therapy experiences as described by child participants. *Journal of Consulting Psychology, 14*(1), 53.

Axline, V. M. (1964). *Dibs*. Boston, MA: Houghton Mifflin.

Axline, V. (1969). *Play therapy*. Boston, MA: Houghton Mifflin.

Frank, L. (1982). Play in personality development. In G. Landreth (Ed.), *Play therapy: Dynamics of the Process of Counseling with Children* (pp. 19-32). Springfield, Il: Charles C. Thomas.

Freud, A. (1931). *Psychoanalysis of the child*. Clark University Press.

Freud, S. (1955). Analysis of a phobia in a five-year-old boy. *Collected Papers, 3*, 149-289.

Guerney, L. (2001). Child-centered play therapy. *International Journal of Play Therapy, 10*(2), 13.

Hambidge Jr, G. (1955). Therapeutic play techniques symposium, 1954: 4. Structured play therapy. *American Journal of Orthopsychiatry, 25*(3), 601.

Klein, M. (1955). The psychoanalytic play technique. *American Journal of Orthopsychiatry, 25*(2), 223.

Landreth, G. L. (2012). *Play therapy: The art of the relationship*. London: Routledge.

Levy, D. M. (1938). "Release therapy" in young children. *Psychiatry, 1*(3), 387-390.

McMonigle, C. L. (2008). Parents' and children's experiences in family play therapy (Doctoral dissertation, Virginia Tech). Falls Church, Virginia: Virginia Polytechnic Institute and State University.

Ray, D. (2011). *Advanced play therapy: Essential conditions, knowledge, and skills for child practice*. UK: Taylor & Francis.

Von Hug-Hellmuth, H. (1921). On the technique of child-analysis. *International Journal of Psychoanalysis, 2*, 287-305.

[참고 사이트]

미국 놀이치료 협회 https://www.a4pt.org

한국놀이치료학회 https://www.playtherapykorea.or.kr/

[참고 영상]

● 놀이치료실과 놀잇감 소개

출처: 영국 놀이치료학회 유튜브 British Association of Play Therapists BAPT

영상 제목: ur BAPT Play Therapy Rooms And Kits (Collaboration)

주소 https://www.youtube.com/watch?v=5aYi_Cllr8I

놀이치료실과 놀잇감

● 놀이치료 진행의 예시

출처: 미국 놀이치료학회 유튜브 Association for Play Therapy

영상 제목: Special Play Time Demonstration by Mary Bennett, PhD, LPC-S, RPT-S

주소 https://www.youtube.com/watch?v=7OwI88B2WGw

놀이치료의 진행

청소년 대상 심리상담

청소년의 경우에 그들이 가진 독특한 심리적 특성이나 국가의 복지제도 및 상황적 여건에 의해 장기간의 상담이 허락되지 않는 경우들이 많다. 더불어 학업, 진로, 또래 관계, 가족관계 등 다양한 영역이 청소년들과 상호작용하고 있어서 단순히 심리적 개 입만으로는 청소년의 어려움을 해결하기에 한계가 있다. 전통적인 심리상담 이론과 기술들은 처음부터 청소년들을 위해 개발되었던 것도 아니어서 청소년들에게 직접 사용하기에 제한이 있다. 이에 본 장에서는 청소년의 심리적 어려움을 효과적으로 대처 하기 위한 다양한 방법을 소개하려고 한다. 전통적인 심리상담 방식을 넘어 환경적 · 사회적 영역 등에서의 개입 방법과 이들의 통합을 제시하고자 한다.

1. 청소년 심리상담의 역사

안타깝게도 우리가 자주 들어 봤던 주요 심리상담 이론들은 아동과 청소년을 주 연 구 대상으로 삼은 것이 없다. 일부 정신역동 이론에서 아동기나 청소년기를 비교적 중 요하게 다루기도 하지만, 그 이론의 핵심은 아동과 청소년을 위한 것이 아니다. 그러 한 이론들 중에서도 청소년만을 위한 것은 더욱 없다. 심리 관련 서적들에서는 아동과 청소년을 한데 묶어 한 범주로 표현하는 경우가 많지만, 발달단계도 그 단계에서 보이 는 심리적 · 신체적 특성도 아동과 청소년은 아주 다르다. 과거 일부 연구에서 청소년에 대한 심리상담 기록이 확인되고 있지만, 그 수는 아주 적고, 심지어 그 결과도 청소년에 대한 심리상담이 가만히 시간만 경과했던 것보다 더 효과가 있는지도 모르겠다는 내용들이다(Levitt, 1957, 1963). 그럼에도 불구하고 청소년의 심리상담은 조금씩 꾸준히 발전하였다.

일반적으로 청소년의 심리상담도 심리상담 이론의 본격적 발전 시기인 19세기부터 시작된다. 당시 가장 유명했던 심리상담 중 하나는 프로이트(1856~1939)의 정신분석이지만, 프로이트의 이론은 청소년을 상담하고 연구한 것이 아니다. 오히려 임상심리학의 아버지로 불리는 라이트너 위트머(Lightner Witmer, 1867~1956)가 아동과 청소년에 대해 더 많이 연구하고 상담을 했다. 그는 초기 청소년 심리상담 분야에서 많은 일을 했는데, 특히 청소년의 학습장애[1], 비행문제 개입에 큰 업적을 남겼다. 위트머는 청소년 개인에 맞는 맞춤형 상담을 강조하며, 청소년의 심리적 특성과 처해 있는 상황을 고려해서 진단과 상담을 해야 한다고 주장했다(이현수, 1988). 이러한 심리상담 방식은 현재 청소년 심리상담 방식과 유사하다. 위트

라이트너 위트머

[그림 13-1] 위트머의 생애와 업적

머의 심리상담은 동시대의 다른 상담들보다 더 실용적이고 직접적이었으며, 실제 문제를 해결하려는 방법들로 고안되었다. 이러한 행적 때문인지 위트머는 학교 심리학에 많은 기여를 하였고, 미국심리학회(American Psychological Association)[2] 학교심리학 분과(16분과)에서는 학교 심리 연구와 실천에 모범을 보인 심리학자에게 매년 위트머 상(Lightner Witmer Award)을 수여하고 있다.

한편, 20세기 초기에는 주로 행동상담으로 청소년을 상담하였다. 그러다가 20세기 중반에 인지행동상담이 등장하면서부터 청소년의 심리상담은 인지행동상담이 주를 이루게 되었다. 이 과정에서 청소년의 심리상담은 보다 매뉴얼화되고, 과학적 근거

---

1 주로 읽기, 쓰기, 산수 등의 능력과 관련된 두뇌신경학적 결함에 의해 지능이 정상임에도 불구하고 그에 맞는 학업성취도나 기능을 할 수 없는 장애
2 미국에서 심리학 분야에 가장 큰 과학 및 전문 조직으로, 100,000명이 넘는 전 세계 회원을 가지고 있고, 현재 56개(실제는 54개) 분과가 있다. 한국에서는 한국심리학회가 이와 유사한 조직이다.

에 기반한 상담 방식으로 변해 갔다. 20세기 중반에는 가족 구성원의 역동으로 청소년의 행동과 정신건강을 설명하는 여러 가족상담이론이 등장하였다. 현대에는 청소년의 다양성에 초점을 두어 신체적·심리적·문화적·환경적 요인을 모두 고려한 접근이 이루어지고 있다. 두뇌에 대한 연구가 진행되면서 청소년 시기의 독특한 뇌 구조와 기능, 작동 원리와 함께, 사회복지 분야에서 연구되고 경험적으로 쌓인 청소년 개입에 대한 전문지식들이 심리이론과 합해졌다. 그 결과, 보다 실용적이고 효과적인 통합적 상담들이 청소년들에게 제공되고 있다.

2. 청소년의 특성

1) 두뇌신경학적 특성

청소년기에는 두뇌의 회백질과 백질[3]이 모두 크게 발달한다. 이 과정에서 전두엽의 신경망은 더 복잡해지고 세밀한 연결과 조정이 이루어지며, 이를 통해 학습의 효율성이 더 증가하게 된다(김예림, 2013). 전두엽의 발달로 아동기보다 더 나은 통제력과 억제력, 계획력, 의사결정력을 보이게 되고, 대인관계와 관련된 사회적 기능이 강화되며, 자신과 타인의 감정 이

[그림 13-2] 청소년의 두뇌 발달과 특성

해가 진정으로 일어날 수 있게 된다. 아동기에는 타인에 대한 공감이 인지적, 또는 단순 학습에 의해 반응적으로만 일어난 정도였다면, 청소년기에 들어서는 타인을 진정으로 공감할 수 있게 된다. 청소년기에는 추상적 사고능력과 논리적 사고능력이 강화되고, 이를 바탕으로 예측능력과 문제 해결력이 강화된다(박재홍, 김성환, 2011).

더불어 다양한 신경전달물질의 변화도 일어난다. 청소년기에는 도파민 수준이 증가하여 경험에 대한 탐구와 보상에 민감하게 되고, 종종 위험한 행동을 하기도 한다(Wahlstrom, Collins, White & Luciana, 2010). 세로토닌[4] 수준이 불안정해져서 수면이나

---

3 회백질은 회백색을 띠고 있어서 회백질이라고 하고, 이는 신경세포체와 모세혈관으로 이루어져 있다. 백질은 축삭과 수초에 의해 백색으로 보여서 백질이라고 부른다.

4 대부분 위장관에 분포하고 중추신경계에는 1~2%만 분포한다. 주로 감정(행복이나 우울), 수면, 식욕과 연관이 있다.

감정 조절 문제가 발생하기도 하고, 노르에피네프린[5]의 분비가 증가하여 에너지 소비량과 주의집중력이 증가하기도 한다(Runions et al., 2019). GABA(감마아미노뷰티르산)[6]도 증가하여 스트레스 인내력도 아동기보다 나아지고, 글루타메이트[7]의 증가로 인해 학습능력과 기억력도 향상된다(Kilb, 2012). 특히 기억 및 학습과 연관된 해마 부위는 약 18세경에 최고 기능을 발휘한다.

2) 신체적 특성

청소년기에는 키, 체중이 급격히 증가하고 본격적으로 생식 기능을 갖추게 된다. 몸의 비율이 뚜렷해지고 호르몬 변화에 따라 피부문제가 발생한다. 특히 골격과 근육이 강화되는데, 이는 청소년의 운동 및 활동 수준에 따라 크게 달라지기도 한다. 청소년기에는 많은 호르몬 변화와 에너지 소진으로 식욕이 증가하는데, 이때 식습관과 음식의 종류에 따라 비만이나 저체중이 발생하기도 한다. 그리고 이러한 신체 변화는 청소년의 신체상과 전체 자아상에 영향을 준다(Bacchini, & Magliulo, 2003).

3) 심리적 특성

청소년기는 흔히 자아정체성을 형성하는 시기로 알려져 있지만, 실제 자아정체성은 평생 동안 형성된다(Kathard, 2006). 향상된 인지 기능을 기반으로 가치관, 신념, 역할 등을 경험, 검증, 습득하게 되는데, 이 과정에서 정체성이 맥락과 타인의 평가 등에 따라 계속 변하게 된다. 청소년은 독립성, 자기 통제력, 사회적 관계에 대한 중요도, 대처능력, 미래에 대한 예측 및 탐색 능력과 계획력도 향상된다. 주요 관계 양상과 관심이 가족에서 또래로 이동하여 가족의 영향보다 또래의 영향을 더 많이 받게 된다. 이 과정에서 부모-자녀 관계 갈등문제가 발생하기도 하고, 함께 다니는 또래들의 특성에 의해 종종 비행문제가 발생하기도 한다.

---

5 노어에피네프린, 또는 노르아드레날린이라고도 하고, 부신수질에서 생성되어 교감신경계를 자극하는 역할을 한다.

6 억제 신호를 보내는 역할을 하여 흥분된 신경계를 이완 및 안정시키는 역할을 한다.

7 뉴런의 흥분을 촉진하여 인지, 감정, 감각 정보 및 운동 조정의 주요 매개 역할을 한다. 대부분의 다른 신경전달물질 시스템의 활성화와 관련이 있다.

청소년기에는 자기조절능력이 향상되지만, 동시에 감정 변화도 커진다. 변화된 사회적 역할과 학업, 또래 등의 스트레스 등에 의해 심리적 어려움이 발생하기도 하고, 종종 조현병과 같은 정신병리가 발생하기도 한다. 조현병의 초기 증상은 일반적으로 청소년기에 발생하는 것으로 알려져 있다(안동현, 2009).

[그림 13-3] 청소년기 심리의 특징

4) 학습적 특성

청소년기에 진정한 자기주도적 학습이 가능해진다. 아동기의 자기주도적 학습은 비교적 타인에 의해 계획된 것을 규칙적으로 반복하는 양상이었다면, 청소년기에는 스스로 흥미 대상을 탐색하고, 집중하고, 그것을 더 잘 알기 위해 계획하고, 목표를 세우고, 주도적으로 학습하고, 그것의 만족감을 얻을 수 있게 된다(배은주, 2004). 인지 방식이 뚜렷해짐에 따라 학습 방식도 정해진다. 청소년들의 인지 방식에 따라 시각, 청각, 그림, 운동, 직접 체험, 간접 체험, 매뉴얼화된 학습, 선행 경험, 창의적 학습 전략이 효과를 달리한다. 따라서 이 시기에는 자신의 학습 방식을 알아차리고 학습 방법을 최적화시킬 필요가 있다. 이 밖에도 청소년기에는 추상적인 정보나 개념들을 현실과 연결지어 더 생생하게 학습할 수 있다. 이러한 의미에서 체험 학습은 청소년의 학습 효과를 최대화시키는 방법이라고 할 수 있다.

5) 환경적 특성

학교와 학원에 있는 시간이 점차 많아지게 된다. 학습을 하는 시간이 늘게 되면서 학업에 관심이 적은 학생들은 점차 공부하는 것이 불편해지기 시작한다. 한국의 경우, 학원에 학교만큼 시간을 할애하게 되면서 주요 또래 관계가 학교가 아닌 학원에서 이루어지기도 한다. 청소년들의 가정 환경이나 부모의 기대, 관리 정도 등에 따라 하루 대부분을 학교와 학원에서만 지내기도 한다. 가정 환경에 따라 관리나 관심을 받지 못하는 청소년은 종종 하교 후에 시간을 스스로 모두 관리해야만 하는 경우도 발생한다. 자기주도적인 하루 설계와 실천이 습관화되어 있지 않은 청소년들은 종종 비효율적이고 건강하지 못하게 시간을 보내고, 이는 종종 신체적 · 정신적 건강을 헤치기도 한다

(하문선, 2017).

의무교육제도[8]를 벗어나 학교 밖에서 스스로 자신을 탐색하고 진로와 미래를 개척하는 청소년도 있다. 이러한 청소년들의 경우, 갑작스럽게 변화된 생활과 환경에 종종 부적응하기도 한다(김영희, 최보영, 이인회, 2013). 반대로 매우 즐겁고 기꺼이 자신의 흥미 분야를 탐색하고 미래를 설계해 나아가는 청소년도 있다. 한국에서는 이러한 청소년들을 지원해 주는 학교밖청소년지원센터가 지역마다 존재한다.

3. 청소년 심리상담의 특징

1) 자율성의 문제

청소년은 아동기와 성인기의 사이에 있는 만큼, 신체 조건은 성인과 유사하지만 심리적 성숙은 아직 아동기에 머물러 있는 경우가 있다. 이러한 과정에서 청소년은 자율적인 판단과 행동, 부모에 의한 판단과 행동 사이에서 갈등을 경험하기도 한다. 궁극적으로는 자율적인 판단과 행동, 그것에 대한 책임을 질 수 있는 독립적 성인으로 성장할 수 있게 조력해야겠지만, 이러한 과정에서 의도치 않게 다양한 부정적 경험을 할 수 있어서 어른들의 조정이나 통제도 일부 있어야 한다. 이러한 의미에서 상담사의 청소년 자율성에 대한 개입은 청소년의 기질, 성격, 맥락에 따라 균형 있게 해야 한다 (Church, 1994). 이 같은 자율성에 대한 딜레마는 청소년 스스로, 그리고 청소년의 부모, 개입을 해야 하는 상담자 모두가 경험하게 된다.

2) 비자발성의 문제

일부 청소년들은 자신의 문제를 숨기거나, 도움을 받으려고 하지 않기도 한다. 문제행동을 보여 상담실에 오는 청소년들은 대부분 부모나 교사 등 타인에 의해 오게 되는 경우가 많다. 이렇게 상담실에 오게 되면 청소년들은 상담사들을 부모나 교사와 같은

---

8 취학, 학교 설치, 교육보장의 세 가지 의무로 구성되어 있고, 아동에게 일정 기간 동안 의무로 교육을 받게 하는 제도이다. 한국에서는 초등학교, 중학교, 고등학교 과정이 의무교육이다.

편이라고 오해하기도 한다. 이러한 오해가 있는 청소년들은 라포 형성이 쉽지 않다. 게다가 이러한 오해가 없어도 심리상담에 대한 동기가 낮아서 쉽게 중도 탈락이 이루어지기도 한다. 따라서 심리상담실은 상담을 받는 청소년에게 있어 또 오고 싶은, 재미있는, 도움이 되는 곳이라는 인상이 들게 해야 한다. 그리고 상담사는 이를 위해 다양한 도구, 제도, 활동을 활용해야 한다.

3) 지역사회 자원의 적극 활용

심리상담 이론의 대부분은 처음부터 청소년을 위해 만들어진 것이 아니다. 게다가 대부분의 이론은 사후 개입 모형이기 때문에 발달 과정에서 다양한 어려움을 겪는 청소년들에게는 효과적이지 않은 것도 있다. 아주 작은 행동 하나에도 청소년을 구성하는 다양한 환경적·신체적·심리적 요인이 영향을 미친다. 따라서 청소년에 대한 심리상담은 환경적·신체적·심리적 접근이 동시에 이루어져야 한다. 지역사회에 있는 다양한 인적 자원, 물적 자원, 복지 서비스 등을 적극 연계하며 통합적으로 청소년의 적응을 도와야 한다(김영혜, 2002). 이러한 의미에서 청소년 심리상담자는 청소년 주변의 지역사회 자원이 무엇이 있는지 탐색하고, 이를 활용할 수 있는 구체적인 방법도 알고 있어야 한다.

4. 청소년 심리상담의 내용과 과정

1) 상담 초기

(1) 라포 형성

라포는 단순히 청소년과의 친밀감을 형성하는 것이 아니다. 청소년이 상담사와 함께했을 때 현재보다 더 나아질 수 있다는 믿음을 가지는 것이다. 이러한 믿음이 있을 때, 비교적 어렵고, 낯설고, 두려워 보이는 새로운 시도도 상담사를 믿고 행할 수 있는 것이다. 상담사는 청소년과 라포를 형성하기 위해 다음과 같은 것들을 고려해야 한다.

첫째, 상담사는 라포 형성의 초기 작업으로, 청소년과의 친밀감을 형성해야 한다. 이러한 친밀감 형성에는 청소년이 선호하는 취미, 활동 등을 주제로 할 수 있다. 따라서 상담사는 청소년들이 선호하는 일반적 관심들과 유행들에 대해 어느 정도 알고 있어야 한다. 공통의 관심사와 대상으로 청소년들과 자연스럽게 이야기를 나눌 수 있다.

둘째, 상담사는 청소년의 친구가 아니다. 분명한 목적을 가지고 만나는 전문가이다. 따라서 상담사는 자신의 전문성을 청소년에게 보여 주어야 한다. 가장 일반적인 방법은 공감이다. 공감을 통해 상담사는 청소년을 이해하고 있고, 그것을 해결하기 위해 어떤 방법이 좋은지 말해 준다. 이 과정에서 상담사가 자기 개방을 할 수 있으나, 전문성이 떨어질 만한 어휘나 경험을 활용하는 것은 주의해야 한다. 더불어 심리평가도 활용할 수 있다. 심리평가 결과를 살펴보며 청소년의 어려운 점을 짚어 주고, 어떤 환경에서 취약해지는지, 어떤 환경에서 더 잘 기능하는지 등을 알려 주고, 어떤 방법으로 더 나아질 수 있는지도 설명해 준다. 이 과정을 통해 상담사가 교사나 부모와는 다른 존재라는 것을 인식시켜야 한다.

셋째, 상담에 대한 기대를 형성하게 한다. 상담을 받고 난 후, 현재보다 더 적응적이고 나은, 원하는 모습을 상상하게 한다. 그리고 그러한 상상이 현실이 되기 위한 구체적인 청사진을 그리게 한다. 이를 위해 기존의 행동과 새로운 행동을 했을 때의 이득, 손해에 대해 평가해 보게 할 수 있다. 이러한 과정에서 척도화 기법이나 현실치료의 WDEP 기법[9]이 활용될 수 있다.

넷째, 청소년의 이해도를 고려해 문장과 어휘를 사용한다. 상담사들이 교과서에서 배운 전문용어들은 청소년이 상담에 몰입하는 것을 방해할 수 있다. 청소년이 자신을 보다 객관적으로 바라보게 도움을 주거나, 행동에 대한 이해를 돕기 위해 전문용어를 사용해야만 한다면 그 내용은 짧고 쉬운 용어로 대체해 사용하도록 한다.

(2) 구조화

상담의 구조화는 앞으로 상담에서 무슨 일이 일어나고, 상담사와 청소년은 각각 어떤 일을 하며, 상담실에서 지켜야 할 규칙은 어떠한 것인지를 명시하는 것이다. 상담은 상담사와 청소년의 단순한 만남과 일화에 대한 이야기 나누는 것이 아닌, 목적 달성을 위해 전문적으로 훈련을 받은 상담사가 청소년을 돕는 조력 과정이다. 그리고 그러한 분위기가 되도록 상담의 전체 과정은 구조화되어 있어야 한다. 구조화에 포함될

---

9 현실상담 연구자인 우볼딩에 의해 고안된 기법으로, 바람(Want), 행동(Doing), 평가(Evaluation), 계획(Planning)을 탐색하게 하여 현재 행동을 변화시키는 기법을 'WDEP' 기법이라고 한다.

내용에는 상담시간, 상담 횟수, 상담실에서 할 수 있는 행동과 아닌 행동, 상담실에서 상담사가 하는 일과 청소년이 하는 일, 상담의 의미, 비밀보장 등이 있다. 상담의 구조화는 상담 첫 회기에 하는 것을 권유한다. 그리고 상담과정 중에 재구조화가 필요할 때는 언제든 재구조화를 하도록 한다.

(3) 정보의 수집

　상담을 위해 충분한 정보를 수집해야 한다. 꼭 기억하고 있어야 할 것은 청소년이 호소하는 다양한 문제는 '사실 그대로'가 아니라는 것이다. 인간의 일화기억은 약 50% 정도만 신뢰할 수 있다. 인간은 기억하고 싶은 것을 기억하고 싶은 데로 기억하고, 이야기하고 싶은 것을 이야기하고 싶은 데로 이야기한다.[10] 즉, 주관적 세상에서 사실로 믿어지는 내용을 상담사에게 이야기하는 것이지,

[그림 13-4]
사후 오정보 효과

그 내용이 항상 진실은 아니다. 따라서 청소년의 호소만 가지고 상담을 시작하면 상담이 교착상태로 빠지게 된다.

　기본적으로 정보는 다양한 대상에게서 얻어야 한다. 청소년 본인뿐만 아니라, 부모, 교사, 친구 등에게도 얻어야 한다. 이러한 정보를 얻으려면 청소년의 허락이 필요하므로 이에 청소년 상담은 반드시 라포가 전제되어야 한다. 이 밖에도 행동 관찰에서 얻은 정보, 심리검사에서 얻은 정보 등도 활용한다. 청소년과 지인에게서 얻은 정보와 검사에서 얻은 정보, 상담하는 동안에 직접 관찰한 정보들이 모두 통합되어 어떠한 정보도 버려짐 없이 설명되는 현상이 바로 실제 청소년의 현재 모습이다.

　청소년 상담에는 다음과 같은 정보를 얻어야 한다. 구체적으로 증상(주호소), 증상의 시작 시기와 유지 기간, 그것에 따른 역기능, 이를 해소하기 위해 사용했던 전략과 그 효과, 증상 발생과 유지에 영향을 미쳤다고 생각하는 스트레스 사건 또는 특이한 사건, 증상에 영향을 주는 신체적 건강 상태 또는 약물 복용 여부, 어떤 이유로 이 시점에서 상담을 받으러 왔는지와 기대, 목적 등을 알아야 한다. 상기 정보들 중에서 가장 중요한 것은 증상에 따른 역기능과 이를 해소하기 위해 사용하는 전략의 효과이다. 종종 상담사들이 증상을 중요하게 생각하는데, 이 증상들은 간단한 약물치료만으로도

---

10 어떤 사건에 대한 기억이 해당 사건을 경험하고 난 이후에 제시되는 정보에 의해 왜곡되는 현상을 오정보 효과 또는 사후 오정보 효과라고 한다.

개선될 수 있다. 심리상담자가 증상에 관심을 가지고 상담을 한다면 이는 정신건강의
학과 의사와 동일한 역할을 하게 되는 것이고, 스스로 정체성을 흐리는 일이 된다. 심
리를 다루는 전문가로서 기능하려면 기능과 해결 방법에 초점을 두어야 한다.

(4) 심리평가의 활용

심리평가란 다양한 심리검사의 결과와 행동 관찰, 면담 자료, 전문적 지식의 집합
체이다. 따라서 심리평가와 심리검사는 다른 의미를 가진다. 심리평가에서 가장 중요
한 것은 심리검사의 수치적 결과가 아니라 행동 관찰과 태도, 면담의 자료들이다. 그
중 면담 중에는 신체적 질환이나 변화의 유무를 반드시 알아야 한다. 모든 것이 심리
적 기능만으로 현재 청소년의 문제를 만드는 것은 아니다. 만약 청소년이 보이는 신체
적 증상이 문제가 된다면 그 문제의 징후가 검사 결과상에서도 나타나는지 반드시 확
인해야 한다. 만약 청소년의 문제가 신체화 증상이라면 그 징후는 심리검사 결과에서
도 나타날 것이다. 그런데 검사 결과상 신체화의 징후들이 충분히 나타나고 있지 않다
면 청소년이 보이는 신체적 증상은 실존하는 신체적 질환이나 호르몬의 변화, 또는 단
순한 감각 민감성 때문일 수 있다. 특히 상담사는 심리검사의 수치와 절단점만 보아
서는 안 된다. 수치는 청소년이 평가지에 보고한 주관적인 답변의 총합(또는 그것의 평
균)일 뿐이다. 그 답변의 내용의 정확성을 보는 것도 중요하지만, 그 답변을 하고 있는
청소년의 태도와 행동을 더욱 자세히 관찰해야 한다. 행동과 태도가 검사 수치와 일치
하지 않을 경우에 그 수치는 신뢰성을 잃게 되고, 결과적으로 평가 타당도는 낮아지게
된다. 이러한 것은 투사검사(HTP, Rorschach Test, TAT)[11]를 할 때 특히 주의해야 한다.

검사를 다루는 상담사는 사용하려는 검사의 표준화 및 제작 과정을 알고 있어야 한
다. 어떤 목적으로 어떤 문항을 활용해서 어떻게 수치가 계산되고, 어떤 분포를 사용
했으며, 어떤 대상으로 규준을 만들었는지, 특히나 취약한 규준 구간이 있는지, 표준
오차는 어떠한지, 어떤 방식과 질문들로 측정하였는지 등을 고려해야 한다. 검사에 대
해 명확하게 알고 있을 때 청소년 검사 결과의 실제 의미를 알 수 있다.

심리평가 도구를 선정하는 데 있어 반드시 종합심리평가(full battery)[12]를 해야 하

---

11 모호한 자극이나 요소를 주고 자유롭게 반응시켜서 개인의 욕구나 동기, 정서, 성격 등을 파악하는 검사
방법
12 종합심리평가는 일반적으로 벤더 게슈탈트검사, 집-나무-사람 검사, 동적가족화 검사, 지능검사, 로르
샤흐검사, 미네소타 다면적인성검사-2, 문장완성검사, 그 외에 자기보고식 척도 등으로 구성된다.

는 것은 아니다. 종합심리평가는 숙련된 평가자만이 다루는 것이 안전하다. 그 이유는 7종 이상의 검사 자료를 모두 통합해야 하고, 평가시간도 2시간 정도로 길며, 청소년이 집중력을 유지할 수 있게 지속적으로 컨디션을 관리해야 하기 때문이다. 심리평가를 하는 상담사는 청소년이 호소하는 문제를 효율적으로 평가할 수 있는 검사 도구를 선별해야 한다. 만약 모든 청소년에게 2시간 이상의 종합심리평가를 활용할 경우, 청소년뿐만 아니라 평가자도 매우 지치게 되고, 이를 통해 얻게 되는 정보의 효율성도 떨어지게 된다.

(5) 사례개념화

사례개념화는 청소년이 문제 행동 또는 증상을 보이게 되는 모든 과정의 설명과 같다. 즉, 상담사가 이해한 청소년의 모습이다. 만약 상담사가 청소년에 대해 증상의 시작과 과정, 그것의 역기능, 역기능이 유지되는 이유와 여기서 벗어나는 방법을 합리적으로 설명할 수 있다면 그것이 사례개념화가 된 것이다. 이러한 과정에 특정 이론을 적용하면 그것이 해당 이론에 입각한 사례개념화가 된다.

그래서 사례개념화는 모두 정보가 모아진 후에 이루어진다. 상담사는 면담, 관찰, 검사 정보 등의 정보를 종합한 다음, 청소년의 증상 발생 과정 및 유지 과정에 대한 가설을 세운다. 그리고 그 가설이 더 이상 수정되지 않을 때까지 수집한 정보를 비교 및 대조한다. 여기서 중요한 것은 그 어떠한 정보, 자료도 버리거나 왜곡하지 않는다는 것이다. 만약 정보의 비교, 대조, 일관화 작업 과정에서 설명되지 않는 정보가 있다면 그것은 청소년에게 직접 질문하여 그 정보의 실제 의미를 찾거나 추가적 정보를 얻는다. 이 때문에 사례개념화는 청소년과 상담 중에 있을 때 상담사가 완성해야만 한다.

(6) 목표 및 전략 설정

상담목표는 청소년과 합의해서 정한다. 청소년이 원하는 목표와 상담사가 필요하다고 생각되는 목표가 서로 다르다면 이를 논의를 통해 일치시켜야 한다. 목표는 청소년이 달성해야 하는 것이고, 전략은 상담사가 청소년의 목표 달성을 위해 사용해야 하는 방법이다. 따라서 목표가 정해지면 상담사는 자신이 사용하는 상담 이론에 따라 가장 적합한 상담 기술을 선정하고 청소년에 맞게 조정해야 한다.

상담의 목표는 다음과 같은 형태를 띠고 있어야 한다. 첫째, 구체적이어야 한다. 어떤 행동을 어디에서 어떻게 한다는 식의 행동으로 묘사되어야 하고, 그 과정 역시 구체적이어야 한다. 둘째, 수량화되어야 한다. 언제 어디에서 무엇을 몇 회 했다는 식으로 묘사할 수 있어야 한다. 셋째, 현실적으로 실행 가능해야 한다. 가급적이면 청소년이 120% 할 수 있도록 쉽고 난이도도 낮아야 한다. 넷째, 결과 지향적이어야 한다. 목표를 달성했을 때, 어떤 것이 이루어져 있는 등 해당 결과를 눈으로 확인할 수 있어야 한다. 다섯째, 시간 제한적이어야 한다. 이는 '언제'에 관련된 것으로, 몇 월, 며칠, 무슨 요일, 몇 시에 하는지가 명확할수록 좋다. 여섯째, 목표는 기능적이어야 한다. 현재보다 더 나은 모습이 될 수 있는 구체적인 행동이어야 한다. 일곱째, 안전해야 한다. 그와 같은 행동을 했을 때, 자신도 타인도 모두 신체적, 정신적으로 안전해야 한다.

2) 상담 중기

(1) 저항 다루기

저항은 상담을 방해하는 청소년의 태도를 의미한다. 상담과정 전반에서 나타나는 저항은 그 시작이나 방식이 꼭 무의식적인 것만은 아니다. 청소년의 가장 흔한 저항은 상담시간에 늦거나 오지 않는 것이다. 이 외에도 아무말도 안 하거나, 졸거나 시계를 계속 보며 상담을 지루해하거나, 말과 행동이 맥락에 맞지 않게 공격적이거나, 회피적이고 관심없는 모습을 보이는 것 등이 있다. 상담사는 이러한 저항이 관찰되었을 때, 그 저항의 발생 양상을 살펴보아야 한다. 만약 청소년이 어떤 일로 인해 상당히 피로해 있다거나, 나름의 바쁜 일정과 사고로 상담시간에 늦는다면, 그리고 그 이유가 상담사가 판단하기에 합당하다면 그것은 저항이 아니다. 상담사는 무의식적인 방어 반응과 현실에서 일어날 수 있는 합리적 반응을 구분해야 한다.

저항은 청소년의 주변 자원들에게서도 나타난다. 대표적으로 학부모, 교사 등이 있다. 이들은 종종 상담사의 연령, 경력, 상담실 환경, 당위적인 내용, 현실적인 이득, 책임 회피, 지나친 자책, 문제 원인의 투사 등으로 저항을 보인다. 부모나 교사는 청소년 상담의 핵심 조력자일 수 있는데, 이러한 자원들이 저항을 보일 경우에는 상담이 상당히 어려워지고, 심지어 중단되기도 한다.

저항은 상담과정에서 자연스럽게 나오는 과정이다. 한 번도 해 보지 않고, 어떤 결과가 나올지 예상도 잘되지 않는 대안적 행동을 상담사가 해 보자고 할 때, 그것을 그대로 받아들여 바로 실행하는 청소년은 거의 없을 것이다. 인간은 누구나 새로운 것에 대한 두려움이 있다. 어쩌면 비효율적이라고 판단되는 현재의 문제 행동을 해서라도 얻을 수 있는 이득이 오히려 새로운 것을 해서 발생할 수 있는 손해보다 더 나을 수도 있는 것이다. 한 인간으로 상담실에 온 청소년은 저항을 할 수 있다. 따라서 청소년의 저항은 상담사가 당연한 것으로 받아들여야 한다. 그리고 청소년의 저항 과정을 자세히 관찰하여 청소년이 어떠한 것을 두려워하고, 불편해하고, 그것을 어떻게 처리하는지, 그 효과가 무엇이고 어떻게 강화되어 유지되는지를 파악해야 한다. 이러한 저항 유지에는 청소년이 직접 행동해서 얻는 강화 효과가 있을 수 있지만, 부모나 교사 등 청소년 주변의 주요 인물이나 환경의 변화 등에 의해 얻게 되는 강화 효과도 있다. 따라서 저항의 파악에는 청소년뿐만 아니라 주변 주요 인물들의 상호작용 양상도 살펴보아야 한다.

이러한 저항은 공감을 통한 이해받고 있다는 느낌의 제공, 저항 행동을 했을 때의 이득과 손해를 객관적으로 시각화해서 보여 주는 방법, 즐거움을 주는 활동으로의 전환, 다른 주제로 상담 내용을 전환하는 것 등으로 해결 할 수 있다. 이 같은 방법들이 모두 효과가 없을 수도 있다. 그러한 경우, 청소년에게는 단순히 시간이 더 필요한 것일 수도 있다. 상담사는 청소년과 상담 속도를 맞추어야 한다. 기다려주고 견뎌야 한다. 중요한 것은 상담사가 청소년의 저항을 상담사에 대한 반항이나 적대로 받아들이지 않는 것이다. 청소년의 저항에서 상담사가 흔들린다면 그 이유를 알기 위해 슈퍼비전을 받거나 마음을 다스리는 수련을 스스로 해야 한다.

(2) 변화의 기본

변화의 기본은 상담의 목표와 대응되는 전략을 정확하게 설정하는 것이다. 중요한 것은 청소년의 '행동'이 변해야 한다는 것이다. 상담에서 감정과 사고 내용, 사고 과정 등을 중요시 여기는 이유는 '행동' 변화에 영향을 미치기 때문이다. 감정과 사고가 변했는데, 행동이 변하지 않는다면 큰 의미가 없다. 같은 맥락으로 감정과 사고를 변화시키지 않고 행동을 먼저 변화시켜도 된다. 오히려 청소년 상담에서는 '행동' 변화에 더 중점을 두어야 한다.

청소년들의 인지적 · 감정적 경험은 아직 두뇌가 완성되지 않았다는 점에서 다소 불안정한 상태이다. 두뇌신경학적 발달이 완료된 성인을 기반으로 한 기존의 심리상담 이론들에서 사용된 다양한 공감적 · 통찰적 기법은 청소년들에게 대부분 효과를 발휘하지 못한다. 즉, 일반 심리상담에서 강조되는 공감, 직면, 반영, 즉시성 등만으로 청

소년은 변하지 않는다. 공감, 직면, 반영, 즉시성 등은 청소년에게 이해받는 느낌의 제
공, 자신이 하고 있는 행동의 실제적 의미와 이득 및 손해의 파악, 라포 형성, 원활한
의사소통 등에 도움이 된다. 상담의 핵심인 행동 변화를 조력하기 위해, 즉 행동 변화
에 대한 의지와 동기를 만들기 위해 상담사가 사전 작업으로서 활용하는 기술이다. 그
리고 여기에서의 행동 변화는 새로운 대처 전략의 습득을 의미한다.

인간은 어떠한 문제를 해결하기 위해 하나의 '완결된' 행동 과정을 시행하고, 그 결
과에 있어 손해보다 이득이 더 많았다고 판단하면 그 행동을 반복하는 경향이 있다.
상황이 바뀌어도 그 행동을 반복한다. 그리고 이러한 행동이 부적응적 행동이 된다.
이러한 의미에서 청소년의 행동은 맥락과 결과를 모두 고려해서 부적응성을 판단해야
한다.

청소년에게 심리상담이란 주어진 환경에 더 잘 적응하기 위해 새로운 대처 행동을
학습시키는 것이다. 이 대처 행동을 '완전히 학습(완결)'시켜서 해당 환경에서 기존의
행동을 대체하여 사용할 수 있게 만드는 것이다. 이러한 의미에서 청소년의 심리상담
은 새로운 대처 행동의 학습이다. 따라서 청소년 심리상담자는 교육자의 역할을 해야
할 때가 많다.

(3) 행동 변화를 위한 구체적 전략

본 장에서는 공감, 반영, 요약, 인지 왜곡의 수정, 논박, 재구조화, 가치명료화, 실존
의미 탐색 등의 일반적인 상담 기술이 아닌, 보다 행동 변화에 특화되어 있는 기법들
에 대해 소개하려고 한다.

■ 척도화

척도화 기법은 개인의 감정이나 경험을 수치로 표현하고 시각화하는 기술이다. 다
양한 심리상담 이론에서 사용하는 이 기술은 청소년의 감정이나 경험을 시각적으로
표현하고, 객관적으로 인식시키게 하며, 목표 설정이나 어떤 활동 진행에 대한 모니터
링을 하게 하는 데 큰 도움을 준다. 이는 '내가 전혀 불안하지 않고 매우 평온한 상태
가 1~10점 중 1점이라고 하고, 너무 불안해서 아무것도 못하겠고 걱정이 온 머릿속
을 꽉 채우고 있는 상태가 10점이라고 하면 지금(또는 그때)은 몇 점 정도로 불안하니?'
라는 식으로 질문하는 것이다. 이러한 형식을 빌어 다양한 감정, 상태, 목표 달성 등에
응용할 수 있다.

청소년은 아동들보다 눈에 보이지 않는 정보들을 보다 더 추상적으로 다루고 예측할 수 있는 능력이 있으나, 여전히 그 능력의 발휘는 성인에 비해 미미하다. 언어적 의사소통만으로 통찰적 상담을 하는 것은 중학생의 경우에 거의 불가능하다. 따라서 가급적이면 대부분의 것을 시각화, 객관화, 수량화하는 것이 좋다. 이렇게 수량화나 시각화를 시켜 놓으면 추후에 상담목표 달성 정도를 보다 명확히 파악할 수도 있다.

■ 정보의 제공

정보의 제공은 불안에 대처해야 하는 경우에 활용할 수 있다. 일반적으로 불안은 어떤 좋지 않은 일이 일어날 것 같은데 '그것이 무엇인지 모를 때', 또는 '그것이 무엇인지 알아도 그것을 대처할 능력이 나에게 없다고 판단될 때' 경험된다. 정보의 제공은 전자의 경우에 도움이 된다. 후자는 심리상담을 통해 실제 역량을 증진시켜야 한다. 정보의 제공에는 스스로 찾게 하는 방법도 있고, 상담사가 직접 알려 줄 수도 있다. 정보탐색은 온라인 포털 사이트나 AI 프로그램 등을 활용할 수 있다. 중요한 것은 새로운 정보나 사실을 알았을 때, 그로 인해 변한 나의 마음 상태에 대해 이야기를 나누어 자신의 변화를 인식하게 하는 것과 정보를 얻는 장소와 방법을 학습하게 하는 것이다.

■ 역할극

역할극은 새로운 행동을 학습한 후에 연습 또는 응용할 때 활용하기에 좋은 기술이다. 따라서 의사소통이나 갈등 해결 기술을 개선하는 목적으로 자주 사용된다. 역할극은 말 그대로 특정 상황을 연출한 후에 학습한 기술을 직접 사용하거나, 특정 모델의 행동을 모사하게 하는 것이다. 이를 위해서는 역할극의 목표와 주제가 명확해야 하고, 누가 어떤 역할을 할지가 분명해야 하며, 상황이 구조화되어 있어야 하고, 해야 할 행동이 명확해야 한다. 그리고 역할극을 한 후에 청소년과 그 역할 경험에 대해 토론을 하고, 목표나 행동을 수정 후에 역할극을 반복한다.

역할극은 다음과 같은 것이 전제되어야 한다. 첫째, 청소년이 그 역할극에 참여하는 데 분명한 동기와 의지와 상태를 가지고 있어야 한다. 그리고 그 환경도 안전해야 한다. 둘째, 역할극을 하는 청소년들 간 또는 상담사와 편안하고 협력적인 관계가 조성되어 있어야 한다. 셋째, 역할극을 할 때 상담사는 그 역할과 행동에 충분히 훈련되어 있어야 한다. 넷째, 역할극의 상황은 청소년에 특화되어야 한다. 다섯째, 역할극의 분명한 목표와 구조가 있어야 한다. 여섯째, 역할극 후에 도출되는 이차적 문제 상황이나 해결책을 찾아 이를 다음 역할극에 활용해야 한다.

■ 게임화

게임화는 게임이 아닌 것에 게임적 요소를 도입하는 것을 의미한다. 게임화에는 다음과 같은 다섯 가지 요소가 갖추어져야 한다(김성동, 이면재, 송경애, 2012). 첫째, 자신을 대표하는 아바타와 같은 자기표현 요소, 둘째, 특정 과업을 성취할 경우에 그에 대한 마일리지 같은 보상의 제공, 셋째, 레벨, 직업 등과 같은 지위의 부여, 넷째, 목표 달성과 같은 성취의 시각화, 다섯째, 레벨

[그림 13-5] 게임화

업이나 캐릭터 성장 등을 실시간으로 보여 줘서 개인 간 또는 개인 내 성취를 위한 경쟁이다.

앞의 게임화 요소를 모두 갖춘 게임 장르는 RPG(Role Playing Game: RPG)이다. 상담 과정 전체를 RPG화하여 매 회기마다 성장이나 목표 달성도를 눈으로 확인시킬 수 있다. 이는 RPG에서 하는 역할 수행이 목표 수행이고, 이를 통해 경험치를 얻어 레벨을 올리는 것이 청소년 능력의 실제 증진이고, 이를 통해 얻은 보상들이 실제로 긍정적인 적응들과 같다. 심리상담이 게임화되면 심리상담에 오는 것이 즐거워진다. 게임화된 심리상담은 중도탈락률도 상당히 낮다. 재미와 즐거움은 특정 활동에 몰입하게 하고, 이는 그 활동의 효과를 증진시킨다. 게임화는 청소년 집단상담에서 더 잘 활용될 수 있는데, 구체적인 기법은 배성훈과 유성은(2019)의 연구를 살펴보기 바란다.

■ 의사소통 훈련

사고 교정과 대인 간 관계 개선 또는 유지에 도움이 되는 의사소통 훈련은 청소년들에게 꼭 필요한 훈련 중 하나이다. 의사소통은 습관화된 행동 중 하나로 쉽게 교정되지 않는다. 따라서 지속적인 훈련과 연습이 필요하다. 의사소통 훈련은 세련된 대화 기법을 훈련하는 것이 아니다. 적절한 어휘 선택, 어휘력 증진, 발음 교정, 문법 강화, 자세, 얼굴 표정, 몸짓을 포함하여 상대방의 질문 핵심을 이해하고, 적절하게 대답하고, 갈등을 해결하고, 감정의 경험 및 적절히 표현하는 것 모두가 포함된다. 쉽게 말해 잘 듣고 잘 이야기하는 것이 의사소통인데, 그 의사소통을 이루고 있는 요소들이 무수히 많다. 따라서 상담사는 청소년의 의사소통 구성요인 중 어떠한 것에 문제가 있는

지, 어떠한 것이 강점인지를 파악해서 문제는 대체하고, 강점은 살리는 훈련을 반복해야 한다. 의사소통 훈련은 역할극과 함께했을 때 더 큰 효과를 얻을 수 있다.

■ 규칙적인 하루 만들기

규칙적인 하루 활동이 정신건강에 도움이 된다는 것은 이미 여러 연구에서 증명되었다(Beresford, 2002). 규칙적인 하루를 보내는 것은, 단순히 성실하고 계획적인 생활을 한다는 것만을 의미하지 않는다. 규칙적인 하루는 해야 할 일이 명확하고, 그 일에 순서가 있고, 그 일을 마치면 하루가 끝나는 아주 예측 가능하고 안전한 하루를 보냈다는 것을 의미한다. 예측 가능성과

[그림 13-6] 규칙적인 하루와 정신건강

대응 가능성은 불안을 낮춘다. 규칙적인 하루를 만드는 것의 이점을 구체적으로 살펴보면 다음과 같다.

첫째, 일상적이고 예측 가능한 활동은 청소년에게 안정감을 제공한다. 일정에 대한 불안을 감소시키고 변화에 대한 대비를 도울 수 있다.

둘째, 활동에 대한 조절과 통제를 얻을 수 있는 기회가 발생한다. 스스로 계획하고 일상적인 결정을 자주 내리다 보면 삶에 대한 자기 통제력과 효능감이 증가한다.

셋째, 학습적인 면에서 성취도가 증가할 가능성이 높다. 규칙적으로 학습하고 계획된 공부를 하면 집중도가 증가하고 목표 달성의 가능성이 증가한다. 취미와 같은 즐거운 활동이나 자기 계발 활동도 규칙적인 하루 안에 포함하면 하루 전반을 기분 좋게 보낼 수 있다.

넷째, 일상적으로 규칙적인 활동을 통해 스트레스를 관리할 수 있다. 정해진 시간에 휴식하거나, 식사하거나, 운동을 하는 것은 정신과 신체를 건강하게 한다.

다섯째, 정해진 시간에 사람들을 만나고 교류하면서 가족, 친구, 교사 등과의 사회적 연결을 촉진할 수 있다. 시간이나 의지가 없어서 사람을 못 만나는 것이 아니다. 적절한 시간만 분배하고 그대로 실행하면 대인관계는 언제나 이루어질 수 있다.

여섯째, 자기관리에 대한 습관을 형성할 수 있다. 기상, 세면, 학습 등의 시간이 정해진 규칙적인 하루는 건강한 습관을 형성할 수 있다.

일곱째, 시간 관리 능력이 향상된다. 시간을 효율적으로 관리하여 학업, 취미, 대인관계 등 다양한 활동을 조화롭게 계획하고 우선순위를 정하여 하루를 알차게 활용할 수 있게 된다.

■ 재미있는 활동

큰 비커에 깨끗한 물을 반쯤 붓고 그 안에 흙 한 스푼을 넣어 휘휘 저어 보자. 깨끗했던 물은 금세 흙으로 인해 지저분해진다. 깨끗했던 물이 청소년의 본래 건강한 인생이고, 흙은 청소년의 문제라고 할 때, 건강한 인생이 얼마나 쉽게 오염되는지 알 수 있다. 그럼 다시 깨끗한 물을 만들기 위해 그 흙을 작은 스푼이나 핀셋으로 제거해 보자. 아무리 건져 내도 흙은 여전히 남아 있고, 이

[그림 13-7]
행복해지는 방법

방법이 그리 효과적이지 않다는 것을 바로 알게 될 것이다. 그 흙을 건져 내는 데 그렇게 노력과 시간을 들였는데도 말이다. 그러면 어떻게 다시 맑은 물로 바꿀 수 있을까? 답은 간단하다. 맑은 물을 계속 그 비커에 붓는 것이다. 맑은 물이 비커로 들어갈수록 기존의 물을 밀어내면서 그 물에 있던 흙도 함께 비커 밖으로 나가게 된다. 맑은 물을 많이 부을수록 빠르게 흙도 없어진다. 비커는 다시 맑은 물로 변한다.

문제의 원인을 찾아서 제거하기보다는 보다 재미있고 즐거운 활동을 많이 해서 하루를 기분 좋게 만들어야 한다. 그렇게 즐거운 활동으로 기분 좋은 하루가 완성되면 그러한 하루가 쌓여 1주일이 되고, 그러한 1주일이 모여 1달이 되고, 1년이 된다. 그렇게 1년 후에 뒤를 돌아보면 나의 과거는 즐거운 기억들로 쌓여 있게 된다. 그러나 문제의 원인을 찾아서 통찰하고 수정하고 다양한 시행착오를 하다 보면 그 경험에서 고통은 고스란히 하루에 녹여지고, 고통스러운 하루가 모여 1주일이 되고, 1년이 된다. 나의 과거는 고통스럽고 투쟁이 가득한 기억들로 쌓여 있게 된다. 인과의 법칙에 의해 원인을 찾아 해결하려는 방식이 매우 자연스럽겠지만, 인간의 삶은 그리 단순하지 않다. 장기기억으로 들어간 기억은 사라지지 않으며, 쉽게 왜곡된다. 그러한 기억에 의존해서 문제의 원인을 찾아 해결책을 찾는 것 자체가 비효율적일 수 있다. 하루를 즐겁게 할 수 있는 활동들을 찾아야 한다. 그리고 그 활동들로 하루를 구성한다.

■ 문제 해결 기술

문제 해결 기술은 문제를 합리적으로 사고하고, 행동의 결과를 예측하고, 문제 해결 방법을 생각하고, 이를 상황에 맞게 수정하고, 가장 효과가 높은 것을 선정하고, 이를 계속 연습하는 것을 말한다. 스피박과 슈어(Spivak & Shure, 1974, 1976, 1978)에 의해 만들어진 이 기법은 비행문제를 해결하는 데 특히 효과가 있는 것으로 알려져 있다. 문제 해결 기술 내에는 자신의 정서를 조절하는 방법, 행동 통제 기법이 모두 포함되어

있다. 문제 해결 기술에서는 청소년의 부적응적 행동을 부적절한 문제 해결 방식, 주어진 문제를 분명히 개념화하지 못하는 것, 적절한 해결 계획을 세우거나 이행하지 못하는 것, 자신의 정서나 행동을 효과적으로 통제하거나 조절하지 못하는 것에 있다고 본다.

새로운 전략을 형성할 때는 척도화 기법도 활용할 수 있다. 기존의 행동을 했을 때 발생할 수 있는 이득과 손해를 모두 수치화하고, 새로운 행동을 했을 때 발생할 수 있는 이득과 손해도 모두 수치화한다. 이득의 총합에서 손해의 총합을 뺐을 때 이득의 총합이 높으면 해당 행동은 유지해도 될 만한 행동인 것이다. 즉, 기존 행동의 이득 총합이 새로운 행동의 이득 총합보다 적다면, 또는 기존 행동의 이득 총합이 마이너스가 나온다면 기존 행동을 대체해야 할 필요가 있는 것이다. 그리고 이 과정을 통해 그 근거가 수치화, 객관화, 시각화된다. 상담사가 말로 설득하는 것보다는 직접 이러한 계산을 통해 청소년에게 어떤 행동을 하는 것이 더 나은지를 보여 줄 수 있다.

■ 안정화 기법

안정화 기법은 강한 스트레스 또는 트라우마로 인해 발생하는 과도한 스트레스나 불안, 그에 따른 신체적 증상을 관리하고 안정화시키는 기법들을 말한다. 당장 스트레스에 압도되어 힘들어하는 청소년에게 어떤 생각이 지나가고 있는지, 어떤 인지 왜곡이 영향을 주고 있는지, 그것이 합리적인지 등을 묻는 것은 효과적이지 않다. 이러한 경우에는 사고나 감

[그림 13–8] 감각 알아차리기 안정화 기법

정보다는 신체를 먼저 공략해야 한다. 사고나 감정은 추상적인 개념이라서 그 변화를 직접 경험하기가 쉽지 않다. 그러나 신체 반응은 곧바로 경험이 가능하다. 사고와 감정, 신체는 모두 연결이 되어 있으므로 비교적 쉽게 접근할 수 있는 신체를 먼저 개입하는 것이 더 효과도 빠르고 효율적이다. 그러한 의미에서 안정화 기법은 불안이나 주관적 우울감, 공포, 두려움과 같은 감정에 압도되는 것을 막아 줄 수 있다. 대표적으로는 호흡기법, 다양한 그라운딩기법, 마음챙김, 이완법 등이 있다.

(4) 지역사회 자원의 연계

심리상담자가 아무리 유능해도 청소년이 경험하는 모든 문제를 만능으로 처리할 수는 없다. 게다가 심리상담은 주 1회나 2회, 회당 약 50분 정도만 진행하는데, 이 50분

짜리 주 1~2회의 상담만으로 청소년이 더 나아지는 것도 신기한 일이다. 따라서 상담
사는 상담 회기에 다뤘던 것을 일상에서 연이어 연습할 수 있도록, 또는 규칙적인 하
루나 즐거운 활동을 한 주에 포함시킬 수 있도록 지역사회 자원을 연계하여 협업해야
한다. 청소년이 이용 가능한 지역사회 자원의 가장 대표적인 것은 청소년상담복지센
터나 청소년 수련관이다. 이 밖에도 종합사회복지관이나 자원봉사센터도 지역사회 자
원이 될 수 있다. 이러한 기관과 협업해야 하는 이유는 청소년이 경험하는 문제가 경
제적인 것에서부터 의학적 문제까지 매우 다양하고, 이들은 상호 관련을 맺고 있어서
심리적인 개입만으로는 청소년에게 적절한 회복을 가져다줄 수 없기 때문이다. 따라
서 심리 서비스 제공자는 경제적 지원을 해 줄 수 있는 유관기관, 자기 계발을 할 수
있게 조력해 주는 기관, 다양한 사회복지서비스를 연결해 주는 기관 등을 많이 알아
두고, 지속적으로 이들과 연계해야 한다.

더불어 청소년 심리상담자는 청소년이 속한 지역사회의 현황과 동향에 대해서도 잘
알아야 한다. 그 이유는 지역사회의 특성에 따라 사회적 지지 자원의 질이나 특성, 연
계의 한계 등이 결정되기 때문이다. 브론펜브레너(Bronfenbrenner, 1975)[13]가 말한 환
경 속의 인간이란 개념을 꼭 기억하고 있어야 한다. 청소년 심리상담자는 내담한 청
소년이 사는 지역과 그곳의 경제 사정은 어떠한지, 개발 정도는 어떠한지, 어떤 자원
들이 있는지, 어떤 지역문제를 가지고 있는지, 어디가 주거지이고 어디가 상업지인지,
청소년들은 보통 어디에서 여흥을 즐기는지 등을 잘 파악하고 있어야 한다. 무엇보다
도 청소년 심리상담자들은 연계 지역사회 기관의 서비스 내용과 이용 방법, 이용 한
계, 연장 방법 등도 명확히 알고 있어야 한다. 그래야 적시에 서비스를 연계하고 심리
상담 효과를 높일 수 있다.

3) 상담 후기

(1) 목표 달성 평가

상담목표가 달성되면 종결을 생각해야 한다. 목표 달성도는 상담 초기에 시행했던
심리평가 결과를 비교하거나(상담 전 – 상담 후), 척도화를 통한 주관적 불편감의 유의

---

13 유리 브론펜브레너(Urie Bronfenbrenner, 1917~2005): 미국의 발달심리학자로서 아동발달의 생태학적
   심리이론가이다.

미한 감소 정도, 실제 관찰되는 환경 및 행동의 변화 등으로 평가한다. 미진한 부분이 있다면 이를 어떻게 다룰 것인지 논의하고 계속 상담을 이어 간다. 만약 예산 지원 등의 문제로 상담 회기가 정해져 있다면 상담 종결 후에 추수 상담에서 어떻게 이를 다룰지, 다른 곳으로 전원을 할 것인지, 상담사를 바꿀 것인지 등을 결정해야 한다. 그리고 그러한 결정을 했을 때의 위험도도 동시에 논의해야 한다.

(2) 종결 시점의 상담사의 역할

일반적으로 상담 종결 시점은 청소년과 논의하여 정한다. 상담을 종결할 때 상담사는 다음과 같은 것들을 고려해야 한다. 첫째, 목표가 충분히 달성되었는지, 둘째, 청소년이 충분히 호소문제를 스스로 다룰 수 있고, 유사문제를 다룰 수 있을 정도로 강해졌는지, 셋째, 호소문제 및 유사문제 발생을 억제하거나 발생 시 충분히 통제할 수 있는 사회적 지지 자원이 형성되어 있는지, 넷째, 재발 방지를 위한 나름의 합리적이고 구체적인 계획이 있는지 등을 고려해야 한다.

더불어 상담사는 종결 시 청소년에게 충분한 피드백을 듣고 미흡한 점이 있다면 그것의 합당성을 따져서 필요하다면 수정해야 한다. 상담사는 종결 시 청소년에게 도움이 될 만한 추가 지원 사항을 소개해야 하고, 만약 다시 재발하거든 언제든 찾아오게 해야 한다.

(3) 이별 감정 다루기

상담 초기에 형성하는 라포는 청소년이 상담사의 전문성을 신뢰하여 깊은 연대를 맺는 것과 같다. 그리고 그 연대를 벗어나 독립해야 함에 다양한 감정이 청소년들에게 들 수 있다. 이러한 감정을 종결시간에 잘 다루어야 한다. 의사가 수술을 위해 환자의 복부를 열었다면 수술이 끝난 후에 열었던 복부를 잘 봉합해야 한다. 상담사도 마찬가지이다. 그동안 여러 기법으로 상담이 이루어졌다면 이제 그것을 잘 마무리해야 한다.

종결 시 발생하는 이별과 관련된 감정을 다루기 위해 청소년과 상담사는 서로 솔직하고 개방적인 대화를 할 수 있다. 상담사는 이별의 감정에 대해 자유롭게 표현할 수 있게 조력하고, 그에 대한 이해와 수용을 청소년에게 표해야 한다. 특히 청소년이 느낄 수 있는 이별 감정은 의존성에 기인한 것이 아닌, 사람이라면 누구나 그러한 관계가 끝날 때 자연스럽게 경험할 수 있는 정상적 감정임을 인식시켜야 한다. 이별 과정에서 불안이나 두려움과 같은 감정도 발생할 수 있는데, 이러한 경우에는 현재의 변화가 청소년의 성장과 자기 발전에 기회를 제공하고, 상담을 통해 충분히 스스로 자신의 감정을 이해하고 관리할 수 있는 능력이 생겼음을 인식시켜야 한다. 청소년이 자신의 목표를 실현하고 새로운 경험을 할 수 있도록 미래 지향적인 관점을 채택하게 하고, 필요하다면 종결 후에도 추수 상담 등으로 지속적 지원이 가능함을 알린다.

(4) 추수 상담

종결 후에는 만남의 횟수를 줄인다. 주 2회를 만났다면 주 1회로, 그다음에는 2주에 한 번, 3주에 한 번, 4주에 한 번, 2달에 한 번, 4달에 한 번 등 점차 간격을 벌려 상담을 한다. 추수 상담은 상담 자체 보다는 관리 목적이 더 크다. 청소년의 행동 변화의 지속 상태를 점검하면서 필요시 이에 대한 보완적 개입을 한다. 종종 일부 청소년들은 상담 종결 후의 추수 상담에서 '더 이상 여기에 오지 않아도 될 것 같다'는 식의 말로 완전한 상담 종결을 알리기도 한다.

(5) 중도 탈락, 조기 종결

청소년 심리상담은 조기 종결 또는 중도 탈락이 많다. 일반적으로 심리상담의 중도탈락률은 46.88% 정도로 알려져 있지만, 청소년은 이보다 더 높을 것으로 여긴다(Wierzbicki & Pekarik, 1993). 중도 탈락이나 조기 종결에 영향을 미치는 요인으로는 다양한 것이 있다.

첫째, 상담사와 청소년의 의사소통 또는 상호 존중의 부족이다. 청소년이 자신의 어려움이나 의사를 충분히 표현하지 못하거나 상담사가 이를 충분히 이해하지 못하면 상담 관계는 점차 멀어진다. 상담사가 청소년의 지식의 정도나 이해력, 말투 등을 가지고 훈계하듯이 가르치려는 것을 금해야 한다. 청소년의 행동이 상담자 입장에서 이해가 되지 않더라도, 상담사는 청소년의 입장과 맥락에서 이를 이해해 보려고 노력하고 그러한 노력을 들이고 있음을 표현해야 한다.

둘째, 상담사와 청소년의 상담목표가 불일치하는 경우이다. 종종 상담사들은 자신들이 심리학적 지식과 개입에 더 전문적 교육을 받았다는 이유로 청소년이 스스로 세운 목표보다 자신들이 세운 목표가 더 의미 있고 정확하다고 확신하는 착각을 한다. 상담목표는 반드시 서로 합의해야 하고, 청소년의 욕구와 기대에 부합하는 방향으로 상담을 진행해야 한다.

셋째, 상담 방법이 불만족스러운 경우이다. 상담 방법이 청소년에게 너무 어렵거나,

지루하거나, 여러 이유로 적합하지 않은 경우에 청소년은 상담효과가 미미하다고 여길 수 있고, 상담을 진행하는 것이 무의미하다고 생각할 수 있다.

넷째, 청소년에 대해 잘못 개념화한 경우이다. 청소년의 주호소문제 발생 과정과 원인, 상담 방법을 잘 못 설정한 경우를 말한다. 이러한 경우에는 엉뚱한 방향과 방법으로 상담이 진행되고, 그 결과 상담효과 없이 시간만 가다가 상담이 조기 종결될 수 있다. 종종 과도하게 특정 이론을 고집하며 그 이론에 청소년의 사례를 무리하게 적용시키는 경우에 이러한 일이 벌어진다.

다섯째, 전학, 이사, 부모의 비협조, 징계, 심각한 정신증의 발병, 경제적 문제 등과 같은 문제에 의해 조기 종결이나 중도 탈락이 발생할 수 있다.

앞의 문제 외에도 청소년의 불성실이나 비행, 역기능적인 성격문제 등의 문제로 갑작스럽게 중도 탈락이 되는 경우도 많다. 이러한 경우에 상담사는 중도 탈락의 원인을 지나치게 개인화하지 말아야 한다.

5. 심리 외 영역에서의 개입

1) 행정과 법률

다양한 지역사회 자원과 밀접한 연계를 맺는 과정에서 다소 복잡한 행정 업무가 수반될 수 있다. 지역사회 기관의 효과적 이용을 위한 협약서 작성, 서비스 업데이트와 관리를 위한 유관기관 관리, 교사나 의사 등에게 보내야 하는 소견서, 상담(치료)확인서, 집단상담에 대한 프로그램 계획서, 프로그램 보고서, 각 회기 내용에 대한 회기보고서, 심지어 탄원서까지 다양한 영역의 행정 문서를 다룰 수 있어야 한다. 청소년상담복지센터와 같이 국가 기관에 속해서 청소년 심리상담을 행하는 상담사는 센터 고유의 사업 진행에 의해 더 많은 행정 업무를 하게 된다. 행정 업무를 잘 할수록 청소년들에게 효율적인 서비스 제공이 가능해지고, 더 많은 자원을 합리적으로 연계시킬 수 있다.

더불어 법률 지식도 있어야 한다. 특히 청소년 비행과 관련된 「청소년보호법」 「성폭력범죄의 처벌 등에 관한 특례법」, 그 외에 청소년 범죄 관련 「형법」 및 「민법」 등에 대해 잘 알고 있어야 한다. 상담을 받는 청소년이 피해자이든 가해자이든 간에 이러한 법을 잘 알고 있으면 상담과정에서 발생할 수 있는 다양한 돌발적 상황과 위기 상황에 어느 정도 예측 및 대처할 수 있다. 인간의 대소사에는 반드시 어떠한 형태로든지 행정과 법률이 따르게 된다. 그래서 사람을 다루는 심리상담자도 꼭 관련 분야의 행정 지식과 법률 지식을 알고 활용할 수 있어야 한다.

2) CYS-Net

한국에는 CYS-Net(Community Youth Safety-Net)이라는 청소년 보호 지원 정책이 있다. 여성가족부에서 주관하고 각 시·도 및 시·군·구 청소년상담복지센터와 경찰, 청소년 쉼터, 1388 청소년 지원단, 의료기관, 학교, 교육청, 보건소, 노동관서 등 다양한 지역사회 기관이 연계하여 위기 상항에 있는 청소년을 발견, 구조, 상담, 보호, 자활 등의 맞춤형 서비스를 제공한다(황순길

[그림 13-9] 서울시 노원구 CYS-Net

등, 2013). 즉, 청소년 안전망을 구축하는 것이다. CYS-Net은 「청소년복지지원법」에 근거를 두고 있다.

청소년 전화(1388)나 각 연계된 지역사회 기관에서 위기 청소년이 확인되면 청소년 상담복지센터에서 해당 청소년의 위기 정도를 평가하고 적절한 서비스 계획을 세운 후에 CYS-Net 연계망을 통해 서비스를 제공한다. 서비스에는 상담 및 정서적 지원, 사회적 보호, 교육 및 학업 지원, 진로 및 취업 지원, 의료 및 건강 지원, 여가 및 문화 활동 지원, 기초생활 및 경제 지원, 법률 자문 및 권리 구제 등이 있다. 이러한 의미에서 청소년 심리상담을 하는 상담사는 청소년이 거주하고 있는 청소년상담복지센터의 위치와 서비스 종류, 이용 방법을 알고 있어야 한다.

3) 봉사활동

청소년 봉사활동은 국가에서 지원할 정도로 청소년의 정신건강에 긍정적인 영향을 많이 미친다(김재엽, 이동은, 정윤경, 2013; 문성호, 문호영, 2009). 청소년의 봉사활동은 다양한 사회적 그룹에 참여하여 새로운 사회적 네트워크를 형성할 수 있다는 것, 자아존중감의 증진, 사회적 기술의 향상, 감사 성향의 증가, 정서조절능력의 향상, 자발적 목표 설정과 달성에 따른 성취감 증진, 자기 능력의 확인 및 지역사회 기여에 대한 자부

심 경험, 스트레스 해소 및 정서적 안정감 증진, 책임감 및 자기효능감 증진 등의 다양한 효과를 발휘한다. 특히 사회적 네트워크로 형성될 수 있는 사회적 지지 자원의 강화는 소외감이나 이해받지 못함으로부터 취약할 수 있는 청소년에게 보호 자원이 된다.

6. 청소년 심리상담사례

- 기본사항: 이도훈/ M/ 비장애/ 14세/ 중학교 2학년 재학 중
- 가족관계: 아버지(박사/ 의사/ 48세), 어머니(박사/ 前간호사/ 48세), 누나(지체·지적·대사장애/ 특수학교 고2/ 17세), 여동생(비장애/ 유치원/ 5세)
- 주호소: 게임 몰입, 인터넷 불법 도박, 폭력, 갈취, 거짓말, 가출, 무단결석, 외로움, 분노, 정서 조절의 어려움, 허무함, 불규칙한 식습관 및 수면 습관 등
- 증상 발생 시기: 중학교 1학년 초
- 과거력: 누나의 중한 장애로 어려서부터 부모의 관리를 받지 못함. 부모는 도훈이가 건강하게만 자라길 바람. 도훈이가 중학교 1학년 때 누나의 재활을 위해 연고가 없는 다른 도시로 가족 모두가 이사를 감. 이 과정에서 어머니는 누나를 위해 직장도 그만둠. 전학 간 학교에서 다소 불량한 친구들을 사귐. 어린 나이에 명품을 사고, 돈이 부족하면 친구들을 협박 및 갈취하거나 인터넷 불법 도박을 해서 돈을 마련함. 돈을 마련하기 위해 친구들을 협박하는 과정에서 폭력 발생. 학교폭력위원회가 여러 차례 열리고, 민사소송까지 진행됨. 인터넷 도박과 폭력, 갈취가 문제되어 보호관찰 3호와 수강명령을 받음. 이 과정에서도 거짓말, 가출, 무단결석 등이 계속 발생. 학교를 오지 않는 날에는 집에서 무료하게 유튜브만 봄. 종종 친구들을 만나러 가지만, 최근에는 부모의 제재와 보호관찰로 인해 딱히 잘 놀지도 못함. 청소년은 할 것이 없다며 다시 인터넷 도박을 할까 생각하고 있다고 함. 사는 것이 무료하고, 재미없고, 쉽게 화가 난다고 함.
- 역기능: 성적 저하, 불법 도박 및 스마트폰 게임 현금 결제에 따른 경제적 손실(약 5,000만 원), 폭력 및 갈취에 따른 합의금(약 1,000만 원), 또래와 교사로부터 신뢰 저하, 불규칙한 식습관과 수면에 따른 위염 등
- 과거 상담받은 경력: 지역의 개인심리상담센터 10회(상담사와 싸우고 중도 탈락), 정신건강의학과 2주 입원(의료진을 인권위에 신고한다고 협박하고 다른 환자들을 조롱해서 강제 퇴원), 정신

건강의학과 외래 약물치료(약만 받고 복용은 안 함)

• 이 시점에서 상담을 받으러 온 이유: 정신건강의학과 입원 치료도 소용이 없자, 마지막이라는 심정으로 지인 소개를 받아 내소

1회기

고가의 패딩을 입고 부모와 상담실에 입실함. 비교적 협조적으로 상담사의 질문에 대답함. 그러나 사건 사고 관련 질문에는 대답하지 않거나 거짓말을 함. 상담실에서 좋아하는 명품 브랜드와 디자인에 대해 이야기함. 상담사가 그에 응해 주고, 이를 진로 및 흥미와 연결해서 이야기를 돌림. 진로와 연계하여 상담하는 것은 좋다고 하며, 앞으로 10회기 정도는 꼭 오겠다고 함. 이에 심리평가(JTCI, MMPI-A-RF, SCT, 커리어넷의 적성·진로흥미·발달·가치관 검사)를 집에서 해 올 것을 권유하고, 상담 구조화를 시행함.

2회기

심리 및 진로적성검사 결과를 가지고 해석해 줌. 현재 상태, 잘 기능할 수 있는 상황, 취약해지는 상황, 본인의 직업 흥미와 실제 적성, 준비도에 대해 설명해 줌. 원하는 삶에 대한 비전과 직업, 적성, 취약점 및 강점을 고려한 삶 전체를 상상하게 함. 이를 그림으로 그리게 하고, 그것에 이름을 붙임('씽'이라고 이름을 붙임). 그리고 그러한 대상이 잘 자라기 위해 필요한 조건과 그렇지 않은 조건을 찾아보게 함(이야기상담 외재화 기법 응용). 이를 SMART 기법에 따라 1주일을 계획하게 함.

3회기

계획한 일주일의 생활에 대해 이야기하고 피드백함. 어떤 점이 있으면 하루가 더 즐겁고 평안해질 수 있는지에 대해 논의. 청소년 스스로 즐거움과 사는 의미에 대해 찾자고 함. 적성 및 직업흥미 검사 결과를 근거로 즐거움을 얻을 수 있는 활동에 대한 리스트를 작성. 실제 가능한 활동인지, 기관이 집 근처에 있는지, 어떻게 신청할 수 있는지 등을 상담시간에 인터넷을 활용해 알아봄. 댄스와 보컬 트레이닝, 건반(반주 전용) 학습을 하고 싶다고 함. 이에 맞추어 상담시간에 직접 청소년이 댄스, 보컬, 건반 학원을 찾아 직접 전화하고 금액, 결제 방법, 수업 일수, 추가 활동(밴드 활동 유무)에 대해 알아봄. 학원들이 결정되자 부모에게 보고. 부모는 지원을 약속함.

4회기

'씽'이 잘 자라고 있는지 확인함. 학원 등록 여부도 질문. 학원 등록은 아직 안 했다고 하고, 씽도 잘못 자라고 있다고 함. 이에 씽의 육성을 RPG화함. 씽에게 레벨을 붙이고, 씽의 발달에 도움이 되는 활동을 할 때마다 경험치를 제공, 경험치가 100이 되면 레벨을 올리고, 그럴 때마다 토큰이 쌓임. 토큰이 일정 수준으로 쌓이면 마이크(보컬용 마이크), 신디사이저, 보컬 이팩터를 살 수 있게 부모와 논의(보호관찰이 시작되면서 용돈 금지 상태였음). 학원 등록은 상담실에서 바로 진행. 댄스의 경우에 근처에 학원이 따로 없어서 지역의 청소년 수련관에 문의. 청소년 수련관에 남자 아이돌 댄스 동아리가 있다고 하여 그곳에 가입하고 나가기로 함. 씽이 자라기 위해 필요한 일과 학원 다니는 시간을 1주일 계획표로 작성함. 이것을 잘 지키면 씽의 경험치가 올라감을 말함.

5회기

'씽'의 레벨이 점차 올라감에 따라 취득한 토큰을 가지고 신디사이저를 삼. 일부 남은 토큰으로 신디사이저 전용 헤드폰을 삼. 신디사이저로 연습을 더 많이 하게 되면서 노래 부르며 연주하는 것이 가능해짐. 신디사이저를 배우는 학원에서 주말마다 밴드 연습을 한다고 함. 그 학원(실용음악학원 취미반)에 다니는 각 파트의 학생이나 아마추어 성인들을 모아서 밴드를 만들어 운영한다고 함. 밴드활동에 흥미 있어 하여 그 밴드에 들어갈 것을 권유. 상담실에서 바로 학원 선생님에게 전화하여 밴드에 입부할 것을 말함. 건반과 보컬이 비었는데, 둘 중 하나를 선택하라고 함. 이에 건반과 코러스를 하겠다고 함. 밴드에 대한 내용과 기대, 선호하는 음악에 대해 이야기하며 회기를 마침.

6회기

'씽'의 레벨이 높아지면서 그것의 의미에 대해 다시 생각하게 함. 씽의 성장과 자신의 성장을 연결시키는 상담을 함. 밴드활동과 연습, 청소년 수련관 활동, 학교생활을 하다 보니 자연스럽게 시간이 잘 간다고 함. 이전 친구들과는 거의 만나는 일이 없어졌다고 함. 학업에 대한 내용으로 전환하여 학교 공부 및 생활에 대해 이야기함. 여전히 학업은 재미가 없지만, 최소한 실용음악과라도 가려면 어느 정도 성적이 필요하고 혹시 모를 진로(프로듀서)로 인해 공부는 해야겠다고 함. 학교 공부와 관련된 학원과 공부 시간을 알아봄.

7회기

수학 학원과 영어 학원을 등록했다고 함. 각각 주 2회 2시간 정도만 다니는 것으로 일단은 부모와 합의를 보았다고 함. 집 앞의 작은 공부방(1:1 수업)이라서 이러한 스케줄이 가능했다고 함. 전체적으로 일주일 일과를 살펴봄. 학교 생활을 제외하고 대부분 밴드 연습, 청소년 수련관, 실용음악학원, 학원으로 구성됨. 대체로 저녁 8시 이후에야 완전한 자기 시간이 생기는데, 이때는 집에서 헤드폰을 끼고 건반과 노래 연습을 함. 학교나 학원 숙제는 하기 싫다고 함. 그래도 학교라도 잘 나가고 사고 안치는 것에 대해 부모님은 만족한다고 함.

8회기

주호소에 있던 외로움, 답답함, 지루함, 분노 등에 대해 탐색함. 청소년은 더 이상 그러한 기분이 들지 않는다고 함. 수련관이나 학원을 다닐 때까지는 조금 그러한 감정이 있었으나 밴드를 하면서부터는 거의 느끼지 못한다고 함. 밴드 구성원들도 좋고 대부분 지지적이라고 함. 특히 같은 밴드의 드럼과 베이스 아저씨들이 잘 대해 준다고 함. 뭔가 내가 나로 있는 느낌이 든다고 함. 부정적인 감정이 없어서 그런지 특별히 싸움을 하거나 또래 관계가 나빠질 일이 없다고 함. 학교 친구들과 잘 지내는 편은 아니나 상관 없다고 함. 수련관 친구들과 밴드원들하고 친하게 지내면 된다고 함. 학교 친구들보다는 그쪽 사람들이 더 잘 맞는다고 함. 처음에 말했던 10회기가 거의 다 오고 있음을 말함. 상담을 더 할지 말지에 대해 생각해 오라고 함.

9회기

계획한 바와 같이 규칙적으로 하루를 잘 지내고 있다고 함. 일단 뭔가 고민이나 생각할 것이 없어서 좋다고 함. 학업에 대한 스트레스는 애초에 없었다고 함. 10회기 이후의 상담에 대해 더 이상 받지 않아도 될 것 같다고 함. 남는 상담시간에 일렉기타를 배우겠다고 함. 이에 그동안 변화된 자신과 그것에 따른 감정을 이야기하며 상담을 정리함.

10회기

오늘이 상담 종결임을 말함. 특별히 아쉬운 것은 없다며 상담사에게 감사하다고 함. 상담사는 규칙적인 하루를 지내는 것, 수면, 즐거운 일을 하는 것, 규칙적으로 학교를 나가는 것 등에 대한 중요성과 그것에 대한 청소년의 의견을 가볍게 이야기하면서 추수 상담에 대해 이야기하고 상담을 종결함.

앞의 사례는 특별한 상담 기법 없이 생활 계획과 자원 활용만으로 비행 행동을 감소시키고, 학교생활로 돌아가게 만든 경우임. 지역의 자원뿐만 아니라 부모의 경제력도 활용함. 특정 역할에 대한 당위(윤리, 도덕, 본분 등)에 메이지 않고, 청소년 스스로의 삶을 계획하고 살 수 있게 만들었음. 정신적으로 성숙해지고, 보다 윤리적이고 도덕적이며 보다 국가에 이바지하는 상태가 되는 것이 상담이 아님.
대부분의 청소년 상담은 회기가 짧거나 제한되어 있고, 언제 탈락할지 모르는 상황에서 상담이 진행되는 경우가 많음. 따라서 매 회기마다 청소년이 무엇인가 만족스러움을 얻어 가고 그것이 생활의 일부가 될 수 있도록 해야 함. 언어적 상담을 통한 통찰보다는 일단 움직이고, 그다음에 의미를 부여하고 동기를 갖게 해야 함. 준비가 되면, 또는 동기가 생기면 등으로 먼저 생각하고 움직이려고 하면 실패하기 쉬움. 청소년은 더욱 그러함.

7. 요약

청소년 심리상담은 청소년이라는 시기의 독특한 발달적 특성과 환경 변화에 맞추어 개인에 맞게 진행되어야 한다. 두뇌신경학적 발달과 신체적 발달, 그에 따른 불안정성과 환경적 변화를 동시에 고려하여 학습·비행·정서 문제 등에 개입해야 한다.

청소년에게 일반적인 언어적 대담 위주의 심리상담을 활용하면 효과가 좋지 않은 경우가 많다. 어떠한 심리상담 이론이든 청소년의 특성과 그 개인의 환경적 맥락을 고려하여 변형되어야 한다. 특히 언어와 추상적 사고를 활용한 통찰 위주의 심리상담은 청소년에게 효과적이지 않다. 청소년은 심리상담 초기에 라포 형성이 매우 중요하다. 라포 형성을 위해 청소년 심리상담자는 청소년의 취미, 흥미 대상에 대해서도 많이 알아야 할 필요가 있다. 상담의 구조화나 정보의 수집, 심리평가의 활용, 종결 등에서는 여타 다른 심리상담과 크게 다르지 않지만, 행동을 변화시키기 위한 전략에 있어서는 보다 구체적이고, 시각화되고, 재미있고, 반복 연습이 가능하고, 다양한 도구를 사용하고, 규칙적인 하루 활동을 만드는 것이 중요하다. 사고와 감정의 인식, 수정보다는 행동 수정에 더 초점을 맞추어야 한다.

청소년 심리상담은 단순히 상담사와의 만남만으로는 성공하지 못한다. 지역사회 기관들이 제공하는 다양한 서비스를 적극 상담과정에 포함해야 한다. 사례 관리에 가까운 활동을 청소년 심리상담자는 해야 하고, 그러한 상담을 하기 위해 청소년을 둘러싼 다양한 지역사회 기관과 사회복지서비스를 알고 있어야 한다.

연습 과제

1) 자신이 사는 지역의 청소년 대상 지역사회 서비스 제공 기관(국가 기관)과 그 위치, 서비스 종류와 이용 방법을 알아보세요.

2) 앞의 사례와는 달리 상담비도 내지 못할 정도로 경제적으로 힘든 청소년의 경우, 상담비 및 활동비를 지원받을 수 있는 현행 사회복지 및 바우처 제도가 무엇이 있는지 찾아 이용 방법을 알아보세요.

3) 비교적 옅지만 분명히 화장을 한 상태로 등교하는 학생과 이를 제지하는 담임교사가 서로 갈등을 겪고 있습니다. 이 학생을 대상으로 문제 해결 기술을 활용한 상담을 할 경우에 어떻게 상담할 수 있을지 생각해 보세요.

주관식 문제

1) 청소년의 행동 변화를 이끌 수 있는 방법 3개 이상을 쓰고 구체적으로 설명하세요.

2) 청소년 심리상담의 특징 세 가지를 쓰고 구체적으로 설명하세요.

3) 청소년 심리상담자가 다양한 지역사회 자원과 연계해야 하는 이유와 그 방법에 대해 기술하세요.

참고문헌

김성동, 이면재, 송경애(2012). 게임화를 이용한 대안적 학습모형개발 방법론에 관한 연구. 한국컴퓨터게임학회논문지, 25, 82-88.

김예림(2013). 청소년의 지능범주별 대뇌피질 변화성 분석 연구. 영재교육연구, 23(3), 421-434.

김영희, 최보영, 이인회(2013). 학교 밖 청소년의 생활실태 및 욕구 분석. 청소년복지연구, 15(4), 1-29.

김영혜(2002). 지역사회 청소년 상담기관의 실제와 연계체제 활성화 방안에 관한 현장 연구: 안양지역 7개 청소년 상담기관을 중심으로. 상담과 지도, 37, 149-172.

김재엽, 이동은, 정윤경(2013). 청소년 스트레스가 우울에 미치는 영향에 자원봉사활동의 조절효과. 한국청소년연구, 24(3), 99-126.

문성호, 문호영(2009). 청소년 자원봉사활동의 실태 및 효과에 관한 비교분석. 청소년복지연구, 11(1), 101-120.

박재홍, 김성환(2011). 청소년기 뇌 발달과 인지, 행동 특성. 생물치료정신의학, 17(1), 11-20.

배성훈, 유성은(2019). Development of RPG-based cognitive behavioral group therapy for reducing delinquency in adolescents. Korean Journal of School Psychology, 16(3), 471-499.

배은주(2004). 청소년 자기주도학습의 특성에 관한 사례 연구. 한국청소년연구, 15(2), 247-279.

안동현(2009). 청소년 정신건강장애. 대한의사협회지, 52(8), 745-757.

이현수(1988). 임상심리학의 창시자 라이트너 위트머(Lightner Witmer, 1867~1956). Korean Journal of Clinical Psychology, 7(1), 149-157.

하문선(2017). 청소년의 생활시간 사용 종단적 변화와 가정환경, 정서행동문제 간 관계. 청소년학연구, 24(3), 25-59.

황순길, 전연진, 이상균, 김태성, 허미경, 김남희, 김보람(2013). 시·도 및 시·군·구 청소년 상담복지센터 운영모형 개발 CYS-Net 중추기관 역할 중심. 서울: 한국청소년상담복지개발원.

Bacchini, D., & Magliulo, F. (2003). Self-image and perceived self-efficacy during adolescence. *Journal of Youth and Adolescence, 32,* 337-349.

Beresford, P. (2002). Thinking about 'mental health': Towards a social model. *Journal of Mental Health, 11*(6), 581-584.

Bronfenbrenner, U. (1975). Reality and research in the ecology of human development. *Proceedings of the American Philosophical Society, 119*(6), 439-469.

Church, E. (1994). The role of autonomy in adolescent psychotherapy. *Psychotherapy: Theory, Research, Practice, Training, 31*(1), 101-108.

Kathard, H. (2006). On becoming someone: Self-identity as able. *Advances in Speech Language Pathology, 8*(2), 79-91.

Kilb, W. (2012). Development of the GABAergic system from birth to adolescence. *The Neuroscientist, 18*(6), 613-630.

Levitt, E. E. (1957). The results of psychotherapy with children: An evaluation. *Journal of Consulting Psychology, 21*, 189-196.

Levitt, E. E. (1963). Psychotherapy with children: A further evaluation. *Behaviour Research and Therapy, 60*, 326-329.

Runions, K. C., Morandini, H. A. E, Rao, P., Wong, J. W. Y, Kolla, N. J., Pace, G., Mahfouda, S., Hildebrandt, C. S., Stewart, R., & Zepf, F. D. (2019). Serotonin and aggressive behaviour in children and adolescents: A systematic review. *Acta Psychiatrica Scandinavica, 139*(2), 117-144.

Spivack, G., & Shure, M. B. (1974). *Social adjustment of young children: A cognitive approach to solving real-life problems.* San Francisco, CA: Jossey-Bass.

Spivack, G., & Shure, M. B. (1976). *The problem-solving approach to adjustment.* SanFrancisco, CA: Jossey-Bass.

Spivack, G., & Shure, M. B. (1978). *Problem-solving techniques in child-rearing.* San Francisco, CA: Jossey-Bass.

Wahlstrom, D., Collins, P., White, T., & Luciana, M. (2010). Developmental changes in dopamine neurotransmission in adolescence: Behavioral implications and issues in assessment. *Brain and Cognition, 72*(1), 146-159.

Wierzbicki, M., & Pekarik, G. (1993). Ameta-analysis of psychotherapydropout. *Professional Psychology: Research and Practice, 24*(2), 190-195.

PTSD 대상 심리치료

14장

태어나 인생을 살면서 시련이나 역경을 겪지 않는 사람은 없다. 하지만 치료가 필요할 정도의 외상인 트라우마(trauma)를 모두가 경험하는 것은 아니다. 심한 트라우마를 경험하고도 치료가 필요한 장애, 즉 외상 후 스트레스 장애(Post-Traumatic Stress Disorder: PTSD)로 진단되지 않고 오히려 그 경험으로 인해 성장하는 사람도 있다(Tedeshi & Calhoun, 2004). 하지만 트라우마를 경험한 후에 그것을 극복하지 못하고 PTSD로 진단을 받고 힘들게 살아가는 사람들이 있고, 심지어 심리적 고통으로 삶을 스스로 마감하는 사람도 있다.

그래서 여기서는 PTSD로 진단된 환자나 진단을 받지 않았지만 트라우마로 고통을 호소하는 내담자를 대상으로 적용할 수 있는 상담이나 심리치료 방법을 소개하고자 한다. 그 전에 PTSD 대상 치료가 어떻게 발전해 왔는지를 살펴보고, PTSD와 PTSD 환자의 특성을 고찰해 보고자 한다.

1. PTSD 대상 심리치료의 역사

일찍이 17세기에도 트라우마 경험이 고통스러운 증상을 유발하여 마치 치료해야 하는 질병과 같은 증상을 일으키는 것으로 묘사되기도 하였다. 예를 들어, 1666년 런던 화재 이후에 PTSD와 같은 증상을 보인 사례가 있었다(O'Brien, 1998). 또한 19세기에 프랑스의 피에르 자네(Pierre Janet)가 트라우마에 의한 기억의 해리와 재경험에 인지 및 정서 차원에서 치료적 접근을 시도한 기록이 있다(van der Kolk et al., 1989). 이런 기록은 진단체계가 마련되어 있지 않아서 그렇지 PTSD는 오래전부터 임상가들이 관심을 가져왔을 것으로 추론할 수 있게 한다.

제1, 2차 세계대전 동안에 여러 병사가 보였던 강한 불안 증상이 PTSD 증상과 유사한 것이어서 주목받기는 하였지만, 실제로 PTSD가 세상에 알려진 것은 1970년대에 베트남전 참전용사들이 보인 증상들 때문이었다(Boscarino & Boscarino, 2015). 그리고 급기야 미국정신의학회(American Psychiatric Association, 1980)에서 출간된『정신장애진단 및 통계편람 세 번째 판(Diagnostic and Statistical Manual of Mental Disorders-3rd Edition: DSM-III)』에 정신장애로 PTSD가 포함되면서 정식적으로 의료 장면에서 치료가 시작되었다.

PTSD가 베트남전에 참전했던 퇴역군인에게서 두드러져 1980년에 정신장애로 진단되기 시작했고, 그 당시 미국에서 심리치료를 주도했던 것이 인지행동치료이기도 했지만, 증상의 특성상 노출이나 인지 재구성이 강조되는 인지행동치료가 PTSD에 많이 활용되었다. 그리고 1980년대에 특별히 트라우마를 치료하기 위해서 개발된 기법이 있는데, 그것이 바로 심리학자 프란신 샤피로(Francine Shapiro)가 소개한 안구운동 민감소실 및 재처리 요법(Eye Movement Desensitization and Reprocessing: EMDR)이다(Shapiro, 1989). 처음 소개되어 한동안 사이비 기법이라는 비난이 있었지만, 효과가 알려지면서 지금도 널리 사용되고 있다. 지금은 인지행동치료와 EMDR 외에도 PTSD 치료를 위해 신체경험치료, 수용전념치료, 마음챙김명상, 대인관계심리치료, 이야기자기노출치료, 글쓰기자기노출치료 등과 같은 다양한 심리치료가 적용되고 있다.

PTSD는 1994년에 출간된『DSM-IV판』까지에서는 불안장애 범주에 포함된 장애였으나, 2013년에 출간된 5판에서는 외상 및 스트레스 관련 장애(trauma- and stressor-related disorders) 범주가 새로 생겼다(Friedman, 2013). PTSD는 심한 불안이 주요 증상이고, 이 장애가 정신장애 진단체계에 처음 들어왔을 때는 불안장애 범주에 포함되어 있어서 대표적인 항불안제인 벤조디아제핀(benzodiazepine)으로 치료되어 왔다. 하지만 현재는 다양한 약물로 치료되고 있는데, 벤조디아제핀보다 세로토닌 재흡수 억제제(Selective Serotonin Reuptake Inhibitors: SSRIs)가 평균적으로 조금 더 효과적인 것으로 알려져 있다(Hoskins et al., 2015). 이런 약물치료에 심리치료가 병행되어야 인지, 정서 및 행동의 균형을 유지할 수 있는 능력과 사회적응능력이 함께 향상될 가능성이 크다.

2. PTSD의 특성

트라우마로 힘들어하는 내담자나 PTSD 환자를 치료하기 위해서는 PTSD의 특성을 잘 알아야 한다. 질병과 그 특성을 알지 못하고는 그것을 치료할 수 없다는 것에 모두 동의할 것이다. PTSD의 원인을 파악하고 그 원인에 개입하는 것이 치료의 방향이기 때문에 더욱 그렇다. 따라서 여기서는 PTSD라는 정신장애가 어떤 것이고 그 장애의 원인과 특성이 어떤지를 구체적으로 설명하고자 한다.

1) PTSD 증상

PTSD의 대표적인 증상으로 다음과 같은 것들이 있다(김청송, 2017).

- **침투 증상**: 충격적인 트라우마 사건이 반복적으로 머릿속에 떠오르고, 꿈에서도 나타나기도 하며, 그 사건과 관련된 유사 단서를 접하면 마치 그 사건이 재현되고 있는 것 같은 느낌이 계속되어 신체적 · 심리적 고통을 경험한다.
- **회피 증상**: 트라우마 관련 자극을 회피하는 외상 전에 없었던 증상들이 나타난다. 트라우마 사건과 관련된 생각이나 장소 및 사람을 피하게 되고, 감정이 무덤덤해지고 타인으로부터의 고립감과 소외감을 느끼면서 중요한 활동에 대한 흥미가 크게 저하된다.
- **인지 및 감정의 부정적 변화**: 트라우마 사건을 경험한 후에 자신, 타인 및 세상을 불신하고 책망하며 미래에 대한 기대를 잃어버리거나 공포, 분노, 죄책감, 수치심과 같은 부정적 정서를 자주 경험한다.
- **각성 및 행동 변화**: 트라우마를 경험하기 전에는 없었던 예민한 각성 상태가 계속된다. 쉽게 당황하거나 분노를 표출하고, 주의집중력이 떨어지며 경계심을 보이고, 수면의 시작과 유지가 어려워진다.
- **해리 및 정서적 마비**: 심한 스트레스 상황에서 자기 자신이 분리된 것 같은 기분과 비현실적 느낌을 경험하고, 멍해지며 감각이 둔해지는 느낌이 든다. 트라우마를 다시 경험하는 것 같은 느낌을 받으며 정서적으로도 무감각해진다.

2) PTSD의 진단

앞서 설명했던 것처럼, PTSD는 DSM-4판까지는 불안장애의 하위 장애였지만 5판에서는 외상 및 스트레스 관련 장애 범주가 생겨 그 범주의 대표적인 장애로 포함되었다. 외상 및 스트레스 관련 장애 범주에는 다음과 같은 다섯 개의 장애가 포함되어 있다(American Psychiatric Association, 2013).

- **반응성 애착장애**: 생후 9개월 이상이며 5세 이전의 아동이 애착 트라우마나 애착 결핍으로 인해 심리적으로 위축되고 해당 발달단계에서 적절한 관계를 형성하지 못하는 경우
- **탈억제 사회관여 장애**: 생후 9개월 이상이 된 영아가 애착 트라우마나 애착 결핍으로 인해 처음 본 사람 누구에게나 무분별하고 망설임 없이 친밀감과 애착을 나타내는 경우
- **외상 후 스트레스 장애**: 특정한 충격적 트라우마 사건을 경험한 이후, 그 후유증으로 인해 1개월 이상 다양한 부적응적 증상과 재경험이 나타나는 경우
- **급성 스트레스 장애**: 특정한 충격적 트라우마 사건을 경험한 이후, 그 후유증으로 인해 3일 이상에서 1개월 이내로 다양한 부적응적 증상과 재경험이 나타나는 경우
- **적응장애**: 특정 스트레스 사건에 대한 적응의 실패로 인해 정서적이고 행동적인 문제들이 3개월 이내에 발생하고, 해당 스트레스 요인이 사라지면 6개월 이내로 회복되는 경우

앞의 장애 모두 트라우마나 스트레스와 관련이 있는데, 급성 스트레스 장애는 증상의 발현 기간만 PTSD보다 짧은 것이고, 적응장애는 트라우마의 충격에 의한 심각한 증상은 덜 해도 트라우마나 스트레스에 의해 정서적이고 행동적 문제를 보이는 것이 특징이다. 따라서 기간과 증상 차원에서 PTSD가 가장 심각한 장애인데, 진단 기준을 요약하면 다음과 같다.

첫째, 실제로 혹은 위협적으로 죽음이나 심각한 상해 및 성폭력과 같은 트라우마를 다음 중 한 가지 이상의 방식으로 경험하였는가? 트라우마 사건을 ① 직접 경험하거나, ② 다른 사람에게 일어나는 것을 직접 목격하거나, ③ 가족이나 가까운 친구가 경

험한 것을 알게 되었거나, ④ 전자매체, TV, 영화, 사진을 통해서가 아니라 실제 트라우마 사건의 혐오스러운 세부내용에 반복적이거나 극단적으로 노출되었다.

둘째, 트라우마 사건이 발생한 이후에 그 사건과 관련된 침투 증상이 다음 중 한 가지 방식 이상으로 나타났는가? 트라우마 사건에 대한 ① 고통스런 기억의 반복적이고 침투적인 경험을 하였거나, ② 그 사건과 관련된 고통스러운 꿈을 반복적으로 경험하였거나, ③ 그 사건이 실제로 일어나고 있는 것처럼 느끼고 행동하는 해리 반응(플래시백: flashback)이 있거나, ④ 그 사건과 유사하거나 그것을 상징하는 내적 혹은 외적 단서에 노출될 때마다 강렬한 심리적 고통이 유발되었다.

셋째, 트라우마 사건과 관련된 자극에 대한 회피가 다음 중 한 가지 이상의 방식으로 지속적으로 나타나는가? 그리고 그런 변화가 트라우마 사건이 발생한 후에 시작되었는가? ① 트라우마 사건과 밀접하게 관련된 고통스러운 기억, 생각 및 감정을 회피하거나 회피하고자 노력하거나, ② 트라우마 사건과 밀접하게 관련된 고통스러운 기억, 생각 및 감정을 유발하는 사람, 장소, 대상, 상황 등 외적 단서를 회피하거나 회피하고자 노력한다.

넷째, 트라우마 사건에 대한 인지와 감정의 부정적 변화가 다음 중 두 가지 이상으로 나타나는가? ① 사건의 중요한 측면을 기억하지 못하거나, ② 자신, 타인 및 세상에 대한 과장된 부정적 신념과 기대를 지속적으로 가지거나, ③ 사건의 원인이나 결과에 대한 왜곡된 인지를 지니며 그로 인해 자신이나 타인을 책망하거나, ④ 공포, 분노, 죄책감, 수치심과 같은 부정적 정서를 지속적으로 나타내거나, ⑤ 중요한 활동에 대한 관심이나 참여가 뚜렷이 감소하거나, ⑥ 타인에 대한 거리감과 소외감을 느끼거나, ⑦ 행복감, 만족감, 사랑의 감정과 같은 긍정적 정서를 지속적으로 느끼지 못한다.

다섯째, 트라우마 사건과 관련하여 각성과 반응성의 현저한 변화가 다음 중 두 가지 이상으로 나타나는가? 그리고 그런 변화가 트라우마 사건이 발생한 후에 시작되거나 악화되었는가? ① 자극이 없거나 사소한 자극에도 짜증스럽고 과민한 행동이나 분노 폭발을 나타내며 사람이나 물건을 보고 언어적 혹은 신체적 공격성을 보이거나, ② 무모하거나 자기파괴적인 행동을 보이거나, ③ 과도한 경계심을 나타내거나, ④ 과도한 놀람 반응을 보이거나, ⑤ 집중에 어려움을 드러내거나, ⑥ 잠들기 어렵거나 수면을 유지하기 어려운 수면문제를 보인다.

마지막으로 앞의 증상을 1개월 이상 보일 때 진단할 수 있다. 앞서 제시한 것처럼, 이런 증상을 보였어도 1개월 미만이고 3일 이상이면 급성 스트레스 장애로 진단된다.

여성이 남성보다 이 장애에 더 취약하고, 많은 PTSD 환자가 우울장애나 알코올 사용
장애와 같은 다른 정신장애를 함께 가지게 된다. 이들 중에 치료하지 않아도 30% 정
도가 자연적으로 회복되지만, 일단 발병하면 만성화될 가능성이 크다. 진단된 사람 중
에 40%는 가벼운 증상을 계속 경험하고, 20% 정도는 중간 수준의 증상을 계속 경험하
고, 10%는 심한 증상을 지속적으로 경험한다(American Psychiatric Association, 2013).

3) 트라우마의 종류와 특성

트라우마는 1회성으로 발생하기도 하지만 부모나 타인의 학대처럼 주기적이고 반
복적으로 나타나기도 한다. 지진, 홍수, 산사태, 화산 폭발, 교통사고 등 인간 외적인
트라우마가 있고, 전쟁, 테러, 살인, 강간, 고문, 폭행과 같이 타인의 고의적인 행동에
의한 대인관계 트라우마도 있다. PTSD를 가지게 하는 대표적인 트라우마의 종류로는
다음과 같은 것들이 있다.

(1) 전쟁 피해

PTSD는 전투 경험이 있는 퇴역군인들에 의해 주목받았다. 전투 경험이 있는 군
인 중에 22%가 PTSD로 진단되지만, 전투 경험 이후에 한참 시간이 흐르면서 증상들
이 심각해져서 진단받게 된다(Shalev et al., 2017). 전투에 참여한 군인만이 아닌 전쟁
을 경험한 난민이나 실향민에게서도 PTSD가 진단되는 경우가 많다. 이들도 전쟁 중
에 가족이나 타인이 부상을 당하거나 사망하는 것을 직접 목격할 수 있고, 여러 처참
한 장면을 경험할 수 있으며, 안정감을 회복할 수 있는 환경에서 거주하지 못하는 것
이 PTSD의 가능성을 증가시킬 수 있다.

(2) 목숨을 위협하는 사고나 질병

교통사고나 산업 현장에서 사고를 당한 사람들도 PTSD를 경험할 수 있다. 산업재
해로 PTSD를 가지게 된 사람들은 같은 종류의 사고의 위험이 존재하는 직무영역으로
복귀해야 한다는 부담감으로 힘들어할 수 있다. 심근경색, 즉 심장마비 쇼크와 뇌졸중
으로 쓰러져 본 경험도 트라우마가 되어 PTSD로 진단될 수 있다. 또한 암으로 진단받
았을 때의 경험이 트라우마가 되어 PTSD로 진단받을 수 있는데, 암 생존자의 22%가
량이 평생 PTSD와 유사한 증상을 보인다고 한다(Abbey et al., 2015). 죽음이 임박했다

는 것을 느끼게 하는 사고나 질병은 트라우마가 될 수 있다.

(3) 폭행 피해

폭행 피해를 입은 사람들이 PTSD에 취약하다. 특히 성폭행이나 강간을 당한 사람들에게 PTSD 증상이 나타날 가능성이 크다. 현대사회에서는 피임과 임신중절이 가능하고 여성이 직업을 갖고 혼자 독립적으로 생활하거나 자녀를 양육하는 것이 가능하지만, 불과 100년 전만 해도 강간에 의한 원치 않는 임신과 자녀 양육은 여성에게 치명적인 것이었다. 따라서 여성에게 성폭행이나 강간은 치명적인 것이어서 본능적으로 그것에 대한 심한 불안을 가질 수밖에 없다. 그와 유사한 차원에서 남자 친구나 남편으로부터의 폭력 피해는 여성의 PTSD 가능성을 높인다. 특히 여성이 임신을 하고 주산기 동안에 가정 폭력을 경험하면 PTSD로 진단받을 가능성이 크게 높아진다(Howard et al., 2013). 특히 지인으로부터 폭력 피해, 특히 친밀한 관계에서의 폭력 피해는 재발 가능성이 크기 때문에 감각기관의 긴장과 민감성을 자극하여 PTSD 증상의 빈도와 강도가 높게 된다. 또한 그런 피해를 입은 사람들에게도 잘못이 있는 것처럼 비난하는 표현이나 인터넷상의 댓글은 PTSD 증상을 증폭시킬 수 있다.

(4) 사랑하는 사람의 갑작스러운 사망

사랑하는 사람의 예기치 않은 죽음은 가장 대표적인 트라우마 사건이라고 할 수 있다. 하지만 대부분의 사람은 사랑하는 사람이 죽었다고 PTSD로 진단되지는 않는다. 세계보건기구의 조사에 따르면, 사랑하는 사람의 예기치 않은 죽음을 경험한 사람 중에 약 5.2%가량이 PTSD로 진단되고, PTSD로 진단된 사람들의 약 20%가 사랑하는 사람의 갑작스러운 사망이 원인인 것으로 나타났다(Kessler et al., 2017). 아직 태어나지는 않았지만 뱃속에 있는 태아를 유산한 여성에게서도 PTSD가 발병할 수 있다(Christiansen, 2017). 출산 과정에서 자녀를 잃는 것도 트라우마로 작용하여 PTSD를 가지게 될 수 있는데, 유산 경험이 여러 번 있거나 그 전에 외상 경험이 있으면 PTSD에 더 취약하다. 사랑하는 사람 중에서도 자녀의 사망은 더 충격적인 트라우마일 수 있다.

4) PTSD의 원인

왜 사람들이 PTSD로 진단되는 것일까? 그 원인을 알아야 그것을 예방하고 치료할 수 있다. PTSD의 원인이 되는 것을 중재하면 되기 때문이다.

동일한 트라우마를 경험하고 누구는 PTSD로 진단되고 누구는 그렇지 않은 이유는 무엇일까? 예를 한 번 들어 보자. 베트남 전쟁에 참전한 동기 김상병, 이상병과 박상병이 함께한 전투에서 두 동기가 보는 앞에서 김상병이 바로 앞에 떨어진 포탄에 의해 신체가 알아보기 힘들 정도로 흐트러져 사망하였다. 10m 떨어져 있던 이상병과 박상병 모두 부상을 당하였지만 심각하지 않아 후송되어 두세 달 정도 병원치료를 받고는 바로 한국으로 돌아와 몇 달 후에 제대하였다. 그런데 이상병은 제대한 지 6개월 후에 PTSD로 진단되었고, 우울증과 알코올 사용장애로 한동안 입원한 적도 있으며, 우울증 약은 지금도 복용하고 있다. 박상병도 트라우마를 겪고 한동안 심한 불안감을 경험하면서 그것에서 벗어나는 데 몇 주 걸렸으며, 지금도 가끔 김상병의 죽음을 생각하면서 슬픔에 잠기기는 하지만 건강하게 살고 있다. 같은 경험을 하고 왜 이상병만 PTSD를 앓게 된 것일까?

그것은 소질-스트레스 모델(diathesis-stress model)이라고도 불리는 취약성-스트레스 모델(vulnerability-stress model)로 설명된다(Ingram & Luxton, 2005). 이 모델은 취약한 소질과 스트레스, 즉 트라우마 경험이 함께할 때에만 PTSD로 진단될 수 있다고 설명한다. 다시 말해 개인이 취약한 소질을 가지고 태어났어도 PTSD를 일으킬 만한 트라우마를 경험하지 않으면 PTSD로 진단되지 않고, 트라우마를 경험하더라도 PTSD의 취약한 소질이 없으면 PTSD로 진단되지 않는다는 것이다. 소질은 유전적인 측면도 있지만 아동기의 초기 경험에 의해 형성될 수 있다. 이 모델은 PTSD 외에 다른 여러 정신장애에도 적용이 가능하다.

PTSD의 경우에는 위험요인을 트라우마 경험 전, 트라우마 경험 중, 그리고 트라우마 경험 후 요인으로 구분할 수 있다(김청송, 2017). 트라우마 경험 전 위험요인으로는 유전적 취약성, 정신장애에 대한 가족력, 과민성, 낮은 지능 수준, 정신질환 병력 등과 같은 기질적 요인과 낮은 사회경제적 수준, 결손 가정, 성장기의 불우한 가정 등과 같은 환경적 요인이 있다. 트라우마 경험 중 위험요인으로는 트라우마 사건의 빈도, 강도의 심각성, 고의성, 경험 중 해리 증상 등이 있다. 트라우마 경험 후 위험요인으로는 사회적 지지 체계의 부재, 가정불화, 생활 스트레스, 부적절한 대처 방식, 트라우마 사건에 대한 과장된 인식, 알코올 남용, 도박 등이 있다.

PTSD를 예방하거나 치료하고자 하는 정신건강전문가들은 이 장애의 신경생리학적 특성을 잘 이해하고 있어야 한다. PTSD 증상은 트라우마 사건에 대한 과민한 아드레날린 반응과 관련이 있다. 이런 아드레날린 반응성이 뇌신경 패턴에 변형을 가져오면 경험한 트라우마에 대한 공포가 오래 지속되고 살면서 경험하는 조그마한 자극에도 과민성을 보인다. 트라우마를 경험하는 동안에 과도한 스트레스 호르몬의 반응은 시상하부의 정상적 활동을 방해한다(Zohar et al., 2008). PTSD 환자들은 스트레스에 정상적으로 반응하게 하는 시상하부-뇌하수체-부신 축(Hypothalamic-Pituitary-Adrenal axis: HPA)이 이상하게 작동한다. PTSD 환자의 경우에는 대부분 코르티솔의 분비가 적고, 도파민, 에피네프린, 노르에피네프린을 포함하는 카테콜아민의 분비가 많은데, 코르티솔 대비 노르에피네프린의 분비가 많은 것이 특징이다(Mason et al., 1988). 정상적으로는 스트레스 상황에서 카테콜아민과 코르티솔의 분비 모두가 상승해야 하는데, PTSD 환자들은 그렇지 않은 것이다.

HPA 축이 스트레스에 대한 호르몬의 반응을 조절하는 중요한 역할을 하는데, 낮은 코르티솔은 HPA 축의 이상을 유발하고 글루코코르티코이드 수용체의 민감도를 증가시킨다. 참고로 코르티솔은 글루코코르티코이드의 한 종류이다. 이는 낮은 코르티솔 수준에 대한 부적 피드백에 의한 것이다. 그래서 낮은 코르티솔 수준은 트라우마 경험 후에 PTSD 발병을 예측할 수 있는 요인이다. 실제 군인들의 코르티솔 수준을 측정한 후에 그들을 추적한 연구(Aardal-Eriksson et al., 2001)에서 코르티솔의 분비가 적은 군인 중에서 전쟁 트라우마에 의한 PTSD 증상 반응이 더 많이 나타났다. 코르티솔은 트라우마를 경험하고 아드레날린의 스트레스 반응을 다시 안정된 상태로 되돌리는 데 중요한 역할을 하는 것으로 알려져 있다. 아드레날린은 변연계에 있는 편도체의 공포 반응과 해마(hippocampus)의 기억에 영향을 준다. 그렇다면 코르티솔을 치료 목적으로 사용할 수 있는 것이 아닌가? 그러나 단기적으로 효과는 있지만 지속적으로 높은 코르티솔이 해마에 부정적으로 작용을 한다. 따라서 HPA 축의 안정화를 목표로 해야 한다. PTSD 환자들은 세로토닌의 수준이 낮은데, 이는 부정적 기억의 반추, 불안, 과민성, 공격성, 자살 충동과 같은 우울 증상에 기여한다(Olszewski & Varrasse, 2005). 세로토닌은 코르티솔의 분비를 안정화하는 중요한 역할을 하는 것으로 알려져 있다. 하지만 PTSD의 신경생리학적 기제와 관련해서는 논란이 많아 이것을 기반으로 한 약물치료는 아직 한계가 있을 수밖에 없다.

PTSD 환자들에게는 뇌 해부학적인 특징도 있다. PTSD 환자들은 해마, 섬 피질(insula cortex), 전측 대상회(anterior cingulate)의 크기가 감소되어 있다(Hughes & Shin, 2011). 그리고 PTSD 환자들은 정서 경험과 그것의 조절을 담당하는 전배측 대상피질과 복내

측 전두피질의 활동성도 낮다(Etkin & Wager, 2007). 편도체(amygdala)는 공포나 두려움과 관련된 기억 형성에 매우 중요한데, 아드레날린에 의해 활성화된다. 그리고 해마는 시공간에 대한 기억이나 적절하고 안정된 기억 회상과 관계가 있는데, 강한 스트레스원이나 트라우마가 해마를 억제한다. 따라서 이런 현상이 PTSD의 대표적인 증상인 침투적 반추나 플래시백(flashback)의 원인이라는 주장이 설득력이 있다(van der Kolk, 2000). PTSD 환자들은 트라우마 경험에 대한 기억이 제대로 뇌에 자리 잡지 못했기 때문에 유사한 자극이 있을 때 혹은 꿈속에서 트라우마를 다시 경험하게 된다는 것이다.

침투적 반추와 플래시백과 같은 PTSD의 인지적 증상은 피아제의 인지발달이론으로도 설명이 가능하다. 피아제(Piaget, 1977)는 인간의 생애 초기에 사고의 기본이 되는 인지 구조인 스키마(schema)가 초기화되고, 그 이후로 동화(assimilation)와 조절(accommodation)의 과정을 통해 스키마가 발달한다고 설명했다. 동화는 경험이나 학습을 통한 정보들이 스키마의 구조에 맞게 안착되어 통합되는 과정을 의미하고, 조절은 외부의 정보가 이미 형성된 스키마의 구조에 안착할 수 없는 것이면 스키마에 변화를 주어 정보가 스키마에 들어올 수 있게 하는 과정이다. 앞서 생물학적으로 설명하면서 PTSD 환자의 경우에 트라우마 경험에서 얻은 정보가 기억으로 뇌에 자리를 잡지 못한다고 했는데, 피아제의 용어를 사용하면 그런 정보가 스키마에 안착하지 못한 것이다. 따라서 PTSD 환자가 의도하지 않았는데 트라우마 사건에 대한 생각이 떠오르는 침투적 반추와 생생하게 사건을 재경험하는 플래시백은 스키마에 트라우마를 경험할 때 감지된 정보를 안착시키기 위한 것일 수 있다.

행동주의 학습이론에서는 PTSD를 이요인 모델(two-factor theory)로 설명한다(Everly, 1995). 이 모델에서는 트라우마 사건에서 공포를 일으키는 무조건 자극과 짝지어진 조건 자극이 연합되어 학습되는 고전적 조건화로 설명한다. 트라우마가 목숨을 위협하는 강렬한 자극이기 때문에 조건 자극과의 연합이 단 한 번으로도 강하게 이루어질 수 있다. 그리고 조건 자극을 회피하는 것이 공포감을 느끼는 것을 면해 주기 때문에 부적 강화로 회피행동을 계속하게 되는 것은 조작적 조건화 학습으로 설명된다. 그리고 행동주의에서는 PTSD로 가족의 관심, 가정 일에 대한 의무 면제, 직장을 다니지 않아도 되는 것과 같은 이차적 이득이 있으면 증상이 강화된다고 설명한다.

3. PTSD 개입 기술

　PTSD에 대한 심리치료를 위한 접근은 다양하지만, 이 책에서는 대표적인 개입 기술인 인지행동치료 및 EMDR과 신체경험치료를 소개하고자 한다.

1) PTSD에 대한 인지행동치료

　인지행동치료에서 PTSD 환자의 공포는 그것에 대한 사고라고 하는 인지적 요인, 회피행동과 같은 행동적 요인, 그리고 자율신경계의 과민성이나 각성과 같은 생리적 요인이 상호작용하면서 경험하게 된다고 가정한다. 이 세 가지 요인은 [그림 14-1]에서 볼 수 있듯이 서로에게 영향을 준다(Zayfert & Becker, 2016). 무너진 건물에 며칠 갇혔던 PTSD 환자는 '건물은 언제나 무너질 수 있다'는 생각 때문에 무너졌을 때 갇힐 수 있는 지하철이나 높은 건물 안으로 들어가는 것을 회피하는 행동을 하게 되고, 그런 회피행동은 자율신경계의 각성을 줄여 준다. 그리고 들어가지는 않았지만 옆의 건물에 자신이 갇히는 생각만 해도 심장이 과도하게 뛰는 것을 경험할 수 있다. 또한 과도한 생리적 각성이 단층이 아닌 건물이나 지하철이 매우 위험하다는 생각을 더 공고히 할 수 있다.

　인지행동치료는 PTSD 환자의 공포 반응이 고전적 조건화로 학습하여 조작적 조건화로 유지된다는 이요인 모델에 기초한다. 하지만 공포나 병리적 불안은 고전적 조건

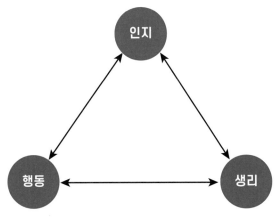

[그림 14-1] 인지-생리-행동의 삼각형 개념

출처: Zayfert & Becker(2016). p. 31.

화가 아닌 정보 습득이나 타인의 경험을 관찰하며 학습될 수 있고, 이요인 모델은 트라우마 경험 외에 개인의 소질이나 성장기 환경의 영향을 설명할 수는 없다는 단점이 있다(Zayfert & Becker, 2016). 그리고 PTSD 환자에게서 나타나는 병리적 정서는 공포 외에도 죄책감, 수치심, 분노, 절망감이 있다. 따라서 실제 임상에서 적용하는 인지행동치료에서는 이런 점들을 모두 다루게 된다.

앞과 같은 개념에 근거하여 PTSD를 위한 인지행동치료는 주로 두 가지 개입 기법에 초점을 맞추어 진행된다. 그 두 가지 기법은 노출과 인지재구성이다.

(1) 노출

노출(exposure)은 회피했던 것에 대한 직면이다. 노출의 목적은 PTSD 환자가 경험했던 트라우마와 관련된 자극이 지금은 위험하지 않다는 것을 학습하게 하는 것이다. 노출 기술을 PTSD 환자에게 계속 적용하면 위험과 관련된 단서와 안전과 관련된 단서를 구분하게 된다. 궁극적으로 트라우마와 관련된 자극에 노출되다 보면 그것과 관련된 부정적 정서의 강도가 낮아지게 된다.

PTSD 관련 자극에 노출시키는 것의 일차적 목적은 그런 자극이 실제로는 위험하지 않다는 것을 학습하고 그 자극과 연합된 공포 반응을 감소시키는 것이지만, 그것에 더해 공포의 감정을 통제할 수 있다는 효능감을 증진하는 것이다(Zayfert & Becker, 2016). 불안이나 공포를 조절할 수 있다는 효능감이 특정 자극에 대한 노출에 의해 증진되면 그런 느낌은 불안이나 공포를 유발했던 다른 자극이나 대상에게 일반화될 수 있다.

노출은 실제노출과 심상노출이 있는데, 각각 장단점이 있지만 그 효과는 거의 같다. 실제노출이든, 심상노출이든 먼저 노출의 대상과 수준을 결정해야 한다. 예를 들어, 주말농장 텃밭에 갔다가 뱀에 물린 트라우마를 가진 30대 후반의 여성이 있다고 하자. 독사가 아니라서 119 구급차가 빨리 와 병원에 가서 간단한 처치를 받고 아무런 문제가 발생하지 않았지만, 그 후 공황 증상을 경험하고 구급차에 실려 가며 독사였으면 죽을 수 있다는 극심한 공포감을 경험하였다. 이 여성은 뱀에 물렸던 그 당시의 상황이 자꾸 머리에 떠오르고 그럴 때마다 공포감을 느끼고 있으며, 가끔 즐기던 등산은 물론이고 옆에 숲이 있고 잔디밭이 있는 공원도 산책할 수 없게 되었다. 이 여성에게 노출시켜야 하는 것은 뱀이다. 그런데 노출 기법을 적용하고자 한다면 뱀과 관련된 노출 상황에 대한 공포감의 정도, 즉 불안 수준에 따른 위계를 정하여 공포 상황을 확인해야 한다. 그것의 예는 〈표 14-1〉에서 볼 수 있다. 내담자와 함께 위계를 정하기 시작하면서 중간에 수정이 가능하다는 것을 알릴 필요가 있다.

표 14-1 공포 상황 확인을 위한 불안의 위계

자극	불안 수준
1. 뱀이라고 쓰여 있는 글씨를 본다.	5
2. 뱀이 바닥에 있는 사진을 본다.	20
3. 뱀이 개구리를 잡아먹고 있는 사진을 본다.	30
4. 뱀이 움직이고 있는 동영상을 본다.	50
5. 뱀이 위협하는 모습을 담은 동영상을 본다.	55
6. 뱀이 쥐를 잡아먹는 동영상을 본다.	60
7. 뱀을 멀리서 본다.	70
8. 뱀을 가까이에서 본다.	75
9. 뱀을 손으로 만진다.	90
10. 뱀을 목에 두른다.	100

　공포감을 느끼게 하는 상황의 위계를 정했다고 한다면 내담자와 함께 첫 노출은 어떤 것부터 해야 할지를 정해야 한다. 불안 수준 50점 이상의 것으로 선택하는 것이 효과적이라고 알려져 있다. 공포 상황을 위계화하고 목록을 만들었다면 실제로 노출 연습을 위한 위계 목록도 작성하는 것이 좋다. 노출을 위한 위계 목록은 불안 수준이 낮은 것부터 나열하고, 특정 수준의 공포 상황에 노출을 하고 불안 수준이 감소하면 조금 더 불안 수준이 높은 상황으로 옮겨 간다. 노출 연습은 매일 하는 것이 좋은데, 최소 일주일에 5번은 해야 한다. 그리고 최소 일주일 동안은 같은 위계의 상황에 노출시키고, 그다음 위계 수준으로 옮기는 것이 좋다(Zayfert & Becker, 2016).

　회피하던 자극이나 상황에 대한 노출에 환자나 내담자들이 당황할 수 있는데, 이때 자기진술 대처법(coping self-statement)을 사용하도록 할 수 있다(Barrios & Shigetomi, 1979). 이는 노출된 상황이 안전하다고 자신에게 진술하는 것이다. 대화식으로 소리 내어 이야기해도 되고 속으로 되뇌어도 좋다. 환자가 공포 상황에 노출될 때 치료자

는 그것에 접근하도록 격려하기도 하고, 집중할 수 있도록 조용히 지켜보는 것도 중요하다.

노출 연습을 할 때는 주관적 고통 수준 척도(Subjective Units of Distress Scale: SUDs)를 사용한다. 앞서 공포 상황을 확인하고 위계를 정할 때의 불안 수준도 이 척도에 기준하여 평가한 것이다. 주관적 고통 수준의 표시는 〈표 14-2〉처럼 하면 되는데, 점수별 수준을 판단하는 조금 더 구체적인 지침은 〈표 14-3〉에 안내되어 있다(Tanner, 2012).

표 14-2 주관적 고통 수준 척도(SUDs)

0	10	20	30	40	50	60	70	80	90	100
평온			경중		중간			심각		극심

출처: Tanner (2012).

표 14-3 주관적 고통 수준 척도(SUDs)에 대한 판단 지침

점수	주관적 고통 수준
100	아무것도 할 수 없고, 모든 것을 포기해 버릴 정도로 참을 수 없는 극심한 상태
90	크게 불안하고 절망적이며, 무력하고 감당할 수 없는 상태
80	집중할 수 없고, 신체적으로 긴장되어 있으며, 근심과 걱정이 과도하여 심각한 상태
70	불편감이 생각을 지배하고, 정상적으로 기능하기 위해 고군분투하는 상태
60	꽤 힘들 정도로 불편함이 느껴지는 상태
50	공부나 일은 할 수 있지만 기분이 좋지 않고 중간 정도로 불편한 상태
40	어느 정도의 불안과 근심이 있는 상태
30	걱정스럽거나 화가 날 때가 있어 경미한 고통이 있는 상태
20	가끔 슬프거나 스트레스가 조금 있는 상태
10	집중을 잘할 수 있고, 특별히 고민이 없는 상태
0	완전히 이완되어 평온한 상태

출처: Tanner (2012).

매번의 노출 연습에서의 주관적 고통 수준 척도(SUDs)를 기록하고, 그 노출연습 중에 최고의 주관적 고통 수준 척도와 연습을 끝낼 때의 주관적 고통 수준 척도를 기록

한다. 노출을 시작하고 40분 정도 지날 때까지 연습을 하든지 아니면 주관적 고통 수준 척도가 처음 시작했을 때보다 50% 이하로 감소될 때까지 노출 상황에 머물도록 하는 것이 좋다. 연습 시 가장 높은 주관적 고통 수준 척도가 20점 미만으로 떨어지면 다음 위계의 공포 상황으로 넘어가는 것을 추천한다(Zayfert & Becker, 2016). 치료자는 노출 연습 후 PTSD 환자의 변화를 확인하고 피드백을 제공한다.

(2) 인지재구성

인지재구성(cognitive restructuring)은 PTSD 환자의 트라우마와 관련된 왜곡되었거나 과장된 사고를 평가하고, 변화를 주어 공포 반응이나 회피행동을 감소시키는 것을 목적으로 한다. 트라우마에 대한 기억을 회피하는 PTSD 환자를 트라우마 기억에 체계적으로 노출시켜서 트라우마 사건을 객관적으로 이해하도록 돕는다. 인지재구성을 노출의 보조치료로 보는 입장도 있다(Zayfert & Becker, 2016). 노출 치료를 통해서 트라우마에 대한 생각에 변화가 있을 수 있기 때문인데, 노출 치료 동안 트라우마에 대한 의미가 제대로 수정되지 않았을 경우에 적용할 수 있는 기법이다. 하지만 노출 치료를 적용하기 전에 왜곡된 사고가 두드러지거나 노출 치료를 할 수 없을 경우에 활용되기도 한다. 또한 환자의 트라우마 사건 재경험이 뚜렷하지 않거나 트라우마에 대한 기억이 뚜렷하지 않을 때에도 인지재구성이 필요하다.

하지만 앞서 PTSD의 원인을 설명하면서 기억의 처리와 인지적 도식 형성의 문제를 강조하였는데, 노출 치료가 인지재구성에도 도움이 되기 때문에 PTSD에 대한 주요 치료적 접근이 될 수 있다고 본다. PTSD 치료에서 인지재구성에 초점을 맞추어 중재하는 노출 기법을 적용하는 데에는 트라우마 사건과 관련하여 인지적 재구조화는 필수적인 것이다.

PTSD를 위한 인지재구성은 트라우마 사건이나, 그것을 재경험하게 하는 상황이나, 회피행동에 관한 역기능적 자동사고나 비합리적 사고를 파악하여 그것을 수정하는 것이다. 일반적으로 알려진 역기능적 자동사고나 비합리적 사고로는 과일반화, 재앙화, 이분적 사고, 당위적 사고, 임의적 추론, 선택적 추상화, 개인화, 확대 및 축소, 독심술 등이 있다(Beck & Haigh, 2014). 이런 역기능적 자동사고는 이 책의 인지행동치료를 다루는 장(章)에 자세히 소개되어 있으니 여기서는 구체적으로 설명하지는 않겠다.

다만 PTSD 환자들에게서 자주 나타나는 역기능적 자동사고는 다음과 같다.

- 살면서 발생하는 작은 스트레스원도 트라우마 사건처럼 파국적으로 생각하는 재앙화
- 우연히 경험한 충격적인 트라우마 사건을 삶의 여러 상황에 보편적으로 적용하는 과일반화
- 근거 없이 세상은 매우 위험한 곳이라고 성급히 결론을 내리는 임의적 추론
- 상황의 주된 내용을 무시하고 부정적인 정보만 일부 선택하여 결론을 내리는 선택적 추상화
- 실수로 일어나는 간단한 문제를 치명적인 것으로 확대해서 생각하고, 안전장치나 회복능력은 축소해서 생각하는 확대 및 축소
- 전 세계에서 일어나는 사고와 재난이 모두 자신에게 생긴 것이나 다름없는 자신의 문제라고 생각하는 개인화

인지재구성에서는 이런 역기능적 자동사고가 PTSD 환자들의 공포 반응을 증폭하고 자기패배적 느낌이 들게 한다는 것을 깨닫게 하는 것이 우선되어야 한다. 그렇게 하기 위해서는 공포 상황에서 그런 역기능적 자동사고가 어떤 정서 반응과 행동 반응을 유발하는지를 PTSD 환자가 스스로 탐색하여 자각하게 해야 한다. 그런 후에 동일한 공포 상황에서 역기능적이고 비합리적 사고를 대체할 수 있는 합리적 사고를 PTSD 환자가 찾을 수 있도록 돕는다. 마지막으로 그런 합리적 사고를 적용하였을 때 어떤 정서 반응과 행동 반응이 생겼는지를 확인하여 이전에 비합리적인 역기능적 자동사고의 결과와 어떻게 다른지를 확인한다. 이렇게 사고의 과정, 즉 인지를 재구성하는 것이 공포 반응을 줄이고 PTSD 증상을 감소시킬 수 있다.

2) 안구운동 둔감화 및 재처리

앞서 기술한 것처럼 EMDR은 1980년대에 트라우마 치료를 위해 프란신 샤피로(Francine Shapiro)에 의해 개발되었다. 이 기법은 트라우마 기억을 재구성하기 위해 적용한다는 차원에서는 인지행동치료의 노출 기법과 유사하다. 기억을 처리하는 인지 과정과 안구운동 간의 관계에 대한 설명이 그럴듯하지만 그런 가설은 과학적으로 검증하기가 어렵다. 또한 EMDR은 독립된 치료 방법이라기보다는 다른 치료적 접근에 추가되는 기법이라고 할 수 있다. PTSD에 대한 다른 치료에 EMDR을 추가하면 그 효

과가 배가될 수 있다고 알려져 있다.

세계보건기구, 미국 재향군인회, 국방부 등 여러 기관에서 PTSD 치료를 위해 EMDR의 적용을 권하고 있다. 하지만 아직도 PTSD에 대한 EMDR 자체의 치료적 효과에 회의적인 입장이 존재하며, EMDR을 적용했을 때의 PTSD 증상의 호전은 EMDR과 함께 적용하는 인지행동치료 기법의 효과일 것으로 추정하는 사람들도 있다. 비과학적이라는 비판이 있어도 EMDR은 PTSD에 효과적이라고 알려져 있다.

(1) 적용 원리

EMDR은 트라우마 사건을 경험할 때 기억을 저장하는 정보처리가 불완전하게 이루어지면 PTSD 증상을 가지게 된다는 원리에 기초한다(Shapiro, 2001). 제대로 처리되지 않은 트라우마 사건에 대한 기억이 부정적 사고와 정서 및 행동을 유발할 수 있다. 그래서 이 치료법에서는 트라우마의 이미지와 그것에 관한 생각과 감정은 물론이고, 트라우마 사건과 관련된 신체감각을 의도적으로 연상하게 하면서 반복적인 안구운동을 일으키는 양측성 자극(bilateral stimulation)에 집중하게 한다. 이런 양측성 자극은 시각을 통해서만 제공되는 것이 아니라 청각이나 촉각을 통해 신체 자극으로 제공될 수도 있다.

EMDR이 작업 기억에 영향을 주는데, 트라우마 사건을 기억하면서 양측성 자극을 제공하면 작업 기억을 처리하는 정보의 양이 줄어들어 부정적 정서를 덜 강렬하게 느낄 수도 있다(Van den Hout et al., 2011). 강렬한 부정적 정서 경험이 없으면 트라우마 사건에 거리를 두어서 덜 해로운 것으로 재평가하며 기억을 저장할 수 있다는 것이다. 또한 안구운동이 양쪽 뇌반구 간의 소통을 촉진할 수 있다는 주장도 있으며, 수평적 안구운동이 부정적으로 보이는 사건이 위협인지 기회인지를 놀람반사(startle reflex)나 공황발작을 경험하지 않으면서 차분히 평가할 수 있게 해 준다는 보고도 있다(Jeffries & Davis, 2013).

(2) 적용 방법

EMDR은 매 회기마다 8단계를 거치며 PTSD에 치료적 접근을 한다(Shapiro, 2001). 첫 번째는 병력 탐구 및 치료 계획(history and planning)단계로, 환자의 병력을 확인하고 치료 계획을 수립한다. 두 번째와 세 번째는 준비(preparation)와 평가(assessment)의 단계이다. 네 번째 단계에서는 말 그대로 재처리(reprocessing)를 위해 가장 중요한 둔감화(desensitization)가 이루어진다. 다섯 번째는 주입(installation)단계로, 고통스러운 트라우마 기억에 긍정적인 사고와 정서를 불어넣는다. 여섯 번째 단계에서는 신체의 불편감을 확인하기 위해 신체 스캔(body scan)을 한다. 일곱 번째는 PTSD 환자를 이완시키며 회기를 마무리(closure)하는 단계이다. 여덟 번째는 매 회기마다 지난 회기를 재평가(reevaluation)하는 단계이다. 각 8단계에서 이루어지는 EMDR의 과정은 다음에서 더 구체적으로 설명할 것이다.

3) PTSD에 대한 신체경험치료

여기서는 PTSD와 같은 스트레스 관련 장애의 치료를 목적으로 개발된 신체경험치료(somatic experiencing)를 소개하고자 한다. 신체경험치료는 피터 레빈(Peter Levine)에 의해 개발된 것으로, 트라우마 사건과 관련된 인지적 혹은 정서적 경험보다는 고유수용감각이나 운동감각 등과 같은 내부 감각을 체험하도록 하여 PTSD 환자의 증상을 경감시킨다(Kuhfuß et al., 2021).

이 치료는 정신분석학자인 빌헬름 라이히(Wilhelm Reich)의 차단된 정서 이론(theories of blocked emotion)에 기초하며, 정서 혹은 그 영향이 신체에서 어떻게 발생하고 사라지는지를 자각하는 것과 관련이 있다(Totton, 2003). 신체 내부의 감각을 인식하게 하여 정신장애를 극복하거나 웰빙 수준을 증진시키고자 하는 시도들이 이전부터 있었고, 레빈은 그것으로부터 영향을 받아 신체경험치료를 개발하고 발전시켰다.

(1) 적용 원리

신체경험치료에서는 실제로 위험한데 위험하지 않다고 생각하는 부정오류(false-negative)가 인간의 생존에 치명적이기 때문에 트라우마 사건을 경험하면 본능적으로 긍정오류(false-positive) 경향성을 갖게 된다고 설명한다(Levine, 2019). 따라서 PTSD 증상을 보이는 사람들은 트라우마 사건과 관련된 자극에 대해 긍정오류에 따른 과도한 반응을 하는 것이다. 그래서 신체경험치료에서는 수위를 조절하면서 PTSD 환자에게 트라우마 사건과 관련된 감각-동작 요소들을 점진적으로 경험하게 하면서 재협상(renegotiation)하도록 한다. 재협상이란 PTSD 환자가 트라우마 사건을 경험하기 이전의 균형된 반응을 할 수 있는 상태로 되돌아가게 하는 것이다(Levine, 2019).

신체경험치료에서는 트라우마 사건에 대한 기억을 강렬하게 환기시키는 노출 치료와는 달리 트라우마 사건을 간접적인 방식으로 점진적으로 재경험하게 하는 방식을 사용한다(Payne et al., 2015). 이 치료의 적용 원리는 신체 내의 수용기를 활용하여 각성을 경감시키는 전략과 점진적 노출 기법을 결합하여 트라우마 경험을 처리하는 것이다. 트라우마 사건과 관련된 자극에 대한 감수성과 각성 수준을 점진적인 노출을 통해 감소시키는 것은 체계적 둔감화(systematic desensitization) 기법과 유사하지만 내부의 신체감각 경험을 통해 그렇게 한다는 것이 신체경험치료의 차별화된 점이다.

이 치료는 정서에 대한 다미주이론(Polyvagal theory)의 원리도 차용한다. PTSD 환자는 공황을 경험할 때 얼어붙는 것 같은 상태(freeze)에서 등쪽 미주신경의 활동 정지로 인해 혈압이 떨어지고 맥박이 느려지기 때문에 신체경험치료에서는 이런 자율신경계의 변화를 환자가 느껴서 그 상태에서 신체의 반응을 경험하도록 한다. 그러나 혈압과 맥박수의 저하는 등쪽 미주신경이 아닌 배쪽 미주신경과 상관이 있어 등쪽 미주신경은 트라우마 증상과는 상관이 없다는 연구 결과도 있다(Grossman, 2007). 어느 쪽 미주신경과 PTSD 증상이 상관이 있는지와는 상관없이 트라우마 경험과 상관이 있는 신경계에 의한 신체적 반응을 경험해 보는 것은 임상적으로 의미가 있을 수 있다. 지금까지 신체경험치료의 원리가 타당한지는 연구로 확실히 밝혀지지 않았지만, 임상에서 이 치료의 활용 빈도는 계속 증가하고 있다.

(2) 적용 방법

신체경험치료에서는 PTSD 증상은 위험하지 않은데 위험하다고 생각하는 긍정오류의 결과를 없애기 위해 만성적으로 과도하게 표출되었던 감정을 부드럽게 발산하고 역기능적이었던 신체 반응들을 다시 구성하는 재협상을 시도한다(Levine, 2019). 레빈은 내면의 자기 인식을 하고 재협상할 수 있는 방법으로 SIBAM 모델을 제안하였다. 그는 자신이 처한 상황과 관련된 다섯 가지 SIBAM 범주를 자각하기 위해 일상에서 잠시 시간을 낸다면 힘든 순간에도 의미 있는 체험을 할 수 있다고 설명하였다.

SIBAM 모델은 감각(Sensation), 심상(Image), 행동(Behavior), 정동(Affect), 의미(Meaning)의 두문자로 명명된 것이다. 신체경험치료에서는 트라우마를 경험할 때 생긴 경험의 파편들을 조절하여 균형을 맞추는 것이 중요하다고 본다. 트라우마를 경험하는 순간, 그리고 그 경험을 재경험할 때 앞의 다섯 가지 중 어떤 것은 지나치게 강조되고 다른 것은 억제되기 때문이다. 그래서 하루에 한 번 이상 SIBAM을 연습하게 한다. 특정한 순간에 무언가를 경험한 후에 잠시 멈추어서 그 경험을 회상하고 다섯 가지 범주를 하나씩 단계별로 살핀다. 그 방법을 설명하면 다음과 같다.

- **감각(Sensation)**: 신체 내부에서 발생하는 신체감각을 느껴 본다. 그런 감각으로는 근육긴장 패턴과 같은 운동감각, 위치감각을 알려 주는 신체 고유수용기, 균형이나 반응 속도를 담당하는 신체기관, 내장기관이나 혈관에서 발생하는 감각 등이 있다. 그런 감각 중에서 가장 의식이 잘 되는 것부터 시작하여 가장 의식하기 힘든 것까지 느끼려고 시도한다.
- **이미지(Image)**: 시각, 미각, 후각, 청각 및 촉각을 포함하는 외부 감각의 경험을 탐색한다.
- **행동(Behavior)**: 감정이 드러나는 표정, 자발적인 몸짓, 척추를 축으로 하는 움직임의 기본이 되는 자세, 자율신경에 의한 맥박수를 포함한 심장 및 호흡기의 움직임, 소화기와 내장 속의 소리와 움직임, 무의식적이고 불수의적인 신체 움직임 등을 느껴 본다.
- **정동(Affect)**: 두려움, 분노, 슬픔, 기쁨, 혐오감 등의 정서를 느껴 본다. 상황이나 행동의 좋고 나쁨을 결정하거나, 어떤 것에 끌리거나, 어떤 것을 회피하게 만드는 감정의 윤곽을 살피는 것이다.
- **의미(Meaning)**: 의미는 S, I, B, A의 복합적인 요소들로부터 얻은 전체 경험에 붙이는 라벨링, 즉 이름표이다. 그것에는 트라우마와 관련된 고정관념도 포함된다. 이렇게 함으로써 불편했던 순간에서도 감각적 경험들에 긍정적인 의미를 부여할 수 있다.

4. PTSD 대상 심리치료의 절차 및 과정

앞에서 PTSD에 대한 심리치료 접근으로 인지행동치료 및 EMDR과 신체경험치료를 설명하면서 그 치료과정에서 적용하는 기법에 관해서 설명하였고, 여기서는 그 절차와 과정을 소개하며 숙지해야 하는 점을 설명하고자 한다.

1) PTSD에 대한 인지행동치료의 절차와 과정

인지행동치료의 주요 기법을 적용하는 절차와 과정은 다음과 같다.

(1) 노출의 적용 과정과 절차

노출 치료 전에 먼저 탐색해야 하는 것들이 있다. 먼저 어떤 자극이 공포를 유발하고, 그런 공포 자극에 노출되면 어떤 반응이 일어나는지를 탐색해야 한다. 〈표 14-4〉에서 볼 수 있듯이, 공포를 유발하는 자극이 어떤 것이고 그것에 노출된 장소가 어디인지를 파악한다. 그리고 그 자극에 노출되었을 때의 신체 반응, 행동 반응 및 인지 반응을 확인한다. 다시 말해 공포 자극에 노출되었을 때 신체감각이 어떠했는지, 어떤 행동을 하였는지, 그리고 그 시점에서 머릿속에 떠오른 생각을 탐색하는 것이다.

표 14-4 PTSD 공포 자극과 반응 탐색

공포 자극	신체 반응	행동 반응	인지 반응
공포 자극이 어떤 것인지, 그 대상과 그것에 노출된 장소를 여기에 적는다.	자극에 노출되었을 때의 신체감각을 여기에 적는다.	자극에 노출되었을 때 어떤 행동을 했는지를 여기에 적는다.	자극에 노출되었을 때 생각한 것들을 여기에 적는다.

또한 PTSD 환자가 회피하는 대상과 회피하였을 때의 정서와 신체 반응도 확인할 필요가 있다(〈표 14-5〉 참조). 회피하는 대상이 사람이나 사물일 수 있고, 특정 활동일 수 있지만, 회피 대상은 장소일 수도 있다. 그리고 그 대상을 회피하는 방법이 어떤 것인지도 파악해야 한다. 그 대상을 회피하였을 때, 어떤 정서 변화가 있었는지도 내담자가 확인하도록 한다. 또한 그런 수동적인 회피가 신체감각의 변화를 유발하였는지도 내담자가 탐색하도록 도와야 한다. 회피행동이 각성 수준에 변화를 주었을 수도 있고, 특정 신체에 마비의 느낌을 유발했을 수도 있다.

표 14-5 회피 행동 탐색

회피 대상	회피 방법	정서 변화	신체감각
회피하는 것이 어떤 것인지, 그 대상을 여기에 적는다. 그 대상은 생각이나 기억일 수 있고, 장소, 사람, 사물, 특정 활동일 수 있다.	회피하는 방법을 여기에 적는다.	회피하였을 때의 감정의 변화는 어땠는지를 여기에 적는다.	수동적 회피로 멍해지거나 마비되는 느낌을 받았다면 여기에 적는다.

노출 치료를 위해서는 PTSD 환자의 트라우마 재경험도 확인해야 한다. 〈표 14-6〉에 나타나 있듯이, 트라우마 사건과 관련된 내용이 심상으로 떠오르거나 플래시백으로 나타나는 내용이 무엇인지 적게 한다. 그리고 그렇게 재경험했을 때 신체 반응은 어떠했고, 어떤 행동을 했는지 탐색한다. 그리고 그때 어떤 정서적 반응이 있었고, 무슨 생각이 들었는지도 확인한다. 또한 꿈으로 재경험한 트라우마의 내용이 무엇인지도 파악하고, 그런 꿈을 꾸었을 때의 신체 반응과 행동도 파악한다. 그리고 그런 꿈을 꾸었을 때의 정서적 반응과 인지적 반응을 확인한다.

표 14-6   트라우마 재경험 탐색

재경험 형태와 내용	신체/행동 반응	정서 반응	인지 반응
심상 및 플래시백	재경험했을 때 신체감각과 그 당시 행동을 여기에 적는다.	재경험했을 때 정서에 관해 여기에 적는다.	재경험했을 때 어떤 생각을 하였는지를 여기에 적는다.
심상이나 플래시백으로 재경험한 트라우마가 어떤 것인지를 여기에 적는다.			
꿈	꿈에서 트라우마를 재경험했을 때 신체감각과 꿈에서 한 행동을 여기에 적는다(렘 수면 시 행동은 억제되는데 그때 느낌을 표현하게 한다).	꿈에서 재경험했을 때 정서에 관해 여기에 적는다(꿈꾸는 통안 정서 체험은 활성화되기 때문에 정서의 생생함과 강도를 적는다).	꿈에서 트라우마를 재경험했을 때 어떤 생각을 하였는지를 여기에 적는다.
꿈으로 재경험한 트라우마가 어떤 것인지를 여기에 적는다.			

지금까지 설명한 트라우마 사건과 관련된 반응들을 확인하고 노출 치료를 한다. 그리고 치료자는 PTSD 환자가 각 공포 상황에 노출되었을 때 주관적 고통 수준 척도 외에 그런 반응들이 어떻게 변화하였는지를 확인하면서 치료를 진행한다. 공포 자극이나 상황에 노출되었을 때 그런 반응들에 긍정적 변화가 확실하게 나타나지 않았을 경우에는 일시적으로 주관적 고통 수준은 유의하게 낮아졌어도 재발할 가능성이 크기 때문이다.

[그림 14-2] 노출 치료 적용
유튜브 영상
출처: https://www.youtube.com/
watch?v=uyxF1c3us7M

(2) 인지재구성의 적용 과정과 절차

PTSD 환자에게 인지재구성 기법을 적용하는 절차와 과정은 다음과 같다. 먼저 PTSD 환자가 일상에서 경험하는 공포 상황에서 어떤 역기능적 사고가 자동적으로 생기는지를 탐색하도록 해야 한다. 〈표 14-7〉과 같이, 공포를 느끼는 상황에서 자동으로 생기는 생각들을 적도록 한다. 자신이 어떤 생각을 하는지를 파악하는 것은 처음에는 익숙하지 않을 것이다. 하지만 특정 상황에서의 혼잣말, 즉 자기대화를 탐색하는 것을 연습하다 보면 쉽게 자신의 생각을 파악할 수 있게 된다.

그리고 그런 생각을 할 때 신체적으로 어떤 느낌이 있었고, 어떤 행동을 하였는지를 적게 한다. 역기능적 자동사고가 어떤 생리적 반응을 일으키고 어떤 행동을 하게 하는지를 파악하게 하기 위함이다. 공포를 느낀 상황에서 부정적인 생각이 자율신경계의 반응을 증폭하게 만들고 불필요한 행동을 하게 할 가능성이 크기 때문이다.

그리고 그런 생각을 할 때 공포의 수준, 즉 주관적 고통 수준은 어느 정도인지를 확인하게 한다. 그리고 공포 외에 어떤 정서를 경험했는지를 적게 한다. PTSD 환자가 정서의 기능을 이해하게 하는 것도 중요하다. 불안과 공포는 위험한 것을 피하게 하여 사람을 보호하고 생명을 지켜 준다. 그렇기 때문에 벤조디아제핀과 같은 항불안제로 불안 수준이 너무 과도하게 낮아지면 불안 수준을 조금 높여 주는 엔도제핀(endozepine)이 신체 내에서 분비되어 작용한다(Farzampour et al., 2015). 분노도 불의에 대항하게 하고, 위협하는 적을 용기를 가지고 공격하게 하는 순기능을 가지고 있다. 하지만 너무 과도하면 역기능으로 작용한다. 이런 정서의 정체를 PTSD 환자가 이해할 수 있도록 설명하는 것도 중요하다.

그래서 〈표 14-7〉에 있는 과제를 수행하면서 공포 상황에서의 역기능적 자동사고가 어떤 정서 반응을 만들어 내는지를 PTSD 환자가 자각하도록 하는 것이다. 그리고 증폭된 공포 수준이 정서의 순기능을 발휘하지 못하고 있는 것을 알게 하고 그것이 역기능적인 자동사고, 즉 자기패배적인 비합리적인 사고 때문이라는 것을 합리적 정서적 행동치료(REBT) 이론에 근거하여 설명해 주는 것도 좋다(Ellis, 1997). 수치심이나 죄책감의 정서도 행동에 변화를 주거나 잘못된 행동이 반복되지 않도록 하는 순기능이 있는데, 공포 상황에서 자동사고에 의해 그런 감정이 들었다면 그것에 순기능이 있는지를 PTSD 환자와 평가해 볼 필요가 있다. 만약 그 상황에서 환자가 무언가를 할 수 없는 입장이었다면 수치심이나 죄책감의 기능은 필요 없는 것이고 불쾌함만 증가시킨다는 것을 깨닫게 해야 한다.

표 14-7 공포 상황에서의 역기능적 자동사고 탐색

공포 상황	자동사고	신체/행동 반응	정서 반응
공포 상황을 적는다.	그 상황에서의 머릿속에 떠오르는 생각을 적는다.	신체적 반응과 그 상황에서의 행동을 적는다.	공포의 수준(SUDs)과 공포 외 다른 정서(예: 죄책감, 수치심)를 적는다.

역기능적 자동사고나 비합리적 사고가 공포의 정서 반응을 증폭시키고 PTSD 증상을 지속하게 만든다는 것을 깨닫게 되었다면 이제 PTSD 환자가 역기능적 자동사고를 대체할 수 있는 합리적 사고를 찾도록 격려한다. 〈표 14-8〉에서 볼 수 있듯이, 이전에 역기능적 자동사고를 유발한 것 같은 공포 상황에서 역기능적 자동사고가 아닌 합리적 대체 사고를 떠올릴 준비를 하는 것이다. 그리고 실제 상황에서 그런 합리적인 생각을 했을 때 어떤 감정을 느끼게 되었는지를 적게 한다. 자동적으로 역기능적 사고를 하였을 때와는 달리 합리적 사고를 적용했을 때 정서 반응이 어떻게 변하였는지를 PTSD 환자가 자각하게 만들어야 한다. 이런 인지치료 접근에서는 사고-정서-행동 간의 관계를 환자가 이해하고 그 관계의 원리를 깨닫게 하는 것이 중요하다.

표 14-8 공포 상황에서의 역기능적 자동사고 수정 계획과 적용 후 정서적 반응

공포 상황	역기능적 자동사고	합리적 대체 사고	정서 반응
공포 상항을 적는다.	그 상황에서 머릿속에 떠오른 생각을 적는다.	역기능적 자동사고를 대체할 합리적 사고를 계획하여 적는다.	나중에 실제 적용하고, 그때 공포의 수준(SUDs)과 공포 외에 체험한 다른 정서를 적는다.

2) PTSD에 대한 EMDR의 절차와 과정

앞서 기술한 것처럼 EMDR은 8단계를 거쳐 PTSD에 치료적 접근을 하는데, 한 회

기에서 EMDR를 적용하는 절차와 과정을 구체적으로 설명하면 다음과 같다(Shapiro, 2001).

- **1단계: 병력 탐구 및 치료 계획단계**, 심리치료자는 환자의 병력을 확인하고 치료 계획을 수립한다. 이때 환자의 주호소문제와 트라우마의 고통스러운 기억들을 탐색한다. 다시 말해 환자가 과거에 어떤 일 때문에 트라우마나 불안감을 가지게 되었는지 질문한다.
- **2단계: 준비단계**, 심상법이나 이완 기법을 통해 PTSD 환자가 스스로 심한 공포나 불안과 같은 고통스러운 부정적 정서를 감소시킬 수 있는 방법을 습득할 수 있도록 준비시킨다. 복잡한 이완훈련을 가르치기보다는 심호흡 이완법이나 간단한 심상법을 알려 주는 것이 좋다.
- **3단계: 평가단계**, PTSD 환자에게 경험한 트라우마 사건의 한 이미지를 시각화하도록 요구한다. 그런 다음에 그 이미지를 떠올릴 때 생기는 부정적 인지(negative cognition), 즉 부정적인 생각을 말하게 한다. 그리고 그런 부정적 인지를 대체할 수 있는 긍정적 인지(positive cognition)를 생성하도록 요구한다.

  이때 인지타당성 척도(validity of cognition scale)를 사용하여 그것에 얼마나 확신하는지를 평가하도록 한다. 인지타당성 척도는 7점(1: 전혀 믿지 않음 ~ 7: 매우 확신함)으로 평정하게 한다. 그리고 어떤 감정과 신체감각을 느꼈는지를 말하게 한다. 이때 주관적 고통 수준 척도를 측정하는 것과 유사하게 고통의 수준을 10점(1: 전혀 고통이 없음 ~ 10: 상상하기 힘들 정도로 최고의 고통을 느낌)으로 평정하도록 한다.
- **4단계: 둔감화단계**, PTSD 환자가 30초 이하의 짧은 세트의 고통스러운 트라우마 기억에 집중하게 하면서 동시에 다른 이중 주의자극(dual attention stimulus)에도 집중하게 만든다. 여기서 이중 주의자극이란 측안운동(lateral eye movement)을 하게 하는 자극이나 양쪽 무릎을 두드리는 자극을 의미한다.

  각 세트의 기억을 연상하는 과정에서 환자의 기분이 어떤지, 무엇이 느껴지는지를 심리치료자에게 말하도록 해야 한다. 그래야 각 세트의 기억의 차이점과 유사성을 심리치료자가 비교하며 이 과정을 진행할 수 있다. 이 과정을 수차례 반복하게 되는데, 환자가 해당 기억과 관련하여 문제가 될 정도의 부정적 정서를 경험하지 않게 될 때까지 계속하게 된다.
- **5단계: 주입단계**, 3단계에서 생각해 냈던 긍정적 인지를 고통스러운 트라우마

사건에 초점을 맞추어 적용하도록 PTSD 환자를 격려한다. 그런 트라우마 기억을 긍정적 사고와 함께 연상하게 하면서 환자에게 양측성 자극을 계속 제공한다. 환자가 긍정적 인지가 옳다는 것을 확신하게 될 때까지 이 과정을 반복한다. 이때에도 3단계에서 사용했던 인지적 타당성 척도를 사용한다.

- **6단계: 신체 스캔단계**, PTSD 환자가 긍정적 인지와 함께 트라우마 기억을 연상할 때 남아 있는 신체적 불편감을 파악한다. 따라서 이 단계에서는 긍정적인 생각과 함께 트라우마 기억을 연상하면서 자신의 신체감각을 스캔하도록 하여 긴장이나 중압감이 신체에 남아 있는지를 확인하도록 하는 것이다. 또한 이전 단계들에서 적용했던 양측성 자극을 제공하여 환자의 불편한 신체감각을 줄인다. 또한 이때 긍정적 인지가 기분, 즉 정서에도 변화를 준다는 것을 환자가 느끼게 해야 한다. 이 단계는 환자가 긍정적 해석과 함께 해당 트라우마 사건을 묘사하면서 신체적 불편감이나 부정적 정서를 느끼지 않을 때까지 계속된다.

- **7단계: 마무리단계**, 한 회기에서 여러 트라우마 사건을 모두 다룰 수는 없다. PTSD 환자에게는 준비단계에서 간단히 소개했던 이완 기법을 회기 간, 즉 일상생활에서 계속 적용하도록 격려하는 것이 좋다. 특히 의도치 않은 트라우마 사건에 대한 침투적 사고가 생길 경우에 사용할 수 있다. 그런 이완 기법이나 해당 회기에서 경험했던 것이 다음 회기에서 다른 트라우마 기억을 연상하며 처리하는 것을 조금 더 용이하게 해 줄 것이다.

- **8단계: 재평가단계**, 모든 회기마다 회기 평가를 한다. 그리고 심리치료자는 PTSD 환자가 회기 간에 일상생활을 하면서 어떻게 지냈는지도 평가한다. 그리고 지난 회기에서 다루었던 트라우마 사건 기억을 다시 다룰 것인지 아니면 트라우마 사건의 다른 기억을 다룰 것인지를 평가하여 선택해야 한다. 추후 회기들에 관한 계획과 경험할 개선사항들에 관해 나중에 토의할 것을 약속한다.

[그림 14-3] EMDR 적용 유튜브 영상
출처: https://www.youtube.com/
watch?v=61tW_8PfZVU

3) PTSD에 대한 신체경험치료의 절차와 과정

트라우마 사건을 경험하고 PTSD 증상을 겪는 환자가 부적응적인 자율신경계의 반응을 보이는 상태에서 치료적 개입으로 재협상을 하는 단계와 회복하여 자기 조절이 잘 이루어지는 상태까지 신체경험치료의 단계와 그 과정을 설명하면 다음과 같다(Levine, 2019).

(1) 1단계: 부적응적 자율신경계의 상태

이 치료의 1단계, 즉 PTSD 증상이 있는 상태에서는 SIBAM의 요소들이 너무 과도하게 결합되어 있거나 파편처럼 해리되어 있다. 따라서 이 상태에서는 외부 자극에 적절하게 반응하지 못하고 과도하게 각성하게 되든지, 각성 수준이 너무 낮아져서 적절한 자기 조절을 할 수 없게 된다.

(2) 2단계: 재협상

재협상은 과도한 각성으로 인해 압도당하는 것이나 너무 각성이 안 되어서 기능이 정지되는 무기력함과 같은 두 가지 자율신경계의 부적절한 반응들을 다루는 것이다. 이런 상태와 관련된 절차기억(procedural memory)에 접근하여 재협상을 하게 된다(Levine, 2019). 재협상이 잘되면 이완된 상태에서 지금-여기에 집중하여 트라우마 관련 자극에 반응할 수 있다. 신체경험치료에서는 재협상된 절차기억이 재조정이 된 일화기억이나 서술기억과 연결되면 치료과정이 완료된다.

레빈은 재협상 치료과정을 다음과 같이 기술하였다(Levine, 2019).

① PTSD 환자가 차분하고 안정된 지금-여기에 초점을 맞춘 경험을 하도록 돕는다. 그런 상태에서는 환자가 힘들어하는 트라우마 관련 신체감각뿐 아니라 긍정적인 신체감각도 경험하게 된다.

② 차분하고 안정된 그런 신체적 기반을 활용하여 환자가 긍정적인 신체감각과 조금 더 힘들어했던 감각 사이를 자연스럽게 번갈아 오갈 수 있게 된다.

③ 이렇게 신체감각을 탐색하다 보면 트라우마와 관련된 절차기억이 충격적이고 좌절되게 느껴질 수 있다. 이때 치료자는 환자가 과대 각성이 되었는지, 아니면 과소 각성이 되었는지를 계속 확인해야 한다. 만약 환자가 그런 상태라면 앞의 과정의 절차를 다시 밟아야 한다.

④ 치료자가 환자에게 절단된 형태의 절차기억이 있는지를 확인해야 하고, 그런 과정에서 미완성된 반응을 발견하게 된다면 환자가 감각적 탐색을 더 할 수 있게

하고 계획했던 보호 행동을 할 수 있도록 도와야 한다.

⑤ 그렇게 기본 통제시스템을 재설정하여 이완된 상태에서 균형 있는 경계 상태가 복원될 수 있도록 한다.

⑥ 결과적으로 트라우마와 관련된 절차기억이 정서가 포함된 서술적 일화기억과 통합된다. 이런 연결은 트라우마에 대한 기억이 과거의 기억들에 자리를 잡게 된 것을 의미한다. 그래서 트라우마에 대한 절차기억이 더 이상 역기능적 혹은 부정적으로 작용하지 않고 앞으로의 삶 속에서 건전한 영향력을 발휘할 수 있게 된다. 마침내 절차기억의 전체 구조가 변화되어 감정이 포함된 일화기억이 새롭게 형성되도록 할 수 있다.

앞의 과정이 제대로 이루어졌다면 신체경험치료의 재협상이 완료된 것이다. 이런 재협상 과정에서 PTSD 환자가 과도한 각성을 아주 조금 경험할 수 있으나 과소 각성도 어느 정도 경험하게 된다. 그리고 그런 과정을 성공적으로 마치게 되면 자기 조절의 단계가 된다.

(3) 3단계: 자기 조절

PTSD 환자에게서 재협상이 완료되면 신체경험치료가 성공적으로 이루어져서 자기 조절을 잘할 수 있는 상태가 된다. 자기 조절을 잘하게 되었다는 것은 더 이상 트라우마와 관련된 자극 때문에 과대 각성되거나 과소 각성되지 않는다는 것을 의미한다. 다시 말해 PTSD 환자였던 사람이 트라우마 관련 자극을 경험해도 건강한 범위 내에서 각성 수준을 조절할 수 있게 된 것이다.

[그림 14-4] 신체경험치료 적용 유튜브 영상

출처: https://www.youtube.com/watch?v=UFOL7eyz80Y&list=PLcr4nIV0u-VcilqYX37MjJoKjrsXURneU

5. PTSD 대상 심리치료사례

25세인 경아 씨는 대학 3학년생으로 어느 일요일 저녁에 동아리 선배인 남학생과 둘이서 동아리 방에서 저녁 식사를 하였다. 식사를 마친 후에 선배가 전등불을 끄고 다가와 키스를 시도하였고, 이를 거절하자 넘어뜨리고 수 차례 주먹으로 얼굴을 가격하였다. 잠시 기절하고 깨어나니 그 남학생이 강간을 시도하고 있었고, 경아 씨가 그 상태에서 벗어나려고 하니 손과 발이 묶여 있어서 어쩔 수 없이 강간당했다. 이후 그 남학생은 법적 처벌을 받았지만, 경아 씨는 남성들과 대화를 나누기 어려워하고 있으며, 2년이 지난 지금도 그 트라우마 사건이 자주 생각나고 꿈속에서 그것을 재경험한다. 그럴 때면 공황 상태가 되고, 남성의 큰 목소리를 들으면 몸이 얼어붙는 등 PTSD 증상을 보이고 있다. 아직도 경아 씨는 모든 남성이 동아리 선배와 같을 수 있다는 생각에 경계하고 있으며, 그런 이유로 직업을 갖는 것은 엄두도 못 내고 있다. 또한 강간당한 것에 자신의 책임이 가장 크다고 생각하고 있으며, 강간당해 자신이 더럽혀졌다고 생각해 강한 수치심을 느끼고 있다. 다른 사람들을 쳐다보기 힘들어 길을 걸을 때에도 바닥을 보며 걷는다. 자신의 미래 삶에 대해서도 부정적인 생각이 들어 우울해하고 있다.

여기서는 인지재구성의 일환으로 경아 씨가 강간당한 것이 자기 잘못이라고 생각하는 비합리적 신념에 변화를 주는 인지행동치료를 예로 들어 보고자 한다.

치료자: 오늘 주제로 경아 씨가 지금까지 이야기해 온 좋지 못한 일을 당한 책임이 자기에게 있다고 생각하는 것을 다룰까 합니다.

경아: 아~ 예.

치료자: 그 이야기를 하는 것이 불편하지는 않으세요?

경아: 아니 지금까지 이야기해 온 사건과 관련된 내용이니 별로 색다를 것 같지 않아서 크게 불편하지는 않습니다.

치료자: 강간을 당한 것의 책임이 자신에게 있다는 증거나 타당한 논리가 있다면 말씀해 주실래요. 경아 씨가 그렇게 생각하는 이유가 타당하고 증거가 있다면 저도 그런 생각에 동의하겠습니다.

경아: 저에게 책임이 없다고 할 수는 없죠.

치료자: 그 사람이 법적으로 처벌을 받고, 만약 경아 씨에게도 책임이 있다면 처벌받든지, 아니면 법정에서 그 사람에게 그런 판결이 내려지지 않았겠죠.

경아: 법적으로야 그렇죠. 하지만 제가 휴일에 거기에 가지 않았다면 그런 일이 생기지 않았을 테니까요.

치료자: 원래 그 사람을 만나러 그곳에 간 것인가요?

경아: 아뇨, 우리 학과 가영이와 남자 친구인 진혁 선배도 오기로 되어 있었어요. 그런데 데이트 도중에 좋은 영화를 발견했는데, 그 주까지만 상영하는 것이라서 갑자기 못 오겠다고 연락이 온 거예요.

치료자: 그럼, 그 커플에게 책임이 있는 거네요?

경아: 어이쿠, 그건 아니죠. 꼭 와야 하는 중요한 일이 있었던 것은 아니었어요.

치료자: 단둘이 만나려고 한 것도 아니고, 설령 일이 있어서 단둘이 동아리 방에서 만나려고 했다고 해도 경아 씨에게 무슨 잘못이 있다는 건가요?

경아: 아니 거기서 저녁만 먹지 않았어도…….

치료자: 동아리 방에서 저녁 식사를 하는 일은 거의 없나요?

경아: 아뇨, 밤까지 있으면서 출출하면 컵라면을 먹기도 하고 치킨이나 피자를 시켜 먹기도 해요. 그런데 그날은 그 선배가 배달 음식을 이미 주문해 놓은 바람에…….

치료자: 주문해 놓은 저녁 식사를 그와 함께 먹는 것도 자연스러운 일이네요. 만약 가영 씨가 그 사람과 저녁 식사를 하다가 그런 일을 당했어도 가영 씨에게 잘못이 있는 것이겠네요.

경아: 가영이에게는 남자 친구가 있으니 그 선배가 그렇게까지 하지는 못했을 거예요.

치료자: 그렇다면 남자 친구가 없는 것이 죄인가요?

경아: (가볍게 웃으며) 그건 아니죠. 하지만 제가 기절을 안 했다면…….

치료자: 가영 씨였다면 기절을 안 했을 것이란 뜻인가요?

경아: 아뇨, 그 사람은 덩치도 크고 힘도 세서 그런 주먹에 맞으면 여자는 기절할 가능성이 커요.

치료자: 그렇게 말씀하시니 만약 기절을 안 했어도 그 사람이 경아 씨를 제압하여 그런 짓을 할 수 있었다는 생각이 드네요. 만약 진혁 선배 같은 사람이라도 그런 상황에서 당신에게 그런 짓을 했을까요?

경아: 남자라서 완전하게 믿기는 어렵지만, 진혁 선배와 비슷한 사람들은 아마도 그러지 않았을 거예요.

치료자: 모든 남자가 그런 상황에서 그 사람과 같이 행동하지는 않습니다. 그 상황에서 경아 씨가 어떻게 할 수 없었고, 그런 성범죄를 저지른 그 사람에

게 100% 잘못이 있는 것이죠. 만약 경아 씨에게 조금이라도 책임이 있다는 증거나, 타당한 논리가 있거나, 그런 생각에 반대되는 증거나 논리가 없다면 저도 경아 씨의 생각에 동의할 수밖에 없겠죠. 하지만 지금까지 이야기하다 보니 경아 씨에게 잘못이 있다는 것을 지지하는 증거나 논리는 하나도 찾을 수 없네요.

경아: (눈물을 흘리며 크게 울다가) 그때 저는 어쩔 수 없었어요! 최대한 저항했는데 그놈이 저를 … (말을 잇지 못하고 흐느끼며 한참을 있다가) 정말 제 잘못은 아니었다니까요!

인지재구성을 위한 인지행동치료의 이와 같은 회기에서 성범죄 피해를 당한 것에 대한 책임이 본인에게 있다는 내담자의 비합리적이고 자기패배적인 사고가 합리적인 사고로 수정될 수도 있다. 그와 같은 트라우마 사건의 책임이 전적으로 가해자에게 있다는 점을 깨닫게 되고, 그런 성범죄 가해의 가능성을 모든 남성에게 과하게 일반화했다는 것에 대한 통찰을 얻을 가능성이 있다. 그런 결과 수치심을 덜 느끼고 바닥만 보고 걷던 행동이 바뀔 수도 있으며, 남자들과 눈을 못 마주치던 행동이 바뀌고 남성과 시선을 마주쳤을 때 과하게 각성되어 떨리던 느낌이 사라질 가능성이 크다.

6. 요약

이 장에서는 PTSD의 특성과 진단 및 치료의 역사를 살펴보았다. 옛 사람들은 기근이나 전쟁 등에서 트라우마를 경험하였는데, 현시대에도 전쟁은 일어나고 있으며, 계속해서 기후문제가 심각해지고 있어서 PTSD로 진단되는 사람들이 많아질 것이다. 세상에는 다양한 종류의 트라우마 유발요인이 있으며, PTSD의 원인을 설명할 수 있는 다양한 이론이 있다. PTSD 치료를 위한 다양한 심리치료 방법이 있지만, 이 장에서는 인지행동치료, EMDR 및 신체경험치료를 소개하였으며, 그런 치료의 개입 기술, 절차 및 과정을 요약하여 기술하였다. 그리고 PTSD 대상 심리치료사례를 제시하며 인지재구성을 위한 시도를 조명하였다.

🎯 연습 과제

1) 자신에게 공포의 대상이 되는 것이 무엇인지를 말하고, 그 공포의 상황을 확인하여 불안의 위계를 작성해 보세요.

2) 자신에게 공포의 대상이 되는 것과 관련하여 역기능적 자동사고가 있는지를 생각해 보고, 그것이 무엇인지를 기술하세요.

3) 최근에 자신이 당황했던 상황이 언제였는지를 생각해 보고, 그 상황을 심상으로 떠올려 보세요. 그러면서 신체경험치료의 SIBAM 모델을 적용해 보세요. 그 상황을 상상하면서 어떤 오감의 경험을 하는지, 신체 내부의 감각은 어떤지를 살펴 보세요. 그리고 어떤 감정이 느껴지고, 어떤 행동을 하고 있는지를 확인해 보세요. 끝으로 그런 모든 경험이 의미하는 것이 무엇인지를 생각해 보세요.

🎯 주관식 문제

1) PTSD의 대표적 증상을 세 가지만 쓰세요.

2) PTSD를 설명하는 소질-스트레스 모델 혹은 취약성-스트레스 모델에 관해 설명하세요.

3) PTSD와 관련된 역기능적 자동사고 세 가지를 트라우마 사건과 관련하여 설명하세요.

4) PTSD를 치료하는 EMDR의 원리에 관해 설명하세요.

5) 신체경험치료의 SIBAM 모델에 관해 설명하세요.

참고문헌

김청송(2017). 사례중심의 이상심리학(2판). 서울: 싸이북스.

Aardal-Eriksson, E., Eriksson, T. E., & Thorell, L. H. (2001). Salivary cortisol, post-traumatic stress symptoms, and general health in the acute phase and during 9-month follow-up. *Biological Psychiatry, 50*(12), 986-993.

Abbey, G., Thompson, S. B., Hickish, T., & Heathcote, D. (2015). A meta-analysis of prevalence rates and moderating factors for cancer-related post-traumatic stress disorder. *Psycho-oncology, 24*(4), 371-381.

American Psychiatric Association. (1980). *Diagnostic and Statistical Manual of Mental Disorder: DSM-III* (3rd ed.). Washington D.C.: American Psychiatric Publishing, Inc.

American Psychiatric Association. (2013). *Diagnostic and Statistical Manual of Mental Disorders: DSM-5* (5th ed.). Washington D.C.: American Psychiatric Publishing, Inc.

Barrios, B. A., & Shigetomi, C. C. (1979). Coping-skills training for the management of anxiety: A critical review. *Behavior Therapy, 10*(4), 491-522.

Beck, A. T., & Haigh, E. P. A. (2014). Advances in cognitive theory and therapy: The generic cognitive model. *Annual Review of Clinical Psychology, 10*, 1-24.

Boscarino, J. A., & Boscarino, J. J. (2015). Conceptualization of PTSD from the Vietnam War to current conflicts and beyond. *International Journal of Emergency Mental Health, 17*(3), 661-663.

Christiansen, D. M. (2017). Post-traumatic stress disorder in parents following infant death: A systematic review. *Clinical Psychology Review, 51*, 60-74.

Ellis, A. (1997). *The practice of rational emotive behavior therapy* (2nd ed.). New York: Springer Publishing Company.

Etkin, A., & Wager, T. D. (2007). Functional neuroimaging of anxiety: A meta-analysis of emotional processing in PTSD, social anxiety disorder, and specific phobia. *The American Journal of Psychiatry, 164*(10), 1476-1488.

Everly, G. S. (1995). An integrative two-factor model of post-traumatic stress. In G. S. Everly & J. M. Lating, (Eds.), *Psychotraumatology: The springer series on stress and coping*. Boston, MA: Springer.

Farzampour, Z., Reimer, R. J., & Huguenard, J. (2015). Endozepines. *Advances in Pharmacology, 72*, 147-164.

Friedman, M. J. (2013). Finalizing PTSD in DSM-5: Getting here from there and where to go next. *Journal of Traumatic Stress, 26*(5), 548-556.

Grossman, P. (2007). Toward understanding respiratory sinus arrhythmia: Relations to cardiac vagal tone, evolution and biobehavioral functions. *Biological Psychology, 74*(2), 263-285.

Hoskins, M., Pearce, J., Bethell, A., Dankova, L., Barbui, C., Tol, W. A., van Ommeren, M., de Jong, J., Seedat, S., Chen, H., & Bisson, J. I. (2015). Pharmacotherapy for post-traumatic stress disorder: Systematic review and meta-analysis. *The British Journal of Psychiatry, 206*(2), 93-100.

Howard, L. M., Oram, S., Galley, H., Trevillion, K., & Feder, G. (2013). Domestic violence and perinatal mental disorders: A systematic review and meta-analysis. *PLOS Medicine, 10*(5), e1001452.

Hughes, K. C., & Shin, L. M. (2011). Functional neuroimaging studies of post-traumatic stress disorder. *Expert Review of Neurotherapeutics, 11*(2), 275-285.

Ingram, R. E., & Luxton, D. D. (2005). Vulnerability-stress models. In B. L. Hankin & J. R. Z. Abela (Eds.), *Development of psychopathology: A vulnerability stress perspective* (pp. 32-46). Thousand Oaks, CA: Sage Publications Inc.

Jeffries, F. W., & Davis, P. (2013). What is the role of eye movements in Eye Movement Desensitization and Reprocessing (EMDR) for Post-Traumatic Stress Disorder (PTSD)?: A review. *Behavioural & Cognitive Psychotherapy, 41*(3), 290-300.

Kessler, R. C., Aguilar-Gaxiola, S., Alonso, J., Benjet, C., Bromet, E. J., Cardoso, G., Degenhardt, L., de Girolamo, G., Dinolova, R. V., Ferry, F., Florescu, S., Gureje, O., Haro, J. M., Huang, Y., Karam, E. G., Kawakami, N., Lee, S., Lepine, J. P., Levinson, D., Navarro-Mateu, F., Pennell, B. E., Piazza, M., Posada-Villa, J., Scott, K. M., Stein, D. J., Ten Have, M., Torres, Y., Viana, M. C., Petukhova, M. V., Sampson, N. A., Zaslavsky, A. M., & Koenen, K. C. (2017). Trauma and PTSD in the WHO world mental health surveys. *European Journal of Psychotraumatology, 8*(S5), e1353383.

Kuhfuß, M., Maldei, T., Hetmanek, A., & Baumann, N. (2021). Somatic experiencing-effectiveness and key factors of a body-oriented trauma therapy: A scoping literature review. *European Journal of Psychotraumatology, 12*(1), e1929023.

Levine, P. A. (2019). 트라우마와 기억: 살아있는 과학을 찾아서(*Trauma and memory: Searching for the living part*). (권승희 역). 서울: 학지사. (원저는 2015년에 출판).

Mason, J. W., Giller, E. L., Kosten, T. R., & Harkness, L. (1988). Elevation of urinary norepinephrine/cortisol ratio in post-traumatic stress disorder. *The Journal of Nervous and Mental Disease, 176*(8), 498-502

O'Brien, L. S. (1998). *Traumatic events and mental health*. London: Cambridge University Press.

Olszewski, T. M., & Varrasse, J. F. (2005). The neurobiology of PTSD: Implications for nurses. *Journal of Psychosocial Nursing and Mental Health Services, 43*(6), 40-47.

Payne, P., Levine, P. A., & Crane-Godreau, M. A. (2015). Somatic experiencing: Using interoception and proprioception as core elements of trauma therapy. *Frontiers in*

Psychology, 6, e93.

Piaget, J. (1977). *The development of thought: Equilibration of cognitive structures.* Oxford: Basil Blackwell.

Shalev, A., Liberzon, I., & Marmar, C. (2017). Post-traumatic stress disorder. *The New England Journal of Medicine, 376*(25), 2459-2469.

Shapiro, F. (1989). Efficacy of the eye movement desensitization procedure in the treatment of traumatic memories. *Journal of Traumatic Stress, 2*(2), 199-223.

Shapiro, F. (2001). *Eye movement desensitization and reprocessing: Basic principles, protocols and procedure* (2nd ed.). New York: The Guilford Press.

Tanner, B. A. (2012). Validity of global physical and emotional SUDS. *Applied Psychophysiology and Biofeedback, 37*(1), 31-34.

Tedeshi, R. G., & Calhoun, L. G. (2004). *Posttraumatic growth: Conceptual foundation and empirical evidence.* Philadelphia, PA: Lawrence Erlbaum Associates.

Totton, N. (2003). *Body psychotherapy: An introduction.* Philadelphia, PA: Open University Press.

Van den Hout, M. A., Engelhard, I. M., Beetsma, D., Slofstra, C., Hornsveld, H., Houtveen, J., & Leer, A. (2011). EMDR and mindfulness. Eye movements and attentional breathing tax working memory and reduce vividness and emotionality of aversive ideation. *Journal of Behavior Therapy & Experimental Psychiatry, 42*(4), 423-431.

van der Kolk, B. (2000). Post-traumatic stress disorder and the nature of trauma. *Dialogues in Clinical Neuroscience, 2*(1), 7-22.

van der Kolk, B. A., Brown, P., & Van der Hart, O. (1989). Pierre Janet on post-traumatic stress. *Journal of Traumatic Stress, 2*(4), 365-378.

Winblad, N. (2018). Effect of somatic experiencing resiliency-based trauma treatment training on quality of life and psychological health as potential markers of resilience in treating professionals. *Frontiers in Neuroscience, 12,* e70.

Zayfert, C., & Becker, C. B. (2016). 외상 후 스트레스장애 인지행동치료: 사례공식화 접근 (*Cognitive-behavioral therapy for PTSD: A case formulation approach*). (김민경, 현명호 공역). 서울: 학지사. (원저는 2007년에 출판).

Zohar, J., Juven-Wetzler, A., Myers, V., & Fostick, L (2008). Post-traumatic stress disorder: Facts and fiction. *Current Opinion in Psychiatry. 21*(1), 74-77.

15장

중독자 대상 치료

1. 중독이론의 발달과 이해

1) 중독과 중독자의 특성

(1) 중독치료의 역사

중독치료는 20세기 초부터 미국을 중심으로 점진적으로 발전해 왔다. 1935년에 알코올 중독 자조집단인 '익명의 알코올 중독자 모임(Alcoholics Anonymous: AA)이 처음 발족하였으며, 1980년대 후반부터는 질병모델을 벗어나 회복모델로 나아가려는 노력이 대두되었다. 2000년대 들어서는 긍정심리 이론에 바탕한 치료가 시도되기 시작하였고, 불교철학에 기원을 둔 마음챙김과 자기자비 개입 역시 다양하게 응용되고 있다(김나미, 조현섭, 박경은, 2019; Capuzzi & Stauffer, 2013). 또한 중독치료의 대상이 알코올이나 마약을 비롯한 물질중독을 넘어서 도박이나 게임, 성행동 등 행동중독으로까지 확장되고 있다는 점 또한 중요한 변화이다(Griffiths, 2005).

우리나라의 경우에는 마약중독의 예방과 상담을 위해 1992년도에 식품의약품 안전청 산하 마약퇴치운동본부가 설립되었고, 알코올중독의 예방과 중독자의 상담을 위해 2002년도에 보건복지부 산하 알코올상담센터가 개설되었다(2014년에 중독관리통합지원센터로 기관명이 변경됨). 아울러 인터넷중독의 예방과 상담을 위해 2002년에 인터넷 과의존예방센터가 설립되었으며, 현재는 스마트쉼센터로 기관명이 변경되었다. 도박중독자의 예방과 상담을 위해서 2013년에 문화체육관광부 산하 한국도박문제관리센터가 개설되었고, 2021년에 도박문제예방치유원으로 기관명이 변경되었다. 이뿐만 아니라 서울, 경기 지역 등 지자체마다 중독예방센터가 개소되었으며, 최근에는 중독자에 특화된 개인상담센터 역시 다수 개소되고 있다. 심리학 분야에서는 한국심리학회 산하 중독심리전문가위원회가 2007년도에 김교헌 교수를 중심으로 개설되어 자격 규정 등을 논의하였다. 관련 학회로는 한국중독상담학회가 2010년에 처음 개설되었으며, 초대 회장은 박상규 교수가 역임하였다. 2011년에는 한국중독심리학회가 개설되었고, 김교헌 교수가 초대 회장이다. 현재 한국중독심리학회와 한국중독상담학회는 중독에 대한 개입 방향을 제시하는 중요한 전문학회로 인정받으며 그 역할을 다하고 있다.

(2) 중독의 원인

중독의 원인은 하나로 특정하기 어려우며, 생물학적·심리적·사회문화적·영적 문제가 복합적으로 상호작용하여 발생한다. 생물학적 측면에서 알코올이나 마약, 도박 등에 중독된 이들은 대뇌를 비롯하여 신체의 여러 부분에서 변화를 경험하게 된다. 중독행동은 대뇌 보상체계에서 도파민 등의 신경전달물질의 방출을 자극하며, 이러한 물질 사용이 반복되면 뇌는 점차 신경전달물질의 증가된 수치에 적응하기 시작한다. 이는 내성과 금단과 같은 중독 특징적인 증상들을 유발하고, 결과적으로 개인을 중독 대상으로부터 벗어나기 어렵게 한다. 이 외에도 중독 발달 과정에서 전전두엽 부위나 편도체를 비롯한 다양한 뇌 영역에서의 변화가 수반되며, 그로 인해 중독자들은 판단력과 자기통제력이 점차 약화된다(Uhl, Koob, & Cable, 2019). 또 다른 측면에서 장기간 중독물질을 남용한 개인들은 신체기능이 전반적으로 저하되어 다양한 질병을 경험하기 쉽다. 그 때문에 중독행동을 중단하더라도 이전과 같은 건강을 회복하는 데 긴 시간이 소요되며, 이 또한 건강한 일상생활로의 복귀를 방해하는 장벽으로 작용할 수 있다.

심리적인 측면에서 중독은 정적 강화와 부적 강화를 통해 학습되고 습관화된 것으로 개념화할 수 있다. 물질중독이든, 행동중독이든 처음에는 호기심으로 시작하였다가 정적 강화를 통해 보상추구적 중독행동이 반복되고, 만성화 이후에는 금단증상 등으로 중독행동을 하지 않고 참는 것이 어려워지면서 부적 강화에 의해 중독행동이 반복된다(Brand, Young, Laier, Wölfling, & Potenza, 2016). 사회문화적인 측면에서는 중독 대상에 대한 높은 접근성과 중독 친화적인 또래문화, 경미한 처벌 등이 중독의 원인으로 작용할 수 있다. 특히 한국의 경우에는 OECD 최고 수준의 정보화 국가로서(OECD, 2022) 인터넷을 통해 중독 대상에 관한 정보를 얻고 접근하기가 용이하며, 클럽 등에서 또래에게 마약을 권유받는 사례도 많은 것으로 알려져 있는 바(우한솔, 2023), 사회문화적 위험요인에 대한 관심과 개입이 시급한 실정이다.

중독은 영적 질병으로도 볼 수 있다. 삶의 의미와 목적, 신앙 등이 없는 상태에서 중독에 더욱 취약해질 수 있으며, 반대로 이를 갖추고 자기를 성찰해 나갈 때 회복으로 나아갈 수 있다. 상담자는 여러 잠재적 원인에 대한 지식을 바탕으로 내담자가 중독에 빠지게 된 기제를 통합적 관점에서 살펴보고, 개인 특성에 맞춤화하여 가장 효과적인 개입 방안을 강구할 필요가 있다.

(3) 중독의 특성

중독은 질병인 동시에 삶의 태도문제이다. 중독자는 삶에서 느끼는 고통을 중독 대상으로 회피하고자 하는 습관적 행동 패턴을 보인다. 고통은 인간을 성장시키는 계기가 될 수 있지만, 중독자는 이를 견디고 극복하기보다는 중독 대상으로 도망침으로써 문제가 더 심화되는 악순환에 빠져든다. 이러한 악순환이 반복되는 과정에서 형성된 수치심은 또 다른 고통으로 작용하면서 중독으로부터의 회복을 더욱 어렵게 한다(de Ridder & Deighton, 2022). 악순환의 늪에 빠진 중독자는 중독 대상의 노예가 된 것과 마찬가지이다. 알코올 중독자는 알코올의 노예로, 마약중독자는 마약의 노예로 살아간다. 그러나 명확한 계기가 있기 전까지 중독자 개인은 자신이 중독 대상의 노예 상태라는 것을 알지 못하는 경우가 많다(문봉규, 강향숙, 박상규, 2023). 노예 상태에서 중독자들은 중독 대상 외에도 일상 전반에서 자기조절력이 약화되고 사회적 역할을 제대로 수행하는 데 어려움이 있다. 부모로서의 역할, 직장인으로서의 역할, 학생으로서의 역할 등 기본적인 역할조차 수행하지 못하는 경우가 빈번하다.

증상 측면에서의 대표적인 중독 표지자는 내성과 금단이다. 내성은 동일한 효과를 얻기 위해 요구되는 중독 대상의 양이나 횟수, 강도 등이 점차 늘어나는 것이다. 처음에는 한 병의 술로 기분이 좋았으나 나중에는 비슷한 수준의 효과를 얻기 위하여 더 많은 양을 더 자주 마셔야 된다. 금단은 신체적 금단과 심리적 금단으로 나눌 수 있다. 신체적 금단은 중독행동을 중단했을 때 발한이나 떨림 등의 고통스러운 신체 증상이 나타나는 것이다. 알코올 중독자가 아침에 해장술을 찾는 것도 이러한 원리이다. 심리적 금단은 중독행동을 중단했을 때 불안이나 초조함과 같은 고통스러운 심리적 증상을 경험하는 것이다.

아울러 중독자는 "나는 중독자가 아니고 조절할 수 있다"는 부정(denial), 적당한 변명거리를 들며 중독행동을 정당화하는 합리화(rationalization), 중독행동의 책임을 타인에게 전가하는(예: "가족이 나를 고통스럽게 하니 술을 마실 수밖에 없어.") 투사(projection)의 방어기제를 빈번히 사용한다. 이러한 방어기제는 의식적이 아닌 무의식적인 영역에서 작동한다. 대인관계 기술의 부족도 중독자의 특징 중 하나이다. 중독자들은 타인과 적극적으로 관계를 맺고 갈등을 해결하기보다는 술이나 게임과 같은 자극적인 무언가로 회피하고자 하며, 이러한 패턴이 반복되면서 중독이 심화되는 한편 대인관계 기술은 점점 더 악화된다. 만성화된 환자들은 종종 외로움 때문에 중독 대상을 찾는다고 핑계를 대지만 정작 중독행동을 멈추고 난 이후에도 가족이나 직장에서의 대인관계 어려움이 지속되는 경우가 많다(문봉규, 강향숙, 박상규, 2023). 이는 재발의 위험요인으로 작용할 수 있으므로 내담자를 온전한 회복으로 이끌기 위해서는 자기 감정을 잘 이해하고 표현하면서 타인의 입장에서 공감할 수 있는 의사소통 기술을 갖추도록 돕는 것이 매우 중요하다.

(4) 동반 증상

중독자는 중독문제 외에 불안, 우울, 성격적 문제와 같은 다양한 증상을 동반하는 경우가 흔하다. 때문에 상담자는 개입 초기에 이러한 정서적·성격적 문제를 면담 및 심리검사 등을 통하여 평가하여 적절한 도움을 줄 수 있어야 한다. 대표적인 동반 질환은 우울장애이며, 높은 자살사고와 빈번한 자살시도도 흔히 보고되는 편이다. 일례로, 알코올 중독자의 자살 시도 횟수는 일반 성인에 비해 13배나 많은 것으로 알려져 있다(박아름, 전종설, 2014). 중독은 개인이 이전부터 지니고 있던 우울이나 불안, 성격 관련 문제를 심화할 수 있으며, 반대로 이러한 문제로부터 영향을 받아 더욱 빠르게 악화될 수도 있다. 예를 들어, 인터넷 도박중독자를 대상으로 한 연구에서 우울 증상이 심한 사람일수록 역기능적 도박인지의 행동 촉진 효과가 더 큰 것으로 나타난 바 있으며(권선중, 김예나, 2017), 반사회적 성격과 같은 성격문제가 사회 복귀를 방해하고 결과적으로 중독으로부터의 회복을 어렵게 만들 수도 있다. 심한 정신과적 동반 질환이 발견될 경우에는 병원과 연계하여 약물치료 등을 병행하는 것이 바람직하다. 상담 과정에서도 중독에만 초점을 맞추기보다는 중독자가 가진 심리적 어려움 전반을 함께 다루어야 한다.

(5) 중독의 분류

중독은 알코올이나 마약과 같은 물질중독, 도박과 게임, 성행동을 비롯한 행동중독으로 분류된다. 물질중독은 흥분제(자극제), 진정제, 환각제 등 중독 대상에 따라 세분화된다. 필로폰이나 코카인 등은 자극제에 속하고, 알코올과 아편, 헤로인 등은 진정제로 분류된다. 대마나 LSD는 환각제에 속한다(박상규 외, 2017). 행동중독의 정의와 분류에 대해서는 합의가 불충분한 실정이다. 그러나 많은 전문가가 행동중독에서도 금단이나 내성, 조절력 상실 등 물질중독과 유사한 현상학적 특징이 나타남을 주장하고 있으며(Griffiths, 2005), 보상체계의 변화도 수반된다는 연구 결과들이 누적되고 있다(Grant, Odlaug, & Chamberlain, 2016).

2) 중독자 가족

중독자는 중독의 문제를 부정하고 변화에 대한 동기가 적어 자발적으로 상담자를 찾는 경우가 드물다. 사법기관에 적발되어 강제적으로 개입 프로그램에 참여하는 것이 아니라면 가족의 손에 이끌려서 오는 게 일반적이며, 이에 가족은 중독상담의 시작부터 회복 유지까지 전 과정에 걸쳐 핵심적인 역할을 수행한다. 상담자는 초기단계에서부터 가족과 면밀하게 상호작용하면서 심리교육과 상담을 제공한다. 가족은 중독자로부터 학대나 폭력 등 많은 고통을 겪고 있을 가능성이 높으므로 중독자의 회복을 위한 지원을 요청하기에 앞서 이들의 심리적 어려움을 다루는 것이 선결과제이다. 실제로 중독자 가족 중 상당수가 불안, 우울, 자존감 저하 등 다양한 심리적 문제를 보고하고 있다(최서현, 이미형, 이은진, 박시현, 김희경, 2021). 특히 발달 과정에 있는 자녀들의 심리적 문제에 대해서는 중독자에 대한 개입과는 별개로 시급한 조치가 있어야 한다. 가족이 중독자의 문제에 지나치게 매몰되어 있다면 가족이 먼저 건강하고 행복해야 중독자를 잘 도울 수 있다는 것을 강조해 주어야 한다. 그런 다음에 중독자의 특성에 대한 정보를 제공하고 효과적인 대처 방법을 알려 준다. 여기에는 도박중독자에게 가족이 돈을 빌려주지 않는 것 등이 포함될 수 있다.

중독자 가족에게서 빈번하게 보고되는 문제 중 하나는 공동의존이다. 공동의존은 중독자 가족이 중독자에게 지나치게 많은 주의를 기울이고 의존하는 것이다. 알코올중독자가 술을 마시면 고통이 사라지고 기분이 나아질 것이라고 기대하며 술에 의존하듯이, 가족은 중독자가 회복하면 자신 또한 행복해질 것이라고 기대하며 중독자에게 몰두할 수 있다. 이러한 공동의존이 관찰될 시, 상담자는 가족이 정서적으로 독립하여 개인으로서 건강하고 행복할 수 있도록 도와주어야 한다. 가족이 자기 스스로를 돌보면서 중독자와 적절한 경계를 설정하고 정서적으로 독립된 삶을 살 수 있을 때 중독자의 회복도 빨라질 수 있다.

아울러 상담자는 중독자 가족에게도 의사소통 및 대인관계 기술, 자녀 양육 기술 등을 학습할 기회를 제공해 주는 것이 좋다(조성남 외, 2021). 마음챙김 기법을 훈련하는 것도 효과적이다. 가족이 이러한 기술들을 바탕으로 치료 전반에 협력할 때 중독자의 회복이 촉진될 뿐만 아니라 재발도 더 잘 예방될 수 있다(최송식, 2013).

2. 중독상담의 과정 및 상담 이론

1) 중독상담의 과정

중독상담은 중독자의 동기와 중독자가 처한 상황에 따라 유연하게 적용한다. 상담자는 회복 과정에 따라 변화하고 성장해가는 중독자에 맞추어 그 역할과 태도를 달리해야 한다. 회복 초기에는 상담자의 개입이 보다 적극적이고 포괄적이며 긴밀하게 이루어져야 한다. 회복이 진행되어 갈수록 상담자의 개입이 조금 더 느슨해질 필요가 있다(문봉규, 강향숙, 박상규, 2023).

대부분의 중독자는 자기 문제에 대한 인식이 부족하고 변화하려는 동기가 없기에 중독자가 자기 문제를 인식하기 전에는 상담의 효과가 낮다. 하지만 상담자는 중독자의 특성을 잘 이해하여 중독자가 회복에 대한 동기를 가지면서 자신의 문제를 잘 해결하여 행복한 삶을 살 수 있도록 필요한 도움을 줄 수 있어야 한다.

일반적으로 초기에는 라포를 잘 형성하여 중독자 스스로 문제를 인식하고 변화에 대한 동기를 갖도록 하는 데 집중해야 한다. 동기강화상담과 긍정심리상담이 유용할 수 있다. 중기에는 동기강화상담과 더불어 인지행동적 상담 등을 실시할 수 있으나 내담자의 인지적 능력이나 동기, 상황에 따라서 유연하고 적절하게 개입한다. 이때 AA, GA 등 자조 모임에 참석하도록 권유하는 것이 큰 도움이 된다. 유지기에는 재발 방지와 건강한 일상생활 구축에 도움이 되는 마음챙김, 봉사, 영성 등의 긍정심리적 방법을 적극적으로 사용한다. 한국 문화에서는 중독자뿐만 아니라 가족도 함께 상담하는 것이 장기적인 회복에 도움이 된다.

2) 상담 이론들

마약류 중독자에 대한 근거 기반의 상담에 대한 메타분석연구 결과에 따르면, 약물의 종류에 따라 차이는 있으나 인지행동상담, 동기강화상담, 공동체 강화접근, 유관관리가 마약중독자의 상담에 일관된 효과를 보이고 있다. 국내에서는 명상, 자기초월, 치료공동체 등의 접근법도 널리 사용되고 있다(김주은, 2020). 긍정심리상담도 중독자들에게 활용되는데, 이는 중독자의 행복과 성장을 도움으로써 중독 대상의 유인가를 낮추고 회복을 촉진하는 효과가 있다(김나미, 박경은, 장세은, 2018). 다음은 중독자를 대상으로 하는 동기강화상담, 인지행동적 상담, 마음챙김에 기반한 인지행동상담, 긍정심리상담, 치료공동체, 자조집단의 개요이다.

(1) 동기강화상담

중독자는 문제 인식이나 자발적 변화 동기가 낮은 경우가 많은 까닭에 개입 초반부터 동기강화상담기법을 활용하는 것이 효과적이다. 동기강화상담은 로저스의 인본주의 상담 이론에 뿌리를 두고 있으며, 내담자를 변화의 주체로 상정한다. 중독상담 장면에서 변화 동기는 중독자가 보이는 구체적인 변화 의지와 능력, 준비성을 바탕으로 평가될 수 있다(신성만 외, 2018). 이를 증진하기 위하여 상담자는 내담자가 현재의 중독행동과 삶의 목표 혹은 가치 사이의 불일치를 인식하도록 돕고, 손익계산 등을 통해 변화에 대한 내재적 동기와 믿음을 강화하며, 변화에 필연적으로 수반되는 양가감정을 다루고, 구체적인 목표를 설정할 수 있도록 돕는다(Arkowitz, Westra, Miller, & Rollinck, 2009). 아울러 상담자는 변화 과정 전반에서 중독자가 희망을 유지할 수 있도록 지지와 공감을 전달해야 하며, 내담자의 강점을 조명하고 변화에 대한 자신감을 북돋아 주어야 한다. 동기강화상담은 상담 초기뿐만 아니라 이후의 전 과정에서 다른 상담과 병행하여 사용될 수 있다(Petry et al., 2017).

■ 동기강화상담의 원리

동기강화상담의 주요 구성요소에는 공감 표현하기, 불일치감 만들기, 저항과 함께 구르기, 자기효능감 지지하기 등이 포함된다(Arkowitz, Westra, Miller, & Rollinck, 2009).

공감 표현하기는 중독자의 관점에서 그를 이해하고 존중하는 공감적 태도를 보이는 것이다. 이는 중독자가 스스로를 이해하면서 자기 문제를 점진적으로 개방하는 데 도움을 준다. 불일치감 만들기는 중독자가 자신의 현재 행동과 삶의 목적 또는 가치관 사이에 불일치감이 있음을 자각하도록 하고 이를 증폭하는 것이다. 저항과 함께 구르기는 양가감정을 지닌 중독자가 상담과정에서 드러내는 저항에 직접 맞서는 대신 이에 공감하고 '함께 굴러가듯이' 반응하며, 그 에너지의 방향이 변화로 향하도록 이끌어 주는 것이다. 자기효능감 지지하기는 중독자가 변화에 대한 자신감을 가지고 변화의 주체로서 노력할 수 있도록 돕는 작업이다.

또한 동기강화상담에는 OARS+I 기법이 적용된다. 이는 열린 질문하기(Open Questions), 인정하기(Affriming), 반영하기(Reflection), 요약하기(Summarizing), 정보 교환하기(Information exchange)로 구성된다(Miller & Rollnick, 2015). 열린 질문하기는 개방적인 질문을 사용하여 내담자의 사고를 촉진하고 자유로운 반응을 유도하는 것이다. 인정하기는 작업동맹을 강화하여 변화를 촉진하는 데 목적이 있다. 반영하기를 통해 상담자는 내담자의 말에 담긴 의미, 말하지 않은 의미를 포괄적으로 고려하고 추측한 다음에 이를 점검하는 과정을 거치면서 내담자의 말에 집중하고 있음을 드러낸다. 요약하기는 정보를 모아서 내담자에게 되돌려 주거나, 양가감정을 명료화하거나, 상담 중에 주제의 방향을 바꾸기 위해 사용된다. 반영하기와 요약하기 모두 작업동맹을 강화하며 자기개방을 돕는 효과가 있다. 정보 교환하기는 내담자에게 허락을 구한 다음에 변화에 필요한 정보나 조언을 제공하는 것이다.

상담자는 변화대화가 많이 이뤄질 수 있도록 분위기를 이끌어 가야 한다. 변화대화에서는 "나는 술을 끊고 싶다"는 변화열망, "나는 중독행동을 멈출 수 있다"는 변화능력 인식, "이제 살아야겠다"와 같은 변화이유 및 필요성을 내담자가 스스로 말할 수 있도록 하는 것이 좋다(Berger & Villaume, 2017). 상담자는 내담자의 변화 동기를 지지해 주면서 AA모임 참석과 같은 실질적인 전략을 권유한다. 변화대화를 이끌어 내는 데에는 유발질문과 정교화하기, 극단적으로 질문하기 등의 방법이 사용된다. 유발질문과 정교화하기에는 "상황이 어떻게 변화되면 좋을까요?" "술을 끊으면 무엇이 좋아질까요?" 등이 포함된다. 극단적으로 질문하기의 예시는 "장기적으로 보아서 술 때문에 가장 걱정되는 것은 무엇인지요?" "원하는 대로 단주에 성공한다면 당신의 인생에서 뭐가 달라질까요?" 등이 포함된다.

(2) 인지행동적 상담

인지행동적 상담에서는 중독문제를 개인의 신념과 사고와 관련된 것으로 보고 이를 변화시키는 데 초점을 둔다. 중독을 유발하거나 지속시킬 수 있는 다양한 비합리적 신념이 알려져 있다. 예를 들어, 많은 중독자가 이분법적 사고(all-or-nothing thinking)를 보이는데, 이는 중독자들이 변화를 시작하기 어렵게 할 뿐만 아니라(자기의 삶을 이미 망가진 것으로 여기고 자포자기하도록 만듦으로써) 회복 과정에서의 작은 실수도 쉽사리 재발로 이어지게끔 할 수 있다(완벽한 단약/단주가 아니라면 실패로 간주하도록 만듦으로써). 중독 대상에 대한 왜곡된 사고 역시 흔하다. 일례로, 게임 중독자들은 게임에 뒤따르는 긍정적 결과에 대한 편향된 기대를 보고하곤 한다(권선중, 임숙희, 김영호, 2015). 상담자는 이러한 중독적 사고와 신념을 찾아내어 변화하도록 도움을 주기 위해 다양한 기법을 활용할 수 있다.

상담자는 먼저 내담자와 라포를 형성한 다음에 인지상담 모델에 대해 설명하고, 중독성 사고 및 기저의 비합리적 신념을 평가하고 검증하며, 통제성 믿음을 활성화하고 과제를 내어 준다(Beck, Wright, Newman, & Liese, 2003). 이 외에도 대안활동 찾기, 갈망 다루기, 재발 예방하기, 자기통제력 강화하기, 스트레스 관리하기, 문제 해결하기 등의 기법을 사용한다.

중독에 대한 인지행동적 상담의 적용 예시 중 하나로, 게임 중독문제가 있는 중학생을 대상으로 한 11회기(9회기 치료회기, 2회기 부모교육)의 인지행동치료 프로그램에는 게임행동에 대한 인식 및 인지적 왜곡 수정하기, 적절한 대안 활동찾기, 자기통제력 증진하기, 게임과 관련된 대인 갈등을 해소하기, 재발 방지-위험 상태 대처하기가 포함되었다. 프로그램을 실시한 결과 참여집단은 게임 이용 시간의 대폭 감소, 중독경향성 감소, 충동성 및 우울 감소가 확인되었으며 가족관계나 자기통제력 등에서도 개선이 관찰되었다(이형초, 안창일, 2002).

알코올 중독자에 대한 인지행동적 상담에서는 음주에 대한 허용적 믿음이나 예기믿음을 알아보고 이를 재구성하는 작업이 포함된다. 허용적 믿음으로는 "오늘만 딱 한잔하겠다" 등이 있으며, 예기믿음으로는 "술을 마시면 기분이 좋을 거야"와 같은 것이다. 소크라테스식 문답법은 환자가 자신의 믿음을 관찰하게 하여 허용적 믿음과 예기믿음 같은 중독성 믿음을 통제성 믿음으로 바꾸도록 도와준다. 알코올 중독자가 "나는 이제 술을 마시지 않아도 즐거움을 느낄 수 있다"는 생각을 하는 것이 통제성 믿음이다(Beck, Wright, Newman, & Liese, 2003). 이 외에도 규칙적인 생활을 하도록 행동계획을 세우도록 돕거나 부족한 사회기술을 훈련하는 것이 포함된다. 사회기술훈련에서는 술이나 마약 권유에 대한 거절하기 기술, 나-표현법 등이 다뤄질 수 있다. 또한 자기 감정을 알아차리고 적절하게 표현하도록 가르친다.

■ 갈망 다루기

재발을 예방하기 위해서는 수시로 일어나는 갈망을 잘 다룰 수 있게끔 기술을 가르친다. 마음챙김하기, 지지자에게 도움 청하기, 주의 분산하기, 심상요법, 자기 격려하기 등의 방법이 사용될 수 있다. 마음챙김은 갈망이 일어나는 상황에서 "갈망이 일어나는구나!" 하고 알아차린 후에 이와 거리를 두고 주시하는 것이다. 그럼으로써 중독자는 갈망에 적게 흔들리며, 마음이 편안해지고 행동을 보다 잘 조절할 수 있다. 박상규(2022)는 마음챙김을 택시 기사와 손님으로 비유하였는데, 택시 기사가 택시에 타고 내리는 손님을 알아차리듯이 갈망이나 감정을 그저 스쳐가는 손님으로 보도록 권유했다. 갈망이 느껴지면 "손님이 왔구나!" 하고 생각하라는 것이다. 다음으로 상담자는 내담자가 갈망을 경험할 때 자기를 지지하는 누군가에게 상황을 알리고 도움을 청하도록 권유한다. 알코올 중독자의 경우에는 AA 협심자 등에게 전화하여 도움을 청할 수 있다. 갈망이 일어날 때 주의를 다른 곳으로 돌리는 방법도 효과적이다. 갈망이 일어나면 샤워를 하거나 음악을 크게 틀고 노래하는 것 등 주의를 다른 방향으로 전환한다. 심상요법으로는 한 잔만 마시겠다고 술을 찾으면 끝까지 마시게 되어 결국 응급실로 실려 가는 자기의 모습을 상상한다. 혹은 지금 술을 마시지 않아서 단주에 성공하여 가족과 함께 행복하게 살아가는 모습을 상상하도록 하는 것 등이다. 마지막으로, 상담자는 중독자가 스스로를 지지하고 격려하도록 가르친다. "나는 잘할 수 있어" "지금까지 잘해 왔어" "이 또한 사라지리라" 등의 말을 자주 되뇌이면 회복에 대한 자신감을 유지하는 데 도움이 된다.

■ 재발 예방

중독은 재발이 잦은 병이다. 어려운 과정을 통해 회복했더라도 스트레스를 받거나 유혹에 노출되면 쉽게 재발하곤 한다. 때문에 중독상담에서는 중독 유발요인에 대한 교육과 고위험 상황에서의 대처 훈련이 필수적이다. 알코올 중독자의 중독 유발요인에는 배고픔, 피로, 외로움, 두려움, 좌절감, 무시당함, 죄책감, 불안 등의 내적인 요인과 알코올을 하는 친구와의 만남, 술을 판매하는 식당에 가기 등의 외적 요인이 다양하게 포함된다(문봉규, 강향숙, 박상규, 2023; 조성남 외, 2021). 흔히 사용되는 대처 전략으로는 중독행동과 관련된 환경 피하기, 공급자의 연락처나 앱 삭제하기, 필요 이상의 돈을 가지고 다니지 않기, 거절하기를 포함한 의사소통 기술 가르치기 등이 있다. 상담자는 중독자가 어떤 상황에서 재발할 위험성이 높은지를 알아보면서 효과적인 재발 방지 전략을 세우도록 도와야 한다.

자신을 떨쳐보도록 하면서 지금-여기에 존재하도록 하는 마음챙김을 인지행동적 상담과 결합하여 훈련하는 것도 재발 예방(relapse prevention)에 많은 도움이 된다. 마음챙김 기반 인지행동치료에 참여한 마약중독자들에게서 우울과 충동성이 감소하고, 단약에 대한 자기효능감이 향상된 사례가 있다(조중현, 손정락, 2013). 유사한 프로그램에 참여한 도박중독자들에게서는 도박 갈망 및 기타 도박 중독 증상, 도박 관련 인지에서 긍정적 변화가 나타났는데, 이는 도박 충동에 대한 알아차림, 수용 증진, 도박행동 감소, 도박행동의 연결고리에 대한 이해, 실수와 재발에 대한 수용 증진, 삶의 가치에 대한 명료화와 관련되었다(이정임, 권정혜, 2015). 자신과 타인에게 따스하고 친절한 태도를 지니도록 돕는 자비명상 또한 인터넷 중독 청소년 등에게 적용될 수 있다(황임란, 2015).

(3) 긍정심리상담

긍정심리학적 접근은 증상을 완화하는 데 그치지 않고 중독자가 더욱 행복하고 의미 있는 삶을 살면서 성숙한 대인관계를 형성하도록 돕는 것을 목표로 한다(김나미, 조현섭, 박경은, 2019). 중독자로 하여금 자신이 지닌 취약성을 잘 극복하고 중독으로부터 벗어나 한 명의 구성원으로서 역할을 다하며 잘 적응하도록 이끌어 주는 것이다. 긍정심리학적 개입은 중독 증상뿐만 아니라 우울증과 불안을 완화하면서 신체적, 주관적, 심리적 및 사회적 복지를 함께 증진하는 것으로 확인된 바 있다(김나미, 박경은, 장세은, 2018).

중독자에 대한 자기사랑하기 프로그램은 중독자가 자기를 올바로 이해하고 사랑할 수 있도록 돕는 긍정심리적 개입의 하나이다. 자기사랑하기 프로그램에서는 신체 건강과 정신건강, 대인관계, 영성적 요인을 포괄적으로 다루면서 중독자의 회복과 긍정성을 향상하고자 한다. 마약중독자를 대상으로 한 연구에서 자기사랑하기 프로그램은 중독자의 우울 증상을 줄이고 단약에 대한 효능감을 다소 향상시키는 것으로 확인되었다(박상규, 2002). 알코올 중독자를 대상으로 한 자기사랑하기 프로그램은 단주 의지를 향상하고 우울감을 완화하는 것으로 나타났다(전영민, 2002).

긍정심리상담에는 호흡과 몸의 자세를 조절하는 등의 동양적 기법이 결합될 수 있다. 인간의 호흡과 자세는 마음 상태에 영향을 미치기에 호흡을 조절하면 마음도 함께 조절될 수 있다. 편안하게 호흡하면 마음이 안정되고, 결과적으로 중독에서 벗어나기가 용이해진다(박상규, 2022). 몸의 자세 또한 마음가짐에 영향을 준다. 일찍이 율곡 이이는 몸의 자세와 얼굴 표정 등을 조절함으로써 마음을 조절할 수 있도록 구용구사(九容九思)를 청소년에게 가르쳤다. 구용은 아홉 가지의 몸가짐에 대한 것이고, 구사는 아홉 가지의 마음가짐에 대한 것이다. 이처럼 잘 정립된 동양적 기법들은 중독상담에서의 활용 여지가 무궁무진하다.

영성 또한 긍정심리상담에서 강조되는 회복 요인 중 하나이다. 여기에는 신앙을 포함하여 삶의 의미와 목표, 봉사, 감사 등이 포함된다. AA나 GA(Gamblers Anonymous: 단도박모임) 등의 자조모임도 영성적 측면을 강하게 내포하고 있다.

(4) 치료공동체

치료공동체(therapeutic community)는 중독자의 회복에 가장 효과적인 치료개입법 중 하나이다. 중독자는 일정한 장소에서 장기간 머무르면서 회복한 상담자나 다양한 전문가로부터 여러 가지 프로그램을 받는다. 개인상담, 집단상담, 직업상담, 교육적, 의학적, 가족적, 법적, 사회적 서비스 등이 치료공동체 내에서 제공될 수 있다(조성남 외, 2021). 거주자들은 장기간 함께 생활하면서 선임자나 다른 거주자들의 행동을 모델링할 수 있으며, 이와 함께 상기한 서비스를 제공받으면서 자기 문제를 통찰하고 회복에 필요한 것들을 배운다. 국내의 성공적인 정착 사례로서 DARC(Drug Addiction Rehabilitation Center: 마약중독재활센터)에 입소한 중독자들은 공동체 입소 후 규칙적 생활습관을 가지고 다른 사람과의 관계를 통해 자기를 성찰하면서 직업재활을 받고, 내면의 상처를 치유하는 과정에서 가족관계에서도 회복을 보이고 있었다(최미경, 2022).

중독으로부터 회복하고 상담전문가의 자격을 가진 사람이 치료공동체의 책임을 맡으면 치료의 효과가 높아진다. 회복한 중독자가 공동체를 이끌면 구성원들에게 긍정적 모델링을 제공하고 희망을 줌으로써 효과를 배가하게 된다. 우리나라에서는 아직 선례가 많지 않으나, 향후 더 많은 회복자가 치료기법을 수련하여 치료공동체를 이끌어 나가야 할 것이다. 정부에서도 교도소 내뿐만 아니라 지역사회에서의 치료공동체 설립과 지원에 대해 관심을 가질 필요가 있다.

(5) 자조집단

자조집단은 중독을 경험하고 회복하고자 하는 사람들이 자발적으로 만나 희망을 나누면서 회복에 필요한 기술을 배우고 서로를 지지하는 것으로, 회복에 많은 도움을 준다. 상담자는 회복자와 그 가족에게 자조집단을 소개하고 자조집단에 참여하도록 권유한다(조성남 외, 2021). 자조집단은 흔히 영성적인 요소를 내포한 12단계 프로그램을 기반으로 하며, 이는 알코올, 도박, 마약중독 등 다양한 중독문제에 대해 효과가 검증되고 있다. 약물과 심리상담만으로 극복되지 않던 중독 사례들이 12단계 프로그램을 통한 영적 성장을 통해 회복을 보이기도 한다. 12단계의 진행 과정에서 중독자들은 자신과 타인, 신과의 관계 영성을 지속적으로 수련하며 영적 성장의 삶을 살게 된다(박종주, 2018). 12단계의 구체적인 목표는 다음과 같다.

- 1단계: 우리는 중독에 무력했으며, 우리의 삶을 스스로 수습할 수 없게 되었다는 것을 시인했다.
- 2단계: 우리보다 위대한 힘이 우리를 건전한 정신으로 돌아오게 해 줄 것이라고 믿게 되었다.
- 3단계: 우리가 이해하게 된 대로 신의 돌보심에 우리의 의지와 생명을 맡기기로 결정했다.
- 4단계: 우리는 면밀하면서도 두려움 없이 우리 자신에 대한 도덕적 검토를 끝냈다.
- 5단계: 우리는 우리 잘못의 정확한 본질을 신과 자신, 그리고 다른 사람에게 시인했다.
- 6단계: 우리는 신께서 이러한 모든 성격상의 결점을 제거해 주시도록 모든 준비를 했다.
- 7단계: 우리는 겸손한 마음으로 신께 우리의 약점을 없애 주기를 간청했다.
- 8단계: 우리는 해를 끼친 모든 사람의 목록을 만들고, 그들에게 기꺼이 보상할 마음을 가졌다.
- 9단계: 우리는 누구에게도 해가 되지 않는 한 어디에서나 그들에게 직접 보상했다.
- 10단계: 인격적인 검토를 계속하여 잘못이 있을 때마다 즉시 시인했다.
- 11단계: 우리는 기도와 명상을 통해 우리가 이해한 대로 신과 의식적인 접촉을 증진하려고 노력했다.
- 12단계: 이러한 단계로 생활해 본 결과, 우리는 영적으로 각성하였고, 약물중독자

들에게 이러한 메시지를 전하려고 노력했으며, 우리 생활의 모든 면에서 이런 원칙을 실천하려고 노력해 왔다.

12단계는 이성적으로 분석하는 것이 아니라 믿고 따를 것인가 아닌가를 선택해서 본인이 실천하는 것이다(문봉규, 강향숙, 박상규, 2019).

12단계에는 가족의 12단계와 상담자의 12단계가 있다. 12단계에서 중독자라는 말 대신에 가족과 상담자를 대입하면 된다. 가족은 중독자를 회복시키기 위해서 많은 노력을 해 왔으나 자기 마음대로 되지 않음을 알고 신의 도움을 청해야 한다. 상담자 또한 자기 혼자 힘으로 중독자를 회복할 수 없다는 것을 알면서 신에게 맡기려는 마음가짐을 가져야 한다. 상담자는 상담자로서 해야 할 역할을 다하고 나머지는 신과 중독자에게 맡긴다.

3. 회복

당뇨병이나 천식과 마찬가지로, 중독으로부터의 회복을 위해서는 장기적인 상담과 지지가 필수적이다(김나미, 조현섭, 박경은, 2019). 단주나 단약은 회복의 시작점이라고 할 수 있으나, 이보다 더 중요한 것은 전반적인 삶의 태도가 변화하고 성장하는 것이다. 중독자는 어느 시점에서 '지금 이대로 불행하게 살아가다가 비참한 끝을 맞이할지, 회복하고 성장할 것인지'를 숙고하여 선택해야 한다. 그럼으로써 단주, 단약, 단도박 등을 결심했다면 후자를 선택하고 변화할 수 있는 기반이 마련되었다고 볼 수 있다. 이후에 이어질 회복은 자기 일을 스스로 선택하여 책임지고, 주어진 자기 역할을 다하고, 독립적인 삶을 살고, 이타적으로 살아가며, 인간의 도리를 다하는 영적 삶을 사는 것으로 죽는 순간까지 계속되는 과정이다(문봉규, 강향숙, 박상규, 2023).

회복을 잘 유지하기 위해서는 회복 과정이 그 자체로 즐겁고 재미가 있어야 한다(박상규, 2022). 상담자는 중독자가 봉사 활동, 운동, 예술, 신앙생활 등 중독 대상 이외에 즐겁고 기쁜 체험을 할 수 있는 것이 무엇인지를 찾아보도록 한다. 내가 상담한 마약중독자는 운동을 하면서 쾌감을 느끼고 있다고 말하였다. 운동이나 모임과 같은 여러 활동을 통해서 도파민이나 엔도르핀 등의 즐거움을 느낄 수 있는 물질이 분비되면 중독 대상에 대한 갈망이 줄어들어 회복이 잘 유지된다. 특히 다른 중독자에 대한 봉사는 회복에 큰 도움이 된다. 중독자가 자기중심에서 벗어나 타인을 배려하고 기쁨을 느끼면서 자존감을 찾게 된다.

1) 한국적 회복 모형

한국인의 문화와 특성에 맞는 프로그램을 적용할 때 회복 효과를 증진할 수 있다. 한국적 회복 모형에서는 회복의 과정에 따른 초점화된 개입을 강조한다. 중독자가 회복 과정에서 즐겁고 보람을 느낄 수 있도록 하며, 가족을 프로그램에 적극적으로 참여시키고 마음챙김을 강조하는 것이 특징이다(박상규, 2022). 알코올 중독자가 술 대신에 운동이나 봉사와 같은 다른 즐겁고 보람된 일을 찾지 못하면 중독으로부터 회복은 그만큼 어려워지며, 반대로 일상생활이 행복해지면 중독 대상의 유인가는 자연스럽게 감소하게 된다.

심리적으로 편안하고 건강한 가족은 중독자와 적절한 경계를 설정하고 효과적으로 대처할 수 있으며, 회복 및 유지 과정 전반에서 중요한 조력자가 될 수 있다. 또한 한국적 회복 모형에서는 마음챙김을 적극적으로 활용하여 중독자와 그 가족이 자기를 보다 잘 이해하고 조절하도록 돕는다.

2) 회복과 영성 살이

영성은 삶 전체에 영향을 미친다. 중독으로부터 회복한 많은 개인이 그 원동력으로 영성을 꼽고 있다. 중독자가 자신을 정직하게 성찰하면서 영성 살이를 잘하면 회복도 자연스럽게 촉진되며, 이를 유지하는 데에도 큰 도움이 된다. 영성에는 신앙 외에도 삶의 의미와 목적, 용서, 마음챙김 등이 포함될 수 있다. 상담자는 중독자가 자기 내면의 영성을 잘 발휘하여 회복하고 성장할 수 있도록 안내해야 한다.

4. 중독상담자의 태도

중독상담에서 중요한 상담자의 태도는 '중독자의 변화에 대한 믿음과 자신감'이다. 중독으로부터의 회복은 장기간의 노력과 인내를 요구하는 작업이며, 변화가 일어나는 시점을 예측하기도 어려운 까닭이다.

　이러한 변화를 조금이라도 앞당기는 데에는 상담자의 태도가 중요하다. 초기단계에서 상담자는 중독자가 자신의 문제를 잘 이해하고 정직하게 받아들일 수 있도록 라포를 형성해야 하는데, 그러기 위해서는 상담자의 진심 어린 경청과 공감, 진솔한 상호작용이 필수적이다. 이는 '중독자를 진정으로 염려하고 정성을 다해 돕고자 하는 태도'를 갖추어야 가능한 일이다. 중독자가 상담자로부터 진정한 사랑을 경험하면 자기 문제를 정직하게 바라볼 용기를 가지면서 회복이 시작된다. 중독으로부터의 회복은 필연적으로 자기 성장을 동반하기에 회복한 중독자는 가족과의 관계를 복구하고 다른 중독자들을 도우면서 사랑을 나누며, 그 결과 중독의 유혹을 떨쳐내고자 하는 동기가 더욱 강화되는 선순환이 일어난다.

　상담자의 노력에 반응하지 않는 중독자에게 이러한 태도를 유지하는 것은 쉬운 일이 아니다. 결국 중독자의 성장을 효과적으로 돕기 위해서는 '상담자가 함께 성장하려는 태도'가 필요하다. 상담자는 지속적으로 자기를 성찰하면서 영성적 성장을 이루어 나가야 한다. 동시에 일상에서도 늘 마음챙김하여 소진을 예방한다.

5. 치료사례

　나는 20년째 상담프로그램을 진행 중인 알코올 치료공동체에서 A씨를 처음 만났다. A씨는 치료공동체에 입소한 지 9년째인 50대 초반의 남성이다. 그는 9년 전 병원 응급실에서 생사의 기로에 섰다가 구사일생으로 살아남았다. 이후 자신이 또 다시 술을 먹으면 죽을 수밖에 없다는 것을 깨닫고 어떻게든 회복해야 한다는 마음으로 치료공동체에 입소하였다.

　A씨는 어린 시절에 알코올 중독자인 아버지로부터 학대당하였으며 어머니는 아버지의 구타를 견디다 못해 가출하였다. 그로 인해 청소년기 전반에서 외로움과 분노, 스트레스를 경험하고 이를 술로 달래는 것이 반복되었다. 20대에 들어서는 알코올 중독자가 되었으며, 그 결과 30대부터 이미 신체가 크게 망가지게 되었다.

　집단프로그램을 진행하면서 처음 만난 이후, 3년간은 내가 인사하거나 질문을 해도 반응하지 않았다. 그럼에도 프로그램은 가능한 한 빠지지 않고 참석하였다. 입소 4년째에 들어서야 A씨는 나와 이야기를 나누기 시작했으며, 자조집단 모임에서도 자신의 이야기를 풀어놓게 되었다. A씨에 따르면 처음 치료공동체의 모임에 참석하여 발표했던 날, 누군가로부터 부정적인 말을 듣고서는 더 이상 발표하기가 싫었다고 한다. 그러나 시간이 흐르면서 회복을 위해서는 결국 자기의 감정을 표현하는 것이 중요하다는 것을 받아들이고 용기를 내어 다른 사람에게 자기 경험담을 표현하기 시작했다는 것이다. 이후 그는 외부의 AA모임에도 빠지지 않고 참석하여 이러한 경험을 나누게 되었다.

A씨가 속한 치료공동체에서는 아침 모임, 레크리에이션, 자조모임 참석 등 다양한 프로그램을 운영하는데, 그는 특히 마음챙김과 웃음치료 등이 도움이 되었다고 한다. 마음챙김을 지속적으로 배우고 연습한 결과, 6년째부터는 갈망과 감정이 일어나고 사라지는 것을 스스로 알아차릴 수 있게 되었다. A씨는 아직도 하루에 두세 번씩 술에 대한 갈망이 일어나는 것을 느끼고 있지만, 갈망이 오래 지속되지 않는다는 것을 알기에 편안한 마음으로 이를 지켜볼 수 있게 되었다고 한다. 이 외에 그는 용서하기, 감사하기, 삶의 의미와 목표를 찾아보기 등의 자기사랑하기 프로그램도 회복에 도움이 되었다고 하였다.

최근에 A씨는 나에게 "이전에는 아버지를 원망했는데, 요즘에 와서는 아버지가 그립고 고맙다는 생각이 들어요. 아버지가 자신의 삶으로 술을 먹으면 이렇게 된다는 것을 몸소 보여 주었는데 제가 배우지 못한 거죠"라고 하였다. A씨는 "어릴 적부터 많이 아팠는데 아버지는 저한테 음식 대신 술지게미를 먹였어요. 그런 탓에 평생 술에서 자유로울 수 없었죠. 그런 아버지를 많이 원망했는데, 요즘에는 그런 아버지가 그립고, 고맙고, 안쓰럽다는 생각이 드네요." A씨는 또한 신앙을 통해 겸손을 배우고 주변 사람들에게 선행을 베풀며 느끼는 기쁨이 회복에 큰 힘이 되었다고 말하였다. 치료공동체 안에서 다른 구성원들의 단주를 돕고 공동체 생활에 적응할 수 있도록 봉사하는 생활이 단조로운 일상에 큰 동기 부여가 되고 있다는 것이다. 나는 그와의 대화를 통해 중독자가 자기 문제를 객관적으로 보고 회복의 과정을 걸어갈수록 자연스럽게 관계에 대한 회복도 함께 이뤄지고 성장하게 된다는 것을 다시금 배우고 있다.

A씨의 회복 사례는 알코올 중독자가 회복하는 데에는 오랜 시간이 걸린다는 것과 상담자의 회복에 대한 믿음과 인내가 필요함을 알려 준다. A씨는 나에게 중독자의 회복에 대한 희망과 가르침을 주었다.

단주는 회복의 시작점이며, 다양한 신체적·정신적 증상이 완화되는 데에는 그 이후에도 많은 시간과 노력이 요구된다. 이 과정에서는 본인의 노력뿐 아니라 많은 사람의 도움이 필수적이다. 전문가의 개입, 자조모임 참석, 공동체 활동, 가정생활, 직장에서의 역할 수행, 영성 회복 등 통합적인 관점에서의 접근이 중요한 이유이다.

6. 요약

상담자가 중독자를 잘 돕기 위해서는 상담의 기본 지식과 경험은 물론이고, 중독문제의 특성과 중독자에 대한 포괄적인 이해를 갖추어야 한다. 구체적으로 상담자는 중독의 생물학적 · 심리적 · 사회문화적, 영적 특성 등을 숙지해야 하며, 중독자 가족의 문제까지도 잘 이해하고 효과적인 대처 전략을 제안할 수 있어야 한다.

대다수의 중독자는 자기 문제에 대한 인식이 부족하고 변화하려는 동기가 낮다. 상담자는 인내심을 가지고 중독자와 라포를 형성하면서 중독자가 변화에 대한 동기를 형성하고 전문적인 도움을 받아들일 수 있도록 노력한다. 태도 측면에서 상담자는 중독문제를 가진 사람과 중독 증상을 동일시하지 않도록 유의할 필요가 있다. 그저 중독 증상을 가지고 있을 뿐인 한 명의 귀중한 사람으로 존중하면서 공감하는 태도를 취해야 한다. 이러한 태도를 바탕으로 상담자는 중독자가 자기를 잘 받아들이고 성찰하면서 삶의 태도를 바꿔 나가도록 도울 수 있다.

중독자에 대한 치료기법으로는 동기강화상담, 인지행동적 상담, 긍정심리상담, 치료공동체, 자조집단 등이 있다. 초반부에 추천되는 기법은 동기강화상담 및 긍정심리상담이며, 이후에 인지행동적 상담을 함께 제공하는 편이 좋다. 특히 법적 문제로 자발성이 없는 중독자의 경우에는 동기강화상담과 긍정심리상담이 초기에 필요하다. 이와 함께 자조모임을 통한 12단계도 추천할 수 있다. 다만 중독자 개인의 특성에 따라 적절한 치료기법이나 순서, 기간 등이 다를 수 있으므로 상담자는 다양한 치료기법을 숙지한 상태에서 중독자 특성에 따라 여러 기법들을 유연하게 적용해야 한다.

한국적 회복 모형에서는 회복 과정 자체가 행복하고 의미를 지니도록 하면서 가족을 상담에 적극 개입시키는 것을 강조한다. 이 모형에서 회복 과정은 초기, 중기, 유지기로 구분되며, 적절한 개입 방식도 유연하게 적용한다. 중독자가 중독 대상 외에 즐거움과 기쁨을 느낄 수 있는 대안적인 활동들을 찾을 수 있도록 이끄는 것, 가족을 치료에 적극 참여시키는 것, 몸과 마음의 상태를 알아차리고 조절할 수 있는 마음챙김의 방법을 적용하는 것 또한 한국적 회복 모형의 핵심 기제이다. 마음챙김은 중독자뿐만 아니라 상담자에게도 중요한 과제가 된다. 상담자는 중독자의 특성을 잘 이해하면서도 그가 변화할 수 있다는 믿음과 자신감을 가지고 인내하고 기다려야 한다.

ⓐ 연습 과제

1) 혹시 자신에게 중독과 관련된 문제가 있는지 알아보고 기술하세요.

2) 중독자의 특성은 무엇인지 기술하세요.

3) 현대의 중독문제를 해결하기 위해서 좋은 아이디어가 있으면 무엇인지 기술하세요.

ⓐ 주관식 문제

1) 중독자의 심리에 대해 기술하세요.

2) 중독자에 대한 동기강화상담에 대해 설명하세요.

3) 중독자에 대한 인지행동적 상담에 대해 설명하세요.

4) 한국적 회복 모형에 대해 설명하세요.

5) 바람직한 중독 상담자의 태도에 대해 설명하세요.

📓 참고문헌

권선중, 임숙희, 김영호(2015). 청소년의 게임관련 신념과 게임 중독의 관계에 대한 재탐색, 잠재성장모형을 활용한 단기 중단 연구. 한국심리학회지: 건강, 20(1), 267-283.

권선중, 김예나(2017). 실제 인터넷 도박행동을 예측하는 인지-정서 모형개발. 한국심리학회지: 건강, 22(2), 457-470.

김나미, 박경은, 장세은(2018). 중독회복을 위한 긍정심리학적 개입의 국내 연구 동향 분석, 상담학연구, 19(1), 113-128.

김나미, 조현섭, 박경은(2019). 국외 중독회복 패러다임의 변화와 발전과정. 상담학연구, 20(4), 133-153.

김주은(2020). 마약중독의 근거기반치료. 한국심리학회지: 임상, 39(2), 186-201.

문봉규, 강향숙, 박상규(2019). 알코올 중독자 내 안의 또 다른 나. 서울: 학지사.

문봉규, 강향숙, 박상규(2023). 알코올 중독자의 회복과 성장. 서울: 학지사.

박상규, 강성군, 김교헌, 서경현, 신성만, 이형초, 전영민 (2017). 중독의 이해와 상담실제(2판). 서울: 학지사.

박상규(2022). 마음챙김과 행복. 서울: 학지사.

박아름, 전종설(2014). 알코올중독자의 대인관계와 자살생각간의 관계. 보건사회연구, 34(1), 379-401.

박종주(2018). 익명의 알코올 중독자들 모임의 12단계 프로그램에 스며있는 고해성사의 영성. 신학전망, 202, 128-169.

신성만, 이자영, 권선중, 권정옥, 김선민, 김주은, 라영안, 박상규, 서경현, 송원영, 이영순, 이은경, 장문선, 정여주, 조현섭, 최승애, 최정현 (2018). 중독상담학 개론. 서울: 학지사.

조성남, 강향숙, 김선민, 김주은, 문봉규, 박상규, 신성만(2021). 마약류 중독의 이해와 치료. 서울: 학지사.

조중현, 손정락(2013). 마음챙김 기반 인지치료(MBCT) 프로그램이 마약류 중독자의 우울, 충동성 및 단약 자기효능감에 미치는 효과. 한국심리학회지: 임상, 32(1), 13-31.

우한솔(2023. 12. 19.). 10대 마약 사범 천 명 넘었다…"검거 인원·압수량 등 최다". KBS뉴스. https://news.kbs.co.kr/news/pc/view/view.do?ncd=7845640&ref=A 2024. 1. 2. 자료 얻음.

이정임, 권정혜(2015). 마음챙김기반인지행동치료가 도박중독의 회복에 미치는 영향: 사례연구. 인지행동치료, 15(1), 1-28.

이정화, 손정락(2008). 게임중독 고등학생의 중독 수준과 자기 통제력, 우울감 개선을 위한 집단인지행동치료의 효과. 스트레스 연구, 16(4), 409-417.

이형초, 안창일(2002). 인터넷 게임중독의 인지행동치료 프로그램 개발 및 효과검증. 한국심리학회지: 건강 7(3), 463-486.

전영민 (2002). 알코올 의존자를 위한 자기사랑 프로그램 개발 및 효과 연구. 한국심리학회지: 임상, 21(1), 1-12.

최미경(2022). 치료공동체(DARC)에 입소한 마약중독자들의 회복경험에 대한 내러티브 탐구. 정신건강과 사회복지, 50(2), 170-198.

최서현, 이미형, 이은진, 박시현, 김희경(2021). 아동기 가정폭력을 경험한 성인의 도박중독 과정 경험. 정신간호학회지, 30(2), 168-179.

최송식(2013). 한국사회에서 알코올 중독자의 재발예방전략에 관한 연구. 한국민족문화, 48, 307-348.

황임란(2015). 청소년 인터넷 중독에 대한 영성적 이해와 불교상담의 시사점. 불교문예연구, 4, 47-74.

Arkowitz, H., Westra, H. A., Miller, W. R., & Rollinck, S. (2009). 심리적 문제 치료에서의 동기면담(*Motivational interviewing in the treatment of psychological problems*). (신수경,

조성희 공역). 서울: 시그마프레스. (원저는 2007년에 출판).

Beck, A. T., Wright, F. D., Newman, C. F., & Liese, B. S. (2003). 약물중독의 인지행동치료 (*Cognitive therapy of substance abuse*). (이영식, 이재우, 서정석, 남범우 공역). 서울: 하나의학사. (원저는 1993년에 출판).

Berger, B. A., & Villaume, W. A. (2017). 건강관리전문가를 위한 동기강화상담: 실제편 (*Motivational interviewing for health care professionals*). (신성만, 이상훈, 박상규, 김성재, 배다현 공역). 서울: 박학사. (원저는 2013년에 출판).

Brand, M., Young, K. S., Laier, C., Wölfling, K., & Potenza, M. N. (2016). Integrating psychological and neurobiological considerations regarding the development and maintenance of specific Internet-use disorders: An Interaction of Person-Affect-Cognition-Execution (I-PACE) model. *Neuroscience & Biobehavioral Reviews, 71*, 252-266.

Capuzzi, D., & Stauffer, M. D. (2013). 중독상담(*Foundations of addictions counseling*). (신성만, 김성재, 김선민, 서경현, 전영민, 권정옥, 이은경, 박상규, 김원호, 박지훈, 손슬기 공역). 서울: 박학사. (원저는 2007년에 출판).

Ciarrocchi, J. W. (2007). 도박중독 심리치료: 개인 및 가족치료를 위한 자기조절 매뉴얼 (*Counseling problem gamblers: A self-regulation manual for individual and family therapy*). (김경훈, 김태우, 김한우, 안상일, 이영찬, 최성일 공역). 서울: 시그마프레스. (원저는 2002년에 출판).

de Ridder, B., & Deighton, R. M. (2022). The effect of shame and self-efficacy on gambling behaviour. *Journal of Gambling Studies, 38*, 1059-1073.

Grant, J. E., Odlaug, B. L., & Chamberlain, S. R. (2016). Neural and psychological underpinnings of gambling disorder: A review. *Progress in Neuro-Psychopharmacology and Biological Psychiatry, 65*, 188-193.

Griffiths, M. D. (2005). A components model of addiction within a biopsychological framework. *Journal of Substance Use, 10*, 191-197.

Miller, W. R. & Rollnick, S. (2015). 동기강화상담: 변화 함께하기(*Motivational interviewing : helping people change*). (신성만, 권정옥, 이상훈 공역). 서울: 시그마프레스. (원저는 2012년에 출판).

OECD. (2022). *Internet access* (indicator). OECD. Retrieved from http://dx.doi.org/10.1787/69c2b997-en

Petry, N. M., Ginley, M. K., & Rash, C. J. (2017). A systematic review of treatments for problem gambling. *Psychology of Addictive Behaviors, 31*(8), 951-961.

Uhl, G. R., Koob, G. F., & Cable, J. (2019). The neurobiology of addiction. *Annals of the New York Academy of Sciences, 1451*(1), 5-28.

📁 찾아보기

내용

■ 저자 소개

▶박상규(Park Sanggyu) ──────────

영남대학교 심리학과 학사, 석사
계명대학교 심리학과 임상 및 상담 전공 박사
심리작가
한국심리학회 임상심리전문가
정신건강임상심리사 1급(보건복지부)
한국상담학회 수련감독급 전문상담사
한국심리학회 중독심리전문가
한국심리학회 건강심리전문가
한국심리학회 범죄심리전문가
전) 가톨릭꽃동네대학교 상담심리학과 교수
　　한국중독심리학회 학회장
　　한국중독상담학회 학회장
　　문화체육관광부 한국도박문제예방치유원 이사장
　　국무조정실 마약류 대책 민간위원
　　세종충청도박문제예방센터 운영위원장
　　보건복지부 국립부곡병원 임상심리전문가
현) 박상규심리상담연구소 소장
　　가톨릭꽃동네대학교 명예교수
　　충북소방서 심리지원단장

〈저서 및 역서〉

청소년 마약류 중독의 이해와 상담(공저, 학지사, 2024)
알코올 중독자의 회복과 성장(공저, 학지사, 2023)
마음챙김과 행복(학지사, 2022)
임상심리학(공저, 학지사, 2022)
마약류 중독의 이해와 상담실제(공저, 학지사, 2021)
행복수업(학지사, 2020)
숲치료 이야기(공저, 학지사, 2020)
중독상담학 개론(공저, 학지사, 2018)
중독과 마음챙김(공저, 학지사, 2016)
상담학 개론(공저, 학지사, 2013)
중독상담(공역, 박학사, 2013)
중독의 이해와 상담실제(공저, 학지사, 2009)

▶권현용(Kwon Hyounyong) ──────────

영남대학교 심리학과 학사, 석사
전북대학교 심리학과 상담심리 전공 문학박사
한국상담심리학회 상담심리사 1급
청소년상담사 1급

전) 수원시청소년상담센터 소장
　　한국동서정신과학회 회장
현) 협성대학교 웨슬리창의융합대학 및 교육대학원 교수

〈저서〉

아동상담(공동체, 2017)
청소년문제와 상담 사례(부엔 까미노, 2015)
중등학생을 위한 학습기술 훈련의 실제(알음, 2013)

▶김사라(Kim Sa-rah) ──────────

서울여자대학교 일반대학원 교육심리학과 상담 및 임상심리
　　전공 박사
한국상담학회 1급 전문영역수련감독자(부부 가족 · 가족상
　　담학회 분과)
한국내러티브상담학회 내러티브상담전문가
한국모래놀이치료학회 모래놀이치료전문가
예술치료사 1급-미술치료 전공
사회복지사 1급
현) 새라심리상담연구소 소장
　　성공회대학교 겸임교수
　　서울디지털대학교 겸임교수

〈저서 및 역서〉

내러티브상담(공저, 학지사, 2023)
소방심리학의 이해(공저, 재웅출판사, 2020)
[아동과 청소년 문제해결 시리즈 6] 학대를 경험한 아동-학
　　대 속에서 성장하고 있는 아이를 어떻게 도울 것인가?(공
　　저, 학지사, 2019)
가족놀이치료-가족을 위한 협력적 접근(공역, 학지사, 2015)

▶김영순(Kim Youngsoon) ──────────

중앙대학교 심리학과 학사, 석사
원광대학교 교육학과 상담 전공 박사
한국상담심리학회 상담심리사 1급
한국상담학회 수련감독급 전문상담사
국가자격 청소년상담사 1급(여성가족부)
국제현실치료상급강사(William Glasser Institute 공인)
한국중독심리학회 중독심리전문가
국제공인 SP감각운동심리치료전문가(SPP, SPT)
전) 호서대학교 겸임교수

현) 해드림상담센터 대표

〈저서 및 역서〉
세계의 정신건강 상담사례(공역, 학지사, 2014)
한상담(공저, 학지사, 2010)
청소년상담(공저, 신정, 2010)

▶김혜련(Kim Hyeryun) ─────────
이화여자대학교 사회복지학과, 심리학과 학사
가톨릭대학교 일반대학원 심리학과 상담심리 전공 석사,
　박사
한국상담심리학회 상담심리전문가 1급
한국상담학회 전문상담사 1급
현) 아름드리심리상담센터 수련감독자 및 전문상담사
　　가톨릭꽃동네대학교 부설 심리상담센터 부센터장
　　가톨릭꽃동네대학교 사회복지상담심리학부 초빙교수

▶박기환(Park Keehwan) ─────────
고려대학교 심리학과 학사 및 임상심리학 전공 석사, 박사
인제의대 서울백병원 신경정신과 임상심리실 교수 역임
한국심리학회 임상심리전문가
정신건강임상심리사 1급(보건복지부)
한국인지행동치료학회 인지행동치료전문가
제55대 한국임상심리학회장
제12대 한국인지행동치료학회장
현) 가톨릭대학교 심리학과 교수

〈저서 및 역서〉
인지행동치료(학지사, 2020)
이상심리학(공저, 학지사, 2019)
현대심리평가의 이해와 활용(공저, 학지사, 2019)
최신 임상심리학(공저, 사회평론아카데미, 2019)
상담과 심리치료의 이론(공역, 시그마프레스, 2014)

▶배성훈(Bae Seonghoon) ─────────
가톨릭꽃동네대학교 사회복지, 복지심리 전공 학사
성신여자대학교 일반대학원 임상심리 전공 석사
충북대학교 일반대학원 임상심리 · 상담심리 전공 박사
한국임상심리학회 임상심리전문가
한국학교심리학회 학교심리사 1급
한국건강심리학회 건강심리전문가
여성가족부 청소년상담사 1급
현) 가톨릭꽃동네대학교 사회복지상담심리학부 조교수

〈저서〉
임상심리학(공저, 학지사, 2022)
와이즈몬스터의 정서조절게임(공저, 학지사 와이즈박스,
　2023)

▶서경현(Suh, Kyunghyun) ─────────
University of Santo Tomas 심리학 박사
전) 한국문화및사회문제심리학회 학회장
　　한국건강심리학회 학회장
　　한국중독상담학회 학회장
현) 삼육대학교 상담심리학과 교수
　　대한스트레스학회 부회장

〈저서 및 역서〉
상담 및 심리치료 윤리 10판(공역, 박학사, 2022)
중독의 이해와 상담실제(공저, 학지사, 2017)

▶신성만(Shin Sungman) ─────────
Boston University 상담학 재활상담 박사
한국중독심리학회 중독심리전문가
한국상담학회 수련감독급 전문상담사
전) 한국중독심리학회 회장
　　사행산업통합감독위원회 자문위원
　　국가인권위원회 정책자문위원
현) 한동대학교 상담심리학과 정교수
　　한동대학교 상담대학원 원장
　　한국중독상담학회 회장
　　한국도박문제관리 경북센터 운영위원장

〈저서 및 역서〉
사이버심리(공역, 박학사, 2024)
정신건강임상에서의 동기강화상담(공역, 학지사, 2022)
마약류 중독의 이해와 치료(공저, 학지사, 2021)
동기강화상담 기술훈련: 실무자 워크북(2판, 공역, 박학사,
　2020)
중독과 영성(공저, 학지사, 2018)
중독상담학 개론(공저, 학지사, 2018)

▶인경스님(Inkyung, 김형록) ─────────
동국대학교 선(명상)학과 철학박사
한국명상심리상담학회 명상심리상담사 슈퍼바이저
전) 동방문화대학원대학교 교수(정년 퇴임)
현) 동방문화대학원대학교 명상심리상담학과 석좌교수

(사)한국명상심리상담학회 이사장
명상상담평생교육원 원장

〈저서 및 역서〉
영상관법과 마음치유(명상상담연구원, 2024)
알아차림 명상 핸드북-이론, 연구 그리고 실천(공역, 명상
    상담연구원, 2018)
에니어그램 행동특징과 명상상담전략(명상상담연구원,
    2016)
명상심리치료(명상상담연구원, 2012)
수용전념치료(ACT) 임상가이드(명상상담연구원, 2011)

〈논문〉
K-명상과 간화선(宗學硏究 Vol.10, 2023)
알아차림 명상의 치유적 효과(질적연구 Vol.14 No.2, 2013)
영상관법의 심리치료적 함의-인지행동치료와의 비교하면
    서(명상심리상담 제2집, 2008)

▶전종국(Chun Chonggouk) ─────────
영남대학교 심리학과 학사, 석사
계명대학교 상담심리 전공 박사
한국집단상담학회 수련감독자
한국코칭심리학회 코칭심리전문가
한국중독심리학회 중독심리전문가
한국명상학회 수련감독전문가
전) 한국집단상담학회 회장
    한국교류분석학회 회장
    여성가족부 정책자문위원
    카운피아(counpia.com) 대표
현) 대구사이버대학교 상담심리학과 교수
    한국아들러심리협회(KSAP) 회장

〈역서〉
집단상담의 이론과 실제(공역, 학지사, 2024)
아들러학파의 집단상담 및 치료(공역, 학지사, 2020)
집단상담: 과정과 실제(공역, 센게이지 러닝, 2019)
아들러와 함께하는 행복한 교실만들기(공역, 학지사, 2014)
성격심리학(공역, 박학사, 2013)

〈논문〉
아들러의 개인심리학 관점에서 바라본 아동·청소년의 그
    릇된 행동에 대한 대처 방안(교육치료연구 Vol. 13, No. 1,
    2021)

아들러 개인심리학적 상담에서 마음챙김 명상의 적용 방안
    에 대한 탐구(한국명상학회지 Vol. 10, No. 2, 2020)

▶조성근(Cho Sungkun) ─────────
서울신학대학교 신학과 학사
중앙대학교 심리학과 학사
Illinois Institute of Technology, 임상심리 전공 석사
University of Hawaii at Manoa, 임상심리 전공 박사
현) 충남대학교 심리학과 교수

〈저서 및 역서〉
새로운 삶의 시작 수용전념치료(공역, 학지사, 2024)
정신건강 임상가를 위한 핸드북(공역, 학지사, 2023)
임상심리학(공저, 학지사, 2022)
임상면담 기초와 적용(공역, 학지사, 2020)

▶최현주(Choi Hyeonju) ─────────
국립공주대학교 교육학과 학사, 석사
국립공주대학교 교육학 박사
전문상담교사 자격
학습상담 및 컨설팅 전문가
현) 가톨릭꽃동네대학교 교수

〈저서 및 역서〉
교육을 성찰하다(공저, 박영스토리, 2021)
존 듀이와 교육(공역, 살림터, 2021)
예비교사를 위한 학교현장실습(공저, 창지사, 2019)
교육, 자율성, 그리고 비판적 사고(공역, 공감플러스, 2015)

▶홍예영(Hong Yeyoung) ─────────
가톨릭꽃동네대학교 사회복지·복지심리 전공 학사
가톨릭대학교 상담심리대학원 상담학 전공 석사
서울여자대학교 일반대학원 교육심리학과 상담 및 임상심
    리 전공 박사
한국상담심리학회 상담심리사 1급
한국상담학회 전문상담사 1급
현) 심리상담센터 나다움 대표
    가톨릭꽃동네대학교 상담심리학과 겸임교수

〈저서〉
임상심리학(공저, 학지사, 2022)
인터넷에 매달리는 아이를 어떻게 도울 것인가(공저, 학지
    사 이너북스, 2019)

상담 및 심리치료의 이해
Understanding Counseling and Psychotherapy

2025년 2월 20일 1판 1쇄 인쇄
2025년 2월 28일 1판 1쇄 발행

지은이 • 박상규 · 권현용 · 김사라 · 김영순 · 김혜련 · 박기환 · 배성훈
         서경현 · 신성만 · 인경스님 · 전종국 · 조성근 · 최현주 · 홍예영
펴낸이 • 김진환
펴낸곳 • (주)학지사

　　　　　04031 서울특별시 마포구 양화로 15길 20 마인드월드빌딩
대표전화 • 02)330-5114   팩스 • 02)324-2345
등록번호 • 제313-2006-000265호

홈페이지 • http://www.hakjisa.co.kr
인스타그램 • https://www.instagram.com/hakjisabook

ISBN 978-89-997-3330-7 93180

정가 27,000원

출판미디어기업 학지사

간호보건의학출판 **학지사메디컬** www.hakjisamd.co.kr
심리검사연구소 **인싸이트** www.inpsyt.co.kr
학술논문서비스 **뉴논문** www.newnonmun.com
교육연수원 **카운피아** www.counpia.com
대학교재전자책플랫폼 **캠퍼스북** www.campusbook.co.kr